Ces nombres qui vous questionnent

avec la Numérologie humaniste

Du même auteur :

LE GRAND LIVRE DE LA NUMÉROLOGIE
Editions De Vecchi

LA NUMÉROLOGIE HUMANISTE
Guy Trédaniel Éditeur

NUMEROLOGIE ET MIEUX-ÊTRE
Des nombres pour votre épanouissement personnel
Editions Vivez Soleil

LES NOMBRES DE VOTRE VIE,
avec la Numérologie Humaniste
Editions Vivez Soleil

www.tredaniel-courrier.com
info@guytredaniel.fr

ISBN : 2-85829-401-1

François Notter

Ces nombres qui vous questionnent

avec la Numérologie humaniste

ÉDITIONS VÉGA
19, rue Saint-Séverin
75005 Paris

Je dédie ce livre à toutes celles et à tous ceux
qui m'ont interpellé par leur lumière,
mais aussi par leurs ombres et leurs souffrances.
Celles et ceux, proches,
qui m'ont amené à me remettre en question
grâce à leurs remarques, leurs rires, leurs pleurs,
leurs difficultés, leurs peurs,
leur recherche d'idéal, leurs passions,
... et surtout leur amour !
Les messages essentiels des nombres
ne sont-ils pas des messages d'amour ?

Préface

Cherche la réponse en ce même lieu
d'où t'est venue la question.

RÛMÎ

En 1988, je commençais mon premier livre, *Le Grand Livre de la Numérologie*, par cette phrase :

"C'est absolument incroyable ce que l'on peut déceler et interpréter à partir de simples nombres, me dit-on régulièrement à la fin de mes conférences ou durant mes stages."

Le temps a passé. Mes recherches initiales ont laissé place à d'autres recherches, plus approfondies. Mes découvertes ont amené d'autres questionnements, d'autres recherches, d'autres découvertes.

J'ai tenté de nouvelles expériences. J'ai osé remettre en question mes enseignements d'alors. J'ai été amené à des constatations multiples... et à des étonnements nombreux.

Des prises de conscience nouvelles ont succédé aux prises de conscience précédentes et l'incroyable a continué à se manifester, voire à s'amplifier.

En effet, plus j'avançais dans la découverte de ce que les nombres pouvaient apporter en tant que symboles, plus je me retrouvais profondément émerveillé par ce qu'ils mettaient à ma libre disposition. Chaque fois, j'étais interpellé plus encore par la force et la puissance de leurs questionnements et de leurs suggestions.

De nouveaux outils numérologiques ont vu le jour. Ils ont progressivement pris la place des calculs et techniques – plus classiques, plus anciens – que j'utilisais dans mes débuts en tant que numérologue professionnel.

Ém
u et comblé par tant de pistes profondes... et d'ouvertures possibles, je me suis mis au travail, patiemment, modestement.

Aujourd'hui, je peux vous soumettre dans ce livre certains de ces outils, issus d'intuitions et d'inspirations profondes.

"Ces nombres qui vous questionnent" peut paraître un titre étrange... voire énigmatique, à une époque où beaucoup de gens cherchent surtout des réponses à leurs questions. A une époque où les donneurs de réponses (plus ou moins toutes faites), et ceux qui se disent savoir mieux que vous "ce qui est bon pour vous", ne se comptent plus.

Il y a pléthore de conseils qu'il serait bon d'exécuter ! Le monde des livres et de l'information déborde de ces incontournables préceptes qu'on veut vous voir suivre ou reproduire à tout prix !

Et si le meilleur conseil était celui qui vous invite à vous poser les bonnes questions, au regard de votre expérience, de votre ressenti, de votre conscience. Celui qui vous suggère d'oser les questions que vous ne vous êtes jamais autorisé à vous poser sur vous et sur votre vie ?

Au sein de la Numérologie humaniste, les nombres ne sont pas là pour vous abreuver de soi-disant "bonnes réponses". Ils sont plutôt là pour vous inviter à vous poser de nouvelles questions vous concernant et concernant votre manière d'aborder votre vie. Ils sont là pour donner vie à vos demandes d'une meilleure relation à vous-même, aux autres et au monde.

Les nombres ne sont pas là pour répondre à vos éventuels désirs d'une consommation béate de vérités bien calibrées. Toutes ces vérités bien empaquetées censées déterminer votre identité, vos particularités, votre caractère et tout ce qui vous est propre. Toutes ces "infos-vérités" qui ne font que vous piéger dans la définition des choses de votre être ou de votre vie !

Les nombres sont là pour vous aider... à arrêter d'être dépendant du spécialiste qui va vous "momifier" dans un portrait qui reste surtout fonction de son propre regard (comme le photographe qui vous regarde à travers un objectif qui se révèle surtout subjectif !).

Les nombres vous invitent à vous distancier du spécialiste qui vous pousse à une prise de conscience qui se révèle être surtout un calibrage de "bonne conscience" ou un "formatage" de ce qu'il estime, pour lui, la bonne option, le bon choix. Sa bonne conscience à lui, ne peut pas grand-chose pour votre ouverture de conscience !

Si vous désirez vous regarder dans le miroir des nombres, osez accepter qu'ils vous posent certaines questions, dérangeantes parfois, interpellantes souvent, ou tout simplement percutantes...

Les réponses-étiquettes, tout juste bonnes à combler chez vous un petit creux ou une petite faim intellectuelle, ne vous mèneront pas bien loin.

Peut-être ne souhaitez-vous pas aller très loin ! Peut-être désirez-vous rester planté, là où la famille, le couple, votre profession ou votre vie vous ont mis ! Peut-être souhaitez-vous vous aligner (au garde-à-vous) sur les mots qu'on met sur vous... alors prenez garde à vous !

Peut-être préférez-vous de bonnes réponses bien affirmées, des modes d'emploi qui ne vous remettent pas en question ?

Dans ces cas-là, ce livre vous sera d'une piètre utilité... à moins que votre curiosité vous amène à oser accueillir ce que ces pages ont à vous proposer. Car elles vous offrent des pistes et des questions qui vous invitent à vous confronter à ce qui se joue en vous, à ce qui cherche à s'exprimer dans votre vie, à ce qui est là depuis longtemps... mais à quoi votre conscience n'ose peut-être pas encore se connecter, se relier.

Votre "internet intérieur" est riche de messages décoiffants et de sollicitations codées. Imaginez que la plus grande utilité, ou que le plus grand cadeau des nombres en tant que symboles, soient de vous amener à reconsidérer vos vieilles vérités, vous réapproprier vos désirs, oser vos propres questionnements (bien à vous).

Tout cela est à votre libre disposition pour vous aider à vous mettre en marche vers votre centre le plus authentique. En osant vous aventurer au-delà de tous les schémas isolants, et de toutes ces couches soi-disant protectrices dont vous avez entouré votre lumière intérieure, vos élans les plus sincères et vos inspirations les plus belles.

Mon désir, en me faisant humblement le traducteur subjectif des messages des nombres (qui dépassent raison et dogmatisation), est de vous transmettre cette dynamique de questionnement et de recherche concernant votre être profond, votre vie essentielle et le sens de celle-ci.

Mon désir est de vous inviter à rencontrer votre vérité intérieure la plus pure, la plus intense, la plus riche d'amour et de créativité.

Vos vérités sont à vous. Elles vous appartiennent totalement, du moins je vous le souhaite ! Vos choix d'expérimenter ou non d'autres horizons, d'autres options, d'autres "certitudes" que les vôtres aujourd'hui, vous appartiennent pleinement.

Osez prendre le risque d'aller vers vous-même, de mieux vous écouter, de mieux vous aimer. Et si finalement vous n'aviez de comptes à rendre à personne d'autre qu'à vous-même... et à votre conscience ?

L'aventure consistant à tenter d'établir une autre relation avec vous-même n'est pas toujours de tout repos ! Cette aventure peut tout simplement vous mener au-delà des images que vous vous êtes forgées de vous-même, ou des écrans que vous avez installés entre les yeux de votre conscience et ce qu'ils pourraient observer chez vous. Toutes ces particularités, toutes ces réalités, peuvent se révéler non conformes aux beaux scénarios, ou au grand cinéma, prémâchés par les désirs de vos parents, de vos ancêtres et de ceux qui vous accompagnent actuellement dans votre vie...

Le plus beau cadeau, à mon avis, que puissent vous offrir les nombres, est de vous donner envie de vous poser des questions vous concernant, qui soient source d'avancement et d'évolution. C'est-à-dire des questions sous-tendant un travail effectif sur vous-même, sur vos habitudes de vie, vos systèmes de fuites, vos évitements, vos mensonges à vous-même, vos marchandages intérieurs multiples, vos rigidités... et ces luttes intestines qui vous tordent parfois les boyaux !

Vous êtes invité à oser faire des analogies significatives, à recréer des liens intimes entre les parties de votre intimité morcelée et les élans paradoxaux de vos personnages intérieurs. Vous êtes invité à changer votre regard sur vous-même et à tenter une autre façon de considérer votre vie.

En un mot, les nombres par leurs questionnements variés, parfois inconfortables, parfois humoristiques et toujours libres, peuvent vous aider à :

- amplifier vos prises de conscience concernant la manière dont vous prenez ou non votre place au cœur de votre vie,
- faire de nouveaux pas et oser d'autres expériences, d'autres positionnements, d'autres libérations,
- mieux vous aimer, vous respecter et vous faire respecter,
- connecter votre pouvoir intérieur, pacifique et mature, et développer votre souveraineté personnelle sur votre vie.

Je le répète, les questions offertes par les nombres, au sein de cette numérologie humaniste, ne sont pas là pour vous conditionner en quoi que ce soit, ou pour vous emprisonner dans une quelconque "pensée unique" ou système manipulatoire. Ce serait plutôt, et totalement, l'inverse !

Questionnement, dialogue, observation, en votre âme et conscience, ou entre votre tête et votre conscience, sont à votre LIBRE DISPOSITION.

Auto-questionnement, dialogue intérieur, fête aux surprises, émotions, et pistes de libération sont au menu. Bon appétit !

Juillet 2003. Aussois (Savoie)

Introduction

Rien ne semble vrai
qui ne puisse sembler faux.
MONTAIGNE

Depuis l'origine des temps, les nombres sont porteurs de symboles. Ils ont été utilisés dans les rituels magiques, dans les cérémonies religieuses et dans les textes sacrés. Ils sont aussi venus à nous à travers un certain nombre de pratiques divinatoires.

Les nombres, au sein de la pratique de ce qui s'est appelé "Numérologie" au début de ce siècle, ont été utilisés et traduits principalement comme supports prévisionnels. Prédire des événements, prévoir les ambiances de certaines périodes, dépeindre des tranches de vie passées ou futures, telles ont été, longtemps, les principales préoccupations des praticiens numérologues.

Petit à petit la description du caractère, les classifications par types comportementaux, sont apparues dans le discours numérologique.

Depuis une quinzaine d'années, une orientation plus psychologique, voire énergétique a vu le jour, ainsi qu'une démarche plus spirituelle et une réflexion éthique.

Certains numérologues ont commencé à se poser des questions par rapport à cet outil qui s'étoffait au fil des ans et des recherches.

Ils ont choisi de sortir la Numérologie du piège des prévisions, quitte à déplaire à un certain public d'accros "d'évènementiel". Ils ont cherché à développer les aspects évolutifs des messages des nombres et toutes les pistes propices au développement personnel qu'ils mettent si largement à notre disposition.

L'art divinatoire numérologique est devenu l'art de deviner les pistes de travail sur soi, de deviner les suggestions qui permettront au consultant de faire des liens de sens nouveaux pour mieux confronter sa réalité et mieux décoder les mécanismes internes qui interviennent dans sa relation à lui-même, aux autres et à la vie.

En résumé : La Numérologie humaniste est-elle un art divinatoire ?

C'est l'art de deviner les questions utiles et les suggestions fiables à mettre à la libre disposition de celles et ceux qui sont prêts à faire réellement quelque chose pour eux-mêmes, et à oser tenter un autre regard sur eux-mêmes et sur leur vie. C'est-à-dire tenter l'aventure de la vraie rencontre avec ce qui se vit en eux...

Ainsi, est née la numérologie humaniste qui invite à plus de responsabilisation, et encourage le consultant à effectuer un certain travail sur lui-même, fait de questionnement, d'observation, d'expérimentation et de recherche de compréhension de son monde intérieur et de son fonctionnement intime.

Aujourd'hui, nous arrivons à une nouvelle phase : les messages des nombres peuvent être mis au service de la relation d'aide, et être utilisés dans l'accompagnement psychothérapeutique.

La Numérologie humaniste, à quoi sert-elle ?

La Numérologie humaniste est un art, l'art d'aider les autres. C'est un art de traduction et d'interprétation des nombres. Un art qui met les messages des nombres à la portée de celles et ceux qui veulent avancer dans la connaissance d'eux-mêmes et pour qui le travail sur soi n'est pas un "sport" inutile !

C'est alors que la numérologie peut devenir un moyen précieux de rencontre de ses propres lumières et de ses propres ombres, un outil surprenant de transformation intérieure.

La Numérologie humaniste vous offre un accompagnement personnalisé qui peut vous aider à :

- reconnaître vos potentialités, vos dons et richesses personnelles multiples ;
- découvrir vos croyances nocives, vos habitudes aliénantes et vos auto-sabotages ;
- lâcher ce qui vous parasite : ressentiment, culpabilité, regrets ;
- mieux être à l'écoute de vous-même, de vos intuitions, de vos sensations, de vos affects ;
- faire des liens de sens au cœur de votre vie, et mettre en lumière vos reproductions familiales et vos fidélités transgénérationnelles limitatives que vous pouvez avoir tendance à remettre au goût du jour !
- mieux trouver votre place dans votre famille, dans votre corps, dans votre cadre professionnel et dans vos divers cadres de vie ;
- reconsidérer vos propres mécanismes de défense inconscients, si énergétivores, et vos systèmes de fuites, évitements, mise en

dépendance... et autres “biberons relationnels” ou asservissements déguisés ;
- traverser vos peurs et rencontrer vos désirs et reconsidérer l’énergie que ces peurs camouflent ;
- identifier vos projections sur les autres ;
- répondre à vos propres besoins de sécurité, d’affection, de reconnaissance et d’accomplissement personnel ;
- être à l’écoute de vos rythmes mentaux, affectifs et physiques.

Elle vous invite aussi à :
- développer votre libre arbitre et mieux assumer vos choix ;
- travailler sur vous et récupérer votre pouvoir sur votre vie ;
- prendre une part plus active à votre cheminement personnel ;
- vous offrir plus de moments de liberté et de créativité ;
- mieux cerner ce que vous avez vraiment envie de faire, et vous engager dans une démarche constructive et une meilleure confiance en vous ;
- vous désintoxiquer des “prédictions négatives” ou prévisions inductives, ainsi que de votre éventuel besoin de vous laisser définir par d’autres vos états d’âmes, votre futur, votre profession, etc. ;
- vous libérer de la soumission aux injonctions des spécialistes, et ne plus cautionner leur “mise en étiquette”, ou autres standardisations rationnelles.

Enfin, elle vous offre la possibilité :
- de donner plus clairement vous-même un sens à votre propre vie ;
- d’élargir votre horizon de conscience et écouter votre guide intérieur ;
- d’oser changer, c’est-à-dire prendre le risque de vous transformer et de changer votre programme intérieur...

La Numérologie humaniste vous invite, en résumé, à être l’arbitre éclairé de votre propre vie, en développant vos sources d’éveil, d’harmonie et d’ouverture spirituelle.

Elle vous suggère d’avancer en conscience dans le sens de quelques-unes de ces pistes. Même si elle ne vous aide qu’à vous “mettre en marche”, c’est déjà une réussite en soi. C’est une étape salutaire vers un mieux-être, un tremplin pour vous aider à mieux vous aimer, à mieux vous construire et vivre plus pleinement.

Elle peut vous accompagner favorablement dans un processus de libération intérieure qui vous demande d’assumer pleinement vos propres choix... en toute conscience !

A partir de quels outils techniques se pratique la Numérologie humaniste ?

Comment traduire et utiliser les nombres de manière satisfaisante au sein de cet art psychologique et spirituel ?

Je m'efforcerai de répondre le plus clairement possible à ces questions au fil de cet ouvrage présentant quelques aspects de cette nouvelle méthode.

Avant d'aborder la structure technique proprement dite de la Numérologie humaniste, avec ses calculs, ses tableaux, ses pistes et suggestions, il me paraît important de poser certaines bases éthiques et soumettre à votre libre arbitre un certain nombre de réflexions concernant l'utilisation et la traduction des nombres. Outre ces réflexions, je vous propose en fin d'ouvrage la Charte éthique résumée de la Numérologie humaniste.

Ce questionnement peut aussi concerner d'autres techniques visant à vous aider à mieux vous découvrir, dans vos comportements, vos attitudes et vos perceptions de vous-même.

Et si on s'autorisait quelques réflexions concernant le sens de la pratique d'aide numérologique ?

Dans les mains du Numérologue humaniste, les nombres sont des outils d'accompagnement personnel. Ils deviennent propices au changement intérieur, sont à la disposition de toute personne désirant faire un travail sur elle, et donner un sens à sa vie.

Concernant ce type de relation d'aide, des questions se posent :

- Comment peut-on aider l'autre à donner sens à sa vie ?
- Comment orienter son cheminement dans un sens qui convienne mieux à sa nature profonde, et favorise son épanouissement personnel ?
- Comment aider l'autre à changer de sens sur son chemin de vie, lorsqu'il sent qu'il n'avance pas, ou qu'il n'est pas en amour avec lui-même ?
- Comment aider l'autre à se libérer de ses comportements limitatifs, de sa façon d'être "suicidaire", ou de ses habitudes aliénantes ?
- Comment le rendre plus habile à se donner des conseils à lui-même ?
- Comment répondre à sa demande d'aide qui, la plupart du temps n'est pas ce qu'elle semble être. L'autre est-il prêt à changer, à se transformer ?

– Comment introduire, en tant qu'aidant, sa propre sensibilité, sa propre spécificité, sans lesquelles il ne peut y avoir de compréhension réelle des choses qui se jouent chez l'autre ?
– Comment s'occuper du manque plus ou moins exprimé chez l'autre... alors que ce manque ne peut pas être comblé par des conseils directifs et savants, ou des exportations de l'expérience du spécialiste ?

Manque, vide ou souffrance ne peuvent, finalement, être comblés que par la personne qui ressent ce vide ou vit cette souffrance...

Des nombres pour accompagner l'autre... mais dans quel sens ?

Le Numérologue humaniste aide son client à donner un sens à sa vie. Mais, dans quel sens travaille-t-il réellement ? Sa démarche va-t-elle dans le sens d'une plus grande liberté, d'une plus grande créativité possible pour l'aidé ? Afin que celui-ci ne reste pas dans son habituelle soumission aux décisions de ceux qui sont censés savoir à sa place ?

Lorsque le Numérologue, l'Astrologue, le Graphologue, le Tarologue, le Psychothérapeute ou le Médecin, en un mot le "Spécialiste", décide de son propre chef du sens de l'existence du patient, du consultant, il y a, en quelque sorte, manipulation de celui-ci, et maltraitance de son monde intérieur.

Cette mise en dépendance aliène d'autant plus que le patient, enfermé dans ses limitations et ses peurs, se laisse facilement entraîner dans cet assujettissement psychologique généralisé, dans cette soumission étonnante à la blouse blanche, au scientifique diplômé ou spécialiste attitré !

Une question déontologique se pose alors : en agissant ainsi, le "Spécialiste" ne viole-t-il pas l'intimité profonde de l'aidé, là où il n'y a que lui qui puisse décemment donner un sens à sa propre vie ? Là, où lui seul est habilité à décider ou non de changer de sens sur sa trajectoire personnelle. Là, où c'est lui seul qui avance ou recule, lui seul qui fait du surplace... en fonction de ses choix intérieurs et de ses scénarios réactivés et de son environnement familial et affectif.

Lorsque le "Conseilleur-aidant" utilise des injonctions absolues, des grilles interprétatives affirmatives pour donner, voire imposer des conseils péremptoires ou des diagnostics non discutables... n' y a-t-il pas danger pour le consultant ?

Le sujet qui s'expose à de telles pratiques n'encoure-t-il pas le risque d'une belle "pollution mentale", préjudiciable à sa santé psychologique, voire physique ?

Dans le sens du renforcement de la dépendance et de l'assistanat ?

Lorsque la démarche de l'Expert en Nombres, en Astres, en Graphismes, ou en maladies, va dans le sens de maintenir l'aidé dans sa dépendance au savoir de celui "qui sait ce qui est bon pour lui", que se passe-t-il ?

Il se passe beaucoup de choses peu épanouissantes pour le client ! En particulier, quand transparaissent diverses prises de pouvoir sur ceux qui se mettent ainsi sous dépendance. Et deviennent des "accros" du conseil, des "accros" de la demande jamais satisfaite, jamais comblée...

Quel rôle joue celui qui décide, à la place du consultant, du sens de ce qu'il est censé vivre ou ressentir ? Ce rôle de "Directeur de conscience" ou de "manipulateur de l'esprit", ne me paraît pas vraiment correspondre à une pratique humaniste, en phase avec ce changement de millénaire déjà effectué. Nous sommes très loin de cette évolution d'éthique et de ces prises de conscience qui se développent chaque jour un peu plus !

Le spécialiste qui continuerait à jouer le distributeur de vérités absolues et non discutables, aiderait surtout l'aidé(e) à rester un(e) assisté(e), ou un consommateur automate, peu responsable. Sa démarche irait alors dans le sens de continuer à fournir à l'aidé son "biberon-drogue", au fil d'une dangereuse accoutumance à des programmes imposés, à des vérités calibrées, et à tous ces "sens obligatoires" qu'on a concoctés pour lui. Sans trop lui demander son avis !

Interprétation péremptoire = abus de pouvoir ?

Il me semble que si le rôle du thérapeute est d'aider son client à voir plus clair en lui-même, il n'y a que ce dernier qui puisse donner réellement un sens à ce qu'il vit, à ce qu'il ressent et décèle en lui.

Il est clair que derrière l'interprétation péremptoire des messages des nombres, des astres, des tests ou des analyses, se cache un pouvoir inconscient pris sur la vie de ceux qu'ils concernent.

L'analyseur-spécialiste perçoit le monde de l'aidé principalement à la lumière du sien (pas toujours très clair), plutôt que tel qu'il est réellement perçu et vécu par le client.

Le sens qu'il propose à l'aidé est tributaire du sens qu'il donne à sa propre vie et à son travail de thérapeute. Il défend ce qui est es-sen-tiel pour lui-même. Le sens de ce qu'il évoque passe à travers ses propres filtres mobiles et subjectifs, ainsi qu'à travers ses propres tares, peurs ou angoisses. L'aidant qui utilise l'interprétation comme une vérité absolue abuse de son rôle et de son pouvoir sur l'aidé… qui devrait alors s'exclamer : “Au secours, à l'aide !”

Dans le sens d'aider à retrouver le pouvoir sur sa vie…

Il me semble que le rôle du Numérologue n'est pas d'expliquer logiquement un comportement, mais plutôt d'aider le client à vaincre sa peur d'affronter ce qui se passe en lui-même. Sa démarche essentielle n'est pas de justifier rationnellement des théories, mais d'être vraiment disponible et à l'écoute de son client et de son monde intérieur subtil et mouvant.

Ainsi, son rôle est surtout de lui favoriser l'accès à sa vérité intérieure, afin qu'il puisse lui-même donner un sens à sa conduite, à sa manière d'être . Son rôle est de mettre à la libre-disposition de ce client un sens, ou des éléments porteurs de sens qui correspondent à l'étape présente de son cheminement. Un sens qui ne soit pas un “produit d'importation dominant”, à consommer les yeux ou la conscience fermés. Un sens qui soit lié à sa propre expérience de vie, à son propre éveil de conscience.

Je crois profondément qu'aucun être humain ne devrait donner le pouvoir à un thérapeute, ou à quiconque, de définir un sens à sa vie, d'expliquer ou d'interpréter de façon péremptoire ses paroles ou ses actes, ce qui revient à le laisser formater sa vie !

Le Numérologue humaniste choisit d'aller dans le sens d'inviter son client à récupérer son pouvoir sur sa vie. Il lui suggère de développer son libre arbitre et de s'autoriser plus de souveraineté intérieure.

Il l'invite à considérer que devant lui se trouvent beaucoup plus de possibles qu'il ne le croit. Il l'aide à découvrir qu'il a le choix d'amplifier, ou non, sa créativité. Et d'utiliser, ou non, sa puissance intérieure, souvent bien endormie !

Favoriser une démarche plus autonome et plus responsable

C'est lorsque le numérologue accompagne l'aidé vers plus d'autonomie et de liberté d'action, que celui-ci peut créer du sens, apprivoiser ses alliés intérieurs, et se libérer de certains nœuds émotionnels. C'est ainsi qu'il pourra mieux utiliser ses potentialités latentes et devenir “Maître-constructeur” de sa propre vie. C'est ainsi qu'il pourra faire des choix plus lucides et deviendra plus responsable quant à la direction... et au sens à donner lui-même à sa vie.

Les pistes offertes par les nombres peuvent devenir des instruments de croissance et de renaissance, au lieu de sous-tendre des mécanismes d'aliénation ou de mystification !

Inviter l'aidé à prendre la bonne direction... des opérations dans sa vie

C'est peut-être lorsque le thérapeute assume ses propres "non-sens", et prend la responsabilité de ses propres imperfections et mécanismes de défense, qu'il devient en mesure d'éviter de projeter ses peurs et programmes personnels sur son patient.

Il ne fuit plus son malaise intérieur non reconnu. Il est ainsi moins enclin à compenser cette faiblesse en se réfugiant dans des rôles de "pouvoir sur autrui". Tous ces rôles dommageables qui l'amènent généralement à pratiquer l'interprétation abusive, le jugement, la comparaison et la standardisation !

Le donneur de sens vit-il aux dépens de celui qui l'écoute ? Et pour qui joue-t-il le distributeur des sens, déguisé en "pompe à essence" incontournable ! En faisant cela, ne lui "pompe-t-il pas l'air" qui lui permettrait de respirer plus librement, et d'avancer plus sûrement !

L'aidant qui comprend le sens, prend-il les choses dans le bon sens ?

Rien de plus piégeant et de plus nocif qu'un thérapeute qui "comprend" le sens de toutes choses concernant l'aidé ! Cela rend l'aidé encore plus dépendant de son "donneur de sens universel".

Un peu de bon sens, bon sang ! Nous sommes encore dans une histoire de "pouvoir sur" plutôt que "pouvoir se"... Choisissons enfin le fameux "pouvoir se", il est si vitalisant, si épanouissant ! Il se décline ainsi : pouvoir se connaître, pouvoir se respecter, pouvoir se construire, pouvoir s'aimer...

Chercher le "pouvoir sur l'autre", sur l'essence de l'autre, est une piste trompeuse et malsaine. Elle témoigne de la difficulté intérieure dans laquelle le chercheur de "pouvoir sur" se débat, bien souvent dans sa propre jungle intérieure. Cherchons plutôt à aider l'autre à développer lui-même sa capacité à se définir, se réaliser, se transformer... lui-même !

Ainsi, pour le Numérologue, il paraît plus utile et plus sage de renouer avec son propre centre et l'essentiel en lui-même, plutôt que de se perdre dans la fuite active qu'est la domination de l'autre, des autres. Une manipulation, qui resterait à l'image des manipulations intérieures entretenues finalement avec lui-même !

Retrouver son pouvoir sur sa vie et la capacité de se réaliser de façon responsable et autonome, n'exclut pas la nécessité d'une aide non directive à certaines phases du cheminement personnel.

Aider le consultant à créer du sens

C'est en créant du sens que le sujet pourra faire les liens au cœur de ce qu'il vit. Et ces liens lui ouvriront des portes, en déliant ses propres garrots ou "barbelés intérieurs".

Il pourra avancer en s'autorisant à relier ce qui se passe à l'extérieur de lui-même, et ce qui se vit en lui. Il pourra faire des liens entre son passé et ce qu'il reproduit aujourd'hui, généralement inconsciemment.

Il effectuera des liens entre les secrets de sa famille, les programmes trans-générationnels qu'il rejoue habituellement, et certaines des reproductions ou somatisations présentes qu'il favorise tranquillement !

Il prendra conscience des liens qui coexistent entre ses "sens interdits" du passé et sa "renais-sance" possible aujourd'hui.

Le sujet pourra s'offrir de faire des liens de sens pour reconnecter son énergie et lui donner la possibilité de circuler plus librement. Il abandonnera les emprisonnements mentaux qui l'étranglent.

Il pourra alors s'orienter vers une démarche sensible et basée sur le dialogue. C'est ainsi que le numérologue humaniste peut permettre à son client de faire des liens de sens fructueux, afin qu'il puisse se recentrer, se retrouver... et non se perdre dans son labyrinthe intérieur ou se disperser dans tous les sens !

Vous aider à vous poser les bonnes questions...

La Numérologie humaniste a essentiellement pour rôle de vous aider à rencontrer votre vraie nature. Elle vous offre la possibilité de vous poser des questions essentielles, propres à vous amener à mieux délier vos "fils à la patte" familiaux, religieux ou autres. Elle vous incite à vous libérer de vos auto-sabotages officiels et de vos "suicides à petit-feu" non remboursés par la Sécurité sociale !

Cette méthode est évolutive. Elle vous invite à faire le deuil de vos diverses "loyautés" à tous ces vieux freins, à ces vieilles charges et reproductions familiales qui vous collent à la peau, au cœur et à l'esprit ! C'est-à-dire, aussi, lâcher vos scénarios sado-maso, et vous libérer de vos programmes de rédemption par la souffrance !

Les nombres sont ici à votre disposition pour réveiller en vous le Créateur de sens, ou le "Maître du bon sens", qui dorment au fond de vous-même.

La Numérologie humaniste vous invite à vous poser les questions qui vous feront avancer, plutôt que de consommer de "bonnes réponses" préemballées, qui ne feront que vous figer sur place !

Des hypothèses à disposition

Les messages des nombres sont à considérer comme des scénarios à disposition, des catalyseurs en libre-service, des éclairages interactifs.

Le but de la démarche est finalement de vous aider à apprendre, au quotidien, à écouter vos vérités profondes. Être en phase intimement avec vous-même, nécessite un long apprentissage. C'est un travail sur soi dont vous ne pouvez faire l'économie ! En laissant les autres faire vos "exercices", vos "tests initiatiques", à votre place, vous n'avancerez pas d'un pouce !

La Numérologie humaniste est là pour vous aider à OSER vous prendre plus largement en charge, et assumer consciemment vos choix sur le chemin d'évolution qui est le vôtre.

Elle vous invite à l'aventure vers vous-même, au plus profond de votre intimité. Une aventure qui, bien évidemment, ne peut se programmer, se mettre en boîte ou en fiches préétablies ! A moins que vous ayez envie de déclarer forfait dès le départ et de vous renier lamentablement... en abandonnant vos ressources et richesses intérieures, et en les bradant au plus offrant.

Abandonner votre capacité à vous positionner, et à faire vos choix, dans les mains du premier "Spécialiste" ou première autorité venue, est un sabordage qui n'honore pas "l'héritage divin" qui rayonne en vous.

La Numérologie, l'Astrologie ou la Graphologie, lorsqu'elles sont pratiquées en conscience, ne sont pas utilisées pour déterminer quelque comportement que ce soit, ou pour imposer votre portrait figé, ou la "photo d'identité" de votre être, de votre caractère classifié, ou de votre personnalité mise en boîte. Ou alors, méfiez-vous en !

Ces injonctions et ces étiquettes ont des effets secondaires toxiques à plus ou moins long terme. L'intérêt ou la richesse de ces méthodes est, non pas de vous déclarer "qui vous êtes", ou "qui vous seriez", mais de mettre à votre libre-disposition des pistes vous permettant d'aller vous-même à la rencontre de qui vous êtes.

La richesse de la démarche consiste surtout à vous accompagner en vous aidant à ouvrir des portes sur de nouveaux chemins vers vous-même. Cela me paraît être une opportunité inestimable, un cadeau humaniste...

Des traductions des nombres à l'image de votre relation à vous-même

"La vie dépend du point de vue qu'on a sur elle", disait Lao Tseu.

La réalité vous apparaît surtout en fonction de la façon dont vous considérez le monde, et de la manière dont vous vous reliez à lui.

Votre réalité est à l'image de votre relation à vous-même. Les événements qui vous concernent sont le reflet de votre vision des choses, de votre plus ou moins grande foi en vous-même, de vos postulats intérieurs. Ce qui vous arrive est finalement le miroir vivant de vos propres scénarios, de vos croyances, de vos idées ou programmes.

Vos pensées sont des forces. Vos modes de penser ont une incidence directe sur votre réalité, sur votre vécu. Et la réalité vous met souvent devant les yeux ce que vos réussites intérieures ont préalablement demandé ou concocté. Ce que vous vivez vous présente (ou représente) aussi ce que vos échecs intérieurs ont induit, ce que vos saboteurs intérieurs ont projeté, et mis en place !

Votre vie vous ressemble, dirait le Sage ! Votre pratique numérologique, astrologique ou autre, vous ressemble aussi...

La coloration des nombres, leur aspect dit "positif" ou dit "négatif", les côtés sympathiques ou antipathiques de leurs messages, sont fonction de votre manière de vous relier à ces nombres. Votre lecture sera fonction de votre manière de projeter sur eux vos "poubelles intérieures" ou vos "paradis perdus", vos problèmes non résolus ou vos lucidités acquises.

Vos interprétations sont la réplique exacte des "teintes ou colorations" que vous leur prêtez, à travers vos petits filtres et vos "étalonneurs" personnels. A l'aide de vos lunettes psychiques, de vos verre-ités intérieures plus ou moins greffées, plus ou moins lestées... Et plus ou moins à vous !

Le message du nombre une fois traduit, vous pouvez l'utiliser pour vous, c'est-à-dire en votre faveur. Vous pouvez aussi l'utiliser contre vous ! ... A vous de choisir ! Comme on dit : "C'est vous qui voyez !"

Si je tiens ma fourchette à l'envers, elle risque de se planter dans la paume de ma main. Il ne tient qu'à moi de la tenir à l'endroit... Et je n'aurai ainsi pas à me plaindre de mon coup de fourchette !

Si j'utilise ma méthode ou ma technique contre moi-même ou contre l'autre, je ne peux en rejeter la faute sur la technique !

Combien de fois les Nombres, ou les Astres, sont-ils pris ainsi en otages ?

Combien de fois sont-ils "exploités" dans des "transactions mortifères", dans des "manipulations malvenues" ?

Si j'utilise ma science sans conscience, à moi d'en assumer les conséquences, sans chercher à me cacher derrière un outil. Un outil qui reste surtout au service de mes choix intérieurs, plus ou moins conscients et plus ou moins matures. Parfois ce qui se veut à mon service prend des allures de "self-sévices" ! Je ne peux alors m'en prendre qu'à moi-même...

Ainsi, les messages, plus ou moins sages, des nombres sont à l'image de vos habitudes de fonctionnement. Ils reflètent vos constructions ou vos démolitions, vos autorisations ou vos interdits, vos espoirs ou vos peurs.

Les messages des nombres sont surtout là pour vous accompagner au sein de votre petit monde intérieur, pour vous permettre de mieux le rencontrer, l'écouter. Ils constituent autant d'évocations vous invitant à oser changer, oser transformer ce qui vous limite, ou met à mal vos échanges d'amour avec votre monde intime aux richesses souvent oubliées ou reniées.

Des nombres qui offrent leurs évocations subtiles et libres...

Au cœur de la relation d'aide, les propositions des nombres sont à votre disposition pour vous faciliter mises en lumière et interpellations intimes.

Ils sont là pour amplifier les signes de la vie qui s'adressent à vous. Cela subtilement, au fil de votre cheminement, jalonné de surprises, d'aventures pédagogiques et de mises en situations initiatiques.

Le Numérologue humaniste et son client choisissent d'effectuer ensemble de fructueuses promenades au sein du "jardin intérieur" de ce dernier.

Le client ainsi accompagné part à la découverte de ce qui se vit en lui, au-delà de ses motivations conscientes et de ses habitudes mentales. Pour se rapprocher de son centre, là où naissent les sources de tout ce qui se joue d'essentiel dans sa vie.

C'est au patient lui-même de faire le choix de se connecter ou non avec ce qui habite son jardin émotionnel. A lui de rester sensible à ce qui se passe en lui-même.

C'est à lui de jardiner ou non ses massifs de potentialités, de marcher ou non sur ses plates-bandes plus ou moins entretenues, et de labourer ou non sa terre profonde. C'est à lui de faire de son paysage corporel et de ses puissances intérieures spirituelles, soit quelque chose qui le satisfasse pleinement, soit quelque chose qui le parasite, le diminue ou le détruise.

Aussi, ne laissez pas les nombres, ou ceux qui vous manipulent en leur nom, vous imposer une hypothétique photographie dite "objective" de votre jardin intérieur, sous forme de diagnostic arbitraire et discutable !

Quel intérêt avez-vous à vous mettre sous l'influence de telles projections et injonctions déresponsabilisantes ? Quel intérêt avez-vous à vous laisser "diagnostiquer" ainsi sous toutes les coutures ? Quel intérêt avez-vous de vous droguer de données ou de croyances mentalement aliénantes... sécrétées par des spécialistes, parfois pleins de bonne volonté !

Un intérêt qui peut rapporter gros... Mais, à qui ?

J'ai l'impression que parfois certains "Spécialistes" sont plus au service de leur technique, que du client ou du patient qu'ils sont censés aider. Dans une démarche humaniste, c'est l'humain qui passe en premier !

A la technique, ou à la méthode, de s'adapter à l'humain, et non l'inverse ! Et lorsque l'humain évolue, il reste à la technique de se dépêcher, elle aussi, d'évoluer. Une petite remise à neuf de temps en temps... Pour éviter d'avoir à aller se faire cuire un (n)œuf ?

Des nombres "accompagnateurs de voyage" au sein de votre monde intérieur ?

Et si les nombres avaient le pouvoir de se transformer en ouvreuses sympathiques de vos "Cinémas intérieurs" ? Leurs petites lumières pourraient vous éviter de rater certaines marches, ou de marcher sur les pieds de votre voisin. Cela serait déjà une aide appréciable ! Même s'il est possible de se dire, pour se consoler, lorsqu'on se prend une bonne claque ou si on estime avoir dramatiquement raté quelque chose, que toute expérience est une "bonne leçon" destinée aux perpétuels étudiants de la vie que nous sommes tous.

Essayez d'imaginer que ces "ouvreuses" soient là pour, discrètement, vous ouvrir des portes et élargir l'horizon de vos écrans panoramiques...

Des ouvreuses, non pas chargées de vous éloigner des malaises ou des insécurités qui vous habitent, mais plutôt disposées à vous offrir la possibilité d'ouvrir un peu plus grand les yeux sur votre vraie nature, vos scénarios ou vos choix de vie inconscients.

En effet, vous avez grandement intérêt à redécouvrir ce qui se cache derrière les barrières isolantes ou les écrans de vos habitudes "protectrices" anesthésiantes, souvent liées aux images "truquées" de vous-même.

Cela pour rencontrer ce qui cherche à se dire derrière tous les interdits, derrière tous les doubles-vitrages de vos lâchetés intérieures. Au-delà des multiples trahisons des "ennemis intérieurs" que vous nourrissez en vous-même, depuis parfois très longtemps !

Ces petits nombres vous encouragent tout simplement à vous lancer dans cette passionnante, mais difficile aventure de spéléo-introspection ou "spéléopération vérité" !

A vous de renouer avec vos libres créateurs intérieurs, vos réalisateurs ou scénaristes personnels. Ils ont le pouvoir de choisir leurs versions des nombreuses histoires qui restent possibles au sein de votre cinémathèque ou vidéoclub intime.

Les nombres n'ont aucun pouvoir préalable en ce qui concerne les scénarios de vos propres films de vie. Car vous êtes les chefs-réalisateurs attitrés de ces scénarios-là. Votre place se trouve au centre du générique de vos plus belles aventures, de vos plus belles créations multicolores...

Les discours sur vous-même... vous appartiennent !

Lorsqu'au nom des nombres quelqu'un s'arroge le droit de parler "sur vous", cela vous "charge" un peu plus. Pour avancer "plus léger", il vous reste à vous débarrasser de ce type de discours.

En fait, ce qui est dit vous concernant n'a que l'importance que vous choisissez finalement de lui donner. Tel discours n'a de réalité et de "vérité" que celles que vous lui accordez. Tel autre discours n'a d'influence sur vous que si vous vous le répétez à vous-même, et le laissez pourrir votre terrain intime. Réappropriez-vous votre parole au sujet de votre vie et de vous-même ! Et osez un minimum d'écologie intérieure...

Il est vrai que vos "petits saboteurs intérieurs" vous poussent parfois à vous mettre sous la dépendance de ces vérités d'importation. Et cela, bien souvent, pour vous donner tout simplement l'impression d'être reconnu et aimé. Alors que vous continuez à patauger au sein de marchandages affectifs aliénants... en croyant vous protéger dans des cadres faussement sécurisants (et surtout très étouffants !).

Peut-être préférez-vous finalement ces marchandages et ces cadres inhibiteurs, aux horizons inconnus vers lesquels vous conduiraient de réels positionnements ou de belles prises de risques ! Vous faites peut-être le choix de ne pas avoir à confronter vraiment le nouveau, l'inconnu, l'insécurisant... Vous préférez obéir à vos peurs et reculer lâchement, pliant sous le poids de charges qui ne vous appartiennent pas (et auxquelles vous vous soumettez). Tout cela pour éviter de vous retrouver seul, face à vous-même... Libre et léger ?

Il ne tient qu'à vous de reconsidérer les "informations" ou affirmations vous concernant, souvent badigeonnées d'un vernis "d'objectivité" ou de "rationalité". Autorisez-vous à ressentir et évaluer tout cela au seul regard de votre expérience et de votre conscience des choses les plus intimes.

En votre âme et confiance ? Une confiance en vous qui se jardine, s'apprivoise, se nourrit. Une confiance qui ensuite vous autonomise, vous dynamise... et peut vous aider à vous libérer de vos propres chaînes mentales et émotionnelles !

A vous, donc, d'adapter ou de modifier ces mises en catalogue et ces "conseils d'amis", comme bon vous semble ! Peut-être en vous autorisant plus librement à "zapper" avec tous vos petits programmes, conçus trop souvent pour vous éloigner de vous-même, ou de ce qui souffre, doute ou se disqualifie dans votre monde intérieur.

Oser vous fier à vous-même, c'est une manière de confronter vos ombres. N'oubliez pas que vos ombres sont vos meilleurs guides pour vous conduire à la lumière, à votre lumière. La confiance naît du rapprochement entre vos diverses facettes, même les plus étranges, les plus incohérentes... Et les plus paradoxales !

En mettant en relation intime vos composantes les plus "opposées", vous vous donnez les moyens de créer l'évènement, et de réveiller efficacement vos parcelles de conscience les plus endormies.

Les nombres restent toujours à votre libre disposition pour tisser ces liens intérieurs si vitaux, ces pistes de communication intimes. Vous offrant ainsi la possibilité d'accéder à un centrage, ou recentrage intérieur, aux bénéfices multiples...

Les nombres : des guides à choisir librement

Les pistes évoquées par les nombres sont à considérer avec lucidité et sagesse. Le rôle des nombres est aussi de vous aider à développer votre lucidité et votre sagesse. Mais, pas à n'importe quel prix ! Pas au prix de votre soumission infantile à leur aide "magique", via leur traducteur-numérologue. Pas au prix d'une obéissance aveugle aux conseils du "Spécialiste es-nombres" que vous choisissez de solliciter.

Se faire réellement aider, ce n'est pas suivre gentiment et aveuglément des "ordonnances" bien ficelées, des "drogues normatives" remballées ou des discours sur vous-même truffés de projections ou de jugements voilés !

Les nombres sont des petits guides à votre service et non l'inverse ! C'est vous qui leur donnez leur "habilitation". C'est vous qui les autorisez à jouer leur rôle de guide, pour vous. C'est vous qui les "embauchez". Alors, ne tolérez plus n'importe quoi !

Vous pouvez leur demander de l'aide sans vous aliéner. Vous pouvez utiliser le miroir qu'ils peuvent jouer, au service de votre belle conscience.

Leur aide est utile, surtout lorsqu'elle vous évite de vous perdre dans ces savants labyrinthes conçus par vos "ennemis intérieurs" si intelligents et si malins...

Leur aide vous est offerte pour vous encourager à contacter et surtout écouter votre "Maître intérieur". Faites-en bon usage pour vous libérer de la consommation béate de tout ce qu'on concocte "pour notre bien"...

Des messages pour vous aider à traverser vos peurs et descendre en vous-même

En fait, les nombres sont à la portée de votre conscience pour vous inviter à réveiller vos éclaireurs intérieurs endormis, et ne plus avoir peur... de vos peurs ! Ils vous proposent d'aller plus sereinement à la rencontre de vos désirs profonds, mieux connaître vos vrais besoins et devenir les magiciens de vos vies. Rien que ça !

Les nombres deviennent alors de subtils "Petits-princes" au service de vos "Belles-au-bois-dormant-intérieures". Ils se transforment en amis généreux ou accompagnateurs avisés, au sein de vos terres intimes, souvent si mal connues et si mal cultivées...

De même, il vous est possible de considérer les nombres comme de gentils guides de vos divers musées intimes. A vous de choisir vos tableaux, de les apprécier, de les aimer, pour mieux dialoguer avec eux, avec art et finesse.

A vous de changer, ou non, le regard que vous portez sur votre environnement intérieur et vos cadres de vie. A vous d'apprendre à relativiser toutes ces fameuses "conjonctures extérieures", sociales et économiques... Afin de redonner, enfin, sa juste place à votre puissance intérieure, si longtemps minimisée, bâillonnée ou camouflée sous les couvertures de vos "frilosités ordinaires".

Des nombres "conseillers-éducateurs" de votre classe verte intérieure ?

Les nombres, dans leur immense générosité, peuvent, si vous les y invitez, vous orienter vers une meilleure gestion de votre écologie intérieure. Ils peuvent jouer le rôle de conseillers-éducateurs de votre "colonie de vacances intime". Si vous les sollicitez, ils vous accompagneront au sein de cette "Classe verte" qui vit en vous. Une classe bruyante et animée de tous les jeux, chants ou cris, de vos turbulents marmots ou adolescents intérieurs.

A vous de rencontrer ces petits garçons et ces petites filles en vous-même. A vous d'oser vous relier à eux avec amour et tendresse. A vous de dialoguer avec eux, avec confiance et respect... En laissant aussi la parole à vos divers éducateurs intérieurs, ils ont tant de compassion et de tendresse envers vous. Ils ont tant de choses à vous dire !

Vos "conseillers-éducateurs intimes" ont, en effet, le pouvoir de vous aider à vous poser les questions essentielles sur vous-même. Des questions utiles à votre progression. Des questions propices à favoriser votre ouverture de conscience et votre libre créativité. Des invitations qui peuvent vous surprendre ou vous décoiffer. Des suggestions... qui peuvent vous poser question !

Votre vérité, votre vécu, vos options, n'appartiennent qu'à vous !

Les nombres peuvent parler à votre conscience profonde. Ils sont là pour faciliter votre démarche vers plus de lucidité et de libre arbitre. Alors, j'ose le répéter une fois de plus, ne vous laissez plus abuser par celles et ceux qui cherchent à vous imposer leurs traductions limitatives, négatives et névrotiques de votre propre vie.

Ne mettez pas votre relation à vous-même entre des mains qui n'hésitent pas à vous placer, et à vous enfermer, dans des moules standardisés, dans des emballages uniformisés. Des mains qui vous préparent pour une sacrée "congélation spirituelle" ?

Ne laissez pas l'autre choisir pour vous. Ne le laissez pas conduire votre vie pour vous. Ne lui laissez pas bêtement, et aveuglément, ce pouvoir sur vous... en vous abandonnant vous-même !

Méfiez-vous des abus de pouvoir. Méfiez-vous de ceux qui prétendent "savoir" mieux que vous ce qui vous concerne et ce qui est soi-disant "bon pour vous" ! Votre vie est à vous. Elle n'est qu'à vous. Ne la bradez pas au marché de ceux qui veulent en tirer profit... et vous reléguer au rang de marionnette soumise et conditionnable ?

Personne ne sait mieux que vous ce qui est bon pour vous.

Le Numérologue, lorsqu'il vous accompagne, n'est pas là pour décider à votre place de vos choix personnels et de vos options profondes. Son rôle essentiel est de vous aider à vous libérer de ce qui vous limite dans vos choix. Son rôle est de vous permettre de mieux repérer ce qui fait obstacle à votre transformation, ou ce qui vous empêche de vous orienter vers votre épanouissement... Et tout ce que vous pouvez souhaiter de mieux, comme par exemple "l'excellence dans votre vie" !

Ce praticien de la relation d'aide est là pour vous encourager à écouter et entendre vraiment la partie de vous-même qui sait tant de choses. Celle qui a tant d'amour à vous offrir, car elle est directement reliée au divin qui palpite au cœur de votre intimité.

En réalité, pour vous unir à votre centre lumineux, à votre "Soleil intérieur", il vous sera nécessaire d'éliminer les filtres ou cloisons intérieures, qui vous empêchent de communiquer intimement avec lui.

Ce travail d'architecture intérieure et de purification vous permettra de connaître enfin vos vrais besoins en vous connectant à vos désirs les plus profonds et les plus réels. Ce travail sur vous-même vous aidera à vous relier plus intuitivement (et moins mentalement !) aux motivations de votre âme, aux sources de votre vraie nature...

Des nombres libérés de la "Pensée unique"...

Il est clair que la vérité, "une, immuable et absolue" des messages des nombres, peut devenir une affirmation, voire un dogme, bien utile dans les mains des Numérologues (non dignes de ce nom !) qui cherchent à vous imposer leurs croyances et leurs conceptions personnelles.

Parfois, la recherche de rationalité vous est présentée comme un argument central au sein de ce type de discours manipulateur. Une "rationalité" utilisée souvent par celles et ceux qui ont peur d'être eux-mêmes, d'être sujets, c'est-à-dire subjectifs (et si subjectivement et humainement imparfaits !). Une rationalité-paravent... mise en avant par celles et ceux qui ont peur de ne pas être pris au sérieux par "manque d'objectivité", et qui ont peur de ne pas être reconnus... en parlant de leur ressenti, de leurs impressions profondes. Surtout lorsqu'elles diffèrent du discours scientifiquement ou politiquement correct... Comme s'il fallait que les choses soient "rationnelles" ou objectives, pour qu'elles aient de la valeur et soient considérées avec intérêt !

A vous de vous positionner face à ce qui vous rend dépendant des idées toutes faites et des programmes bien calibrés. A vous de vous laisser prendre, ou non, dans le moule d'une certaine "Pensée unique" !

Des nombres pour vous aider à vous remettre en cause

Et si les nombres avaient comme rôle si beau de vous offrir la possibilité de vous remettre en cause ? Et s'ils avaient comme intention de vous aider à prendre du recul vis-à-vis de vos schémas de pensée dépassés, changer vos vieux repères hors-service, renouveler vos habitudes périmées et vos anciens acquis devenus indigestes ?

Ils vous seraient alors très utiles pour vous dépolluer l'esprit de vos conditionnements mentaux aliénants, de vos dépendances psychiques, de vos trop sécurisantes accoutumances spirituelles.

Aussi, vous appartient-il de refuser ces "messages truqués" des nombres, traduits et distribués par ceux qui vous polluent avec leurs diagnostics culpabilisants, ou leurs injonctions péremptoires concernant votre réalité.

Loin des consignes obligatoires qui agissent comme des sous-produits de ces grands Principes imposés, il vous reste à observer les signes que vous fait la vie, dans ses synchronicités quotidiennes et au cœur de vous-même.

Il vous reste à percevoir ce que les propositions positives et évolutives des nombres éveillent en vous. Osez être sensible à cette résonance intérieure qui peut ranimer votre flamme spirituelle et redynamiser vos élans de conscience, engourdis par les conditionnements ambiants. Et osez la vraie vie...

Non aux nombres utilisés comme outils de manipulation !

Il me semble que les nombres resteront des outils de manipulation dans les mains des "Numérologues-diagnostiqueurs" ou "colleurs d'étiquettes", tant que ceux à qui ils s'adressent se laisseront conditionner par leurs évaluations abusives, et leurs dommageables classifications standardisées.

Tous ceux qui prennent en otages les nombres sages... Des nombres qui, finalement, n'ont rien demandé !

En fait, lorsque les nombres vous donnent un coup de main pour vous remettre en cause, vous pouvez leur dire un grand merci. Et les considérer comme de vrais alliés. Et non plus comme des flatteurs pervers s'amusant à vous "brosser dans le sens du poil" pour mieux vous endormir ou vous démobiliser.

Se "remettre en cause" se dit aussi, "se remettre en question"...

Les nombres vous invitent à vous poser de nouvelles questions au sujet de vos propres mécanismes psychologiques de cause à effet. Des effets qui ont parfois de si nombreuses causes... Alors on cause, on cause, et on en oublie les faits !

Les nombres vous amènent à prendre fait et cause de ce qui se vit en vous. Ils vous suggèrent de revenir aux faits, au vécu, à l'expérience sensible, à la présence lucide, à tout ce qui parle et palpite en vous ! Tout ce qui se passe, autant dans votre corps, votre cœur, que dans votre tête, ici et maintenant. Et si ça se passait de commentaires ?

Des nombres pour plus de liberté et d'autonomie

Et si les nombres étaient surtout là pour vous faire profiter du grand vent de liberté et d'autonomie superbe qu'ils vous offrent spontanément ?

Eh, oui ! Les nombres mettent à votre disposition des lumières sans artifice, pour que vous puissiez mieux rencontrer vos trésors intérieurs, et les faire fructifier beaucoup plus largement que ce que vous imaginez habituellement...

Mais, êtes-vous prêt à être à l'entière disposition de votre vraie nature créative et puissante ? Êtes-vous prêt à écouter ce qui a envie de s'exprimer du plus profond de vous-même ? Êtes-vous prêt à accueillir la force de vos désirs et de vos élans corporels, affectifs et spirituels ?

Êtes-vous prêt à vous relier intensément et totalement à la vie qui circule en vous ? Prêt à balayer vos croyances obsolètes, vos barrières-à-bonheur, vos systèmes anti-plaisir, vos freins à l'épanouissement, et tous vos interdits à l'extase ? Sans oublier vos tristounettes prisons de l'esprit !

Êtes-vous prêt... Le bonheur serait-il dans le prêt-à-porter spirituel ?

Si vous en prenez le risque, les nombres pourront jouer leur rôle d'assistants-libérateurs de vos "ghettos intérieurs" ou de vos prairies si belles. Ils pourront alors éveiller cet "esprit qui libère" et jouer favorablement les gentils pédagos de vos cercles des poètes disparus...

Enfin, ces nombres libérés au sein d'une Numérologie évolutive pourront prendre les couleurs de l'éveil et de l'ouverture de conscience. Ils deviendront des alliés pour élargir l'horizon des possibles, et favoriser l'orientation vers tous ces bienfaits qui n'attendent que vous dans votre quête du mieux-être.

Des nombres vecteurs de changement

Les nombres, dans leur rôle primordial sont des vecteurs de changements et de progression personnelle. Ils sont à votre disposition pour oser mieux vivre, pour oser changer ! Pour faire de notre progression sur cette planète une symphonie à réécrire tous les jours, à réinventer naturellement.

Merci, donc, à ces petits nombres d'être les musiciens inspirés de la Grande fête à la vie ! Au faîte de vos inspirations et au centre de vos tempo et palpitations les plus tendres.

Il vous reste le défi d'utiliser au mieux leurs pistes superbes, en prenant le chemin de votre propre lumière. Ces messagers d'amour seront alors pour vous source de plus grande maturité, de plus large conscience de ce qui se joue en vous et dans votre vie.

A ce titre, la Numérologie humaniste reste un art. Un art qui vous invite à mieux reconnaître et mieux accepter tout ce qui se joue en vous-même, à travers vous-même et autour de vous, dans votre vie.

Cet art est à votre libre disposition pour un dialogue profond avec votre monde intérieur, si vivant, si riche. Un monde qu'il vous est offert de découvrir plus largement, et d'aimer... plus librement !

* * *

Les suggestions de nombres de 0 à 9

Ne regarde pas le cours des astres
au point de manquer ta route sur la terre.

Proverbe chinois

Le Zéro. Nombre sans polarité

Ce "Zorro de l'invisible", ce potentiel infiniment puissant, vous invite à rencontrer dans votre vie ces énergies non-manifestées que vous avez laissées derrière vous.

Ce nombre vous suggère, en fait, de reconsidérer vos pôles de puissance oubliés, tous ces désirs dynamisants mis à l'écart pour des raisons de tranquillité ou de survie, au début de votre éducation et au cours du vécu familial et social de votre enfance.

Le Zéro vous propose de reconsidérer toutes ces richesses, tous ces "soleils", tous ces "volcans intérieurs" cachés ou occultés par le passé, en obéissance à des consignes, injonctions ou pressions éducatives, religieuses ou économiques.

Et si au fond de vos oubliettes intimes se cachait une mini-centrale nucléaire, qu'en feriez-vous ?

Le zéro vous invite à aller à la rencontre de votre puissance profonde, de vos pouvoirs cachés.

Parlons en images :

Imaginez un placard, bien fermé à double tour et dont vous auriez plus ou moins volontairement perdu la clé.

Imaginez que la curiosité de votre conscience en éveil et votre désir de vous épanouir, et de vous réaliser pleinement, vous poussent à recontacter ce qui a été nié, isolé, ou enfoui derrière cette porte close.

Imaginez encore que, derrière cette porte épaisse, continuent de vivre, de vibrer, de pulser, une énergie importante, des désirs oubliés, des capacités étonnantes.

Imaginez enfin que vous retrouviez les clés ou tentiez, tel Arsène Lupin, d'ouvrir habilement cette porte devenue si mystérieuse au fil du temps.

Que se passerait-il ?

Si c'est un gros projecteur qui a été placé dans ce placard, et qu'il s'allume automatiquement lorsque vous ouvez la porte, il y a à parier que vous serez, dans un premier temps, aveuglé et que vous fermerez les yeux... ou que vous fermerez la porte !

Vous passerez ainsi d'un instant de beaucoup trop de lumière à un trou noir (suite à l'aveuglement soudain), avant que vos yeux ne s'habituent.

Symboliquement, considérons que ce projecteur est un "soleil intérieur", réservoir immense d'énergie non exploitée physiquement, affectivement, mentalement (psychologiquement). Supposons que ce regard aveuglé est le regard de votre conscience qui cherche à avancer. Il en résulte un ou plusieurs passages que j'appelle des phases de "tout ou rien".

En effet, vous avez l'impression d'en avoir fait trop (trop osé), et en compensation (en balançoire) vous n'en faites plus asssez. Vous avez trop ouvert, vous refermez trop ! Vous en avez trop dit, vous ne dites plus rien ! Vous avez trop aimé, vous n'aimez plus du tout ! Vous avez été trop gourmand, vous martyrisez vos désirs gustatifs ! Vous avez trop fait l'amour... vous rentrez au couvent ? Etc.

Le zéro au sein de votre thème évoque tous les saints du paradis... et il est surtout le symbole du Dieu extérieur ou Dieu intérieur (selon votre croyance).

Plus posaïquement le zéro vous invite, là où il se trouve dans votre thème à oser "passer la barre", à oser confronter ces phases de fuite dans le "tout ou rien". Puis il vous suggère d'en faire une initiation profonde et fructueuse. Il vous encourage à trouver l'équilibre, à tenter cette voie du Tao qui conduit à l'ultime lumière, à l'ultime surprise...

Le zéro vous invite à vous poser ce genre de questions, généralement liées au domaine où aux pistes du nombre à côté duquel il se trouve (exemple 10, 20, 30 ou 2003, 2004, etc.) :

– Qui a été dérangé lorsque j'ai essayé jadis de mettre en œuvre des potentialités de type 1, 2 ou 3 (voir les 9 grands types de potentialités possibles avec les nombres de 1 à 9 adjaçants au zéro considéré) ?

– Qui serait perturbé ou mécontent si j'utilisais aujourd'hui ces dons, ces richesses intérieures vitales et spirituelles ?

– De quoi me suis-je senti coupable en essayant d'aller dans le sens de ces désirs-là ?"

– Quelles sont les peurs qui me freinent actuellement par rapport à l'utilisation ou réutilisation de ces potentialités-là ?

Ai-je peur que les nouvelles ouvertures de ma vieille porte vérouillée fassent exploser certaines choses, certaines barrières, certains repères figés, certaines fausses sécurités ou fausses tranquillités ?

Le zéro ne s'encombre pas des hésitations du labyrinthe mental, il n'a que faire de la logique : il parle de vie, d'amour inconditionnel, de liberté ultime, de transformation instantanée. Somme toute (et c'est le cas de le dire avec les zéros) des choses bien dérangeantes, bien déconcertantes, voire boulversantes et révolutionnaires. Des choses parfois qualifiées de "transgressions"...

Le zéro, tel un Orobouros personnalisé, invite à la révolution intérieure (pour enfin ne plus se mordre la queue ?). Le zéro incite à l'explosion des potentialités les plus belles.

Incite-t-il à la rebellion ? Transforme-t-il en cendres les vieux parapets de la "pensée unique" ou les cadres les plus frileux et les plus conventionnels ? A vous de voir...

Il peut transformer, parfois brutalement, la bonne conscience en vraie conscience des choses, en bonne ouverture de conscience ! Même enfermé, bâillonné, écrasé, le zéro continue à vivre, à rayonner, à pulser de plus belle ! Il évoque ainsi vos ressources insoupçonnées, vos élans les plus authentiques, vos atouts humains les plus forts et vos capacités spirituelles les plus illimitées.

Il vous rappelle gentiment vos origines divines, votre possible passé d'être éveillé ou de descendant d'êtres vivant sur d'autres plans... que le plan terrestre habituellement considéré.

Merci petit zéro ! Merci de tes immenses perspectives.

Ainsi, lorsqu'un zéro est là, vous êtes invité à laisser de côté vos scénarios rétrécis, vos idées trop calibrées, vos peurs trop bien orchestrées, et vos petites rambardes mentales... pour éventuellement laisser la place à l'incommensurable, à l'inespéré dans votre vie.

Le 1. Nombre yang-masculin

Le chef de file des nombres à un chiffre, droit et fier comme Artaban, vous suggère de vous dresser et de devenir enfin un "homme ou une femme debout".

Le 1, bien aligné et clairement tracé d'un trait principal et vertical, vous suggère de vous positionner clairement dans votre vie professionnelle, affective et spirituelle.

Le 1, image d'un axe, bien pointu, vous invite à développer votre capacité à vous centrer (à écouter en vous votre instance recentrante).

Ce nombre qui ressemble à une flèche qui montre la direction du nord (ou du ciel) vous encourage à bien entretenir (et suivre) votre boussole intérieure... pour ne pas perdre le nord dans votre avancement si beau. Il vous conseille de faire le point, de temps en temps, concernant les choses de votre vie. Et de ne pas hésiter à remettre certaines pendules à l'heure !

Il vous suggère d'oser votre désir d'être qui va vous permettre de dire réellement "Je" . Et ainsi devenir un peu plus votre propre référence (sans avoir à faire toujours la révérence ?). C'est-à-dire oser votre différence, vos spécificités in-contournables...

Le 1, avec son petit air de fusée Ariane, vous invite à décoller de vos vieilles habitudes, et à démarrer de nouveaux projets. Il vous conseille d'oser vous placer sur votre nouvelle rampe de lancement !

Placé à l'horizontale, il ressemble à une motrice de T.G.V. Et il vous propose de vous engager sur les rails qui correspondent à vos options personnelles. Mais pas trop vite, et pas tête baissée (T.G.V. = Tête grande volonté ? ou Trop grande vaillance... incontrôlée ?).

Le n°1 est en général le chef ou le meilleur. Celui qui se place au sommet du podium, de la hiérarchie, ou de la tour...

Aussi, le 1 vous suggère-t-il de vous placer devant, de développer vos capacités à être un chef (votre leadership). Et à oser foncer, en première ligne. Devant les troupes ?

Le 1, dressé comme un phare, vous propose de prendre conscience de vos vrais re-pères à l'horizon de votre vie. Et, bien sûr de ce qui s'est joué, ou se joue encore, dans votre relation à votre père, et à l'autorité. Ainsi qu'avec les personnes qui sont autour de vous dans une "fonction père" : les professeurs, les contrôleurs ou les gardiens des lois et consignes (gendarmes, juges), les patrons, pasteurs, prêcheurs ou autres "papas de substitution"...

Le 1 vous invite à considérer que ce père extérieur n'est qu'une borne, essentielle, il est vrai (même si votre père est borné !), et qu'il reste souhaitable que vous puissiez laisser grandir votre père intérieur. Celui qui vous aide à trouver votre identité, à prendre vos décisions et à confronter l'inconnu... et les difficultés de tout nouveau chemin.

C'est-à-dire l'in-contournable nécessité de revenir à soi, en soi, là où réside, là où essaie de se faire entendre, ce père intérieur si souvent affamé, dénigré ou délaissé ! Histoire d'apprendre à s'appartenir (sans père tenir ?) et d'oser lâcher certains re-pères pour s'en planter d'autres... sans se planter !

Le 1 vous invite aussi à :

- amplifier votre autonomie de pensée, d'action et de résolution ;
- développer votre capacité à prendre des décisions qui soient réellement les vôtres ;
- améliorer votre présence à vous-même et aux autres, dans l'ici et maintenant.

Ne restez pas les yeux rivés sur vos in-compétences. Modulez votre im-patience à être déjà arrivé avant d'être parti (sans parti pris ?).

Osez im-proviser. Osez vous in-téresser à de nouvelles pistes. Osez in-tensifier vos si beaux élans, tout en tenant les rênes de votre impétuosité. Osez in-terpréter votre partition unique (de jeune cow-boy solitaire ?).

Tout cela est-il si im-portant, me direz-vous ? Cela dépend de votre im-plication dans votre démarche vers le meilleur de vous-même.

Comme dit la chanson : " A chacun son destin ! C'est le tien..." et un tien vaut mieux que deux, tu l'auras !

Le 2. Nombre yin-féminin

Derrière le 1 vient le 2... comme un allié, comme un conseiller de l'ombre. Il semble vouloir passer son grand bras autour du cou du 1. Pour le réconforter ? Pour l'épauler ? Pour s'adapter à lui ?

Il ressemble à une liane qui grimpe autour du tronc bien droit. Il est à l'image d'une pousse souple qui s'accroche à son tuteur rigide. Sa forme en zigzag fait d'ailleurs penser à un crochet... indétachable ?

Le 2 vous invite alors à épauler l'autre, ou à être épaulé. C'est-à-dire à offrir des conseils, mais aussi accepter d'en recevoir...

Il vous suggère de favoriser les partenariats de toutes sortes : affectifs, professionnels, amicaux, etc.

Il vous conseille de ne pas rester englué dans les marais de la dépendance excessive à l'autre. Il vous invite à faire le point au niveau de vos divers attachements sensibles et humains.

Le 2 vous propose d'apprendre à rester souple, et de développer vos capacités d'adaptation à l'autre (aux autres), et aux situations de votre vie. N'a-t-il pas un peu la forme d'un serpent qui s'élève au son de la flûte de son dresseur ? Ou comment oser se faufiler pour passer inaperçu, ou glisser entre les doigts de ceux qui veulent vous mettre la main dessus...

Il vous invite à écouter votre monde sensible et votre conseiller de l'ombre, qui n'osent pas toujours se manifester à vous. Votre allié intime se perd parfois dans le labyrinthe des complications de votre ego !

Le 2, à l'image d'une vague, d'un flux et d'un reflux, évoque la mer et tous les cycles lunaires... et féminins.

Il vous suggère de rester sensible à ces marées intérieures qui vous habitent et qui rythment vos saisons intimes (et vos vagues à l'âme ?).

En évoquant les profondeurs marines, et les oscillations du monde des émotions, le 2 vous propose d'aller en sonder les couches et les abîmes mobiles et mystérieux.

Le 2 avec sa forme de capteur, d'oreille sur pied, de parabole sur sa base, vous invite à bien entretenir vos capteurs personnels, et votre capacité à percevoir les vibrations subtiles des ambiances les plus subtiles.

Il vous encourage à développer votre intuition et vos perceptions sensibles. Il vous suggère d'apprendre à lire entre deux lignes...

Il vous propose de ne pas négliger les informations qui vous sont transmises par votre petit "radar intérieur"... Surtout par temps de brouillard, lorsque tout devient flou autour de vous.

Le 2 est le champion du flou : il s'en accommode très bien! Il sait jouer avec lui. Il sait même stratégiquement l'utiliser, lorsque la situation nécessite de se protéger, de s'évader... ailleurs.

Le 2 dans son graphisme comporte des courbes et des droites. Il réunit les deux en son sein (maternel). Aussi, vous suggère-t-il d'apprendre à relier les extrêmes dans votre vie, à réunifier les opposés sur votre chemin d'évolution. Pas facile, dans un monde où on vous oblige surtout à choisir entre une chose et son contraire. Un système où on vous demande d'être dans un camp... et donc contre l'autre. Comme s'il n'était pas possible de choisir les deux, d'être avec les deux. En général, lorsqu'il faut (faux) que ça soit noir ou que ça soit blanc, le 2 répond : "les deux, mon général !"

Le 2 vous invite à repérer vos "balançoires intérieures" : lorsqu'une partie de vous monte, pendant que l'autre descend (vos alternances intérieures : une zone se dynamise, pendant qu'une autre se repose).

Ou au cœur du couple, quand l'un grandit quelque part pendant que l'autre (en symétrie) régresse dans le même domaine... Quand l'un donne ses billes à l'autre pour lui permettre une certaine ascension, pendant que lui-même "descend". Avez-vous déjà repéré ce genre de choses ? De telles balançoires relationnelles, il y en a partout dans les jardins (publics ?) familiaux ou amoureux !

Le 2 évoque aussi la mère qui protège, soigne, assiste... et qui dans l'ombre se sacrifie pour son mari et ses enfants ? Non, excusez-moi, ça c'était du temps de nos ancêtres !

Le 2 vous invite à considérer ce qui s'est joué, ou se joue encore, dans votre relation à votre mère. Ainsi qu'avec les personnes qui incarnent autour de vous la "fonction mère" : les personnes qui peuvent vous soigner, vous nourrir, ou vous assister socialement. Celles qui s'occupent de votre-bien-être, de votre confort, de votre équilibre... si vous n'êtes pas encore assez grand pour le faire tout seul ! Ou que, tout simplement, vous aimez vous faire servir, vous adorez qu'on s'occupe de vous. C'est tellement agréable, n'est-ce pas ?

Pour finir, que peut encore vous dire le 2 ? Osez dépasser le hasardeux tout en ne négligeant pas les pistes indirectes, les détours à travers les ombres et les hésitations fructueuses.

Ici, les chemins ne sont pas tous clairement tracés. Beaucoup de choses se laissent supposer... Ce qui ne veut pas dire qu'elles laissent à désirer !

Ici, rien ne marche à la baguette. Sauf avec la baguette du sourcier qui sonde les profondeurs où se cachent les eaux.

Ici, rien n'avance tout droit : la courbe est la façon la plus courte, et surtout la plus judicieuse, d'aller d'un point à un autre... (deux points à la ligne ?). Osez la bala-deux du deux, vous verrez, vous ne vous ennuierez pas en route ! (même si certains ont tendance à ronger leur frein et leur refrain, au cœur de cette ballade, ou de cette berceuse douce et finalement très calmante).

Le 2 sait relier. Relier l'intérieur et l'extérieur. Relier l'inspir et l'expir.

Relier le dur et le doux. Relier le haut et le bas. Relier les rires et les larmes, le faux-vrai et le vrai-faux, le "il faut" et le "il faut pas", le bon et le mauvais, le grand et le petit, l'aigre et le doux, le chaud et le froid, le sucré et l'amer, la mer, la mère... Et tout ce que le 2 garde dans les replis de sa grande robe de prêtresse secrète ?

L'immense sagesse du 2, consiste finalement à vous conseiller de vous "dédroguer" de votre besoin de certitude...

Le 3. Nombre yang-masculin

Le 3 tout potelé, plein de ses rondeurs juvéniles, vous invite à considérer cet enfant intérieur qui vit au fond de vous.

Le 1 évoquait le père, le 2 la mère. L'union de leurs deux corps, de leurs deux énergies, permet la conception du 3 l'enfant. Censé être l'expression de leur amour (à noter le 3 ressemble à son père, il est masculin-yang et mental comme lui. Et il a la tête arrondie de sa mère.

Ses courbes évoquent la souplesse et la sensibilité du 2-maman).

Le 3 vous suggère ainsi de développer votre expression. Celle de votre yang-masculin (ou père intérieur) qui parle avec sa tête et sa force d'action extérieure. Mais aussi celle de votre yin-féminin (ou mère intérieure) qui parle avec son cœur, sa sensibilité et sa force de gestation intérieure.

Le 3 vous invite à laisser communiquer vos deux polarités. A favoriser une belle communication entre votre tête et votre cœur, entre vos raideurs et vos souplesses, entre vos certitudes et vos doutes, entre vos objectivités et vos subjectivités.

Avec le 1 apparaissait le point. Avec le 2 apparaissait le segment de droite (reliant 2 points). Avec le 3 apparaît le triangle. C'est-à-dire une figure géométrique.

Le 3 donne forme. Il offre enfin l'image (et le son !).

Il vous invite alors à travailler sur l'image que vous avez de vous-même et l'image de vous-même que vous proposez aux autres, autour de vous (ou les diverses images ou facettes que vous donnez –ou cachez– de vous-même).

Le 3 vous invite à mieux vous voir en peinture (et à en voir de toutes les couleurs ?) et apprendre à ne pas rester dépendant de la reconnaissance des autres. Il vous conseille de sortir du miroir déformant du regard de l'autre ou des autres. Miroir, mon beau miroir...

Vous y resteriez trop à l'étroit, n'est ce pas ? Vous pouvez vous autoriser à briller et à vous mettre en valeur... à vos propres yeux, par exemple !

Le 3 donne forme, comme un artiste, un créateur. Il vous suggère de développer vos dons artistiques : musique, dessin, photo et tout ce qui touche à l'image. C'est le saint patron des chaînes de télé (et pas seulement la 3 !). C'est le joyeux drille qui s'amuse à caresser sa muse, en musique et dans le sens du au-poil. Il a toujours le mot pour rire. C'est un esthète... un peu "es-tête en l'air", mais il sait tellement se faire apprécier de tout le monde. Applaudissez-le, il sera aux anges ce cher ange !

Le 3, triangle divin, vous invite à être le joyeux créateur divin de votre vie... bien au-delà de vos petites envies limitées et de vos bouquets colorés de désirs infantiles et légers.

Le 3 vous invite à travailler votre voix (à travers de jolis chants) et à trouver votre voie (à travers de grands champs). Votre humour allié à votre créativité renouvelée constitue votre clé des champs, celle qui vous ouvre les portes d'une liberté d'expression superbe et donne des rimes à vos chan-sons. Ah ! ce 3, sans en avoir l'air, il vous dope les fibres créatives et fait prendre l'air à vos concepts les plus rétrécis, ou les plus sérieux !

Osez entrer dans la danse du 3 : lorsque ce petit diable sort de sa boîte, il vous invite en boîte ! C'est pas pour vous mettre en boîte, c'est à dessein, c'est pour vous animer ! Il paraît que c'est un champion... du dessin animé ? La Cigale serait son animal-totem. J'oserais lui rajouter l'image du papillon, léger et coloré, virevoltant (et parfois un peu désinvolte ou survolté) dans son aire de jeux et d'animations.

Le 3 invite à trouver la bonne distance, au sein du triangle préœdipien entre papa-1 et maman-2. Pour éviter d'être pris en sandwich... et de se laisser bouffer par sa mère, son père, ou les deux ?

Il vous suggère de repérer les triangles au sein desquels vous jouez aujourd'hui soit l'enfant, soit le papa, soit la maman. Ou les trois en alternance si vous êtes un bon acteur !

Le 3 communiquant, le 3 toujours bien entouré... par ses admirateurs ! Le 3 toujours souriant (aux caméras ?) est un séducteur invétéré ou une séductrice invertébrée... comme le serpent de la genèse ?

Il n'est jamais objectif sur son look, mais il a un look qui accroche l'objectif. Il réveille les photographes et se révèle sous son meilleur jour... surtout quand il fait nuit, dans les soirées mondaines ?

Ainsi, le 3 peut vous suggérer, non de mondaniser vos soirées ou de vous relooker en robe de soie (c'est toujours chacun pour soi !), mais plutôt de développer vos dons en matière de relations humaines.

Parallèlement, il vous conseille de vous orienter vers une meilleure hygiène relationnelle, pour éviter de tomber dans les pièges du "tu, tu,tu" qui tue, et du "on,on,on" qui "orangoutante" !

Sans parler, c'est le cas de le dire, de toutes les distorsions sémantiques pas sympathiques, toutes les contorsions du langage parasité et tous les mal-entendus si mal écoutés. Et sans oublier les lignes de communications qui se font des nœuds et les relations qui se mélangent, qui "s'intrusent" les unes les autres, se fusionnent ou se confusionnent, se sabotent à force d'avoir les deux pieds dans le même sabot...

Clarifiez vos relations. Assainissez vos lignes. Libérez-vous de ce qui vous empêche d'être vous-même... Et d'avoir la pêche ?

Vos succès seront les fruits portés par vos efforts à rester à l'image de vous-même à l'écran de vos meilleurs films.

Le 3 vous propose, enfin, de faire le tri dans votre vie entre vérité(s) et mensonge(s). Où se cache les unes, ou se dévoilent les autres.

Quelles vérités ne sont "pas bonnes à dire" dans votre chemine-ment ?

Quels mensonges se sont glissés, avec le ver, dans la pomme (c'est toujours pour ma pomme !) de vos jours et dans l'hiver de votre travail de recherche sur vous-même, votre enfance... et dans vos infantilismes si craquants !

Avec le 3, c'est pas toujours pour rire. Pourrir, oui, ça peut vous pourrir la vie si vous vous perdez dans le superficiel, les faux-ciels et les paradis artificiels qui pullulent plus que les cigales et enrichissent les grosses fourmis.

Le 4. Nombre yin-féminin

Le 4 avec sa croix et ses angles (à 44° ?) semble dessiné au cordeau.

Avec ses lignes droites, il paraît sortir carrément d'un relevé cadastral précis et consciencieux.

Le 4 évoque la terre. La terre où vous êtes né. Votre lieu d'origine, avec ses traditions propres, ses habitudes ancestrales. Il vous invite à avoir les pieds sur terre, sur votre terre...

Le 4 vous suggère de ne pas négliger le concret, et votre capacité à construire, à œuvrer dans et avec la matière. Il vous encourage à vous réaliser pleinement, solidement, en matérialisant vos projets, en vous servant de vos mains... et de votre huile de coude ? Sans oublier de considérer les aspects spirituels des tâches les plus "bassement" matérielles, et ordinairement quotidiennes !

Il vous invite à observer votre attachement (ou votre éloignement... ou votre fuite ?) à cette terre d'origine. Vous a-t-elle aidé à trouver votre identité ? Quelle est l'importance, pour vous, du lieu où vous vivez ? Comment avez-vous investi les divers (ou le seul) endroits où vous avez vécu ?

Le 4 vous invite à trouver votre vraie place dans la vie. C'est-à-dire la place qui correspond à votre vraie nature. La place que vous méritez !

Une place qui ne se remplace pas !

Il vous interpelle sur la manière dont vous investissez les divers cadres et structures de votre vie. Et plus particulièrement quatre grands cadres.

– Le cadre familial –

Le 4 vous invite à considérer votre cadre de départ constitué par cette famille au sein de laquelle, en début d'incarnation, vous avez "débarqué".

Au sein de votre famille, vous avez une place qui est liée à votre rang de naissance. Êtes-vous l'aîné(e), le (ou la) 2 ème, 3 ème, 4 ème...?

A noter : Cette place apparente n'est peut-être pas votre "place de conception". Différentes causes peuvent avoir créé ce décalage de place : avortement(s), fausses couche(s) avant vous, ou un enfant décédé à la naissance ou très jeune.

Comment avez-vous vécu cette place ? Vous a-t-elle paru aisée ou très lourde à porter ? Avez-vous déserté cette place au profit d'un frère ou d'une sœur ? Y-a-t-il eu rivalité de place ?

De nombreux facteurs interviennent dans votre manière d'avoir réussi ou non à prendre votre place dans votre famille pendant votre enfance. Cela aura des répercussions pour la suite... Et en particulier sur votre manière d'occuper les autres structures de votre vie, les autres places à investir, professionnellement, affectivement, ou géographiquement.

– Le cadre corporel –

La structure de votre "véhicule physique" est constituée par toutes vos cellules et leurs mémoires, tous vos gènes et leurs particularités.

Quelle relation avez-vous avec ce corps de chair et d'os ? Comment vous occupez-vous de lui ? (mieux que votre voiture j'espère !).

Quelles zones de ce territoire physique vous sont bien connues ?

Quelles parties ne trouvent pas de place, ou de valeur, à vos yeux ?

Ce cadre est-il unifié, ou n'en avez-vous qu'une conscience morcelée ?

Votre "espace corporel intérieur" est-il coupé en deux... à l'image de votre famille qui pourrait, elle aussi, être coupée en deux ?

Toutes vos zones corporelles peuvent être considérées avec leur symbolique. Quelle partie dirige les autres ? Quelle partie domine le système et impose sa loi ? (et sa vision étroite des choses ?).

La tête veut-elle garder le pouvoir à tout prix... comme dans votre famille l'aîné (l'enfant de tête) a pu chercher à imposer sa loi ?

Le 4 vous invite à faire des liens entre d'une part votre relation aux membres de votre famille et d'autre part votre relation à votre corps (et à ses membres ou ses parties).

– Le cadre professionnel –

La structure de votre travail, et ce qui peut s'y vivre, a de fortes chances d'être à l'image de ce que vous vivez, ou avez vécu dans les deux cadres précédents.

Le 4 vous suggère d'observer votre relation à votre (ou à vos) patrons. Cette relation renvoit-elle à ce qui a pu déjà être vécu avec votre père ? Vos collègues peuvent être considérés comme des frères et sœurs symboliques : Retrouvez-vous dans votre travail un type de relation (ou de rapport) déjà vécu dans votre enfance avec vos proches ?

Aviez-vous naturellement (et aisément) votre place dans cette fratrie, ou, au contraire, vous sentiez-vous exclu, non valorisé ou maltraité ? Comment vous sentez-vous maintenant dans votre environnement professionnel ?

Un exemple : Certains enfants reniés, ou maltraités, par leur père se retrouvent régulièrement licenciés par leur patron... hasard ?

Certains enfants "malvenus" dans leur famille et exclus par elle, se retrouvent mis à l'écart ou mal perçus dans leur environnement professionnel… comme s'ils participaient inconsciemment à la reproduction du même scénario relationnel.

D'autres enfants, tant attendus, choyés et valorisés, passent comme par magie devant tout le monde et témoignent d'une "réussite" étonnante et d'un chemin ou les doutes et auto-sabotages semblent avoir si peu de place…

A noter : Un enfant qui a le même numéro de place dans la fratrie qu'un (ou les deux) de ses parents dans sa fratrie à lui, est en forte résonance avec ce parent. Une fidélité particulière à ses schémas ou scénarios de vie le lie à ce (ou ces) parent(s). C'est ce que j'appelle la *similitude de place relative* ou *identification de place*.

L'enfant peut alors se limiter, ou se dépasser, pour rester dans ce système de fidélité ou de miroir inconscient. L'enfant peut réactiver, au même âge, un scénario d'échec ou un système de réussite déjà vécu et expérimenté précédemment par le parent en question.

– Le cadre de vie –

Votre manière d'investir, d'habiter votre maison, votre appartement, bref, le lieu où vous vivez, est peut-être en liaison avec ce que vous vivez (et surtout ce que vous avez vécu) dans les trois autres cadres déjà évoqués.

Le 4 vous invite à faire le lien entre la façon (et tout le vécu qui s'y rapporte) dont vous avez occupé votre place familiale dans l'enfance. La façon dont vous habitez votre corps. La façon dont vous tenez votre place professionnelle. Votre manière d'occuper votre espace, ou vos "espaces de vie" : table familiale, fauteuil, lit, pièce particulière, voiture, lieu particulier, etc.

D'une manière générale, le 4 vous propose de découvrir tous les liens de sens, toutes les résonances, toutes les interactions qui existent entre ces 4 grands cadres de votre vie.

Nous y reviendrons dans un chapitre lié à ce que j'ai nommé le "schéma du 4x4" en relation avec le nombre que constitue le numéro d'ordre dans la fratrie.

Le 4 met aussi l'accent sur toutes les fidélités ou loyautés familiales qui agissent dans les soubassements de votre être. Celles qui orientent vos choix et options personnelles, souvent à votre insu (si j'avais su !).

Il évoque ces racines familiales et généalogiques qui constituent la base de votre "terre personnelle", la base de la construction de votre personnalité. C'est-à-dire le modèle de référence, en grande partie inconscient, de votre manière d'aborder la vie.

Il vous invite à creuser la chose... Ne serait-ce que pour vous libérer de certains schémas bien ancrés, de certaines consignes incontournables, ou de certains "ordres inconscients" parfois si pesants !

Histoire de vous éviter de crouler sous le poids de fardeaux anciens qui ne vous appartiennent plus ou n'auraient jamais dû vous appartenir ! Histoire de faire le tri dans toutes ces passations, ou reproductions automatiques, qui jalonnent votre territoire intérieur. Toutes ces obéissances "aveugles" qui se sont subrepticement glissées dans vos habitudes, vos réflexes... et dans votre vie !

Par ailleurs, le 4 vous invite à effectuer un certain travail sur vos peurs... et ce qu'elles cachent (les désirs qui sont derrière). On ne peut faire l'économie d'évoquer certains de leurs avantages secondaires ou attraits apparents... qui le consolident ou les nourrissent si tranquillement !

Cadrer, recadrer, se faire encadrer... c'est dans le cadre du 4, c'est tout à fait dans ses cordes.

Il paraît que dans nos sociétés modernes, trop de cadres ont disparu. Partons donc courageusement à la recherche de nos 4 !

Et n'oubliez pas que le 4 parfois taxé de limitatif, est surtout le symbole de l'abondance (quand on fait des bonds et qu'on danse ? Et que ça saute !). Une abondance qu'il vous est conseillé d'abord d'accueillir dans votre tête, dans vos schémas de référence, dans vos modèles intimes, avant de vous mettre en marche, d'un bon pied, pour en travailler la terre, et pour en récolter les fruits.

Le 4 et la gestion du temps

Le 4 vous interpelle sur la manière de trouver votre juste place dans l'espace, mais il vous interpelle aussi sur la manière de trouver votre juste temps... votre "juste place" dans le temps !

L'espace et le temps sont liés. Si vous avez de bons repères dans l'espace vous en aurez dans le temps. Mieux vous gérez votre espace, mieux vous pourrez gérer votre temps. Si vous faites quelque chose pour mieux trouver votre place dans vos espaces de vie concrets (voir aussi les divers cadres évoqués précédemment) vous trouverez mieux votre temps.

Votre gestion du temps peut se trouver liée à votre place dans la famille : les places yang (1,3,5) sont liées à une dynamique maculine yang. On est plus pressé, plus rapide. Les places yin (2,4,6) sont liées à un rythme féminin yin. On est moins pressé, on a besoin de temps.

Votre gestion du temps peut être en résonance avec les circonstances de votre naissance. Etes-vous né en avance ou rapidement... et déjà pressé d'arriver au bout (du tunnel) ? Etes-vous né en retard (ou votre accouchement a duré longtemps) et pas pressé de sortir du cocon tout chaud ?

Cela peut se retrouver dans votre manière d'agir, de mettre en place rapidement ou lentement vos projets, d'avancer dans votre vie professionnelle ou affective...

Etes-vous toujours collé au temps (pour qu'il ne vous dépasse pas ?).

Etes-vous resté collé à votre passé ? Quels cordons n'ont pas encore été coupés ?

Le 4, nombre du rythme par excellence

Chacun gère le temps à son rythme. Chacun connaît-il son vrai rythme ?

Certains ont des rythmes différents suivant les domaines de leur vie et leur implication personnelle. Rythme rapide en affaires et rythme lent en amour. Rythme rapide pour manger, rythme lent pour dormir.

Est-il nécessaire d'accorder ces divers rythmes, pour une meilleure cohérence intérieure ?

La question de trouver, connaître et finalement défendre votre propre ou vos propres rythmes, se pose à vous.

Qui décide de vos rythmes de vie, de sommeil, de repas, de loisirs, de parole, dans le couple ou dans la famille ?

Qui freine ou accélère vos projets ? Qui demande à vos élans du cœur et/ou du corps de s'activer ou de ralentir ?

Qui décide du rythme de la marche dans le groupe d'amis ? Qui décide de l'heure du repas, de l'heure du départ en voyage ?

Qui décide des rythmes scolaires, des rythmes d'études, des rythmes sportifs ?

Osez-vous positionner votre rythme et faire respecter le temps dont vous avez besoin ?

Le 4 vous y invite, comme il vous invite à déceler tous les jeux de pouvoir et les systèmes de pression inter-individuels qui se greffent sur la gestion du temps, et le choix du rythme des actions à mener ou des moments à vivre.

Diriger sa vie ça s'apprend. Ensuite, c'est le pied ? On peut ensuite monter les escaliers de la réussite 4 à 4. D'accord, il y a réussite et réussite : on ne va pas couper les cheveux en 4 !

Je vous souhaite un bon 4, et bon débarquement sur votre terre promise ! ça promet !

A noter : Dans le chapitre suivant j'évoquerai plus en détail les applications du nombre 4 au sein d'un schéma que j'ai crée et que j'ai appellé le schéma du 4x4.

Le 5. Nombre yang-masculin

Le 5, dont le graphisme comporte des courbes et des droites (comme le 2), évoque la notion d'ENERGIE. Cette énergie qui circule entre deux pôles. Cette énergie qui résulte de la différence (de potentiel) entre deux bornes. Cette énergie, issue de l'attirance, de la rencontre et de l'interaction entre deux mondes, deux systèmes, deux types de réalités apparemment opposées... mais surtout très complémentaires.

Le 5 symbolise la double circulation yin-yang de l'énergie à travers le corps humain : La kundalini, qui prend sa source à la base du tronc, près du chakra racine et du chakra sexuel.

Le 5, à ce titre, interpelle au niveau de la sexualité et des pulsions les plus physiques, les plus vitales. Du sexe (pulsionnel) au plexus (émotionnel), du plexus au cœur (sentimental), et du cœur à l'esprit (transpersonnel). Ce nombre nous invite à mieux écouter les messages de notre énergie, de notre sexe. Au-delà des habitudes superficielles et des schémas mentaux qui nous coupent de cette partie de nous-mêmes, et nous conduisent parfois à nous tromper sur notre vraie nature... Et la nature de nos élans et désirs sexuels ?

L'énergie sous-tend le mouvement. Tout dans l'univers est mouvement. Tout est changement. Le 5 nous invite à oser le mouvement et le changement, tant sur le plan physique que sur le plan mental ou spirituel. Il nous encourage à oser changer. Changer de point de vue, changer d'idées, changer de chemin, changer de vie.

Le 5 est le nombre des questions qui surprennent... et des surprises qui remettent en question. Il nous incite à l'aventure. Il nous invite aux découvertes multiples qui font partie des possibles de notre vie, au-delà des chemins tout tracés et des idées toutes faites. Il nous pousse hors des sentiers battus. Il nous invite à aller voir ailleurs. Il nous suggère de tirer de nouvelles cartes... Et de jouer pleinement le jeu de la vie. Car la vie est une perpétuelle création, un mouvement ininterrompu et une exploration constante.

Le 5 nous encourage à oser les vraies expériences de notre vie, sans nous donner toutes les bonnes raisons de ne pas les tenter. Sans nous aider à les fuir, ou à les éviter par lâcheté ou par manque de positionnement personnel.

La forme du nombre 5 se rapproche de celle de la lettre S. Un grand S comme souplesse. S comme serpent. Il peut faire penser au fameux serpent de la Genèse. Celui qui interpelle la belle Eve... Et l'initie sur sa sexualité, sur sa manière de gérer la circulation de l'énergie dans son corps polarisé. Il la pousse à oser prendre le risque de l'inconnu et du changement. Puis, à assumer le plus librement possible ses responsabilités et sa condition humaine.

Le 5 sait aussi passer inaperçu (si j'avais su !). Il se glisse entre les gouttes et les orages : S comme "Sauve qui pleut" ! Croquer la pomme, n'est-ce pas mordre à pleines dents dans la vie ? (sans l'avoir dans les dents !). Oser sa vie, c'est une suite d'engagements et de prises de risques qui ne font que donner un sens à l'existence.

Si Adam et Eve ont quitté le jardin d'Eden, ce n'est pas par punition ou exclusion, c'est au contraire pour tenter une nouvelle vie, pour aider à l'évolution générale du système divin. Et pour faire avancer les choses à l'école de la vie, de l'incarnation et de l'expérience spirituelle la plus terrestre possible.

La terre a besoin de vous. Dieu a besoin de vous. L'homme a besoin de la femme. La femme a besoin de l'homme. Votre esprit a besoin de votre corps. Votre corps a besoin des contingences matérielles et des épreuves de ce monde ici-bas... qui est le meilleur tremplin pour celui d'en haut.

Nul ne peut monter, qui n'ait appris à descendre. Nul ne peut gagner qui n'ait appris à perdre. Nul homme ne peut être dans son vrai masculin, s'il n'a réellement déjà rencontré son féminin. Nulle femme ne peut être femme, s'il elle persiste à faire l'économie de rencontrer profondément son masculin.

Le 5 vous invite à entrelacer le yin et le yang, vos idées et vos pulsions, vos élans et vos passions, vos ombres et vos lumières... et toutes les surprises de votre vie.

Le 5 vous suggère de vous faufiler à travers les multiples obstacles qui jalonnent votre chemin. Il vous attire vers le grand air. Il vous pousse vers l'inconnu. Il vous amène à allumer votre feu, et à souffler sur vos braises hésitantes... pour permettre à votre si belle flamme de monter vers le ciel de vos espoirs les plus fous, et de vos "osances" les plus divines.

Infatigable, ce joli 5 affirme sans arrêt : "Ce n'est qu'un début, continuons le combat !". Il n'oublie jamais de prôner la révolution, et de lever en l'air son petit poing... d'interrogation !

Le 5 a besoin d'air et d'espace, où il peut se dégourdir les jambes ainsi que les méninges (et recycler son petit vélo qu'il a dans la tête ?).

Pour lui : pas de fil à la patte... C'est pourquoi, il rechigne souvent à mettre la main à la pâte avec les autres. Il préfère suivre son propre chemin... de cow-boy solitaire ?

Tentez de le prendre dans vos griffes... il vous glisse entre les pattes, et vous échappe instantanément. Peu embarrassé par la graisse (la Grèce antique lui a dédié de beaux athlètes), et toujours sur la sellette, il semble parfois agité d'une danse un peu nerveuse et souvent très électrique (lié à Electre ?). Il cinq-patiente... et parfois cinq-quiète dans son coin.

Le 5 est assez critique (il cinq-surge). Mais, derrière sa mobilité, il y a de nombreux élans mobilisés. Attention, haute tension !

Il n'aime pas les obligations : c'est obligé, vu son style libre et indépendant ! "Il est interdit d'interdire", proclame-t-il haut et fort.

Pas de cadres trop pesants. Point d'horaires, ni de comptes à rendre...

Il s'évade, hors des prisons quotidiennes. Il prend ses distances. Il en oublie l'heure... et parfois ses clés. Mais, il trouve toujours une excuse, ou un système de remplacement de dernière minute. Petit félin, du style du chat, il a la faculté de toujours retomber sur ses petites pattes. Là, il vous épate... à tous les coups !

Comment définir ce 5 ? Il échappe à toute classification, à tout contrôle trop strict, à toute mise en boîte, quelle quelle soit !

Alors, laissons-le courir dans sa nature sauvage. Laissons-le libre de ses mouvements désordonnés. Laissons-le faire ses petites galipettes dans sa tête, et se rouler dans les fourrés de ses fantasmes les plus surprenants. Est-ce un spécialiste du coup fourré ? Presque. C'est plutôt le spécialiste du "presque" ou du "oui mais"... Remets-en moi encore un couche, toi le spécialiste du gag le plus éhonté, ou du coup de théâtre le plus décalé !

C'est presque lui, mais c'est aussi presque un autre. Ce caméléon de l'énergie se came aux transformations les plus surprenantes, et aux virevoltes les plus spectaculaires !

Ne lui filez pas le train... il est déjà en train de prendre la tangente ! Sur son vélo de course ? J'oubliais; c'est aussi le champion du recyclage et du retournement... Avec lui, la roue tourne, tourne et retourne. Il vous fait tourner la tête, avant même que vous ayez repéré son manège !

Il vous saoule avec ses raisonnements sans fin, et ses visites guidées dans de si beaux labyrinthes mentaux, si soigneusement entremêlés. Il sait si bien faire des nœuds, lui le champion de l'évasion !

Enfin, le 5 nous rappelle que tout est onde... et qu'il nous reste à apprendre à naviguer sur cette onde (de choc ?). Il nous invite à surfer sur les vagues des tempêtes de notre mental, contre les vents et les marées (pas toujours marrantes) des passions de notre ego surmultiplié... si habile à faire le singe et à cinq-venter des cocotiers géants, où grimper dans la plus rapide des fuites aventurières...

Le 5 aime toujours être ailleurs. Lui qui apprécie tant la périphérie... Et se méfie du centre (de lui-même?). Le 5 est centrifuge... et il fuse de toutes parts. Sans demander son reste (ni sa part) ! On dirait qu'il n'en a rien à foot... de ramener la balle au centre !

Le 5 est aussi le spécialiste de la déduction, de l'observation et de la logique. Rien n'échappe à son regard acéré, à son art de la déduction rapide (l'inspecteur Colombo, à côté, n'est qu'un débutant !).

Analyser (couper, disséquer), dé-cortiquer (mettre hors du corps?), occupe ses jours... et ses nuits. Quels conseils lui donner pour mieux dormir ? Peut-être, lâcher le "Pourquoi"... Pourquoi ? Parce que cela conduit trop à justifier, raisonner, et mettre en branle toute une logique... qui, bien souvent, se mord la queue !

Le 5 n'aime pas se mordre la queue (mais attention à ce qu'il ne vous la morde pas !). Le 5 adore déstabiliser son partenaire. Il aime aussi tromper l'ennemi. Si vous êtes son ami, il fera juste semblant de vous tromper. Histoire de tromper l'ennui... et de vous faire réagir !

Alors, osez l'accompagner dans ses pirouettes mentales (si spirituelles). Rebondissez sur le grand tremplin de sa belle salle de gym. Et surtout : Éclatez de rire, avant qu'il ne vous pousse gentiment à exploser !

Qu'il est cinq-pathique, ce 5 renouvelé et sans âge... aux mille voyages et aux mille possibles !

Notons que le 5 (c'est encore une des propositions nouvelles que j'ai faite dans mes enseignements) parle aussi du "Partenaire masculin" de l'homme recherché ou homme en soi. Il évoque l'HOMME, dans ce qu'il a de plus masculin, de plus autonome, de plus conquérant, de plus positionné, de plus rationnel... Cet homme qui sommeille en nous tous, homme ou femme !

Le 6. Nombre yin-féminin

Le 6, tout en courbe et en rondeurs, vous invite à enrouler la spirale positive de votre évolution intérieure autour de votre vrai centre, le plus fécond, le plus chaud, le plus essentiel : votre potentiel d'amour. D'amour pour nous-mêmes. D'amour pour l'autre. D'amour pour la vie.

En effet, le principal message du 6 est celui de l'AMOUR. L'amour qui coule de source. L'amour qui fleurit au jardin de vos richesses intimes. L'amour qui se fait confiance. L'amour qui se laisse porter par le meilleur de lui-même...

Le 6 évoque cette douceur et cette tendresse qu'il vous est possible d'offrir aux parties de vous-même blessées, maltraitées ou meurtries. Le 6 vous invite au lâcher-prise (au lieu de rester speed les deux doigts dans la prise!). Un lâcher-prise mature, qui laisse aussi votre cœur exprimer ce qu'il a à dire, et offrir sa chaleur rassurante et régénératrice.

Ce nombre vous propose d'oser réellement nous soigner, en ne négligeant pas cette force d'amour qui guérit tout. Il vous demande de laisser de la place, dans notre vie, à cet amour qui libère, qui transforme et illumine.

Le 6 vous suggère, après les éparpillements centrifuges du 5, de revenir au cœur... de votre centre le plus profond. Au sein de vos eaux matricielles les plus nourricières et les plus protectrices. Ce liquide vital et chaud, dans lequel, vous avez baigné de si bons mois... comme un poisson dans l'eau.

Le 6 vous ramène à ces souvenirs si fortement incrustés dans le ventre de toutes vos cellules. Il réactive votre nostalgie de ce monde fusionnel (ce monde perdu ?). Il alimente votre "rêve thalassal" et la voix de vos douces sirènes oubliées... Histoire de vous remettre dans le bain de cet idéal d'amour de vos origines divines. Histoire de vous inviter à vous accorder ce bain de tendresse, ce bain de plaisir, ce bain d'amour, dont vous avez, je suppose, le plus grand besoin... plus souvent qu'à l'ordinaire ?

Le 6 vous invite à tenter une intimité plus belle avec vous-même et avec l'autre. Une intimité qui peut grandir et s'épanouir, grâce à votre authenticité la plus nature, grâce à votre tolérance la plus complète et votre présence à l'instant la plus consciente... et la plus aimante.

Ce nombre féminin, dilaté, souple et heureux, vous encourage à accueillir le bonheur dans le jardin de votre vie, et la félicité à chacun de vos pas... ou de vos pauses les plus salutaires. Il vous invite à vous poser. Il vous invite à vous relaxer. A faire la part des choses avec amour et gentillesse.

Certains le trouveront trop gentil, ce 6 doux et tranquille ! Mieux vaut un peu plus d'amabilité, de respect, de présence paisible... que de maltraitance, de tension et de souffrance. Le 6 peut parfois évoquer cette maltraitance psychoaffective, voire physique. Celle qui voit le jour quand les jeux de pouvoir, les ressentiments, les prises d'otages relationnelles et les revanches émotionnelles, envahissant le terrain de l'amour. L'amour de l'autre... mais aussi l'amour de soi !

Le 6 vous interpelle quant à votre relation à votre corps. Et en particulier, votre relation au plaisir. "Où en suis-je dans mes désirs ?" Comment est-ce que je m'autorise (ou non) mon plaisir ? Quelles plaies ouvertes le rendent frileux ou figé ? Quelles vieilles peurs le bâillonnent et refusent de lui prêter vie ?

Votre corps est un temple. C'est aussi, en quelque sorte une porte de l'univers à votre disposition. Comme un sas vous permettant de passer d'un monde à l'autre... et de vous replonger dans votre nature divine, ou vos origines célestes ?

Eh oui ! le décor du 6 n'est pas toujours paradisiaque ! Vous n'êtes d'ailleurs plus au Paradis ! Pourtant, vous avez en vous, et dans votre cœur, les richesses nécessaires pour construire autre chose que l'enfer... des sens ?

Le 6 vous conduit, paisible et enveloppant, à l'école des sens. Histoire de donner du sens à vos élans corporels et à la circulation de l'amour en vous ? Il vous suggère de vous réconcilier avec vos sensualités les plus diverses et les plus gourmandes.

Il vous invite à aller au bout des choses, au bout de vous-même... Pour ne pas rester un bout d'humain rétréci sur lui-même ou coupé de lui-même. Un humain qui n'oserait pas déplier ses ailes ou ses grandes nageoires. Pour s'envoler vers le grand ciel bleu, ou plonger dans le grand bleu de ses nues intimes ?

6 c'est aus-si(x), le premier nombre, depuis le zéro qui contient un cercle, un nouveau soleil, un nouveau zéro. Nous interpelle-t-il au sujet de tous ces possibles qui dorment en notre sein ? Nous évoque-t-il cette unité première ? Nous ramène-t-il à cette fusion originelle, après laquelle nous courront tous, avec nos petits ou grands besoins d'amour... Comme si nous avions un câble et une prise à la main pour nous rebrancher sur ou avec notre moitié perdue ? Pour nous fondre (et fondre de plaisir) dans la chaleur de l'autre, dans ses yeux brûlants, dans son corps chaud, dans son cœur palpitant ?

Cette base ronde évoque, tout simplement, ce noyau essentiel de notre être. Ce noyau est au cœur du fruit d'amour (la pomme du jardin d'Eden n'en avait pas. Est-ce pour cela qu'il y a eu quelques pépins ?).

Le 6 vous invite à habiter ce noyau en vous et à tenter de sentir le noyau de l'autre proche... pour dialoguer ensuite avec lui. Si vos noyaux sont loyaux... vous n'aurez pas à vous casser la tête ! Ni à vous tordre les boyaux ?

Le 6 évoque l'équilibre corporel et l'équilibre intérieur psychoaffectif. Cet équilibre qu'on peut trouver quand son propre jardin d'amour est bien entretenu, bien arrosé... et surtout bien aimé ! Plus cet équilibre est là, plus les choix amoureux, relationnels, humains, sont aisés.

Le 6 met à l'aise. Il vous offre l'aise (qu'est-ce qu'il est balaise !). Il fait la sainte-aise de vos élans opposés, et dissout vos tensions (qui ne valent plus 10 sous !). Il a des vertus anti-stress, anti-douleur. Il est "cool". Avec lui, tout coule à l'école (avec son bus cool ?) de l'amour ou de la vie pleine d'amour. "Roucoule toujours !", semble-t-il vous dire déguisé en colombe de la paix (ou en père OK ?)...

Le 6 régénère, il nettoie tout. L'amour purifie et revitalise tout... lorsqu'il est bien filtré. C'est-à-dire lorsqu'il n'est pas mélangé à toutes les toxicités habituelles, à tous les pollutions narcissiques de l'ego crispé sur son petit pouvoir illusoire !

"Bon sang, mais c'est bien sûr !" : Oui, c'est sûr, le 6 vous parle d'amour, mais aussi du sang qui coule dans vos veines. Si vous avez de la veine de savoir écouter votre cœur battre pleinement. "Plaisirs d'amour, avec ou sang, il faut bien sang arranger"... disent certains !

Le seul arrange-ment possible (et qui ne ment pas!), c'est celui qui aligne la tête sur le cœur. Celui qui vous met le cœur sur la main, lorsque vous avez à-cœur d'aimer offrir à l'autre le meilleur en vous, c'est-à-dire l'amour divin qui coule dans vos artères (et qui ne veut plus se taire ?)...

Notons que le 6 (c'est encore une des propositions nouvelles que j'ai faites dans mes enseignements) parle aussi du "Partenaire féminin" de la femme recherchée ou femme en soi. Il évoque la FEMME, dans ce qu'elle a de plus féminin, de plus doux, de plus sensible, de plus intuitif... Cette femme qui sommeille en nous tous, homme ou femme !

Le 7. Nombre yang-masculin

Le nombre 7 s'est fait connaître par sa symbolique très présente (et très initiatique ?) dans tous les textes sacrés de la planète, et plus particulièrement bibliques ou kabbalistiques.

Il s'est même imposé jusque dans la bible de la bande dessinée constituée par les aventures de Tintin, pour les jeunes de 7 à 77 ans (en particulier les 7 boules de cristal ?) !

Je vous propose un petit tour d'horizon, bien incomplet : Ce nombre se retrouve dans les 7 merveilles du monde, en passant par les 7 couleurs de l'arc-en-ciel, les 7 notes de musique, les 7 jours de la semaine, les 7 planètes de l'astrologie antique, les 7 chakras, les 7 rayons (d'Alice Bailey)...

Sans oublier les 7 péchés capitaux, les 7 sacrements, les 7 vertus théologales, les ouvriers de la 7 ème heure, et en Afrique chez les Bambaras, les initiations par classes d'âges tous les 7 ans jusqu'à 49 ans (7x7).

La liste peut se rallonger avec le Jeu des 7 familles, les 7 nains de Blanche Neige, les bottes de 7 lieues, les 7 femmes de Barbe-Bleue, les 7 mercenaires, l'agent 007, les 7 vies de l'épervier (Bd de Cothias et Juillard), et le film 7 ans au Tibet, etc.

Et nos chers présidents qui ont du mal à lâcher le Septennat !

Le 7, cet as-cète de service bat les records de notoriété symbolique et religieuse. Il évoque les connaissances profondes, le pouvoir par le savoir... et de ce fait ; les enseignements écrits, les livres, les "religions du livre". A l'heure de l'ordinateur, il se rapporte aux programmes informatiques, aux banques de données cognitives, aux systèmes éducatifs internétisés.

Le 7 vous invite à la prise de conscience la plus personnelle, celle qui s'opère au plus secret de vous-même, au cœur du silence de l'ultime rencontre de vous avec vous. Il évoque cette lucidité, issue de l'authentique et essentiel centrage intérieur, qui s'effectue dans la solitude de la recherche spirituelle exigeante et profonde.

Le 7 vous propose d'oser le recul du sage et le "regard distancié" sur les choses de la vie. Il vous suggère de remuer 7 fois votre langue dans votre bouche, avant de communiquer à l'extérieur ce que votre esprit a intégré, compris... ou admis.

Graphiquement, le nombre 7 ressemble au nombre 1. Le 1, jeune, fonceur et dynamique, a fait du chemin. Il a progressé, mûrit, au fil de ses expériences, de ses difficultés ou épreuves diverses.

Il accède maintenant, avec le 7, aux connaissances les plus hautes concernant l'humain et la vie. Il se retrouve face aux prises de conscience qu'elles peuvent favoriser.

La tête incisive et pointue du 1 s'est transformée avec le temps en une belle plate-forme sommitale, où l'esprit peut se reposer... pour poser sur le monde terrestre son regard lucide et centré. Et pour oser mieux rencontrer le divin en lui-même et en toutes choses.

Le 7 a acquis un certain sens psychologique. Il est devenu philosophe, voire mystique. Concentré en apparence, il aspire à l'état méditatif d'éveil qui demande calme et silence intérieurs, acceptation profonde et observation neutre de tout ce qui vit et circule en soi, et autour de soi.

Le 7 n'est pas là pour vous pousser hors du monde, mais plutôt au centre du monde qui vous habite. Un monde qui possède ses anges et ses démons, ses ombres et ses lumières, c'est-à-dire vos alliés et vos saboteurs intérieurs...

Le 7 vous invite à remettre vos pendules à l'heure, à l'heure du réveil spirituel et de l'élévation de conscience.

"Science sans conscience, n'est que ruines et que larmes...", semble nous souffler ce nombre sérieux et porteur d'éthique.

Le 7 fonctionne comme un moteur intérieur qui ne s'embarrasse pas de grands discours. Il vous propose d'aller à l'essentiel, et de tenter la perfection. Il sait, aussi que la recherche exclusive (et abusive) de perfection est un piège, distillé par l'ego, dans son aveuglement vaniteux.

L'être humain est imparfait par nature. Une belle étape est franchie quand il accepte enfin son imperfection. Ce qui l'amène ainsi à plus de compassion, de tolérance et de pardon vis-à-vis de lui-même... et des autres.

Le 7 vous invite à rencontrer le divin en vous-même. Ce divin qui cohabite avec vos si belles imperfections d'humain, d'âme incarnée. Il vous suggère de ne pas freiner l'émergence du sacré en vous par ces multiples auto-sabotages ordinaires... et culturellement si bien vus !

Est-il vraiment obligatoire de passer par ces chemins de douleurs et d'épreuves, comme nous y conditionnent nos schémas religieux de rédemption par la souffrance ?

"Cette fois-ci, dit le 7, je vais m'en sortir tout seul, comme un grand... Comme un roi-mage qui suit sa bonne étoile et connaît tant de tours de magie !"

Le 7 a toujours intérêt à regarder vers le bas, vers ses pieds, vers le concret, avant de lever les yeux vers le ciel. Bien au chaud au sommet de sa tour d'ivoire, il finit pas ne plus y voir grand-chose, et s'aveugle les yeux du corps et ceux de l'esprit. Il fait alors penser à cette "Maison Dieu" 16e arcane majeur du Tarot (16 qui se réduit à 7) qui, à force de dire adieu à ses bases les plus terrestres, reste dans ses hauteurs mentales, et finit par perdre la tête ou la boule (Avez-vous vu passer maboul ?).

Le 7 ne rit pas tous les jours, et ça ne lui sourit pas vraiment. Il peut devenir aigri et grisailleux. Ses allures tristounettes sont parfois éclairées par un minuscule zeste d'humour anglais. Il lui arrive de déguster l'humour avec tellement de modération, que l'ivresse spirituelle ne remplit pas les verres déformants de ses lunettes trop carrément religieuses, ou sacrément dogmatiques...

Quelques exercices quotidiens d'assouplissement de son mental dominant seraient les bienvenus au cœur de cette concentration des méninges qui ne ménage ni le cœur, ni les émotions, si vite refoulées aux oubliettes d'une intériorité un peu sèche, un peu spartiate...

Parfois, tel un crabe entêté, il se crispe sur ses certitudes, et refuse de desserrer sa pince cognitive. Ce pince-sans-rire finit alors par faire sourire, voire même pleurer... lorsqu'il se pince de tout savoir, alors qu'il s'ignore tellement lui-même (et qu'il oublie de s'aimer?).

N'exagérons rien, le 7 sait rester modeste et sage. Son beau sourire de compassion pour lui-même (et les autres) peut illuminer son visage, et aussi l'aider à grimper cette échelle intérieure spirituelle... qui peut le conduire jusqu'à l'extase ?

"Restons zen ! Ce n'est pas parce qu'il y a du zen qu'il n'y a pas de plaie-sir", ose-t-il se répéter à lui-même... En toute conscience !

Par ailleurs, le 7 fait un gentil clin d'œil au signe zodiacal du Capricorne et un autre à la planète Saturne. Ils évoquent tous les trois les ancêtres et la modération du vieux sage. Le 7 est plus particulièrement lié au grand-père (et parfois à la grand-mère, surtout lorsque c'est – ou c'était – une femme de tête !)

Dans le thème numérologique, on retrouvera le 7 sur le terrain des secrets familiaux et des reproductions psycho-généalogiques (fidélités ou loyautés familiales).

La fine silhouette du 7 dessine un personnage au grand manteau... et aux schémas mentaux bien calibrés (à défaut d'être équilibrés).

Des schémas, souvent durcis par l'âge et le temps comme ces vieux from-âges tout secs sur lesquels on se casse les dents !

Cela nous amène à nous poser une question subsidiaire : Que mange le 7 ? Ce maigre pèlerin (qui ne pèle rien ?) se nourrit surtout d'assise immobile, de spiritualité... et de livres de prières ? Il se nourrit de graines en disant à ses descendants : "Prenez-en de la graine". Et il laisse s'égrainer le temps, médi-tant et centré sur son coin d'espace vide, au centre de lui-même et de son ciel intérieur...

En fait, le 7 cherche à aller à l'essen-tiel, et à toucher le ciel en traversant ardemment les voiles de ses intoxications mentales et de ses drogues intellectuelles.

Il essaie de se libérer du poids de ses surplus de connaissances... Celles qui lui encombre l'esprit et envahissent sa belle piste de décollage spirituel. Sans parler de tous ces dogmes officialisés qui paralysent ses meilleurs élans de prise de conscience : Tous ces vieux cadres trop rigides qui limitent son territoire spirituel et étouffent dans l'œuf son éveil intérieur.

Le 7 garde tout en mémoire. Tout, et sous toutes les fa-cettes !

Le 7 classe et identifie. Il balise son terrain (quand il a peur ?) avec les concepts les plus solides et les moins biodégradables, les croyances les plus crues, et les raisonnements les plus implacables, pas ceux des "incapables"! S'il met tant de scrupules et de minutie à faire cela, c'est qu'il a surtout besoin de sécurité : de sécurité mentale, de sécurité cognitive.

Il a besoin d'être rassuré par des enseignements et des concepts homolo-gués... pas toujours gais ! Il a besoin d'être rassuré par de bonnes vieilles croyances qui ont fait leur preuves... ce qui est difficile pour une croyance !

Le 7 se sent parfois si fragile qu'il se réfugie derrière sa solide carapace et sa belle cuirasse intellectuelle, conceptuelle... et livresque. Il se livre si peu. Il préfère ouvrir un livre. Difficile de lire en lui comme à travers un livre ouvert ! Il n'ouvre sa couverture bien rigide que lorsqu'il se sait en hyper-confiance et reste certain qu'on ne lui froissera pas les pages intérieures... ou qu'on ne le contredira pas ?

Il ne laisse accéder à son encre que s'il a jeté l'ancre, au plus profond et au plus calme de ses eaux intérieures sombres et silencieuses.

La brosse à reluire n'a aucun effet sur sa reliure. Il reste tout en haut de son étagère... et de sa bibliothèque ? Il gère sa solitude avec résignation et sens du devoir spirituel accompli. Vous n'aurez droit au chapitre que si vous savez attendre qu'il vous analyse avec précision. Sinon, il tourne la page ?

Vous avez intérêt à faire la preuve de vos acquis et de vos connaissances les mieux répertoriés, si vous souhaitez qu'il vous prête l'intérêt auquel vous avez droit !

En cherchant à prouver la noblesse et l'ampleur de son savoir, le 7 cherche surtout à être approuvé et à être considéré pour ce qu'il a dans la tête... et aussi, soyons juste, pour ce que sa si belle conscience peut révéler aux autres. Écoutez ses enseignements, il vous écoutera ensuite... s'il a le temps !

Le 7, c'est un tout , et il é-teint tout... pour, dans l'ombre, mieux retourner son regard vers ses propres fondements divins.

Le 7, c'est un carré d'as, aux apparences quelque peu carrées. Un carré d'as qui as-pire au meilleur, qui as-pire à l'ultime degré... de l'initiation la plus sacrée. Il participe à l'affinage intérieur, celui qui peut conduire à la lumière, après avoir effectué "l'œuvre au noir"...

L'art du 7, ce n'est pas de faire son petit cinéma (son 7e art ?), mais plutôt son "signe-aima", car il aime les signes bien codés, les signes cabalistiques, les signes secrets et sacrés.

L'art du 7 est quelque part au-delà des rituels basiques et des rengaines religieuses qui ont perdu leur sens, leur essence... et leur conscience !

L'art du 7, c'est de donner un sens à l'absurde, de donner un sens au réel (c'est pareil ?), et de donner une direction aux petits papillons de nuit que nous sommes. De beaux papillons en quête d'absolu, en quête de pleine lune et de lumière... où se brûler les ailes ?

Le 7 n'a pas d'ailes. Il les a perdu depuis longtemps. Depuis qu'il lévite (ou qu'il s'évite). Pourtant cela qui ne l'empêche pas de se prendre pour un ange !

Le 8. Nombre à double polarité

Honneurs et héroïsme seraient-ils les deux piliers de ce nombre qui en impose par la détermination de ses choix et sa grande force de construction... et de conquête.

Graphiquement : Deux cercles le composent, comme pour doubler la mise, comme pour amplifier les enjeux. Ces deux zéros, l'un au-dessus de l'autre, sont-ils à l'image de deux z'héros qui allient leurs puissances personnelles... pour faire feu sur plusieurs fronts ?

Le 8 vous invite à rencontrer votre pouvoir intérieur. Celui qui est à votre disposition pour réaliser de grandes choses, pour vous engager dans vos meilleures œuvres, matérielles ou spirituelles. Le cercle du bas symbolise le niveau physique et matériel. Le cercle du haut évoque le niveau mental et le monde spirituel.

Le 8 vous propose d'oser votre pouvoir. Votre pouvoir de vous réaliser... et de conquérir ces espaces insoumis en vous-même, ceux qui sont habités par vos colères et les démons de votre violence cachée.

Le 8 vous rappelle que vous avez le pouvoir de vous transformer. Le pouvoir de permettre à la chenille timide et peureuse de se métamorphoser en papillon enthousiaste et brillant.

Le 8 évoque, d'une manière générale tout processus de transformation ou de transmutation profonde. C'est l'alchimiste de la numérologie. C'est votre grand alchimiste cellulaire, psychologique et spirituel. Il vous aide à transformer ce qui vous plombe en or dur, et à recycler vos ordures en engrais nouveau.

Le 8 vous pousse à partir en croisade contre l'injustice humaine. Le 8e arcane majeur du Tarot n'illustre-t-il pas "La Justice" ? Celle qui allie la balance et l'épée. Celle qui pèse le pour et le contre... et qui tranche d'un coup ! Le 8 ne fait pas toujours dans la dentelle, il s'en balance un peu, il n'a que faire des nuances, mais il assume !

Son style, en tout ou rien, le conduit parfois à atteindre de grands sommets... pour ensuite sauter en parachute, à la dernière minute !

Aussi, dans l'équipement du héros 8, le kit parachute est fourni. Quitte à vider sa bourse, mieux vaut prendre une bonne assurance si on veut se lancer sur ses traces...

Le 8 vous invite à utiliser votre force, ainsi que votre argent pour bâtir de solides structures, de grandes œuvres ou de belles entreprises.

Il vous suggère de dynamiser ce bâtisseur de cathédrales qui sommeille en vous. Et de construire vos temples symboliques, vos œuvres sacrées et vos réalisations honorables.

Certains placent leurs avoirs en bourse... et se font avoir quand leurs billets et leur capital sont mis en pièces ! Leur reste-t-il à engager des "pours'huit" ?

Certains investissent dans l'immobilier, et deviennent propriétaires "tair-riens". D'autres se constituent un capital d'assurance-vie, pour protéger leur avenir. A chacun ses banques de données, ses banques de reçus, ses banqueroutes, ses routes financières et ses réussites d'aujourd'hui.

Le 8 semble parfois esquisser quelques traits sadomasochistes. Il donne à penser qu'il entrelace la violence contre l'autre avec la violence contre lui-même. Intraitable, le 8 n'hésite pas, à pousser le bouchon un peu trop loin. Il aime transgresser les limites, histoire de vous en boucher un coin ! Histoire de gagner la bataille... là où le bât blesse ? Les batailles de son ego sont sans pitié. Sommes-nous tous égaux devant notre violence intérieure et nos colères fermentées ?

A chacun sa "s'huit"... car pour la suite, c'est à chaque sado de lancer le défi à chaque maso, au cœur d'un tournoi parfois suicidaire.

Le style de tournoi dans lequel s'engage chacun des combattants pour sauver son honneur, sauver sa face (et sauver ses fesses ?)... lorsque prudence s'efface !

Le 8 a besoin d'affrontement. Il a besoin du feu de la bataille, ou de la compétition-confrontation, pour allumer ses réacteurs (si réactifs!).

Il aime que ça dure un peu, c'est un coureur de fond... il ne se taille que si c'est un feu de paille ! Ce costaud a besoin de tension entre deux extrêmes pour dynamiser sa propulsion nucléaire... et sa propension à vouloir tout diriger et maîtriser !

Le 8 déteste l'immobilité (et adore l'immobilier), sauf lorsque, stratégique comme le tigre, il reste figé dans l'ombre avant de bondir sur sa proie. Le 8 a du ressort... et il s'en sort toujours. Ou presque !

Le Tigre est un grand fauve. Il cherche à rester le maître de son grand territoire. Si un concurrent se pointe, il prévient : "Nous ne sommes pas "fé-lin" pour l'autre !"

Aussi, le 8 vous suggère de tenter votre chance au grand jeu de la "bataille pour la vie", dans la jungle domestiquée de notre société moderne (c'est un moderne jeu de société ?). Il vous invite surtout à y voir clair dans votre jungle intérieure, là où se dessinent vos défis profonds, souvent contradictoires, inutiles, voire injustes...

Le 8 rêve qu'on mette sa statue au centre de la cité. Il aime être cité au Panthéon de l'Histoire, à l'Olympe de la société. Il préfère laisser des traces (pas comme la tornade blanche!) dans les livres d'histoire, histoire de marquer son époque, ou de faire remarquer qu'il n'est pas n'importe quel zéro, pardon zorro !

Certains 8 se mettent au service de la veuve et de l'orphelin. D'autres accumulent conquêtes sanglantes, guerres inutiles et folie des grandeurs. A chacun son 8 ! A chacun ses combats, ses coups bas et ses beaux "rodé-hauts" !

A chacun ses jeux de pouvoir... pour pouvoir se libérer de ses ombres ?

A chacun ses fuites (fût-huit) en avant, ses trahisons et ses réhabilitations, ses injustices et ses réparations. A chacun sa souveraineté intérieure, et ses héros du jour.

Le 8 vous propose de confronter toutes vos ardeurs enfouies. Celles qui nourrissent la terre de vos désirs de puissance. Il vous suggère d'oser dompter votre volcan intérieur avant que sa lave nettoie vos berges ("si s'lave c'est qui s'nettoie !"). Volcan-nique toujours, quand on s'y attend le moins...

Ne laissez pas les tyrans intérieurs, ceux qui se cachent derrière vos huit, dicter leur loi. Permettez à ces chefs de guerre de se mettre à table avant que tout n'explose. Mettez la nappe-au-léon... avant qu'il ne mette les pieds dans le plat !

Le 8 est un nombre complexe. Mais, ce n'est pas l'ex-roi des cons !

Il sait ce qu'il veut. Et il l'obtient. Par tous les moyens... C'est là qu'il a des choix à faire... sinon, il dé-çoit ! C'est là qu'il lui est demandé de ne pas choisir la manipulation à tous les coups. Cousin du signe du scorpion et imitateur de la planète Pluton, il reste plutôt surprenant, voire destructeur. Ce n'est pas qu'un pion, il se prend pour le Roi dans l'arène (pas dans la reine!), ou le taureau devant sa cour, ou l'inverse ! Le signe du taureau est opposé au signe du scorpion. Le scorpion fait-il du tort au taur-eau ?

Comme le Scorpion et Pluton, le 8 parle de transformation. Quitte à faire mourir... pour faire renaître ! Attention, le 8 peut vous piquer avec sa queue, vous embrocher avec ses cornes, vous griffer avec ses griffes de tigre, ou vous dévorer vivant. Non, j'exagère ! Mais, ne réveillez pas un 8 qui dort. C'est comme un Tigre blessé, ne lui tendez pas la joue gauche... vous m'en-tendez ? Pas de ra-jout, vous avez compris, je suppose.

Le 8 est bourré de qualités (et d'explosifs). Ses si brillantes qualités sont à l'image de ses brillants défauts. Il est infiniment remarquable... vous l'aviez remarqué.

Le 8, lorsqu'il se couche, s'étend sur l'infini de ses rêves de puissance et sur les étoiles de son firmament auréolé. Aime-t-il les stars ?

Pour finir, le 8 évoque le monde de la finance, le monde de la politique, le monde où le mot "pouvoir" fait dresser l'oreille et parfois le canon muni d'un silencieux ! Avec le 8, comme dans le Grand huit, il faut avoir le cœur bien accroché...

Alors, rêvons d'un 8 juste et protecteur, d'un 8 au service de toutes les bonnes causes, d'un 8 conscient et profondément spirituel. Un 8 qui aide chacun à pouvoir trouver son vrai pouvoir. Un pouvoir pour la vie. Un pouvoir pour voir plus loin. Un pouvoir pour plus de paix. Un pouvoir pour plus de vie... ça donne en-vie !

Le 9. Nombre à double polarité

Le 9 présente un graphisme très proche de celui du 6. Cette fois-six le zéro est placé en haut : le soleil est dans le ciel, au zénith.

Le 6 vous parlait d'amour. Le 9 vous invite à l'amour universel, à l'amour spirituel. Il souhaite que l'amour brille dans votre ciel de vie, et que la lumière de votre cœur rayonne autour de vous.

Il vous invite à agrandir votre sourire de compassion envers vous-même. Il vous suggère de vous mettre au diapason de l'univers inté-rieur et exté-rieur. Il vous propose de rire à la vie, et laisser votre esprit se fondre dans le grand Tout. Tout un programme : sans plan, sans attente ? Un grand paysage d'amour inconditionnel... bien sage ?

Le 9 vous suggère de laisser circuler ce bel amour, issu de vos plus grandes ouvertures de conscience. Il vous suggère de faire confiance aux immenses possibles que votre dieu intérieur peut favoriser chaque jour de votre vie.

Le 9 parle de cet amour offrant à l'humain que vous êtes son supplément d'âme, son bouquet d'idéaux généreux, et ses capacités de dépassement sublime...

Osez l'amour qui rassemble, qui s'engage au sein du collectif, qui développe la fraternité la plus large. Celle qui se vit sans tabous, sans racisme d'aucune sorte, sans hiérarchie, sans jugement. En un mot : de la façon la plus authentique... au cœur des mille surprises du monde des résonances relationnelles et humaines.

Le 9 est le dernier des nombres à un chiffre. Il vous invite à boucler la boucle de chacune de vos chaussures, avant de faire un nouveau pas en avant, avant de vous engager dans la phase suivante d'évolution. Ne dit-on pas "Quoi de neuf !". Terminer, c'est déjà quelque part commencer ! Faire le ménage de printemps, c'est préparer l'été ! Se libérer du passé, c'est faire de la place à l'avenir.

Aussi, le 9 vous propose-t-il d'effectuer votre nettoyage intérieur, celui qui est nécessaire à toute remise à neuf profonde de votre être en progression perpétuelle. Le 9 vous invite à la purification intime, à l'allègement intérieur. Il vous encourage à laisser éclore les superbes fleurs du jardin de votre conscience épanouie et rayonnante.

Le 9 vous propose d'agrandir votre champ de vision des choses et des êtres. Il vous invite à agrandir votre horizon de conscience, pour mieux embrasser la réalité des richesses de l'univers et les trésors qui dorment au fond de vous.

Il vous pousse à vous aventurer au-delà de vos petites barrières culturelles, de vos habitudes de pensée, et de vos croyances limitatives. Il vous propose de dépasser les frontières de vos a priori et de vos fausses certitudes. Comme pour raser ces vieux murs de Berlin de la conscience qui essaient de survivre au fond de votre esprit. C'est la barbe quand il faut franchir tous ces barbe-lés !

En un mot, le 9 vous invite à reconsidérer vos vieilles cartes, et à repousser les limites de vos explorations géographiques planétaires. Il vous encourage à oser contacter l'étrange, le mystérieux ou l'inconnu qui vit dans vos territoires intérieurs si lointains parfois...

Histoire de ne pas vous engluer dans la boue de vos vieux préjugés... et devenir un homme ou une femme de-bout. D'un bout à l'autre de vos espoirs et de vos rêves les plus fous.

Histoire de ne pas rester terré dans vos peurs, ou cons-ter-né par vos blessures du passé ou vos si ter-ribles échecs... Restez sur terre. Incarnez-vous. Posez vos pieds à leur place. Faites de la place à vos meilleurs vœux. C'est le pied, vous verrez !

Le 9 évoque aussi l'hypersensibilité émotionnelle. Il vous invite à vous en faire une alliée, et à considérer vos si grands récepteurs et votre qualité "hi-fi" comme une richesse à exploiter avec sagesse, mesure et humanité. Le capteur de type 9 rassemble tant de messages qu'il est nécessaire, ensuite, de faire le tri et de poser certains filtres, pour ne pas être parasité par toutes les informations et émotions qu'il transmet.

Le 9 vous rappelle la nécessité d'être à l'écoute du monde, et au service des autres... tout en restant bien à l'écoute de votre propre monde intérieur et au service du meilleur en vous-même.

Le 9 évoque subtilement les messages du monde de l'inconscient. Plus particulièrement ceux de l'inconscient collectif. Il donne un sens aux symboles, et aide à faire parler les synchronicités.

Outre le 6, un autre nombre reste très proche du 9 : c'est le 2.

Le 2 évoque cette sensibilité fluide et cyclique qui gouverne vos marées intérieures. Il esquisse cette face cachée de la lune, si mystérieuse et si secrète. Il dessine vos rêves et vos espoirs intimes.

Il navigue entre deux eaux et se faufile entre les obstacles.

Le 9 évoque, quant à lui, une sensibilité haute définition. Il reste en résonance avec les cycles cosmiques et les concordances universelles. Il peut vous faire décoller dans les hautes sphères et vous raconter les mystères des mondes parallèles et des plans supérieurs. Il nourrit vos idéaux, vos rêves d'un monde meilleur et d'une fraternité planétaire.

Il plane entre deux nuages, et se met parfois en orbite autour de notre bonne vieille terre... Le fantastique n'a plus de secrets pour lui. Le monde onirique peuple les grandes allées de ses espérances. Il habite le domaine des dieux. Il n'hésite pas à se mettre à la portée de vos désirs de paix, à l'aune de vos élans humanistes, et au centre de votre respect des êtres incarnés que sont les femmes et les hommes habitant le beau vaisseau terre...

Aussi, pour suivre le 9, n'oubliez pas votre ticket-retour ! N'oubliez pas de redescendre ici-bas. Faites en sorte que le "ça plane pour moi" , ne se transforme pas en "la panne pour moi"...

Faites en sorte qu'après l'extase mystique ou l'orgasme spirituel, vous puissiez atterrir sagement dans un univers bien concret, et gérer lucidement un quotidien... tellement matérialiste ! Rester désincarné n'aide guère à la construction de soi, et favorise peu sa propre capacité à créer sa vie.

Le 9, enfin, fait penser à l'œuf, à l'œuf spirituel qui donne naissance à une nouvelle conscience. Pour naître (et n'être que soi), n'est-il pas nécessaire de percer la coque, de casser l'œuf dans lequel on a progressé jusque-là ?

Cette coque est bien souvent durcie et renforcée par toutes vos vieilles habitudes bien rodées, toutes vos sécurités établies. Si l'âme reste frileuse, elle se recroqueville dans l'œuf (se tue dans l'œuf ?).

Aussi, lui est-il demandé d'oser sortir de son cocon protecteur, fusionnel et indifférencié. Pour confronter l'existence quotidienne et oser le soleil levant, le vent du large et le feu sacré de l'initiation à la vie et au divin en soi...

9 mois de vie utérine, à rêver dans l'eau, vous ont préparé à votre arrivée sur cette terre. Une terre, où il vous reste à confronter le feu du ciel et le souffle de l'esprit

Le 9 vous invite aussi à être compatissant, généreux et tolérant, vis-à-vis de ce petit pèlerin qui, en vous, s'efforce d'être en quête d'une plus grande conscience et d'un monde meilleur.

Pour aller vous faire cuire un 9 ailleurs... n'oubliez pas votre flamme intérieure !

* * *

Le schéma du
"4 fois 4" numérologique

Regarde toi :
tu as en toi le ciel et la terre.
HILDEGARDE DE BINGEN

Vous êtes sur cette terre pour vous incarner. Vous avez, pour cela dans votre vie, quatre grands cadres à votre disposition pour vous structurer, vous construire, vous bâtir... et donc structurer, construire, bâtir et créer dans votre vie.

Vous avez, au sein de ces cadres ou structures, à trouver votre place, à l'investir et à la vivre pleinement. Pour cela vous aurez, parfois, à vous positionner et à vous battre. Vous aurez, aussi, à grandir, à mûrir et à avancer en conscience. Vous aurez à oser, à vous passionner... à aimer.

Vous êtes là, au cœur de votre vie et au centre de vos enjeux d'existence (et parfois de survie), face à vous-même et n'ayant finalement de comptes à rendre qu'à vous-même quand à la manière d'avancer sur votre chemin et d'être à la place qui vous paraît juste au juste moment. C'est juste dire l'importance de ce qu'évoque ce petit schéma, qui n'a l'air de rien, mais qui pose des jalons, des pistes, et surtout des interpellations et des questionnements essentiels restant à votre libre disposition !

En effet, c'est au sein de ces divers cadres que tout se joue pour vous. C'est de votre relation à ces structures que découle ce qui se passe dans votre vie, ce que vous avez à vivre au quotidien, ce que vous aurez à vivre demain : vos réussites ou vos échecs, vos investissements ou vos fuites, vos avancées ou vos reculades, vos hésitations ou vos décisions, vos joies ou vos peines... votre bonheur ou vos malheurs. Rien que ça !

Ce "schéma du 4x4" se présente comme un complément essentiel au thème, en numérologie humaniste. Il vous permet d'accéder très vite à certains mécanismes de résonance, de reproduction et de fidélité qui sous-tendent votre vie. Il facilite la mise en évidence de certains liens de sens profonds qui tissent votre existence la plus concrète, la plus quotidienne.

Notons que la symbolique du nombre 4 suggère de confronter ce qui touche à la TERRE, à l'ESPACE et au TEMPS :

– TERRE : C'est-à-dire avoir les pieds sur terre : Confronter la matière. Assumer vos contingences matérielles. Vous situer vis-à-vis de l'argent. Faire vos choix de nourriture. Savoir protéger et vous protéger. Etre au bon moment, au bon endroit.... à sa juste place sans "commen-terre" !

Une place dont nous serions un peu plus "proprié-terre"...

– ESPACE : C'est-à-dire trouver VOTRE PLACE. Vous situer dans l'espace. Savoir prendre votre place, pour vous asseoir, pour manger, pour voyager. Oser prendre votre place pour vous poser, pour être tranquille, pour lire, pour réfléchir, pour rêver.

Avoir un espace à vous dans votre maison (si vous n'habitez pas seul), avoir un espace corporel propre. Avoir un espace professionnel propre. Avoir de l'espace vis-à-vis de vos parents, de votre famille, de vos proches (couple et enfants)...

– TEMPS : C'est-à-dire savoir trouver le temps. Avoir du temps pour vous. Mieux gérer votre temps professionnel, familial, amoureux, personnel. Être dans le temps ; ni trop avant, ni trop après (en avance ou en retard). Oser vivre pleinement dans le temps présent.

Et donc ne pas passer votre temps à vivre dans le passé, ou à vous projeter sans arrêt dans le futur, en ne confrontant pas le temps qui est là, avec vous, en vous, à vos pieds, à portée de vos mains, et au centre de votre cœur... Ou au cœur de tous vos instants de vie, aussi essentiels les uns que les autres.

"O temps ! suspends ton vol, et vous, heures propices ! suspendez votre cours...", dit le poète. Invitez-vous à la belle école du temps !

"Au temps en emporte le vent" : Invitez-vous à défendre votre air, à ne plus vous le faire pomper, à ne plus étouffer dans, ou pour, votre couple, votre famille, vos amis, votre travail. A ne plus rester coincé dans votre propre corps, si figé ?

Restez-vous "colmé" au temps. Avez-vous trouvé la bonne distance... par rapport au temps ? A quoi voulez vous rester collé, si long-temps ? Quels liens ne veulent pas s'avouer qu'ils ont fait leur temps ?

Le 4, maître du rythme

Comme je l'ai déjà évoqué en abordant la symbolique du 4 dans le chapitre précédent, la gestion personnelle du temps ne peut se faire correctement s'il n'y a pas respect du ou des rythmes propres à soi-même et à sa propre histoire.

Votre manière de confronter votre incarnation et de concrétiser ce que vous avez à faire peut être en résonance avec la manière dont vous êtes né.

Si vous êtes né rapidement ou en avance, cela semble vous prédisposer à vouloir faire les choses rapidement. Pressé de décider, pressé de réaliser vite vos projets, pressé de manger, pressé de dire, pressé en voiture, pressé de passer à autre chose... pressé d'aimer, pressé de faire l'amour.

Si vous êtes né en retard ou si votre accouchement a duré longtemps, cela semble vous prédisposer à avoir besoin de temps pour choisir, avancer, manger, exprimer, oser... aimer et prendre votre pied. Il vous faut du temps. Votre rythme est le vôtre. Certains diront qu'il est plus lent... que ceux qui ont un rythme rapide ? Il n'y a pas de normes. Il y a juste à respecter le rythme qui est juste pour vous.

Observez qui décide certains rythmes pour vous, dans votre couple, votre famille, votre travail, vos loisirs. Restez conscient des jeux de pouvoir et de territoire sous-jacents à l'organisation de ces rythmes.

Etes-vous d'accord pour toujours subir le rythme d'un autre ou des autres dans votre quotidien ?

- Dans votre fratrie : rythme de celle ou celui qui passe devant ou derrière (après les autres).
- Dans votre corps : quelle partie passe avant ou après les autres. Quelle partie décide du rythme de l'ensemble. Par exemple : la tête décide-t-elle du rythme du cœur et des sentiments ? (ce qui apparaît comme une aberration !). Quelle jambe décide du rythme de la marche... et quelle partie de votre conscience aussi ?
- Dans votre profession. Vous impose-t-on des rythmes qui ne sont pas les vôtres. Vous imposez-vous des rythmes qui ne vous conviennent pas (inadaptés à votre tête, à votre corps, à votre monde émotionnel, à votre cœur ?)
- Dans votre maison ou en voiture. Vos cohabitations vous amènent-elles à ne pas (ou plus) respecter vos rythmes vitaux, vos rythmes psychologiques ou intellectuels ? Sommeil, repas, dialogues, ordinateur, télé, internet ... Sans oublier les rythmes subtils de votre cœur et de vos affects !

Osez positionner et défendre votre rythme. Affirmez-vous dans vos rythmes vitaux, psychologiques et spirituels !

Les rythmes se partagent, s'accompagnent, et peuvent se vivre en commun, comme les deux danseurs qui s'accordent, s'écoutent, s'observent et entrent en conscience dans la danse des échanges et de la rencontre des ryhmes... et de la musique de leurs cœur et de leurs corps.

Ainsi, le schéma du 4x4 pose clairement les bases de ces cadres à investir en conscience, à améliorer parfois, à agrandir, à transformer... pour votre bonheur.

A vous seul de vous en occuper ; ce sont les vôtres ! A vous seul de prendre le temps pour gérer au mieux ces cadres, les entretenir... et les remercier. Personne ne peut le faire pour vous ! C'est votre vie. C'est le cadre de vos en-vies. C'est le grand tableau de vos peintures les plus belles, et de vos idéaux les plus passionnés...

Alors, ne vous voilez pas la face, ne fermez pas les yeux, ne vous racontez plus des histoires ! Relevez vos manches. Relevez vos têtes. Relevez le défi de vous mettre réellement debout à votre vraie place. Et de TOUT faire pour cela ! C'est-à-dire pleinement ÊTRE pour cela. Être vous-même, à l'écoute et au service du meilleur en vous-même. Ce qui implique d'être sacrément dans l'accueil du divin au fond de vous...

Ce schéma vous invite à trouver votre JUSTE PLACE et à prendre pleinement cette place qui est la vôtre. Il vous suggère d'occuper plus réellement votre place au sein de votre famille, d'habiter plus complètement votre corps, d'investir plus efficacement votre place professionnelle, et de prendre plus largement votre place dans vos lieux de vie... Pourquoi n'occuper que la moitié de votre lit à deux places si vous dormez seul(e) ? Pourquoi n'occuper que certains endroits de votre appartement ou maison, comme pour rétrécir votre bulle ou votre droit à la vie ?

Une invitation à trouver votre temps juste, et à occuper plus pleinement et plus fructueusement votre temps au quotidien.

Une invitation à occuper votre place psychologique, votre temps de parole, votre présence humaine, votre vérité, votre opinion, votre rayonnement personnel.

Occuper cette place, ces places, va de pair avec votre travail de valorisation personnelle, votre recherche de reconnaissance de vous-même... au cœur de votre identité profonde.

C'est parti pour un petit tour d'horizon avec le schéma du 4x4 !

– 1er élément. Le Cadre familial (ou structure généalogique)

Il pose la base du schéma. Au départ, vous vous incarnez dans une famille. Vous naissez d'une mère qui vous a conçu avec un père ou futur père. Même si votre père vous est inconnu, même si votre mère a accouché sous X, la réalité est là : vous avez (ou avez eu) des parents.

Un père, une mère et un enfant, cela constitue une famille, même si elle est, au départ, dans sa plus simple expression, même si elle se retrouve éclatée plus tard.

Nos parents ont eu, eux aussi, des parents (connus, inconnus, proches ou lointains). Parents, grands-parents, arrière-grands-parents sont, au total, 14 personnes !

Tous ces hommes, toutes ces femmes, ces ex-enfants, ces ex-petits nourrissons naissants, forment VOTRE FAMILLE. Cette famille forme la structure au sein de laquelle vous avez débarqué le jour de votre conception, et plus directement encore le jour de votre naissance.

Que vous connaissiez ou non tous les acteurs de votre arbre généalogique de base, ils sont en vous depuis que vous vivez, ils existent dans vos mémoires, dans vos cellules, dans vos gènes... et dans votre âme. Autant les accueillir, les reconnaître, les aimer, réellement ou symboliquement, s'ils sont inaccessibles ou décédés.

Au sein de ce cadre familial, vous avez une place. Cette place est celle de votre conception. Elle ne vous est pas toujours connue, ou pas encore connue, tant que votre mère ou votre père ne vous a pas révélé certaines choses...

Votre *place réelle* est celle qui correspond à votre *place de conception*. Votre *place fonctionnelle*, votre place apparente (et qui induit le rôle que vous risquez de jouer dans un premier temps sous la pression éducative ou sociale) est lié à votre *place de naissance officielle ou à la place que vous occupez après un avortement ou une fausse couche, un enfant mort-né ou nourrisson décédé.*

Par exemple, vous croyez être l'aîné, jusqu'au jour où votre mère vous apprend qu'elle a fait une fausse couche avant de vous avoir !

Autre cas : vous croyez être le troisième, mais votre mère a avorté entre votre aîné(e) et vous. Le saurez-vous, ne le saurez-vous pas ?

Autre cas : Vous croyez être l'aîné, mais un autre enfant est né avant vous et, victime d'une malformation, est décédé quelques jours après sa naissance. La douleur de vos parents concernant la perte de leur premier enfant a fait que cela vous a été tu “pour ne pas vous perturber”, “pour ne pas re-évoquer cet événement dramatique”. “Oublions, oublions!”... Mais, l'inconscient, lui, n'oublie rien !

Autre cas : Il a pu y avoir deux ou trois fausses couches (ou des avortements) avant vous. Un aîné officiel peut se révéler être un quatrième !

Cette place familiale est très importante. Je vous évoquerai, un peu plus loin dans ce chapitre diverses pistes et propositions concernant ce numéro d'ordre familial.

Cette place est la vôtre. Vous avez à l'investir, à la jouer pleinement.

Vous avez à prendre vraiment votre place, pour être heureux, pour être vous-même.

Si vous êtes l'aîné(e), et que ce soit réellement votre place, vous avez à assumer cette place, à vous en servir (à la faire fructifier ?).

Si vous laissez un frère ou une sœur la jouer "à votre place", si vous le (ou la) laissez vous "passer devant", si vous le (ou la) laissez être là où vous devez être, où allez-vous vous situer ?

A partir de quelle place ou territoire identitaire allez-vous vous construire ? A partir de quels repères allez-vous avancer et vous positionner ? A partir de quel cadre allez-vous vous structurer et trouver votre force, votre puissance de création, votre dynamique personnelle de vie ?

De nombreux cas de figures interviennent ici. Ils seraient trop longs à évoquer dans ce petit chapitre. J'en citerai juste quelques-uns en résumé :

- Une fille en place n°1 (l'aînée) suivie de 3 garçons. Un des garçons cherche-t-il à lui "passer devant "? Cette fille jouera-t-elle les "garçons manqués" (ou sera-t-elle une fille masculine) pour se faire admettre, voire respecter dans cette fratrie ?
- Un garçon en 2e position, entouré de filles. Une sœur aînée et quatre sœurs après lui. Comment va-t-il développer son masculin, sa capacité de positionnement d'homme, son affirmation et sa force de caractère, ainsi entouré de présences féminines ? Ce système familial sera d'autant plus accentué si son père est lointain ou absent. Comment va-t-il trouver sa place au sein de cet univers féminin, au sein de ces "mamans potentielles" ?

Ceci peut être accentué dans le cas d'un garçon qui est le petit dernier après plusieurs filles. J'ai eu l'exemple d'un garçon en place de 6e, après 5 filles ! Ce n'était pas le genre "Rambo !" . Il aurait pu l'être, s'il avait choisi de fortement surcompenser cette situation de base. Mais aurait-il été vraiment lui-même ?

- Une famille où il n'y a que des garçons : cela entraîne généralement stimulation, dynamisation, compétition... et rivalités masculines. La question à poser au départ : "Où est passé le féminin ?" Il ne reste que la mère pour l'incarner. Il sera intéressant d'observer la relation de la mère avec ses sœurs surtout si elle n'a eu que des sœurs, ou celles du père avec ses frères, surtout s'il n'a eu que des frères.
- Une famille où il n'y a que des filles : cela peut induire confidences, émotions, jeux féminins... et rivalités féminines. La question à se

poser : “Où est passé l’homme ?”. Il n’y a que le père pour l’incarner directement !

Dans ce cas de figure, la mère est très souvent “yang-masculine”, et “le père yin-féminin”. En clair, c’est la femme qui porte la culotte, qui possède le pouvoir, du moins au sein du cocon familial, et des décisions éducatives ou des choix liés à la maison. Comment le père a-t-il pris sa place de garçon, puis d’homme au sein de sa fratrie et de sa famille ? Ses frères l’ont-il écrasé ? Ou n’a-t-il eu que des sœurs ?

– Une famille où les garçons occupent des places yin-féminines (2e, 4e, 6e, etc.) et les filles des places yang-masculines : dans ce cas de figure chaque enfant aura à confronter le fait qu’il se trouve à une place qui ne correspond pas à son sexe. Cette place peut, par contre, correspondre à sa polarité personnelle. Certains garçons ont une polarité très yin, certaines filles une polarité très yang.

En fait ici, c’est comme si toutes les places étaient “inversées”. Le couple parental est alors généralement inversé lui aussi : mère yang, mentale active et père-yin, doux, sensible (influençable, voire indécis).

Résumé des spécificités de chaque place

– Place n°1 : L’aîné(e) fait la trace. L’enfant à cette place semble être un modèle pour ses frères et sœurs. Il est placé entre eux et les parents. Il n’hésite pas à se lancer dans la vie, à foncer “droit devant”. Il a des dons de leader, il peut jouer les “locomotives” pour faire avancer de nouveaux projets, pour dynamiser une équipe, bien que, habituellement, il préfère avancer seul et ne s’en référer qu’à lui-même.

Officiellement, il est le premier du nom – surtout si c’est un garçon – et doit confronter toutes les exigences des parents, ainsi que leurs premières expériences de parents. C’est lui qui offre le statut de parents à l’homme et à la femme qui l’ont conçu, ce qui n’est pas rien !

Il lui est demandé d’acquérir très trop une autonomie et une maturité qui feront de lui un être auquel on “se réfèrera”, un être qui rassurera et à qui on aimera demander des conseils.

Suggérons-lui de ne pas être trop dirigiste ou de trop chercher à être toujours le premier (“moi devant, moi devant... ou au-dessus !) .

Proposons-lui de ne pas écouter que sa tête... et d’assouplir ses options !

La place de 1er renvoit au père et à la lignée du nom (des hommes).

Mais, il sera important de considérer la place que son père occupe dans sa propre fratrie, pour moduler l’interprétation de ce lignage.

Si, par exemple, sa mère est 1ère, et son père 2e, il sera en relation plus privilégiée avec sa mère qui a la même place que lui. J'appelle cela les *places relatives* dans la famille.

– Place n°2 : L'enfant à cette place semble plus réservé que le premier, il se met généralement moins en avant. Il préfère agir de façon plus souple, plus indirecte. Il peut paraître indécis ou réservé, il n'en est pas moins à l'écoute de l'autre. Sensible et réceptif, il capte vite l'intimité de l'autre. Son monde émotionnel est riche et il a intérêt à ne pas se couper de lui.

Il sait accueillir. Il a besoin de la présence des autres. C'est un très bon conseiller, un bon thérapeute (l'entretien à deux). Il peut lui arriver de rêver un peu... Il lui sera demandé parfois d'apprendre à redescendre sur terre ! Il est très sensible aux cycles de la lune (se sent "dans le creux" à la nouvelle lune, et surexcité à la pleine lune).

La place de 2e renvoie à la mère et à la lignée des femmes. Mais, il sera important de considérer la place de sa mère dans sa propre fratrie, pour moduler cela.

Si, par exemple, sa mère est 1ère, et son père 2e, il sera en relation beaucoup plus privilégiée avec son père qui a la même place que lui.

– Place n°3 : L'enfant à cette place semble plus sensible aux apparences. Il cherche à soigner son propre look, il ne portera pas n'importe quel vêtement (il veut les marques les plus chères ?).

Ses talents d'artiste (surtout musique, photo, dessin) ne sont pas à négliger. Créateur-né, il lui reste à oser son propre style. Il peut aussi devenir l'animateur de la famille : celui qui a de l'humour et qui fait rire tout le monde.

Serait-il le petit gourmand de la fratrie ? Serait-ce celui (ou celle) qui semble toujours rester jeune... faire le clown, ça conserve ?

Il aime bien qu'on le remarque, et qu'on apprécie sa joyeuse originalité. Il occupe la place du "porteur de parole", celui qui a pour fonction de dire... ce que personne n'ose exprimer !

Si cet enfant est le dernier, le "fameux petit dernier", il risque de rester un peu plus longtemps dans les jupes de sa mère, pas pressé du tout de devenir un "adulte responsable". Ce grand enfant est très attachant et d'une compagnie agréable. Toujours prêt à jouer, il lui est juste demandé de passer sans tarder à des jeux d'adulte... et d'arrêter d'amuser la galerie par ses "gamineries" !

– Place n°4 : L'enfant à cette place se veut beaucoup plus sérieux que le n°3. Ce gardien de la tradition semble stable, fiable, posé, et pesé dans ses propos comme dans ses actes. Respectueux des règles et des consignes, cet enfant est un organisateur né.

Bien les pieds sur terre, (parfois un peu trop !) il travaille avec discipline et acharnement. Les études lui sont moins faciles qu'à son aîné(e). Il avance moins rapidement... mais plus sûrement.

Il a des dons manuels... Il peut même être très habile de ses mains s'il se prend par la main ! C'est le bricoleur de la famille. Il aime s'occuper les mains toute la journée. Il préfère un bon outil à un bon livre ! Il préfère travailler sa terre et creuser son jardin, plutôt que de faire des plans sur la comète...

Il est tenace et s'accroche à ce qu'il concrétise. Il travaille dans la durée, avec patience et pondération, même si ce qu'il fait est répétitif. Appliqué, le nez sur ce qu'il fabrique, il ne rêvera pas, comme son frère ou sa sœur en place n°2 !

Il apparaît comme un solide pilier sur lequel on peut s'appuyer. Il se laisse peu de temps pour les frivolités. Il a besoin d'horaires réguliers et d'un rythme de vie bien réglé.

Cet enfant respecte les règles familiales et les lois internes de la lignée. Son petit côté "contrôleur", son côté un peu carré, peut agacer ses frères et sœurs, surtout le n°3. Son air sérieux et maître de lui, le fait paraître souvent plus vieux que son âge.

On peut aussi compter sur ce comptable-né. Côté intendance, il sait de quoi il parle ! Il a toujours un vêtement de rechange, et son matériel, c'est du costaud ! Il connaît le prix des choses et pour lui, il n'y a pas de petites économies.

Avec lui, chaque chose doit être à sa place ! Deux choses l'agacent : l'imprévoyance et le désordre. Il sait gérer son temps et délimiter son espace. Si vous le bousculez trop, il rechigne et se cabre. Ne le mettez pas sous pression, ce faux-calme pourrait laisser exploser sa colère !

Laissez-le tranquillement se mettre en quatre, à sa manière, pour vous ou ceux qui l'entourent.

– Place n°5 : L'enfant à cette place semble prêt à monter dans le premier bateau en partance pour les Amériques ! C'est le voyageur de la famille. Déjà, tout petit, il ne tient pas en place. Il a besoin de bouger, de courir, d'escalader. Il a besoin d'air et de grands horizons. Il s'ennuie facilement. Il aime changer d'activité, changer d'idée, changer de direction, changer de vie. Il en oublie parfois certains rendez-vous. Ou passe son temps à chercher ses clefs !

Il adore provoquer, critiquer et révolutionner les choses. Toujours prêt à courir, hors des sentiers battus, il se bat pour son indépendance et sa liberté. Adieu les contraintes, foin de la tradition et des consignes familiales ! Il n'en a que faire... et pré-fère aller fer-railler ailleurs !

D'une manière générale, il n'est jamais là où on l'attend.

Sportif et dynamique, il entraîne son corps et le prépare aux plus grandes expéditions, ou aux défis les plus extrêmes. Il ose aller au bout de ses possibles en la matière. Le regard vif et le visage buriné par les vents, il questionne l'inconnu.

C'est le premier à se lever. Tonique à souhait, ce champion de la vitesse est toujours sur les starting-blocks ! Il lui est demandé d'apprendre à se calmer un peu, de temps en temps. Ce grand nerveux, à force de s'exciter tout seul finit par exciter toute la famille !

A trop tourner et retourner les choses dans sa tête, il en perd parfois le sommeil. C'est un enfant qu'il peut être bienvenu de cadrer, et à qui il faut très tôt apprendre la stabilité et la modération, même s'il rue dans les brancards et file dans la rue ! Disons qu'un peu de relaxation et de méditation, ne peut pas lui faire de mal...

Si c'est une fille, elle peut avoir tendance à oublier sa partie féminine et chercher à rivaliser avec l'homme sur son terrain, en s'obligeant à développer force et endurance physique, prise de risque et vitesse.

– Place n°6 : L'enfant à cette place apparaît paisible et tranquille. D'une nature très affective, il semble ne jamais vouloir s'aventurer hors de son chaud cocon protecteur. Il peut particulièrement souffrir du manque de temps ou d'attention de ses parents à son égard.

Il est amoureux de son confort, amoureux des belles choses. Cet amoureux de l'amour, aime la douceur de son coussin et la grandeur de sa baignoire. Sensuel et gourmand, il termine en douce les stocks de chocolat. Quand il sera grand, mettez-lui une bonne bouteille de Château Margaux dans ses chaussons du Père Noël (à boire bien chaussûr avec modé-ration !).

Cet enfant a besoin de chaleur humaine, de présence sensible. Il aime qu'on le soigne (surtout côté nourriture !), mais il ne dédaigne pas soigner, ou materner les autres. Il a un faible pour les animaux dociles, qu'il peut caresser à l'envi. Plus grand, il sera probablement un "masseur-né" !

Il peut être nécessaire de l'aider à faire des choix. Il est du genre à vouloir le beurre et l'argent du beurre La note est parfois salée... la frustration n'est pas son plat de résistance ! La pression non plus... à part une bonne bière trappiste ?

Cet esthète peut rester une heure immobile devant un coucher de soleil... et continuer à admirer les étoiles (surtout Vénus, sa "marraine" et la première visible). Cet enfant vénusien semble parfois peureux, ce n'est qu'une apparence. La "six-trouille", peut aussi se transformer en carrosse doré ! Ce gentil petit poisson peut vous empoisonner pour l'emmener à la "pis-six-ne". En effet, il adore l'eau, la mer... et l'appel des "six-rènes" ?

Ses côtés arrondis en font un enfant généralement conciliant... mais parfois tellement en demande d'amour qu'il en devient lassant (ou collant ?)."Viens mon doudou, viens..."

– Place n°7 : L'enfant à cette place n'est pas le dernier à tout savoir !

Le plus important, pour lui, semble se passer dans sa tête. Il ressemble au n°1, mais en version "plus posée", plus réfléchie, plus secrète... et plus sage ?

Pour un solitaire, c'est un solitaire... qui sait se taire et observer, du haut de son grand âge intérieur. Plus mûr que son âge, il côtoie plutôt les adultes que les gamins du quartier.

Avec lui, le mot sérieux prend une dimension insoupçonnée... on pourrait en écrire un livre. Il est d'ailleurs difficile de lire à livre-ouvert dans son petit monde intérieur tellement bien protégé. Il se livre peu... sauf à son sport favori : la lecture. Ses petits côtés "prof" peuvent faire de cet enfant un élève assidu. Toujours prompt à classer, répertorier, il préfère les livres aux compétitions sportives ou aux manifestations publiques.

Sa grande mémoire l'aide à se repérer facilement dans les diverses connaissances qu'il met à sa portée. Il aime les programmes. Il adore l'ordinateur... qui sera son meilleur allié sur sa route d'écrivain ?

Son attrait pour la méditation et la prise de recul, à l'ombre de ses passions maîtrisées (ou refoulées), l'isole parfois du reste du monde.

S'il vous dit qu'il veut du calme et du silence, n'insistez pas, laissez-le tranquille ! Laissez l'ascète sécrèter les secrets qu'il ne vous révèlera que l'âge venu... et les "faux sept" creusées ?

– Place n°8 : L'enfant à cette place adore jouer les héros. Lorsqu'il a un projet, ou un défi en tête, il ne lâche pas facilement le morceau !

Il vit pour ce qu'il peut réaliser, monter, édifier. Il aime bâtir de grandes choses et montrer ainsi concrètement sa puissance. Une puissance qui l'amène souvent à être très tendu intérieurement, et prompt à la riposte. Surtout n'allez pas trop le chatouiller. Ce tigre a le coup de patte facile, surtout s'il est blessé !

Il induit, parfois malgré lui, certains jeux de pouvoir. Il sait très bien déclencher la colère de ceux qui le cherchent un peu...

Par ailleurs, il aime transformer les choses. Il peut aider l'autre à se transformer : ses dons de guérisseur sont réels. Qu'il n'en fasse pas un outil de pouvoir ou de manipulation !

Il se veut protecteur. Il se veut préservateur. Il est très bien placé pour s'occuper des investissements familiaux et des héritages matériels. Il peut être le dépositaire d'anciennes et virulentes batailles ayant eu lieu au sein de la famille par le passé.

Ce fougueux chevalier serait plutôt à cheval sur ses principes lorsqu'il s'agit de vérité et de justice. C'est clair : il déteste le mensonge, surtout de la part de ses proches. Il n'aime pas les injustices, surtout celles que peuvent avoir à subir ses proches. Dans ces cas-là, il sort sa grande épée, et part en croisade croiser le fer... et faire des flammes !

– Place n°9 : L'enfant à cette place semble vouloir faire plaisir à tout le monde. Cet idéaliste-né rêve d'un monde meilleur. Sa famille est universelle. Il considère tous les humains comme ses frères. L'étranger l'attire, et il se sent prêt à aller secourir les autres à l'autre bout du monde !

Il n'aime pas rester seul dans son coin, comme le n°7. Il préfère la chaleur des groupes. Il opte pour l'entraide et l'éveil de conscience. Il voudrait aider tout le monde et sa sensibilité l'amène à être, un peu trop parfois, à l'écoute des malheurs de toutes les victimes qui l'entourent. Il reste aussi l'héritier et le dépositaire des messages inconscients du groupe familial. Désirs inconscients, attachements inconscients, liens inconscients, et les chapelets de résonance inter-individuelles au sein du groupe...

Toujours prêt à donner sa chemise, il se sacrifierait facilement pour le bonheur de l'autre. Il lui est suggéré de ne pas trop s'oublier lui-même. Ce grand rêveur (un peu "planeur") a intérêt à regarder où il met les pieds... ailleurs que sur son grand tapis volant !

Cet enfant capte très vite tous les signes invisibles ou inconscients, émis par ses proches, en particulier ses parents. Rien ne sert de lui cacher certaines choses ; il les sent. Alors, soyez clair et cohérent avec lui, cela lui évitera de souffrir du décalage entre ce qu'il ressent et ce qu'on veut lui faire croire !

En avance sur son temps, avec toujours l'air de débarquer d'une autre époque ou d'une autre planète, il sent les choses du futur, et peut parfois en dévoiler la trame potentielle. Le "quoi de neuf" a déjà pris, pour lui, un sérieux coup de vieux !

– 2e élément. Le Cadre corporel (ou structure physique)

Pour faciliter votre incarnation, le créateur vous a doté d'un corps. Où en êtes-vous dans votre relation à ce véhicule d'exploration physique, d'exigence terrestre, et d'apprentissage de la vie concrète ?

Comment avez-vous tendance à habiter votre corps ? Quelle place avez-vous l'habitude de lui donner ? Quelle est votre manière de l'investir ? A quel endroit, dans quelles zones ?

Votre territoire corporel vous appartient (il vaut mieux, n'est-ce pas ?).

Comment vous en occupez-vous ? Quelle harmonie vous évertuez-vous à faire régner en son sein ?

Votre corps se révèle aussi être le lieu de vos conflits internes, de vos rapports de force avec vous-même... et de vos vieux comptes à régler avec votre famille ou vos ancêtres !

Ce territoire est-il coupé en deux par un vieux "mur de Berlin" des affrontements du passé ? Certaines parties sont-elles isolées par vos peurs (d'être vous-même ?). Certains recoins sombres ressemblent-ils à des oubliettes, à des zones de non-droit où votre conscience n'ose plus aller voir ce qui s'y passe ?

Votre jardin intime reste-t-il en friche... ou avez-vous peur qu'il soit trop labouré par les émotions et sentiments qui pourraient l'habiter ?

Tout ce petit monde corporel est à vous. Il est pour vous. Il est avec vous. Il vous accompagne sur votre chemin de maturation et de prise de conscience. Il EST vous-même sur votre chemin d'ouverture spirituelle et d'accueil du divin en vous. Ce corps est aussi votre inconscient, ou du moins son messager le plus fidèle et le plus direct ! Alors, ne l'oubliez pas...

Ce 2e élément de mon schéma du 4x4, est en relation, résonance, ou interférence avec le 1er élément déjà évoqué.

Votre manière d'habiter votre corps ressemble probablement beaucoup à votre manière d'habiter votre cadre familial. Votre manière d'être avec, et dans, votre corps est à l'image de votre façon de vous situer dans votre famille. A l'image de la façon dont vous vous êtes plus ou moins bien situé enfant, au sein de cette structure familiale.

Par exemple, si vous êtes coupé (ou avez été coupé, séparé) de votre père, il est fort probable que vous ayez tendance à "couper" votre tête du reste de votre corps.

En effet, la tête représente le sommet du corps, comme le père représente le chef de famille. Le père est masculin-yang (ou est censé l'être). La tête est très liée au mental-yang (aux décisions mentales). La tête et le père sont l'expression de la même symbolique.

Notons qu'au niveau des polarités, la tête est située très nettement au niveau du pôle yang (+) du corps. D'ailleurs, les méridiens yang, comme celui de la Vessie ou de l'Estomac, descendent à partir de la tête.

Si vous avez un problème avec votre frère ou votre sœur (ou parfois avec les polarités parentales, lorsqu'elles sont inversées), ou des difficultés avec vos "collatéraux", vous pouvez vous retrouver avec des problèmes de latéralité, voire confondre votre gauche et votre droite.

S'il y avait une grande séparation, au sein de votre famille, entre à droite les garçons, et à gauche les filles, cette séparation peut se rejouer dans votre corps, où la partie gauche risque de se "couper" de la partie droite.

On peut considérer que lorsqu'il y a déséquilibre entre la gauche et la droite dans le corps (corps plutôt "habité" à gauche ou à droite, ou dans certaines zones d'un côté ou de l'autre), cela peut provenir du schéma en vigueur dans votre cadre de base, à l'image de ce qu'a été votre structure familiale pendant votre tendre enfance.

Ainsi, en vous resituant mieux vis-à-vis de ce cadre familial de base, vous vous aidez à mieux vous placer au volant de votre véhicule physique, à être mieux dans votre corps.

Et parallèlement, en travaillant sur vous-même, en améliorant votre relation à votre corps (toutes les approches ou techniques psycho-corporelles), vous vous aidez à mieux re-trouver votre place au sein de votre famille, à mieux vivre cette place et à l'investir plus totalement.

En résumé :

– Zone interpellante pour le 1er de la famille

La symbolique du 1, nous l'avons vu, renvoie à la zone du sommet (yang) du corps : la tête.

L'aîné(e) aura tendance à être plutôt dans sa tête (parfois trop !).

Sa zone privilégiée se trouve être son cerveau, c'est-à-dire son intellect et ses rapides capacités cérébrales. Une dominante visuelle. L'habitude de se réfugier très vite dans sa tête... au sommet de sa tour de commandement.

Aussi, le 1er est invité à descendre dans la zone complémentaire, c'est-à-dire ses pieds, et à tenir compte des contingences concrètes que la tête, dans ses hauteurs, peut avoir tendance à oublier !

<u>Zones de somatisations possibles :</u> Inflammation des sinus (et tout ce qui ressemble au "mal de tête"). Ce qui se passe quand on a tendance à se prendre un peu trop la tête ! Chocs contre (ou à) la tête.

Problèmes de vue (plutôt myopie).

Parfois problèmes de sommeil. On veut toujours foncer ! On se dit : " Si je veux être toujours prêt, je ne peux relâcher ma vigilance !"

Les périodes d'été (très yang) l'interpellent plus particulièrement.

– Zone interpellante pour le 2e de la famille

La symbolique du 2 renvoie à l'émotionnel, et évoque la grande sensibilité réceptive.

Le 2e reste plutôt au milieu de son corps, au niveau du plexus solaire.

Son trop plein d'émotion va avoir très vite des répercussions sur sa digestion. Il ne sait pas toujours se protéger de l'extérieur et prend tout "de plein fouet". Son humeur dépend beaucoup de l'humeur de ceux qui l'entourent. Son état intérieur est fortement lié à ce que vivent ses proches (et à ce qu'ils positionnent, eux !).

Le n°1 est plus visuel, le n°2 est plus auditif.

Le 2e peut gagner à ne pas négliger, d'un côté la zone du haut, sa tête, et apprendre à faire des choix clairs (des positionnements dignes de ce nom), et d'un autre côté la zone du bas, ses ancrages et repères les plus matériels, les plus concrets. Histoire de bien trouver sa place et d'éviter d'être ballotté d'un côté et de l'autre, comme un frêle esquif dans les vagues et les marées des émotions et désirs de ses proches.

<u>Zones de somatisations possibles :</u>

Problèmes d'estomac et de digestion , en général.

Rétention d'eau ou problèmes au niveau des reins.

Inflammations au niveau des oreilles.

Parfois problèmes de sommeil, liés aux cycles de la lune. Parfois épilepsie.

Si c'est une femme : Forte sensibilité à ses cycles féminins. Les périodes d'hiver (très yin) l'interpellent plus particulièrement.

– Zone interpellante pour le 3e de la famille

La symbolique du 3 évoque la communication et l'expression de soi.

Dans le corps cela correspond surtout à la gorge et aux bras. Le bras gauche symbolise, en effet, "le recevoir", le bras droit "le donner". Sont concernés les échanges avec les autres. Les relations humaines.

Le 3 étant lié à l'air, la zone des poumons est sensible chez les 3e.

<u>Zones de somatisations possibles :</u>

Problèmes de gorge. Angines. Tensions au niveau des cervicales.

Problèmes de thyroïde, en particulier chez les filles en 3e position (surtout si elles n'ont que des sœurs).

Parfois des difficultés respiratoires. Asthme.

Mal au poignet ou tennis-elbow.

Attention aux problèmes de peau liés au soleil.

– Zone interpellante pour le 4e de la famille

La symbolique du 4 renvoie à la terre, donc au bas du corps. Jambes et bassin. Les pieds sont bien sûr les premiers concernés. L'ancrage au sol. Le contact avec ses propres racines...

La zone du foie (stockage des sucres) et de la bile (les 4e seraient-ils de grands bileux?) est aussi concernée.

Aussi le 4e est-il invité à s'occuper de la zone complémentaire, c'est-à-dire la tête. Pour ne pas rester "au ras des pâquerettes ?"

Zones de somatisations possibles :

Les jambes, en particulier les genoux (et les chevilles).

Parfois des problèmes de hanches et région lombaire (sciatique).

Le Foie est à surveiller. La vésicule biliaire aussi. Surtout si les colères sont refoulées et les ressentiments bien gentiment stockés dans la zone concernée.

Sans oublier les dents (surtout les molaires et les dents de sagesse).

Le 4 est lié au cadre familial, les dents expriment ou traduisent à leur manière les schémas, mémoires et enjeux psycho-généalogiques.

– Zone interpellante pour le 5e de la famille

La symbolique du 5 renvoie au mouvement, aux déplacements. Les zones en question ici sont les membres, d'une manière générale. Ou comment le corps peut se mouvoir dans l'espace.

Le 5 est lié à la sexualité. La zone sexuelle est une zone prioritaire chez les 5e.

Le besoin de faire circuler l'énergie, de mobiliser les muscles, est crucial chez cet enfant ... qui peut avoir tendance à être "surexcité"!

Il aura intérêt à revenir "en lui-même", à "ramener la balle au centre", pour éviter de disperser son énergie à l'extérieur de son corps

Zones de somatisations possibles :

Les muscles, les tendons et les articulations.

Inflammations ou irritations génitales.

Problèmes de sommeil (encore plus que pour le n°1). Hypertension.

Et souvent des chutes, pour ce casse-cou... ou casse-autre-chose !

– Zone interpellante pour le 6e de la famille

La symbolique du 6 concerne l'amour, la digestion, l'eau.

Les zones en question ici sont le cœur, la zone du ventre (surtout gros intestin et intestin grêle). Ainsi que la circulation lymphatique et parfois aussi les reins (comme le 2e). Le 6 est très kinesthésique (le toucher, la peau). L'état corporel du 6e est fortement lié à son état affectif...

Zones de somatisations possibles :

Problèmes de circulation sanguine et lymphatique.

Problèmes de peau. Problèmes de digestion... et surtout embonpoint.

Éviter la nourriture trop copieuse ou trop grasse...

– Zone interpellante pour le 7e de la famille

La symbolique du 7 concerne le mental et la "rigidité intérieure", en tout cas ce qui est "rétracté". De plus, le 7 évoque l'âge mûr, voire le grand âge.

Les zones en question ici vont être le système neuro-musculaire, les aspects psychiques (ou psycho-somatiques), et parfois la tête (comme le n°1).

Zones de somatisations possibles :

Tous les rhumatismes. Les articulations. Les tensions du dos (un peu comme le 4e).

Tendance hypocondriaque (somatisations diverses "pour un oui ou pour un non", mais surtout en résonance avec les purifications familiales anciennes). Parfois anorexie mentale.

Perte de cheveux. Pertes de mémoire. Parfois pertes d'équilibre.

– Zone interpellante pour le 8e de la famille

La symbolique du 8 concerne la puissance, l'énergie.

La zone concernée semble être celle de la rate (surtout chez le héros qui court comme un dératé et ne se donne pas le droit de se rater !).

Éventuellement, le 8 peut concerner le plexus solaire, en tant que zone de la colère et de rapports de force.

Le 8 en numérologie est parfois lié à la chirurgie...

Zones de somatisations possibles :

L'estomac (ulcères). Le pancréas et la rate.

Et d'une manière générale les fractures, les chocs.

Ainsi que le surmenage...

– Zone interpellante pour le 9e de la famille

La symbolique du 9 concerne l'esprit, la sensibilité aux autres et le monde inconscient. Le 9 serait plutôt "autour" (ou au-dessus) de son corps. Comme le n°5, il a intérêt à revenir au centre de lui-même.

Il est plus difficile de préciser des zones dans ce cas-là...

Hypersensibilité aux autres et aux ambiances (comme le n°2 ou n°6).

Zones de somatisations possibles :

Problèmes d'ancrages, donc problèmes de pieds, de chevilles.

Pas toujours très présent : problèmes "d'absences"...

Généralement peu à l'écoute de son corps.

Surveiller la déminéralisation (magnésium, en particulier).

– 3e élément. Le Cadre professionnel (ou structure du travail)

Votre manière de vous investir dans une ou plusieurs professions au cours de votre vie, va être en relation avec votre place dans la famille... et la façon dont vous avez investi cette place.

Votre cadre professionnel sera à l'image des facilités ou difficultés, ententes ou oppositions, accueils ou mises à l'écart, que vous avez rencontrés, pendant votre enfance, dans le cadre de votre famille.

Si vous avez été en conflit ou en opposition directe avec votre père, vous risquez, si le programme n'est pas modifié, de vous retrouver en conflit ou opposition avec votre patron, ou toute personne exerçant dans votre profession un rôle de père symbolique, c'est-à-dire une fonction père (directeur, enseignant, policier ou gendarme, contrôleur etc.).

Si vous vous êtes senti à l'écart de votre fratrie ou de votre famille, vous risquez de vous sentir à nouveau à l'écart de votre équipe, groupe de travail, ou environnement professionnel. Le "vilain petit canard", ne risque-t-il pas de continuer à nous faire une belle démonstration de cette identité autour de laquelle il a structuré ses références et sa reconnaissance de lui-même ?

Si vous avez eu un rôle majeur, un rôle de responsabilité, au sein de votre famille, il est fort possible que dans votre travail, vous ne fassiez qu'illustrer ce premier vécu, cette structure modélisante.

Les analogies entre le cadre familial (et le corporel) et le cadre professionnel sont flagrantes. Surtout si on laisse le mécanisme de reproduction (analogie) fonctionner tout seul, sans le modifier, sans "reformater sa disquette"...

En résumé :

– Profession possible du n°1 de la famille

Un travail autonome (à son compte). Une profession à responsabilité.

Direction. Conception. Une activité où le mental est aux premières loges : l'intellect est fortement mis à contribution. Métier donc à "composante masculine". Il faut avoir sans cesse de nouvelles idées. Il est nécessaire d'aller de l'avant. De se battre fortement, de foncer (dans le tas ?). Parfois un rôle d'initiateur. Celui ou celle qui fait la trace...

– Profession possible du n°2 de la famille

Un travail d'accueil ou d'assistance. Conseil et relation d'aide. Une activité nécessitant une certaine sensibilité à l'humain et une belle capacité d'écoute. On assiste, on prend la suite, on complète, on réunit les extrêmes (un côté "médiateur"). On intervient là où il y a besoin de tact, de souplesse, de finesse. Là où on ne cherche pas à se mettre en avant (et à se gonfler l'ego !). Métiers à "composante féminine".

– Profession possible du n°3 de la famille

Un travail créatif, commercial ou dans les relations humaines (et le show-biz). Arts : musique, photo, dessin, littérature, etc. Les professions de contact.

Une activité nécessitant originalité, art de la parole, dons d'animation.

Un travail avec les enfants. Et toutes les professions liées à l'esthétique, le look. Là, où on a besoin d'être vu, admiré, reconnu...

– Profession possible du n°4 de la famille

Un travail sécurisant (fonctionnaire). Travail d'éducation, d'organisation ou de contrôle. Comptabilité. Travail manuel : artisanat, bâtiment (maçon en particulier), travaux publics. Travail de la terre (agriculteur, potier). Sans oublier l'armée et la police. Le 4e est parfois généalogiste...

– Profession possible du n°5 de la famille

Un travail qui bouge (on change souvent de secteur ou de profession).

Voyages variés. Recherches en tous genres. Sports. Explorations nouvelles. Un travail parfois lié à l'énergétique.

Une activité où les choses changent et évoluent très vite. Là où on sort des sentiers battus. Là où on prend des risques. Là où on aime préserver sa liberté, son indépendance...

– Profession possible du n°6 de la famille

Un travail lié au bien-être, au confort et à la nature. Soins du corps. Naturopathie. Diététique. Produits bios et écologie. Puériculture. Massages. Paysagiste. Fleuriste. Créateur haute-couture. Joaillier. Une activité où le sens du beau est souvent central.

– Profession possible du n°7 de la famille

Un travail d'enseignement et de réflexion profonde. Programmation. Grande gestion. Livres (écrivain, mais aussi éditeur, bibliothécaire). Psychologie, philosophie.

Parfois une activité religieuse ou méditative.

– Profession possible du n°8 de la famille

Un travail où les enjeux financiers ou politiques sont importants. Banque. Immobilier. Grands chantiers. Entreprises importantes.

Mais aussi : Justice, chirurgie, aérospatiale.

Parfois : Le guérisseur. Ou thérapeute de la transformation...

– Profession possible du n°9 de la famille

Un travail dans l'humanitaire ou le social, et au sein des groupes.

Conscientisation et activités spirituelles (au sens large).

Une activité liée à l'étranger ou au monde de l'étrange, voyance...

Là où on côtoie les symboles Astrologie, Numérologie, Tarologie.

Le travail sur l'inconscient et sur les rêves (Psychanalyse).

Là, où on essaie de voir haut et loin dans le futur...

– 4e élément. Le Cadre de l'habitat (ou structure de vie)

La dernière partie de ce schéma du 4x4 est constituée par les interpellations ou questions concernant votre cadre de vie. C'est-à-dire là où vous vivez : dans votre maison, autour de votre table à manger, dans votre lit, votre fauteuil, votre voiture, votre jardin...

Pour simplifier, je dirais que ce 4e élément est lié à la manière dont vous habitez votre maison. Il vous invite à considérer la place que vous occupez, la place que vous prenez (ou qu'on vous concède ?) dans votre environnement quotidien.

Là encore, je vous invite à observer les fortes résonances, analogies et similitudes qui peuvent exister entre :

– ce qui s'est passé dans votre enfance (et encore maintenant) au sein de votre cadre familial,

– ce qui se passe dans votre relation à votre corps (et votre manière de l'occuper),

– ce qui se joue et se reproduit dans votre cadre professionnel,

– et ce qui s'exprime, ou se manifeste, au niveau de vos cadres de vie.

– Place privilégiée du 1er de la famille

Dans la maison : L'enfant aîné va préférer les hauteurs, le lit du haut, la place du sommet (là où il y a de la vue). Il aime plutôt lire au grenier ou regarder les étoiles, que bricoler dans la cave ou s'occuper au garage !

S'il achète une maison : Il choisit plutôt une maison sur les hauteurs, ou un appartement au 21e étage.

Autour de la table à manger : Il se place soit à la droite de la mère (position du père), soit face au père.

En voiture : Il se met toujours à la place du conducteur... de préférence dans une voiture rouge, rapide (et rusée ?)

– Place privilégiée du 2e de la famille

Dans la maison : Il reste là où on accueille les visiteurs. Il aime généralement s'installer dans la cuisine, ou dans le lieu où tout le monde se retrouve (le 2e a besoin de compagnie).

A noter : Souvent la mère de famille n'a pas vraiment de lieu pour elle, contrairement à ses enfants – qui peuvent avoir chacun leur chambre – et à son mari qui peut avoir son bureau à lui.

S'il achète une maison : Il ne la choisira pas dans un endroit isolé. Il préférera une maison organisée autour d'un point central, d'accueil et de convivialité. Avec peu de cloisons, de séparations, de "portes inutiles" !

Autour de la table à manger : Il se place à gauche du père, ou en face de la mère.

En voiture : Il s'assoit généralement à côté du conducteur, ou derrière avec les enfants... sauf s'il est tout seul !

– Place privilégiée du 3e de la famille

Dans la maison : Il reste près du pôle médiatique audio-visuel.

C'est-à-dire pas loin de la télévision, de la chaîne hi-fi, du jeu vidéo... et du téléphone !

De préférence dans un coin lumineux, ou ensoleillé. Là, où il y a de l'air.

Il aime bien décorer sa chambre avec plein de grands posters et de superbes photos. Il a besoin de couleurs.

S'il achète une maison : Il choisira une belle villa avec vue sur la mer (s'il en a les moyens). Avec le 3e, il faut ce qu'il faut ! Cette maison devra avoir de grandes baies vitrées et un style moderne, voire futuriste.

Autour de la table à manger : Il se place généralement en bout de table, là où on peut voir tout le monde, là où on peut se lever facilement (pour aller téléphoner ?). Parfois, il se met à la droite de la mère, ou entouré de ses autres frères et sœurs.

En voiture : Il aime conduire une décapotable (dernier cri ?). Ou alors il se met là où on peut le mieux regarder le paysage... et les autres voitures !

– Place privilégiée du 4e de la famille

Dans la maison : Il aime rester là où on peut bricoler à son aise. On le retrouvera plutôt dans le garage, dans le jardin, ou encore à la cave (en train d'engranger son bois ou son charbon pour l'hiver ?).

S'il achète une maison : Il choisit plutôt une maison ancienne, solide et de plain-pied.

Autour de la table à manger : Obéissant, il se place là où on lui dit de s'asseoir... là où il reste de la place, après que ses frères et sœurs ont choisi la leur. Ou, là où il y a la chaise la plus solide !

En voiture : Il choisit plutôt un véhicule du style 4x4, ou utilitaire.

Du solide et qui dure ! Il achète souvent d'occasion, c'est moins cher !

Pas d'excès de vitesse. Et respect des stationnements interdits !

– Place privilégiée du 5e de la famille

Dans la maison : Il est partout ! Mais, surtout pas là on on pourrait s'attendre qu'il soit. En fait, il aime plutôt s'évader hors de la maison. Il aime gambader dehors et courir les champs. Aussi n'aime-t-il pas les abords exigus, pleins de clôtures ou de barrières. Le 5e a besoin d'espace. D'air et d'espace libre ! Il a besoin d'air libre et de grands terrains d'aventure.

S'il achète une maison : Il en choisit de préférence une avec du terrain autour (pas coincée entre deux immeubles ou au fond d'une impasse). Éventuellement une maison en hauteur, où il peut surveiller les alentours (un peu comme le 3e). Et surtout avec plein de portes (battantes ?).

Autour de la table à manger : Arrive-t-il à rester 5 minutes assis ? Il n'est pas très ami avec les chaises ! Peu importe sa place, pourvu qu'elle ne soit pas trop loin de la porte (ou que la porte reste à portée de main) ! Changer de place souvent, ça ne le dérange pas du tout !

En voiture : Il adore les voitures de rallye, et ne sait pas trop contrôler sa vitesse. Il veut un moteur avec des reprises, pour conduite nerveuse... et rappels à l'ordre gendarmesques ? Contrairement au n°4, il respecte peu les stationnements interdits. Il aime généralement s'autoriser... ce qui est interdit !

– Place privilégiée du 6e de la famille

Dans la maison : Il restera dans les coins doux et confortables. Dans le fauteuil rembourré. Sous la couette... Et dans la baignoire (à bulles ?).

Éventuellement, au chaud devant la cheminée. Mais, surtout qu'on le laisse tranquille ! Pour siroter sa bière, les pieds dans ses pantoufles, en écoutant une belle musique de relaxation...

S'il achète une maison : Il la choisit ronde de préférence. Un nid douillet et confortable. Loin du bruit et de la fureur. Pas le genre cabanon mal chauffé, ou l'appartement donnant sur le périphérique !

Il aimera avoir une belle piscine et un joli jardin plein de fleurs...

Il a besoin que son lieu de vie lui rappelle cette douce matrice utérine, dans laquelle il a passé les 9 meilleurs mois de sa vie.

Autour de la table à manger : Cet épicurien aime manger. Il prend son temps pour savourer les plats. Aussi aime-t-il être installé confortablement, et à une place qui lui permette d'accéder au frigo ou à ce qui mijote sur le feu.

En voiture : Il désire une voiture de luxe, bien sûr ! Pour être tranquille dans son cocon à roulettes avec bar incorporé et sièges chauffants ?

– Place privilégiée du 7e de la famille

Dans la maison : Il se placera habituellement à l'endroit le plus isolé, le plus silencieux... et le plus austère. En général, on le trouve près de la bibliothèque ou sur son tapis de méditation (ou de yoga).

S'il achète une maison : Choisira-t-il un lieu de retraite au sommet de la montagne ? Le genre monastère tibétain ?

Il aime aller à l'essentiel. Pas trop de meubles. Pas de home-cinéma, plutôt une cithare indienne ou une flûte des Andes.

Autour de la table à manger : Cet ascète se contenterait bien d'un bol de riz et de trois noisettes. Cela ne le dérangerait pas de manger par terre. Mais, si la famille est à table, il se plie volontiers aux convenances. Alors, il choisira le fauteuil de l'ancêtre en bout de table (face au 3e placé à l'autre extrémité ?). Si le père est absent, il se placera à droite de la mère.

En voiture : Il préfère nettement marcher à pied (sur le chemin de St Jacques de Compostelle ?). Il sait économiser l'énergie. Alors bon, offrons-lui une petite cylindrée, 4 CV maximum, il s'en contentera largement !

– Place privilégiée du 8e de la famille

Dans la maison : Il aime s'octroyer la place royale, et sait défendre son territoire. Il aime s'entourer d'objets de valeur... et de toutes ces choses précieuses dont il a hérité ?

S'il achète une maison : Il choisirait (s'il en avait les moyens) le style château (le style château-fort ne lui déplairait pas !). Avec les écuries ?

Ou alors un appartement avec 8 chambres. Il lui faut un grand territoire, bien meublé, bien protégé.

Autour de la table à manger : Il trône, là où il est bon de trôner. Si vous prenez sa place, il crache du feu par les narines !

En voiture : Il se contenterait bien d'un beau carrosse, ou d'un V8, sièges en cuir, climatisé... avec coffre-fort incorporé ?

– Place privilégiée du 9e de la famille

Dans la maison : Il aime rester où il y a du monde, pour tenir compagnie au 2e... et au 6e ? Peu importe l'endroit : sous la tente, dans le jardin, autour d'un jeu de société, ou tout simplement autour de la table centrale. Il reste là où se trouve la société, il aime être entouré d'humains...

S'il achète une maison : Ses choix s'orientent vers une maison futuriste, le genre soucoupe volante... ou villa panoramique sur pilotis ?

Il est peu attaché aux biens matériels (un peu comme le 7e). Le principal pour lui, c'est de pouvoir accueillir toute la tribu... et l'étranger de passage ! Le reste importe peu.

Autour de la table à manger : Il s'adapte. Préfère la convivialité. Parfois, il se sacrifiera pour les autres, quitte à rester assis sur une seule fesse au bout du banc. "C'est pas grave", répète-t-il souvent !

Mais, s'il a vraiment le choix, il préférerait être installé, comme dans une tribu de Touareg, tous en cercle autour du feu dans le sable...

En voiture : Un tapis volant ferait bien son affaire... Vu qu'il est tout le temps dans les nuages ? Sinon une camionnette pour transport collectif. Le genre 9 places avec chauffeur !

L'inclusion
ou "Château aux mille possibles"

Notre propre vie
est l'instrument avec lequel
nous expérimentons la vérité.
THICH NHAT HANH

Un des rares outils techniques anciens qui a gardé sa place, au sein du thème en Numérologie humaniste se trouve être l'Inclusion, que j'ai longtemps nommée "La boîte à outils évolutive", mais que je préfère appeler maintenant "Le Château aux mille possibles".

Je choisis ainsi de proposer un outil encore plus ouvert, moins prédéterminé, et invitant à s'auto-responsabiliser, à se prendre en charge, sans se soumettre à une vérité préétablie, sans se laisser manipuler par un étiquetage réalisé par d'autres... si compétents soient-ils !

Cette Inclusion a toujours eu pour moi une place centrale au sein du thème numérologique. C'était, quand j'ai débuté comme numérologue professionnel il y a 15 ans, un des rares outils techniques qui me semblait proposer des pistes psychologiques dignes d'attention. Des pistes ou suggestions que je percevais comme posant surtout des questions, ou offrant des interpellations à la personne à qui s'adressait le thème.

Mon intérêt pour cette merveilleuse Inclusion a fait qu'elle a trouvé sa place dans chacun de mes 4 livres précédents. En particulier dans *La Numérologie Humaniste*, où je lui ai consacré plus de 200 pages.

Depuis, mes recherches ont continué d'avancer. Ma manière d'aborder et de traduire cette Inclusion a encore évolué.

Aussi aujourd'hui, je ne souhaite pas vous répéter les centaines de pages que j'ai déjà écrites sur ce sujet, mais vous offrir un résumé de mes dernières découvertes concernant son utilisation, toujours plus riche, toujours plus époustouflante.

Je voudrais noter que ces pistes complémentaires s'appuient largement sur les analogies (les "tiens, tiens, tiens !"), qui ont d'ailleurs une place prépondérante dans ma manière d'aborder la numérologie et les merveilles que les nombres mettent à ma libre disposition.

Je vous propose maintenant une lecture, encore plus librement multidimensionnelle, de ce "Château aux mille possibles"... aux mille dimensions ?

Il est clair, que certaines configurations signifiantes, certains assemblages interpellants, apparaîtront largement dans certaines inclusions et peu dans d'autres. Là encore, rien n'est standard. Chaque thème propose son style, ses aventures, ses mystères...

Chaque thème offre ses pistes, plus ou moins nombreuses, plus ou moins évidentes, plus ou moins aisées à repérer, à écouter ou à sentir.

L'interprétation ne se veut pas systématique. Elle ne se veut pas prioritairement logique et analytique, mais analogique et synthétique. Synthétique, pas le contraire de bio ou de naturel, mais synthétique signifiant : avec du recul, avec une vision globale, au fil d'une démarche mettant l'accent sur ce qui RELIE, plutôt que sur ce qui sépare (ou hache en petits morceaux ?).

Le mot *analyse* ne vient-il pas du grec *analusis* qui veut dire "décomposition". L'analyse serait ce qui découpe, qui détruit... Comme on dissèque un corps humain ou animal, mort ou mis à mort, pour mieux en analyser les constituants ?

Dans ma pratique, l'intuition aura une place plus importante que le raisonnement (ou l'analyse logique). Cette intuition peut parfois s'appuyer sur l'observation et en être un très bon complément. L'observation concernera, ici plus particulièrement, la disposition des nombres sur le tableau, leurs places relatives dans l'espace de la feuille, et les interactions qui peuvent se dessiner entre eux.

C'est peut-être l'occasion pour le numérologue de retrouver son âme d'enfant et de réveiller ses rapides capacités d'analogies, pour jouer avec ce qui est offert si généreusement avec les nombres afin d'exploiter toutes ces belles pistes qu'ils mettent à disposition.

Avis donc aux amateurs du "jeu de piste numérologique" ! Avis aussi à tous les "Inspecteurs Colombo" de la Numérologie. Avis à tous les chercheurs modestes et éveillés, à tous les explorateurs de la psyché au regard vif, à tous les archéologues de l'âme humaine au cœur ouvert !

Rappel du montage de l'Inclusion et de son fonctionnent de base

L'inclusion se calcule à partir de toutes les lettres de l'appellation complète de naissance, c'est-à-dire LE ou LES PRÉNOMS et LE NOM notés à l'état civil (le plus ancien connu).

Il s'agit de faire l'inventaire de ces lettres, codées en nombres.

Chaque lettre correspondant à un nombre à un ou deux chiffres (réduit) en fonction de sa place dans l'alphabet.

1	2	3	4	5	6	7	8	9
A	B	C	D	E	F	G	H	I
J	K	L	M	N	O	P	Q	R
S	T	U	V	W	X	Y	Z	

Soit : A= 1 (A est la 1 ère lettre de l'alphabet)
B= 2 (2e lettre de l'alphabet)
C= 3, D= 4, E= 5 ...

Puis J = 10 (10e lettre). 10 est alors réduit à 1.
K = 11 (11e lettre). Exceptionnellement ici, 11 est réduit à 2.
L = 12 réduit à 3, etc.

Puis S= 19 (19e lettre). 19 est réduit à 10 puis à 1...

A noter : Les lettres A, J et S auront la même valeur réduite : le 1. Elles seront utilisées comme telles dans l'inclusion de base.

Ces lettres garderont, ailleurs dans le thème leur valeur non réduite, que j'appelle "valeur bio". Mon option étant de considérer plutôt les valeurs bios que les valeurs réduites. L'Inclusion, outil technique ancien, mise au point à l'époque où on "réduisait tout", reste donc une exception dans ma méthode actuelle.

Exemple, pour Isabelle Anne-Marie GAUVIN

I S A B E L L E   A N N E - M A R I E   G A U V I N
9 1 1 2 5 3 3 5   1 5 5 5   4 1 9 9 5   7 1 3 4 9 5

Faisons l'inventaire de ses lettres :
5 fois le 1 (4 fois le A, 1 fois le S)
1 fois le 2 (1 fois le B, dans Isabelle)
3 fois le 3 (2 fois le L, 1 fois le U)
2 fois le 4 (1 fois le M, 1 fois le V)
7 fois le 5 (4 fois le E, 3 fois le N)

0 fois le 6 (lettres F, O ou X non présentes)
1 fois le 7 (1 fois le G dans Gauvin)
0 fois le 8 (lettres H, Q ou Z non présentes)
4 fois le 9 (3 fois le I, 1 fois le R).

Ces lettres vont se répartir dans 9 cases. Chacune de ces cases correspondant à un domaine de la vie.

Il y a 5 lettres à valeur 1, notons donc 5 dans la case des 1.

Il y a 1 lettre à valeur 2. Notons 1 en case 2.

Il y a 3 lettres à valeur 3. Notons 3 en case 3. Etc.

Cela donne le tableau suivant pour l'Inclusion de base d'Isabelle :

Les domaines de vie :	**1**	**2**	**3**	**4**	**5**	**6**	**7**	**8**	**9**
Les habitants des domaines :	5	1	3	2	7	0	1	0	4

La ligne du haut figure les 9 cases, les 9 domaines de sa vie.

La ligne du bas contient les 9 nombres-habitants de ses cases ou domaines.

A noter, le Zéro est un habitant à part entière. C'est un nombre. Et à ce titre, comme n'importe quel nombre, il offre aussi ses messages, ses interpellations : équilibrer le “tout ou rien”, initiation particulière de gestion d'une grande puissance cachée en ce domaine, travail sur les peurs et secrets de famille... et de nombreux possibles !

En bas, nous avons les nombres-habitants qui proposent le *Comment* ?

En haut, les nombres des cases qui précisent *Dans quoi...*

Les habitants suggèrent la façon de gérer et de développer chaque domaine. Et par ailleurs, ils personnalisent, dans tout le thème de la personne, les messages de chacun des nombres de 1 à 9.

Par exemple, pour Isabelle, 5 en case 1 :

Le 5 l'invite à mettre en oeuvre le domaine du 1 de façon 5.

Traduisons : Le domaine du 1 est celui de la prise de décision, du lancement des projets, du positionnement personnel et de la dynamique d'affirmation. Il est aussi lié à l'archétype du Père.

La symbolique du 5 parle d'énergie, de mouvement, de changement. Elle évoque la liberté, le besoin d'expériences multiples, le désir d'aventure, de prise de risques, les capacités d'adaptation rapide. Sans oublier les pulsions physiques et la sexualité.

Aussi, son **5 en Case 1** l'invite à oser prendre ses décisions avec énergie... et certaines prises de risques. Le 5 lui suggère d'oser se lancer à l'aventure de projets peu classiques. Il lui rappelle qu'elle peut compter sur ses capacités d'adaptation rapide à tout nouveau projet. Il lui glisse à l'oreille que sa dynamique d'affirmation a (bien sûr) besoin de liberté, besoin d'air, besoin de de renouvellement... perpétuel ?

En case 2 (résumé) : Dans le domaine de ses partenariats il lui est demandé (ou conseillé) de prendre l'initiative de ces dits partenariats. Il lui est suggéré d'être l'élément moteur de cette alliance à deux (professionnelle, amicale ou amoureuse). Isabelle est invitée à développer son centrage dans ses alliances de tête, de cœur ou de corps.

Il lui est suggéré de s'en tenir à sa propre ligne directrice (droite de préférence), et d'éviter de louvoyer ou de courber l'échine. Son rôle peut être aussi de donner des repères à l'autre (le 1 est lié au père). Comme sa mère a pu être un repère ou un pilier dans son couple ou pour sa famille.

Il en sera de même pour chaque case.

(Voir les interprétations très détaillées figurant dans mes livres précédents.)

Rappel des 9 domaines de vie

Domaine 1 : Prise de décision. Lancement de projets. Positionnement personnel. Dynamique d'affirmation. Archétype Père.

Domaine 2 : Partenariats. Écoute et conseil. Gestion des émotions. Archétype Mère.

Domaine 3 : Expression de soi. Communication. Image personnelle. Relations humaines. Archétype : L'enfant en soi.

Domaine 4 : Structurations et cadres de vie. Racines familiales, corps, travail, lieu de vie. Fidélité aux programmes familiaux. Gestion du concret. Comment "trouver sa place"...

Domaine 5 : Gestion de l'énergie. Changements. Recherches. Adaptation. Sexualité. Le partenaire masculin ou "l'homme en soi".

Domaine 6 : Amour et bien-être. Le Couple. L'écologie corporelle. La nature. Le plaisir. La partenaire féminine ou la "femme en soi".

Domaine 7 : Savoir et réflexion. Gestion des connaissances. Prise de conscience. Héritages psychologiques. Fidélité aux références familiales mentales (psychologiques, philosophiques ou religieuses).

Domaine 8 : Stratégie. Pouvoir (pouvoir de se réaliser). Puissance de construction et de conquête. Engagements financiers ou spirituels. Statut social. Maîtrise. Justice. La transformation (intérieure).

Domaine 9 : Le social. Le Collectif. La relation aux groupes. L'ouverture de conscience. Le monde de l'inconscient.

Nouveautés concernant la lecture et l'interprétation de l'Inclusion

1. Les âges particuliers et les années interpellantes dans l'Inclusion

Dans l'inclusion j'ai découvert qu'apparaissaient des âges ou des années civiles particulièrement importantes ou significatives dans chaque domaine. Des pistes offertes, là encore, plus parlantes, plus à l'ordre du jour dans certaines cases ou certains domaines plutôt que dans d'autres.

Ces âges ou ces années apparaissent comme autant de jalons, liés à des *époques charnières* ou des *phases initiatiques* notables dans votre cheminement de vie. Des périodes où vous êtes particulièrement invité à réveiller vos capacités de changement personnel et de transformation intérieure. Histoire de vous suggérer de vous engager plus loin... au cas où vous vous seriez endormi trop longtemps sur vos lauriers fanés, ou vos illusions les plus belles !

Ces petits "coups de gong" ne vous obligent en rien. Ils sont juste à votre libre disposition pour vous mettre en route à nouveau, et oser un *retournement intérieur* plus profond.

Ces "pointages temporels" ne sont là que comme de petits rappels destinés à titiller la vigilance de votre lucidité intérieure. Pour vous éviter de "faire des ronds sur place", ou de répéter inlassablement vos vieux disques comportementaux rayés et vos schémas de pensée périmés.

Vous pouvez changer votre regard sur vous-même à tout moment et jardiner votre âme, avant toute date soi-disant "propice" ou "idéale"...

En Numérologie humaniste, les pistes présentées sont à la libre disposition de la personne à qui elles s'adressent directement. Elles ne sous-entendent aucune obligation, aucune nécessité absolue ! Elles ne se veulent ni systématiques, ni déterminantes. Elles offrent des hypothèses. Rien que des HYPOTHÈSES... à celles et ceux qui choisissent de les écouter vraiment.

La lecture de ces âges, ou années civiles, va se faire verticalement. En priorité de haut en bas (c'est-à-dire le contraire de la lecture habituelle de l'Inclusion). Cette lecture se fait à partir de l'assemblage du nombre de la case avec l'habitant de cette case.

Prenons l'exemple d'Isabelle.

Rappel de son Inclusion : **1 2 3 4 5 6 7 8 9**

5 1 3 2 7 0 1 0 4

Sa case 1 présente un assemblage 1-5.

Le n° de la case est le 1. L'habitant de cette case est le 5.

Cet assemblage évoque à Isabelle l'âge de 15 ans.

Cet âge concerne le domaine de la prise de décision, de la dynamique d'affirmation, de la sexualité... et de l'archétype Père.

Qu'a-t-elle vécu à cet âge-là ?

A 15 ans a-t-elle pris la décision de vivre sa 1ère relation sexuelle ? S'est-elle positionnée différemment vis-à-vis de son Père ? L'homme de cette 1 ère expérience sexuelle était-il plus âgé qu'elle ? Représentait-il à ses yeux une image de père ? L'aidait-il à prendre sa liberté ?

A-t-elle finalement utilisé cette "période charnière", cette "période initiatique" pour faire un pas en avant ?

A 15 ans, que faire de ce besoin d'air, de ce besoin d'aventure, de ce besoin de belles surprises ?

A noter. Ces pistes peuvent aussi être, indirectement, en lien avec ce que son propre père a vécu à 15 ans !

L'âge de **51 ans** (15 lu dans l'autre sens) pourra aussi être un âge "interpellant". Toujours au niveau de ses prises de décision, de sa relation à l'autorité. De sa relation à son père (ou substitut du père). Et de sa capacité à s'autoriser à vivre ou non son désir de liberté et d'indépendance...

Voici quelques unes des questions que son inclusion peut lui proposer. A elle, ensuite, de se les poser à elle-même !

Cet assemblage peut aussi évoquer une année civile 15, soit 1915 ou 2015, ou lu dans l'autre sens 51, soit 1951. A part 2015 elle semble peu concernée par ces années, car elle n'était pas née.

Elle peut cependant rechercher dans son histoire familiale, si ces années sont liées à des événements significatifs de l'histoire familiale, et indirectement à sa propre histoire.

Notons qu'en 2015 Isabelle aura 52 ans, âge proche de ses 51 ans déjà évoqués par sa case 1 !

Qu'ont vécu son père (surtout) ou sa mère en 1951 ? Qu'ont pu vivre certains de ses grands-parents (plutôt les grands-pères) en 1915 ?

Un vécu chaque fois lié à la relation à leur père et lié aussi à leur capacité de prise de décision ou de positionnement personnel.

Un proche, un aimé, a-t-il vécu quelque chose d'important en 1951 (ou en 1915) qui pourrait interférer maintenant dans la vie d'Isabelle ?

Sa case 2 présente un assemblage 2-1.

Concernant ce domaine, c'est l'âge de **21 ans** qui est maintenant pointé.

Le domaine du 2 concerne les partenariats, les alliances et la gestion des émotions. Il est lié à la Mère.

A 21 ans, quel événement, quelle école de vie ont-ils interpellés Isabelle dans sa sensibilité, dans sa vie affective, dans sa relation à l'autre (confiance ou trahison...) ?

A 21 ans a-t-elle fait un pas en avant dans sa capacité à aider l'autre ou à être aidée ? A-t-elle été confrontée à un événement particulièrement chargé émotionnellement, cette année-là ? Peut-être même autour de l'anniversaire de ses 20 ans, c'est-à-dire le 1 er jour de sa 21e année, par exemple ?

Le 2 est lié à la mère. La question de devenir ou non maman se posait-elle ? Que se passait-il dans sa relation à sa mère à ce moment-là, ou dans la relation à une proche devenue, ou devenant, mère à cette époque ?

Isabelle a pu aussi être interpellée au niveau de sa manière de jouer ou non une "fonction mère" dans son travail ou ailleurs.

Rappel de la fonction mère :

Toutes activités de soins du corps (massage, esthétique), maternage ou prise en charge. Ainsi que cuisine et options liées à la qualité de vie et à l'environnement. Autre interprétation : être une bonne maman pour soi et pour l'autre. Savoir s'écouter et écouter l'autre...

Isabelle peut aussi considérer l'âge de **12 ans** (21 lu dans l'autre sens) :

Que s'est-il passé, toujours en relation à sa mère ?

Est-elle devenue pubère (et donc femme) ?

Quelles alliances particulières a-t-elle essayé de mettre en place à cet âge-là ?

Cet assemblage peut aussi évoquer une année civile : **1921... ou 2021**.

Lu dans l'autre sens, de bas en haut : l'année 1912 ou 2012.

2012 pourrait être une grande année charnière à sa libre-disposition pour avancer encore sur le chemin de ses alliances, de son rôle de mère, et de la gestion de ses émotions. En liaison avec sa mère ? Ou peut-être son rôle de grand-mère ?

(Notons qu'Isabelle aura 49 ans en 2012 ? Cet âge est évoqué aussi dans sa case 9. Elle aura 49 ans dans 9 ans, au jour d'aujourd'hui)

Comme pour l'assemblage en case 1, cet assemblage peut aussi faire référence à des années significatives de son histoire familiale, en particulier celle de ses parents.

Qu'ont vécu son père et surtout sa mère en 1921, s'ils étaient nés ?

Qu'ont vécu les grands-parents (plutôt les grands-mères) en 1921 ou 1912 ?

Un proche, un aimé, a-t-il vécu quelque chose d'important en 1921 (ou en 1912) , et qui pose question (ou émotion) à Isabelle aujourd'hui ?

Sa case 3 présente un assemblage 3-3.

Concernant le domaine du 3, c'est l'âge de **33 ans** qui est maintenant pointé. Fait-il référence à une "résurrection" quelconque dans la vie d'Isabelle ?

Rappelons le domaine du 3 : Expression de soi. Travail sur l'image personnelle. Communication et relations humaines. L'enfant en soi, ou l'enfant extérieur ou les frères et sœurs.

L'âge de 33 ans, serait-il lié à la naissance d'un 3e enfant ?

Qu'est-ce qui a pu l'interpeller concernant l'image (ou les apparences) qu'elle donnait d'elle-même, en particulier à sa famille ?

Que s'est il passé dans ses relations avec ses ami(e)s ? (initiation ?)

Qu'est-ce qui a été dit (ou tu) cette année-là ? Le 3 concerne en effet la notion de vérité ou de mensonge...

S'est-elle sentie à "l'é-trois", à 33 ans, et dans quoi ?

Que vivait-elle au niveau de ses sœurs (en l'occurrence puisqu'elle n'a pas de frère) ?

Que vivait-elle dans sa relation à ses enfants ? (3 enfants ?)

Que vivait-elle dans le domaine du 3 qui concerne aussi l'esthétique ? (Isabelle est esthéticienne). Que faisait-elle de son institut avec l'arrivée d'un 3e enfant ?

Cet assemblage peut aussi évoquer une année civile : **1933** (ou l'année 2033 !).

L'année 1933 concerne-t-elle l'année de naissance d'un membre de sa famille, parents, oncles ou tantes, par exemple ?

1933 représente-elle une année importante dans l'histoire familiale ?

Qu'est-ce qui a été dit (ou caché) concernant un ou plusieurs événements arrivés cette année-là ?

Sa case 4 présente un assemblage 4-2.

L'âge de **42 ans** semble se présenter comme une grande année charnière, une année de prise de conscience et de possibilité d'avancement personnel important (au jour d'aujourd'hui, elle n'a pas encore 42 ans).

Rappel du domaine du 4 : Structurations et cadres de vie. Racines familiales et ancestrales. Corps. Travail et habitat.

A elle d'utiliser cette belle année pour saisir les opportunités d'évolution qui sont à sa disposition, tant sur un plan professionnel ou matériel que sur le plan familial.

Cela concerne son schéma du 4x4... et sa manière d'y prendre sa place et s'y positionner ! L'occasion d'un beau réveil... ou d'une particulière ouverture de conscience.

42 ans se situant dans son futur, elle peut aussi considérer l'âge de **24 ans** (lu dans l'autre sens).

Qu'a-t-elle vécu à 24 ans, concernant son travail et sa manière de se situer dans sa vie concrète ?

Sa relation à son corps, en tant que véhicule humain à entretenir et soigner ? Sa relation à l'argent ? Sa maison ? Son lieu de travail ?

C'était, en tout cas une période offrant particulièrement l'occasion d'y regarder de plus près, d'y voir plus clair, dans ce qui se jouait dans sa vie de femme... au travail !

Cet assemblage peut aussi évoquer une année civile : **1942** ou, lu dans l'autre sens, de bas en haut, l'année **1924**.

Ces deux années ne concernent pas directement sa vie, puisqu'elle n'était pas née, mais elles peuvent correspondre à des années significatives de son histoire familiale.

Qu'ont vécu ses parents en 1942 ? Son père en particulier (le chef de la structure familiale).

Qu'ont vécu certains de ses grands-parents (plutôt ceux de la lignée du nom, Gauvin) en 1924 ?

Quels héritages se situent en droite ligne d'évènements importants vécus ces 2 années-là, plus particulièrement en 1942 ?

(42 étant issu d'une lecture directe, de haut en bas).

D'autres âges, qu'elle n'a pas encore atteints, semblent jalonner son parcours de vie comme autant de tournants importants, d'occasions d'éveil, de possibilités d'avancement intérieur.

Cela ne veut, bien sûr pas dire qu'elle n'a qu'à rester endormie pendant les années non mentionnées !

C'est toujours ici et maintenant, dans le présent pleinement vécu, que tout se joue... et que se trouve les meilleurs présents de la vie !

Autres pistes possibles pour Isabelle (concernant plus rapidement les cases suivantes)

Case 5 : Elle évoque à Isabelle l'âge de **57 ans** (et celui de 75 ans).

Dans le domaine des recherches, changements, adaptations et aventures diverses. Sans oublier relation à l'homme... et sexualité.

Là encore, il est possible de considérer les années **1957 et 1975**.

1957 : elle n'était pas encore née.

1975 : elle avait 12 ans (l'âge de 12 ans a été évoqué avec sa case 2).

Puberté, éveil énergétique ? Changements divers ? Mouvements et déplacements ?

Ces années peuvent aussi évoquer des interpellations concernant la vie de son mari... et interférant plus tard dans leur relation.

Case 6 : Elle évoque à Isabelle l'âge de **60 ans** (et celui de 6 ans !).

Elle concerne le domaine de l'amour et du bien-être, du couple et de l'écologie corporelle.

Ces deux âges ne sont pas les premiers auxquels on penserait concernant le couple. Cependant l'âge de 6 ans, phase préœdipienne (pré-électrienne) peut avoir beaucoup de choses à révéler...

Que s'est-il passé pour elle à 6 ans et qui a laissé son empreinte (ou porté ses fruits) sur sa vie amoureuse future, sa relation au plaisir, sa relation à son corps et au corps de l'autre ?

En tout cas à 60 ans, il lui est proposé de ne pas s'endormir... et d'éviter de passer à côté de belles (et douces) choses ! Tous les possibles du cœur lui sont alors permis ?

Là encore, on peut considérer les années **1960 et 2006** (ou encore 1906 pour l'histoire familiale).

1960 : Isabelle n'était pas encore née.

2006 : elle aura 43 ans, le bel âge ! Une ouverture à tous ces possibles si fortement évoqués avec un zéro en case 6 qui invite à ne plus fuir dans le "tout ou rien". Un âge où il lui est suggéré de confronter et de traverser ses peurs d'aimer et d'être vraiment aimée... et se faire plaisir sans culpabilisation inhibante ou idéalisation illusionnante ?

Qu'ont vécu ses parents (surtout la femme qu'à été sa mère) en 1960.

Avait-elle déjà des enfants ? Était-elle sur le point de devenir mère (et d'oublier la femme en elle ?). Que se passait-il au niveau du couple parental ? Les parents d'Isabelle formaient-ils un "couple-concon" ou étaient-ils éloignés l'un de l'autre par le travail ou d'autres obligations contraignantes ?

Case 7 : Elle évoque à Isabelle l'âge de **71 ans** et celui de **17** ans. Dans le domaine du savoir et de la réflexion. Gestion des connaissances. Prises de conscience. Héritages psychologiques. Références mentales familiales.

71 ans est à venir... Pour un beau passage à une autre prise de conscience. Un âge pour donner encore plus de sens à sa vie. Etc.

17 ans. Quelles prises de conscience a-t-elle pu effectuer à cet âge ?

Qu'a-t-elle vécu qui soit lié à sa relation à ses héritages psychologiques, en obéissance ou en rébellion vis-à-vis des références mentales (ou religieuses) de sa famille ?

Est-elle restée dans le moule ? A-t-elle pris du recul, de la distance ?

En a-t-elle profité pour faire 1 pas en avant, pour s'éloigner du bercail et faire sa route en solitaire... en s'alignant sur un autre 7, plus âgé qu'elle et possédant plus de savoir qu'elle ?

C'était, en tout cas l'occasion pour elle d'oser savoir, d'oser prendre conscience, d'oser grandir...

Là encore, il est possible de considérer les années **1971** (et 1917 pour l'histoire familiale... et les reproductions psycho-généalogiques).

1971 : Isabelle avait 8 ans. Que s'est-il passé en relation avec la conscience familiale, les cadres psychologiques du moment ? Comment a-t-elle vécu l'école à cet âge-là, et que s'est il passé au niveau de ses études ?

A-t-elle vécu certains apprentissages avec un homme beaucoup plus âgé qu'elle (7 évoque le grand-père ou un homme d'âge bien mûr) ?

Il lui est proposé de creuser toutes les "fa-cettes" de cette année concernant son domaine du 7. Un 7 qu'on retrouve en case 5, dans sa relation à l'homme !

Case 8 : Elle évoque à Isabelle l'âge de **80 ans** et celui de ses **8 ans**.

Dans le domaine de la stratégie personnelle et du pouvoir (de se réaliser). Statut social. Engagements financiers. Transformation.

L'âge de 80 ans est à venir. De belles opportunités de transformation, de rôle de protection et de réalisation intérieure. L'ultime moment pour se libérer de ses vieilles colères ?

L'âge de ses 8 ans : Il vient d'être évoqué dans la case précédente pour 1971. Il concerne aussi une période de confrontation au pouvoir de l'autre... et de ses manipulations. Quels rapports de force, Isabelle, a-t-elle eu à confronter ? ou à subir ?

Cet âge-charnière semble important dans son parcours de vie. A elle de déceler, dans cette période passée, les germes de puissance intérieure, les graines de reine qui y ont été semées... Pour les exploiter aujourd'hui. De façon juste et équilibrée.

La recherche de cet équilibre est en effet la grosse interpellation du zéro en case 8 : Éviter les “tout ou rien” dans ses propres élans et sa relation à sa puissance de vie. Éviter de passer du rôle de la victime au rôle de bourreau. D'un rôle trop dominant à un rôle trop dominé...

Là encore, il est possible de considérer les années **1980 et 2008** (ou encore 1908 pour l'histoire familiale).

1980 : Isabelle avait 17 ans. Cet âge important a déjà été évoqué par sa case 7. On peut d'ailleurs noter un chassé-croisé d'années et d'âges entre sa case 7 et sa case 8 : 8 ans en 71 et 17 ans en 80.

Quels rapports de force ont-ils montré leur nez cette “an-née”-là ?

Quelle puissance personnelle a-t-elle découverte ou mise en œuvre ?

Quel statut social était le sien ? On pourrait parler ici du statut familial, du statut fiscal ? Mineure, oui, mais à la charge de qui ?

Quelles transformations ont eu lieu, pour elle, pendant cette période-charnière de cette presque fin d'adolescence... se télescopant avec une vie d'adulte, hors du cocon familial ?

2008 : Isabelle aura 45 ans. Pleine puissance de la lionne ou la reine ?

Une très belle année pour une très belle transformation, sur tous les plans ?

Une année interpellante au niveau de son statut social, de sa notoriété, de sa superbe réputation ?

Une belle année de construction, d'investissement... pour bâtir et se bâtir ? Une année volcan... pour péter le feu ?

Une année pour enfin accéder à des choses plus justes ? (8 évoque aussi la Justice).

Case 9 : Elle évoque à Isabelle l'âge de **94 ans** et celui de **49 ans**.

Dans le domaine du social, du collectif (du public). De l'investissement dans les groupes. De l'ouverture de conscience. De l'aide aux autres.

Et du décodage de l'inconscient.

L'âge de 94 ans est à venir.

L'âge de 49 ans est aussi, pour elle, à venir. Dans un avenir plus proche. Âge important déjà évoqué en case 2. Ici, il concerne encore ses émotions, sa capacité à sentir et à capter les choses, mais aussi son engagement possible dans des groupes ou face à un large public.

Une belle année pour faire un pas supplémentaire vers plus de conscience. Une année-charnière pour bâtir et se lancer dans de grandes entreprises (ou assumer plus profondément celles qui sont déjà mises en route). A suivre...

Là encore, et pour finir, il est possible de considérer les années **1994**, et 1949 pour l'histoire familiale.

1994 : Isabelle avait 31 ans.

Il lui était proposé d'avancer en conscience. D'être à l'écoute des messages de son inconscient et de ses désirs cachés. De ne pas renier ses rêves et de s'occuper de ses désirs... et de ses idéaux.

Une année pour ne pas hésiter à participer à des groupes (de développement personnels ou d'ouverture de conscience).

C'était il y a 9 ans. A elle de se souvenir et de réutiliser ce qui a déjà été posé en conscience cette année-là... Et de continuer à avancer.

En effet, tous les 9 ans nous sommes re-confrontés à des interpellations semblables –symboliquement– dans notre vie. Et encore plus nettement tous les 18 ans.

1949 : Qu'ont vécu ses parents cette année-là ? Que se passait-il au niveau du groupe familial et de l'environnement local ?

De nombreux messages inconscients nourrissent la mémoire collective... et en particulier celle d'Isabelle, à qui il est proposé maintenant d'y voir plus clair sur son chemin d'évolution et d'épanouissement. En laissant remonter à sa conscience ces informations, sensations, impressions du passé, pour nourrir et éclairer son présent.

2. Les nombres à deux chiffres significatifs, en lecture horizontale dans l'Inclusion

Dans l'Inclusion, j'ai aussi remarqué qu'apparaissaient, en lecture horizontale, des nombres à deux chiffres porteurs de pistes et d'interpellations.

Ces nombres émergent ainsi du tableau comme pour souligner un message déjà présent par ailleurs. Ils font aussi apparaître certains maîtres nombres, ou nombres importants (répétitifs) du thème, passés inaperçus.

Ils mettent aussi en évidence des liens particuliers entre deux ou plusieurs cases, deux ou plusieurs domaines.

Parfois, il dessinent des figures particulières qui font ressortir certaines hypothèses, certains questionnements, enrichissant le thème... et donc l'entretien numérologique.

Soulignant des configurations particulières, ces nombres, aident à révéler l'essentiel, et facilitent la synthèse du thème, riche par ailleurs de tant d'éléments !

Exemple d'Isabelle.

Rappel de son Inclusion :

1	2	3	4	5	6	7	8	9
5	1	3	2	7	0	1	0	4

La ligne des habitants est : 5 1 3 2 7 0 1 0 4

Cette suite de nombres fait apparaître des nombres à deux chiffres qui s'articulent les uns aux autres. Égrainons leur chapelet :

51 puis 13 puis 32 puis 27 puis 70 puis 01 puis 10 puis 04.

8 nombres à deux chiffres composent ainsi cette suite.

Ils n'ont pas tous le même intérêt.

- Observons, en premier lieu s'il y a présence d'un maître nombre.

Ici : pas de 11/2, de 22/4 , ni de 33/6.

- Observons si un nombre en lecture verticale, évoqué précédemment est présent. C'est-à-dire un nombre (lu dans un sens ou dans l'autre) évoquant des âges particuliers ou des années importantes.

Ici, notons, en premier lieu la présence du 51 qui apparaissait déjà dans la case du 1 à propos des 15 ou des 51 ans. En liaison avec le positionnement, le père...

Le message du 51 se trouve ainsi renforcé. Comme si 51 ans (ou l'année 1951) était encore plus important que 15 ans (ou 1915).

Notons la figure, en équerre, qui se dessine entre le 5 et les deux 1, à cheval sur les cases 1 et 2.

soit : **1**
5 1

Ces trois nombres forment un triangle dont un sommet est le 5.

Dit autrement : Le 5 est au centre, entre deux 1. C'est lui qui permet l'articulation entre ces deux 1.

Cette configuration aurait été plus puissante, si nous avions eu, au lieu d'un 15 articulé avec un 51, un 51 vertical articulé sur un 51 horizontal, en case 5. (5 en case 4 et 1 en case 5, cas assez rare, il est vrai)

soit : **5**
5 1

Pour revenir à Isabelle, les encouragements et interpellations du 5 sont ainsi amplifiés. Une liberté, une dynamique de changement sont à favoriser vis-à-vis de l'autorité ou vis-à-vis de la "fonction père". C'est une invitation pour elle à favoriser son "besoin d'air" vis-à-vis de son père ou de sa mère (car le 1 du 51 est placé en case 2, case "Mère").

Les autres nombres mis en évidence horizontalement dans cette suite, n'étaient pas apparus dans la lecture précédente (verticale).

Ils évoquent, là encore, des âges et des années civiles, cette fois-ci liés à (ou à cheval sur) deux cases, deux domaines de la vie. Ils invitent à confronter, plus particulièrement à ces moments-là, les propositions différentes des deux cases. De les équilibrer, de les harmoniser, de les assembler.

Leurs interpellations sont moins puissantes que dans la lecture verticale, mais restent cependant dignes d'intérêt.

Les âges qui ressortent ici pour Isabelle

– **13 ans** concernant à la fois la case de la Mère et la case de l'enfant.

Les alliances et la communication interpersonnelle. Le ressenti, la sensibilité et l'expression de soi. A chaque fois, donc, un équilibre à trouver entre ces propositions.

– **32 ans**, lié aux cases 3 et 4. L'expression de soi et le travail. La parole et la famille. La créativité et la tradition. L'enfant (ou les enfants) et les obligations matérielles. A chaque fois, donc, des liens à faire entre ces propositions ou options.

– 27 ans, lié aux cases 4 et 5. La tradition et la “révolution”. Le travail et le désir de liberté. La sécurité et l'aventure. Les consignes familiales et le besoin de prendre des risques. La gestion du temps, les obligations matérielles et la sexualité. Une invitation à faire cohabiter, à relier, à équilibrer ces propositions différentes (parfois apparemment “opposées”).

– 70 ans, lié aux cases 5 et 6. Recherche et lâcher-prise. Liberté et bien-être, mentalisation et ressenti, sexualité et tendresse. Là encore, des pistes à mettre en accord... (à-corps).

– 1 an (01), lié aux cases 6 et 7. Plaisir et frustration. Amour et schémas mentaux familiaux. Détente et options rétractées. Ressenti nature et sérieux des options éducatives...

– 10 ans, lié aux cases 7 et 8. Éducation, études et rapports de force. Savoir et pouvoir. Raisonnement et réalisation pratique. Prise de conscience et transformation...

– 4 ans (04), lié aux cases 8 et 9. Rapports de force et groupe familial. Puissance et conscience. Nécessités (familiales) de bâtir et désir de s'occuper des autres. Transformation et besoin de rêver... à un idéal ?

Les années qui ressortent ici pour Isabelle

– 1951 et 1915. Cases 1 et 2. Voir son histoire familiale. Des questions ont déjà été posées plus haut, dans la lecture horizontale.

– 1913 et 1931. Cases 2 et 3. Voir de nouveau, ce qu'ont pu vivre ses parents ou grands-parents à ces dates-là.

– 1932 et 1923. Cases 3 et 4. idem

– 1927 et 1972. Cases 4 et 5. idem pour 1927.

Par contre, en **1972**, Isabelle avait 9 ans. Structuration et liberté. École et besoin d'air. Travail et mobilité...

– 1970 et 1907. Cases 5 et 6.

En **1970**, elle avait 7 ans ! Énergie et relaxation. Liberté et cocon affectif. Corps et plaisir...

Pour 1907, voir les grands-parents.

– 1901 et 1910, mais surtout 2001 et 2010. Cases 6 et 7.

En **2001**, Isabelle avait 38 ans. Amour et raison. Lâcher-prise et engagement. Bien-être et réflexion. La femme (intérieure) et l'homme qui a le savoir (ou l'homme plus âgé). 38 se réduit à 11/2 : passion, hypersensibilité, intuitions (Est-on à cheval sur deux 1 ?)

2010, à suivre dans les mêmes registres...

1901 et 1910, là encore voir les grands-parents.

Notons que ces âges ressortent aussi pour les cases 7 et 8, car 01 nous offre les mêmes pistes que 10. Or dans son cas, ils se suivent dans la liste.

Soit, en sélectionnant 2001 (domaines 7 et 8) : Savoir et pouvoir. Études et transformation. Prises de conscience et réalisation. Se construire et bâtir concrètement...

– 1904 et 1940, mais surtout 2004 et 2040. Cases 8 et 9.

En **2004**, Isabelle est interpellée pour équilibrer, harmoniser, relier.

Transformation et idéaux. Enjeux financiers et collectif familial.

Argent et groupes (ou public). Puissance et conscience. Rapports de force et force de paix. Pouvoir et humanisme...

Il y a le choix.. pour concrétiser avec le 4 (de 2004) !

3. Les nombres à deux chiffres significatifs, en lecture diagonale dans l'Inclusion

Il peut être intéressant de considérer, outre les nombres en lecture verticale ou horizontale, les nombres qui apparaissent en diagonale en liaison avec eux.

Ces nombres diagonales donneront naissance, parfois, à un beau triangle significatif, comme nous le verrons avec l'exemple de Claudette, un peu plus loin.

Prenons ici l'exemple de Louis :

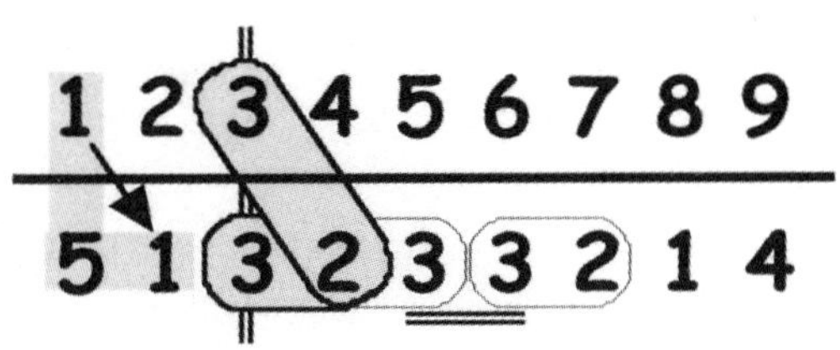

Un nombre-diagonale apparaît entre les cases 3 et 4.

Ce type de nombre, pour être relevé, doit s'articuler sur *une base*. C'est le cas ici avec le 32. Il se lit en diagonale, à partir du n° de la case 3, et horizontalement à partir de l'habitant 3 de cette case 3.

Notons que dans l'exemple de Louis, le nombre 32 occupe assez largement le terrain dans son Inclusion.

On le retrouve à l'horizontale entre les cases 6 et 7.

Et entre les cases 4 et 5 ("horizontal inversé").

Ainsi, apparaît-il 4 fois ! (dont une fois inversé : 23).

Par ailleurs, nous pouvons remarquer la présence, dans cette inclusion d'une belle *équerre* , avec 15 et 51. Le 11, maître-nombre ressort en diagonale, mais il n'est pas confirmé horizontalement.

Un autre maître-nombre le 33 apparait à l'horizontale dans les cases 5 et 6 du couple (rappel : 5 = l'homme, 6 = la femme).

Que de créativité possible, que d'échanges, que de sensibilité à disposition pour de belles révélations amoureuses !

Louis, avec tous ces habitants 3 (et 2) est invité à s'investir dans le relationnel (relations humaines, communication, échanges).

L'initiale de son prénom L = 12 réduit à 3. Le 3 lui prête sa force et le soutient dans sa quête d'échanges profonds, sensibles et vivants... A lui de les vivre !

Pour Louis, la diagonale 32 amplifie donc les 32 notés à l'horizontale.

– Le 3 est lié à l'enfant (qu'il a été), au frère (symbolique ou réel) et à ses enfants (surtout si ce sont des garçons).

Il se trouve qu'il a trois garçons... dont les trois prénoms commencent par la même lettre à valeur réduite 2 ! (T= 20).

– Le 2 est lié à la mère. Quelle a été sa relation à sa mère lorsqu'il était enfant (il se trouve qu'il est le 2e garçon) ? Quels rapports se sont institués entre les deux frères ? Quelle est sa relation à ses fils, en particulier le 2e, qui a la même place que lui, dans la fratrie ?

Notons que son 2 en case 4 (qui interpelle sur le fait d'être à cheval entre deux métiers, deux pratiques professionnelles, deux lieux de vie etc.) est très entouré par le (ou les) 3 : Au-dessus en diagonale, à côté à gauche, à côté à droite, et encore plus loin, à droite.

Apparaît ainsi, au passage, deux fois un maître-nombre : le 33/6.

Un 33 en case 3 (que je nomme "un doublet" dans l'inclusion), et un 33 à cheval sur les cases 5 et 6.

Le 32 est ici intimement lié au 33/6 !

Comment favoriser cette possible résurrection liée au dépassement de cette problématique du 32 ? Que fera-t-il émerger de ces relations mère-enfant, ou de ces "rivalités à la mère". Il y en a des enfants (garçons ?) autour de cette mère ! 3 et même 4... si on compte le 3 en diagonale.

Le nombre en diagonale évoque une piste indirecte, ou un intervenant "décalé" ou caché.

Ici, ce 3 pourrait être le frère de la mère. Un frère qu'apparemment elle n'a pas eu, mais...

Je ne peux dans le cas de cette illustration des nombres-diagonales, aller plus loin dans les pistes interprétatives qui s'offrent à Louis.

Tout cela est à insérer dans une lecture globale de son thème, avec les très nombreux outils à notre disposition en Numérologie humaniste.

4. Les triangles significatifs, les équerres et les symétries internes, dans l'inclusion

– Exemple de l'inclusion de Claudette :

En observant cette inclusion, nous pouvons remarquer que **le 35**, apparaissant en lecture verticale dans la case 3, se retrouve en lecture horizontale dans la même case (il se termine en case 3).

Le 35 apparaît encore lorsqu'il est lu dans l'autre sens, en commençant en case 4. Ce 35 (et le 53) est ainsi articulé autour d'un 5 central.

Un beau 33 fait même son apparition en cases 1 et 2 des parents.

Quand au 4, il est allé s'installer dans le domaine de l'homme recherché.

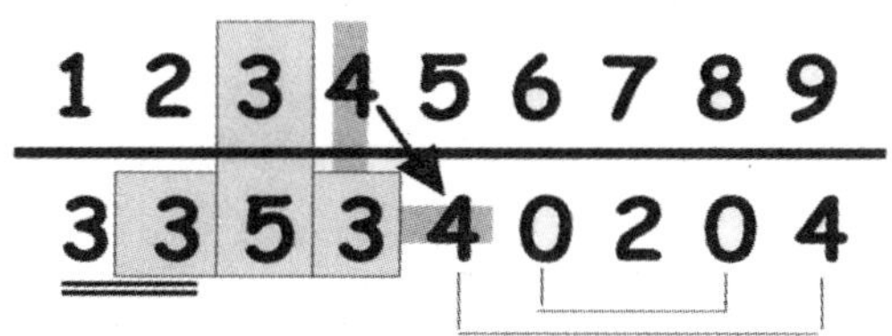

Se dessine, ainsi, *un beau triangle significatif de type 3 :*

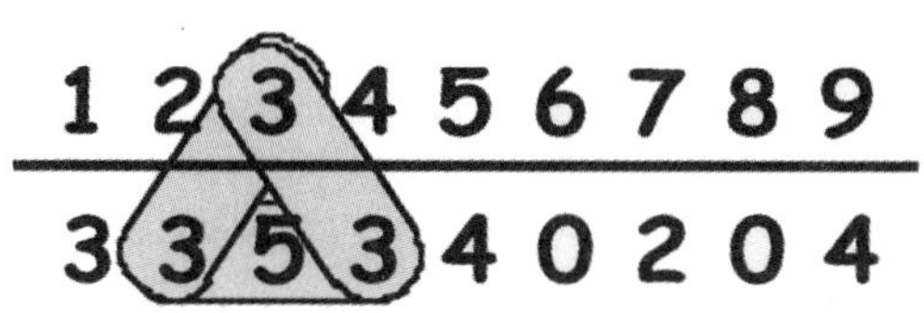

Il pourrait aussi se dessiner de cette façon :

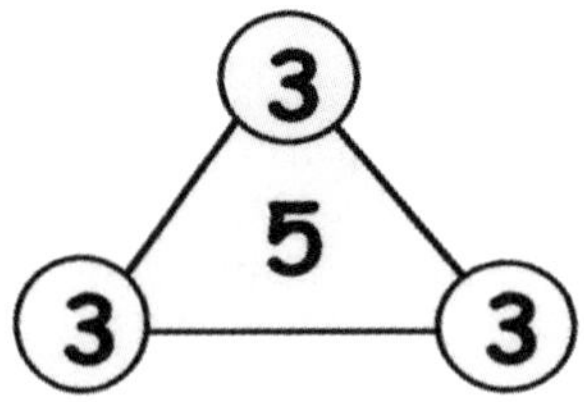

Ce qui met en évidence le fait que le 5 peut se trouver enfermé, ou protégé, par ces trois 3. Ou que ces 3 ont besoin du 5 pour les dynamiser et leur permettre de briller.

Le 5 évoque le désir de voyager, de changer de prendre des risques, hors des sentiers battus. Comment Claudette va-t-elle gérer ce 5 ?

En l'enfermant, en le cachant derrière l'enclos triangulaire de ces 3 ?

En allant au-delà du masque des apparences, de la barrière du look, de la fuite dans les mots ou les discours ?

Quelle vérité de type 5 (non conforme aux belles normes, ou aux programmes traditionnels) se cache derrière certains mensonges environnants ou des non-dits importants ?

Notons que la base gauche du triangle prend sa source du côté de la mère (case 2), et la base droite du côté de la famille ou structure familiale (case 4). Le sommet concernant la case de l'enfant...

Autres remarques concernant l'Inclusion de Claudette, finalement très riche pour illustrer mon propos :

– A côté, et intimement imbriqués avec l'assemblage des 35-53, on peut observer *une "équerre" de type 43-34* :

Le 43 en lecture verticale (case 4), et le 34 en lecture horizontale dans les cases 4 et 5.

Le 3 est maintenant placé dans l'angle droit et les deux 4 convergent vers lui.... Le protègent-ils, ou le bloquent-ils ?

Décidément, le 3 a des choses à dire à Claudette ! Mais le 4 n'est pas très loin, dans le décor !

– Les deux premiers habitants forment un maître-nombre : le 33/6.

Ce double 3 concerne les archétypes père et mère de Claudette.

A noter : Les quatre premières cases concernent papa, maman, l'enfant (la petite fille qu'elle a été), et la structure familiale.

Chez elle, le nombre 3, montre 3 fois son nez dans ces domaines concernant la base de la construction et de l'identité personnelles.

Au niveau des cinq premières cases de son inclusion, nous pouvons voir apparaître : 31, 32, 33, 34 et 35 (dans le désordre !).

-31 en case 1 (vertical inversé),

-32 en case 2 (vertical inversé),
-33 en cases 1 et 2 (horizontal),
-34 en cases 4 et 5 (horizontal),
-35 en cases 3 et 4 (horizontal inversé).

Le dernier, et le plus important de ces nombres (il est au cœur du triangle), est le 35. La PAC (problématique amoureuse centrale) de Claudette a pour valeur 35... Est-ce un hasard ?

Toutes ces années se suivent et sont placées après ses 30 ans.

Qu'a-t-elle vécu de si notable dans la première moitié de sa trentaine ?

Qu'a-t-elle créé, particulièrement à 35 ans ?

Que s'est-il passé, concernant son côté enfant, l'image qu'elle a d'elle-même, ses amis, ses relations ? A-t-elle souhaité avoir un enfant ? Qu'est-ce qui a pu être dit ou tu d'important pendant ces 5 années ?...

L'inclusion de Claudette offre, par ailleurs, de beaux exemples de *"symétrie interne"* :

– Les deux 4 symétriques par rapport au 2 de la case 7 (case des programmes familiaux et des références psycho-généalogiques).

– Les deux 0 symétriques par rapport au même 2 en case 7.

C'est comme si, au sein du cadre familial figuré par ces deux 4 symétriques, l'un en case 5 (sexualité, liberté, mouvement), et l'autre en case 9 (les autres, les groupes), il y avait la présence de deux secrets entourant la mère (évoqués par les deux 0 symétriques), ou l'hypothèse d'une alliance sensible liée à un nœud émotionnel fort...

Un des deux 0 est placé dans la case 6, domaine de la femme, de la féminité, du plaisir et du bien-être... mais aussi, parfois, de la maltraitance physique ou psychologique !

L'autre 0 est placé en case 8, domaine de la puissance personnelle et de la transformation... mais aussi, parfois, le lieu des "systèmes sadomasos" et des colères stockées !

Ces hypothèses sont à proposer à Claudette, et à creuser avec elle, au cours des entretiens, si elle le souhaite, bien sûr !

* * *

Les héritages psychologiques principaux

Soyez votre propre lampe, votre île, votre refuge.
Ne voyez pas de refuge hors de vous-même.
BOUDDHA

Ce nombre, encore appelé HPP, vous offre de belles pistes de réflexion et de recherche concernant vos héritages psychologiques principaux.

Il résume en partie les projections parentales effectuées sur l'enfant et adolescent que vous avez été. Vos géniteurs vous ont transmis, plus ou moins consciemment, de nombreux "messages-héritages" en vrac... Au sein d'un "paquet-cadeau" bien original !

Le nombre d'HPP évoque diverses richesses que vous avez à votre disposition, et que vous avez peut-être parfois tendance à mettre de côté, du moins dans la première partie de votre vie.

Adolescent, puis jeune adulte, vous avez plus ou moins cherché à vous démarquer des modèles familiaux qui ne semblaient plus vous correspondre. Il est possible que vous ayez tenté de prendre vos distances vis-à-vis des "pressions inconscientes" subtiles et variées dont vous avez fait l'objet.

En rejetant de manière brutale et sans nuances ces "modèles dépassés", et ces héritages du passé apparemment périmés. Vous avez risqué, ou vous risquez encore, de passer à côté de transmissions utiles et bien souvent nécessaires à la construction cohérente et solide de votre être en devenir.

Le nombre d'HPP vous invite à vous réconcilier avec les héritages psychologiques qu'il vous reste à reconsidérer, et surtout à trier, pour en faire bon usage. Un usage lucide et conscient. Un usage mature et adulte. Un usage qui ne peut s'effectuer de manière fructueuse que lorsque vous avez trouvé la distance juste vis-à-vis de votre environnement familial, creuset de votre construction intérieure et base de votre croissance sociale.

Pour bénéficier des aspects bénéfiques de ces héritages, il vous est nécessaire de les considérer avec une conscience suffisamment éveillée. C'est-à-dire oser confronter ces héritages avec un regard désembué de tous les parasitages émotionnels, de tous les souvenirs plus ou moins déformés de votre réalité familiale. Une réalité que vous avez vécue sous différents aspects : mentaux, affectifs et physiques... voire spirituels.

Il vous est suggéré de *créer des liens de sens* entre les diverses observations que vous avez faites, les différents comportements que vous avez repérés et les reproductions les plus importantes dont vous prenez conscience maintenant.

Histoire de vous mettre en accord avec les racines familiales qui donnent de la force à cet "Arbre" qui vous porte. Des racines qui vous nourrissent dans votre cheminement, dans votre construction personnelle.

A vous de faire corps avec cet arbre. Il vous offrira les fruits de sa croissance si vous vous autorisez à les laisser mûrir. Vous bénéficierez de leur abondance si vous êtes bien présents, au bon endroit. Alors, vous pourrez positivement en faire la cueillette ou faire de belles vendanges familiales, qui ne seront pas de vains fardeaux... imbuvables ?

Ce nombre d'HPP met en lumière "l'introjection dominante", c'est-à-dire la personne la plus forte ou la plus significative de votre histoire passée (celle qui a eu le plus "d'impact" sur vous). Cette personne est maintenant vécue comme un personnage intérieur "greffé" à votre nature profonde... Et elle continue son discours. Un discours parfois utile, mais le plus souvent limitatif, inadapté aujourd'hui et castrateur... voire dommageable !

Tout ce qui est lié à l'exemple, aux injonctions ou aux désirs de cette personne introjectée continue de vivre en vous inconsciemment. Elle vous influence dans vos choix, et vous pousse vers des chemins qui ne sont pas forcément les vôtres.

Tout ce qui a été vu, perçu, ressenti, projeté ou idéalisé dans cette relation éducative ou affective, laisse son empreinte sur votre vie. D'autant plus que ce modèle, ou cette greffe, n'a pas été reconsidérée ou transformée au fil d'un travail sur vous-même et de certaines prises de conscience de ce qui vous habite encore... Et peut se retourner contre vous.

Le nombre HPP vous offre aussi des pistes concernant votre famille en tant "qu'entité globale vivante", avec sa dynamique propre, ses réactions inconscientes, ses lois internes. Votre entité-famille prend particulièrement soin de ses mécanismes d'auto-protection ou de sauvegarde de son identité référentielle ! Cela sans état d'âme et parfois contre (ou en défaveur de) certains de ses membres...

En effet, chaque famille fonctionne comme un TOUT qui se veut indivisible. Elle est constituée par l'ensemble des messages, mémoires, émotions et sentiments que son nom (et ses héritages psychiques) véhicule ou transmet à chacun des membres qui le portent. Ainsi que de tous les messages inconscients véhiculés dans les transmissions ou programmes implicites familiaux.

Chaque famille tend à garder sa cohérence propre, quitte à faire fortement pression sur ceux qui manifesteraient des velléités de se désolidariser, ou de rouler sous l'égide d'un autre "team". Quitte à isoler, voire à s'amputer, des "éléments perturbateurs", tentés de trahir le système... pour aller se vendre ailleurs ?

Ce corps familial rejettera, parfois de façon qualifiée d'injuste, la partie considérée comme "toxique" ou "nuisible" à l'équilibre interne de sa structure vivante.

Des mécanismes d'auto-défense, ou de survie de la famille, se mettent automatiquement en branle lorsqu'un des siens s'attaque (sans toujours s'en rendre compte) à ses lois internes, et tente de déstabiliser ou de remettre en cause ses "fondements tacites" et ses repères de filiation.

Lorsque ses bases structurelles sont mises en péril, des mécanismes automatiques de défense du système familial se mettent aussitôt en branle...

C'est ainsi que se manifestent des "anticorps familiaux", qui n'hésitent pas à combattre, voire à diaboliser l'élément perturbateur dont le corps familial n'hésitera pas à s'amputer. Surtout si cette partie de lui-même met trop directement en péril son fonctionnement intime et ses croyances prioritaires. Ou si elle perturbe son équilibre apparent.

Cependant, la vie est là. Elle incite à l'évolution. Elle pousse (surtout les jeunes pousses) à la transformation de tous les systèmes vivants, celui de la famille comme les autres : sociaux, politiques ou religieux.

Avec le nombre HPP se trouve ainsi esquissée une image que votre famille cherche à donner d'elle-même. Il évoque le mode de fonctionnement général de référence qui vous sert de trame de base. A vous, comme à tous les membres de votre famille. Chacun ayant à confronter ces incitations, ou obligations, à suivre le mode familial dominant. Il reste à chacun le choix de se positionner ou non face à cet "esprit de corps". Encore et encore ?

Cela génère à la longue une attitude réflexe qui vous pousse parfois à ne plus être vous-même pour rester fidèle au système familial et ne pas lui déplaire. Qu'êtes-vous prêt à faire ou à ne pas faire pour rester intégré ou protégé par ce groupe humain qui incarne et perpétue ce système familial. En vous soumettant aveuglément à lui, vous vous éloignez de vous-même, de manière parfois très subtile, de façon indirecte et détournée... Restez vigilant, vos ancêtres vous guettent !

Occupez-vous une place centrale dans ce système de modélisation, ou bien avez-vous pris vos distances, de diverses manières, vis-à-vis de ce qui vous incite à respecter ces vieux scénarios transgénérationnels ? Avez-vous été mis sur la touche ? Avez-vous été "récupéré" ?

Êtes-vous en conflit ouvert, ou en guerre froide, avec les ténors de votre modèle familial, ceux qui se sont donné pour mission ou qui ont la charge de faire respecter les consignes et les lois internes de ce "Corps familial" ?

Le nombre HPP esquisse ces diverses questions, transmises ou proposées par le Numérologue humaniste, mais auxquelles seul le sujet concerné est habilité à répondre. Avec, bien sûr, ses propres mots, issus de ses propres observations, vécus ou ressentis.

Il pourra ainsi mettre en évidence les engagements inconscients, les rôles occultés au niveau de sa relation au système familial. En particulier au sein des héritages psychologiques les plus riches, mais aussi parfois les plus lourds ou les plus mortifères !

Calcul des Héritages psychologiques principaux (ou HPP)

Il suffit de faire la somme des 4 premiers habitants de l'Inclusion de base (le total des habitants des 4 premières cases).

Imaginons un exemple. Celui de Marie :

Son Inclusion de base est

1	2	3	4	5	6	7	8	9
3	0	3	1	5	0	0	0	4

La somme de ses 4 premiers habitants est : $3 + 0 + 3 + 1 = 7$

Pistes d'interprétation dans l'exemple de Marie avec son HPP 7 :

Pour Marie, son HPP lui précise qu'elle a à sa disposition de "beaux héritages" intellectuels ou liés à des savoirs spécifiques, à des systèmes de pensée bien rodés, solides et traditionnels (trop traditionnels, dira-t-elle ?).

Sont évoqués ici des héritages, issus plus particulièrement d'un grand-père, probablement paternel. Des héritages liés à l'enseignement et qui donnent beaucoup d'importance aux études, aux livres, en un mot au SAVOIR !

Que peut-elle faire de cet héritage professoral ? Il lui est transmis pour son épanouissement... à partir du moment où elle se donne les moyens d'en extraire la "substantifique moelle". Sans gober tout cru la version "estampillée d'origine", ou sans s'opposer systématiquement à ces modes de pensée, à ces structures mentales, propres à son environnement de jeunesse.

Elle est ainsi invitée à ajuster ces héritages dans sa vie, à sa manière et au rythme qu'elle souhaite. Elle peut s'autoriser à faire des études, à se servir du tremplin des connaissances et des diplômes, pour ensuite transmettre les enseignements qui lui correspondent vraiment. Et faire connaître à d'autres les prises de conscience qui sont les siennes.

A elle de ne pas négliger les livres, les écrits qui peuvent lui parler, la guider, et servir de "dynamiseurs" ou de repères bienvenus, au fil de sa progression personnelle.

A elle de ne pas passer à côté du professeur qui peut la remettre en accord avec son être essentiel, ou qui l'aidera à donner corps à la puissance de sa conscience profonde, au cœur de son être lumineux. Ainsi orientée vers son "professeur intérieur", savant et serein (ce drôle d'oiseau !), elle pourra plus aisément développer son centrage mental, sa capacité à se sécuriser, et la richesse de sa force spirituelle.

Son "introjection dominante" peut être liée à un éducateur, un professeur ou un parent qui a eu de l'importance pour elle à l'adolescence, ou au début de sa vie d'adulte. Un personnage un peu sérieux et perfectionniste, à l'image un peu moralisatrice ou rigide... mais qu'elle peut maintenant reconsidérer comme un allié. Cela, afin de transformer ses injonctions péremptoires en pistes fructueuses, ou en "re-pères" utiles pour la suite de sa progression personnelles.

Cette image d'homme qui enseigne, sollicite la réflexion et ouvre l'esprit, peut se retrouver dans sa vie, car elle correspond à une partie du modèle autour duquel s'est structuré son monde intérieur et les "personnages", ou subpersonnalités, qui l'habitent.

Elle peut être amenée à rencontrer ce type d'homme – substitut d'un nouveau "père" et néanmoins homme – ayant pour rôle de l'aider à se structurer psychologiquement. Un homme l'aidant à développer sa capacité de penser par elle-même, et de se positionner grâce à ses connaissances et ses prises de conscience. Afin d'agrandir sa connaissance d'elle-même et sa compréhension de l'autre. Le 7 est, en effet, le nombre de la psychologie appliquée et de l'ouverture mystique.

Ce nombre 7 est modulé par son habitant de base : le 0. Celui-ci parle d'une grande force, de grands possibles à rencontrer, à favoriser et à utiliser dans ce domaine du savoir et de la conscience. Tout en transformant le trop grand idéal qui parfois limite l'accès à cette puissance. La réalité est-elle à la hauteur de cet idéal à peine formulé ? Diverses pistes risquent d'être abandonnées, diverses rencontres sabotées à cause de cette "barre placée trop haut", comme un idéal de toutes façons impossible à atteindre ! Pour un temps seulement ?

Un équilibre est à trouver entre les "tout ou rien", ou plutôt les "rien puis trop". Il lui est recommandé de ne pas trop rester sur le registre des oppositions qui se transforment en rejets, puis en sur-investissements psychologiques. Les polarisations mentales occupant le terrain, la "victimite" et l'autosabotage peuvent très vite être à l'orée du bois... pour peu que la victime ait aussi peur du loup !

N'oublions pas que le zéro indique qu'avec de tels héritages, il lui est possible de faire des merveilles. Des merveilles de maturité vivante, de sagesse tranquille et de lucidité spirituelle. Une puissance à exploiter sans pudeur, sans les bénéfices secondaires des doutes et les autosabotages, si pratiques pour se nier, et surtout pour ne rien changer dans sa conscience et dans sa vie !

Les héritages psychologiques principaux de type 1

Ce nombre évoque des héritages de chef.

Vous êtes invité à reprendre le flambeau dynamique et innovateur qui a appartenu à certains de vos aïeux, parfois très proches, qui l'ont parfois peu utilisé et laissé inemployé, dans l'ombre ; par peur de ne pas réussir leurs plans, par peur de déplaire, par peur de sortir du rail familial et des fidélités qu'insidieusement il implique.

Quelle personne a commencé à "faire la trace" avant vous, quel chef ou leader a vu le jour dans votre "théâtre familial" ? Quelles ont été vos relations avec ce modèle ou cette introjection forte ? Ces qualités de leadership ont-elles été perçues par vous comme des sources de souffrance ou de conflit ? Avez-vous eu a combattre cette référence d'autorité ? Avez-vous eu à en subir les revers ?

Aussi vous est-il demandé de reconsidérer, maintenant, tous ces aspects sous un autre jour, pour vous les réapproprier positivement et en faire des outils puissants et féconds au service de votre avancement personnel.

Ces héritages une fois réhabités en fonction de votre propre démarche, à la lumière de votre nature profonde, seront des alliés puissants sur le chemin de votre réussite. De belles capacités d'invention ou de conception restent à votre entière disposition.

L'HHP 1 dépeint ici une famille, en tant que "corps vivant", structurée autour d'un système relativement autoritaire. Une famille où il semble qu'on ait l'habitude de se serrer les coudes de manière évidente derrière un chef de file incontesté.

Une famille pionnière, un peu isolée sur le terrain de ses avancées ? Qui se voudrait toujours en avance sur les autres ?

Une famille qui fonctionne "à l'impulsion". Et au sein de laquelle les réactions sont rapides... Surtout lorsque l'honneur est en jeu, ou que la sacro-sainte hiérarchie établie est remise en cause !

Une famille ou les composantes mentales tiennent une place de choix. La performance est de mise. La compétition intellectuelle et le désir de s'imposer par ses exploits, sous-tendent l'essentiel des orientations familiales et des choix dictés à tous les membres de cette équipe qui se veut toujours gagnante ! Quel qu'en soit le prix ?

Une famille qui tient fortement à l'intégrité de sa structure autour de cet axe, de cette direction unique qui impose engagement indéfectible et promesse d'un respect total aux directives du système. Une obligation, en quelque sorte, à fonctionner "comme un seul homme" !

Les héritages psychologiques principaux de type 2

Ce nombre évoque des héritages de thérapeute ou de spécialiste en relation d'aide, ou tout du moins une tradition familiale de conseil et de soutien sous diverses formes.

Vous êtes invité à accueillir ces richesses d'intuition et d'écoute qui vous sont offertes par ses prédécesseurs au sein du paquet des héritages. Un "paquet" à l'aspect souvent peu engageant, aux teintes et constituantes plutôt mélangées.

Un paquet ayant parfois souffert pendant le voyage, et que certains ont eu peur d'ouvrir ! Ont-ils eu peur d'être éclaboussés ou, tout simplement, de se mouiller ?

Quelle personne, dans votre famille, a eu ce rôle de conseiller ou de conseillère ? Qui aurait bien eu envie de jouer ce registre de la disponibilité sans faille et de l'aide inconditionnelle à l'autre ? Le nombre HPP vous éclaire sur cette introjection dominante qui cherche encore à se faire entendre en vous et tente de continuer à vous imposer sa loi et ses priorités d'un autre âge.

Peut-être vous méfiez-vous aujourd'hui de ce rôle dans lequel vous avez peur de rester piégé ou d'être trahi, au sein de vos engagements associatifs ou de vos partenariats professionnels ou intimes ?

Fuyez-vous ce modèle qui vous échappe ou auquel vous trouvez des aspects limitatifs et donc "négatifs" à vos yeux ? Avez-vous eu à vivre une aide imposée et emprisonnante ? Avez-vous eu a souffrir de parents trop disponibles autour d'eux (trop "au service" par tous les temps) et peu présents à l'enfant que vous étiez ?

Il vous est proposé ici de faire vôtre, de façon équilibrée et fertile, ces qualités de conseiller et de thérapeute. Afin de les réinjecter dans votre vie pour votre bonheur. A vous de trier le paquet hérité, pour mettre en lumière ces atouts sensibles. Et cette capacité à capter l'autre dans son essence profonde, dans son monde mouvant et émouvant...

L'HPP 2 décrit ici une famille, en tant que "corps vivant", qui ne s'affiche pas au sommet de l'affiche, mais qui se structure autour de valeurs humaines sensibles et ouvertes. Une famille où les émotions ont le droit de vivre, où les épanchements ont leur place.

Une famille au fonctionnement plutôt fusionnel : des côtés sympathiques d'entraide et d'échanges. Mais aussi certains revers de médaille : difficulté à couper ce cordon si sensible au sein duquel circulent tant d'émotions ! Difficulté à se détacher des options de ce groupe-cocon qui enserre dans ses "grands bras"... et aspire en son sein même ceux qui aspirent à autre chose qu'à ce cercle chaleureux, finalement très fermé et replié "sous sa couette" ! Ce système familial qui peut avoir tendance à "pomper" ceux qui n'osent pas trouver la bonne distance !

Un travail d'autonomie important est nécessaire pour sortir de ce tissage collectif intime, aux mille connections subtiles. Subsisterait-il un risque d'étouffement dans ce territoire aux brumes passionnelles, débouchant parfois sur des sables mouvants relationnels, parfois très inconfortables ?

A vous d'apprendre à vous positionner au sein de cette famille, ou face à ce groupe humain qui cherche à vous garder en son sein. Une famille néanmoins toute pleine de richesses et de bons sentiments.(Ah ! quand même !)

Les héritages ici sont plus fortement colorés par la lignée des femmes. Des transmissions à prolonger, mais surtout à transformer, pour continuer la progression généalogique. Cela, sans laisser de côté des trésors oubliés ou reniés, parce que leur emballage s'est terni avec le temps, ou que certaines batailles perdues les ont enterrés sous divers décombres matériels ou psychologiques.

Ce HPP 2 est surtout là pour vous encourager à reprendre ce beau flambeau et redonner vie à vos dons de sensibilité et d'écoute, laissés de côté. Et qu'il vous est suggéré de ne pas laisser" refroidir" !

Les héritages psychologiques principaux de type 3

Ce nombre évoque des héritages d'artiste ou de spécialiste en relations humaines.

Vous êtes invité à utiliser vos capacités d'expression de vous-même, et de valorisation de votre propre image. Des potentialités plus ou moins bien utilisées par ceux qui vous ont précédé.

Il vous est suggéré ici d'apprendre à dire, à oser montrer, à oser donner forme aux choses et aux mots de la vie. Il vous est proposé au sujet de tenter, à votre manière, de communiquer ce qui n'a pas pu être formulé, ou créé, par le passé dans votre lignée paternelle ou éventuellement maternelle. Et cela, à l'époque, par peur du jugement des autres, par dépendance à leur regard, ou par soumission à leur reconnaissance.

Il vous est demandé, maintenant, d'aller plus loin que les petites limites imposées par votre amour-propre mal placé, ou par la soi-disant fierté familiale. A vous de dépasser ces interdits concernant l'art, et son utilisation sous toutes ses formes.

Quelle personne, significative pour vous, appartenant à votre famille, a eu un rôle médiatique ? Quelle personne s'est fait connaître par ses œuvres artistiques ou ses créations personnelles ? Quel est ce personnage, devenu chez vous une “introjection dominante”, et qui conditionne, encore actuellement votre relation à votre enfant intérieur, à votre capacité créative et à votre inspiration la plus fructueuse ?

Il vous reste à vous libérer de ce qui vous écrase et vous limite lorsque vous vous comparez avec la brillance et la “réussite” de ce modèle imposé, parfois même admiré. Un tri, une distanciation, ne peuvent qu'être bénéfiques pour vous dans votre chemin vers vous-même et votre capacité à découvrir votre propre puissance créatrice. Un travail de rencontre et de connexion véritable à vos dons d'expression et de communication encore inexploités.

Par ailleurs, y a-t-il dans votre histoire un système triangulaire infantilisant dans lequel vous avez pu vous retrouver... sans vraiment l'avoir demandé ?

Un système ayant tendance à se reproduire avec des acteurs différents, mais avec un scénario déjà connu !

Qui, dans ce rôle du 3e personnage, intervient dans une relation existant déjà entre deux autres partenaires ? Qui se met en travers de la relation intime ? Qui va t-on solliciter pour mettre en place ce triangle faussement rassurant et souvent régressif ? Qui va-t-on chercher pour pimenter une relation à deux qui s'enlise dans un certain ennui au quotidien ? “Bonjour le tiers... qui ne date pas d'hier !”

Comment vous situez-vous au sein de ce système où s'enchevêtrent trois personnes, avec une bonne louche de jalousie, un brin de colère et un zeste de "trahison" ?

Aussi, il vous est suggéré de ne plus rester à "l'é-troit" dans ce genre de situation, qui puise ses sources dans le triangle formé jadis par l'enfant face à ses deux parents. Vous êtes invité à ne plus faire l'amalgame de certaines relations et à sortir de sa position intermédiaire au sein du triangle relationnel.

Vivez-vous ou avez-vous vécu un système triangulaire où se dessinent et se fantasment les abandons, les jalousies et les peurs... souvent réactivés par la suite dans votre vie. Tous ces agencements primordiaux liés à la cellule de base papa-maman-enfant.

Tous ces jeux de rôles, ces émotions complexes, et ces ressentis mal digérés dans votre vie se sont enregistrés sur la "disquette haute fidélité" de votre inconscient... Et vous poussent à être infidèle au "deux du couple", pour rester fidèle au "trois du noyau familial" non dénoué. Ce trois de l'œdipe non "cuisiné" ! Le troisième intervenant est-il prié d'aller se faire cuire un œuf ailleurs ?

Ce triangle renvoie à ces scénarios familiaux sous-jacents, à ces scripts non censurés et restés dans l'ombre, à ces blessures narcissiques qui n'aident pas trop à faire briller l'image personnelle au sein du miroir de la reconnaissance de l'autre. S'il y a deux autres participants, le "miroir-stéréo" serait-il supérieur et la reconnaissance multipliée, ou finalement pliée... en deux ?

Le 3 invite ici à retrouver un peu d'humour... et surtout plus d'amour !

Pour cela, il semble nécessaire d'effectuer un certain travail sur soi pour clarifier les apparences, et mettre en évidence, au-delà des emballages clinquants, les peurs d'être soi et les difficultés à communiquer qui en découlent.

Vous êtes invité à regarder de plus près les interdits à vous dire, ou à formuler certains vrais non, à visage découvert, à la face de ceux qui, spectateurs ou acteurs, sont présents dans votre théâtre social et familial quotidien. Pour vous permettre de retrouver ce "Maître de parole" intérieur, et le nourrir autrement qu'avec des paroles en l'air !

L'HPP 3 décrit ici une famille, en tant que "corps vivant", qui semble attribuer beaucoup d'importance à l'image qu'elle donne d'elle-même auprès de son entourage ou du monde social environnant.

Une famille soucieuse de son look, ou de son "image de marque".

Une famille qui soigne les apparences, et peut avoir tendance de vivre un peu au-dessus de ses moyens...

Au sein de cette famille, le sujet a intérêt à développer la conscience de sa valeur propre, au-delà d'un système de "publicité familiale" qui, favorisant tout ce qui brille, laisse de côté des valeurs moins clinquantes, des richesses plus subtiles et plus profondes... "L'essentiel est invisible pour les yeux", disait le renard du Petit Prince, me semble-t-il !

Parallèlement à cela, l'art littéraire, l'art pictural, la musique ou le chant, semblent tenir une place importante dans les talents, exploités ou non au sein de cette "famille de créateurs".

A vous, là encore, de trouver votre propre style, sans vous fondre dans les couleurs et les mots imposés par le discours ou les œuvres de votre groupe familial.

A partir du tableau original, il vous est suggéré de sortir du cadre, pour oser des harmonies originales, pour oser de nouvelles teintes et des tonalités différentes. Une démarche qui transforme et recycle ce qui a pu déteindre sur vous pendant de si nombreuses années...

Une démarche qui vous invite à être plus directement vous-même, sans vous chercher perpétuellement dans les reflets d'autrui.

Les héritages psychologiques principaux de type 4

Ce nombre évoque des héritages liés à l'identité familiale dans ce qu'elle a de sécurisant et de structurant. Une identité collective qui possède, par ailleurs, des aspects limitatifs ou coercitifs qui peuvent inhiber, castrer, ou infantiliser un sujet peu autonome, soumis à ce cadre et à ces consignes d'origine... Contrôlée ?

Vous êtes ici invité à assainir votre terroir, à labourer votre terre de base, à vérifier vos fondations psychologiques... Et faire le tri entre le bon grain et l'ivraie, entre ce qui vous correspond et ce qui ne vous appartient plus !

Il vous est demandé de vous atteler à la mise en œuvre de ces projets, souvent très anciens, et conçus avant vous. Ces rêves, ces espoirs déçus, et parfois même ces plans sur la comète, qui n'ont pas pu se concrétiser dans la vie de ceux qui les ont espérés avant vous.

Avec le HPP 4, il vous est conseillé d'aller à la recherche de ces vieux engagements non tenus, de ces fondations familiales oubliées ou laissées en friches. Ces vestiges tous recouverts de terre... ou de ce qu'on a voulu taire !

Il est à envisager une clarification et une transformation des modèles familiaux transmis, concernant la manière de travailler, de s'investir socialement. Tous ces repères professionnels et les doutes ou les peurs héritées qui les accompagnent. Ces peurs de ne pas être à la hauteur, ou de décevoir ceux qui sont dans les hauteurs de cet Arbre généalogique... avec sa logique propre, ses écorces protectrices, sa sève féconde, ses bruissements ou ses craquements. Et ses participants "débranchés" ?

Des héritages, donc, à dépoussiérer, reconsidérer. Pour vous retailler votre arbre avant l'automne de votre vie. Pour oser suivre le fil de votre propre bois et sculpter votre progression sans renier les racines qui ont nourri vos premiers pas dans la vie. Et constitué le plancher de votre "maison-mère intérieure".

Un juste milieu à trouver entre fidélité au passé et fidélité au présent. Le tout au cœur de votre petit monde intérieur...

Vous avez un équilibre à tenter entre ancrage nourricier et chaînes aux pieds, entre sécurité et chape de plomb dans la tête. Entre respect de cet arbre intérieur et respect du jardinier-créateur qui s'en occupe. Un jardinier qui vous ressemble ?

Quelle personne significative, au sein de votre famille a eu, soit un rôle de modèle structurant, soit une fonction normative directive, voire "castratrice"... ou "d'édu-castration" ?

Le HPP vous oriente vers cette introjection dominante et vous invite à la reconsidérer, pour vous en libérer. Tout en reprenant à votre compte les éléments qui peuvent vous être utiles pour vous construire de manière satisfaisante.

Vous êtes invité à reconsidérer les avantages secondaires que vous avez à maintenir dans votre vie certains blocages ou freins qui vous limitent. Ces intérêts sous-jacents à continuer d'héberger certains doutes ou certaines incapacités, source de souffrance et de désagréments divers.

Devenant conscient de ce qui décidait ou agissait en vous, souvent à votre insu, vous allez pouvoir vous rapprocher de votre nature profonde et effectuer des choix plus lucides. En meilleure correspondance avec ce que vous êtes vraiment.

Un travail sur vous essentiel pour une plus large réalisation de vous-même et l'accession à des engagements professionnels plus efficaces et plus épanouissants.

L'HPP 4 décrit ici une famille, en tant que "corps vivant", construite au sein d'un cadre sérieux et bien délimité. Une famille qui se sécurise par un attachement à la tradition, et à des "valeurs solides". Des valeurs parfois un peu trop cristallisées au goût de certains membres de la famille qui souhaiteraient un peu moins de "lourdeur" et de "consignes fixes", et plus de souplesse, plus d'ouverture vers de nouvelles pistes... au-delà du terrain connu, labouré et clôturé de longue date !

Une famille qui s'accroche à sa terre, ou se terre derrière ses stocks de documents ou de souvenirs secrets ?

Une famille qui éduque des "acharnés du boulot" et des exécutants disciplinés ?

Une famille possédant des tiroirs pleins de médailles et de cadres poussiéreux, bien souvent en retard d'une guerre ?

Une famille qui stocke des "provisions de survie" aux dates de péremption dépassées depuis belle lurette, qui encombrent les placards à sécurité et lestent le nid central familial... En prévision des éventuels grands vents d'équinoxe ?

Une famille qui aurait peur du renouveau déstabilisant et des nettoyages de printemps de la conscience en évolution ?

Une" famille congélateur" solidement implantée dans son espace et ficelée à un temps révolu : celui qu'elle connaît trop et cherche à maintenir immuable, au même titre que les valeurs absolues et piédestalisées qu'elle conserve dans ses caves. On aura compris que ce type de système familial par ailleurs très sympathique méritait qu'on s'y attarde un peu. Serait-il si courant ?

Il vous reste ainsi à trouver l'ultime porte de sortie de cette "forteresse blindée".

A vous de tenter l'aventure hors les murs ! A vous de labourer, de retravailler votre propre terre, sans nier ou rejeter arbitrairement le cadre dont vous êtes issu. Passée au tamis de ses options nouvelles, cette terre familiale peut se révéler encore bien utile, et riche de sédiments fertiles et actifs.

Les héritages psychologiques principaux de type 5

Ce nombre évoque des héritages d'aventurier et d'explorateur de la vie.

Il esquisse toutes ces petites ou grandes révolutions écrasées dans l'œuf. Toutes ces aspirations au changement étouffées et détournées. Tous ces désirs de nouveauté et de liberté embastillés à loisir...

Vous êtes invité à remettre en question certains principes familiaux par trop absolus, certaines habitudes indéboulonnables, et certaines "consignes par trop immuables".

Des principes prônant ici, paradoxalement, la libre-pensée, la critique, voire la "révolution permanente". Permanente, c'est donc qu'elle ne change pas ! Une révolution qui ne change pas est-elle encore une révolution ?

Une famille qui ne change pas sa manière de changer... n'expérimente plus véritablement le changement. Même si elle s'en targue haut et fort !

Les plus forts ne sont pas forcément ceux qui crient le plus fort. Comme les chiens : ce sont les plus faibles et les plus petits qui aboient souvent le plus !

Aussi, il vous est suggéré d'apprendre à réformer certains scénarios familiaux usés à force d'être trop connus, fatigués avant d'avoir réellement servis. A trop s'éparpiller dans diverses directions, la famille semble dilapider ses forces et dilapider son énergie. Même si, comme les piles, elle ne s'use que si l'on "se serre" !

Un travail sur les références et modèles familiaux, en termes de sexualité et de gestion de l'énergie physique, est à effectuer sans détours. Vous êtes invité à mieux identifier les schémas de lutte pour l'énergie au sein de votre famille proche. Pour ensuite vous en libérer et les dépasser.

Ces modes de fonctionnement énergétivores, ces imitations ou ces reproductions aliénantes, sont à reconsidérer sérieusement. Histoire de faire avancer le schmillblick ! Pour ne plus se droguer à tout prix avec des déplacements, voyages ou déménagements incessants. Pour ne plus s'engouffrer dans des fuites en avant, stériles et parfois suicidaires.

Pour apprendre à se recentrer, à se poser et mieux savoir retomber sur ses petites pattes. Pour, enfin, confronter et expérimenter en toute conscience ces bataillons de désirs et de pulsions, très souvent retranchés dans le monde inconscient... Et transmis en majorité par cette famille qui vit encore en vous. Une "famille intérieure" repliée sur ses bases arrière. Sur ses ultimes "Lignes Maginot"... inimaginables !

Il vous reste à envisager cela et à tenter ces sauts dans l'inconnu, propices à la progression personnelle et à la découverte de nouveaux horizons intérieurs. Au cœur du corps, au cœur du sexe ?

Quelle personne, significative dans votre histoire personnelle a eu un rôle d'initiation sexuelle, ou de conseil au sujet du plaisir sexuel ?

Quelle autre personne, éventuellement, a pu avoir le rôle inverse, et limiter votre désir de découverte, freiner certains de vos élans naturels, voire bloquer votre accès à une vie sexuelle créative et libératrice ?

Il vous est proposé de confronter cette introjection dominante qui, malgré vous, peut continuer à saboter ses relations physiques et son chemin vers l'extase.

A vous de lâcher ce censeur intérieur, souvent bien implanté dans vos territoires intimes sauvages et animés. A vous d'abandonner ou de recycler ce locataire énergétivore à souhait, et culpabilisant à profusion.

A vous d'oser affronter le vide ainsi créé. A vous d'utiliser cet appel d'air ouvrant vers de nouvelles aventures, vers la rencontre – en vérité – des désirs multiples qui vous habitent... Et vous interpellent au plus profond de votre corps !

Il vous reste, au-delà de vos réflexes culturels limités, ou de vos expériences plus ou moins intégrées, à tenter de découvrir d'autres états, d'autres vécus régénérateurs et transformateurs. En choisissant d'apprendre à transmuter l'énergie au sein d'une sexualité nouvelle, et d'un rapport à votre corps différent et inattendu...

L'HPP 5 décrit ici une famille, en tant que "corps vivant", qu'il est difficile de cerner, tant elle offre de facettes , tant elle semble mobile et changeante.

Une famille qui a la "bougeotte". Toujours aux aguets des nouvelles vagues et des idées novatrices. Une famille en marge ou peu traditionnelle.

Souvent recomposée à la suite de ruptures ou séparations diverses, elle continue de tourner sans cesse... Comme un manège animé et surprenant !

Un côté décapant, des peintures décapées, et des personnages de cape et d'épée ? Un ensemble de bric et de broc, finalement unifié dans sa diversité.

Il vous est donc suggéré de surfer en souplesse sur les vagues dynamiques de cette mer familiale, sans oublier d'apprendre... à prendre du recul au sein de ces tourbillons décoiffants !

Centrage, ancrage et positionnement sont des attitudes et des démarches à favoriser ici, contre vents et marées. Au milieu de ce rodéo familial, peu à cheval sur les principes, il vous est conseillé de savoir tenir les rênes... à défaut d'être le Roi !

Le principe de base ici, c'est de ne pas avoir de principes imposés ! Bouger, courir et se dépenser... principalement !

Le jogging mental est aussi une spécialité familiale. A consommer avec modération, et en dehors des repas.

Dans une telle famille, si un élément est jugé "endormi" ou "pantouflard", il sera vite éjecté du manège... ou prié d'aller décompresser ailleurs. Là où c'est plus calme ?

Les héritages psychologiques principaux de type 6

Ce nombre évoque les héritages liés à l'amour dans ce qu'il a de plus épanouissant, de plus régénérant, mais aussi parfois de si attachant, de si étouffant, de si aliénant...

Il parle aussi des héritages concernant la relation au plaisir dans ce qu'il a d'autorisé ou non. Ou comment le plaisir peut être occulté, renié, détourné au sein de la communication familiale et des transmissions comportementales en la matière.

Vous êtes invité à reconsidérer les consignes familiales concernant les interdits au plaisir et à l'amour. Ce qui vous est permis ou refusé au regard des expériences passées. Au regard des échecs, des souffrances et des déceptions des intervenants familiaux qui vous ont précédé. Et qui ont nourri votre histoire familiale de leur vécu personnel, mais aussi de leur vision des choses. Une vision parfois obtuse, des interprétations souvent partisanes, ou nourries d'a-priori limitatifs et handicapants.

Un tri est donc à faire au niveau de ces héritages psychologiques véhiculant autant des peurs d'abandon, que la peur de s'exprimer réellement avec le cœur, ou de manifester ses élans amoureux au grand jour. Des héritages, porteurs aussi de divers chantages affectifs, et d'une panoplie de systèmes de contrôles indirects des sentiments, d'une génération à l'autre.

Un travail de recyclage de ces "tyrannies du cœur" issues d'un passé proche ou lointain, est à envisager sérieusement. Un travail de réhabilitation de votre vraie nature intérieure est aussi à effectuer. Afin de permettre à cette nature profonde de s'épanouir, de grandir et de vous offrir les fruits de son cœur.

Il vous reste à vous donner l'autorisation d'une meilleure relation d'amour à vous-même. Il vous reste à faciliter un accueil plus doux et plus tendre à ce qui cherche à se vivre en vous. Et dire ce qu'on désire peut-être une sensualité plus épanouie et des relations amoureuses plus justes et moins conditionnelles.

Au-delà des normes héritées, devenir un meilleur compagnon ou une meilleure compagne pour vous-même.

Finalement, il vous est suggéré ici, de rencontrer totalement vos peurs de ne pas être aimé, ou trop aimé. Puis confronter ces peurs pour les traverser ou les transformer, grâce à l'énergie des désirs et des élans qu'elles ont mis longtemps hors de votre portée.

Changeant de regard sur l'amour et les peurs qui lui sont liées, vous avez la possibilité de passer à une autre étape de votre cheminement personnel. Vers plus d'authenticité et de respect des richesses de votre cœur et des bonheurs de votre corps.

Quelle personne, significative pour vous, a joué un rôle de référence dans votre manière de considérer la relation amoureuse ?

Une personne porteuse de mythes, ou transmetteuse d'idéaux qui ont pu laisser une forte empreinte en vous-même. Une personne ayant véhiculé un modèle en la matière, structuré peut-être autour de diverses histoires de trahisons amoureuses, de blessures affectives ou de manipulation des sentiments. Des histoires qui ont pu nourrir votre inconscient, et servir de base à l'élaboration de vos scénarios amoureux.

Là aussi, il vous est proposé de désamorcer certains programmes, ou certaines reproductions, qui entraînent souvent beaucoup plus d'autosabotages ou de destructions que de satisfactions ou de bonheur.

A vous de faire votre nouvelle sélection et vous séparer des vieux films, bien connus, qui pourraient continuer d'induire des dénouements qui vous sont étrangers. Et auxquels vous ne désirez vraiment plus participer.

En un mot, vous êtes invité à vous libérer de ces ficelles actives qui font de vous une "marionnette du passé" qui s'accroche à son rôle de victime... et pleure ses rêves d'amour envolés !

Ce travail de détachement, ou de lâcher-prise des vieux modèles familiaux ou éducatifs, ayant été effectué, vous pourrez vous engager plus clairement, et plus harmonieusement, sur un chemin d'amour plus largement purgé de ces divers obstacles intérieurs hérités.

Toutes ces souffrances du passé à réaccoucher autrement... Et à recycler pleinement ? Toutes ces vieilles confidences détournées ou peu confiées. Par manque de confiance, ou par déficit de conscience des beautés et des pouvoirs du cœur et du corps. Des fardeaux oubliés par ces aïeux, à leur cœur défendu, à leur corps défendant... et qu'il reste à reconsidérer, à déparasiter, à métamorphoser.

l'HPP 6 décrit ici une famille, en tant que "corps vivant" qui fait de gros efforts pour garder tous ses enfants en son sein. Une famille fusionnelle où il faut "faire des efforts pour bien rester unis".

Une famille où il est impératif d'être heureux ensemble et de se tenir chaud les uns les autres. Si on s'éloigne, si on se quitte : on est perdu, on tombe du nid dans le froid et la nuit, dans l'inconnu, dans cet ailleurs si dramatique !

C'est le besoin de contact, les liens étroits qui donnent de la force à cette structure familiale. Cette force de "cohésion forcée" peut handicaper, ou déresponsabiliser, certains de ses membres. Elle semble "nécessaire", mais le nécessaire s'arrête là où commencent le respect de soi... et les limites réelles d'une écologie intérieure gérée lucidement !

Aussi, vous avez intérêt à trouver la bonne distance face à ce système familial, en apparence sympathique et aimant, mais qui peut vous limiter ou vous détruire, au fil de ses attachements divers. Sans parler de ses gentils chantages affectifs inconscients !

Il vous est proposé d'oser couper ce cordon qui vous empêche de grandir.

Pour prendre le risque de vous aventurer hors du cercle chaleureux qui vous phagocyte à votre insu.

A vous de découvrir ce que peut parfois cacher trop d'interdépendance amoureuse ou trop d'amour-attachement. Toutes ces co-dépendances, modélisées dans ce cercle familial que vous pouvez vous autoriser à corriger, à remanier ou tout simplement changer...

Tout l'art résiderait ici à ne plus chercher sans arrêt à combler le creux ou le vide intérieur apparent. Car cela ramène régulièrement dans le piège du système circulaire de l'attachement corporel et affectif.

Osez vivre et confronter ce qui est. Vivez pleinement ce qui se trouve là en vous et devant vous. C'est ce qui donne de la présence et de la substance à l'instant, et dissout votre impression de manque. Ce vide deviendra alors riche de puissance vitale et porteur de création personnelle.

Les héritages psychologiques principaux de type 7

Ce nombre évoque les héritages du Savoir, et tous ces "profs" valorisés ou mis de côté, au fil des passations familiales et des chemins généalogiques.

Il parle de l'importance des structures de pensée transmises à la lettre, des modèles de croyances et des normes morales ou philosophiques reproduites avec rectitude et conformité.

Ces héritages sont particulièrement fournis au niveau de la lignée des hommes. Le grand-père ou l'arrière-grand-père semblent avoir été des relais importants pour vous, des "facteurs de prolongation" de la pensée familiale, unique... et immuable ?

Vous êtes invité à analyser, étudier, comparer, ces vérités fixes et ces dogmes inébranlables qui ont jalonné votre passé familial et sauvegardé sa stabilité, tout en minant ses bases... Là où les racines vivantes font craquer les murs les plus solides en apparence. Là où l'évolution de la pensée et les changements de croyances bousculent les tuteurs mentaux les plus rigides et les plus figés.

Il vous est demandé de clarifier votre position dans ce processus de transmission automatique des codes de référence et des principes raisonnés au sein de cette belle logique familiale. Une logique peut-être devenue implacable, ou programmée pour avoir toujours raison des petits trouble-fête, ou des gros réformateurs !

Pour désensabler ces canaux bien rectilignes mais plutôt statiques, il vous sera nécessaire d'effectuer un travail précis de recherche psychogénéalogique. Logique non ?

Cela, afin de mettre en évidence ces liens coercitifs solides, et ces processus de reproduction inconsciente, qui conditionnent probablement votre progression personnelle. Et limitent votre "respiration spirituelle" d'héritier inconscient de certains de ces mécanismes à la peau si dure ?

Il vous reste donc à vous libérer de ces "rails tout tracés", et oser l'attaque du train familial pour le délester de ses valeurs figées ou de ses options dépassées. Afin de faire de la place pour une dynamique nouvelle et une autre conscience des choses, au regard de ce monde engagé (malgré lui ?) dans une évolution de plus en plus rapide.

Un travail d'analyse et de prise de conscience serait le bienvenu pour vous orienter vers des structures plus souples et moins coercitives. Pour recréer une autre stabilité plus ouverte aux adaptations. Et trouver d'autres pistes d'accès à la connaissance, plus matures et plus tolérantes. C'est du moins une des éventuelles propositions de ce HPP !

Cela, pour vous aventurer au-delà des pièges-à-penser (panser ?) et des enseignements (en-saignements ?) blessants ou stérilisants. Ces "disquettes mentales", formatées pour crânes farcis, ne font que martyriser votre "Maître intérieur' ainsi bâillonné. Votre "Sage intime" est ainsi reconduit à la frontière, loin de ce terrain éducatif familial bien balisé. Ce réfugié de l'esprit ne saurait-il plus où donner de la tête ?

Il vous est juste recommandé de prendre le risque de reconsidérer le "mode d'emploi" périmé qui habite peut-être encore vos placards intérieurs.

Ce mode d'emploi "maison", estampillé comme tel ?

Votre HPP 7 vous invite à oser réenregistrer votre cassette (Cas 7) mentale. Histoire de changer de disque !

Quel personnage significatif dans votre histoire personnelle a joué le rôle du grand "Prof" ou du grand "Prédicateur" ?

Qui a été en position d'éducateur influant ou d'éveilleur de conscience ?

Ou, à l'opposé, qui a miné votre terrain par ses injonctions négatives ? Qui a bloqué vos ouvertures par ses préceptes imposés ? Qui a su vous culpabiliser ou vous conditionner, pour vous obliger à rester... dans le troupeau bêlant d'un "Bon pasteur" zélé ? N'exagérons rien !

Il est possible que vous ayez à vous confronter à l'un ou à l'autre, pour vous en éloigner et vous en libérer. Et penser par vous-même !

Oser enfin accorder de la valeur à votre propre savoir, et ne plus dépendre des orientations ou options de quelqu'un d'autre. Fut-il le meilleur des spécialistes en la matière !

Reprendre possession de vos propres moyens de réflexion et de prise de conscience est une phase essentielle. Elle ne vous oblige pas à renier l'éveilleur positif qui a pu jouer son rôle en chemin. Elle vous invite surtout à accueillir et nourrir en vous ce qui s'est éveillé et a grandi, sous le soleil de vos trouvailles et compréhensions personnelles.

Parfois, c'est clair, il vous sera nécessaire de pardonner à cet "éducastrateur" du passé, si vous voulez vraiment le lâcher et vous en "débarrasser" dans votre tête... Et dans votre vie.

De même, il peut s'avérer très utile, pour vous, de démystifier quelque peu un éventuel "gourou familial", ou "Patriarche piédestalisé", qui aurait pu s'imposer pendant la première partie de votre vie.

L'HPP 7 indique que ce type d'acteur familial, plus ou moins tyran de l'esprit, s'est implanté jusqu'au centre de votre terrain inconscient. Et continue de fonctionner comme une greffe active et centrale.

Du moins tant que vous ne vous préoccupez pas de remettre cet acteur à sa juste place, en lui concédant moins de pouvoir dans votre territoire inconscient. En le renvoyant à ce passé auquel il appartient, vous libérerez le présent de son influence sous-jacente, peu propice à votre éveil intérieur et au développement de votre libre arbitre.

L'HPP 7 décrit ici une famille, en tant que "corps vivant" qui semble fonctionner à l'abri d'un cadre mental bien structuré autour de concepts précis et de lois morales exigeantes.

Une famille au sein de laquelle le mode d'échange est surtout intellectuel. L'expression des émotions est ici peu encouragée.

Une famille qui pousse à faire des études, quitte à passer à côté de soi-même. A être trop docteur dans sa tête, on en oublie souvent d'être le docteur de son âme...

Entraîné par cette dynamique familiale sans concession, vous pouvez être amené à reproduire le modèle dominant, qui se veut "diplômé ou intellectuel". Qui se veut sage, sérieux ou "Maître es-connaissances" !

Au sein, ou face à un tel système familial, vous êtes invité à développer très tôt votre capacité à vous libérer de ces "prêts à penser" familiaux. Afin de vous construire dans le domaine que votre conscience profonde vous suggère. Pour grandir hors du "moule bien carré" qui vous a servi de base de départ ?

A vous de trouver votre valeur, là où la vie l'oriente, là où c'est son chemin d'épanouissement.

Finalement, c'est en vivant, en expérimentant, c'est-à-dire en ne restant pas isolé dans les livres et les concepts abstraits, que vous pourrez trouver votre voie propre.

Parfois même sans tout savoir ! En vous laissant juste guider par ce qui vit au cœur de vous-même... Et qui a besoin de grandir, en dehors des petites cases mentales bien calibrées qu'on vous a préparé. Des "petites boîtes" aux couleurs du groupe familial, qu'on vous a gentiment déposées au milieu de vos héritages principaux... pour que vous appreniez à vous en sortir ?

Les héritages psychologiques principaux de type 8

Ce nombre évoque les héritages d'une puissance passée, financière, immobilière, ou issue d'un statut social élevé. Un pouvoir propre à certains membres de la famille au sein de votre arbre généalogique.

Il semble rappeler certains honneurs... ou déshonneurs du passé. Ces injustices qui poussent les descendants à se mobiliser, réellement ou symboliquement pour surcompenser ou réhabiliter ces dérapages, ces humiliations ou souffrances de ceux qui les ont précédés.

Comment ces héritages sont-ils partagés ? Quelles histoires familiales plus ou moins déformées agrémentent ou alourdissent le "pack-héritage" dont il faut bien un jour s'occuper ?

Quels rapports de force, au sein de la famille ces situations passées ont elles engendrées ? Comment se sont passés les partages de ces "trésors" financiers ou valeurs bâties ? Se sont-ils déroulés au désavantage de certains membres, laissant la trace d'injustices douloureuses dans la mémoire collective familiale ?

Il vous est demandé de clarifier, à votre niveau, ces luttes de pouvoir, ces jalousies ou ces violences cachées. Afin de désamorcer l'amplification psychologique de ces traumatismes passés ou encore présents, au sein de votre famille... et de votre "for(t) intérieur".

Un travail de clarification et de transformation de ces ressentiments ou de ces trahisons est à envisager. Ne serait-ce que pour vous permettre de récupérer une énergie qui risque de se dilapider en luttes intestines, voire même s'investir dans des choix destructeurs ou irresponsables.

Un travail sur la relation à l'argent vous est suggéré. L'argent considéré en tant qu'énergie, en tant que puissance d'action, pour vous permettre de prendre conscience, puis de cheminer au-delà des systèmes de pression et de domination par l'argent qui ont pu apparaître dans votre paysage personnel ou dans votre environnement familial proche. Le "pouvoir de l'argent" et les fausses obligations qu'il entraîne, les fausses fidélités qu'il génère...

Vous êtes invité à aller à la rencontre de votre vraie richesse intérieure. Une richesse qui a pu rester longtemps étouffée au fond de vous-même, dans ces oubliettes de circonstances imposées par vos peurs.

Lorsque les exigences des richesses extérieures maltraitent ou écrasent les richesses intérieures, au fil de rapports plus ou moins masochistes avec soi-même, il devient nécessaire de faire le tri dans sa vie et de s'orienter vers une abondance que seul l'éveil spirituel peut réellement offrir...

Les conquêtes du passé ont probablement laissé leur trace dans les modèles familiaux hérités. Il convient d'effectuer certains réajustements, pour actualiser ces attitudes ou habitudes anciennes, et les adapter à une nouvelle époque, avec des contingences autres et des impératifs différents.

C'est l'occasion pour vous d'effectuer un changement de regard sur votre propre puissance... Et lui permettre de vivre sa vie, sans jugements de valeur et sans culpabilité.

Cela au service de ce qui vous semble juste pour vous-même. Une justesse que personne d'autre n'est habilité à discuter puisqu'elle ne regarde que votre conscience intérieure profonde. Au cœur de la relation que vous entretenez avec votre propre "juge intérieur", ou code de références acquises. Une relation que vous êtes invité à remettre en cause... et à réévaluer en permanence !

En résumé, la question qui se pose ici pour vous est la suivante :

"Comment ces expériences vécues par les générations qui m'ont précédé, concernant le pouvoir, ou l'abus de pouvoir, peuvent-elles maintenant être reconsidérées, puis métamorphosées et réutilisées positivement ? Pour mener à bien mes défis d'aujourd'hui. Et faire honneur à cette force, à cette grâce, qui ne demande, en moi, qu'à être utilisée, mise en route, et remerciée..."

Vous êtes invité ici à guérir certaines souffrances passées et à dépasser les ressentiments ou les vieilles colères d'un autre temps. En mettant tout en œuvre pour arrêter le siège de votre "forteresse intérieure". Un siège qui affame en vous divers élans vitaux, et affaiblit les espoirs de bonheur et de réussite les plus légitimes qui osent germer en votre terre nourricière intérieure.

Par ailleurs, quel personnage significatif dans votre histoire familiale a-t-il été perçu ou dépeint comme un héros ? Cet homme ou cette femme a-t-il été vécu par vous comme un Zorro dynamique et généreux, comme un Superman de légende ou, au contraire, comme un tyran intraitable, comme un intervenant violent et irascible ?

Au sein de votre famille, y a-t-il eu ce conquérant infaillible ou ce bâtisseur de première, ce "Hiérarque" dont l'exemple, une fois passé dans la légende familiale, finit par devenir incontournable... et absolu ? Écrasant ainsi toute velléité de valorisation personnelle, ou de développement de nouvelles stratégies de la part de descendant qui ne sauraient le dépasser ou lui faire de l'ombre posthume...

Il vous reste à "choisir votre camp", et à vous positionner nettement face à ces "hauts faits" passés, réels ou supposés. Afin de vous libérer du poids de ces "héroïsmes" canonisés et saupoudrés de mythes, qui se voudraient toujours à l'épreuve du temps !

L'HPP 8 décrit une famille, en tant que corps vivant qui s'articule sur des exigences sociales, et place la "barre très haut" quand il s'agit d'œuvrer en son nom. Être acteur d'une si "puissante lignée" ne semble pas de tout repos !

Une famille honorable, bardée d'honneurs... ou d'horreurs cachées ?

Une famille exigeante qui offre sa protection à qui souscrit sans broncher à ses “lois immuables”, à sa justice propre.

Une famille qui en impose... Et pas obligatoirement sur la grande fortune ! Avis aux infortunés voyageurs qui traverseraient sans prévenir son territoire ou empiéteraient sur ses privilèges !

Au milieu du grand domaine de cette famille si bien protégée, vous êtes invité à apprendre à jouer d'abord les “Zorro libérateurs et justiciers” pour vous-même. Il vous est suggéré de trouver votre stratégie propre au sein de ce “champ de bataille”, où cherche à dominer la justice du plus fort... Et la loi de l'héritier du trône ?

A vous de vous positionner clairement. Mais en évitant la “bataille frontale”. Cela peut vous sembler difficile ! Mais tout est possible à qui ose se respecter et assumer ses choix profonds. A qui laisse un peu la parole et les rênes au vaillant chevalier, sans peur et sans reproche qui sommeille en lui-même.

Ce beau Chevalier n'attend qu'un petit signal pour partir en croisades.

Et se poser en libérateur de la Jérusalem familiale tant convoitée ?

Les héritages psychologiques principaux de type 9

Ce nombre évoque des héritages de rassembleur ou d'universaliste. Il esquisse une tradition familiale d'aide aux autres. Il laisse supposer une lignée d'humanistes, des habitudes d'ouverture aux autres, et des désirs de rencontre avec diverses cultures, au-delà des frontières géographiques, politiques ou religieuses.

Vous êtes invité à accueillir ces dons d'acceptation d'autrui et de tolérance, ainsi que cette vision globale des choses et des êtres.

Des héritages au creux desquels cohabitent, d'une part, la richesse spirituelle, la maturité profonde et l'ouverture de conscience. Et d'autre part, ces habitudes de négation de soi (Soi-niant), cette propension à “faire l'éponge” et se charger du malheur des autres. Et cette tendance à rêver outre mesure un monde idéalisé ? En oubliant de participer à la création de celui qui renaît chaque jour différent devant sa porte...

Quelle personne significative, au sein de votre histoire personnelle a eu un rôle humanitaire ou social ? Quelle Mère Teresa si dévouée, quel syndicaliste si généreux, quel bénévole au service de tous a pu exister dans les modèles que vous avez côtoyés et mémorisés ?

Le nombre HHP 9 vous met sur la piste de cette introjection dominante qui peut agir en vous, quelquefois d'une manière positive ou aidante, mais bien souvent d'une façon beaucoup moins favorable. C'est-à-dire en vous éloignant de vous-même, et en vous “poussant” vers des choix qui ne sont pas les vôtres. Vers des chemins qui ne correspondraient pas à votre nature profonde, et vous isoleraient des interpellations actuelles que la vie vous offre à loisirs.

A vous de faire le tri dans ces habitudes héritées, dans ces modèles transmis, dans ces mythes et légendes enrobés dans les beaux draps familiaux biens rangés. Pour, ensuite, vous réapproprier, plus consciemment, ces capacités d'engagement dans les groupes, ces dons au service du collectif. Pour amplifier votre générosité de cœur et votre disponibilité humaine.

Et développer une sensibilité qui ne juge pas, ne hiérarchise pas. Cette aptitude à considérer chacun dans sa propre richesse humaine, sans critère de race, de fonction, de religion ou de "classement psychologique"...

Vous autorisez-vous à relier la lumière de vos rêves avec les enjeux concrets de votre présent ? Osez-vous aller jusqu'au bout de vos idées généreuses, en prenant le risque de déplaire et d'être mal perçu au sein des groupes dans lesquels vous évoluez ?

Osez-vous vous engager dans cette quête humaniste qui vous habite et nécessite cette disponibilité aux fluctuations et métamorphoses générées par votre vie. Une vie qui, je suppose, avance sans cesse, et vous invite à bouger au plus profond de vous-même ? Osez-vous garder votre esprit en éveil et apprécier l'instant vécu dans sa totalité, dans sa plénitude ?

Il vous est proposé d'écrire ou ré-écrire, avec les mots de votre conscience renouvelée, votre histoire personnelle et familiale. Et développer cette aptitude à être avec vous-même à temps complet, à habiter votre espace intérieur de créativité et d'intuition, et faire tous ces liens de sens qui donneront consistance à votre vie.

Osez cette capacité à être pleinement disponible à tout ce qui se vit au présent. Osez cette manière d'être interrogeable à chaque seconde de votre cheminement d'évolution... passionnant ? Osez cette façon d'habiter cet espace de réconciliation entre le poids des habitudes héritées et la fraîcheur du présent.

Lorsque votre "Inconscient-guide" trace votre route et vous permet de changer d'attitude, de regard, d'intention, de paradigme... Il vous devient enfin possible de faire avancer les choses sur votre plan individuel, puis ensuite, ou parallèlement, sur le plan collectif.

Histoire de faciliter l'éveil à la conscience universelle. L'éveil à l'aventure planétaire...

L'HHP 9 décrit une famille, en tant que corps vivant, qui donne priorité à l'entraide collective. Une famille qui prône des valeurs sociales, et reste très sensible à l'action humanitaire sous toutes ses formes. Bénévolat, vocation et abstraction de soi font partie de ses habitudes ancestrales...

En tant que "sujet-héritier" percevez-vous les choses ainsi ? Ressentez-vous le besoin d'une remise à neuf de ces habitudes ou programmes familiaux habituels ?

Il vous est demandé de vous positionner face aux incitations à continuer ces rôles d'aide, ces engagements dans le secours aux autres. Pour mieux adapter vos choix et votre action au diapason de votre vraie nature... en évolution permanente !

Vous êtes invité à aller plus loin que la base de votre "clocher" psychologique et spirituel. Afin de découvrir le monde... Et rencontrer plus largement votre monde intérieur et tout ce qui l'habite. Cet espace où tout est possible, et où il n'y a de comptes à rendre à personne, si ce n'est au Dieu intérieur, source de cette liberté et de cette créativité de vie à disposition, chaque matin de votre vie.

Il vous est suggéré, enfin, de désemmêler les fils serrés de ces liens familiaux inconscients qui sont en interférence avec les tissages culturels collectifs et sociaux qui vous entourent

Osez accéder à ces lieux de bonheur si mal entretenus, au sein de votre paysage intérieur. Osez traverser ces peurs qui semblent fermer l'accès aux richesses léguées par vos aïeux. Osez confronter et lâcher ces émotions qui enrobent ces joyaux hérités, encrassés par les souffrances passées et les regrets culpabilisants.

S'offre à vous une belle invitation au "nettoyage" de vos liens sensibles et de vos attachements émotionnels et affectifs. Tous ces systèmes psychiques et énergétiques entrelacés qui sous-tendent la toile des emprisonnements de votre esprit et les parasitages divers de votre conscience en chemin...

Il vous reste à déjouer ces pièges habituels, ces propensions à rester crispé sur ce qui vous fait mal ... Ces habitudes et ces croyances qui continuent à nourrir votre souffrance et votre regard vis-à-vis de vos problèmes, surtout les plus incrustés dans votre territoire intérieur.

A vous de dépasser ces modes de fonctionnement inhibiteurs, ou mortifères, pour ne plus rester ligoté aux idées que vous vous faites des situations de votre vie.

N'oubliez pas de confronter et recycler autrement vos plus puissantes idées limitatives, vos plus "jouissives" prédictions d'échecs, vos plus "adorables" raisonnements défaitistes !

Une façon comme une autre de vous libérer de vos a priori et d'une lecture personnelle des événements, trop génératrice de souffrance, de fuite, ou de trahison du meilleur en vous-même.

Une façon de fréquenter l'immatériel pour mieux confronter votre vie, la nourrir de l'intérieur, et lui offrir l'espace croissant d'une ouverture de conscience active et créatrice.

Et ainsi, aujourd'hui, à partir d'héritages accueillis et triés, favoriser une relation fructueuse à ce "Monde neuf", à portée "de-main"...

Les héritages psychologiques principaux de type 10

Voir en complément HHP 1, car 10 se réduit à 1.

Ce nombre évoque des héritages puissants du côté de la lignée de votre père. Il concernent l'aptitude au commandement. Il parle de la dynamique de celles et ceux qui vont de l'avant en sachant s'entourer, les concepteurs, les novateurs ou précurseurs qui osent se lancer, là où d'autres hésitent ou reculent.

Ces héritages vous offrent des matériaux psychologiques ou concrets, afin de vous permettre de développer votre capacité à renouveler les choses et à repartir dans de nouveaux projets, sans trop vous retourner en arrière, et sans rester accroché aux expériences et aux liens du passé.

Quelle personne significative, au sein de votre famille ou de votre histoire personnelle a pu vous faire passer des messages vous encourageant, ou vous obligeant, à ne jamais rester assis sur vos acquis ? Des incitations à devenir un homme ou une femme debout, toujours prêt(e) pour de nouveaux défis personnels, de nouvelles remises en marche...

Cette personne a pu être outre votre père, un éducateur, un prêtre, un ami plus âgé ou un grand frère.

Le HHP 10 vous met sur la piste du fonctionnement intérieur de votre famille qui semble s'articuler autour d'un chef bien précis, d'une personnalité incontestée... qui peut se retrouver confrontée à certaines contestations, en particulier de la part de filles aînées, ou de filles du style "garçon manqué". Un chef qui n'aime pas trop marcher de façon isolée devant ses troupes, mais cherche à se faire accompagner et à rester entouré dans ses pas en avant et dans ses prises de risques.

A vous de faire le tri dans ces héritages où dominent l'aspect mental et l'action rapide... qui cherche parfois le "passage en force". A vous de développer, par ailleurs des composantes plus souples et plus féminines d'écoute des émotions et de respect du monde sensible qui vit en vous et en chacun. A vous de ne pas vous prendre la tête avec ces exigences passées où la volonté écrase l'intuition, où la fuite en avant remplace le courage de creuser au fond de soi... là où parfois l'ego ne s'y retrouve plus et où la souffrance brouille les pistes de la tête-chercheuse qui veut tout diriger.

Osez retrouver votre vrai centre. Osez vous positionner au sein du groupe familial ou professionnel. Osez ne pas rester uniquement dans la ligne droite, tracée entre deux œillères de conscience. Osez changer la mise et voir plus loin, plus large.

Histoire de ne pas rester pris dans la roue des reproductions automatiques des mêmes tics et des mêmes problématiques... qui semblent souvent avoir un air de famille !

Il vous reste à laisser tourner la vie dans le sens de vos options personnelles les plus profondes, en vous éloignant de certains disques ou scénarios familiaux dépassés. Ecoutez ce qui se dit en votre centre le plus essentiel. Silence on tourne !...

Les héritages psychologiques principaux de type 11/2

Voir en complément HHP 2, car le 2 est très important dans le 11/2.

Ce nombre évoque des héritages passionnants... où la passion joue un rôle central. Passion pour un idéal, passion pour des idées, passion pour la vie, mais surtout passion psycho-affective.

Ces héritages sont garnis de gros stocks émotionnels plus ou moins refoulés, de passions relationnelles plus ou moins digérées, voire de ressentiments entrelacés et mis à l'index...

Vous êtes invité à faire le tri dans ce paquet-cadeau énergétiquement puissant et indirectement survolté. Afin qu'il ne vous emprissonne pas votre vie où ne vous bloque pas dans vos élans... passionnés !

Votre famille essaye-t-elle, par un biais ou un autre, de donner une image, ou de se donner un charisme qu'elle n'a pas toujours réellement ?

Se croire au-dessus de la masse amène à s'illusionner sur soi, à ne pas voir ce qui couve en son sein (à force de se prendre tous pour des saints !). Cela conduit à se retrouver surpris lorsque les choses basculent, ou que les passions se déchaînent !

Au cœur de cette famille, il arrive fréquemment qu'un membre avisé (très souvent une femme) se retrouve mis à l'index, voire "diabolisé" – par réaction émotionnelle – et accusé de tous les maux... de la famille ? Un membre qui aurait osé se mettre à l'écart de ce fusionnel élitiste ou des jeux de pouvoir interne de la famille, souvent articulés autour d'un ancien... jouant les patriarches ?

Aussi, autorisez-vous à être vraiment vous-même dans vos options et passions, même si cela provoque des réactions à retardement, ou des vagues émotionnelles inattendues, autour de vous au sein de votre famille.

Osez trouver la bonne distance vis-à-vis de ce sytème familial si subtilement manipulateur. Osez développer votre propre charisme et harmoniser votre sensibilité à fleur de peau.

Ces héritages contiennent souvent de réelles capacités de guérison. De belles dispositions pour un grand Reiki familial ? Ne sous-estimez pas le pouvoir de vos mains et la force de ce superbe canal intuitif, sous-employé en vous-même.

Laissez ce sang familial qui coule dans vos veines trouver sa dynamique propre. Vous avez de la veine d'hériter du meilleur de tout cela. Alors avancez, avec ou sans l'assentiment de ceux qui vous tiennent par des attachements complexes et entrelacés, touchant vos zones sensibles et vos élans du cœur les plus incontrôlés...

Histoire de mieux nettoyer votre canal personnel et faciliter la circulation libre de vos intuitions, au-delà de ces parasitages émotionnels ou affectifs.

Histoire de vous protéger de certains orages. Un bon petit paratonnerre intégré (parent-tonnerre ?) est bien utile pour éviter la surcharge électrique intérieure (qui conduit parfois à "péter les plombs" ?).

Onze'dépêche ou on ne se dépêche pas ? Comme vous voulez ! Respectez juste les rythmes ou les cycles de prise de conscience individuelle et surtout familiale. Osez la pêche miraculeuse au sein de ces héritages à trier. Osez avoir la pêche au cœur de vos dons personnels exceptionnels, qu'il vous reste à coupler avec le meilleur de ces héritages pimentés...

Les héritages psychologiques principaux de type 12

Voir en complément HHP 3, car 12 se réduit à 3.

Ce nombre évoque des héritages complexes et complémentaires issus de la famille de votre mère et de celle de votre père. Comme si vous aviez à réunir en vous l'essentiel de ces deux lignées, où semblent s'équilibrer les valeurs féminines et les valeurs masculines, le monde émotionnel et le monde du mental.

Vous êtes invité à faire le tri dans ces héritages pour peaufiner cette recherche d'équilibre, et redonner sa vraie force et sa vraie place aux élans maternants et aux désirs féminins.

Quelle personne significative au sein de votre histoire personnelle a pu vous offrir certains modèles d'ouverture à l'autre, d'écoute sensible ou de maternage tout en donnant l'exemple d'un positionnement personnel, de capacités de leadership et de valorisation de soi ? Cette personne a pu être une grand-mère, une tante ou une grande sœur... ou, hors famille, une maîtresse d'école, une éducatrice, voire une partenaire amoureuse plus âgée.

Le nombre HPP 12 évoque aussi les systèmes triangulaires qui se reproduisent d'une génération à l'autre. Ce système est surtout concerné ici dans ses aspects psycho-affectifs. Un couple parental et au milieu un enfant. Un couple et au milieu un amant ou une amante. Voire une relation amicale ou amoureuse entre trois personnes (souvent d'âges différents).

Osez confronter, expérimenter ce système triangulaire. Utilisez ce vécu pour une plus grande prise de conscience de ce qui a pu s'y jouer ou s'y répéter. Tirez profit de ce qui a pu vous convenir et ce qui vous a fait souffrir. Et restez étonné par la vie...

C'est l'occasion d'un gros travail sur la jalousie et la fidélité. Fidélité à soi : à quoi ai-je envie de rester fidèle en moi ? A quel mécanisme familial est-ce que je reste fidèle ? Est-il plus mature de rester fidèle au couple, à ce qui se joue en son sein au présent, que fidèle à l'autre ou fidèle à une promesse du passé (dépassée?) ?

Osez rencontrer et unir en vous vos potentialités sensibles, réceptives et féminines avec vos potentialités actives, mentales, émettrices et masculines. Osez des ponts entre votre cerveau gauche analytique et logique, et votre cerveau droit analogique et intuitif.

Libérez-vous du rôle de l'enfant qui porte ses parents, ou se veut le garant de leur couple (bancal) et de leur bonne entente. Retrouvez cette créativité puissante que vos ancêtres vous ont légué. Osez explorer la face cachée des apparences relationnelles. Osez mettre les pieds dans le plat familial. Osez dire... ce qui est longtemps resté tu !

Histoire de vous occuper de vous, de votre propre image, de votre valorisation personnelle. Cela sans rester englué dans un rôle d'intermédiaire, sans rester prisonnier dans des nœuds relationnels complexes, où se vivent des rôles interchangeables, où règne l'indifférenciation, et où vous risquez de vous perdre... en particulier sur le plan psycho-affectif.

Douze pour ne pas filer en douce ! Douze pour mettre en scène une nouvelle créativité... et oser la résurrection des dons d'expression du passé ?

“Douzement” les basses ! Les bases sont là. A vous d'oser faire des signes à votre enfant intérieur qui n'attend que vous pour donner la pleine mesure de sa spontanéité, et dire adieu à sa toute-puissance infantile révolue.

Signes pour signes : osez votre zoo-diacre inté-rieur ! Osez le triangle divin et levez votre verre de-vin à la santé de tous ces mots à dire, de tous ces “ani-maux” domestiques à redomestiquer, de tous ces chacals du passé à oublier, de tous ces toutous soumis à réhabiliter, de toutes ces chattes sauvages à caresser...

Les héritages psychologiques principaux de type 13

Voir en complément HHP 4, car 13 se réduit à 4.

Ce nombre vous invite à faire le deuil de certains héritages dépassés, de certains deuils mal digérés, de certaines vieilles histoires nouées au sein de votre famille et de son passé.

Les héritages qui sont à votre disposition dans le paquet-cadeau que vous a offert votre famille à votre naissance, parlent de réhabilitation de l'enfant, de recherche de sécurité et d'identité. Ils parlent aussi de belles capacités de construction et de réalisation...

Quelle personne significative de votre histoire personnelle a pu vous servir de modèle, vous aider ou vous diriger, au niveau de cette recherche d'identité et de cette aptitude à faire le deuil de ce qui ne convient plus... pour passer à autre chose ?

Cette personne a pu être un homme très créatif ou sachant s'exprimer (par la parole), ou un(e) ami(e) légèrement plus âgé(e) que vous.

Vous avez à faire le tri dans ces héritages consistants, afin de ne plus reproduire certaines dévalorisations ou “lourdeurs” du passé. Afin de ne pas rester prisonnier d'un cadre défunt, ou d'une obéissance sans fin...

Osez vous engager dans la reconstruction d'une famille nouvelle, où les enfants auront leur vraie place. Osez vous reconstruire au-delà des souffrances d'un autre temps et des obligations périmées.

Histoire de vous rapprocher de qui vous êtes vraiment. Histoire de confronter votre vraie identité et vos vraies bases personnelles, solides et bénéfiques. Histoire de croire en vous, en oubliant toutes ces vieilles croyances du passé dont personne, dans votre famille, n'avait osé faire le deuil !

Ne négligez pas non plus un certain travail sur la relation à votre père. Observez la manière dont il s'est situé (positionné ou non) face à son propre père. Ce n'est pas à vous de construire l'homme qu'il n'a peut-être pas réussi à créer et à imposer... en restant un “homme-enfant” ? Un homme pas toujours psychologiquement aussi responsable que ses proches l'auraient souhaité ?

Remerciez ces héritages treize importants et très prometteurs... à partir du moment où vous ne promettez plus à la famille de reproduire (inconsciemment ?) ses erreurs ou ses horreurs !

Les héritages psychologiques principaux de type 14

Voir en complément HHP 5, car 14 se réduit à 5.

Ce nombre évoque des héritages bien emballés, bien mis en boîte. Ne vous laissez pas remettre en boîte par les peurs et les possibles mécanismes de handicap psychologique ou physique de ceux qui vous ont précédé.

Vous êtes invité à construire du nouveau, et à ne pas vous saboter la progression par des schémas d'évitements, des faux échecs ou des situations perçues (par ceux qui n'ont pas la conscience) comme des situations malchanceuses.

Trouvez votre rythme personnel d'avancement. Ne vous le laissez pas imposer par ceux qui cherchent à prendre le pouvoir sur votre vie. Osez poser de justes sécurités (pas celles qui vous emprisonnent si vite), pour laisser libre votre dynamiseur intérieur, votre chef de cordée... qui voudrait prendre tous les virages à la corde !

Osez déjouer les pièges de vos handicaps illusoires. En réalité, c'est vous qui les sécrétez sur votre chemin... pour tester votre force, ou rester fidèle aux échecs ou handicaps du passé ?

Osez dépasser vos aîeux, osez dépasser votre père, et ne considérez plus que vous lui êtes infidèle en allant plus loin que lui, en vous réalisant plus profondément qu'il ne l'a fait à vos yeux. Ses vieux enjeux ne sont plus vos enjeux. Arrêtez de jouer à ce jeu pervers qui consiste à vous saboter ou à vous faire souffrir, pour vous construire une identité conforme aux schémas (mortifères) familiaux.

“Tempère ce qui n'est plus ton père en toi, et devient compère du meilleur en toi”, me disais-je en devenant père moi-même à 27 ans.

Les héritages psychologiques principaux de type 15

Voir en complément HHP 6, car 15 se réduit à 6.

Ce nombre HPP est assez rare (il découle d'une profusion de lettres A-B-C-D, J-K-L-M ou S-T-U-V).

Si vous avez 15 en HHP, ce nombre vous invite à accueillir les héritages de voyages, de mouvements qui vous sont offerts.

Ces héritages parlent aussi de liberté et d'aventure. Comment vos ancêtres ont-ils utilisé leur liberté ? Avez-vous eu des explorateurs, des chercheurs dans votre famille ? Qui par le passé a vécu ou tenté de vivre hors des sentiers battus ?

Ces héritages parlent de capacités énergétiques fortes. Forte constitution physique, et surtout résistance à l'effort. Y a-t-il eu des sportifs de haut niveau dans vos parents et ancêtres ?

Le 15 évoque aussi la sexualité et la liberté sexuelle. 5 et 6 sont les amants, parfois illégitimes...

Au-delà de toutes ces histoires passées, plus ou moins bien cachées, il vous reste à oser votre liberté d'homme ou de femme sexués, à oser la vie sexuelle qui est la vôtre, à oser le couple qui vous convient réellement. C'est-à-dire peut-être autre chose que ce que parents, frères et sœurs, voire ancêtres voudraient pour vous. Eux qui veulent parfois savoir mieux que vous ce qui est bon pour vous (ou pour eux !). Comme je le propose pour la symbolique du 15 : réanimez vos sources du cœur et osez donner de l'air aux possibles de votre corps... encore et encore, loin de l'esprit de corps familial qui veut régir votre vie !

* * *

Le “noyau central de l’Être”

Au-dedans de toi est la source du bien.
Une source qui peut toujours jaillir,
si tu creuses toujours.

Marc Aurèle

Autour de quoi tournons-nous, à l’intérieur de nous-mêmes ?

Autour de quel centre s’agencent vos élans existentiels ?

A partir de quel espace intérieur privilégié s’animent vos espoirs les plus intimes, vos motivations les plus profondes ? Quel est le fil directeur de vos élans intérieurs ?

Le nombre de votre “Noyau central” peut vous aider à répondre à ces questions, à mieux vous “centrer” sur ce qui donne sens à votre existence et mieux ressentir la présence de votre partie divine.

Ce nombre évoque l’intention essentielle de votre incarnation, ce pourquoi vous êtes venu sur cette terre... Il esquisse d’une certaine manière la force, l’énergie et la puissance que vous êtes venu manifester ici-bas. Ce désir d’accomplissement de votre œuvre de vie. Votre vraie importance ici-bas. Il correspond probablement à cet appel profond auquel votre âme a répondu quelques mois avant votre conception.

Cette “in-tention” vous apporte une dynamique, une tension vers le divin en vous-même. Une tension non crispée, non rigide. Elle vous offre l’opportunité de ciseler dans un élan chaleureux, tout en souplesse, la facette manquante du diamant que votre âme aspire à devenir.

Cette intention sous-tend une mise en mouvement. Elle vous invite à bouger, à vous remettre en question, à reconsidérer sans cesse les choses de votre vie. Ce “Noyau” n’est pas un cercle figé et limité. Il palpite, rayonne... et parfois éclate de rire ! Il est proche du soleil de votre “clairière intérieure”, tout au fond de vous-même.

Ce noyau vous l'utilisez plus ou moins, suivant la conscience que vous avez de vous-même et votre manière d'effectuer vos choix de vie.

- 1 ère hypothèse : Vous le rencontrez, vous l'arrosez, vous le laissez prospérer au rythme de ses pulsations subtiles.
- 2e hypothèse : Peut-être le laissez-vous sécher, sans eau, sans nourriture énergétique ou spirituelle. Vous le laissez se durcir et se momifier...

Et vous cherchez ensuite à le peindre aux couleurs de la vie, à coup de maquillage mental ou de discours logique non connecté au cœur : Toutes ces choses que l'ego raffole de faire, pour vous éloigner de votre centre, vous tromper sur vous-même...

Ce nombre NCE vous invite donc à ne pas passer à côté de cette direction intérieure la plus lumineuse de votre être en évolution.

Votre Noyau central c'est le lieu de votre puissance d'action, de votre puissance d'amour, de votre puissance de vie. Et c'est cette puissance qui va vous amener à concrétiser vos élans intimes, vos rêves les plus beaux.

Une puissance spirituelle à votre libre-disposition pour vous aider à être en pleine confiance avec vous-même, en pleine conscience de votre profonde nature divine.

C'est une évocation de votre "Dieu intérieur"... Une esquisse de ce que certains appellent le "Soleil intérieur" ou "Soleil central" de votre galaxie intime, déjà esquissé dans la présentation que j'ai fait du zéro (voir symbolique des nombres de 0 à 9).

Votre NCE vous propose d'entrer en contact, en toute vérité, avec ce cœur de nous-mêmes, sensible et chaud. Il vous oriente vers cet incontournable en vos profondeurs. Cette partie intime sans laquelle vous ne seriez rien. Cet espace en vous qui vous interpelle chaque jour dans ce qu'il y a de plus essentiel, de plus fondamental et de plus riche en vous, dans votre "territoire central" de nature illimitée.

D'une certaine manière, ce Noyau central vous invite à plonger au creux de vos abîmes psychologiques et spirituels. Là où vit (survit ?) ce que la vie a de plus beau à vous offrir. Là où mûrissent les cadeaux que l'univers met à la disposition de votre conscience en évolution. En résonance avec ce champ subtil, cette dynamique intérieure, au taux vibratoire si élevé... Main dans la main avec cette partie de vous la plus proche de vos origines célestes...

Ainsi, il vous est proposé de considérer votre NCE comme le *fil directeur primordial* de votre démarche d'évolution la plus essentielle. C'est l'élément essentiel qui sous-tend votre choix d'assumer les expériences de votre vie, votre désir d'oser positionner vos options primordiales et vos ressentis les plus inaliénables.

Votre Noyau central vous évoque ce que vous êtes en train de devenir... Et que vous êtes depuis toujours ! C'est-à-dire des êtres de nature divine, des êtres de lumière, des êtres parfaits au fond d'eux-mêmes. Mais, des êtres tellement emballés de protections rétrécissantes, garrottés de peurs et chargés de lourdeurs. Des êtres qui se retrouvent, au quotidien, souvent si loin d'eux-mêmes. Si loin de leurs possibilités ultimes...

En résumé : Vous pouvez percevoir votre NCE comme directement lié à la partie divine en vous-même, celle qui vous parle quand vous voulez bien être à son écoute. Celle que vous avez à rencontrer dans votre incarnation (si vous le voulez bien!), pour bénéficier des énergies si belles dont elle est porteuse.

Cette partie divine vous a incité à vous incarner, en vous insufflant ses qualités propres : ce qui, en quelque sorte, vous donne "capacité à", et vous ouvre tant de possibles...

Ce fil directeur est à votre disposition pour donner un sens à vos idéaux les plus intenses et à vos rêves les plus chers.

Un sens libre à votre souplesse spirituelle retrouvée.

Un sens clair à votre éveil savouré.

Un sens animé au pétillement de votre vie !

Ce nombre NCE est donc à considérer avec une très grande attention, avec une belle sensibilité mobile, et avec une intuition renouvelée.

Ses messages vous offrent la possibilité de connections intérieures régénératrices, et des surprises de confiance libératrice, sur les différents plans de votre être. Depuis vos ancrages les plus basiques, les plus "enterrés", jusqu'aux zones les plus élevées (ou souvent mal élevées comme des enfants terribles !) de vos envols ou atterrissages spirituels...

Ses propositions vont du centre dense de votre "Terre-Mère" intime, jusqu'aux couches les plus subtiles et les plus légères de votre firmament "inté-rieur", au cœur de votre monde créatif et rieur... aux étoiles infinies.

D'une manière plus pragmatique, je dirais, enfin, que le NCE vous invite gentiment à ne pas oublier de respecter vos besoins fondamentaux. Des besoins à écouter, à chérir, à satisfaire, pour le plus grand bien de la santé de votre âme.

C'est un hommage spontané au cadeau divin qu'est la vie. Une vie qui regorge d'amour et d'énergie libre... qu'il reste à laisser circuler.

Une vie qui n'attend plus que vous !

Calcul du Noyau central de l'Être (ou N.C.E.)

Le NCE correspond au **total des 4 derniers habitants** de L'Inclusion de base.

Soit pour l'exemple de Marie :

Son Inclusion de base est :

1	2	3	4	5	6	7	8	9
3	0	3	1	5	0	0	0	4

La somme de ses 4 derniers habitants est : 0 + 0 + 0 + 4 = 4.

Son NCE a donc pour valeur 4.

Pistes d'interprétation dans l'exemple de Marie avec son NCE 4

Ce 4 "direct", obtenu sans réduction, est fortement dynamisé par les trois zéros qui l'accompagnent. Ces zéros invitent Marie à vivre les interpellations du 4 de la façon la plus totale, la plus intense, la plus incontournable.

Rappelons que le 4 concerne le travail de positionnement au sein de la famille, le travail de construction professionnelle, d'investissement d'un lieu de vie personnel. Il évoque aussi le travail sur le corps, ou la recherche d'une relation plus consciente et plus équilibrée à ce qui se joue concrètement en soi (santé, bien-être, plaisir, créativité, etc.)

Ces trois zéros sont autant de projecteurs à la libre disposition de Marie pour éclairer son chemin, pour l'aider à éveiller ce qui se vit au centre de son monde intime, au creux de sa terre la plus profonde, la plus protégée (entourée de murs ?), et la plus vulnérable (ou souffrante).

Son NCE 4 l'invite à considérer la manière dont ses motivations essentielles ont besoin de carburant, de bases concrètes bien balisées, et d'espaces intimes clairement délimités.

Il lui est demandé de ne pas négliger son besoin de protection, et tout ce qui peut favoriser sa stabilité personnelle. Tout ce qui peut nourrir efficacement sa "force tranquille". Tout ce qui est susceptible d'approvisionner ses" bases arrières", et financer ses projets les plus centraux.

Le 4 est le nombre d'incarnation par excellence. Il précise à Marie qu'elle est là pour construire, pour rencontrer vraiment la matière. Pour se confronter aux exigences de l'organisation, de la structuration au quotidien.

L'intention centrale ici pourrait se résumer ainsi : Il lui est nécessaire de s'incarner au maximum et ne pas rester dans les hautes altitudes. Il est primordial pour elle de s'occuper à bien "poser ses pieds sur terre", et ne pas agiter ses "petites ailes" à tout bout de champ !

Ni ange ni bête : la meilleure façon de ne pas tourner en rond, est pour elle, d'apprendre à se poser, à sa juste place. Bien dans l'axe de ses ancrages les plus puissants et les plus nourriciers.

Son NCE 4 lui offre une piste essentielle qui passe aussi par l'univers familial, et traverse tous ses engagements professionnels les plus alimentaires, tous ses investissements en apparence les plus basiques.

Un fil directeur qui passe par la grotte, secrète et sombre, de son refuge intime, de son antre personnel, dont les ressources sont liées à des outils stables et solides.

Les propositions de son NCE l'invitent à s'occuper plus particulièrement de tous les éléments qui sont à sa portée, au sein de son cadre de vie. Afin de faire ce qu'il faut pour se sentir bien dans le lieu où elle évolue. En accord avec ses vibrations, ses harmoniques telluriques, et ses nécessités les plus concrètes. Pour accueillir ce paysage enchanteur où elle choisira de vivre... Sans se raconter des histoires, et déchanter au premier avis de tempête, ou au premier ciel grisailleux (Aïe ! mes gris-aïeux ?).

Il est possible que sommeille en elle un "Enchanteur Merlin", aimant officier au plus profond de sa forêt mystérieuse. Un Enchanteur aimant pratiquer son artisanat magique et ritualiser de belles œuvres, riches de leur simplicité et de leur essentialité.

Avec ce NCE 4, il est demandé à Marie de rester sensible à ses propres rythmes, et de respecter le tempo intérieur qui structure sa symphonie au quotidien. En un mot, d'apprendre à s'écouter sans brutaliser ses cycles intimes, sans maltraiter ses alternances nécessaires : travail puis repos, phases d'actions puis phases de lâcher-prise, ouverture à l'extérieur puis ouverture à l'intérieur, etc.

Le 4 est le nombre de l'Abondance. A Marie d'accueillir, de rencontrer, de toucher, cette "Clé d'Abondance" qui sommeille en son centre.

A elle d'oser favoriser, d'oser profiter de cette terre ultra-fertile qui est capable de porter et d'offrir les merveilleux fruits d'un jardin d'été intérieur retrouvé. Là où les vagues bleues énergétisées rencontrent ses plages roses et sauvages. En frontière de son parcours intime, de son champ de course stabilisant, de son chemin de construction personnel.

Un 4, pour Marie, qui "marie" la sérénité du Maître du Temple, avec le savoir-faire du constructeur de cathédrales. Son "Dieu intérieur" ne serait-il pas un "Dieu protecteur", un Dieu pragmatique ? Un Dieu qui s'exprime au cœur de son monde le plus terrestre, au centre le plus vital du corps, au fond de l'action la plus simple et la plus ordinaire ?

Il est proposé à Marie de rencontrer le divin dans la matière la plus brute, dans le concret le plus négligeable, dans la réalité la plus “bassement matérielle”... comme pour faire de cette matière, ou des choses concrètes, un temple pour le divin. Ou tout simplement rencontrer Dieu dans son corps, dans la sculpture et l'entretien de son véhicule physique. Il y a ici une invitation à une prière qui prend sa source au cœur du corps.

Elle peut ainsi rencontrer Dieu en s'occupant du corps et de la structure corporelle des autres. Faire un soin, un massage, peut l'amener à rencontrer Dieu. Cela peut devenir pour elle un acte spirituel. C'est une forme de sacralisation du matériel, du corps. C'est un rituel de passage à d'autres réalités de conscience, connectées au ressenti profond. C'est vrai, cela n'est pas remboursé par la sécu, ni payé en heures supplémentaires à l'infirmière de service. (A quand le service médical spirituel ?)

Son NCE 4 offre aussi des pistes pour ritualiser l'espace et le temps. Retrouver le sacré au quotidien.

Son besoin d'espace est-il un peu réprimé ? Son espace psychologique est-il respecté dans sa vie ? Ce besoin d'être tranquille sans interférence avec l'autre, avec d'autres...

Son espace matériel est-il adapté ? Arrive-t-elle à avoir et à faire respecter son périmètre personnel, son territoire à elle ?

C'est, bien sûr à elle de répondre à tout cela, si elle en a envie !

Au niveau de son organisation matérielle, son NCE 4 l'invite à mieux se respecter, et à se libérer de ce qui lui sabote la vie. A s'éloigner de ce qui la coince, ou la met en “porte à faux” avec sa construction personnelle... Et génère ce qu'elle croit être ses défauts !

En fait, les besoins fondamentaux qu'elle peut avoir à respecter sont les besoins les plus vitaux, les plus terre à terre, qu'elle puisse imaginer. Et tous ces détails matériels qui ont si grande importance ! Non respectés, ils se mettront en travers de sa route, ou se comporteront comme autant de peaux de bananes glissantes... qui, si elle n'a pas de pot, la mettront hors-jeu ?

Si elle veut “tenir la route”, elle a donc intérêt à travailler sur sa relation au matériel, à améliorer sa gestion du temps (et l'entretien de sa voiture !). Et s'occuper des sécurités de base qu'elle peut oublier d'emmener avec elle... Avec ses poches percées ?

Si ces besoins ne sont pas respectés, ils vont se manifester d'une manière ou d'une autre dans ce qui se passe matériellement. Des problèmes matériels montrent alors leur nez. Il y a ce qui se casse ! Ce qui tombe en panne ou ne marche plus. Ce qui est égaré, perdu, oublié...

A elle de trouver sa place juste au sein de ses cadres de vie : Famille, Travail, Habitat, Corps. Des cadres de vie à relier. Des cadres dont elle est invitée à saisir les justes contingences, et les enseignements divins les plus essentiels... et les plus quotidiens.

Que fait-elle de son besoin d'être intégrée à une famille, et y jouer un rôle épanouissant ? Comment se connecte-t-elle à ses racines ? Sans chercher à n'importe quel prix à se retrouver dans des "substituts de famille", pas toujours très adaptés à sa nature, où elle risque de se débattre de façon stérile et peu satisfaisante. Elle est invitée à retrouver son centre, sans courir après les illusions que le vent du large disperse à loisir...

Un 4, enfin, pour qu'elle n'ait plus peur de manquer... et de se manquer lors des épreuves que la vie lui offre si généreusement.

Un 4 pour lui apprendre à dire merci à tous ces clins d'œil "bassement matériels" et si hautement initiatiques !

Un 4 pour oser dire oui à la Terre-mère, là où elle peut poser tranquillement ses pas. Histoire d'être à l'aise dans ses baskets ! Histoire de savoir où elle met les pieds.

A elle de tenter un enracinement au-delà de la pointure de sa mère. A elle d'oser rencontrer un espace intérieur où c'est le pied de vivre à l'ombre du chêne familial... bien au-delà des chaînes emprisonnantes des vieilles "é-corces" du passé ! Histoire encore d'éviter de se mettre un noyau, trop vite avalé, en travers de la gorge. Ou d'avoir à engloutir trop goulûment certains raisins de la colère...

Noyau central de l'être 1

Votre intention essentielle d'incarnation est d'être auteur, de chercher à être au maximum auteur de votre vie... être à la hauteur des défis de votre existence. Tous ces défis dont les scénarios se nourrissent au cœur de vous-même, au soleil de votre clairière intérieure.

Votre option fondamentale de vie, ce pourquoi vous êtes venu sur terre pourrait se préciser ainsi :

- "Je suis là pour faire la trace, pour marcher en première ligne et innover. Être en position de leader, décider comme un chef dynamique."
- "J'ai capacité à être très autonome, et j'ai capacité à mettre les choses en marche, le plus rapidement possible."
- "J'ai besoin d'être un précurseur ou un initiateur."
- "Je désire mettre en place des alignements qui indiquent une certaine direction... et donnent un sens aux efforts entrepris pour mieux avancer en conscience..."

Un bel élan à l'allumage, non pas de réverbères, mais de tous les moteurs nécessaires pour tracer sa route vite et loin ! Au plus plus près du meilleur en vous-même, au plus près du "numéro 1" intérieur ?

Le fil directeur de ce NCE 1 vous invite à développer cette capacité de centrage et de positionnement qui sommeille en votre centre, et ne demande qu'à s'épanouir au grand jour.

Ressentez-vous le besoin d'être au sommet, en haut du podium où dans la position la plus élevée ? Là où on se retrouve seul en haut de la Pyramide ? Ce besoin de laisser des traces nouvelles dans un espace encore vierge...

Le NCE 1 évoque des motivations profondes qui vous poussent à vous propulser loin devant (en avant-garde). En prenant le risque de ne pas être suivi dans l'immédiat et à vous engager seul dans "l'in-connu", seul à la barre, en prenant sans hésitations la direction du sommet... Et la direction des opérations.

Votre désir semble d'aller à l'essentiel, c'est-à-dire vous orienter en ligne droite vers l'excellence. Sans avoir besoin de vous excuser du peu ?

Une démarche décidée qui amène au-delà des sens uniques balisés... Ces sens qui sont généralement placés là par le Père. A titre de repères ?

Comment prendre la responsabilité de vos élans nouveaux et de vos balles traçantes sans vous croire le nombril du monde, sans vous imaginer que ce beau monde ne tournera plus sans vous ?

Comment vous prendre pour une flèche et ne pas être la cible enviée ou critiquée par ceux qui ne peuvent ni vous comprendre, ni vous suivre ? Comment être à l'écoute de votre centre sans vous enfermer dans le poste de pilotage de votre performante fusée interplanétaire ?

Votre NCE 1 vous invite à rester surtout fidèle à vos choix intérieurs, et à vous placer à la pointe de vous-même. A l'image du tireur Zen qui plante du premier coup sa flèche au centre, sans même regarder la cible...

Cela sans l'ombre d'un doute. Sans omettre les pistes de l'indicible qui réunit le Maître et le Disciple.

Juste vous placer au noyau de la pêche miraculeuse qui rayonne à portée de votre esprit, à portée de vos espoirs les plus forts, à portée de cette conscience libre et indépendante qui se trace son chemin en vous-même.

Vous êtes invité à faire un travail sur votre ego, histoire de le remettre à sa place car il croit qu'il y en a qui sont plus égaux que d'autres. Il ne veut pas être mêlé à la masse. Il préfère garder la tête haute au-dessus des eaux (et de tous ces "zeau-rro" intérieurs)... Il lui reste peut-être à apprendre à se tenir, et éventuellement à nager !

Un travail en relation à l'autorité paraît aussi indispensable. Il concerne votre manière de vous exprimer – ou d'imposer – votre propre autorité aux autres. Et la manière de vous situer face aux désirs des autres... qui n'ont qu'à se tenir ?

Votre Noyau central esquisse aussi votre "Dieu intérieur". On l'imagine vif comme un éclair de Zeus... Un Dieu "Râ-pide" et rusé ?

Un Dieu à rencontrer pleinement dans ses énergies pointues et ses messages on ne peut plus directs.

Osez donc lui prêter attention et offrez-lui la possibilité d'être un acteur à part entière dans sa mission spéciale et fulgurante. Sans peur et sans reproche ?

Noyau central de l'être 2

Votre intention essentielle est d'être sensible aux autres, de les écouter, de les conseiller. Votre option fondamentale pourrait se formuler ainsi :

– "J'ai besoin d'échanges intimes et souples."
– "J'ai besoin de relier les êtres et les choses, d'arrondir les angles et de capter les résonances subtiles en moi et autour de moi."
– "J'ai besoin de romantisme... Comme pour rêver ma vie en douceur... et en profondeur."
– " Je cherche à transcender la dualité, réunir les extrêmes, permettre aux opposés de s'accueillir... et de s'aimer."

Le fil directeur de votre NCE 2 vous invite à amplifier cette disponibilité à l'autre et ce sens inné de la relation d'aide.

En effet, votre NCE 2 vous invite à l'accompagnement, à l'empathie, à l'écoute thérapeutique. Votre vraie importance ici-bas ne serait-elle pas liée à ces capacités permettant à l'autre de se révéler à lui-même, à écouter les messages du divin en lui-même et ouvrir ses bras maternant à tous ce qui se vit en lui, parfois dans la souffrance et les reproductions traumatiques.

C'est-à-dire l'aider à dialoguer avec son âme riche, son âme fluide, son âme amoureuse...

Osez vous engager aussi dans des rôles de facilitateur au niveau du nettoyage émotionnel et du défrichage intérieur des affects.

A noter : Est-ce à dire que les personnes, comme vous, interpellées par ce NCE 2 ont à jouer un rôle important dans le passage aux années 2000.

(Surtout en 2002. Alliance du 20 en miroir avec le 20... Grande thérapie mondiale du miroir ?)

Par ailleurs vous semblez pouvoir faciliter l'orientation vers la "féminitude", vers l'ouverture du féminin en soi, l'accueil de sa partie sensible et intuitive, le développement du cerveau droit créatif et imaginatif ?

Vous êtes interpellé au niveau de votre besoin central de rencontrer et de respecter cette force féminine intérieure, présente en chacun. Cette force maternante discrète et fine. Cette bienveillance patiente. Ces élans délicats et attendrissants.

Et cette belle capacité à capter les messages de l'âme, déceler dons et richesses de l'autre afin de l'aider à les rencontrer vraiment.

Un besoin de rester dans les demi-teintes au cœur d'un régime sensible et affectueux.

Votre NCE 2 évoque des motivations profondes qui cherchent à donner priorité aux partenariats souples et féconds. Votre monde intérieur semble prêt à accueillir de nombreuses confidences, même celles qui sont à peine murmurées.

Votre Noyau central ressemble à une mer tranquille par beau temps, mais qui peut très vite devenir agitée dès que le vent se lève. D'où l'intérêt, pour vous, d'apprendre à surfer sur vos vagues intérieures et naviguer avec lucidité et sagesse. Les ondées passagères sont là pour purifier votre ciel intérieur et vous permettre de mieux vous aligner sur la longueur d'onde juste de l'oscillateur intime qui pulse au gré des battements de votre cœur attendrissant et doux.

Ce NCE 2 vous invite à plonger au centre de vos profondeurs, avec ou sans oxygène, pour y découvrir, dans l'ombre, des lumières inconnues et des sources de confiance précieuses et belles.

Ce "Dieu intérieur" à double face ressemble à un être lunaire et doux. Il vibre au rythme des cycles et des marées de vos composantes féminines et sensibles.

Ce "Dieu intérieur" se moule dans les courbes mobiles et tendres des ambiances diffuses des élans de votre cœur romantique. Il se faufile dans les enroulements protecteurs d'un ressenti intuitif, particulièrement fiable et fidèle.

Un Dieu des eaux et des larmes de joie ? Un Dieu des roseaux qui plient et ne rompent pas. Un Dieu des mères intérieures et des bercements apaisants et bleutés...

Noyau central de l'être 3

Votre intention essentielle est de développer votre créativité et l'expression du meilleur de vous-même. Cela de manière originale et animée.

Votre option fondamentale pourrait se formuler ainsi :

– "J'ai besoin de briller, d'être vu, d'être reconnu par les autres."
– "J'ai besoin de dire, par les mots, par la musique, par le graphisme."
– "J'ai besoin d'humour, de spontanéité."
– "J'ai besoin de laisser jouer et chanter mon enfant intérieur."...

Le fil directeur de votre NCE 3 vous propose d'améliorer votre communication interpersonnelle et la qualité de vos relations humaines. En effet, ses messages vous invitent à mieux vous faire entendre. A mieux vous entendre avec les autres et avec vous-même. A mieux écouter cette petite voix chaleureuse et claire qui se cache, en vous, derrière tant de bruit intérieur.

Vous semblez avoir besoin d'être avec les autres, sans être à l'étroit dans des convenances figées ou des dialogues standardisés. Tout vous est prétexte à poésie, à mise en rythme, à mise en musique. Depuis la musique des mots, en passant par la musique légère, jusqu'à la musique planante des hautes sphères, qui invite à rire aux étoiles et aux toiles multicolores de la vie.

Votre NCE 3 évoque des motivations profondes qui vous poussent à créer de l'animation autour de vous et à choisir les scénarios les plus enjoués, les plus légers, les plus colorés.

Il vous évoque aussi ce fameux système triangulaire, dans lequel vous vous retrouvez souvent. Seriez-vous plus à l'aise dans des relations où interviennent deux autres personnes. Où une personne, un animal ou une activité prenaient plaisir à se mettre entre deux interlocuteurs, deux partenaires ?

Cette partie centrale de vous-même vous dit-elle lorsque vous vous admirez devant le miroir : "Regarde mes belles ailes de papillon. Suis-je un être volatil, si léger qu'il est difficile de me suivre d'une fleur à l'autre, d'un look à l'autre, d'un tango à l'autre..."

Difficile à suivre aussi dans ses envolées aux si belles phrases ou dans ses paroles de séducteur !

Au-delà du tango, du tangage, du langage... et du commérage, ce NCE sans âge défie le temps, et toutes ses saisons ressemblent au printemps. Sa tête est pleine de fleurs, son cœur chante à tue-tête et son corps, aux lignes souvent juvéniles, dessine des arabesques dans sa danse pour les yeux de l'esprit.

Votre NCE 3 vous invite à avoir de l'esprit et à savoir jongler avec la vie. Pour vous faufiler plus aisément au-delà des apparences trompeuses et des tromperies transparentes. Au-delà des parfums légers et des mots d'enfants...

Votre NCE 3 dessine finalement un monde essentiel qui cherche à se dire, à séduire et à sourire, par tous les temps. Au centre de vous-même semble résider un enfant "inté-rieur" enjoué qui connaît la musique...

Un tempérament gourmand dont l'humour ne faiblit pas entre la poire et le dessert !

Votre "Dieu intérieur" ressemble à un Soleil lumineux et généreux. Gare aux coups de soleil chez les observateurs non avertis !

Votre "Dieu intérieur" brille de mille feux. Le tout n'étant pas toujours à l'image d'un conte des Mille et Une Nuits.

Près de lui on déteste l'ennui. On fuit la morosité. On voit la vie en rose. Et on s'offre de la déguster à tous les parfums, même les plus exotiques.

Votre Dieu intérieur est loin d'être à l'étroit au sein de vos espaces aérés et modulables, au cœur de vos élans "centrifuges". Se révèle en vous-même un être tellement craquant lorsqu'il arrête d'en faire trop !

Noyau central de l'être 4

Votre intention essentielle est de structurer concrètement, de construire solidement et de vous réaliser matériellement.

Votre option fondamentale pourrait se préciser ainsi :

- "J'ai besoin d'organiser ma vie autour d'une certaine sécurité matérielle."
- "J'ai besoin d'avoir un espace à moi et de le délimiter clairement."
- "J'ai besoin de trouver ma place dans mon cadre familial et au sein de la structure généalogique."
- "J'ai besoin de me construire et de m'épanouir dans mon travail."

Le fil directeur de ce NCE 4 vous invite à perfectionner votre organisation pratique au quotidien, la gestion de votre temps et de votre argent. Pour faciliter la régularité et l'efficacité de vos œuvres personnelles, puissantes et durables.

Ce NCE évoque votre besoin de vous référer à des cadres bien définis. Un besoin de bâtir à partir de fondations solides. Celles qui souvent datent d'un lointain passé. Celles qui rassurent et donnent force au travail personnel. Celles qui donnent du cœur au ventre lorsque les mains ont envie de faiblir... Celles qui unissent bonne volonté et persévérance, dans un élan divin d'amour du travail bien fait ?

Votre NCE 4 parle de ces motivations profondes qui vous amènent à vous orienter vers des chemins déjà balisés, vers des ponts aux pierres solides et des digues bien renforcées. A partir de traditions triées sur le volet, au-delà des élans terre à terre, limités par le poids de certaines charges héritées, de certaines consignes familiales emprisonnantes.

Vous êtes invité à développer l'art de vous mettre en quatre sans tout porter sur vos larges épaules. Comme pour pouvoir vous étirer l'esprit hors du périmètre sacré des normes imposées. Et ne pas vous laisser mettre en boîte par vos propres emballages protecteurs et vos sécurités d'un autre temps ?

Votre Noyau central bien posé, bien pesé, semble riche dans sa densité profonde et sa force tranquille. Il ressemble à un arbre au tronc solide et aux branches généreuses.

Dans votre travail sur vous-même, vous êtes invité à respecter le "sens du bois". A respecter les consignes d'entretien de votre environnement intérieur. A respecter les contingences matérielles, et les balisages bien sages, à partir desquels vous pourrez toucher le ciel de votre voûte céleste intérieure, au cœur de votre temple essentiel, de votre *sanctum* central...

Votre NCE vous offre sa force pour vous exercer au contrôle de votre vie. Pour travailler à discipliner l'insondable qui vous habite.

Pour aider votre terre si riche à porter de beaux fruits et ruisseler d'abondance. Afin de nourrir enfin votre vie avec l'élixir régénérateur de votre conscience si consciencieuse, et apprendre à mourir à certains modèles de votre passé... dépassés ?

Votre "Dieu intérieur" est assez bien assis, mais souvent mal logé. Il ressemble à un Maître-artisan, productif et perfectionniste. Il paraît nécessaire que vous puissiez lui offrir la possibilité de se servir d'outils de qualité pour réaliser des œuvres superbes. Ses instruments craignent la rouille, il est nécessaire d'effectuer régulièrement leur nettoyage. Une surveillance s'impose. Classement, restructuration et réalignement périodiques offriront meilleures réussites et superbes réalisations.

Votre "Dieu intérieur" est à rencontrer au sein du travail sur la matière. Dans ce qu'elle a de plus spirituel et de plus divin...

L'intention essentielle esquissée par votre NCE 4 n'est-elle pas de vous incarner pour spiritualiser la matière, l'illuminer, lui offrir son ciel ? C'est-à-dire faire chanter la pierre des cathédrales, faire danser le vent dans les voiles, faire sourire le jardin terrestre de ses mille fleurs, à la gloire du créateur... qui vit au fond de vous, au fond de votre monde intérieur.

Noyau central de l'être 5

Votre intention essentielle est de vivre sur un chemin de liberté et d'expérimenter la vie hors des sentiers battus.

Votre option fondamentale pourrait se résumer ainsi :

- "J'ai besoin d'air !"
- "J'ai besoin d'aventure !"
- "J'ai besoin de faire des recherches multiples et comprendre le pourquoi de ce que je vis."

– “J’ai besoin de me mettre perpétuellement en mouvement, et sentir que les choses bougent.”

– ”J’ai besoin de prendre chaque fois de nouveaux risques et d’explorer l’inconnu.”

Le fil directeur de ce NCE 5 vous suggère d’améliorer la circulation énergétique dans votre propre corps, et développer des techniques de rééquilibrage énergétique, pour ensuite les proposer aux autres.

Une invitation à reconsidérer votre propre sexualité, et vous orienter vers des voies initiatiques comme l’approche taoïste ou la pratique tantrique.

Ce NCE 5 évoque des motivations qui vous poussent à oser changer. C’est-à-dire à oser vous libérer des principes ou croyances qui vous détournent de votre vraie nature.

Osez aller dans le sens du courant énergétique qui vous parcourt, plutôt que de dépenser votre force à lutter contre lui. Orientez votre énergie vers votre centre au lieu de trop bouger en éparpillant aux quatre vents ces élans qui vous habitent.

Osez prendre le risque de vivre avec qui vous êtes réellement, et qui s’avère souvent bien différent de ce que les autres ou le système normalisateur, familial ou culturel, voudraient que vous soyez.

Votre NCE 5 vous invite à libérer et faire resurgir le meilleur de vous-même. Au risque de déranger et de déplaire alentour... Au risque de devoir abandonner certains vieux rôles périmés !

Une invitation à mettre en mouvement sans brasser que de l’air!

Mettre en mouvement sans vous mentir à vous-même. Mettre en mouvement et assumer pleinement les turbulences de votre sillage, ou les vagues générées par la dynamique de vos énergies les plus sauvages.

Votre “Dieu intérieur” ne semble jamais là où vous pensez le trouver. Son message ressemble à un nouveau scénario de la grande évasion et ses éclairages sont multiples. Il adore le clignotant : un coup à droite, un coup à gauche... pour foncer finalement vers le centre de vous-même. Et y découvrir l’inattendu, la surprise du chef et le vent du large. En long, en large, et en travers ?

Vous êtes invité à rencontrer votre “Dieu intérieur” au passage d’allers-retours, sans réduction spéciale, entre l’intérieur et l’extérieur de vous-même, entre l’avant et l’arrière de votre avion voltigeur... Digne d’une émission Surprise, surprise ! Un “Dieu intérieur” à recevoir 5 sur 5 ?

Noyau central de l'être 6

Votre intention essentielle est d'amener de l'amour, de sentir l'amour, de vivre l'amour ! Et de développer paix et harmonie au cœur de l'humain.

Votre option fondamentale pourrait se broder ainsi :

– "Je suis amour, offrez-moi la paix. Je suis la paix, donnez-moi l'amour."
– "J'aime l'amour. J'aime la chaleur de l'amour. J'aime être sensuellement amoureux. J'aime la douceur du cœur et les saveurs du corps."
– "J'aime faire confiance à la vie."
– "J'aime vivre en me laissant porter par le courant de l'existence."

Le fil directeur de ce NCE 6 vous invite à lâcher-prise dans votre tête, confier un peu plus les commandes à votre cœur, et valoriser les messages de votre corps. Ici c'est l'amour et non la raison, qui prime. "Le cœur a d'ailleurs ses raisons que la raison ne connaît point".

Ainsi, point de programmes mentaux préétablis : votre démarche profonde se situe au niveau de la qualité d'être, de la qualité de cœur, de la qualité de vie...

Ce NCE 6 évoque votre besoin d'un retour à la nature, d'un retour à votre vraie nature pleine d'amour inconditionnel, et d'équilibre épanouissant. Besoin de savourer les plaisirs de l'existence pour vous ouvrir aux messages de votre esprit.

Besoin de contact intime avec l'autre pour contacter l'indicible en vous-même. Toucher le corps et être touché dans votre cœur pour caresser l'intemporel...

Besoin de renaître au langage du corps issu directement du cœur, et à le vivre pleinement dans l'instant présent. Pour savourer le plaisir de donner et recevoir en toute créativité sensible. Pour amplifier la source féconde qui nourrit le geste et le contact, porteurs de chaleur et de vie... Au sein de la présence au meilleur de vous-même et de l'autre.

Votre NCE 6 évoque ces motivations profondes qui vous amènent à voyager au pays du corps vivant, du corps sensuel et du corps spirituel. Le tout, bien sûr, à l'écoute du cœur.

Osez vous autoriser à laisser circuler en vous et vers l'autre l'amour régénérateur qui libère de l'attachement excessif et des marchandages affectifs.

Osez avancer sur le chemin de l'amour, en restant en toute vérité avec les sentiments qui vous habitent et les transformations qu'ils engendrent, au-delà des intérêts de votre raison, ou de vos raisonnables injonctions du moment.

Osez enfin vivre en paix avec cette puissance d'amour qui balaye vos peurs, et tous les obstacles sécurisants que vous mettez en travers de votre route libératrice ?

Votre Noyau central, tranquille et confiant, semble tendre et arrondi dans sa forme essentielle. Ce cocon chaleureux ne demande qu'à vivre sa nostalgie du jardin d'Eden.

Il vous pousse à aider toute mobilisation en faveur d'une écologie planétaire, pratiquée autant avec la conscience du cœur que la conscience de la tête. A l'image d'une meilleure relation à soi, au sein d'une écologie intérieure lucide et aimante.

Dans votre travail sur vous-même vous êtes invité à clarifier votre relation au plaisir, et à réajuster en permanence votre démarche amoureuse et vos "engagements de cœur". Pour éviter les pièges de l'aveuglement sentimental, et ceux tissés par les attachements corporels. Un travail de respect de ce qui se vit au plus profond de vous. Un travail de lâcher-prise de vos scénarios passionnels ou romantiques habituels.

Votre "Dieu intérieur" est, bien sûr ici, un Dieu d'amour. Il vous reste à lui laisser la possibilité de vous exprimer ses messages et de rayonner sans entraves arbitraires. C'est un "Dieu intérieur puissant" dans ses remises en question au nom de l'amour... Au nom de l'amour de la vie. De l'amour du divin en soi.

Noyau central de l'être 7

Votre intention essentielle est de prendre conscience et d'avancer sur la voie de la connaissance. En vous jouant des pièges du savoir et des hiérarchies mentales limitatives.

Votre option fondamentale peut s'écrire ainsi :

- "J'ai besoin d'étudier et de comprendre l'humain."
- "J'ai besoin de flirter avec les abstractions pour en tirer des lois bien précises."
- "J'ai besoin de planifier les choses pour éviter les surprises de la vie."
- "J'ai besoin d'une structure mentale qui me permette d'avancer sur mon chemin de réflexion et d'étude."
- "J'ai besoin de références et de croyances stables, ainsi qu'un minimum de logique, pour mieux situer les choses dans mon cadre de pensée."

Le fil directeur de ce NCE 7 vous invite à perfectionner tous les modes d'accès personnels au savoir. Pour vous faciliter la rencontre avec l'essentiel qui se cache, bien souvent, sous les stocks de connaissances, ou derrière les “bibliothèques mentales” remplies de documents étiquetés.

Ce NCE 7 vous suggère d'apprendre à ne pas vous perdre dans les labyrinthes de l'esprit trop analytique qui, en raisonnant trop, passe à côté des intuitions directes et des résonances fondamentales en vous-même. Des “résonances centrales”, dont l'accès ne nécessite parfois qu'un peu de modération du discours mental, ou de mise en veilleuse de la “télévision intérieure” qui parasite votre vie avec son bruit incessant et son intox hypnotique.

Votre NCE 7 évoque ces motivations profondes qui vous amènent à choisir une démarche structurée, avec des balises psychologiques et spirituelles claires et bien définies.

Vous avez besoin de partir d'une référence intellectuelle ou religieuse solide et aimez vous appuyer sur des repères sécurisants et peu mobiles. Même s'il vous arrive parfois de les analyser, puis ensuite de les considérer autrement.

Votre démarche suit une progression logique et raisonnée : il y a besoin de réfléchir avant d'agir. Besoin de savoir avant de tenter. Besoin de connaître avant de sentir...

Ce Noyau central est riche de capacités d'intériorisation et d'introspection méditative. Sobre, et aux formes rectilignes, il choisit plutôt la ligne droite pour aller d'un point à un autre, d'un livre à l'autre, ou d'une prise de conscience à une autre.

Dans votre travail sur vous-même vous êtes invité à écouter votre voix intérieure, celle de votre grand maître de sagesse. Cette voix tranquille et centrée peut vous aider à ne pas rester crispé sur des enseignements figés, ou des discours déconnectés de votre réalité présente.

Vous avez aussi intérêt à ne pas trop rester dans des rôles de “Prof”, et à expérimenter aussi le rôle d'élève. Être votre propre élève. Être l'élève de votre vie... Pour vous élever, enfin, vers de plus hauts niveaux de connaissance, de plus profond états de conscience.

Vous êtes invité à un travail de respect envers ce qui cherche à se dire au cœur du silence, au cœur de la profondeur du moment présent, abordé en pleine conscience... Abordé avec le maximum de disponibilité vigilante et de centrage intérieur.

Un travail de connaissance de soi au-delà des connaissances acquises.

Un travail où “ne rien faire”, devient l'action la plus difficile à mettre en œuvre !

Votre “Dieu intérieur” aux apparences très masculines (et à la grande barbe blanche ?) ne semble pas avoir envie de jouer les “Pères Noël” !

Offrez-lui un cadre propice à la transmission de ses interpellations, de ses questions métaphysiques et spirituelles sur la vie.

Un "Dieu intérieur" qui ne vous donne pas de réponses, mais vous offre le plus beau cadeau qu'il connaisse : des questions, une foule de bonnes questions, seule manière de réveiller la conscience et d'avancer sur le chemin de la vérité. Une vérité à reconsidérer sans cesse...

Noyau central de l'être 8

Votre intention essentielle est de transformer les choses et les êtres, d'induire la métamorphose et de faciliter la guérison.

Votre option fondamentale peut se formuler ainsi :

- "J'ai besoin de me lancer dans de grands défis : bâtir, guérir, conquérir et protéger."
- "J'ai besoin de me battre et de m'engager sur le terrain."
- "J'ai besoin de jouer les vaillants Chevaliers, les Héros-justiciers ou les Supermen médaillés."

Le fil directeur de ce NCE 8 vous invite à améliorer votre manière de vous engager dans la bataille de la vie, au fil de réalisations peu ordinaires. Et à ne pas rester un "accro" des rapports de force, un crocodile aux dents longues, et un drogué des combats singuliers...

Osez utiliser votre puissance personnelle avec stratégie et maturité. En ne négligeant pas les leçons de l'expérience acquise et les grands possibles à votre disposition pour vous réaliser pleinement. Sans, bien sûr, avoir à écraser tout le monde sur votre passage, ou diviser pour régner !

Osez investir ces fortes énergies disponibles dans divers projets constructifs et en accord avec votre conscience profonde ?

Osez vous atteler à des montagnes de travaux, et conquérir de nouveaux espaces. Au fil d'une démarche juste, et au cours de positionnements sans violence.

Osez manipuler l'argent, les possibilités d'investissements, et les acquisitions qu'il permet, sans en être esclave, sans en faire un outil de pouvoir contre les autres... Et donc contre vous-même !

Ce NCE 8 évoque des motivations profondes qui vous invitent à partir en croisade sur de lointains chemins peu balisés, vers des destinations superbes et des affrontements mémorables.

Il ressemble à une grande course au trésor. Un trésor extérieur avec ses honneurs, ses brillances financières... Mais aussi, et surtout un trésor intérieur : Celui que l'Alchimiste découvre petit à petit au cours de sa quête initiatique.

Il est question ici de cet or intérieur qui brille de mille feux, qui n'est pas coté en Bourse, et qui ne perdra jamais sa valeur. Cet Or spirituel qui brûle les yeux et les mains du néophyte non préparé, de l'aventurier inconscient, ou du conquérant aveugle...

Dans cette histoire-là les apprentis sorciers n'ont qu'à bien se tenir !

Votre Noyau central, à la stature imposante, semble doté d'une force peu commune. Est-ce l'Hercule des NCE ? En tous cas s'il n'avance pas, il "her-cule" ! S'il ne guérit pas, il se rend malade. S'il ne construit pas, il se détruit.

Vous êtes invité à faire un travail sur vous-même au niveau de la gestion de votre propre puissance. Il vous est demandé d'apprivoiser cette puissance explosive et de la canaliser. Pour éviter qu'elle ne se transforme en violence contre les autres et contre vous-même.

Un travail sur la relation aux extrêmes est à effectuer. Pour sortir des "tout ou rien", des réactions trop fortes, et des réflexes de ripostes ou de frappes en tout genre...

Un travail pour améliorer l'aptitude à trancher les choses, autrement qu'avec un gros sabre d'abordage ! Pour vous libérer du jugement à l'emporte-pièce, et apprendre à mettre du baume dans vos procès de bonnes intentions. Comme pour arrondir les angles autrement qu'en disant : "Messieurs les Anglais, tirez les premiers !"

Un beau travail sur la manière d'utiliser votre pouvoir de vous réaliser en conscience, et vous éloigner des rôles de pouvoir habituels, qui peuplent les jungles modernes déshumanisées.

Pour bâtir des "Cathédrales spirituelles" à partir de fondations et de cryptes très ancrées dans le sol, très en contact avec cette "Vouivre" énergétique et féminine.

Permettre à la puissance du Ciel de rencontrer la puissance de la Terre, afin d'appliquer le Programme divin qui sommeille en chacun de nous. Une sacrée mission pour pèlerin ordinaire ! Aux ordres de votre foi en l'homme et au divin qui vous habite ?

Votre "Dieu intérieur" ne craint pas les tempêtes de l'esprit. Il est prêt à affronter celles du monde, seul et nu-tête, sans ses cohortes d'archanges et ses fantassins ailés.

Il vous est suggéré de lui donner les moyens de montrer ses pouvoirs et de les utiliser le plus largement possible. Juste penser à mettre de bonnes lunettes de soleil (intérieur ?), face à cet être de lumière qui n'a rien à envier à l'énergie nucléaire !

Un "Dieu intérieur" à rencontrer au cœur (du réacteur ?) des enjeux matériels, des expériences et des combats liés au statut social. Un Dieu qui consume vos scories mentales et nourrit vos transformations spirituelles.

Noyau central de l'être 9

Votre intention essentielle est d'aider les autres, et de vous engager dans des actions collectives, humanitaires, éducatives ou sociales.

Votre option fondamentale peut se décliner ainsi :

– "J'ai besoin d'aide, alors j'aide les autres. "
– "J'ai besoin de me mêler à des groupes, pour désemmèler mes lignes intérieures."
– "J'ai besoin d'amour universel pour nourrir mes rêves."
– "J'ai besoin de m'abreuver à la source des messages de l'Inconscient collectif, riche de ses symboles et de ses diverses synchronicités."

Le fil directeur de ce NCE 9 vous invite à peaufiner votre propre capacité à être utile aux autres, tout en vous respectant et en vous aimant vous-même (et non en vous reniant généreusement, comme peuvent le faire bon nombre de "soi-niants"). Il vous invite enfin, à partir des élans généreux de votre cœur, à assumer votre ouverture et vos propositions de "SOS assistance" tous terrains...

Ne niez pas votre besoin d'être entouré et valorisé par ceux que vous aidez. Confrontez votre grand besoin de compassion et de passion humaniste. Faites quelque chose pour votre besoin d'ouverture au monde, de tolérance et de fraternité paisible. Au-delà de tous les racismes ordinaires et des frontières de l'esprit. Au-delà des "murs de Berlin" de la conscience barricadée, qui s'accroche aux barbelés de ses propres goulags intérieurs.

Ce NCE 9 évoque les motivations profondes qui vous amènent à vous mettre à l'écoute des messages planétaires (et extra-planétaires ?), à l'écoute des hautes sphères où l'esprit peut s'aventurer sans oxygène... et sans ration de survie catéchuménique ?

Osez développer votre intuition sans être le jeu de vos propres illusions.

Osez élever votre conscience sans être piégé par un idéal "déconnecté" et "planant.

Osez écouter vos rêves, et faire du symbole (saint-bol) un allié dans votre recherche du "Saint Graal intérieur" ?

Votre Noyau central aux formes dilatées, et à l'esprit ouvert sur de grands horizons, vous offre ses potentialités de gestation... Pour favoriser un jour neuf et un soleil renouvelé au cœur de l'Homme.

Ce noyau central vous aide à oser une vision universelle des choses, et vous offre d'accéder à une conscience plus planétaire et plus globale des choses, en cette période d'accélération collective.

Un regard neuf sur la réalité de cette page qui se tourne est plus bénéfique que toutes les prévisions de Nostradamus !

Dans votre travail sur vous-même, vous êtes invité à respecter votre sensibilité subtile et ses antennes réceptrices haute fidélité.

Il vous est suggéré d'effectuer un travail en profondeur sur vos émotions, et tous les parasitages qu'elles peuvent entraîner au niveau des transmissions divines au sein de votre monde intérieur en évolution.

Vous êtes aussi invité à mieux gérer votre relation d'aide aux autres, et ne plus "faire l'éponge" à tout bout de champ. Dissoudre spirituellement vos propres scories inhibitrices est une chose. Vous dissoudre dans les autres en est une autre !

Ah ! Que l'imaginaire est riche lorsqu'il ne cherche pas à avoir un prix !

Ah! que la foi en soi et en l'Homme est belle lorsqu'elle ne vise pas une petite place réservée au paradis des médaillés olympiques de l'abstraction de soi, et de la vocation philanthropique !

Le "Dieu intérieur" du NCE 9 a un cœur gros comme ça ! Il y a de la place pour tout le monde ... Et encore, j'en oublie !

Il vous est proposé d'offrir de l'espace à ce "Dieu intérieur" omniprésent et délocalisable à souhait. Il peut vous être utile, aussi, d'apprendre à capter tous ses messages, et bien les décoder. Afin d'éviter de prendre des vessies pour des lanternes, et ne plus avoir, pour s'éclairer l'esprit, que les ombres de la caverne de Platon, ou les reflets bien pâles de Channelings aromatisés et prêts à consommer dans des ateliers de "gonflette spirituelle".

Un "Dieu intérieur" à rencontrer au cœur de vos ombres, là où la lumière a faim d'espoir, là où votre conscience digère ses boulimies et se prépare à accueillir la grâce...

* * *

Les dons majeurs

Dieu n'a fait qu'ébaucher l'homme,
c'est sur terre que chacun se crée.
Proverbe bamiliké

Vous avez à votre disposition des outils d'avancement et des capacités d'épanouissement à utiliser et à développer tout au long de votre vie.

Plus vous allez à la découverte de vous-même, plus vous vous rapprochez des richesses intérieures qui sont les vôtres, plus il devient urgent de mettre en œuvre les qualités essentielles qui vous habitent. Elles constituent pour vous des "Pôles de confiance maximum" à favoriser, à amplifier et à nourrir, afin de récolter les fruits de votre potager intérieur, de votre "Jardin d'Eden" intime.

Le nombre des Dons Majeurs évoque les pièces maîtresses des potentialités personnelles qu'il ne vous reste plus qu'à exploiter positivement, pour bénéficier de fructueuses moissons et de beaux résultats matériels et spirituels.

Il est à noter que de nombreux interdits ou de nombreuses peurs risquent de vous isoler de vos dons les plus importants, et de vous empêcher d'accéder aux possibles qu'ils vous promettent.

L'utilisation d'un don personnel entre fréquemment en conflit avec des intérêts, des consignes ou des exigences extérieures à soi-même. Qu'elles soient familiales ou sociales, ou qu'elles soient inhérentes au fonctionnement du couple lui-même.

Quels inconvénients majeurs risquent de faire apparaître la mise en œuvre de tel ou tel don personnel ? Suis-je prêt à décevoir le parent, l'ami ou le partenaire, si je respecte et honore certaines de mes belles potentialités intimes ? Suis-je prêt à ne plus être aimé si j'aime utiliser librement certaines de mes richesses personnelles ? M'arrive-t-il de croire que si j'exploite certaines de mes plus belles capacités, il va me falloir le "payer" ?

Certains dons créatifs sont, par exemple, tués dans l'œuf pour éviter de déplaire à des personnes significatives de l'entourage, pour qui l'activité artistique a peu de valeur... et qu'il y a d'autres choses plus "sérieuses" à faire !

De même, certaines capacités d'intuition peuvent être sabordées sous la pression d'un ou plusieurs proches, qui fonctionnent sur un mode très analytique, ou très style "logique scientifique pure et dure"...

Les exemples d'auto-castration de potentialités ne manquent pas. Le système éducatif, lui-même, avec sa mise en moule, sa mise en boîte, et son désir de spécialisation, participe à ce sabotage organisé.

Aussi, ne suffit-il pas d'avoir des dons, encore faut-il s'autoriser à s'en servir ! Pour cela, il est souvent nécessaire de se battre ou tout du moins de se positionner fermement. Parfois, sans attendre l'assentiment ou le soutien de ceux qu'on aime ou qu'on respecte...

En fait, il vous est recommandé de développer d'abord vos propres dons. En sachant protéger leur gestation, surveiller leur éclosion et positionner les conditions nécessaires à leur épanouissement. Cela n'est pas toujours facile. A vous, donc, de développer votre don de protéger vos dons !

Vous êtes ensuite invité à vous poser certaines questions :

– "Est-ce que j'ose vivre là ou mes dons m'incitent à aller. Au point majeur de cette démarche d'épanouissement qui est la mienne ?"
– "Est-ce que je me donne le feu vert pour jouer les jardiniers de ces germes prometteurs qui attendent au cœur de mon être ?"
– "Ai-je le désir d'aimer mes dons ?"
– "Suis-je prêt à accueillir ce qu'ils me rendront au centuple ?"

Il vous est suggéré d'abandonner l'accessoire pour atteindre l'essentiel... Ce n'est qu'en sachant lâcher ou perdre certains avantages (ou certaines béquilles), qu'on peut enfin gagner, ou recevoir les bénéfices lumineux des trésors personnels occultés !

Sans oublier d'apprendre à vous demander "par-don"... d'avoir si généreusement saboté ou détourné toutes ces belles capacités, tous ces beaux dons à votre disposition !

Vos plus beaux dons sont peut-être ceux que votre conscience vous offre lorsqu'elle vous ouvre des voies apparemment sans issue, en vous permettant d'accéder à l'insondable richesse qui se trouve au cœur de votre "Palais intérieur". Là où respire le meilleur de vous-même. Là où pulsent à chaque instant de votre vie les vibrations divines...

Calcul des Dons Majeurs (ou LDM)

Le LDM correspond au total des 4 premiers et des 4 derniers habitants de l'Inclusion de base.

Soit pour l'exemple de Marie :
Son Inclusion de base est :

1	2	3	4	5	6	7	8	9
3	0	3	1	5	0	0	0	4

La somme de ses 4 premiers et 4 derniers habitants est :
3 + 0 + 3 + 1 + 0 + 0 + 0 + 4 = 11/2

Son LDM a pour valeur 11/2

A noter : Le LDM est aussi le total du nombre HPP et du NCE.
Soit ici : 7 + 4 = 11/2

Pistes d'interprétation dans l'exemple de Marie avec son LDM 11/2

Ici apparaissent, à la disposition de Marie, de belles qualités intuitives, proches de la médiumnité pure, ainsi que des qualités de thérapeute sensible et dévouée.

A noter : A la différence du 2, le 11/2 esquisse un charisme personnel très puissant et des dons de "passeuse d'âme" qui nécessitent au préalable d'apprendre à tenir la route. Afin de dépasser les petits pièges du monde émotionnel et des zones trop floues des rêves généralement évoqués par le nombre 2.

Il est suggéré à Marie de favoriser les pôles de confiance en sa propre force, en sa capacité à être bien branchée. Histoire d'éviter de "péter gentiment les plombs" par surcroît de tension intérieure... ou d'intention trop mentalement figée.

Les pièces maîtresses de ses potentialités personnelles sont reliées à sa capacité à utiliser sa grande énergie, son magnétisme, pour aider les autres à s'équilibrer. Sans oublier de s'équilibrer elle-même !

Elle est invitée aussi à bien observer les fluctuations de ses niveaux énergétiques. Surtout à chaque changement de saison. Et à chaque nouvelle lune ? Cela pour mieux connaître ses propres cycles, pour éviter d'être piégée par leurs variations, aussi soudaines que rapides.

Cette propension à faire volte-face sans prévenir, peut l'amener à se retrouver dans le mauvais sens, et saboter sa progression, tout simplement par perte de visibilité !

Aussi, sagesse et lucidité sont chez elle à développer parallèlement, pour éviter certains emportements intempestifs, ou certains déménagements intérieurs, préjudiciables à ses projets en cours.

Les dons évoqués ici peuvent ressembler à ceux, plus ou moins, mis en œuvre par sa mère (avec le 2), mais aussi par son père, ou un substitut du père (rôle ou image de père, illustré par les deux 1).

Marie est invitée finalement à se poser ce style de questions :

– "Est-ce que dans ma vie je m'autorise à suivre ma voie intérieure, et décoder les signes subtils qui jalonnent mon chemin ?"
– "Est-ce que j'ose me laisser porter par mes élans les plus élevés ? Même si je dois confronter le brouillard de mes émotions, et naviguer à l'estime, sur cette mer intérieure parfois instable et mouvementée..."
– "Comment m'autoriser mes passions sans me brûler les ailes ?" Peut-être en ne cherchant pas à monter trop vite, et trop près... du Soleil !

Une base stable s'avère nécessaire à Marie pour lui éviter de courir après elle-même (Ailes-m'aiment ?). Juste un peu de terre ferme. Avec vue sur la mer ?

Quelques pistes résumées concernant les Dons majeurs

Elles concernent surtout le nombre situé aux unités du LDM.

Et le nombre réduit des LDM.

Exemple : LDM = 18 réduit à 9.

Considérer les messages du 8 et voir "LDM 8".

Puis les messages du 9 (réduit) moins importants en lisant "LDM 9".

Une petite synthèse est ensuite nécessaire.

Les dons majeurs de type 1

Vous avez à votre disposition des qualités de concepteur, d'innovateur et de pionnier dans la spécialité que vous avez choisie.

Il vous est demandé de favoriser vos "Pôles de confiance" concernant vos dons de Leader, de meneur et d'initiateur. Sans avoir froid aux yeux !

Les pièces maîtresses de vos potentialités personnelles sont reliées à votre capacité à vous centrer vraiment, à vous positionner clairement et à faire la trace sans tergiverser. En suivant vos impulsions premières. Ce sont toujours les meilleures!

Des dons qui ressemblent peut-être à ceux que votre père a développé. Ou aurait pu mettre en œuvre, s'il avait développé un peu plus sa capacité à choisir, et à assumer sa propre trajectoire !

Est-ce que, dans votre vie vous vous autorisez vraiment à laisser vivre et grandir vos potentialités d'autonomie, d'autorité (être auteur), et d'action pleine et entière ?

Est-ce que vous osez utiliser toute l'intensité de votre starter personnel pour prendre les initiatives qui s'imposent, et "monter au créneau" sans vous chercher des excuses pour faire demi-tour ?

En résumé, il vous reste à :

- Jouer le pôle central dans la mise en place de projets ambitieux.
- Oser vous positionner en première ligne et parfois essuyer les plâtres.
- Tenter l'autonomie active et les projets sans compromissions...

Autant de challenges qui sont à portée de votre tir, pardon de vos dons de précurseur éclairé et de chef de file potentiel !

Les dons majeurs de type 2

Vous avez à votre disposition des qualités de conseiller, de médiateur et de thérapeute.

Il vous est demandé de favoriser vos "Pôles de confiance" concernant vos dons d'écoute sensible, de réceptivité fine et d'accompagnement maternant.

Les pièces maîtresses de vos potentialités personnelles sont reliées à votre habileté à capter les choses, à ressentir les êtres, et à vibrer à l'unisson de leurs mélodies intérieures. Tout en développant une empathie équilibrée et féconde...

Des dons qui ressemblent peut-être à ceux développés par votre mère (ou les dons qu'elle n'a pas pu, ou pas su, mettre en œuvre au cours de son existence).

Est-ce que, dans votre vie, vous vous autorisez à vous mettre à l'écoute de l'autre ? Et de cet autre en vous-même, cette "voix intérieure" dont souvent les confidences vous échappent...

Est-ce que vous osez développer votre intuition et vous orienter vraiment là où elle vous invite à aller ?

Il vous reste ainsi à :

- Ménager la chèvre et le chou.
- Relier les deux bouts.

– Naviguer dans la tempête en restant debout.
– Accueillir l'insaisissable et capter l'incontournable.

Cela semble dans vos cordes (je vous l'accorde volontiers). Bravo pour ces dons tellement d'actualité depuis l'an 2000 ! L'année 2002 vous rappelle quelque chose ? D'ici 2020 vous avez le temps de voir venir le 2 ! (Non ce n'est pas si "hasar-deux" que ça en a l'air !)

Les dons majeurs de type 3

Vous avez à votre disposition des qualités de créateur, de communicateur et d'animateur.

Il vous est demandé de favoriser vos "Pôles de confiance" concernant vos dons d'expression personnelle, de mise en forme, de mise en couleurs, de mise en scène...

Les pièces maîtresses de vos potentialités personnelles sont reliées à votre capacité à favoriser les rencontres, et mettre en place des relations humaines riches et variées. Tout en développant un optimisme à toute épreuve et une jovialité lumineuse.

Des dons que vous avez probablement déjà essayé de mettre en œuvre durant votre enfance, avec déjà plus ou moins de succès.

Est-ce que, dans votre vie, vous vous autorisez à me mettre en valeur et à nourrir une image positive de vous-même ?

Est-ce que vous osez développer la "brillance" qui vous habite, afin de laisser rayonner autour de vous cette joie de vivre et cet humour dont vous êtes le dépositaire attitré ?

Il vous reste ainsi à :

– Trouver le ton juste, le relooking intérieur le mieux adapté.
– Oser la quête de vérité au-delà des mots.
– Communiquer avec l'essentiel de ce qui cherche à se dire en vous-même et en l'autre.
– Trier dans tous ces systèmes triangulaires, qui l'air de rien, envahissent votre vies.

Tout cela semble bien difficile à tenter. Sauf pour les heureux détenteurs, comme vous, de Dons majeurs 3 qui n'ont plus qu'à dépasser "l'é-troit" programme de leurs habitudes relationnelles et se lancer dans la création de nouveaux échanges interpersonnels. Histoire de découvrir le langage sans âge qui illumine les cœurs et les esprits ?

Les dons majeurs de type 4

Vous avez à votre disposition des qualités d'organisateur, de constructeur, de réalisateur.

Il vous est demandé de favoriser vos "Pôles de confiance" concernant vos dons de gestion des choses matérielles au quotidien, vos dons de stabilisation et de sécurisation des cadres productifs ou protecteurs.

Les pièces maîtresses de vos potentialités personnelles sont reliées à votre capacité à considérer les choses dans les moindres détails, à observer avec perspicacité les signes sur le chemin. Et contrôler avec rigueur ce qui est mis en place. Au sein d'une démarche consciencieuse et réglementaire. Sans oublier l'intendance ?

Des dons qui ont peut-être quelque chose à voir avec les habitudes familiales, ou les préférences de ceux qui vous ont précédé. Et qui n'ont pas réussi à avoir la médaille du Mérite ?

Est-ce que, dans votre vie, vous vous autorisez à concrétiser vos projets de manière efficace et régulière ? Est-ce que vous osez positionner vos rythmes personnels et gérer correctement votre emploi du temps ? Est-ce que vous osez confronter les contingences matérielles et garder véritablement les pieds sur terre ? Est-ce que vous osez développer votre cadre de vie à la dimension qui vous convient ? Sans gravir quatre à quatre les marches ou échelons de votre profession sans vous tenir à la rampe !

Osez le juste cadre,vous récolterez les justes fruits... Faut-il vous faire un dessin ? C'est à dessein que vous pouvez faire la nique au destin et accueillir dans votre vie les ruisseaux de l'avancement et les fleuves de l'abondance.

Il vous reste ainsi à :

– Vous structurer sans vous emprisonner.
– Vous cadrer sans vous castrer. Vous contrôler sans vous rigidifier.
– Vous stabiliser sans vous alourdir.
– Vous construire sans vous épuiser.

Autant de belles consignes, peu aisées pour certains à mettre en œuvre.

Pas pour les heureux détenteurs des LDM 4, comme vous ! C'est-à-dire celles et ceux qui s'autorisent réellement à utiliser leurs dons majeurs... et à exploiter leurs mines d'or en la matière !

Les dons majeurs de type 5

Vous avez à votre disposition des qualités de chercheur, d'aventurier, de réformateur.

Il vous est demandé de favoriser vos "Pôles de confiance" concernant vos dons d'investigation et vos dons d'adaptation et de mobilité.

Les pièces maîtresses de vos potentialités personnelles sont reliées à votre capacité à poser les bonnes questions, à rechercher de nouvelles pistes et à remettre en cause les choses trop bien établies.

Tout en développant cette curiosité dynamique, et cet esprit critique qui font avancer les choses. Tout en gérant au mieux cette forte énergie physique qui vous habite et vous pousse à bouger sans cesse.

Des dons qui ne ressemblent pas toujours aux modèles environnants (on se démarque comme on peut !), et font peut-être dire à l'entourage : "Mais où est-ce qu'il a encore été chercher ça ?"

Est-ce que, dans votre vie, vous vous autorisez à aller à la découverte de nouvelles techniques, de nouvelles idées et de nouveaux mondes ? Est-ce que vous osez prendre le risque de l'inconnu... loin au-delà des sentiers battus ? Est-ce que vous osez assumer les exigences de votre sexualité. En dehors des tabous classiques et des scénarios préfabriqués ?

Faire de la concurrence au serpent, vous camoufler plus vite qu'un caméléon, ou filer à l'anglaise avant les Anglais, ne semble pas chose aisée... sauf pour vous. Dans vos meilleurs jours ?

Les dons majeurs de type 6

Vous avez à votre disposition des qualités de plasticien, de soigneur... et d'épicurien !

Il vous est demandé de favoriser vos "Pôles de confiance" concernant vos dons de communication corporelle, d'harmonisation sensible et de maternage chaleureux.

Les pièces maîtresses de vos potentialités personnelles sont reliées à votre capacité à donner du bien-être et de favoriser l'ouverture du cœur, en toute confiance, en toute simplicité.

Tout en développant le registre de la tendresse, et la faculté d'apprécier pleinement les plaisirs de la vie.

Des dons qui ont quelque chose à voir avec votre "Féminin intérieur" et votre capacité à faire de la place dans votre vie aux valeurs féminines affectives, sensibles et douces.

Est-ce que dans votre vie vous vous autorisez à accueillir l'amour... sous toutes ses formes ? Est-ce que vous osez tout faire pour la paix, à l'extérieur, comme à l'intérieur de votre jardin nature ? Est-ce que vous osez vous séparer de temps en temps de vos cocons protecteurs, avant qu'ils ne deviennent trop étouffants ?

Derrière vos enceintes arrondies est enceinte votre "vie intérieure haute-fidélité". Au cœur de vos harmonies, osez rencontrer ces parfums édéniques, et laisser de la place à vos "par-dons" les plus beaux...

Les dons majeurs de type 7

Vous avez à votre disposition des qualités de penseur, de philosophe, de psychologue et d'écrivain.

Il vous est demandé de favoriser vos "Pôles de confiance" concernant vos dons de méditation, de réflexion et d'intégration.

Les pièces maîtresses de vos potentialités personnelles sont reliées à votre capacité à enseigner, à transmettre des connaissances, et permettre certaines prises de conscience. Tout en sachant préserver des moments d'intimité avec votre "Maître intérieur".

Des dons qui ressemblent peut-être à ce qu'a pu faire (ou aurait aimé faire) un parent ou un ancêtre de votre lignée.

Est-ce que, dans votre vie, vous vous autorisez à écouter le silence réunificateur, qui favorise l'accès à la connaissance intérieure ? Est-ce que vous osez vous libérer du carcan de certaines traditions, ou religions, liées à votre enfance, qui limitent votre évolution spirituelle ? Est-ce que vous osez aller au-delà de l'accumulation de savoirs intellectuels, pour rencontrer le Divin en vous-même... sans avoir à passer un doctorat de théologie !

Aller à l'essentiel. Habiter en conscience votre ciel intérieur et demeurer un phare lumineux pour le meilleur de vous-même, vos dons majeurs 7 vous aident chaque jour à le faire.

Histoire d'être pleinement témoin de la puissance de votre esprit, et observateur du silence le plus spirituel qui habite au fond de votre cathédrale intérieure...

Les dons majeurs de type 8

Vous avez à votre disposition des qualités de Bâtisseur, d'Entrepreneur et de Chef d'entreprise.

Il vous est demandé de favoriser vos "Pôles de confiance" concernant vos dons pour l'engagement et le combat tous terrains. Vos dons pour la grande gestion matérielle et financière. Sans oublier vos dons de guérisseur avisé !

Les pièces maîtresses de vos potentialités personnelles sont reliées à votre capacité à jouer les héros, et à mobiliser rapidement et sûrement puissance (de tir?) et stratégie personnelle (consiste-t-elle à faire donner la cavalerie au bon moment ?). Tout en ayant le courage de dénoncer tout ce qui vous semble injuste ou non-légal...

Ces dons sont souvent hérités, et réceptionnés, au cours d'une "passation de Pouvoirs" d'une génération à une autre.

Est-ce que, dans votre vie, vous vous autorisez à vous lancer dans d'ambitieux projets, en prenant le risque de "perdre gros" ? Est-ce que vous osez confronter la grande puissance, mais aussi la grande colère, qui vous habitent, et les réinvestir positivement dans des œuvres utiles ? Est-ce que vous osez utiliser votre grande capacité à "transformer les choses et les êtres"... en commençant par vous transformer vous-même ?

Il vous reste ainsi à :

- Vous connecter à votre juste pouvoir sans piétiner la richesse de l'autre.
- Expérimenter votre puissance intérieure sans menacer l'équilibre de votre monde psycho-émotionnel.

Reconnaissons que ce n'est pas le défi existentiel le plus simple ! Mais vous avez à votre disposition les qualités adéquates pour réaliser ce genre de test. Sans conteste !

Les dons majeurs de type 9

Vous avez à votre disposition des qualités d'humaniste, de rassembleur et d'acteur de l'aide sociale ou humanitaire.

Il vous est demandé de favoriser vos "Pôles de confiance" concernant vos dons d'accompagnement spirituel et d'éveil de conscience.

Les pièces maîtresses de vos potentialités personnelles sont reliées à votre capacité à être disponible aux autres et à l'écoute du monde. Au sein d'une vision planétaire des choses et d'une compréhension universelle des phénomènes.

Avez-vous l'impression que ces dons, parfois, ne semblent pas vous appartenir entièrement ? Un peu comme si vous n'en étiez que le dépositaire momentané, ou le transmetteur désintéressé...

Est-ce que, dans votre vie, vous vous autorisez à être dévoué aux autres, tout en restant dévoué à la partie de vous qui a, elle aussi, besoin d'être accompagnée plus loin. Cette zone de vous-même qui a besoin d'être aidée dans les épreuves qu'elle traverse, et les écoles de vie qu'elle confronte ?

Est-ce que vous osez vous laisser suffisamment porter par le courant d'éveil spirituel qui vous traverse totalement. Au risque de vous abandonner consciemment à ce "Dieu intérieur" qui vous habite ?

Il vous reste à dissoudre les rigidités intérieures, nettoyer les "zones interdites" de votre territoire intime. Donner des ailes à vos espoirs les plus rouillés fait partie de la panoplie de vos dons en la matière... humaine ?

Devenu conscient de vos tares, de vos imperfections, de vos croyances boiteuses, vous pouvez, en toute lucidité, mettre en marche les systèmes de purification et de transformation de votre vie intérieure. Et aider les autres à favoriser leurs libérations et leurs ouvertures intimes et spirituelles.

L'axe de progression personnelle

Ne demande pas que ce qui arrive
soit comme tu le veux,
mais veux ce qui arrive comme cela arrive
et tu couleras une vie heureuse.
Épictète

Pour aborder la vie et en découvrir les richesses, il peut être nécessaire, comme pour apprécier un tableau de maître, d'en percevoir les lignes de force, les axes de construction et les dynamiques internes.

Vos capacités profondes et vos potentialités les plus variées deviennent plus facilement exploitables si votre démarche s'articule, ou se construit, autour d'un axe conscient, choisi et assumé pleinement au sein de votre progression d'évolution personnelle.

Ainsi, le nombre d'APP vous propose-t-il une synthèse des pistes évoquées précédemment. Il offre un sens général à votre démarche de construction et de maturation personnelle dans cette vie-ci. Il évoque l'attitude générale qui peut faciliter vos recherches, vos élans d'harmonisation spirituelle et votre travail d'épanouissement intérieur.

Il met l'accent sur ce qui peut vous offrir de la cohérence et de la lumière sur votre chemin personnel souvent mal entretenu. Il peut vous permettre de mieux relier vos héritages familiaux psychologiques avec vos élans profonds et vos dons majeurs.

Il est tranquillement à votre libre disposition pour vous aider à mieux tenir votre barre sur l'océan des expériences et des interpellations de votre existence. Il vous invite finalement à clarifier les enjeux actuels de votre mutation intérieure et de votre éveil de conscience.

Calcul de l'Axe de progression personnelle (ou A.P.P.)

L'APP correspond à la valeur de l'habitant de la Case 5 de l'Inclusion de base. Cette case joue d'ailleurs un rôle d'Axe de symétrie dans l'Inclusion.

Soit pour l'exemple de Marie :

Son Inclusion de base est :

1	2	3	4	5	6	7	8	9
3	0	3	1	5	0	0	0	4

L'habitant de sa Case 5 est un 5.

Son APP a donc pour valeur 5.

Pistes d'interprétation dans l'exemple de Marie avec son APP 5

L'Axe de progression personnel de Marie est aux couleurs du 5.

Ce nombre 5 l'invite à expérimenter diverses directions à suivre. Il lui suggère de ne pas s'accrocher arbitrairement à des scénarios trop bien définis à l'avance, et de tenter l'aventure que la vie lui offre à chaque tournant de sa route, de son cheminement d'évolution.

Pour donner force et cohérence à sa démarche personnelle, elle peut travailler à mieux gérer son énergie et utiliser l'activité physique, le sport, pour équilibrer ses élans.

Un travail de clarification de sa sexualité et des schémas qui s'y jouent peut aussi aider Marie à une harmonisation entre les éléments psychologiques et physiques dont elle a hérité, et ses propres besoins profonds en la matière.

Le sens général ici est lié au mouvement et au changement.

Est-ce à dire qu'elle ne doit pas trop s'accrocher à un "sens unique", mais plutôt s'entraîner à reconsidérer le cap, aussi souvent que cela s'avère nécessaire dans cet environnement mouvant ?

Une manière de ne pas perdre le nord, tout en s'adaptant rapidement aux circonstances de la vie. Et aux nombreuses surprises que ses petits guides prennent plaisir à lui offrir si généreusement...

Un axe de progression à connecter vraiment aux mouvements incessants de son l'aventure humaine... Histoire de mieux tenir la route ?

Quelques pistes résumées concernant l'Axe de progression

Elles concernent surtout le nombre situé aux unités de l'APP.

Puis le nombre réduit de l'APP, s'il y a lieu.

Exemple :

Pour un APP = 12 qui se réduit à 3.

Considérer les messages du 2, et voir "APP 2".

Puis les messages du 3, moins importants, et donc voir "APP 3".

Une petite synthèse est ensuite nécessaire...

A noter :

Généralement le nombre APP est un nombre de 0 à 9, sans réduction.

Axe de progression personnelle 1

L'axe de progression personnel lié au 1 correspond à une démarche d'autorisation et de positionnement vis-à-vis de la famille, du couple, des amis, voire des employeurs.

L'attitude qu'il vous est suggéré d'adopter pour mieux relier entre eux vos divers facteurs d'épanouissement et de réussite personnelle, consiste à croire en vos propres options et ne pas hésiter à mettre de l'énergie au service de votre souveraineté intérieure.

N'hésitez pas à effectuer des choix clairs et nets concernant les diverses interpellations de votre vie.

Face aux épreuves, il vous est recommandé de faire un travail de recentrage et d'unification intérieure. Et de foncer, sauter, escalader... En regardant en face les petits et grands obstacles. Sans les contourner, sans les fuir gentiment !

Il vous est proposé de revenir à vous-même et de rester le plus pleinement conscient possible de ce qui se joue à chaque instant de votre progression personnelle. Occupez-vous de vous en priorité. Quitte à passer pour un égoïste aux yeux de ceux qui aiment coller ce genre d'étiquette sur les autres au lieu de s'occuper un peu plus d'eux-mêmes... et de leurs propres oignons !

En fait, vous êtes invité à mettre en avant le meilleur de vous-même, en toutes circonstances.

Axe de progression personnelle 2

L'axe de progression personnel lié au 2 correspond à une démarche d'ouverture sensible à l'autre au sein de partenariats divers.

L'attitude qu'il vous est suggéré d'adopter, pour mieux relier entre eux les divers facteurs d'épanouissement et de réussite personnelle, consiste à croire en votre capacité de vous relier intimement à l'autre.

Que ce soit au sein d'une relation thérapeutique, au sein d'une relation amicale, ou d'une relation amoureuse. Cela, sans tomber dans les pièges de la dépendance et de l'assistanat relationnel.

N'hésitez-pas à faire un travail sur ces émotions qui parfois, par le brouillard qu'elles engendrent, diminuent votre visibilité et freinent vos élans si beaux.

Face aux épreuves, il est vous recommandé de faire jouer les alliances intimes et de vous autoriser à vous confier à ceux sur qui vous pouvez compter.

La démarche qui vous est proposée ici est souple et adaptable. Elle tient compte des rythmes féminins, lunaires et cycliques qui amplifient les oscillations intérieures : on monte, on descend. On suit la vague des jours qui se suivent et ne se ressemblent pas...

Il vous reste à respecter les horaires de vos marées... si vous voulez que ça soit plus marrant !

Axe de progression personnelle 3

L'axe de progression personnel lié au 3 correspond à une démarche de valorisation de l'image de vous-même, et de développement de votre expression personnelle, artistique ou autre.

L'attitude qu'il vous est suggéré d'adopter, pour mieux relier entre eux vos divers facteurs d'épanouissement et de réussite personnelle, consiste à communiquer au maximum et à vous investir largement dans des relations humaines aussi passionnantes que variées.

N'hésitez-pas à faire votre propre publicité de façon originale et animée...

Face aux épreuves, il vous est recommandé de retrouver confiance en vous-même en vous investissant dans un travail créatif, ou dans la réalisation d'œuvres artistiques notables.

La démarche qui vous est proposée ici consiste à apprendre à vous reconnaître vous-même sans trop dépendre de la reconnaissance des autres. Sans dépendre des applaudissements de votre public, qui durent ce qu'ils durent...

Être bien à l'écoute de votre enfant intérieur ne me paraît pas ici une perte de temps, ni d'énergie. Il ne vous reste plus qu'à siffler en travaillant et à progresser en musique !

Axe de progression personnelle 4

L'axe de progression personnel lié au 4 correspond à une démarche de structuration personnelle et de construction tangible. Afin d'avoir de bonnes et solides bases pour avancer ensuite les pieds au sec !

L'attitude qu'il vous est suggéré d'adopter, pour mieux relier entre eux les divers facteurs d'épanouissement et de réussite personnelle, consiste à sécuriser vos arrières et à consolider vos acquis. Elle consiste aussi à œuvrer lentement mais sûrement, en respectant votre rythme propre et en effectuant des contrôles réguliers de ce qui est en réalisation dans votre chantier personnel.

N'hésitez-pas à utiliser des méthodes traditionnelles qui ont fait leurs preuves.

Face aux épreuves, il vous est recommandé de ne pas négliger les contingences pratiques et les détails matériels.

Il vous est conseillé aussi de bien clarifier, de mettre bien à plat, vos divers contrats financiers. Restez rigoureux pour tout ce qui concerne l'argent ; surtout celui qui interfère dans les relations aux proches et à la famille.

La démarche qui vous est proposée ici consiste à vous investir sérieusement dans vos choix professionnels. Sans oublier de considérer l'aspect épanouissant du travail bien fait, et des œuvres réalisées consciencieusement.

Donnez de la valeur à votre travail, et osez ne pas "bosser pour des prunes"! Être bien positionné "dans votre axe" vous évitera de vous faire exploiter en beauté...

Axe de progression personnelle 5

L'axe de progression personnel lié au 5 correspond à une démarche de recherche d'indépendance et de libération profonde vis-à-vis des systèmes de pensée trop classiques ou trop coercitifs. Une démarche qui refuse, aussi, de jouer les jeux limitatifs de certaines relations momifiées.

L'attitude qu'il vous est suggéré d'adopter, pour mieux relier entre eux les divers facteurs d'épanouissement et de réussite personnelle, consiste à croire en vos grandes possibilités d'adaptation et de mobilité. Ou comment garder le cap, en surfant sur les nombreuses vagues environnantes. Sans oublier d'apprendre à affiner les dérapages contrôlés !

N'hésitez-pas à reconsidérer les choses et à vous aventurer plus loin. Là où vos balises habituelles ont disparu...

Face aux épreuves, il est vous recommandé de prendre le risque de solutions inattendues, de réponses personnelles inhabituelles. Surprendre sans trop vous laisser surprendre !

La démarche qui vous est proposée ici ressemble à une révolution sympathique, à une ré-évolution autour de vous-même... Pour mieux trouver votre centre et prendre conscience que ce que vous avez longtemps été chercher ailleurs, se trouve probablement là où vous ne l'attendez pas !

Un Axe personnel qui peut tourner très vite, et décoiffer les intervenants. Attention ! La force centrifuge éjecte parfois du manège ! Alors, n'oubliez pas d'attacher votre ceinture. Surtout avant les trous d'air !

Axe de progression personnelle 6

L'axe de progression personnel lié au 6 correspond à une démarche sensuelle et paisible. Loin des tensions et du brouhaha des lieux de compétition et de course au profit.

L'attitude qu'il vous est suggéré d'adopter, pour mieux relier entre eux vos divers facteurs d'épanouissement et de réussite personnelle, consiste à apprendre à lâcher-prise dans tous les domaines où vous êtes crispé sur le manche. Pour ensuite oser vous faire confiance, en douceur et profondeur...

N'hésitez-pas à être un bon compagnon, ou une bonne compagne pour vous-même. Et autorisez-vous régulièrement des moments de détente et de plaisir.

Face aux épreuves, il vous est recommandé de croire en vous, et surtout en votre force d'amour. C'est-à-dire ne pas négliger le rôle moteur de vos sentiments et l'amplification énergétique de vos affects positifs.

La démarche qui vous est proposée ici consiste à vous mettre dans votre baignoire comme Archimède, afin d'y recevoir la grâce, ou d'y trouver enfin la solution ! Et dissoudre vos scories intérieures et vos peurs cristallisées ?

Vous êtes, en tout cas, invité à vous détendre et à vous laisser "suffoquer par la vie". Juste pour savourer votre vie dans tous ses instants, et entretenir avec elle une histoire d'amour passionnante et ininterrompue...

Sans négliger votre besoin d'être réconforté ou encouragé par une certaine dose de chaleur humaine et de contact tendre. Cela sans attendre trop de l'autre. Sans vous perdre dans ses eaux profondes ou ses possessivités ordinaires !

Axe de progression personnelle 7

L'axe de progression personnel lié au 7 correspond à une démarche de réflexion, de recherche d'information, de tri des connaissances et d'introspection.

L'attitude qu'il vous est suggéré d'adopter, pour mieux relier entre eux les divers facteurs d'épanouissement et de réussite personnelle, consiste à peser vos mots, à remuer 7 fois votre langue dans votre bouche... Et démontrer logiquement que vous avez raison, coûte que coûte ?

N'hésitez-pas à citer vos sources et faire référence à vos Maîtres en la matière. Et surtout, ne vous prenez pas la tête : ça donne la migraine et provoque des troubles du sommeil !

Face aux épreuves, il vous est recommandé de faire un travail de méditation, et de retour sur vous, pour y déceler les indices de vos auto-sabotages intérieurs ou de vos culpabilités les plus courantes.

Afin d'alléger un peu leur charge psychologique sur vos petites épaules, et exorciser votre peur de ne pas savoir... de ne pas vous savoir suffisamment intelligent ?

A trop vouloir tout "com-prendre"... on ne sait plus s'y prendre, n'est-ce pas ?

La démarche qui vous est proposée ici consiste à tourner votre regard vers l'intérieur, vous ressourcer en silence, ou vous plonger dans un livre. Pour y retrouver "la vérité d'être soi" ?

En fait, vous êtes invité au banquet intérieur, là où se dégustent des piles de livres de sagesse, la où se fêtent les prises de bastille de votre ego si puissant... mais si fragile au regard des feux de votre esprit, libéré des pièges dogmatiques des systèmes religieux trop figés... et trop manipulateurs.

Axe de progression personnelle 8

L'axe de progression personnel lié au 8 correspond à une démarche de conquête personnelle et de réalisation de grands projets. En jouant, tantôt les Bâtisseurs du futur, tantôt les Protecteurs du présent, et parfois même les Transformateurs du passé...

L'attitude qu'il vous est suggéré d'adopter, pour mieux relier entre eux vos divers facteurs d'épanouissement et de réussite personnelle, consiste ici à vous investir pleinement dans des entreprises importantes, ou dans des chantiers mémorables.

N'hésitez pas à prendre vos responsabilités. Osez "prendre le pouvoir" avec conscience pour faire avancer positivement les choses de votre vie.

Face aux épreuves, il vous est recommandé de faire jouer votre "force de frappe", tout en sachant en maîtriser la puissance. Vos affrontements extérieurs sont à l'image de vos propres élans destructeurs, de vos peurs.

Que sainte soit votre colère libératrice et créative ! Et que juste soit votre leçon d'humilité intérieure, source de vraie lumière !

L'essentiel est surtout d'apprendre à recycler ce qui vous pose problème, en un matériau productif pouvant aider à faire avancer le schmillblick spirituel de votre progression si belle.

La démarche qui vous est proposée ici se résume à celle de l'Alchimiste persévérant et expérimenté. Celui qui sait s'abandonner à la volonté et à la puissance divine qui peut tout... et le reste !

En fait, vous êtes invité à confronter votre "toute puissance infantile"... Celle qui consiste à croire que l'autre n'est qu'un objet, propre à satisfaire vos désirs infantiles et vos besoins illusoires. Cette "toute-puissance" qui vous pousse malgré vous à manipuler l'autre pour obtenir ce que voulez ou croyez vouloir. En identifiant ce petit tyran intérieur vous faites un pas en avant sur le chemin de votre puissance mature, plus posée, plus lucide... et moins coercitive !

Axe de progression personnelle 9

L'axe de progression personnel lié au 9 correspond à une démarche d'aide aux autres et à un désir d'ouverture de conscience collective.

Un axe, qui pointe les sommets neigeux des hauteurs spirituelles, à ne gravir qu'avec l'équipement de survie approprié (et un kit de télépathie mobile ?)

L'attitude qu'il vous est suggéré d'adopter, pour mieux relier entre eux vos divers facteurs d'épanouissement et de réussite personnelle, consiste à bien vous connecter à vos émetteurs intérieurs. Ceux qui vous envoient tant de messages depuis les sombres profondeurs de votre inconscient de service.

Des messages qu'il vous reste à décoder ensuite correctement, afin d'en faire profiter votre conscience la plus élevée, et l'aider à illuminer vos bases arrières et vos lieux de mutinerie de l'ego...

N'hésitez-pas à reconsidérer vos propres mythes et vos idéaux mal placés. Juste pour ne pas rester sur un petit nuage qui se transforme parfois en pluie de larmes ou en émotions ruisselantes... et fécondante ?

Face aux épreuves, il vous est recommandé de faire un travail de "gestation intérieure", pour encourager le neuf à balayer le moisi, le rassis... et tous les vieux schémas dépassés restés stockés dans vos coins sombres ?

La démarche qui vous est proposée ici consiste à oser confronter la lumière de votre belle conscience dans ses couleurs les plus quotidiennes et les plus apparemment banales.

Afin que vive ce Nouveau Monde intérieur et ses rêves interplanétaires...

Afin que s'illuminent les rampes de vos superbes pistes de décollages intérieures. Au-delà des âges de vos artères. Au-delà des dosages de votre raison. Au-delà... d'un au-delà de pacotille qui ne ferait qu'aveugler les yeux de votre âme et les pilotes de votre esprit !

* * *

Les missions familiales

La mission de tout un chacun
est de mener à bien le mensonge qu'il incarne,
et de parvenir à n'être qu'une illusion épuisée.
CIORAN

Au sein d'une famille sont véhiculées, ou transmises, des sollicitations à se lancer dans certains projets, des injonctions poussant à accomplir certains actes de bravoure, certains engagements "héroïques" ou "méritants".

Chacun est, consciemment ou non, chargé de tenter des travaux, des réalisations ou des aventures, qui manquaient encore au palmarès familial. Des engagements qui pourraient représenter une des rares "médailles" ou "reconnaissances pour hauts-faits" qu'une famille dévalorisée, ou emprisonnée dans des scénarios "d'incapacités ou de handicaps", pourrait enfin se vanter d'avoir obtenue...

Ces messages familiaux, explicites ou non, induisent divers scénarios de "rattrapage" ou de surcompensation : l'enfant est souvent orienté vers un domaine d'activité ou un art dans lequel un (ou les deux) de ses parents s'est engagé naguère avec plus ou moins de succès.

Telle fille est poussée à faire de la danse, et à rentrer à tout prix à l'Opéra de Paris, parce que la mère n'a pas pu accomplir son rêve : être une danseuse étoile. Tel fils ne semble avoir d'autres choix que d'être l'écrivain que son père aurait aimé être. Tel autre fils d'ouvrier, se donne pour mission d'être un brillant ingénieur, pour ne plus rester dans la condition de son père, ou vivre ce que lui aurait tant rêvé faire...

Telle autre essaie d'être la religieuse au grand cœur, engagée dans l'humanitaire à l'autre bout du monde, comme aurait aimé l'être sa grand-mère... Si elle n'avait pas été obligée de se marier pour des raisons d'arrangements financiers entre les deux familles !

Tel autre encore cherche à devenir le Champion de tennis que son grand-père aurait pu être s'il n'avait été blessé à la guerre.

Parfois ces “transferts induits” relient des membres de la famille de sexe différents. Telle fille fera l’Ecole Polytechnique que son grand-père avait raté de peu. Tel fils fera du chant classique, ce qu’aurait tant aimé réaliser sa grand-mère qui chantait comme un pot ! (elle n’avait pas eu de pot !).

Certains enfants se font ainsi un tel point d’honneur (à défaut de faire un beau bras d’honneur à ceux qui leur tirent les ficelles !) à réaliser ces scénarios anciens, qu’ils y laissent parfois leur santé physique et même leur santé mentale. Il n’est pas sans danger de s’attaquer ainsi à des “missions impossibles” qui, de plus, ne sont pas les siennes !

Il existe de nombreuses “Missions inconscientes”, propres aux lignées généalogiques, véhiculées d’une génération à une autre, ou sautant une ou plusieurs générations.

Ces missions sont intimement liées à des “défis passés”, qui constituent une partie des messages collectifs circulant dans nos racines familiales. Des défis passés qui ont été formulés, pensés ou rêvés par ceux qui ont précédé. Des missions qui peuplent la mémoire collective familiale, et qui habitent jusque dans nos cellules.

Certains diront : “C’est génétique, c’est héréditaire, il sera un grand sportif comme son oncle, ou un grand musicien comme sa mère” . “Il sera un vrai commerçant comme son père... Et il gardera le magasin. On ne va pas laisser les acquis à des étrangers à la famille. Protégeons le patrimoine familial !”

Ainsi, vous êtes invité à déceler ces scénarios qui ne sont pas toujours en accord avec vos missions conscientes, celles que vous souhaitez vraiment mettre en œuvre.

Osez considérer des missions qui seraient plus en accord avec votre nature propre. Une nature parfois très différente de celle de vos géniteurs. Quitte à faire mentir certains traités trop “mécanistes” : ceux qui évoquent les transmissions héréditaires uniquement sur le plan biologique, oubliant tous les nombreux aspects psychologiques (ou bio-psychiques) intimement liés au système familial.

Vous avez intérêt à démystifier ces scénarios de réparation. Cela pour les transformer et vous en libérer. Ce qui ne vous empêche pas, consciemment, de vous investir dans des missions qui peuvent avoir des points communs avec certaines missions passées, réussies ou non, par vos parents ou quelques-uns de vos aïeux.

Pour certains, la conscience de ces mécanismes est loin d’être très lumineuse. Le chemin de l’ouverture de conscience est long et difficile... C’est ce qui fait son charme !

Être ou ne pas être un fidèle “missionnaire” ? Être ou ne plus être le missionné, obligé envoyé par la famille (ou certains de ses membres) à la recherche d’un Graal aux couleurs du blason familial, ou du tableau de son histoire plus ou moins "reluisante". Le fait de se distancier de ces vieux scénarios s'accompagne souvent de culpabilité : "Je me coupe moi-même" en me coupant des obligations de reproduction, de surcompensation, ou de revalorisation familiale !

Une femme que le père aurait bien vue petite sœur des pauvres, se sentira coupable de se marier... Et peut-être jouera-t-elle à la sœur (la pauvre ?) avec son cher mari (le pauvre ?), et passera à côté de sa vraie vie de femme, ou de la possibilité de s'engager vraiment dans "un couple mature homme-femme".

Telle autre sabordera sa réussite professionnelle ; elle se sentira coupable d'être passée outre les injonctions familiales lui définissant un autre avenir que celui qu'elle s'est donné le droit de choisir. Elle se reprochera inconsciemment d'avoir désobéi aux ordres familiaux, ou d'avoir trahi les espoirs fondés sur elle... ou mis lourdement sur ses frêles épaules.

Des missions familiales aux aspects parfois illusoires, mais aux messages symboliques toujours puissants. Des messages plus ou moins codés liés à des espoirs déçus, des déshonneurs subis, des blessures d'amour-propre, des dévalorisations ou des exclusions passées... Toutes ces "vieilles hontes" dont la famille cherche à se débarrasser, en essayant de les faire disparaître sous une bonne couche de plâtre bien lumineux, ou sous des vernis compensatoires.

Comme si la famille ne voyait pas d'autre solution que de mettre un emplâtre sur une jambe de bois... Ce qui lui fait "une belle jambe", à cette famille, de lancer à la cantonade : " Vous allez voir de quel bois on se chauffe !" Comme on dit : Une génération boit, et c'est l'autre qui trinque !

Il vous est finalement demandé ici, avec ce nombre LMF, de prendre conscience qu'il vous est possible de dénouer certains liens pour en reconnecter d'autres. Vous êtes invité à lâcher certains programmes pour changer de disque, pour être mieux à l'écoute de vos désirs profonds et respecter les choix de votre propre conscience en évolution. Même si celle-ci porte encore des lunettes noires, ou de belles lentilles de contact !

Juste être un peu plus en contact avec ce qui vous mène à vous-même.

Juste écouter et aimer votre "héros intérieur" qui a peut-être envie de s'inventer de nouvelles missions, sans avoir à puiser dans votre répertoire familial dûment homologué ou officieusement consigné dans les mémoires de votre groupe familial...

Arrêtez juste de jouer à la cinémathèque, et osez vous aventurer, en dehors des pistes cataloguées. Osez vous investir, à chaque instant, dans une réalité plus pleinement vécue, plus pleinement assumée, plus pleinement confrontée. En pleine conscience ?

Osez être plus directement partie prenante d'une autre histoire : la vôtre.

A l'occasion, il ne m'est pas interdit de vous poser certaines questions :

- Quels défis inconscients votre groupe familial cherche-t-il à vous faire relever, coûte que coûte ?
- Avez-vous repéré ce que vous cherchez à réparer en faisant les choix importants de votre vie ?
- Quelles fidélités ont un grand pouvoir dans votre comportement intime ?
- Certaines étonnantes bifurcations sur votre chemin de vie n'ont-elles pas pour origine des scénarios de surcompensation de faiblesses ou d'injustices passées, éprouvées ou vécues par ceux qui vous ont précédé ?

Il est clair, par ailleurs, que vos" missions familiales" peuvent avoir comme rôle de casser, ou stopper, certains scénarios de fidélité, certains actes de reproduction ou de continuation de votre système familial. Cela en abandonnant les fidélités à certains symptômes physiques, maladies ou accidents. Mais, qu'il est dur d'abandonner quand on a si peur d'être abandonné !

Au sein de ces fidélités, vous trouvez probablement votre identité, et votre reconnaissance familiale. Vous êtes ainsi poussé (voire conditionné) à respecter les habitudes de somatisation et les mécanismes d'auto-sabotage, ou d'autodestruction, qui ont cours au sein du fonctionnement de votre famille. Là encore, l'hérédité purement biologique a bon dos !

Pour être sécurisé entre les quatre murs de votre cadre familial, et pour tenir debout, vous risquez d'avoir tendance à vous "mettre par terre", à la façon de certains de vos parents ou aïeux.

Peut-être vous orientez-vous vers des maladies bien connues (et qui ont fait leurs preuves) dans votre fratrie ou votre famille ? Peut-être vous cachez-vous derrière des handicaps ou des "malchances" devenues de grands classiques dans votre entourage ?

En ne remettant rien en question, vous ne dérangez personne... du moins apparemment ! Rien ne semble plus dérangeant, en effet, que quelqu'un de bien portant au milieu de ses proches (ou de ses pairs) toujours malades, ou souffrant sans arrêt d'un problème ou d'un autre. Rien de plus agaçant que quelqu'un qui réussit en douceur, au milieu de ses proches qui triment sans résultat, et se "plantent" sans arrêt (avec leurs racines ?) .

Aussi, vos LMF vous invitent-elles à vous donner pour mission de ne plus rester assujetti à ce type de système, où on se tient les coudes pour rester inconsciemment dans le malheur et le handicap. Et malheur à qui veut sortir du cercle vicieux de la victimite ou de l'assistanat institutionnalisé ! Même si, apparemment on l'encourage parfois.

Haro sur celui, ou celle, qui prend le risque de trahir les consignes sous-jacentes, et d'être infidèle aux schémas familiaux. Il est critiqué, rejeté, jalousé ou trahi. Pour la simple raison qu'il interpelle quelque part son entourage, l'amène à se poser des questions. Et – O scandale! – l'incite à changer !

Devenant le support des projections négatives de ses proches, il est nécessaire que ce "vilain petit canard" ait les reins solides... et qu'il lâche vite ce qu'il porte sur son dos depuis trop longtemps. Qu'il pose sur le bas-côté ce qui ne lui appartient plus !

Dans des systèmes de fonctionnement où le changement radical est pire que la mort ou la souffrance, il y a parfois de gros risques à ouvrir une porte sur autre chose, sur cet inconnu source de peur et d'angoisse. Un inconnu qui risque d'aveugler des yeux habitués à l'ombre de la prison... des habitudes familiales. Un inconnu qui risque de réveiller les diverses résistances au changement de chacun des membres du groupe familial. De nombreuses herses rouillées protègent le château-fort de la construction psychologique et physique familiale...

Vos missions consistent, aussi, à scier certaines branches pourries, ou déjà bien "mortes" de votre arbre. Cela, pour le revigorer, ou lui permettre de puiser à d'autres sources. Cela pour l'amener à se régénérer, en faisant le deuil de ce qui le parasite, ou le conduit petit à petit à une autodestruction psychologique ou matérielle.

Vos "missions familiales de remise en question", consistent à mettre en marche le processus de désintoxication qui vous libérera (et participera à la libération de vos proches) de ce qui vous asphyxie et fait étouffer tout le monde dans votre noyau familial.

Ces "missions de nettoyage ou de labourage" ne se font pas toujours aisément... ou avec les encouragements du jury ! Elles demandent un réel effort de travail sur soi, une réelle ténacité issue de motivations non moins profondes. Ce n'est pas pour rire qu'on confronte ce qui peut pourrir la vie de la famille !

De nombreux freins, de nombreux barrages financiers, psychologiques ou tout simplement physiques, sont présents sur le chemin. Ils sont parfois là comme pour vous confirmer que vous êtes sur la bonne route : celle de votre changement... et des changements au sein de votre système familial. Celle de l'évolution. Celle de la transformation. C'est-à-dire celle de la vie !

Toute modification de cap dans votre progression personnelle induit certains changements de direction, même chez le "cap-itaine" du navire familial le plus impressionnant !

Calcul des missions familiales (ou L.M.F.)

Il suffit de faire la somme des 4 premiers habitants de l'Inclusion de base, avec les numéros de leur cases respectives.

Exemple de Marie :

Son Inclusion de base est :

1	2	3	4	5	6	7	8	9
3	0	3	1	5	0	0	0	4

La somme de ses 4 premiers habitants est : 3 + 0 + 3 + 1 = 7.
La somme des n° de Cases est : 1 + 2 + 3 + 4 = 10
(à noter : 10 est une constante pour tout le monde).
La somme totale est : 7 + 10 = 17 = 8.
Ainsi, ses LMF ont pour valeur 17 réduit ensuite à 8.

Le 7 est dominant dans le 17, "nombre bio" de ses LMF.
Aussi, nous nous référerons aux interprétations proposées concernant les **LMF 7** (et non LMF 8 réduites qui seront finalement secondaires).

Ce nombre LMF est à mettre en relation étroite avec le nombre HPP.
En effet, ils concernent tous les deux les programmes familiaux.
D'un côté les héritages psychologiques qu'il vous reste à reconsidérer, et de l'autre les missions que vous pouvez mener pour faire avancer les choses pour vous, et parallèlement transformer les mécanismes familiaux (surtout les mécanismes mortifères). Des mécanismes qui se transmettent au sein de ces fameux "héritages familiaux"...

Pistes d'interprétation dans l'exemple de Marie avec ses LMF 17 (8)
Marie semble avoir pour missions familiales de redorer l'image d'un blason un peu terni et de reconstruire le" temple familial".
Il lui est ainsi demandé de développer ses dons de bâtisseuse, et de self-made-woman, afin de partir à l'assaut de nouveaux territoires

inexploités. Afin d'oser se lancer à l'assaut de nouvelles conquêtes... Pas uniquement masculines ?

Le nombre Huit est par excellence le nombre de la transformation. Aussi, Marie est-elle invitée ici à modifier certaines habitudes familiales nocives, certains bastions de la victimite aiguë. Afin de les recycler en "Guide pratique du héros ou de l'héroïne" (... non prohibée ?).

A elle de retrouver son bon droit, et de réparer les piliers branlants du château... Sans oublier les portes-fenêtres brisées qui permettent d'accéder à autre chose !

A elle d'exploiter de nouveaux territoires, et de remettre à jour certains vieux trésors, camouflés sous de belles couches de peurs et de souffrances. A elle d'œuvrer pour d'autres formes de préservation, ou de protection des acquis passés.

Elle est invitée à se lancer dans une mission héroïque au sein de sa famille. Cette mission semble passer par une phase où il lui sera nécessaire de bousculer les choses, parfois même avec une certaine fougue ou "violence" (le huit ne fait pas habituellement dans la demi-mesure !).

Il lui est suggéré de tenter une révolution, une transformation, par le feu... de l'action ? Et par la puissance de sa conscience qui se révèle, d'année en année, plus grande... et plus lucide.

C'est une mission générale de "rédemptrice", ou "d'alchimiste", des corps et des âmes... Une mission, où il faut apprendre à se battre contre les puissances d'en face. Puissances d'argent, puissances de manipulation, puissances liées aux rôles de pouvoir.

Pour mener à bien l'essentiel de ses missions, Marie devra, très tôt, se confronter aux rapports de force et aux rôles de pouvoir. En particulier au sein de sa famille...

Dans le grand-huit : on monte vite puis on redescend très vite. Des hauts et des bas... Et bonjour les débats ! Des débats animés pour de nouveaux desseins (animés?) familiaux.

Ce grand-huit est à la disposition de la "grande guérisseuse" qui sommeille en elle. Il lui est demandé d'apprendre à maîtriser sa grande énergie pour œuvrer de façon constructive et solide. Pour mettre en place son petit "empire personnel"... Au service de l'évolution (et de la thérapie) familiale ou collective.

Une mission de réhabilitation pour ex-petite fille rebelle, mise sur la touche. Une jeune femme qui maintenant aimerait toucher sa bille, côté expérience sur les chemins de l'héroïque transformation intérieure. Une ex-petite fille qui voudrait toucher le jackpot ? En faisant payer tous ces vieux démons... qui traînent dans l'inconscient familial ?

En résumé :

Démystification au niveau de certaines valeurs liées à l'argent (facile ou non), aux gains financiers, et aux possessions matérielles. Mise à jour des enjeux inconscients de pouvoir au sein des schémas familiaux.

Travail sur la relation aux hommes (et aux femmes) qui semblent détenir le pouvoir de l'argent, et la sécurité apparente d'un statut social élevé.

Guérison par transformation des programmes mortifères, ou par remise en question des fidélités nocives à certaines consignes familiales tacites, limitatives et inhibitrices.

Sans oublier de s'attaquer aux diverses "machines à auto-sabotages", régulièrement huilées (à l'huile de coude ! Pour en découdre ?) par les proches de sa famille et par elle-même...

Et longue vie à notre "Chevalière", tout au long de ses croisades préférées : celles qui allient grand cœur, générosité et capacité à manier l'épée de la justice qui tranche en conscience. Une Durandal est dans les mains de cette dure à cuire ? Pour faire jaillir la lumière, et rencontrer la sève régénératrice...

Toutes ces petites et grandes missions cherchent à transformer les infirmes d'hier (les infirm-ières) en thérapeutes d'aujourd'hui...

Pistes d'interprétation concernant les missions familiales

Les missions familiales 10

Ce cas est très rare. Il faudrait avoir 4 habitants zéro dans les 4 premières cases ! (Les pistes présentées ici compléteront les LMF 19).

Vous êtes invité ici à renouveler les choses, à ne pas hésiter à changer le mode d'action habituellement utilisé au sein de votre groupe familial.

Vos missions sont à aborder avec plus de diplomatie... Il vous est demandé d'arrondir les angles. Le Leader isolé devant ses troupes n'est plus de mise dans ce cas. Il vous est proposé de rester au sein d'une équipe ou d'un groupe d'alliés pour avancer de façon plus profitable.

L'idéalisation du père peut vous orienter vers des missions consistant à le remplacer, ou à faire revivre l'image (déformée) que vous avez de lui.

Osez juste savoir pour qui vous roulez ! Pour le père absent, éloigné ou défunt... ou pour vous-même ?

Est-ce que vous vous aimez à travers votre père... et que vous refusez de vous engager dans une mission qui "aurait pu" lui déplaire ?

Est-ce que vous vous autorisez à repartir dans d'autres directions que les siennes pour enfin diriger votre vie ?

Les missions familiales 11/2

Cas assez rare... car il faudrait avoir 3 zéros et un habitant 1 dans une des 4 premières cases.

Vous êtes invité à utiliser le registre des passions les plus dynamisantes, sans vous laisser déborder par leurs vagues émotionnelles déstabilisantes.

L'intuition, voire la sensibilité télépathique ou la clairvoyance sont sollicitées pour mener à bien vos missions de conseil ou d'aide thérapeutique. Magnétisme, channelling, écoute des messages de la voie intérieure, font partie des registres et capacités qu'il vous reste à utiliser ici.

Ces missions prennent appui, ou référence, sur les dons plus ou moins développés par votre Mère, ou votre Grand-mère, et d'une manière plus générale par la lignée des femmes qui vous ont précédé.

Cependant, certaines injonctions de réparation, ou de surcompensation, peuvent concerner un certain vécu propre à votre Père, ou à votre Grand-père. Il vous est demandé de réhabiliter et rattraper maintenant ces échecs ou situations inachevées du passé.

Avez-vous eu dans votre enfance un père réel et un “père de substitution”? Oncle ou Père spirituel, un père idéalisé ou quelqu'un jouant un rôle de père, pour compenser l'absence de votre père ou son insuffisance ?

Ce père de substitution est-il à l'origine de votre désir de devenir professeur ou thérapeute ?

Les missions 11/2 peuvent être complétées par celles du 2(réduit).

Voici des pistes illustrant largement des missions familiales de type 2.

Vous êtes incité à des engagements importants au sein de partenariats ou d'associations durables. Ces missions concernent plus particulièrement les partenariats d'ordre affectif, sans oublier ceux d'ordre thérapeutique. Là, où l'écoute sensible et la disponibilité intérieure sont essentielles.

Vous êtes missionné pour développer votre capacité à percevoir, et pressentir, les moindres signes émis par l'autre, et par votre environnement proche. Amplifiez votre faculté à vous mettre en empathie avec l'autre. Restez attentif à ses moindres messages. Favorisez ses confidences... Tout en sachant garder la bonne distance de réception et d'écoute. Tout en sachant rester présent à toutes les ouvertures intuitives, et à toutes les sources émotionnelles sous-jacentes.

Ces missions fourmillent d'injonctions vous intimant de vous engager dans la relation d'aide à l'autre. Là où il est nécessaire d'utiliser les techniques d'entretien, pour permettre à l'autre de mieux se dire et mettre des mots sur sa propre réalité. Ces échanges, au sein desquels l'autre a tant à dire, du fond de son cœur, ou à partir de sa sensibilité mobile et ondulante.

Pour mener à bien l'essentiel de vos missions, il vous sera nécessaire de décrasser votre canal perceptif, et purifier votre "téléphone intérieur", de tous les parasitages émotionnels qui peuvent en limiter l'utilisation. Sont les bienvenus : Purification intérieure, vidange salutaire et autres récurages, lessivages, "siphonnages"... Utiles à tous âges !

Ces défis liés à vos racines familiales vous poussent à développer votre aptitude à capter les ambiances, à percevoir l'état intérieur de votre interlocuteur, et à lire à travers lui avec finesse et modestie. En vous mettant à son service. C'est-à-dire, en accueillant le meilleur de lui-même, et en lui permettant de se relier doucement au reste de son paysage intérieur.

Ces missions de type 2 évoquent des scénarios de réparation, et des rôles de surcompensation, concernant la relation d'aide, et la manière de vous situer face à l'autre. Comme s'il fallait en faire un peu plus, là où par le passé, d'autres personnes de votre famille n'en ont pas fait assez...

Ayant si peu été écoutées, conseillées ou aidées, ces personnes vous ont émis la consigne d'écouter, conseiller et aider tous ceux et celles qui se trouvent sur votre chemin. D'autant plus qu'ils ou elles, ou leur situation, ressemblent et rappellent ce qui a été vécu, par ceux qui ont émis ces consignes... valables pour une durée indéterminée !

Quels systèmes d'aide ou d'entraide avez-vous tendance à vouloir mettre en œuvre (ou remettre sur le tapis) ? A partir de quelle image du couple construisez-vous votre référence de relation à deux ?

Quelles "trahisons affectives" vous sentez-vous investi de réparer ou d'annuler ? Quelles associations sabotées, ou désertées, vous sentez-vous obligé de retaper, ou de réparer symboliquement, pour respecter les ordres de la mémoire collective de votre famille ?

Avec ces missions, vous semblez orienté vers des rôles de réconciliateur, de conseiller ou de thérapeute intuitif. Ces rôles sont à revaloriser, à remettre à flots. De préférence dans le sens du courant intérieur... Un courant qui n'est pas forcément celui qui est inscrit sur les ordres de mission familiaux. Vous êtes au courant ?

Ainsi, vous êtes invité à reconsidérer les divers rôles de rattrapage que vous pouvez être amené à jouer, au nom de la lignée familiale féminine. Une lignée qui a pu vous transférer ce que j'appellerais une "obligation de replâtrage"... C'est-à-dire cette nécessité de réaménagement des apparences. Celles qui cachent les stocks émotionnels familiaux emmagasinés depuis si longtemps ?

A partir de là, vous pourrez choisir votre manière de faire évoluer ces types de missions codées, au sein du patrimoine sensitif et émotionnel de votre groupe familial.

Osez ne plus dépendre du reflet de ces états intérieurs qui cherchent à se camoufler derrière le rituel des habitudes ancestrales et des réflexes sociaux.

Soyez clair avec vous-même : "Miroir mon beau miroir, ai-je les plus petites vagues sur mon océan intérieur ? Ai-je une mer sans rides ?"

"Comment traverser le reflet mobile et agité de mon ciel souvent grisailleux, et traversé par tous ces éléments houleux... en une plage paisible et accueillante ?"

Il vous est demandé ici de transformer vos désirs d'osmose romantique en alliances fécondes et équilibrées. Sans oublier de transformer aussi toutes vos velléités d'assistanat en possibilités d'éveil. En possibilité de développement de votre registre intuitif, le plus riche et le plus profond. Juste vous rapprocher un peu plus du fond... Sans le toucher ?

N'oubliez-pas de transformer votre tendance à la dépendance, en démarche plus centrée sur votre écoute intérieure et votre reliance intime. Développez cette empathie, consciente et juste, au service de l'autre en demande. Tout en restant attentif à la partie de vous-même dont vous n'entendez plus vraiment les demandes...

Qu'est-ce que vous cherchez à rattraper en vous dévouant aux autres, et en disant oui à leurs désirs... pour mieux recevoir leur estime ?

Que se passe-t-il quand vous passez à côté de vos élans et désirs profonds, en vous mettant si gentiment au service de l'autre, en oubliant de rester au service de ce qui, en vous, a aussi besoin d'être aidé ?

Qu'est-ce qui se joue lorsque vous respectez beaucoup plus l'autre que vous ne vous respectez vous-même, dans votre différence et dans votre originalité ? Observez votre originalité : vous amène-t-elle à renier vos origines, ou à adapter une "version personnelle intimiste" concernant les scénarios de ces missions familiales que vos parents ont estampillées comme telles ?

Restez bienveillant envers vous-même et à l'affût de vos petites voix intérieures vulnérables et fragiles... Même si cela peut paraître une sacrée mission ! Une "mi-ssion" à ne pas faire à moitié ?

Les missions familiales 12

Votre mission consiste à lire à travers les lignes, et percevoir le soleil à travers le brouillard, en ce qui concerne la recherche d'information concernant votre famille.

Il vous est suggéré de ne pas hésiter à tourner le regard à l'intérieur de vous, et parallèlement, découvrir ce qui se cache derrière le miroir des apparences.

Histoire de ne pas tourner le dos à votre vraie nature. Histoire de dialoguer avec vos extrêmes, et les relier entre eux. Osez aussi être le lien qui permettra à ces personnes, qui paraissent si opposées, ou si différentes, de se réunir, voire de se réconcilier. Le 12 évoque de sacrés retournements !

Ces missions s'articulent autour de votre capacité à savoir regarder les choses autrement, à changer souvent de point de vue (et la place de votre caméra ?). Cela en restant à l'écoute des signes, et des synchronicités, qui vous invitent à des mises à jour fréquentes. Histoire d'oser aller explorer ce qui reste tapi dans l'ombre ! Histoire de ne pas bronzer idiot au soleil de la reconnaissance des autres, et de la valorisation de votre image personnelle...

Certaines injonctions de réparation, ou de surcompensation, peuvent être directement issues du triangle œdipien que vous avez eu à confronter. Elles sont liées aux systèmes triangulaires vécus dans votre jeunesse, et autour desquels vous vous êtes construit et structuré. Ces systèmes triangulaires sont des reproductions de scénarios parfois très anciens, et puisant leurs racines dans votre histoire trans générationnelle.

Ces missions ont trait aux choix relationnels du petit enfant que vous avez été, partagé entre son père et sa mère. Puis à l'amant (ou l'amante) partagé(e) entre deux partenaires. Et tous ces systèmes à trois, où la mission centrale est de mettre en concurrence, ou en opposition, les deux autres acteurs. Ou, du moins, favoriser l'introduction d'une relation "extérieure" pour compenser ou ressouder la relation de couple, pimenter ou faire éclater la relation privilégiée à deux.

Vos missions familiales concernent ainsi toutes ces rivalités pas toujours exprimées, tous ces "tandems améliorés" plus ou moins masqués qui jalonnent votre vie relationnelle... Toutes ces jalousies, ces blessures narcissiques, à transformer, lâcher, dissoudre et reconsidérer. Sans retourner pour autant votre veste à tout bout de champ !

Les propositions du 12 peuvent être complétées par celles du 3 (réduit).

Voici des pistes illustrant largement des missions familiales de type 3.

Ces missions 3 vous invitent à briller aux yeux des autres pour être enfin "reconnu". Au sein de ces missions il est surtout question, pour vous, de vous faire remarquer, et de valoriser votre nom – celui de votre famille – à la face du monde...

Vous semblez missionné, pour mettre en place de belles lignes de communication interpersonnelle, et des systèmes d'échanges d'informations divers. Vous reste-t-il à mettre en œuvre un "internet familial" qui défie toute concurrence ?

La liste de ces missions d'apparence légères et animées, fourmille d'injonctions dynamiques qui vous poussent à accomplir des œuvres artistiques, ou des créations personnelles originales et médiatiques. Qu'elles soient littéraires, musicales, photographiques, ou tout simplement verbales, elles demandent la mobilisation de toutes vos inspirations. Il y a de l'artistique dans l'air, l'air de rien !

Pour mener à bien l'essentiel de vos missions familiales, vous avez intérêt à développer votre sens des relations, et votre capacité à faire votre propre promotion. Et pour cela, savoir parfois séduire, distraire, ou mettre en bonne condition vos interlocuteurs. Avoir l'esprit commerçant ne veut pas dire vendre n'importe quoi, ou "se vendre" à n'importe qui... Et à n'importe quelle occasion !

Ce ne sont pas vraiment des missions de clown, mais l'humour peut faire partie de la panoplie. Là où ça plie, mais ne rompt pas le contrat.

Souplesse, sourire et souffle léger, sont de mise. Et l'émission suit son cours, coûte que coûte. Les apparences ont leur prix. Un prix à payer si vous avez peur de ne plus vous trouver beau devant le miroir des projections d'autrui...

Les défis liés à vos racines familiales vous invitent à valoriser l'image de marque (qui marque à tous les coups ?) ou "l'appellation attitrée" de votre famille. Cela à plusieurs titres : commercial, social... Ou purement égotique. Histoire de vénérer un peu votre amour-propre, aux mains parfois pas toujours très propres. Histoire de rester fidèle à un nom générique. Un nom à passer à la brosse à reluire ! Juste pour vous faire cirer les pompes, et vous croire au sommet de l'affiche ?

Les missions de type 3 évoquent des scénarios de réparation, et des rôles de surcompensation, concernant ce qui a été plus ou moins valorisé par le passé (plutôt moins que plus !) dans votre famille.

Comment faire briller à nouveau ces vieux cuivres ternis ? Comment redorer ce blason noirci ? Comment refaire cette enseigne adorée de votre édifice familial aux couleurs plutôt passées ?

Qui, par le passé, n'a pas eu la reconnaissance méritée ? Qui a raté la marche au sommet des escaliers de la gloire ? Qui a été oublié sur la liste des "gens extra-ordinaires" et remarquables ?

Qui, finalement, n'a jamais réussi à se faire remarquer ? Qui, dans vos parents ou ancêtres, a connu ce style de scénario de série B, alors qu'il avait payé pour une 1 ère Classe avec vue sur la Mer ? Qui est devenu amer et, n'ayant pas pu suffisamment susciter l'intérêt, a perdu intérêt à la vie, a quitté la tête basse la scène du théâtre social et humain ?

Ces missions concernent des frustrations passées, des exclusions, des humiliations, qu'il vous reste à guérir et à effacer dans les programmes de l'inconscient familial. Une vraie mission pour cheval de Troie ?

Ainsi, vous êtes invité à vous engager dans des rôles un peu plus drôles, et un peu moins tristounets. Nez rouge et galipettes ne font pas obligatoirement partie du scénario ! Osez cependant certains rôles d'animateurs, de créateur enthousiaste ou d'humoriste inspiré. Ils peuvent trouver ici leur sens... leur chance unique ?

Sans oublier un certain travail au sein de votre famille. Histoire de l'interpeller au niveau des scories psychologiques mal digérées et mal éliminées... Et qui sont restées en travers de la gorge de "l'entité familiale vivante" ?

Histoire d'inviter votre famille à modifier certains refrains. Histoire, aussi, de respirer un bon coup, et permettre à toutes ces voix familiales de formuler les choses (et trouver leur voie ?), et s'exprimer plus largement... en toute simplicité !

Reconsidérez les scénarios plein de "jeux de maux", pour saga familiale pleine d'acteurs de feuilletons télévisés... Toutes ces dramatiques en "technicolère", pour missions sans rémission et ciné-m'as-tu-vu ?

Il vous est demandé ici de transformer ces désirs d'être applaudi sous les projecteurs (et les projections psychologiques ?). Ces désirs d'être valorisé à tout prix, sont à recycler en possibilités de vous reconnaître, de vous faire re-naître vous-même à la lumière de votre propre flamme. Sous l'éclairage infini de votre "Soleil intérieur"... Celui qui fait fondre la glace, ou le miroir des reflets artificiels et éphémères.

Lorsque vous ne pouvez plus vous voir en peinture et que votre famille devient une vraie galerie des glaces... Lorsque vous ne voulez plus vous mettre au diapason de ceux qui croient connaître la musique, alors que c'est du pipeau, et qu'ils ne cherchent qu'à vous "enduire en horreur"... Lorsque vous ne voulez plus continuer à jouer, lorsque le paquebot familial coule et que vous quittez la salle. Et les "saltim-banqueroutes" ?

Alors, donnez-vous pour mission de ne plus rester à "l'é-troit" dans votre habit de "dé-fête". Réapprenez à sourire à la vie, sans l'avis omni-présent des autres, qui n'est pas toujours un cadeau ! Ces missions osent vous le dire... En toute vérité.

Les missions familiales 13

Votre mission consiste à apprendre à faire certains deuils, et à vous entraîner à mourir à certaines formes, pour accepter de renaître à d'autres.

Ces missions vous poussent à développer votre capacité à intervenir au sein de ces "rituels de passages" qui aident à ne pas s'accrocher inutilement aux amarrages d'un temps révolu. Toutes ces métamorphoses qui demandent de lâcher les apparences anciennes pour en accueillir de nouvelles et repartir sur d'autres bases.

Vos missions concernent aussi ce qui peut être amélioré dans la manière de donner et de recevoir au sein de votre famille. Toutes ces habitudes de communication qu'il vous reste à reconsidérer, à transformer...

Certaines injonctions de réparation, ou de surcompensation, qui vous sont destinées, sont issues directement de votre relation passée père-fils (ou père-fille). Ou comment transformer ces relations peu satisfaisantes entre les pères et les fils de la lignée.

Toutes ces reproductions ne tiennent qu'à un fil ! Ces fils invisibles qui nourrissent ou affament, qui régénèrent ou tuent... Pour devenir un homme-debout, il vous reste à couper certains fils qui dirigent... la marionnette que veut faire de vous le système familial ?

Nous sommes ici, en plein dans les terres inexplorées du "Père-missionnaire"... Avec tout ce que cela engendre comme défis à ne pas se perdre, dans les marécages des reproductions de peurs, ou les déserts arides du masculin, blindé derrière ses protections matérielles et physiques les plus imposantes.

Ces missions vous incitent à poser les bases d'une nouvelle entente, ou d'une communication meilleure, entre les pères et les fils. Entre les générations qui se suivent, mais ne se ressemblent pas toujours !

Comme je l'ai déjà noté dans la symbolique du 13 : "Garder les pieds sur terre, pour éviter de se planter, là où les aïeux se sont déjà largement plantés !"

Les propositions du 13 peuvent être complétées par celles du 4 (réduit).

Voici des pistes illustrant largement des missions familiales de type 4.

Ces missions 4 vous incitent à effectuer diverses mises en place, mises en cadre, et mises en règle (pas des mises enceinte !) afin de renforcer vos ancrages et votre solidité personnelle.

Le sens du devoir inné du 4 vous chatouille le képi, et vous invite à prendre au sérieux les ordres de mission de protection et d'intendance, répertoriés dans votre tradition familiale et vos codes trans générationnels.

Vous êtes ici missionné pour effectuer des réalisations fiables et durables. Du travail consciencieux et précis, pour lequel il n'est pas forcément nécessaire de vous mettre sur votre 31 ! (= 4).

Du travail concret, discret... et sacré. De quoi vous sentir investi d'un rôle irremplaçable (et implacable) au sein de votre structure familiale. Un rôle de recherche d'identité. Votre identité propre... Et non une identité phagocytée par cette organisation vivante, de cette "caisse de résonance" familiale ... à servir sans tambour ni trompette !

Vos missions fourmillent d'injonctions qui vous poussent à accomplir des œuvres du cru, des ouvrages sans âge, des actions classiques et méritantes. Osez vous lancer dans cette production, la plus concrète possible, où l'huile de coude se glisse jusque dans les moindres détails.

Pour mener à bien l'essentiel de vos missions familiales, il vous sera nécessaire de travailler en fonction d'objectifs précis, et en respectant horaires et délais. Ici, les délestages sont contingentés et les contrôles fréquents !

Vous vous trouvez face à des défis familiaux, qui vous invitent à développer vos aptitudes à être crédible dans vos comptes, et efficace dans votre organisation personnelle.

Ces missions 4 évoquent des scénarios de réparation, et des rôles de surcompensation. Ces missions concernant l'investissement professionnel et les sécurités matérielles qu'il apporte.

Comment cadrer vos rêves, et trouver un cadre à l'abondance possible ?

Ne contournez pas tous ces chantiers restés inachevés, ou abandonnés, et que votre "mémoire familiale" se donne aujourd'hui pour mission de terminer ! Tous ces protocoles d'action, ces contrats de production laissés pour compte, qu'il vous reste à dépoussiérer à reconsidérer. N'en soyez pas sidéré ; votre famille compte dessus !

Vous êtes orienté vers des rôles de "réparateur" du passé et "d'artisan du présent". Des rôles, où vous risquez de vous retrouver parfois enrôlé de force... Silence dans les rangs !

A vous de vous positionner, pour éviter d'avoir à vous défiler au moment où on vous attend pour défiler... la pioche sur l'épaule ? Des situations à confronter et à creuser pour ne pas vous enterrer dans un cadre trop limitatif, ou trop pesant.

Vous avez des scénarios de rattrapage à jouer au nom des désirs de sécurité, tirés à quatre épingles, de certains de vos programmes ancestraux, placardés aux murs de votre cadre généalogique, comme autant de mobilisations générales... et familiales !

Tout ça pour ne plus confronter vos peurs ordinaires. Celles qui vous donnent des crampes au moral. Celles qui ont donné des varices aux membres actifs des gardiens du passé.

Confrontez et traversez ces peurs de manquer, ces peurs de ne pas terminer ce qui a été commencé. Ces peurs de partir, de changer... et d'être déraciné ? Ce n'est pas du ciné quand on en fait tout un plat ! Il reste juste à mettre les pieds dans le plat de ces jolies peurs, pour les rencontrer vraiment, et les traverser la tête haute et les mains libres, "sapeur-lipopette" !

Il vous est demandé ici de transformer vos velléités de reproduction des anciens modèles en orientations, ou en concrétisations nouvelles.

Comment, à partir de certaines fondations imposées, construire des œuvres à long terme, des murs qui défient le temps ? Comment mettre en place des cadres qui ne restent pas trop prisonniers des normes protectionnistes du passé (ou coincés par des "nationalismes" familiaux stérilisants et castrateurs) ?

Comment faire avancer les choses, et modifier ces habitudes familiales cristallisées, ou cryogénies, qui servent de repère immuable à votre édifice transgénérationnel ?

Comment faire le ménage de printemps dans les catacombes de vos devoirs familiaux et de vos diktats pré-établis, à remettre sur l'établi... Pour en couper tout ce qui dépasse ?

Comment finalement poser les bases de ces espaces d'abondance et de sécurité dont votre groupe familial a besoin aujourd'hui ? Pour ne plus rester dans cette odeur de moisi qui vous pollue l'esprit. Pour recycler les acquis et les déchets de votre passé ancestral. Pour garder les pieds sur terre, et la tête sur les épaules ?

Les missions familiales 14

Vous êtes invité à effectuer un certain travail au niveau de la structure-même de votre groupe familial. Au niveau de ses bases matérielles. Mais aussi de ses périmètres de "repli stratégiques", psychologiques et physiques.

Il vous est proposé de ne pas hésiter à réaménager les choses, à reconstruire sur du solide. A faire du neuf avec du vieux. A faire bouger les vieilles habitudes, et œuvrer pour mettre en place des repères différents, des fondations nouvelles, au cœur de votre vie.

Ces missions s'articulent autour d'un certain travail psychologique sur vos culpabilités et vos peurs, vous amenant à mieux vous relier à ce qui nourrit votre force intérieure et les habitants de votre monde intime.

Ces missions vous incitent aussi à faire un travail au niveau de votre famille considérée comme un corps, une "entité vivante". Avec ses somatisations qui touchent certains membres plutôt que d'autres. Avec ses systèmes internes d'auto-défense, ses blocages énergétiques, qui isolent ou séparent certains de ses éléments vitaux (certains collatéraux).

Vous êtes invité à effectuer certaines réformes, ou "révolutions", au sein du fonctionnement de votre structure familiale. Osez confronter ces habitudes transmises qui peuvent entraîner diverses répercussions physiques, voire sexuelles. Et des maladies familiales, dites "héréditaires", des handicaps à répétition, des accidents riches de sens... Et tout ce qu'on croit avoir "dans les dents" !

Un certain nombre d'injonctions de réparation, ou de surcompensation, sont issues directement des consignes et programmes les plus centraux de votre "système familial". Vous êtes ici au cœur d'un système de connexion intergénérationnel puissant. Les hérédités jouent un rôle très important dans la dynamique de ces missions familiales, en particulier celles qui sont issues de votre Père et de sa lignée.

Ces missions consistent, finalement, à purger, à "décrasser", le moteur de votre grand "véhicule familial", afin de lui éviter de nous rejouer le coup de la panne. Des pannes, handicaps ou "auto"-sabotages, ayant probablement jalonné le passé de certains "pères antihéros". Une histoire passée ayant peut-être été le cadre de certaines "ratées" au démarrage, de certaines marches arrière, sources de souffrance et de dévalorisation.

Il vous reste à lâcher ces reproductions, afin qu'elles ne parasitent plus votre vie ou rendent toxiques vos meilleures intentions. Vous avez à votre disposition une forte incitation à ne plus vous approvisionner à la pompe des scénarios masculins limitatifs (ou "victimisants"). Sans oublier de dénoncer la filière "victimisante", et de désamorcer, aujourd'hui, le "système punitif ou mortifère" quelque peu mis en place par le passé au sein de votre famille élargie... Histoire de mettre enfin un Tigre dans votre moteur familial ?

Les propositions du 14 peuvent être complétées par celles du 5 (réduit).

Voici des pistes illustrant largement des missions familiales de type 5.

Ces missions 5 vous incitent à vivre des aventures à répétition, agrémentées d'explorations riches en surprises de toutes sortes.

Autant d'injonctions qui vous incitent à accomplir des exploits, des dépassements de vous-même, et des performances personnelles, pour enrichir votre "palmarès familial".

Autant "d'ordres intérieurs", qui vous poussent à prendre tous les risques... Au risque de vous oublier vous-même, ou de vous droguer (sans dopage ?) à l'activisme, et à l'adrénaline extra-biologique ! Au risque de vous éparpiller à tous vents, dans cette course en avant, dans cette escalade énergétique, où parfois vos petites alarmes intérieures peuvent en vain “s’esquinter les clochettes”...

Vous êtes ici missionné pour effectuer ces compétitions sans faiblir... Et sans souffler (dans le ballon ?). Des compétitions mentales où l’on joue à-qui-trouvera-la-solution. Des compétitions physiques, où l’on joue à-qui-fera-le-meilleur-score... Encore et encore ! Au corps de se dépasser : C’est jamais assez !

Par ailleurs, vos missions fourmillent d’incitations à vous lancer dans des œuvres réformatrices, voire révolutionnaires. Des engagements à reconsidérer sans cesse. Des changements à remettre en question, à remettre en jeu... Perpétuellement ? Là, où les mutations sont en solde. Là où il n’est pas nécessaire de les déguster jusqu’au bout ?

Pour mener à bien l’essentiel de ces missions familiales, vous avez intérêt à développer vos capacités d’adaptation, votre jeu de jambes mental, et la rapidité de vos pirouettes aériennes. N’hésitez-pas à oser la différence, les idées nouvelles, les élans surprenants... Et les revirements soudains ?

Osez vous démarquer du troupeau, voire à vous marginaliser un peu, le temps de quelques rendez-vous inhabituels ou surprenants. Osez vous lancer dans des missions indépendantes et originales : celles qui souvent font avancer les choses ! Lorsque le levain fait monter la pâte. Lorsqu’il n’est plus vain d’espérer de nouveaux partages... de gâteaux ?

Difficile de rester “bonne pâte” dans un rôle de “vilain” petit canard au sein d’une couvée de poules ! Dans le “pool” des agitateurs, on n’admet pas les empotés. Votre mission est claire : Pas de rémission pour ceux d’en face, pas de repos entre les matches, entre les courses, entre les raids ! Le couteau entre les dents ?

Vous vous trouvez face à des défis liés à vos racines familiales, qui vous invitent à développer vos aptitudes à surprendre l’adversaire. Ces défis inconscients vous poussent à surpasser vos performances passées, à relancer votre machine à gesticuler... Ressemble-t-elle à une machine à ramoner les bronches, ou à cracher le feu ?

Ces missions de type 5 évoquent des scénarios de réparation, des rôles de surcompensation, concernant les exploits physiques... Et les “performances sexuelles” ? Vaste programme ! Remettre sans arrêt en jeu la coupe du Challenge, pour se prouver qu’on n’est pas dépassé ! Se dépasser pour rattraper tous les retards passés !

Et si vous dépassiez sur la ligne blanche les repères calibrés, pour réparer des engagements blancs d’une lignée généalogique restée en queue de peloton ? Même si ça n’a ni queue ni tête, en apparence. Quand il s’agit de sexualité, on n’a pas toujours les tenants et les aboutissants des enjeux et des montages inconscients qui sous-tendent les secrets d’alcôves, et dynamisent les aventures libidinales...

Vous êtes invité à jouer des rôles très actifs, les tifs toujours dans le vent. Osez tenir ces positions où il est nécessaire de toujours rester aux aguets... Le doigt sur la gâchette ?

Au fil de ces missions vous attendent des rôles d'aventurier tout-terrain, d'émigrant courageux, ou de "lonesome cowboy". Des rôles, enfin, où l'on n'aime pas se faire enrôler de force, et où on choisira plutôt de prendre le maquis, ou de faire "cavalier seul". S'aventurer "hors piste", ici on connaît. Mais, pas au point de pister le dahu !

Le 5, nombre de séparativité, vous invite à couper tous les cordons de la vie, toutes ces ficelles qui font de vous une marionnette manipulée qui ne voient que "deux-mains"... En oubliant d'assumer pleinement leur présent !

Ces missions de type 5 sont liées au rattrapage des échecs passés concernant toutes ces aventures ratées, tous ces créativités sexuelles bafouées ou ligaturées, tous ces raids ramollis et frigidifiés...

Vous avez quelques rattrapages à effectuer au nom des tenants du Nom, et de leurs branches annexes (et des débranchés de service ?).

Osez ces rattrapages pour délier les prisonniers de "na-guerre", ces déportés du désir, ces emplacardés de la chevauchée fantastique... Ces éjectés du rodéo. Et tous ces rodages sans âge qui n'ont jamais pris fin. Et qui ont toujours faim d'aventure et de vent du large, au rivage de la mémoire familiale, et au détour des refrains ancestraux... Plein de freins ?

Il vous est demandé, finalement, de transformer vos désirs de libération sans condition, en réalités plus diplomatiques, en situations moins conflictuelles ou clivées.

Transformer vos recherches, où chercher à dominer votre tête. Cheminez plus à l'écoute des multiples signes non-mentaux sur votre chemin.

Transformez votre désir de dépense-physique-à-tout-prix, votre dispersion accrue de l'énergie, en système plus centré, en alignement intérieur plus fructueux.

Ne fuyez plus "autour"... mais osez vous aventurer au centre ! Au centre de votre système familial, moteur de cette super-centrifugeuse qui a tendance à s'emballer (cette danse sans fin, au bal des valses en tout genre ?).

Rejouez la "balle au centre", au cours de ce grand match retour... Avec pour mission principale de remettre enfin les pendules à l'heure !

Les missions familiales 15

Ces missions vous incitent à rééquilibrer ce qui sous-tend vos désirs contradictoires ou dispersés dans votre cheminement personnel. Elles vous invitent à mieux réaligner vos circuits intérieurs, pour recréer une dynamique vitale source d'harmonie et de bien-être.

Il vous est suggéré de vous former à certaines techniques de rééquilibrage ou d'harmonisation corporelle. Pour aider les autres (et vous-même) à re-connecter ce qui a été coupé, ou castré, au niveau du corps et de la circulation énergétique. Pour vous aider à retrouver l'accès à vos propres ressources intérieures profondes.

En fait, vos missions concernent cette "Maison centrale" ou ce "Sanctuaire intérieur" corporel, qu'il vous reste à réorganiser et nettoyer, pour y voir plus clair en vous et vous sentir mieux dans votre peau. Pour réinvestir votre corps plus pleinement. Et ne pas hésiter à revérifier le gonflage des pneus, et le reste (sans se dégonfler ?) de votre véhicule corporel, qui peut vous aider à voyager très loin...

Vos missions familiales sont aussi liées à la sensualité et à la recherche du plaisir. Elle vous invitent à faire un travail sur vos attachements physiques, et vos attachements affectifs. Pour confronter les pièges de certains fonctionnements "parasites" qui jalonnent votre histoire personnelle et familiale.

Histoire de reconsidérer ce qui ressemble à de la possessivité, de la jalousie, de la rivalité... Afin d'oser avancer vers plus de liberté, de lâcher-prise et de confiance en vous (et en l'autre).

Certaines injonctions de réparation, ou de surcompensation, peuvent être issues du vécu sexuel du couple de vos parents. A la nuance près que le 5 (sexualité) est ici surtout relié au 1 (le père) avant de générer le nombre réduit 6 (la partenaire femme).

Aussi les scénarios de rattrapage, les mécanismes de réhabilitation, concernent-il plutôt la lignée des hommes qui vous ont précédé. Pour un thème de femme, la mission invite à reconsidérer l'image de l'homme et les jugements répétés a priori à l'égard du sexe masculin.

Vos missions familiales vous incitent à réconcilier votre cœur et votre sexe. C'est-à-dire guérir les plaies de votre cœur qui ont bloqué votre corps, ou les souffrances de votre corps qui ont fermé votre cœur, dans votre vie, mais surtout dans la vie de ceux qui ont précédé. Ces histoires de couples meurtris, ou d'amours détruits, qui habitent peut-être votre mémoire familiale proche ou lointaine.

Vous êtes invité à revaloriser l'image du couple au sein de la famille. Favorisez une nouvelle confiance en l'amour. Libérez-vous des vieilles crispations, tensions ou agressivités. Et enfin générez de nouveaux comportements concernant la relation à votre corps, à votre cœur, et à l'autre, partenaire attitré ou non.

Histoire de permettre à votre "moralisateur intérieur" de se recycler en joyeux initiateur d'une nouvelle relation au plaisir, et d'une nouvelle sexualité... Comme une nouvelle façon de faire la fête avec la vie !

Les propositions du 15 peuvent être complétées par celles du 6 (réduit).

Voici des pistes illustrant largement des missions familiales de type 6.

Les missions de type 6 vous incitent ici à des engagements du cœur, et à une forme de disponibilité aimante et chaleureuse.

Les missions sont orientées vers un idéal de bien-être et de convivialité. Avec le souci de développer une écologie intérieure épanouissante, et une qualité de vie du cœur et du corps, qui nourrissent l'existence de tous. Et vous donnent envie d'aimer sans oublier d'honorer votre vraie nature : celle qui prend sa source au divin en vous-même.

Vous êtes ici missionné pour effectuer une belle ouverture du cœur, et un vrai travail sur le corps vivant, reflet de son être profond. Utilisez votre grande capacité d'amour, et les dons de vos mains, pour soulager les corps, favoriser l'harmonie, le lâcher-prise et la confiance tranquille et féconde.

Vos missions fourmillent d'injonctions qui vous poussent à accomplir des œuvres donnant priorité aux élans de tendresse et aux désirs de paix. Ces missions consistent surtout à laisser agir l'amour en tant qu'énergie créative, en tant que source de guérison, en tant que lumière de vie. Ces missions vous donnent l'occasion d'oser l'expression de l'amour, et une nouvelle relation (ou reliance ?) avec ceux que votre histoire familiale a éloigné.

Pour mener à bien l'essentiel de ces missions familiales, vous êtes invité à développer la confiance en vous-même, et votre faculté à aller dans le sens du courant de la vie... Afin de pouvoir encourager l'autre à se faire confiance, et à se laisser porter par cette douceur, et cette fluidité, qui l'habitent au plus profond de lui-même.

Vous êtes invité à laisser s'épanouir plus largement les fleurs parfumées de votre jardin secret, et la délicatesse des couleurs de votre palette d'amour. Vous êtes aussi invité à cultiver cet état d'être relaxé, calme et serein, qui nourrit la présence à vous-même et à l'autre, au sein d'échanges sensibles et bons. Cette présence qui permet à votre cœur, et à votre corps, de s'exprimer pleinement.

Vous vous trouvez face à des défis, liés à vos racines familiales, qui vous incitent à développer vos aptitudes à reconsidérer vos attachements affectifs, et les points d'ancrage de ces liens. Un certain nombre de situations vous offrent la possibilité de couper les cordons ombilicaux, qui vous asservissent et vous étouffent chaque jour un peu plus. Utilisez toutes ces occasions de vivre de manière plus ouverte, et inconditionnelle, vos échanges affectifs et vos serments d'amour.

Ces missions évoquent des scénarios de réparation, des rôles de surcompensation qui concernent la relation amoureuse et l'investissement au sein du couple. Toutes ces relations vécues de façon chaotique, douloureuse, voire dramatiques, par certains membres des générations précédentes.

Tous ces partenariats de cœur mal digérés, ou re-évoqués avec cette nostalgie paralysante qui caractérise les histoires d'amour englouties dans les vagues du temps, ou évaporées dans les brasiers de l'histoire. Toutes ces histoires familiales à restaurer, à exorciser, et à rafraîchir, avec un regard du cœur assaini et purifié. En utilisant la force de nettoyage du pardon accordé du fond du cœur.

Il vous est proposé ici d'effectuer un travail de "réparation" et de pardon concernant les anciennes trahisons, les anciens "lâchages", vécus il y a parfois longtemps, et qui restent enfouis sous des couches de ressentiments ou de non-dits. Reconsidérez ces souffrances liées à des "tragédies" amoureuses du passé, que votre système familial héberge encore, et aimerait voir enfin réparées, gommées, guéries...

En fait, vous êtes amené à jouer les scénarios de rattrapage au nom de tous ceux qui ont raté leurs œuvres d'amour, et échoué à leur examens de passage à l'école du cœur. Tous ceux qui ont martyrisé leurs corps, au nom de contingences sociales ou religieuses. Au nom de directives inhumaines, ou de course à la "rédemption par la souffrance"... ou à l'abnégation d'eux-même ! Il paraît qu'on ne peut pas faire d'omelettes sans casser "d'eux" (même ?). La question est posée, à vous de "ré-pondre" !

Occupez-vous de ces anciennes séparations difficiles, de ces abandons peu reluisants, de ces éloignements imposés, qu'on ne voudrait plus "garder en stock" dans les mémoires émotionnelles familiales.

Ne contournez-pas ces vieux scénarios. Osez les réécrire autrement... Avec un "Happy End", comme dans certains contes ? Osez les transformer, et les recycler pour le plaisir de tous.

Il vous reste, effectivement, à transformer ces lambeaux plus très beaux en cadeaux du cœur et de la vie... Et en belles histoires d'amour à vivre ici et maintenant. Aujourd'hui n'est-il pas toujours le meilleur jour pour faire la fête à la vie ! Et décrocher la lune ? L'une et l'autre, comme vous voudrez...

Finalement, il vous est demandé, ici, de recycler l'énergie de ces "amours-sacrifices", de ces "amours-soumissions", ou "amours-marchandages", en une forme d'amour plus mature, plus responsable et plus équilibrée.

Osez vous respecter (et vous faire respecter) sans être l'esclave de votre ennemi intérieur, et des désirs de l'autre. Osez écouter plus finement votre cœur, même si cela modifie le registre de vos échanges amoureux et la relation de votre couple. Reconsidérez vos différents vécus affectifs, sous un angle plus large et plus familial.

Osez, enfin, vous aimer sans condition et laisser circuler en vous et autour de vous cette "amour-vie", cet "amour-ressource", qui parfois met à mal certaines barrières bien renforcées, certains systèmes dits "protecteurs". Cet amour qui balaye les scories, transporte un flot d'énergie infinie, et devient source ultime de transformation intérieure...

Vous êtes donc tranquillement orienté vers des rôles de pacificateur, des rôles de facilitateur d'amour (médiateur attitré ?), et des rôles d'éveilleur des sens (interdits ?). A vous de choisir ou non de vous favoriser l'accès au plaisir conscient, et au bien-être sous toutes ses formes, et sous toutes les latitudes intérieures.

Évitez, bien sûr, les pièges de "l'accoutumance corporelle", et les "drogues affectives". Celles qu'on sirote le cœur affamé, et dont on ne décèle pas, au départ, la toxicité. Auriez-vous intérêt à vous former comme "spécialiste de la désintoxication affective" ? Ou à pratiquer des cures de thalas-saut-dans-l'inconnu des espaces vierges des planètes amoureuses et des galaxies romantiques qui vous traversent l'esprit ?

Osez accéder au cœur de l'amour en vous-même. Cet amour qui palpite. Cet amour qui permet une mise à nu de votre âme. Cet amour qui vous pousse à éveiller le meilleur de votre monde intime, souvent si mal aimé ...

Les missions familiales 16

Ces missions vous incitent à accoucher d'une nouvelle conscience. En n'hésitant pas à féconder et transformer certains programmes mentaux par la force de l'amour.

Vos missions consistent à aider au développement, en vous et en l'autre, de ce qui ne demande qu'à aimer, et exprimer tendresse et chaleur humaine. Ces missions familiales s'articulent autour d'une recherche d'harmonie et de bonheur qui passe par la connexion intense entre le cœur et l'esprit.

Il vous est demandé ici de coupler le soin physique avec l'accompagnement psychologique. Un travail subtil au sein duquel le désir d'offrir du bien-être, va de pair avec le souci d'aider à la prise de conscience, à l'ouverture spirituelle.

Il vous faudra confronter certaines injonctions de réparation, ou de surcompensation, directement issues de la loi morale, ou de la vision du monde du grand-père paternel, pour ensuite faire avancer les choses.

Les missions familiales 16 pointent parfois certains scénarios liés à une femme qui se situe dans la lignée de votre mère, et a pu jouer un rôle de décision important par le passé. Est-elle intervenue, de manière plus ou moins souhaitée, dans le choix de son mari, ou concernant ses enfants, en particulier son, ou ses fils ?

Une de ces missions ne serait-elle pas de revaloriser le rôle de votre père et redonner du pouvoir à l'homme, dans une famille où il a cédé à la femme certains de ses atouts les plus spécifiques ?

Si vous êtes un homme et avez un rôle de père : il vous est demandé de vous investir plus largement dans ce rôle, de vous positionner clairement dans cette fonction familiale de repère et d'autorité, qui vous revient naturellement vis-à-vis de vos enfants.

Exprimez vos choix, en osant vraiment formuler ce que votre conscience intime vous dicte. N'hésitez pas à habiter pleinement votre place au sein du système familial, même si les femmes semblent y jouer un rôle majeur.

La structuration psychologique sans concession, va de pair ici avec la souplesse et le lâcher-prise relationnel. Ou comment développer l'art de faire cohabiter les deux !

Vous êtes ardemment invité à réharmoniser au sein de votre famille, d'un côté la nécessité de s'appuyer sur des cadres et des repères psychologiques clairs et précis, et de l'autre le désir de faire confiance à la vie, et d'écouter les élans du cœur, les élans du corps... en-core et encore !

Les propositions du 16 peuvent être complétées par celles du 7 (réduit).

Voici des pistes illustrant largement des missions familiales de type 7.

Les missions de type 7 vous incitent à faire des études et effectuer des réflexions d'ordre psychologique ou philosophique. Elles vous poussent aussi à tenter diverses quêtes spirituelles et méditatives. Le tout assorti d'incitations à accomplir des prouesses intellectuelles, et des œuvres conceptuelles importantes aux yeux de votre famille.

Vous êtes ici missionné pour effectuer un travail de compilation de données (et d'informations sur votre généalogie ?), un travail de structuration et de maturation d'enseignements solides et sérieux.

Les missions que vous avez à accomplir fourmillent d'injonctions vous poussant à vous lancer dans des études concernant l'analyse des phénomènes et des êtres, l'approfondissement des connaissances passées, et la prise de conscience la plus "raisonnable" possible.

Le savoir abstrait, et la recherche de "vérité objective", sont ici en première ligne ! Il vous reste à savoir où se situe la dose létale à ne pas dépasser, pour éviter l'encombrement et la saturation mentale...

Afin de mener à bien l'essentiel de ces missions vous êtes invité à vous ménager des plages de tranquillité d'esprit, et des espaces de solitude sécurisés. Cela pour pouvoir vous concentrer à votre guise sur les sujets que vous cherchez à "creuser".

Cela pour éviter de perdre le fil de vos pensées profondes, concernant des domaines déjà abordés ou maîtrisés dans le passé, par certains membres de la famille, par certains ancêtres professeurs ou "penseurs" avisés.

Vous aurez, de ce fait, à utiliser des enseignements du passé, et à vous positionner face à des habitudes mentales qui se sont transmises de générations en générations, au sein de la lignée psychologique à laquelle vous appartenez.

Vous vous trouvez face à des défis liés à vos racines familiales qui vous incitent à développer votre aptitude à aller à l'essentiel, à structurer clairement votre pensée, et à sélectionner vos priorités en fonction de repères précis. Afin de vous orienter vers ce qui correspond à votre programme personnel, et aux exigences de vos sécurités intérieures.

Ces défis concernent une certaine recherche de perfection. Là où les raisonnements s'emboîteraient les uns les autres à merveille, comme au cœur d'une montre suisse. Là où la logique emboîterait le pas à la tradition familiale et culturelle (de mise en boîte ?), tout en restant la clé de voûte d'une certaine vision du monde.

C'est comme si vous deviez mériter la médaille du parfait "Docteur es-spiritualité", ou du "Professeur haut placé". Au sommet de l'échelle, près du plat-front ? Oui, l'énergie serait-elle surtout placée dans votre tête... Et dans l'axe de votre voûte céleste familiale et généalogique ?

Ces missions évoquent des scénarios de réparation concernant ces études avortées, ces professeurs déchus, ces religieux défroqués ou cloîtrés malgré eux, et qui ont défrayé la chronique plus ou moins déformée de votre histoire ancestrale. Ces penseurs qu'il vous reste à surcompenser maintenant ! Ces plaies que vous devez panser encore aujourd'hui...

Aussi vous reste-t-il à jouer les "garagistes de la psyché", les réparateurs des âmes, ou les sauveteurs des naufrages psychologiques d'un passé parfois lointain.

Vous êtes, par ailleurs, orienté vers des rôles d'expert, de professeur attitré. Mais aussi, des rôles de "bibliothécaire", ou de gardien d'un savoir révolu. Vous sentez-vous poussé à jouer des rôles sans concessions, des rôles bien cadrés, des rôles aux dimensions calculées... qui vous conduisent à des engagements tirés au cordeau (le dos au mur ?).

Le tout sans lâcher ce joli fil d'Ariane, tissé de concentration mentale et d'huile de tête, assaisonné de connaissances indiscutables... En vous aventurant d'un pas mesuré dans le labyrinthe obscur de vos transmissions psychologiques familiales, et de ces chemins creux généalogiques (parfois peu logiques) du passé.

Ces scénarios de rattrapage sont à tenter au nom de ceux qui ont perdu la guerre de "feu la suprématie" de la tête bien remplie... Tous ceux qui ont fini par laisser des plumes, à trop prendre la plume pour écrire leur vie sans la vivre, ou à rédiger leurs mémoires pour s'y perdre, et oublier de s'investir dans leur présent. Ce présent qui reste toujours un cadeau du ciel, si on sait l'utiliser pleinement et le confronter au maximum.

Ces scénarios sont à jouer au nom du père, du fils, et du grand esprit... du Grand-Père ! Et tous ceux dont vous avez perdu les repères et les portraits peints (et les poudres de "père-l'un-peint-peint" ?).

Il vous est demandé de transformer ces vieux désirs de puissance par le savoir qui ont raté leur cible. Tous ces vieux désirs fermentés, ces "choucroutes mentales", liés à des histoires jamais écrites, et à des livres jamais lus.

En résumé, il vous est proposé de transmuter l'énergie de ces désirs passés, de ces attentes anciennes, en énergie dynamisante utile à votre prise de conscience actualisée... Et homologuée ?

En tant qu'ayant-droit de ces missions neuroniques, vous pouvez vous poser finalement la question : "Comment puis-je sortir de ce rôle de fidèle missionnaire de la confrérie des mâles-pas-si heureux-du-passé, et choisir mes engagements d'aujourd'hui, libre des fils à la patte, libre des téléguidages de mes racines ailées ?"

"Qu'est-ce qui se joue quand je continue, sans me poser de questions, à interpréter la suite des épisodes de ce long feuilleton, commencé il y a si longtemps ?...

Le tout sans vous prendre la tête... A la tête de tous ces anciens stocks aux odeurs de vieille église, et au parfum d'antan !

Les missions familiales 17

Ces missions vous poussent à vous appuyer sur le savoir et l'autorité de ceux qui ont développé sagesse et puissance spirituelle.

Le 17 suggère de mettre le savoir au service de l'homme, et non l'homme au service des savoirs et des dogmes. Aussi, vos missions familiales ici concernent la gestion de l'intellect et la relation au "pouvoir par le savoir".

Il vous est demandé de transformer certains programmes a priori un peu rigides, et "déconnectés" de la réalité, en stratégies constructives bien ancrées dans la matière. Histoire de remettre les abstractions de l'intellect dominant à sa juste place. Histoire de faire faire un peu de stretching mental aux crispations environnantes !

En fait, ces missions incitent à réaliser, d'une manière générale, de grandes œuvres ayant pour but de faire avancer la conscience et féconder l'esprit.

Certaines injonctions de réparation, ou de surcompensation, inhérentes à ces missions, semblent arriver en droite ligne de la lignée de ces "Hommes-Héros" de votre passé familial, cette lignée de "Pères conquérants"... Qui ne voulaient pas croire au Père Noël, et préféraient compter sur eux ?

Il vous est demandé de débusquer certains scénarios de rattrapages qui pourraient concerner ces "Chevaliers d'antan", ou ces miraculés de votre histoire familiale. Des combattants du savoir qui n'auraient pas utilisé suffisamment leurs atouts personnels, leur puissance intérieure et leur expérience propre du terrain. Il vous reste à ne plus laisser en suspend ces missions inachevées. Plutôt que de les laisser moisir à loisir !

Vous êtes invité à prendre la direction des opérations de "reclassement familial". N'hésitez pas à tout mettre en œuvre pour favoriser une nouvelle reconnaissance de votre père, ou de ces "Pères-la-science" que votre histoire familiale avait oubliés ou déclassés !

Ne négligez pas le travail sur la relation à l'autorité : soit un positionnement de votre part, face à l'excès d'autorité (ou autoritarisme) de certains membres de votre famille. Soit une aide appréciable au développement d'autorités défaillantes ou inexistantes dans ce système relativement "verrouillé".

Les propositions du 17 peuvent être complétées par celles du 8 (réduit).

Voici des pistes illustrant largement des missions familiales de type 8.

Les missions de type 8 vous poussent à des conquêtes héroïques. Elles vous incitent à mener, tambour battant, d'ambitieux chantiers, où il faudra apprendre à vous battre sans concession pour faire respecter vos droits.

Vous êtes missionné pour effectuer un travail de valorisation de vos acquis familiaux. Osez vous charger de la préservation des héritages matériels de votre groupe familial. Ces missions sont exigeantes. Elles vous demandent courage, lucidité et envergure personnelle.

La liste de ces missions fourmille d'injonctions qui vous poussent à vous engager directement sur le terrain d'enjeux importants. Cela pour conquérir votre place, et gagner des galons dans la hiérarchie sociale. Ces injonctions familiales vous poussent à mobiliser toutes vos forces sur des objectifs précis, et à utiliser le maximum de votre puissance personnelle avec maîtrise et justesse.

Pour mener à bien l'essentiel de ces missions familiales, vous êtes invité à affiner votre stratégie, et rendre plus performantes vos méthodes de réalisation préférées. Cela, en tenant compte de votre expérience propre, comme de celle de tous ces vaillants "guerriers", tous ces petits ou grands "conquérants", qui vous ont précédé.

Toutes proportions gardées, il existe des "Zorros", ou des "Supermen", dans toutes les familles. Leurs exploits remplissent (ou hantent) les mémoires inconscientes de tous leurs descendants. Ils nourrissent leurs rêves d'action et de puissance, parfois à leur insu.

Il vous est demandé de ne pas hésiter à partir à l'assaut de divers grands projets, aux enjeux financiers ou psychologiques importants. En faisant confiance à votre bonne étoile ? Et en comptant sur la puissance de votre si beau soleil intérieur...

Ainsi vous vous trouvez face à de grands défis liés à vos racines familiales. Ceux-ci vous incitent à développer vos aptitudes de Tigre royal, vos capacités de metteur-en-scène, de metteur-en-œuvre, et de "Maître Bâtisseur".

Afin de mettre en place, et de développer, des structures productives d'envergure. Afin de vous donner les moyens de rentabiliser les efforts financiers et humains, que vous avez investis au départ.

Ces missions évoquent des scénarios, et des rôles de surcompensation, concernant les injustices passées. Toutes ces pertes d'argent, toutes ces pertes d'honneur ou de statut social, qui auraient pu jalonner votre histoire ancestrale proche ou lointaine.

Vous êtes invité à réhabiliter certaines faillites matérielles ou psychologiques d'une autre époque : Pour que justice soit faite, aujourd'hui, au niveau de ces pertes "inacceptables", dont le deuil n'a jamais été réellement effectué. Ces défaites inoubliables qu'on voudrait oublier sans en tirer les vraies leçons, sans en confronter les interpellations et les opportunités de prise de conscience.

Vous vous retrouvez ainsi orienté vers des rôles de "justicier masqué", ou plus prosaïquement de "guérisseur des plaies du passé". Ces rôles peuvent vous amener à jouer les "Alchimistes" de votre corps familial. Ces rôles vous incitent à transformer les sombres déchets, ou les périodes les plus noires, en riches atouts présents ou en lumineuses perspectives pour l'avenir.

Développez diverses manières de reprogrammer, reconsidérer et transmuter l'énergie bloquée, ou coincée, autour de ces évènements disqualifiés, de ces nœuds si bien serrés (dans les cœurs ?), de ces épreuves dramatisées (dans les tripes !)...

Vous êtes sollicité pour jouer des rôles de Grand Héros du jour, dont la famille tout entière pourra être si fière. Celui ou celle qui aura droit à tous les honneurs, pour exorciser les vieilles hontes passées.

Un héros qui ne sera couronné que dans la mesure où il reviendra vainqueur de ces croisades contre les démons anciens, et les traîtres d'un temps révolu... et dont il ignore bien souvent l'histoire réelle, et les composantes intimes.

C'est pourquoi il vous est demandé d'oser mettre en chantier ces "mines généalogiques" avec courage et passion. N'oubliez pas de creuser les choses au niveau des contes et légendes, peuplant vos forêts familiales, et remplissant les encyclopédies (et les grimoires) des mémoires complexes du système familial dont vous faites partie.

Autant de scénarios de rattrapage à jouer au nom de vos ancêtres bafoués, dépouillés ou déportés. Autant de remises à jour à effectuer au nom de ceux qui – avant vous – ont injustement payé le prix fort, face à des fauves aux dents longues, ou des tyrans (ou colonisateurs ?) sans scrupules...

Un grand travail à effectuer pour ne plus oublier ces victimes familiales ayant souffert de ces guerres militaires, psychologiques ou financières, ayant secoué le passé.

Il vous est demandé, d'effectuer maintenant des "frappes chirurgicales", ou des opérations à greniers ouverts. Pour remettre enfin à plat les cartes truquées du passé, compenser les déshonneurs subis, et guérir les contagions invisibles qui vous relient à ceux dont vous avez peut-être déjà oublié le nom. Ou ceux dont personne n'ose plus le prononcer...

Enfin, il vous est fortement suggéré de transformer les désirs de vengeance, les "vendettas", en démarches plus sages et plus positives. C'est-à-dire, transformer les "désastres" ou les "tortures" passées, en semences nouvelles bénéfiques. Cela pour enrichir votre terre familiale d'aujourd'hui, et lui offrir les engrais qui la rendront productive... Afin qu'elle devienne porteuse d'un monde meilleur, de fruits nouveaux et d'une conscience plus mature.

C'est en considérant, en toute lucidité, les mauvaises herbes tenaces de ces rapports de forces bien ancrés au sein de votre famille, et tous ces jeux de pouvoir aux racines souterraines entrelacées, que les conditions de nouveaux échanges, ou de nouvelles relations, pourront voir le jour.

Héros ou héroïne concerné par ces sollicitations, vous avez finalement du pain sur la planche ! Il vous reste à vivre de passionnantes missions !

Sans oublier de remettre en question certains de ces "ordres de mission", plutôt deux fois qu'une ! Pour éviter d'en faire trop. Pour éviter de jouer inutilement les héros... Et jouer les Zéros manipulés par les marionnettistes du passé ?

Les missions familiales 18

Ces missions vous incitent fortement à partir “en juste croisade”, avec des buts humanitaires, et une vision collective ou planétaire des choses. Sans oublier de trouver la bonne distance avec tous les jeux de pouvoir qui jalonnent votre chemin de recherche de justice, et de fraternité universelle.

Au cours de ces missions, il vous est demandé de jouer un rôle, dynamisant et transformateur, au sein des groupes. En l'occurence ici au niveau de votre groupe familial.

Vous êtes incité à apprendre à canaliser consciemment, et avec maîtrise, les puissantes énergies que vous avez à votre disposition. Dans le but d'aider au bien collectif, et de participer au bonheur de chacun.

Vos missions s'articulent autour de belles capacités à intervenir, parfois “au feeling”, dans des entreprises importantes, et des chantiers imposants.

La majorité des injonctions de réparation, ou de surcompensation, liées à ces missions, semblent provenir de la lignées des hommes qui vous ont précédé.

Il semble qu'on compte sur vous pour mettre en œuvre des scénarios de rattrapage, concernant certaines luttes de pouvoir, qui ont pu occasionner divers désagréments, et dégâts matériels ou psychologiques, au sein de votre famille.

Vous avez à confronter d'anciennes injustices liées à des héritages convoités, ou mal répartis entre ayant-droits. Ces testaments ayant mis en lumière des clivages, ou focalisé des jalousies rampantes... Toutes ces petites ou grandes batailles psychologiques, menées au nom d'intérêts personnels, déshonorant le nom porté par leurs acteurs.

Ces mauvais scénarios semblent avoir eu lieu dans un passé relative ment proche (2 ou 3 générations) , dans votre “lignée du nom”, c'est-à-dire en remontant du côté de votre père. Osez reconsidérer ces vieilles stratégies sans état d'âme, ces anciens complots cachés... pour enfin les amnistier ?

Ces missions vous invitent à creuser dans vos colères enfouies, afin de réaborder certains “sujets qui fâchent”, et vous en libérer. Osez exorciser ces “fautes”, ou “injustices” passées, au sein de votre histoire familiale, vous vous sentirez plus légers !.

Évitez seulement de trop jouer les “Héros vengeurs”, ou les “Messies rédempteurs” au sein de votre famille. Mettre trop vite et trop fortement les pieds dans le plat, n'a jamais donné meilleur goût à la sauce ! Mettre les choses à plat ... et sauce qui peut ! Oui ! Mais sans tirer dans le tas, ou diaboliser les “mauvais éléments”.

Il vous est fortement suggéré de reconquérir les espaces matériels et spirituels abandonnés par ceux qui vous ont précédé... et de rejouer la cérémonie du sacre ? Tout ça plutôt qu'un massacre, me direz-vous !

Faites juste attention de ne pas couper la branche (généalogique?) sur laquelle vous êtes assis... N'oubliez pas certains vieux croûtons dans la soupe familiale... Celle qui mijote depuis si longtemps !

Les propositions du 18 peuvent être complétées par celles du 9 (réduit).

Voici des pistes illustrant largement des missions familiales de type 9.

Les missions 9 ressemblent à des actions humanitaires ou sociales. Elles vous incitent à vous engager au service du collectif. Ces missions peuvent vous conduire au-delà des frontières géographiques, culturelles et raciales qui sont les vôtres.

Vous êtes ici missionné par votre famille pour effectuer des rassemblements autour d'idées de fraternité universelle, et de projets collectifs, où chacun pourrait jouer pleinement son rôle et être réellement partie-prenante. C'est-à-dire sans leadership imposé et sans autoritarisme. Dans le respect des sensibilités diverses, et des croyances de chacun.

Vous êtes poussé à accomplir des œuvres à vocation universelle, favorisant l'ouverture de conscience. Pour apporter lumière et réconfort, là où subsistent souffrance, exploitation et exclusion. Pour éveiller l'esprit, et faire avancer la responsabilisation collective et planétaire.

Pour mener à bien l'essentiel de ces missions familiales, vous êtes amené à vous entourer d'alliés divers : des bénévoles du cœur, ces dévoués de l'esprit, qui sont toujours disponibles pour l'échange, la circulation des informations, et l'assistance tous terrains.

Vous avez à confronter des défis liés à vos racines. Ils vous incitent à développer vos aptitudes à concrétiser vos rêves, et à vous investir au service de vos idéaux humanistes et généreux. Sans oublier de développer aussi votre belle capacité à repérer les signes de l'invisible (avec toutes leurs synchronicités et clins d'œil subtils), et tous les messages de l'Inconscient collectif, à l'œuvre en chacun...

Ces missions évoquent des scénarios de réparation, et des rôles de surcompensation, concernant la dynamique du groupe constitué par votre famille, avec tous ses échanges "multilatéraux" et ses systèmes de relations internes.

Ces rôles consistent à repérer, et réactualiser, les contrats collectifs tacites mis en place par le passé. Tant au niveau de l'aide, qu'au niveau de la sécurité offerte à tous les membres de votre famille, sous certaines conditions d'adhésion aux "directives générales" du groupe.

Vous êtes invité à reconsidérer ce qui n'a pas fonctionné de façon positive dans les générations qui vous ont précédé. Ces tiraillements, ces trahisons, ces abandons, qui ont mis à mal la solidarité familiale recherchée. Ceux de vos ancêtres qui ont agi contre leur fratrie. Tous ceux qui n'ont pas respecté les valeurs d'entraide collective, et ont bafoué les règles de convivialité et de cohésion de votre groupe familial.

Vous êtes ainsi orienté vers des rôles de "nettoyeur". Des rôles fondamentaux pour effectuer un certain ménage dans vos vieilles malles, ou dans le fond de vos placards ancestraux. Des rôles de "passeur" : pour faciliter l'accès à autre chose de plus évolué. Tout en respectant l'esprit d'origine, et les intentions essentielles, ayant nourri les bases de la cohésion spirituelle intime de votre famille élargie.

A vous de jouer ces scénarios de rattrapage au nom de ceux qui ont souffert de certaines dissensions au sein de votre famille. Celles et ceux qui ont pâti de certaines mises à l'écart ou de certains conflits.

Tous ceux qui sont restés sur la touche. Tous ceux qui, par ailleurs, ont eu à porter une trop grosse partie du fardeau collectif sur leurs maigres épaules... Tous ceux, enfin, qui n'ont pas pu jouer le rôle qu'ils auraient souhaité dans votre paysage familial, ou dans votre histoire généalogique.

Il vous est demandé de transformer les vieux désirs de "groupe fermé et figé" en élans d'ouverture et d'évolution collectives. Transformer ce qui a pu être étouffant, ou stérilisant, dans les choix et orientations de votre collectif familial.

Osez transformer les messages inconscients cachés, en messages plus clairs, à utiliser ici et maintenant pour le bénéfice de tous. Décodez les "parchemins familiaux". Mettez à jour les plans anciens... Pour aller à la recherche de votre "Trésor familial", dans la jungle émotionnelle et les forêts de souvenirs de tous ceux qui vous ont précédé.

Comment vous charger de ces diverses missions sans trop vous perdre dans cette foule de pistes et de signes, sans vous oublier, sans vous noyer dans ces eaux profondes et infinies ?

Comment penser aussi à vous ? Comment vous respecter, tout en remplissant, à votre façon, ces fonctions nécessaires, mais non absolues ? Comment voir loin dans votre passé, et capter ce qu'il veut vous exprimer, tout en restant bien planté dans le présent, tout en assumant vos responsabilités d'aujourd'hui ?

Qu'est-ce qui se joue quand vous vous croyez indispensable à la survie de votre "espèce familiale", et des héritages des lignées qui vous ont précédé ? Qu'est-ce qui se joue dans la rencontre de votre univers personnel et de l'univers, complexe et vaste, de votre arbre généalogique ?

Vous n'avez pas pour rôle de tout remettre à neuf ! Aussi, lâchez les jugements et les incitations des autres, concernant ce qu'il vous serait bon ou mauvais de faire. Ce qu'il serait suffisant ou insuffisant de réaliser à leurs yeux, ou plus généralement au bénéfice de votre groupe familial...

Pour outrepasser ces missions outre-mères, que tous ces pères outrés voudraient vous voir assumer à leur place ? Toutes ces positions de missionnaires à remettre en question... Et à réinvestir autrement pour qu'elles soient plus fécondes ! Et que votre réalité d'aujourd'hui jouisse d'un soleil neuf qui n'a plus peur des ombres du passé les plus profondes...

Les missions familiales 19

Ces missions vous incitent à resituer les choses au sein d'une action collective, avec une vision plus globale des phénomènes et des enjeux psychologiques. En particulier les enjeux inconscients qui sous-tendent et nourrissent toute initiative humaine.

Vos missions consistent ici à développer votre propre capacité à rassembler les êtres, et à réunifier leurs diverses opinions ou options. Elles vous poussent à faciliter la cohabitation de croyances et de mythes variés au sein d'une orientation commune, beaucoup plus universelle.

Ces missions familiales s'articulent autour d'un souci majeur d'ouverture de conscience et de positionnement personnel éclairé. Avancez de façon souple, intuitive et imaginative, mais en vous donnant un axe spirituel central, et en suivant une direction précise et claire.

Le nombre 1, présent à chaque étape de la réduction du 19, soit 10 puis 1, peut évoquer 3 rôles ou images de Père. Votre père immédiat, celui qui "vous appartient", puis un deuxième père, pôle central de votre groupe familial, et enfin un père beaucoup plus "collectif" et universel : un père spirituel. Seraient-ce les trois registres d'expression du même homme, ou plutôt divers rôles joués dans votre vie par des acteurs "paternels" différents, et qu'il vous reste à relier dans votre progression personnelle d'ouverture de conscience ?

L'essentiel de ces missions consiste à utiliser trois registres complémentaires : initier ou diriger, puis renouveler ou élargir, et enfin rassembler et conscientiser. Dit d'une autre manière : Choisissez une direction précise, puis assouplissez la trajectoire tout en restant sensible aux facteurs environnants, et enfin donnez un sens (spirituel ?) à l'ensemble. Et le tour est joué ?

Vous avez à confronter certaines injonctions de réparation, ou de surcompensation, provenant des volontés supposées d'un père idéalisé ou d'un collectif d'hommes, plus ou moins engagés, par le passé, dans leur fonction de père, leur fonction d'éclaireur avisé, ou de chef incontesté de votre groupe familial. Histoire de jouer les garagistes du système ?

Osez reconsidérer ces fonctions avortées, ces fonctions reniées ou délaissées. Aidez-les à réémerger de la mémoire collective de votre famille et de son histoire passée.

Osez la remise à neuf, en quelque sorte, des im-perfections, des in-satisfactions, ou des in-constances de ce passé familial...

Réévaluez l'ensemble au regard des im-pératifs actuels, et des in-contournables nécessités d'évolution in-dividuelles et collectives.

Il vous reste enfin à favoriser l'indice d'un sang neuf (1, 10,1 sans 9 ?) au sein de votre corps familial...

Les propositions du 19 peuvent être complétées par celles du 10 (réduit) et du 1 (réduction finale).

Voici des pistes illustrant largement des missions familiales de type 1.

(Se reporter aussi aux LMF 10 présentées précédemment.)

Vos missions inconscientes d'ordre familial vous poussent à une compétition perpétuelle avec les autres. Elles vous incitent à combattre la partie douce en vous-même, qui ne souhaite que lâcher-prise et paix.

Ces missions peuvent prendre la forme d'une recherche de dépassement, d'un désir de repousser vos limites apparentes, et de la volonté de vous catapulter en première ligne.

Vous semblez missionné pour effectuer de nouvelles percées, en utilisant vos capacités d'invention, en tirant votre "starter mental", avant que vos partenaires n'aient eu le temps de dégainer le leur. Vous êtes poussé à agir vite, plus vite que les autres. Comme une flèche. Une flèche qui a tendance à suivre, dans un premier temps, le sens indiqué par la "flèche familiale".

C'est comme si vous n'aviez pas le droit de vous tromper de cible ! On vous veut "invin-cible"... Il vous est demandé de faire ce que nombre de vos aïeux n'ont pas réussi à réaliser, ou à positionner avant vous.

La liste de vos missions fourmille d'injonctions qui vous incitent à accomplir des œuvres de pointe, en échappée du peloton, à l'avant-garde du bataillon des suiveurs. Des missions qui consistent à ne jamais démissionner, et à faire preuve de force de caractère : prendre une direction et vous y tenir. Diriger et assumer vos choix et options à la face du monde, et ici, surtout, au regard de votre famille.

Ces missions se veulent aussi rectilignes que la droite verticale dessinant le nombre 1. Une droite pointée vers le ciel, vers les hauts sommets ! Une aptitude adroite à prendre très vite de l'altitude... Question d'attitude, où la priorité des priorités est d'être, et de rester, le premier : le premier de cordée, le premier à s'accorder si peu de temps pour se décider, le premier à gagner du temps coûte que coûte.

Ces missions semblent sans rémission. Elles nécessitent que vous y mettiez le prix, vous m'avez compris, pour ne rien rater en route ! Chaud devant ! Au temps en emporte le devant...

Pour mener à bien l'essentiel de vos missions, vous êtes amené, inconsciemment, à occuper la première place et à vous y tenir. Il vous est surtout demandé d'apprendre à vous centrer, et à faire des choix clairs.

Vous serez d'autant plus suivi, en tant que chef, que vos décisions seront précises, prises avec lucidité, et émanant d'une conscience suffisamment claire.

Les défis liés à vos racines familiales vous invitent à développer vos aptitudes à l'action autonome, et aux engagements dynamiques. Ainsi que vos dons de précurseur performant ou d'initiateur puissant. Il vous est demandé de ne pas négliger vos dispositions à agir en spécialiste et à rester "pointu" dans votre domaine de prédilection : l'innovation, l'invention. Im-placable ou im-peccable, vous restez "toujours prêt" ! Et après ?

Ces missions évoquent des scénarios de réparation, et des rôles de surcompensation, concernant la relation à l'autorité, et la capacité à se positionner haut et fort.

Il vous reste à reconfronter ces rôles de chefs, si mal joués par ceux qui vous ont précédé... Ces engagements si mal tenus. Il vous reste à vous occuper de ces "hontes" à effacer, toutes ces "démissions" à réhabiliter, toutes ces "lâchetés" à vous faire pardonner.

Vous avez à jouer ces scénarios de rattrapage au nom de tous ceux qui ont porté le même nom que vous. Tous ceux qui ont "sali", voire traîné ce nom dans la boue. Ceux qui l'ont laissé se fondre dans la masse... Et passer inaperçu ?

Osez divers scénarios de rattrapage... Pour rattraper le temps perdu et tourner la page de toutes les mauvaises notes du passé. Vous est-il nécessaire de courir si vite pour rattraper... ce qui est derrière vous ? Chacun chez soi et chacun ses choix. Osez les vôtres !

Une fois ces scénarios décelés, ces missions découvertes, il vous reste à transformer leur contenu, leurs injonctions et leurs obligations sous-jacentes. Il vous reste à vous aventurer "hors piste", sans pour autant renier ceux qui ont écrit ces ordres de mission. Vous n'avez pas à assumer toutes leurs humiliations, leurs dévalorisations, leurs ressentiments ou tout simplement leurs peurs.

Il vous est demandé, ici, de transformer les vieux désirs de domination de ceux qui vous ont précédé. Recyclez leur volonté à imposer leurs désirs, en quelque chose de plus souple, de plus sage, de plus humain.

Passez d'un positionnement "tyrannique et sans détails", à un positionnement plus centré et plus confiant. Bien posé, sûr de votre force, unifié en vous-même, vous n'aurez plus besoin de forcer la dose ou de jouer l'agressivité... Vous n'aurez plus envie de jouer les chefs durs et intraitables, les "durs à cuire", refusant à tout prix de battre en retraite... Et de se faire traiter de traître ?

Comment vous charger de ces missions sans en être le jouet inconscient, poussé de-ci de-là comme un bouchon sur la houle ? Comment pouvez-vous sortir de ce rôle de fidèle missionnaire, dans lequel vous vous êtes peut-être mis, sans vous en rendre vraiment compte ?

Comment compter sur votre vraie force ? Une force qu'il vous reste aussi à mettre au service de vous-même, et de vos objectifs propres, nettoyés des habituelles injonctions commanditées.

Ces questions vous invitent à faire un pas en avant, au plus près de vous-même et de vos objectifs les plus authentiques. Elles vous suggèrent de faire honnêtement le point... et de mieux cerner votre cible.

Vous avez à effectuer votre mission de recentrage au sein de cette famille qui, quoi que vous fassiez, est toujours la vôtre. Vous avez à remettre les pendules à l'heure au cœur de ce groupe qui cherche à donner le ton et qui parfois fait "fausse note" ?

En restant une note dans la "gamme familiale", vous avez à faire valoir votre propre ton, et assumer ce qui résonne en vous et caractérise votre démarche personnelle... et spirituelle.

Les missions familiales 20

Ces missions vous incitent à utiliser vos dons intuitifs et vos capacités thérapeutiques, afin d'aider l'autre à dépasser ses dualités, et ses oppositions intérieures, tout en lui suggérant une meilleure écoute de lui-même et de ceux qui l'entourent.

Vos missions vous poussent à vous engager dans la relation d'aide (professionnelle ou non). Elles vous proposent de soigner les autres et en particulier les membres de votre famille... pour participer à la guérison des plaies ancestrales, pour assainir les eaux troubles (les transformer en 20 ?) des mémoires familiales émotionnelles héritées en cascades...

Afin que le bonheur ne soit plus un "20 mot" ?

Au fil de ces missions, il vous est demandé de surcompenser ces thérapeutes du passé (ces "infirmes-hier"), tous ces "soi-niants" qui se sont niés eux-mêmes, pour ne pas renier leurs consignes religieuses de référence, pour se sentir reconnu en se sacrifiant aux autres. Vous devenez le relais ou l'acteur de remplacement de ces ancêtres qui auraient aimé jouer un rôle important dans la médecine du corps ou dans celle de l'âme. Et qui ont vu finalement ces fonctions leur échapper (certains l'ont-il échappé belle ?).

Faites juste attention, en voulant rattraper tous ces projets abandonnés, toutes ces velléités passées, de ne pas trop jouer un rôle de sauveur et de guérisseur-magicien au détriment de l'ensemble de votre petit monde intérieur et de son respect.

Évitez seulement de vous faire rattraper par les petits virus (rusé ?) d'aide à tout prix, et de l'interventionnisme compulsif.

Celui qui vous aliène comme une drogue et vous éloigne du meilleur en vous-même !

Voir, en complément, les pistes offertes par les missions de type 2 déjà adjointes aux LMF 11/2 et dont voici quelques rappels :

– Des engagements importants au sein de partenariats ou d'associations durables, d'ordre affectif ou thérapeutique. Là, où l'écoute sensible et la disponibilité intérieure sont essentielles. Rôles de réconciliateur, d'intermédiaire médiateur, ou de "maternage".

– Des rôles de "capteur sensible" : Percevoir et pressentir les moindres signes émis par l'autre, et votre environnement proche. Empathie avec l'autre et ouverture facilitant ses confidences...

Cela, en gardant la bonne distance de réception et d'écoute. Et en sachant rester présent à toutes les sources émotionnelles sous-jacentes.

– Engagement dans la relation d'aide à l'autre. Là où il est nécessaire d'utiliser les techniques d'entretien, pour permettre à l'autre de mieux se dire et mettre des mots sur sa propre réalité.

– Invitation à décrasser votre canal intérieur perceptif. Une purification nécessaire de votre "téléphone intérieur" pour avancer de manière plus claire. Pour vous libérer des parasitages émotionnels qui peuvent limiter la finesse de vos "radars intimes".

– Vous êtes poussé à développer votre aptitude à capter les ambiances, à percevoir l'état intérieur de votre interlocuteur, et à lire à travers lui avec finesse et modestie. En vous mettant à son service. C'est-à-dire, en accueillant le meilleur de lui-même, et en lui permettant de se relier doucement au reste de son paysage intérieur.

– Présence de scénarios de réparation, et de rôles de surcompensation, concernant la relation d'aide, et la manière de vous situer face à l'autre.

Ces consignes émises par certaines personnes de votre famille qui n'en n'ont pas fait assez... Ayant si peu été écouté, conseillé ou aidé, elles vous donnent inconsciemment pour mission d'écouter, conseiller et aider tous ceux et celles qui se trouvent sur votre chemin. D'autant plus que leur situation ressemble (ou rappelle) ce qui a été vécu jadis, par ces "missionneurs familiaux".

- Interférences sur la construction de votre couple. Quelle vision de la relation à deux vous a été transmise... et missionnée ? Quelles "trahisons affectives" vous sentez-vous investi de réparer ou d'annuler ? Quelles associations sabotées, ou désertées, vous sentez-vous obligé de retaper, ou de réparer symboliquement ?
- Rattrapage au nom de la lignée familiale féminine qui a pu vous transférer ce que j'appellerais une "obligation de replâtrage"... Cette nécessité de réaménagement des apparences. Celles qui cachent les stocks émotionnels familiaux emmagasinés depuis si longtemps ?
- Ne plus dépendre du reflet de ces états intérieurs qui cherchent à se camoufler derrière le rituel des habitudes ancestrales, et des réflexes sociaux.
- Missions de transformation de vos désirs d'osmose romantique, en alliances fécondes et équilibrées. Sans oublier de recycler toutes vos velléités d'assistanat en possibilités d'éveil intérieur et de réveil de votre registre intuitif, le plus riche et le plus profond.
- Mission, aussi, de transformation de votre tendance à la dépendance, en démarche plus centrée sur votre écoute intérieure et votre reliance intime. Histoire de développer cette empathie, consciente et juste, au service de l'autre en demande. Tout en restant attentif à la partie de vous-même dont vous n'entendez plus vraiment les demandes...

Les missions familiales 21

Ces missions vous incitent à vous donner les moyens d'agir en votre propre nom, avec votre propre style, et en écoutant plus directement votre petite voix intérieure.

Elles concernent plus particulièrement le triangle parents-enfant(s). Ce cas de figure (géométrique ?) où chacun est invité à retrouver la place qui lui revient (en travers de la figure ?). Cela en évitant gentiment de mélanger les lignes de communication inter-individuelles, ou de brouiller les messages émis et reçus par chacun des membres de ce système fondamental ...et œdipien.

Dit symboliquement : Comment pouvez-vous devenir un bon père et/ou une bonne mère pour votre enfant intérieur ? Que faire pour éviter qu'un des trois éléments (ou sommets) de ce triangle, ne se mettent en travers (ou au milieu) de la relation des deux autres.

Cette mission de base, hautement diplomatique (car il faut bien laisser les deux autres "plots" se relier harmonieusement) est foncièrement nécessaire, pour les membres du trio.

Trier, sans arrêt trier, on n'y échappe guère !

Ce travail concerne le noyau familial, autour duquel se sont structurés les modes de communication et les échanges relationnels intimes. D'une manière générale cette interpellation concerne aussi tous ces partenariats, tous ces jeux relationnels (et ces couples), qui tissent votre vie et illustrent vos dons ou maladresses en matière de communication (et d'hygiène relationnelle).

Sans parler de vos difficultés à vous aimer, et à vous reconnaître réellement vous-même, libres du regard ou de la reconnaissance des autres...

"Dis papa, regarde-moi ! Dis, maman, reconnaît moi ! Miroirs mes beaux miroirs, suis-je la plus belle, ou le plus beau, encore et toujours ?".

Dans le paysage familial, le soleil et la lune ne brillent pas toujours dans un ciel sans "nouages" !

Alors il vous reste à défaire les nœuds qui vous bloquent. Il vous reste à délier les fils de ces toiles d'araignées, où règne un certain vide intérieur qui génère le désir de paraître. Là, où le vernis cache votre peur d'être pâle et sans saveur, face à vous-même, face aux autres et à la face du monde ?

Panneau triangulaire = Danger ? Sortez de cette toile pour éviter de voir trop d'étoiles... Et ne plus pouvoir vous voir en peinture ?

Voir, en complément, les pistes offertes par les missions de type 3 déjà adjointes aux LMF 12 et dont voici quelques rappels.

- Missions de reconnaissance... de vous-même et du groupe familial : vous faire remarquer, et valoriser votre nom – celui de votre famille – à la face du monde... Eh oui, cette "image de marque" a son importance !
- Mettre en place de belles lignes de communication interpersonnelle, et de systèmes d'échanges d'informations divers. Un "internet familial" à défier toute concurrence ?
- Accomplissement d'œuvres artistiques, ou des créations personnelles originales et médiatiques. Littéraires, musicales, photographiques, ou tout simplement verbales, elles demandent la mobilisation de toutes vos inspirations. Il y a de l'artistique dans l'air, l'air de rien !
- Développement de votre sens des relations, et de votre capacité à faire votre propre promotion. Oser séduire, distraire, ou mettre en

bonne condition vos interlocuteurs. Avoir l'esprit commerçant ne veut pas dire vendre n'importe quoi, ou "se vendre" à n'importe qui ... Et à n'importe quelle occasion !

- Sans oublier l'humour. Souplesse, sourire et souffle léger, sont de mise. Et l'émission suit son cours, coûte que coûte ? Les apparences ont leur prix. Un prix à payer si vous avez peur de ne plus vous trouver beau devant le miroir des projections d'autrui...
- Scénarios de réparation, et rôles de surcompensation, concernant ce qui a été plus ou moins valorisé par le passé (plutôt moins que plus !) dans votre famille. Comment redorer ce blason noirci ? Comment rénover cette enseigne adorée de votre édifice familial ?
- Reconsidérer les missions inachevées de valorisation personnelle de certains membres de votre famille.

Qui n'a pas eu la reconnaissance méritée ? Qui a raté la marche au sommet des escaliers de la gloire ? Qui, finalement, n'a jamais réussi à se faire remarquer ?

Il vous reste à confronter ces frustrations, exclusions, ou humiliations passées. Pour les guérir et les effacer des programmes de l'inconscient familial.

- Permettre à toutes ces voix familiales de formuler les choses (et trouver leur voie ?), et s'exprimer plus largement... en toute simplicité !

Et refuser de vous mettre au diapason de ceux qui croient connaître la musique, alors que c'est du pipeau et qu'ils ne cherchent qu'à vous "enduire en horreur"...

Pour ne plus rester à "l'é-troit" dans votre habit de "dé-fête" et réapprendre à sourire à la vie, sans l'avis omni-présent des autres, qui n'est pas toujours un cadeau ! Ces missions osent vous le dire... En toute vérité.

Les missions familiales 22/4

Le 22 étant indissociable, par nature, du 4 qui constitue sa base et sa sécurité fondamentales. Les missions évoquées ici seront en forte résonance (à un octave différent) avec celles déjà proposées au niveau des LMF 13, complétées par les "ordres de mission de type 4".

Ces missions vous incitent à ne pas hésiter à vous lancer dans de grandes œuvres, au service de la progression de la conscience humaine... et de l'évolution spirituelle.

Les missions que cherche à vous imposer votre famille prennent leur source au cœur de la terre familiale (et de ses volcans pas vraiment éteints ?), en particulier, celle qui concerne la lignée des femmes.

Le double 2 peut évoquer cette grand-mère qui comptait pour deux, ou cette relation à votre mère (trop présente ou trop absente) qu'il vous a fallu compenser, par la mise en place d'une relation de "mère complémentaire", mère de substitution, ou mère spirituelle vis-à-vis des autres...

Vos missions vous invitent à un grand nettoyage émotionnel, individuel et familial. Restez conscient(e) de ces habitudes de surcompensation des soumissions, dépendances, et asservissements passés des hommes, et surtout des femmes (2 et 4 sont "féminins"), qui vous ont précédé.

Le but essentiel de vos missions est de permettre le rééquilibrage d'une partie des pressions internes qui règnent au sein de votre famille. Des pressions liées à des systèmes de domination interne des femmes. Des pressions liées à ces contraintes subtiles qui poussent à se sacrifier, encore et encore pour les enfants, le mari, les autres...

Positionnez-vous et osez occuper votre vraie place (faire respecter votre espace personnel) afin d'éviter que, là où s'est trop longtemps accumulée la pression, la dépression ne guette ! Là où le flot à été retenu en masse, ne menace, si les digues sont rompues brutalement, l'inondation ou le "raz-de-marée". Eh, oui !... tous ces raz-le-bol de mariées ! Que reste-t-il quand on se retrouve marri... et qu'on ne se marre plus du tout ? Sortir du trou reste alors une priorité. Arrêtez de vous faire prier !

Prenez garde de ne pas passer, au cours de ces missions, d'une situation d'hyper-contrôle à un état incontrôlé, où votre énergie stockée puis confinée peut tout balayer sur son passage... Et contaminer votre environnement le plus cher ?

Comme on dit chez nous : "22 v'la les flics !" Mission secrète (chut ?), qui risque de sécréter certaine chute. Surtout si vous n'avez pas encore effectué le travail de fond, le travail de construction personnelle, et de structuration identitaire ! Sans oublier votre travail sur les peurs familiales, et les dévalorisations ancestrales qui peuplent vos sous-couches et certaines parties de vos nuits.

Les nombres des Missions familiales suivants apparaissent plus rarement.

Il faut déjà avoir un total des 4 premières cases de l'Inclusion de base supérieur à 12.

Aussi, je ne proposerais que quelques pistes succinctes. Comme je le rappelle à chaque cas, il est possible de se reporter au nombre réduit des missions déjà adjoint aux missions dont les nombres "bios" sont tous à deux chiffres.

Les missions familiales 23

(Voir aussi missions de type 5 adjointes aux LMF 14)

Vos missions d'ordre familial vous invitent, plus particulièrement ici, à mettre en valeur de belles qualités artistiques, et de beaux dons pour la communication intime, sensible... et émotionnelle ? Avec une grande mobilité et une large variété de styles.

Vos missions vous incitent à réhabiliter les échanges passés qui n'ont pas été satisfaisants. Tous ces vieux problèmes de communication, ces non-dits tellement moisis, et ces diverses images personnelles maltraitées...

Les LMF 23 concernent la relation mère-enfant, et plus particulièrement la relation mère-fils. Vous êtes invité(e) à trouver, ou retrouver, la bonne distance dans votre communication avec votre mère. Ainsi que la bonne "aération", lorsque vos échanges ont tendance à être étouffants !

En effet, si le 3 parle de l'enfant et le 2 de la mère, le 5 parle de liberté, d'indépendance, et d'aventure. Le 5 parle aussi de sexualité : quels témoignages, quelles confidences la mère vous a-t-elle faites - enfant– concernant la relation à l'autre sexe (ou concernant sa propre sexualité ?).

Ces missions vous poussent aussi à apporter un peu d'humour, d'animation (et des effets théâtraux ?) au sein de vos échanges familiaux, quels qu'ils soient. Osez les jeux de mots "thérapeutiques" ! Ceux qui ventilent l'esprit, et réveillent cet enfant intérieur souvent exilé de votre histoire familiale.

Redonnez de l'ampleur à cet être sensible et créatif, régulièrement gommé des mémoires ancestrales de ces adultes qui oublient qu'ils restent finalement de beaux ex-enfants !

Les missions familiales 24

(Voir aussi missions de type 6 adjointes aux LMF 15)

Vos missions d'ordre familial vous invitent, plus particulièrement ici, à valoriser la tradition véhiculée par les femmes, et à développer vos capacités à gérer le concret avec sensibilité et intuition.

Vous êtes incité à construire au quotidien avec tendresse et amour.

Vos missions consistent à réhabiliter ces femmes du passé qui se sont données sans compter. Celles qui ont tout fait pour donner vie au foyer, aménager le cadre de vie, et fleurir le quotidien familial...

Le 2, le 4 et le 6 suggèrent de rendre hommage à la lignée de ces femmes. Osez revaloriser les valeurs féminines (parfois transmises par certains hommes) un peu oubliées dans notre culture à dominante "masculine". Contact avec la terre, sauvegarde de la vie, écologie, nourriture saine, médecine douce, place du cœur dans la relation d'aide et de soins...

En effet, le 4 évoque la structure corporelle et l'entretien du corps. Le 2 et le 6 parlent de soins et de thérapie. De quoi laisser supposer des composantes psycho-corporelles à ces missions familiales sensibles et fécondes.

Vos missions consistent à mieux montrer comment soigner ce "corps familial" et ses "symptômes baladeurs". Comment lui donner un coup de pouce, pour qu'il puisse mieux gérer ses vagues émotionnelles, plus ou moins souterraines ? Et canaliser ses eaux... Afin d'irriguer habilement et naturellement son jardin, trop souvent envahi par les mauvaises herbes du passé affectif, et les broussailles des ressentiments ancestraux.

Que cette "maison des femmes" devienne un "home épousseté" (pour l'époux sage... et pas forcément l'époux qui se tait ?), un home lessivé, et purgé des scories sentimentales d'un autre temps.

Vos missions vous poussent à consolider ce toit accueillant, ce cocon chaleureux qui a partiellement manqué par le passé. Osez rénover le paravent protecteur de votre famille.

Autant en emporte le vent des passions ? Autant en porte le ventre... Et toutes ces bontés sécurisantes, dont votre histoire familiale aimerait faire cas, entre la poire et le fromage !

Les missions familiales 25

(Voir aussi missions de type 7 adjointes aux LMF 16).

Vos missions d'ordre familial vous incitent plus, particulièrement ici, à mieux analyser et comprendre ce qui a pu se jouer au niveau des alliances pour vous et pour vos proches. Sans oublier de considérer ces passions sous-jacentes, ces instabilités collatérales, et ces échappatoires mobiles qui habitent, ou ont habité, votre histoire familiale.

Vos missions mentales et cognitives font appel à votre sens psychologique, à votre intelligence logique autant qu'intuitive. Ce sont, en quelque sorte des missions de chercheur, d'aventurier des territoires oubliés. Ce sont des missions d'investigation au sein des multiples camouflages de votre système familial. Des missions qui vous demandent diplomatie et finesse d'esprit...

Le 7 évoque-t-il l'esprit du grand-père ? En tous cas, il parle de vos ancêtres, de leurs codes moraux et de leurs connaissances. Le 5 est lié à la transmission énergétique. Il parle aussi de sexualité. Si vous êtes une femme (ou un homosexuel), il met l'accent sur votre relation à l'homme et à l'importance de votre partenaire au sein de ces missions.

Le 2 renvoie à la mère : Est-ce à dire qu'il est question pour vous de revaloriser cette mère lointaine... surprise avec son amant par le grand-père, ou cette mère dont l'enfant illégitime s'est retrouvé marginalisé par rapport à sa "fratrie officielle" ?

Ces acteurs du passé (ou ces victimes du passé) demandent peut-être maintenant des comptes à travers vous à votre famille ? Excusez-moi pour ces petits scénarios-délires, mais la réalité des familles me semble parfois dépasser la fiction ! La réalité cachée, maquillée ou bâillonnée, lorsqu'elle ressort de l'ombre dans laquelle elle a essayé de se protéger, a de quoi surprendre plus d'un chercheur de vérité !

Je notais dans un chapitre précédent que l'assemblage du 2 et du 5 pouvait faire penser à l'anguille qui glisse entre les doigts... Et toutes ces vérités qui nous échappent lorsqu'on veut les attraper et les tordre dans tous les sens (comme quand on veut essorer le linge censé être propre ?).

Les missions 25 évoquent aussi des missions de surcompensation des "fautes" passées, restées mal digérées par ceux qui vous en ont transmis les ombres chinoises (à défaut de photo trop réaliste !). Vous êtes astreint à des missions de rattrapage de ce qu'il est si difficile d'attrapper ! Des missions d'enquêtes de ces quêtes impossibles, sans preuves et sans témoins...

Vous êtes poussé à cerner ce qui ne semble plus vous concerner... Et qui vous mine peut-être la vie, depuis les profondeurs de la conscience familiale. Vous êtes conduit à vous aventurer dans ces safaris maisons, qui hantent les souvenirs au fil des pages déchirées de vos romans ancestraux. Au fil des indices arbitraires qu'il vous reste à traiter avec distanciation... Et une belle éthique journalistico-spéléologique ?

Il parait que la logique mène à tout ! A tout prendre, il vaut mieux simplement observer, et faire des analogies, que de vouloir tout comprendre... à en oublier la vie, d'aujourd'hui !

Les missions familiales 26

(Voir aussi missions de type 8 adjointes aux LMF 17).

Vos missions d'ordre familial vous incitent, plus particulièrement ici, à protéger les héritages féminins. Ils sont constitués de cette puissance d'amour, de plaisir d'être relié à l'autre, et tous ces bouquets d'émotions qui fleurissent et embellissent le paysage relationnel et parfument la vie.

Le 6 évoque la femme (sexuée), le 2 évoque la mère (asexuée ?). Une de vos missions consiste-t-elle à aider les mères à ne pas négliger leur côté femme ? A suggérer à ces mères, dont les enfants ont dépassé l'adolescence, de ne pas oublier de jouer, ou rejouer, leur vrai rôle de femme (face à un "vrai homme"?)

Votre travail consiste à les aider à confronter leur puissance de femme ! C'est-à-dire leur capacité à être fécondées par l'énergie de transformation qui aide tous les niveaux de l'humain à rayonner pleinement. Cette capacité à faciliter doucement l'alchimie de l'amour. Cette alchimie du cœur et du corps qui nous relie tous au divin en nous-mêmes... Et nous libère des attachements trop passionnels ou trop possessifs !

Le 8 évoque le pouvoir. Aussi une autre de vos missions concernera-t-elle un certain travail de clarification des jeux de pouvoir au sein de votre couple. Afin de mieux déceler les systèmes de manipulation affective, et les habitudes de "vampirisme énergétique" qui s'y jouent. Et faciliter leur transformation en systèmes d'échange plus harmonieux et plus justes.

Et si on arrêtait de tolérer certaines mises à mort spirituelles ou psychologiques et toutes ces incitations à "faire la pute"(symboliquement) pour s'en sortir... Sortir de soi-même et des programmes familiaux anti-amour ou anti-réussite ?

Est-il nécessaire "d'in-6-ter là-2-sus" avant de passer à la "s' 8" ?

Les missions familiales 27

(Voir aussi missions de type 9 adjointes aux LMF 18).

Vos missions d'ordre familial vous invitent, plus particulièrement ici, à mettre votre savoir au service de la rencontre avec le monde intime et ses vagues sensibles intérieures.

Il vous est demandé de puiser dans l'inconscient collectif, et d'utiliser les symboles, pour mettre en évidence les pistes et messages familiaux qui témoignent des reproductions généalogiques, des âges et des dates-repères... et tous ces clins d'œil analogiques riches de sens. Ils restent à votre disposition pour vous rapprocher de l'essence même de ce qui nourrit, structure, et donne une âme à votre "sacro-sainte famille".

Vos missions vous poussent à mettre à neuf, ou à remettre à jour, les mémoires desséchées qui traînent au fond de vos vieux placards familiaux et qui ont juste besoin d'un peu d'eau pour revivre aujourd'hui... et finalement transmettre leurs messages de sagesse, leurs conseils spirituels.

Auriez-vous un travail à faire maintenant pour rattraper les actes irresponsables qui peuplent votre passé ? Pour pardonner enfin ces praticiens de sciences sans conscience qui ont ruiné les âmes ?

Osez tout simplement redécouvrir certaines "fa-7 deux" ce collectif familial, plutôt que d'aller vous faire cuire "un 9" ... Et bonne digestion !

Les missions sociales

Il n'y a pour l'homme que trois évènements :
naître, vivre et mourir. Il ne se sent pas naître,
il souffre à mourir et il oublie de vivre...

JEAN DE LA BRUYÈRE

Dans les matrices de votre être intérieur se trouvent gravées, ou modélisées, un certain nombre de missions professionnelles ou extra-professionnelles, à accomplir au fil de votre incarnation.

Une ou plusieurs de vos "identités professionnelles" sont ainsi engrangées dans vos mémoires centrales, dans vos images de référence sociale. Il vous reste, bien évidemment, à les mettre en valeur, à les exploiter au plus près de vos désirs profonds, au plus près de votre démarche d'épanouissement personnel.

De nombreux enjeux inconscients et de nombreux défis ancestraux, jalonnent votre recherche d'un chemin professionnel qui corresponde à vos aspirations réelles. Un chemin vous conduisant vers un ou plusieurs statuts dans le monde du travail. Nous arrivons, en effet, à une époque où le recyclage professionnel et la formation permanente, occupent une place de plus en plus grande dans la vie active.

Par rapport à ce que vos parents ont connu, il vous est demandé de trouver votre vraie place, vos vraies places de manière différente. Il en est de même quant à la manière d'aborder ce sujet en numérologie. Là aussi, les mentalités évoluent, la conscience change !

Vous pouvez être amené à vous engager dans des professions qui se suivent et ne se ressemblent pas toujours ! Une place peut être un tremplin pour une autre. Bien souvent, des missions sociales qui se suivent se complètent très bien les unes les autres. Elle sont comme des étapes dans votre progression personnelle. Phase après phase, votre histoire personnelle suit son évolution... à l'image de vos changements intérieurs ?

Les nombres LMS évoquent ainsi vos possibilités les plus grandes et les plus essentielles en terme d'engagement professionnel. Celles avec lesquelles vous avons la possibilité de jouer un rôle important et unique, au sein de notre environnement social et économique.

A noter : En aucun cas ces pistes n'ont pour but de vous conditionner dans une définition professionnelle spécialisée qui pourrait vous enfermer et limiter vos possibles de vie.

Nos héritages familiaux et les missions que la famille nous impose inconsciemment sont déjà assez contraignants, pour ne pas en rajouter dans le conditionnement mental ! Rappelons-nous que nous sommes les artisans principaux de notre vie.

Aussi, laissons aux spécialistes de notre vie professionnelle, ou de notre orientation contrôlée, la responsabilité de leurs injonctions ou conseils, souvent un peu trop coercitifs ou "manipulateurs" !

Les nombres LMS esquissent des missions à jouer. Ils vous offrent le formulaire : à vous de le remplir. A vous de remplir ces missions que vous aurez choisies, du fond de vous-même, du fond de vos aspirations (ou inspirations) en la matière. Les nombres, une fois de plus, n'ont pas de meilleur cadeau à vous offrir que de "mettre à votre libre-disposition" leurs hypothèses, questions et propositions...

Si ces propositions à base numérique réveillent quelque chose de significatif pour vous, si elles aèrent les élans ou rêves que vous avez longtemps mis en boîte, si elles dynamisent en vous des motivations évanouies, isolées dans vos "oubliettes intérieures"... Si ces propositions pointent ce qui a pu être mis de côté, à regrets, à certains tournants de votre vie, alors il vous reste à développer ces potentialités ou dons encore inexploités. Il vous reste à en faire de belles merveilles, à la hauteur de vos capacités si superbes, lorsque vous leur donnez à boire et à manger !

Sont évoquées ici des "mi-ssions" à ne pas réaliser à moitié, sous peine de scier la branche sur laquelle vous êtes endormi. C'est en forgeant qu'on devient forgeron, paraît-il. C'est aussi en arrosant vos germes et vos plantations intérieures que vous pourrez ensuite en récolter les fruits... puis en marchander les mérites et les richesses sur le marché du travail.

Vous verrez, ça marche !

Les autres ne peuvent croire en vous que dans la mesure où vous croyez en vous-même. Aussi, osez développer, sans fausse modestie ou "victimite chronique", votre capacité à vous investir dans un travail. Osez réellement élaguer les barrières et les freins intérieurs qui vous en limitent l'accès.

Votre réussite est à l'image de vos motivations profondes, de vos formes-pensées et de vos habitudes de concrétisation. Votre satisfaction sera, finalement, à l'image de votre relation à vous-même !

En effet, votre vision de vous-même teinte fortement votre image sociale, et intervient dans votre manière d'être en relation avec vos possibles professionnels.

Votre amour pour vous-même étalonne vos affinités professionnelles et dope vos capacités à vous investir fructueusement dans un travail qui vous convient (et qui vient à vous, bien souvent, comme par magie, comme par un "retour d'amour" que l'univers vous envoie en recommandé).

Plantez de l'amour tout au long de votre parcours, vous en récolterez les fruits à chaque nouveau changement de saison (ou de "tranche de vie").

Votre clarté envers vous-même a d'infinies répercussions sur vos engagements et vos projets professionnels. Ils seront plus ou moins clairs en fonction de votre attitude intérieure.

C'est pourquoi il est utile de remettre régulièrement en question votre manière de vous comporter avec vous-même dans ce domaine... Surtout si vous souhaitez réellement obtenir des réponses, de "bonnes réponses" !

En réalité : Si la conjoncture semble vous trahir, regardez qui, en vous, commence à vous trahir ou n'arrête pas de vous trahir depuis belle lurette ?

Si vous vous considérez comme la victime d'un patron ou d'un système... observez quel est l'ennemi intérieur qui se veut patron en vous ! Quel est le système intérieur auto-limitatif ou saboteur qui vous parasite la vie ?

Prenez conscience de la manière dont vous maintenez en place, coûte que coûte, tous ces petits et grands intérêts secondaires à ne pas vous engager dans un chemin qui risque de vous apporter tant de plaisir ! Tous ces avantages inconscients à vous détourner de vos buts les plus riches, les plus satisfaisants !

Votre petit "Bourreau intérieur" a très vite fait de vous orienter vers un bourreau extérieur de passage : cette partie de vous qui joue les saboteurs est particulièrement douée – là, vous seriez enfin doué ? – pour ne pas être débusquée, pour ne pas attirer l'attention de votre ego qui l'héberge si gentiment, et depuis longtemps, sans le savoir...

Avancer dans la vie, c'est surtout avancer en vous. C'est vous orienter d'abord vers ce saboteur bien nourri qui fait des siennes dans votre territoire intime et se permet de prendre, finalement, vos décisions professionnelles à votre place, beaucoup plus souvent que vous ne l'imaginez. Faites ami-ami avec lui. Recyclez-le, devenez spécialiste de reconversion professionnelle de votre bourreau intérieur ! Les choses iront mieux ensuite. Je vous le garantis.

En vous plaignant d'être une pauvre victime du destin, du travail ou de la guerre économique, vous évitez bien souvent de considérer le mécanisme, intérieur, la fidélité mortifère ou l'ennemi intérieur dont vous restez la proie ou la victime depuis le début de vos plaintes !

Cette victime reste si inconsciemment si "con-sentante"! Cette jolie victime n'arrête pas de soigner son bourreau mieux qu'elle-même ! Cette innocente victime n'a plus que ses grands yeux pour pleurer à force d'héberger ses "tortionnaires" et ses "putschistes" intérieurs... Cette victime d'un système qui ne fait que conforter son assistanat déresponsabilisant et son infantilisation organisée.

Il vous reste donc à commencer par le "nettoyage intérieur" et les mises au point au sein de votre propre monde. Ensuite, vous pourrez beaucoup mieux changer le monde, ou partir à l'assaut de ces causes extérieures, qui, si elles sont bien réelles, ont souvent très bon dos !

Ne restez pas le jouet de vos manipulations intérieures, de vos pensées bien répétitives, de vos postulats artificiels. Vous pourrez confronter ensuite, avec plus de lucidité et d'efficacité les conditions extérieures. Vous pourrez observer avec une autre conscience cette conjoncture qualifiée régulièrement de difficile, de désastreuse ou d'incontournable ! Arrêtez de contourner le "Roi des cons" qui sommeille en vous et prenez enfin votre vie en mains. Cela s'appelle développer sa souveraineté intérieure, c'est-à-dire devenir le "patron" de sa propre vie.

Dans ce qui vous arrive au cœur de votre parcours professionnel, votre conscience, et souvent votre non-conscience, y sont bien souvent pour quelque chose ! De quels échecs êtes-vous finalement le co-créateur, le co-instigateur si joliment doué ?

C'est en repérant vos fortes aptitudes à faire capoter vos projets que vous découvrirez votre forte capacité à les mener à bien. Si vous êtes très fort... pour saboter vos constructions personnelles, c'est que vous êtes aussi très fort pour les réussir. A vous d'utiliser votre force, vos dons et vos richesses, dans le sens qui vous convient le mieux.

Il y a de tout dans la nature : il y a les masos, les sados, les autodestructeurs conscients et les saboteurs inconscients... et il y a aussi les autres ! Choisis ton camp camarade !

Ainsi, encore et toujours, il vous est demandé de changer votre fusil d'épaule, de changer vos systèmes autopunitifs, de changer votre façon de voir les choses et de vous considérer vous-même à travers vos habitudes tordues... à travers vos travers ! Changez et osez même transformer votre manière de changer les choses !

Osez vous considérer, acteur ou spectateur, auteur ou consommateur, maître ou esclave, créateur ou victime, de votre vie et des circonstances qui en jalonnent le parcours. Puis, choisissez l'expérience que vous avez réellement envie de vivre, du fond de vos tripes. Vivez-la totalement ! Sans tous ces "ouis-mais..." ou ces "je devrais, j'aurais dû, il aurait fallu"...

Votre vie professionnelle est quelque part un très beau parcours initiatique, ou tout simplement un parcours pédagogique que vous offre la vie. Il reste là gratuitement à votre entière disposition, chaque jour de votre vie professionnelle et même après votre "retraite officielle"!

Ce parcours initiatique est aussi lié à votre vécu familial, à votre relation à votre corps et à votre cœur. Ce processus est à l'œuvre dans chacune de vos œuvres si petites soient-elles. Il est présent en chacun de vos choix, au centre de chacun de vos engagements dans le monde professionnel.

Vous n'êtes pas que le jouet de paramètres périphériques. Observez comment une partie de votre "équipe intime" peut vous trahir... pour se venger de l'avoir trop longtemps ignorée. Vous avez le pouvoir d'être le maître – en vous – de beaucoup plus paramètres que vous ne le croyez.

Vous avez la puissance intérieure nécessaire pour amplifier vos potentialités et dynamiser vos ressources. Placez-vous résolument dans le camp de votre équipe-intérieure-qui-gagne, dans le camp de votre propre réussite. Elle vous le rendra au centuple... sauf si une partie de vous continue à refuser cette abondance proprement scandaleuse !

Vos réussites et vos échecs professionnels dépendent essentiellement de vous. C'est du moins une hypothèses très intéressante à creuser et à expérimenter le plus tôt possible. Elle ouvre tellement de possibles !

Qu'avez-vous réellement pensé, cru, fait ou concrétisé, pour vous réussir vraiment ? Comment avez-vous pu, insidieusement, préparer, nourrir, induire ou consolider ce qui a favorisé vos échecs ? Comment avez-vous finalement participé à ces échecs... tous ces échecs qui ont donné raison à vos doutes et à vos craintes !

Cela est la question... ou les questions qu'il vous reste à vous poser quand vous cherchez du travail, quand vous trouvez un emploi ou quand vous venez d'en perdre un. Perdre, gagner : parfois il s'avère très utile d'accepter de perdre pour enfin gagner !

En résumé, il me paraissait important de rappeler certaines choses, avant d'aborder en détails ce domaine des missions professionnelles. Car pendant que vous dressez la liste de vos "bourreaux" extérieurs, de vos blessures de guerre, ou de ces coups du sort qui se sont abattus sur vous (par hasard ?), vous passez à côté de belles prises de conscience ! Des prises de conscience qui pourraient concerner votre manière de fonctionner, ou votre façon de conserver les habitudes qui ne font que soutenir votre saboteur intérieur et vous mettre des bâtons dans les roues. Laissez la roue tourner. Envoyez votre démolisseur intérieur aller faire son cinéma ailleurs !

Laissant les choses en l'état, vous pouvez tranquillement en arriver à vous écraser le nez sur des portes fermées, alors qu'en même temps, à côté, il existe de splendides portes ouvertes ! Ces portes ouvertes, vous ne les voyez plus, à force de fermer les yeux sur ce qui vous facilite apparemment la vie. Vos œillères vous cachent ce qui se présente à vous positivement. Aussi, n'oubliez pas d'observer toutes les perches qu'il vous reste à saisir sur le chemin de votre bonheur !

Un bonheur est si vite arrivé, me direz-vous ! Les bonnes surprises n'en restent pas moins des surprises. Si vous refusez d'être surpris, si vous avez horreur de l'inconnu, ne vous étonnez pas de ne pas être aidé par la vie... et de passer à côté de tous ses beaux cadeaux !

Vos missions professionnelles sont pleines de cadeaux. Il vous est juste nécessaire de les voir, de les recevoir... et de les ouvrir ! Personne ne peut le faire à votre place ! A quoi sert un coffre au trésor, si on ne sait pas, ou si on n'ose pas en soulever le couvercle ?

Nous arrivons, très lentement, à la fin d'une époque caractérisée culturellement (et religieusement) par la "Rédemption par la souffrance" ou "le grand système de la victime la plus méritante" (elle aura la médaille et ira directement au Paradis). Aussi, est-il encore courant de tourner le dos à l'abondance, à l'épanouissement ou au bonheur ! Ne vous en culpabilisez pas... à moins que vous ne croyiez que la culpabilisation vous conduira directement à la rédemption !

"Trop de réussite, trop de réussite facile, trop de bonheur, ma brave dame, trop de caviar à la louche, c'est louche ! Et ça va se "payer" ! Alors, pour ne rien avoir à payer, il vous suffit d'échouer tranquillement et de tuer votre réussite dans l'œuf... croyant vous éviter d'aller vous faire cuire un œuf ?

Être sur terre pour s'épanouir ou se faire plaisir, quelle horreur! Plutôt souffrir, se plaindre, suer et faire suer les autres ! En se forçant à faire difficile et compliqué... on sera bien récompensé un jour !

Voyez toutes les perches positives tendues dans notre direction. Celles que vous n'aviez pas vues auparavant, derrière le paravent de vos peurs et auto-sabotages. Elles sont à votre entière disposition. Alors disposez ! Et disposez-vous à les saisir. Arrêtez de me dire : "Si elles conduisaient à une belle réussite, où irait-on ? Et si ça marchait comme sur des roulettes, c'est sûr qu'on risquerait de se faire rouler plus tard ?" (j'apprécie toujours tellement le "on"!).

Je vous invite tout simplement à rouler pour vous, et à arrêter de véhiculer ce genre de forme-pensée d'un autre âge. Cela vous évitera bien des embouteillages, bien des pollutions intérieures... et des complications extérieures !

A vous de vous réinventer un code de la route intérieur, un code de bonne conduite avec vous-même, une déontologie intérieure concernant vos relations au monde du travail et à votre réussite professionnelle. Eh oui, c'est tout un travail !

Les messages offerts par les nombres de vos "missions sociales" (LMF) ne sont pas là pour renforcer vos sabotages ou vos blocages, en polarisant votre attention sur eux. Ils sont plutôt là pour vous inciter à vous en libérer.

Aucun nombre ne peut réellement décrire un ou des blocages. Le blocage ou l'échec ne peut exister "a priori", sauf dans la tête de celui qui veut lui donner force. Aucun élément d'un thème ne peut décrire de façon déterministe un blocage, un défaut, ou un sabotage a priori.

Seul chacun choisit, ou a choisi, à un moment donné de son cheminement, de favoriser un certain type de blocage, ou de s'orienter vers un certain type d'échec. Le nombre n'y est pour rien ! Une fois de plus, il n'y a pas de "bons" ou de "mauvais" nombres. Il n'y a que des choix plus ou moins conscients d'instaurer tel ou tel type de réalité à partir de propositions ouvertes, de pistes à libre disposition et d'hypothèses créatrices...

Même les mécanismes d'échecs les plus anciens, les plus enkystés, sont transformables, recyclables. Alors, osez lâcher les injonctions culpabilisantes, défaitistes ou grisailleuses, même si elles viennent de loin ! Aië, mes gris-aieux !

Les nombres liés aux "missions sociales" sont là pour vous offrir des possibles, pour vous encourager à ouvrir certaines portes, ou à vous orienter vers celles qui vous ont toujours été ouvertes... mais que vous n'avez pas vu, ou jamais voulu voir !

Les nombres LMS sont là pour vous aider à réveiller en vous vos alliés les plus puissants, les plus sympathiques et les plus lumineux. Afin qu'ils puissent donner leur pleine mesure et vous aider à vous réaliser avec bonheur.

Les initiales LMS suggèrent-elles : "Le Meilleur Soleil intérieur". Il vous reste à accueillir le meilleur en vous et à le mettre au service de votre épanouissement professionnel.

N'avez-vous pas pour mission, avant toutes choses, de vous réussir ?

Comment calculer le nombre des missions sociales (ou LMS)

Il suffit de faire *la somme des habitants et des numéros des 4 dernières cases de l'Inclusion de base.*

Soit pour l'exemple de Marie :
Son Inclusion de base est :

1	2	3	4	5	6	7	8	9
3	0	3	1	5	0	0	0	4

La somme de ses 4 derniers habitants est : 0 + 0 + 0 + 4 = 4.
La somme des n° de Cases est : 6 + 7 + 8 + 9 = 30.
(à noter : 30 est une constante pour tout le monde)
La somme totale est donc : 4 + 30 = 34 réduit à 7.

Ainsi, son LMS a pour valeur 34 réduit à 7.
D'abord un 4, puis un 3 et enfin un 7.

A noter : Le nombre LMS est à mettre en relation étroite avec le nombre NCE, qui se termine, d'ailleurs par le même nombre que lui. On remarquera que les LMS ont pour valeur minimale 30.

Pistes d'interprétation pour Marie, avec ses LMS 34 (réduites à 7) :

Les missions sociales qui lui sont confiées tournent autour d'engagements concrets au niveau de la structure matérielle ou corporelle (4), offrant la possibilité de s'investir dans des relations humaines animées et créatives (3), et intégrant la dimension psychologique, le désir d'enseigner ou d'aider à prendre conscience (7).

Un côté manuel couplé à un côté créatif et à un "côté prof". Ces trois grandes options sous-tendent ses pistes professionnelles. Du structuré, de l'animé, et du sérieux. Sécuriser et être sécurisée à partir de cadres mentaux précis et bien délimités, et à partir de cadres techniques et matériels stables et durables.

Ici, la petite fourmi 4 est amenée à travailler la patte dans la patte avec la cigale 3 sa voisine. Un travail d'ascète ? (7). Pas forcément ! Mais plutôt un travail pour accéder, ou faire accéder, à d'autres connaissances ou à d'autres dimensions spirituelles. C'est-à-dire mieux relier le plan le plus matériel au plan le plus spirituel...

A noter :

Diverses cases de son Inclusion sont habitées par un zéro. C'est généralement un beau clin d'œil professionnel. Les Zéros ou les 4 placés dans les cases évoquent de grandes potentialités professionnelles... non négligeables !

Le 0 en case 2 l'invite à considérer la "filière" thérapie, avec spécialisation dans l'entretien ou le conseil matrimonial (2= couple).

Le 0 en case 6 lui suggère de ne pas négliger la piste des thérapies manuelles et massages, la relaxation et les méthodes naturelles (naturopathie, produits biologiques, ressourcement dans la nature, thalasso, etc.).

Le 0 en case 7 lui propose d'oser les études et les recherches sur le plan psychologique. La psychanalyse, la psychothérapie... et tout ce qui touche à l'observation, la guérison de l'âme et le dialogue avec l'être qui se débat dans les pièges de sa condition humaine !

Le 0 en case 8 l'invite à ne pas oublier le travail sur les énergies, le côté "guérisseur", la capacité à aider à la transformation extérieure (modelage du corps) et à la transformation intérieure (changer la conscience des choses). Il parle aussi des engagements au sein de grands chantiers et peut concerner le monde de l'argent, des assurances, des banques ou de la bourse.

Enfin, le 4 dans la case 9 suggère de s'engager dans un métier à option sociale ou éducative. Le 4 en case 9 concerne les travailleurs sociaux, les infirmières ou médecins du monde (missions humanitaires), les professions d'aide (relation d'aide) et le travail en groupe ou dans les groupes.

De nombreuses pistes à regrouper, à rassembler pour un beau projet professionnel, l'amenant à bouger et à évoluer en jouant avec toutes ses diverses facettes et ses polyvalences fécondes.

Pistes d'interprétation concernant les missions sociales

Les Missions Sociales 30

(LMS 30 est un cas très rare, car 0 dans les 4 dernières cases.)

Il vous est proposé de vous engager dans des missions professionnelles où interviennent les relations humaines, l'expression personnelle et la valorisation de sa propre image.

Il vous est suggéré ici d'embaucher votre enfant intérieur pour pouvoir donner la pleine mesure dans les domaines créatifs ou médiatiques.

Et s'il vous était judicieux d'oser vous lancer professionnellement en valorisant vos qualités de communicateur, vos aptitudes à l'animation ou vos dons artistiques ?

Et s'il vous était opportun de vous investir dans un rôle de chanteur, de metteur en scène ou de vous spécialiser dans le journalisme, la littérature ou la bande dessinée ?

Et s'il vous était possible de devenir un super-dessinateur, un super-musicien, ou un super-photographe ?

En résumé : donnez votre pleine mesure dans le domaine de l'image et du son... et du multimédia. Sans oublier la pub !

Vous êtes invité à vous orienter vers un métier créatif ou commercial. Il est nécessaire que ce travail ne vous isole pas et vous mette quotidiennement en relation avec les autres. Vous avez besoin de valoriser votre propre image et de développer votre expression personnelle... si belle !

Les Missions Sociales 31

Il vous est proposé de vous engager dans des missions professionnelles où sont demandées l'invention et la créativité personnelle, ainsi que les innovations originales... et voyantes.

Développez votre capacité à vous positionner avec un style propre et une image de marque clairement présentée.

Il vous est suggéré de vous orienter vers des métiers liés à la communication, à la publicité, aux médias, et tous les métiers d'art, particulièrement ceux utilisant les techniques de pointe vidéo, photo, informatique et numérique.

Choisissez plutôt une profession qui privilégie l'aspect commercial et relationnel des choses. Une activité qui demande de briller, de se faire voir, de se faire connaître, de se mettre en valeur aux yeux des autres.

Osez trouver votre voix pour bien choisir votre voie ! Osez vous retrouver face à vos "fans"... En donnant l'image d'un professionnel adulé ?

Le 4, nombre réduit des LMS 31 vous offre son complément :

Et si vous osiez de vous lancer professionnellement en utilisant vos capacités d'organisation et de concrétisation ?

Et s'il vous était opportun de vous investir dans tout ce qui demande de la précision, de la patience, de la régularité... et de la ténacité.

Et s'il vous était possible de devenir un super-comptable, un super-contrôleur, un super-artisan... ou un super-intendant (et un super technicien de surface ?).

Vous donnerez votre pleine mesure dans un cadre sécurisant, et avec des règles bien précises.

Vous avez ici une belle invitation à vous orienter vers un métier d'application technique ou de gestion des stocks. Ou encore la protection (rapprochée), le maintient de l'ordre ou le gardiennage. Éventuellement comme sonneur de cloches ?

Les Missions Sociales 32

Il vous est proposé de vous engager dans des missions professionnelles où il vous sera nécessaire de mettre à profit votre capacité d'écoute de l'autre et son art du dialogue.

Il vous sera nécessaire de développer votre capacité à être en empathie avec l'autre, et d'utiliser les richesses de votre sensibilité pour mieux communiquer et adapter votre langage en fonction de votre propre ressenti du moment.

Il vous est suggéré de vous orienter vers des métiers où l'intuition peut se mettre au service de la créativité et des relations humaines.

Optez plutôt pour les professions d'accueil, d'animation artistique, de tourisme. Sans oublier la traduction simultanée ou l'art-thérapie.

Choisissez plutôt une profession qui s'effectue en partenariat ou en situation de Co-conseil.

Donnerez-vous votre pleine mesure à 32 ans ?

Osez allier sensibilité et humour pour vous situer, face à l'autre, avec diplomatie et souplesse.

Osez faire confiance à votre ressenti pour mieux mettre en valeur ce que vous avez à proposer ou à vendre aux autres.

– Le 5, nombre réduit des LMS 32 vous offre son complément :

Et si vous osiez vous lancer professionnellement là où ça bouge, là où les changements sont sollicités, et là où les déplacements sont à l'ordre du jour ?

Et s'il vous était opportun de vous investir dans divers rôles, pouvant aller du sportif (de l'extrême ?), de l'aventurier (tous risques ?), en passant par le voyageur au "long-court" (sur long-courrier ?), jusqu'à l'énergéticien nouvelle vague ?

Et s'il vous était possible de devenir un super-réformateur, un super-polyvalent des recherches en tout genre, un super-pilote d'essai... ou un super-sexologue ?

Histoire de donner votre pleine mesure à grande vitesse, ou avec la dynamique mentale surmultipliée...

Vous avez là une belle invitation à vous orienter vers un métier à risques : là où on cherche à rattraper l'irrattrapable ? Là où il est question de prendre l'air, et de tester de nouveaux horizons ou de nouveaux produits. Là où les vitres des voisins de votre laboratoire ont plutôt intérêt à être assurées...

Vous semblez avoir à votre libre-disposition un parcours professionnel plein de surprises, de réaménagements, de remises en questions... et de trous d'air ?

Les Missions Sociales 33/6

Il vous est proposé de vous engager dans des missions professionnelles mettant en lumière les signes ou les messages mal perçus ou peu entendus par l'humain et concernant son corps.

C'est-à-dire toutes les professions de soins holistiques. Là, où le patient est invité à apprendre à mieux s'écouter, mieux se connecter à son corps et en décoder le langage. Cela en évitant de passer par de trop nombreux interprètes-spécialistes (avec tous leurs sons de cloches qui résonnent, qui raisonnent ?), qui bâillonnent ou éliminent bêtement les symptômes qui sont de si fidèles porteurs de messages biologiques, psychologiques... et psycho-généalogiques !

Il est important ici, pour vous, de développer votre capacité à mettre en forme les suggestions et interpellations spirituelles de la vie, ainsi que les sources d'éveil de ce fameux "soleil intérieur" qui palpite en vous depuis si longtemps...

Il vous est suggéré de vous orienter vers des métiers liés à la communication spirituelle et utilisant l'art de la parabole. L'art de co-créer sa propre vie. Tentez toutes les professions liées aux enfants : puéricultrice, institutrice de maternelle, sage-femme.

Ne négligez pas les professions faisant intervenir le chant, la parole et l'expression corporelle : danse sacrée ou initiatique.

Donnerez-vous votre pleine mesure à 33 ans ?

Osez laisser parler votre enfant intérieur.

Osez spontanéité du cœur et originalité de l'esprit. En stéréo ?

– Le 6, nombre réduit des LMS 33/6 vous offre son complément :

Et si vous osiez utiliser professionnellement votre capacité à donner du bien-être et à être sensible au beau (et à la richesse plastique des choses et des êtres) ?

Et s'il vous était opportun de vous investir dans le domaine de l'esthétique ou de l'écologie ?

Et s'il vous était possible de devenir un super-pacificateur, un super-décorateur, un super-masseur ou super-relaxologue. Et même, pourquoi pas un super-couturier ou super-maître-queux ? "Quoiqueue" je devrais mentionner aussi la thalasso (se former sur le tas ?), la matelasserie (se former sur le lit ?) et le domaine des grands crûs (se former sur le fût ?).

Sans oublier la pâtisserie de luxe et l'industrie des charentaises. Oui ! je sais c'est un peu tarte à la crème pour une symbolique du 33/6, mais pour être bien dans les hautes quêtes il est nécessaire de bien rester dans ses baskets, même si parfois ce sont deux pantoufles ! Ouf !

Vous avez là une belle invitation à vous orienter vers un métier où le bon goût côtoie la belle forme, où le toucher juste côtoie la sensation agréable, où l'harmonie côtoie la dégustation des plaisirs de la vie. Une profession qui semble être un vrai plaisir. Une profession qui invite à "être" plutôt qu'à "faire" (c'est vrai, il y en a qui n'ont que faire d'être !).

Les Missions Sociales 34

Il vous est proposé de vous engager dans des missions professionnelles où il vous sera nécessaire de structurer efficacement votre expression personnelle, et d'organiser la mise en place de cadres propices à la communication, voire à l'inspiration artistique.

Un domaine professionnel où les contingences matérielles ont intérêt à s'allier avec les désirs créatifs et les exigences relationnelles.

Les missions sociales 34 peuvent être aussi liées à des métiers de régie artistique ou d'organisation touristique. Ainsi qu'à des professions d'artisanat d'art, ou d'éducation (ou rééducation) de la parole ou de la vue : orthophoniste, spécialiste du langage des signes des sourds-muets, des tests auditifs, ophtalmologiste, opticien. Sans oublier les fabricants de magnétophones, de jumelles... ou de lunettes de soleil !

Donnerez-vous votre pleine mesure à 34 ans ?

Osez donc voir loin, pour dépasser les limites des espaces habituels ou traditionnels en la matière.

Osez concrétiser vos paroles en l'air... et (l'air de rien?) posez les bases de nouvelles formes de communication et d'expression personnelles et interpersonnelles.

– Le 7, nombre réduit des LMS 34 vous offre son complément :

Il peut être judicieux aussi d'oser vous orienter professionnellement dans ce qui nécessite études, réflexion et connaissances de haut niveau ?

Et s'il vous était opportun de vous investir dans un rôle de penseur, d'écrivain ou de professeur attitré ?

Et s'il vous était possible de devenir un super-savant, un super-planificateur, un super-informaticien ? Êtes-vous attiré par le diplôme de super-psychologue, de super-philosophe... ou de super-numérologue ?

D'une manière générale donnez votre pleine mesure dans le domaine de l'intellect. Depuis le décodage de la Bible, jusqu'aux prévisions de Nostradamus ? Depuis la grande méditation transcendantale jusqu'à la psychiatrie de combat ?

Des métiers où vous avez plus de chance de vous faire inviter chez Pivot que chez Delarue !

Les Missions Sociales 35

Il vous est proposé de vous engager dans des missions professionnelles où vous devrez utiliser votre capacité à vous adapter rapidement à des situations très variées, et ne pas hésiter à improviser des scénarios nouveaux. Mobilité et créativité font partie de vos atouts-maîtres au sein de ces missions dynamiques... et bien sympathiques !.

Il vous est suggéré ici de vous orienter vers des métiers qui, s'ils ne sont pas complètement itinérants, impliquent de voyager souvent et de changer régulièrement de style de vie, voire d'options ou d'opinions personnelles.

Des métiers où l'énergie physique et le corps en mouvement peuvent amener à mettre en forme de multiples registres d'expression non-verbale. Notons encore les professions liées aux voyages, ainsi que celles où il est nécessaire de rester sans arrêt disponible pour de nouvelles aventures...

S'il fallait en citer quelques unes, je dirais, en vrac : journalisme d'expédition, voltige aérienne, cinéma, ski de l'extrême, surf de haut-niveau, chute libre... Et remise en forme bio-énergétique (après la chute ?). Des missions où il semble nécessaire de rester toujours prêt pour les cascades du corps (et de l'esprit), les plus spectaculaires, de préférence ! Et le rock and roll ?

Donnerez-vous votre pleine mesure à 35 ans ?

Osez l'aventure de l'image. Imaginez-vous dans un avion de la Patrouille de France la caméra au poing... et mise au point automatique ?

Osez l'image de celui qui prend des risques pour se faire reconnaître, se faire remarquer... ou se faire ramasser ?

Et si vous preniez le porte-voix au milieu d'une manifestation au quartier latin, pour défendre votre liberté... professionnelle.

– Le 8, nombre réduit des LMS 35 vous offre son complément :

Et s'il était judicieux, pour vous, d'oser vous lancer professionnellement sur le terrain de "grandes batailles", ou de projets non moins ambitieux ?

Et s'il vous était opportun de vous investir dans des rôles de conquérant, de bâtisseur ou de brillant réalisateur ?

Et s'il vous était possible de devenir un super-financier, un super-chef de chantier ou quelque chose comme un héros des temps modernes ?

Sans oublier des missions de guérisseur du Nouvel Âge, de super-constructeur de cathédrales technocratiques (et politiques ?) ou d'alchimiste des corps et des âmes...

Vous pouvez même tenter de donner votre pleine mesure dans le domaine de la justice, de la chirurgie ou de l'Assurance-vie. Vous avez le choix, je vous assure !

En résumé, voici une belle invitation à vous orienter vers un type de métier (des types successifs ?), demandant de l'énergie, de la puissance personnelle... et de l'héroïsme.

Les Missions Sociales 36

Il vous est proposé de vous engager dans des missions professionnelles où il est bienvenu d'avoir le sens des contacts et des relations humaines. Ainsi que certaines potentialités créatives du type : arts plastiques, décoration, architecture... Le coup de main pour monter la Chantilly, ou capable de régler la baignoire à bulles ?

Il vous est suggéré de vous orienter vers des métiers qui concernent le mieux-être, le confort. Le luxe, le calme et la volupté...

Ce champ professionnel englobe le massage californien, l'animation de stages d'expression corporelle, la danse, l'esthétique, l'art des bijoux, la haute couture... et va jusqu'au fabricant de matelas à ressorts (c'est de votre ressort !), au créateur de saunas originaux ou de fauteuils relax futuristes.

Ne négligez pas tout ce qui touche à l'écologie et aux produits naturels.

N'oubliez pas la peinture sur soie, le travail sur soi. Vous avez le choix !

Donnerez-vous votre pleine mesure à 36 ans ?

Osez avoir à cœur de vous orienter vers du beau, du bio, du bon goût... Osez choisir le raffiné, et vous faire plaisir en jouant avec les formes, les couleurs et la lumière, sans trop déformer la vraie nature des choses !

Osez renouer avec les plantes et les éléments naturels. Depuis les élixirs, en passant par les huiles essentielles, jusqu'aux tisanes ayant les vertus les plus bénéfiques. Sans "comp-ter" le thé ! Ce qui aide à garder la "san-té", quoi !

– Le 9, nombre réduit des LMS 36 vous offre son complément :

Et si vous osiez vous lancer professionnellement au service des autres, ou au service d'idéaux humanistes et universels ?

Et s'il vous était opportun de vous investir dans un rôle d'aide, dans un collectif humanitaire ? Prêt à partir pour des missions communautaires et sans frontières.

Et s'il vous était possible de devenir un super-rassembleur, un super-travailleur social ... ou un super-éveilleur de conscience ?

En résumé : Il vous est proposé de donner votre pleine mesure dans un domaine où l'humain est à la première place, et où sont valorisés des idéaux de fraternité universelle et d'entraide spirituelle.

Une belle invitation à vous orienter vers un métier qui ouvre sur de nouveaux horizons spirituels, sonde l'inconscient collectif, et traduit les symboles universels offerts à ce monde en évolution, et l'invitant à passer au "stade supérieur" (et pas au stade du "j'en ai rien à foot !").

Le genre de vocation qui peut vous amener à une belle remise à neuf de certains vieux schémas de pensée, ou conceptions spirituelles dépassées...

Les Missions Sociales 37

Il vous est proposé de vous engager dans des missions professionnelles où vous aurez à utiliser vos belles capacités intellectuelles et vos dons pédagogiques. Pour transmettre des enseignements vivants et offrir vos lumières concernant des sujets encore méconnus.

Il vous est suggéré de ne pas négliger un champ professionnel englobant des métiers de conférencier, professeur-animateur, écrivain, scénariste. Ajoutons à cela les professions du livre, de l'informatique et tous transferts de connaissances ou d'informations.

En un mot : l'art de convaincre, l'art de faire savoir... que l'on sait !

Donnerez-vous votre pleine mesure à 37 ans ?

Par ailleurs : Osez internétiser vos recherches personnelles. Osez exprimer le fruit de vos réflexions et méditations les plus profondes. Osez écrire sur l'art ou pratiquer l'art de "psychologiser" les créateurs... d'art.

– Le 1, nombre réduit des LMS 37 vous offre leur complément :

Et si vous osiez vous lancer professionnellement en première ligne, sans toujours attendre l'aide des autres ?

Et s'il vous était opportun de vous investir dans un rôle de leader, ou dans un poste de direction ?

Et s'il vous était possible de devenir un super-initiateur, un super-inventeur, un super-avant-gardiste ?

Histoire de vous autoriser à donner votre pleine mesure dans un domaine de pointe... Sans négliger l'aspect "métier indépendant", ou un type de travail demandant un haut niveau de qualification.

Les Missions Sociales 38

Il vous est proposé de vous engager dans des missions professionnelles où il vous sera indispensable de réveiller votre "héros intérieur" afin de lui permettre de donner sa pleine mesure sur le terrain, dans des rôles de "battant" ou de "conquérant". Histoire de vous lancer de beaux défis dans le domaine commercial, financier et finalement dans de beaux chantiers qui ne passent pas inaperçus...

Il vous est suggéré de vous orienter vers des métiers qui vont de l'immobilier, de la valorisation du patrimoine, de l'assurance-vie, en passant par la chirurgie esthétique, le relooking, jusqu'aux belles prestations de l'avocat du barreau... ou les grands discours du stratège politique.

Donnerez-vous votre pleine mesure à 38 ans ?

Osez naviguer dans les eaux du pouvoir. Osez vous montrer dans le grand monde... Et briguer une superbe place dans le who's who ?

Osez être socialement bien noté. Tout simplement. Et pas avec un zorro pointé !

– Le 2 (et 11/2), nombre réduit des LMS 38 vous offre son complément :

Il vous invite à utiliser professionnellement vos qualités d'écoute et d'empathie, ainsi que vos dons intuitifs et réceptifs ?

Et si vous vous investissiez dans la Relation d'aide ? Si vous tentiez de vous, spécialiser au service du couple ?

Vous semblez donner votre pleine mesure quand vous avancez en partenariat. Cela vous rend aussi apte à conseiller ceux qui s'engagent dans des partenariats associatifs, amoureux ou autres.

Et s'il vous était possible de devenir un super-thérapeute, un super-médiateur, un super-pro de l'entretien : entretien interindividuel profond, et pas entretien de surface(s) !

Une belle invitation à vous orienter vers un métier de conseil, ou un travail d'accueil. Assistant de direction, dites-vous ? Juste ne pas hésiter à prendre la bonne direction...

N'oubliez pas, enfin, de rester modeste avec un tel charisme plein de finesse et de sensibilité. Il fait si bon cheminer près de vous... avec la protection subtile de votre aura lumineuse ("aura" pro nobis ?).

Rajoutons, plus spécifiquement lié au 11/2 :

Osez vous lancer professionnellement là où votre charisme personnel peut vous ouvrir des portes, là où vous pouvez apporter de belles intuitions nouvelles et transmettre des enseignements éveillés.

Et si vous vous investissiez dans un rôle de messager de la "conscience supérieure", ou de passionné des réalités... vous situant résolument au-delà des normes spirituelles et des sentiers battus de l'esprit.

Et s'il vous était possible de devenir un super-éclaireur, un super-magnétiseur, un super-intervenant pour l'avancement de la conscience planétaire et le cheminement avisé au sein d'une nouvelle "Transition vibratoire"...

Histoire de donner votre pleine mesure dans le domaine essentiel (en ce début de III ème millénaire) de l'énergétique spirituelle et du développement de la souveraineté intérieure.

Les Missions Sociales 39

Il vous est proposé de vous engager dans des missions professionnelles où vous pourrez mettre à profit vos élans humanistes ou humanitaires et déployer votre ouverture aux autres, votre sensibilité propre, et vos aspirations collectives et universelles.

Il vous est suggéré de vous orienter vers des métiers sociaux, ou vers des engagements concernant les activités de groupe. Choisissez plutôt d'avancer dans un champ professionnel où les prestations d'aide sont valorisées par les médias ou l'environnement local. Optez pour un domaine où le côté animation (de groupe) pourrait tenir une place non négligeable.

Sont concernées toutes les professions du spectacle qui mobilisent un large public, ou de grandes foules. Pourraient s'y adjoindre des activités religieuses ou d'animation, des rassemblements et de fêtes à caractère spirituel ou d'éveil de la conscience collective.

Toutes ces sortes de missions qui peuvent vous conduire à travailler au sein de communautés spirituelles créatrices et animées.

Donnerez-vous votre pleine mesure à 39 ans ?

Osez écouter le vieux sage qui se cache si près de la spontanéité de votre enfant intérieur. Osez devenir inspirateur au sein de groupes qui préparent un monde nouveau. Intégrez vous au levain grâce auquel ça devient du gâteau de découvrir le meilleur en soi !

Osez contempler d'un regard neuf tout ce qui a tendance à se regrouper autour de l'essentiel en vous ... et chez les autres.

– Le 3 (et 12), nombre réduit des LMS 39 vous offre son complément :

Le 3 vous invite à vous lancer professionnellement en valorisant vos qualités de communicateur, vos aptitudes à l'animation ou vos dons artistiques.

Et s'il vous était opportun de vous investir dans un rôle d'animateur, de chanteur, de metteur en scène, ou de vous spécialiser dans le journalisme, la littérature ou la bande dessinée ?

Et s'il vous était possible de devenir un super-dessinateur, un super-musicien, ou un super-photographe ?

Et si vous donniez votre pleine mesure dans le domaine de l'image et du son, ou d'une manière générale dans le domaine du multimédia. Non sans oublier la pub !

Une belle invitation à vous orienter vers un métier créatif ou commercial.

Un métier qui ne vous isole pas et vous mette suffisamment en relation avec les autres. Allez là où vous pourrez valoriser votre propre image et développer avec bonheur votre expression personnelle la plus originale et la plus vraie.

Les Missions Sociales 40

Il vous est proposé de vous engager dans des missions professionnelles où vous aurez à mettre en pratique votre savoir concret et votre habilité manuelle. Orientez-vous dans des domaines où seront sollicitées vos capacités à construire du solide, du sérieux, du durable.

Il vous est suggéré de vous orienter vers des métiers techniques, des métiers d'observation et de surveillance, des métiers de comptabilité et de gestion.

Ce champ professionnel englobe aussi toutes les professions artisanales ou liées à la terre. Depuis le maçon inspiré, en passant par le mécanicien de génie, jusqu'au plombier humoriste. Sans oublier l'agriculteur biodynamique ou l'éleveur de chèvres...

On pourrait rajouter le majordome discipliné, l'agent de police plein de bonne volonté, le postier organisé, et même le petit commerçant de proximité. Aussi, vous avez le choix !

Donnerez-vous votre pleine mesure à 40 ans ?

40 ans : c'est l'âge mûr, propice pour dépasser certains murs...

Osez façonner vos rêves et “bricoler vos illusions”. Osez la quadrature du cercle, et tous les possibles offerts par les matériaux les plus terrestres.

Osez la sécurité d'un statut bien défini, d'une identité professionnelle classique... et reconnue par l'État.

– Le 4, nombre réduit des LMS 40 vous offre son complément :

N'hésitez pas à utiliser vos belles capacités d'organisation et de concrétisation, en particulier au sein des groupes.

Le 4 accompagné d'un zéro évoque aussi les professions de thérapie structurelle (ou osseuse). Chiropracteur, dentiste, par exemple.

Le 4 et le zéro évoquent aussi les racines collectives : le travail de généalogiste.

Et s'il vous était opportun de vous investir dans tout ce qui demande de la patience, de la régularité... et de la ténacité ?

Osez donner votre pleine mesure dans un cadre sécurisant, avec des règles bien précises. Un métier lié à la tradition des ancêtres...

Les Missions Sociales 41

Il vous est proposé de vous engager dans des missions professionnelles où il vous sera nécessaire de mettre en œuvre des projets personnels et être le chef de votre propre chantier, quels qu'en soient les matériaux.

Il vous est suggéré de vous orienter vers des métiers d'ingénierie ou de maîtrise technique. Restez plutôt travailleur indépendant. Briguez des postes de responsabilité au sein de structures administratives ou productives.

Le champ professionnel concerné ici va de chef contrôleur des Impôts, en passant par chef d'atelier ou de fabrication, jusqu'au commandant de gendarmerie ou capitaine des pompiers... Sans oublier le poste de lieutenant du génie (tous les grades vont y passer !), de responsable de la sécurité des tunnels ou de préfet d'Ajaccio... selon vos préférences !

Osez vous évertuer à réaliser "la Belle Œuvre", et devenir un chef... en la matière. Osez être intègre, et montrer l'exemple par votre savoir-faire et votre sérieux à toute épreuve. Devenez celui ou celle qui n'a plus besoin de faire ses preuves !

Osez ne jamais courber l'échine, même au sein de l'échelle hiérarchique ou de la structure protectrice bienveillante.

– Le 5, nombre réduit des LMS 41, vous offre son complément :

En complément de ces côtés "carrés", structurés et rigoureux, vous semblez avoir besoin que ça bouge, que ça change (plus souvent qu'à l'ordinaire ?). Vous avez besoin de vous déplacer, de voyager, au-delà du cadre fixe et habituel qui vous sert de base, et vous offre ses petits repères d'usage.

Dans le domaine du sport vous feriez un bon entraîneur. Vous avez des talents pour canaliser les énergies, pour tracer de nouveaux balisages matériels... et financiers (vous n'êtes pas obligé de choisir le foot !).

Devenez chercheur, découvreur de nouveaux matériaux, de nouvelles méthodes...

Un zeste de rénovation, un zeste d'avant-gardisme, un geste décidé et volontaire pour tracer de nouvelles routes pleine de belles surprises !

Les Missions Sociales 42

Il vous est proposé de vous engager dans des missions professionnelles où votre intuition pourra se mettre au service de réalisations sensibles et d'œuvres bien structurées.

Le nombre 42 offre une dominante très "féminine" dans sa symbolique. Aussi, ces missions trouvent leur épanouissement et leur pleine mesure au sein de métiers d'aide, de professions de thérapie corporelle et de soins. Elles concernent des pratiques maternantes, rassurantes, sécurisantes.

Il vous est suggéré de vous orienter vers des métiers où interviennent des partenariats, des situations d'écoute et d'entretien. Où la notion d'empathie et l'attitude réceptive, s'allient avec le désir d'aider l'autre à passer à l'action, à bâtir concrètement et solidement.

Ce champ professionnel va de l'infirmière, en passant par le conseiller d'orientation (professionnelle ?), jusqu'au médiateur disponible et efficace.

Sans oublier le naturopathe, l'ostéopathe, et tous les professionnels qui vous aident à bien retomber sur vos pattes... quand vous marchez à côté de vos pompes, ou que vous n'êtes plus trop bien dans vos baskets ! Devrais-je ajouter le podologue à cette liste ?

Notons l'âge de 42 ans interpellant à ce niveau...

Finalement : Osez aider les autres à s'écouter. Osez suivre les messages de votre voix intérieure, celle qui vous donne l'itinéraire à suivre pour trouver la bonne voie de la guérison.

Osez naviguer aux rives de vos incertitudes, pour découvrir les révélations que la nature (ou la Terre-Mère) met à notre disposition.

Préférez le naturel aux vraies-fausses boîtes à oublier l'air pur ?

– Le 6, nombre réduit des LMS 42, vous offre son complément :

Le 6 vous invite à utiliser professionnellement votre capacité à donner du bien-être et à être sensible au beau... Et toutes les richesses plastiques des choses et des êtres ?

La mère-nature, le sens de l'écologie, la source naturelle des choses sont au rendez-vous. Professions liées à l'agriculture la plus bio possible, à la nourriture la plus équilibrée, aux soins les plus doux.

Des professions concernant les produits de la mer (et pas que la pêche à la sardine-fraîcheur), les produits corporels, les crèmes rajeunissantes, les compléments alimentaires régénérateurs (plasma marin)... et bien sûr la thalasso qui a le vent en poupe et de l'air marin plein les yeux !

Et tous les métiers de bouche. Tous les métiers du toucher (quand on a du pot d'être vraiment écouté dans sa peau et pas à travers une machine électrique !). Tous les métiers déjà mentionnés plus haut.

Que de retours à la source (de notre bien-être et de notre plaisir) en perspective !

Les Missions Sociales 43

(Elles sont très moyennement courantes. Il faut déjà avoir 13 en NCE !)

Il vous est proposé de vous engager dans des missions professionnelles où votre sens des relations humaines et votre créativité auront à faire leurs preuves.

Il vous est nécessaire ici d'utiliser largement tous vos dons de communication et d'animation. Et tout ce qui peut aider à mettre en valeur sa propre image sociale au sein d'un cadre stable et sécurisant.

Des missions, au sein desquelles il peut être utile de développer originalité et sens artistique, dans des réalisations concrètes et fiables, à peaufiner dans les moindres détails.

Il vous est suggéré de vous orienter vers des métiers où pourront être mis en œuvre des échanges interpersonnels et commerciaux, où pourront se construire des structures d'information ou de publicité diverses. Avec parfois des aspects éducatifs. C'est-à-dire concernant l'enseignement et l'animation dans des établissements publics, ou en relation avec la formation permanente.

Ce champ professionnel va du journalisme, de l'écriture ou du professorat, en passant par la publicité, la gérance d'office du tourisme, jusqu'à l'animation au Club Méditerranée ! D'autres professions peuvent être aussi mentionnées : graphiste, photographe, imprimeur ou éditeur, technicien en téléphonie ou réalisateur de télévision (éducative ?). Sans oublier le spécialiste en programmation neurolinguistique ?

Notons l'âge de 43 ans interpellant à ce niveau...

Osez jouer avec les mots, sans être le jouet de ce qui sous-tend vos propres discours.

Osez travailler sur la structure du langage, pour dialoguer avec la face cachée des apparences, et traduire ce qui cherche à s'exprimer dans les événements de votre vie et de celle des autres.

Osez être à l'école exigeante de la mise en valeur de votre identité profonde et de la co-création de votre vie, matérielle et spirituelle, au quotidien. Pour pouvoir ensuite être d'une quelconque utilité pour les autres et les aider à gérer leur vie concrète.

Histoire de sortir du piège des boîtes à connaissances qui empêchent l'enfant intérieur de s'exprimer, et d'humer plus spontanément l'air du temps ?

– Le 7, nombre réduit des LMS 43, vous offre son complément :

Le 7 vous invite à vous orienter vers des professions d'enseignement, ou concernant les livres et les programmes informatiques.

Transmission des connaissances. Aide à la prise de conscience. Orientations philosophiques ou spirituelles.

Sans oublier le domaine de la psychologie : toutes les professions de psychothérapie verbale (voire même l'art-thérapie).

Nous pouvons y inclure les professions d'astrologue ou de numérologue... humanistes de préférence !

Ou l'art d'appliquer les théories concernant l'humain en partant de l'observation et de l'expérience personnelle la plus intime...

Les Missions Sociales 44

(Elles sont peu courantes. Il faut déjà avoir 14 en nombre NCE !)

Il vous est proposé de vous engager dans des missions professionnelles qui nécessitent une maîtrise particulière de "l'engagement sur le terrain".

Là où il est courant de s'investir dans de grands projets, alliant des composantes techniques et des engagements financiers... Et parfois des enjeux politiques ! Des missions, où il vous est demandé de la précision, de la concision et le maximum d'expérience pratique. Des missions où vous aurez parfois à "débarquer" par surprise (foi de Juin 44 !)...

Il vous est suggéré de vous orienter dans des métiers du batiment ou des travaux publics, pouvant aussi concerner la haute administration, voire même la médecine. Un tableau professionnel qui a un petit air de débarquement ou de retour à la Terre promise. Un tableau qui évoque ces héros courageux, peu économes de leur énergie, et toujours prêts à affronter les défis du monde moderne... Comme creuser un tunnel sous la Manche, construire des ponts (sur l'infini ?), édifier des gratte-ciels...

Et soulever des montagnes ?

Ce champ professionnel va de l'ingénieur des ponts, du constructeur de supersoniques, en passant par le banquier ou l'assureur d'envergure, jusqu'au chirurgien-dentiste, au général 4 étoiles...Et au ministre du Budget ?

Plus prosaïquement : contrôleur des impots, Inspecteur des renseignements généraux, horloger... ou arbitre de la Coupe du monde de Foot-ball ? Là où il est demandé généralement de ne pas trop rêver !

Notons l'âge de 44 ans... pour mettre la stéréo ?

Osez vous imaginer en Moïse remplaçant Noé, le tout en contrat à durée indéterminée ? Du père Noé...au père Noël ?

Osez, plus prosaïquement, affronter les contingences matérielles et les barrières sociales qui se mettent en travers de votre belle réussite, et dépassez-vous... souverainement.

Osez nourrir à tous les étages vos désirs de puissance et de réalisation personnelle. Tout en gardant la tête froide et les pieds sur terre. Apprendre à grimper haut, c'est auusi apprendre à redescendre ! "Tu retourneras en cendres mon fils, ne l'oublie pas !"

Se hisser au sommet de l'héroïsme et trouver sa place au top du livre des records, ça vous (mal)mène à quoi ? Tenter de jouer Superman en urgence, pour raccourcir le Jour le plus long, ne résoud pas tout !

Tout conquérir quatre à quatre, en marche forcée ou en débarquement d'urgence, c'est sympa sur un curriculum vitae, mais au fond est-ce que c'est franchement nécessaire à l'avancement de votre conscience la plus intime et la plus belle ?

Les Missions Sociales 45

(Elles sont peu courantes. Il faut déjà avoir 15 en nombre NCE !)

Il vous est proposé de vous engager dans des missions professionnelles qui vous demanderont un sens aigü de la mobilité et une belle capacité à mener des actions rapides (et rusées).

Des missions où il vous sera nécessaire de réveiller votre capacité à concrétiser les plans les plus osés, et de mettre en œuvre les conceptions les plus révolutionnaires du moment. Le tout avec une conscience globale des choses et une vision futuriste des possibles en vigueur. Avec vigueur et le sourire aux lèvres ?

Il vous est suggéré de vous orienter vers des métiers aux composantes aussi variées que polyvalentes. Là où la prise de risque est courante. Là où les surprises en tous genres côtoient le cheminement vers l'inconnu d'horizons nouveaux. Là où ça bouge, où ça circule, où ça voyage. Là où le spontané ne "Cinq-provise" pas !

Sans oublier les métiers qui se préoccupent de circulation énergétique corporelle, ou de biodynamique physique.

Ce champ professionnel va de l'alpiniste, du pilote d'hélicoptère ou de Formule 1, en passant par le chercheur scientifique faisant de la concurrence à Einstein, jusqu'à l'émissaire de l'OTAN en Yougoslavie.

Sans oublier le spécialiste de l'énergétique taoïste ou le mécanicien ambulant du Paris-Dakar... Et l'expert antidopage du tour de France ou le scientifique du labo de dépistage de Chatenay-Malabry ?

Notons au passage l'âge-clin-d'œil de 45 ans...

Osez décoller vers de nouveaux horizons en gardant bien les pieds sur terre ou le pied au plancher ! Osez renouveler le stock de vos idées reçues et transformer tous les racismes en fraternités universelles. Osez libérer votre énergie, et suivre votre chemin (tantrique ?) pour atteindre l'extase... extra-professionnelle ? ("c'est extra" : disait Léo Ferré !)

La quantité de possibles est ici impressionnante ! Elle n'impressionnera que ceux qui n'ont pas la qualité de se remettre en question, n'est-ce pas ?

Si vos missions dépassent 45...

... Vous avez pour mission de les imaginer tout seul ! A moins que vous ayez envie de me passer un E-mail, un Fax ou de m'interpeller tout simplement au téléphone. Non, non, tout ça n'est pas spécialement "téléphoné" !

* * *

Les missions fondamentales et spirituelles

Nous participons tous à la création.
Nous sommes tous rois, poètes, musiciens.
Il n'est que de nous ouvrir, comme des lotus,
pour découvrir ce qui était en nous.
HENRY MILLER

Les nombres évoquant ces missions vous questionnent sur la manière dont vous considérez, vivez ou ressentez "l'Expérience principale" de votre incarnation.

A ce titre, ils vous proposent de jouer encore plus pleinement cette expérience qui n'appartient qu'à vous. Ils vous invitent à vous autoriser ce cheminement spirituel vers l'inconnu en vous-même, vers l'aventure intérieure qui s'offre devant vos propres pas, sans cesse renouvelés.

Le propre de toute démarche spirituelle n'est-il pas d'oser confronter l'inconnu, de suivre les signes constants de ce qui sous-tend la vie ? Et d'être le témoin vigilant de cette énergie (divine) qui circule en nous, sur diverses fréquences, du sexe au ventre, au cœur, au mental et à l'esprit.

Cette prise de risque consiste à être totalement partie-prenante avec tout ce qui se joue, à tout moment, et en polyphonie, autour de cette trame énergétique essentielle... Ou comment accueillir et favoriser les cadeaux et les surprises de cet "ici et maintenant" qui interpelle ? Comment percevoir, accueillir et intégrer ces messages d'amour et de vie qui semblent venir d'ailleurs, tout en jaillissant de vos profondeurs, de vos ombres et de vos lumières ? Des messages qui n'attendent plus que vous pour être concrétisés !

Ces missions sont intimement liées à votre conscience du monde, et à votre capacité à vous connecter avec votre monde intérieur. L'énergie disponible dépendra de la façon dont vous entretiendrez, nourrirez et jardinerez votre champ de conscience.

Vos engagements au sein de ces missions seront ainsi fonction du "taux vibratoire" qui est le vôtre, lorsque vous choisirez de les mener à bien. La manière dont elles seront abordées, vécues et réalisées, est intimement liée à ce que vous générez habituellement en vous-même : pensées, émotions, sentiments, projections... sans évoquer vos auto-sabotages divers !

Les événements qui jalonnent vos missions sont, bien évidemment, en résonance avec les modèles que vous entretenez, les scénarios que vous créez, les mythes et les croyances qui peuplent vos centres de décisions intérieurs...

Vos missions spirituelles seront aussi fonction de votre habitude à nourrir l'amour plutôt que la peur, à favoriser les possibles plutôt qu'à amplifier les obstacles, à croire en vous et en la vie plutôt qu'à subir les "coups du destins"... Et adopter le comportement du parfait maso, fidèle aux attitudes des "aliénés du mauvais sort" ?

Qu'il est difficile de choisir, quand il y a encore tant d'avantages secondaires à continuer à être la parfaite victime des événements, de la conjoncture, du passé, de la pollution des esprits, des mauvais génies, du diable, des esprits chahuteurs ou possesseurs ! Et victime de l'autre (le "vilain méchant !") ou des autres (les "vilains tyrans !").

Aussi, les propositions des nombres concernant vos missions fondamentales et spirituelles (M.F.S.) , sont à la disposition de votre libre arbitre et de votre ouverture de conscience, en rénovation perpétuelle.

Ces nombres ne déterminent en rien un "ordre de mission" à vivre comme un plan tombé du ciel, ou à effectuer le petit doigt sur la couture du pantalon ! Les propositions que vous font ces nombres sont des graines à votre libre disposition, qu'il vous reste possible de planter comme bon vous semble, et où bon vous semble. Dans le paysage corporel, sentimental et spirituel de votre vie.

Ces "graines-évocations" vous mettent gentiment sur la piste du registre essentiel à développer et à investir dans votre vie, pour vous réaliser plus pleinement. Cela sans oublier d'avoir foi en vous-même.

Foi de jardinier ! Que vais-je en faire ? Que vais-je entretenir ? Que vais-je lâcher ? Que vais-je laisser se transformer ? En moi et autour de moi ?

Que fais-je, déjà aujourd'hui, pour féconder, concrétiser, confronter tout cela ? Comment est-ce que je m'autorise vraiment à ÊTRE ?

De petits nombres. De grands enjeux ! C'est le jeu perpétuel de l'amour et de l'énergie. A chacun son avis. A chacun sa vie...

Je terminerais ces lignes par cette proposition légère : "Ne regardez jamais en arrière, sinon vous verrez quelqu'un vous rattraper !"

Ces missions spirituelles vous sont-elles proposées pour rattraper le temps à jamais perdu ?

Des missions pour mieux vous voir dans le miroir de votre quotidien et dans le reflet des événements de votre vie.

Des missions pour ne plus démissionner spirituellement de votre souveraineté et de votre responsabilité "divines" !

Comment calculer les Missions fondamentales et spirituelles (MFS)

Les adeptes des grands calculs mathématiques, ou des démonstrations savantes, seront peut-être déçus.

Pour obtenir les MFS, il suffit d'additionner les précédentes Propositions-clés, en l'occurence les Missions familiales et les Missions sociales.

Pour faire scientifique : **L.M.F. + L.M.S. = M.F.S.**

(Soit le total les toutes les cases, et les numéros de ces cases, sauf la case 5 et son habitant).

Concernant l'exemple de Marie :

LMF = 17 LMS = 34 MFS = 17 + 34 = 51 réduit ensuite à 6.

Le nombre de ses MFS est donc 51 réduit à 6

Le nombre à considérer au départ est le 51. C'est un nombre "bio", non encore transformé, non "usiné" par la réduction.

Au sein des propositions du 51, celles du nombre 1 sont les plus importantes. Viendront ensuite celles du 5. Et enfin, en résumé, celles du 6.

D'une manière générale, les propositions les plus natures, les plus directes, concernant toutes les Missions fondamentales et spirituelles commenceront à partir de 40 (ou plutôt 44 ou 45, car 40 ne pourrait être obtenu qu'en ayant des 0 dans les 8 cases concernées !).

Les nombres de 1 à 9 (et 11/2), issus de la réduction, n'offriront que des résumés, sympathiques il est vrai, mais à considérer après les pistes des nombres directs ou "bios" dont ils sont finalement les compléments.

En fait, les nombres réduits ont pour rôle d'affiner les propositions essentielles des nombres non-réduits dont ils sont issus (par réduction, ou mise en boîte ?).

Pistes d'interprétation pour Marie, avec ses MFS 51 (et 6)

Les missions proposées à Marie s'articulent autour d'un travail de positionnement spirituel qui pourrait consister à affirmer plus nettement ce qui est important et fondamental pour elle.

Elle est invitée à inventer de nouveaux comportements amoureux, d'autres relations à l'autre, aux autres... et à elle-même !

Il lui est aussi suggéré de ne pas négliger la piste énergétique (ou bio-énergétique) sur son chemin de progression spirituelle.

Au fil de ses missions, la relation au plaisir est au premier plan : le plaisir de se sentir libre. Le plaisir d'être bien dans son corps et de faire corps avec son véhicule, ou sa "monture" physique, dynamique et mobile. Le plaisir de vibrer, de respirer, de faire l'amour sans programmes et sans attentes codifiées, ou scénarisées à l'avance. Le plaisir enfin d'arrêter de courir après des chimères... pour se mettre enfin en marche vers elle-même.

Rappelons que le 1, dominant ici, évoque le Père, la loi du Père, le modèle spirituel du Père, et la relation énergétique et polarisée au Père.

Le 5, quant à lui, évoque l'homme sexué, le partenaire masculin. Il est question ici de l'homme ou des hommes que Marie est invitée à rencontrer vraiment, au-delà de son père (et de son avis "per-sonnel") ou de l'image de ce père qu'elle porte, imprimée en elle depuis si longtemps ! Il lui est suggéré d'aller au-delà de ses fidélités inconscientes à la lignée masculine, et de ses peurs d'être abandonnée (la petite fille non reconnue... ou moins aimée que sa si belle sœur ?)

Il lui est proposé ici un travail spirituel pour se libérer de la possession affective et de la mise en dépendance... pour retrouver cette confiance spirituelle qui peut nourrir les choix de sa vie et élargir l'horizon de ses possibles.

Le 6, enfin, évoque la femme en elle. Une femme à laisser grandir, une énergie féminine à laisser vivre, une douceur et une belle tendresse à encourager. Une énergie à cajoler... à masser?

"J'ai massé et j'ai-me assez !" : nous dirait-elle... à partir de sa source féminine intarissable.

Comment découvrir ce registre si féminin caché sous les couvertures ?

Comment rencontrer cet amour, fait de lâcher-prise et de respect des désirs profonds et féconds ? Comment être une bonne compagne pour elle-même, après avoir affronté, confronté et dépassé ses modèles masculins (ou ses hommes-adversaires d'un combat révolu) ?

Comment peut-elle vivre au mieux ses missions, où son âme est sollicitée pour donner le meilleur d'elle-même... Et recevoir le nectar des bontés de son existence, libérée des barrières, fossés, chausse-trappes et peaux de bananes, qu'elle a pu se semer plutôt deux fois qu'une... En n'ayant pas foi en elle et au meilleur de sa vie.

Ces missions proposent à Marie de se "mettre en situation", avec honnêteté et présence accrue, dans des rapports nouveaux (ou renouvelés) à elle-même et à l'autre.

A elle de mettre ces missions à profit, pour oser avancer vers plus d'autonomie et de liberté. En s'offrant, puis en recevant les cadeaux de la vie, jusqu'au bout du corps, jusqu'au bout du cœur...

A elle d'accueillir l'offrande sacrée des plaisirs naturels et de la tendresse profonde, qui nourrissent confiance intérieure et paix de l'âme. Des plaisirs sains qui peuvent se révéler source d'enfantement du meilleur d'elle-même.

Pour confronter ces missions, il lui est demandé de ne pas hésiter à agir, foncer, et suivre son propre chemin. A l'écoute de son cœur, de son ventre, de son sexe, et de son petit doigt (qui l'a toujours dit !). Quitte à prendre le risque de lâcher certaines sécurités matérielles, ou certains repères (ou co-dépendances) affectives !

Elle a à effectuer des missions spirituelles pour aventurière vigilante, ou exploratrice lucide. Au creux des richesses de la rencontre avec elle-même, avec l'autre, et avec la vie, il lui reste à s'accorder l'amour. Et cela, en osant se laisser toucher par les douceurs, les parfums et la beauté des choses et des êtres. En accueillant pleinement les câlins des jours heureux, et les vanilles des belles saisons du cœur et de l'esprit.

Il lui est rappelé d'oser s'autoriser à prendre un peu l'air... et explorer les hautes altitudes. Au-delà de ses auto-sabotages ou limitations punitives, Marie pourra se risquer à dépasser ses barrières intérieures rouillées et périmées (comme l'indique toujours la date de péremption sur l'étiquette !).

Elle pourra alors rencontrer cette déesse d'amour qui sommeille en elle. Cette femme intérieure sans âge qui ose respirer les grands espaces inexplorés de la créativité et de l'amour.

Ainsi elle pourra se recentrer au cœur de sa richesse intime, au creux de son repaire (re-père) confortable. Et faire son nid dans le lit d'un courant chaud et sauvage, sans cesse en mouvement par nature...

Au plus intime de ces missions, il lui reste à se laisser porter par des "é-lans" rapides et toujours renouvelés. Pour retrouver Dieu au cœur de son sexe, au centre de son cœur, et aux confins de son esprit. Et ne plus se mentir à elle-même.

Se poser ces diverses questions concernant son comportement et ses habitudes intimes, cela peut déjà être pour elle une façon d'avancer dans ces missions spirituelles aux aspects autant polyvalents que multiples !

A elle de mettre en œuvre ces missions pleines d'aventures, de vent et d'ouvertures. Tout en favorisant les conditions de situations qui surprennent, illuminent et décoiffent. Des mises en situation qui peuvent la ramener gentiment à sa belle capacité intérieure. Celle qui l'amène à créer, colorer et animer le feuilleton de son existence, aussi peu cathodique que chaotique ?

Des missions, au fil desquelles sa conscience a tout intérêt à se doter de moyens nouveaux de connexions énergétiques, de circulation intérieure, et d'écoute du langage du corps. Sans oublier de s'équiper d'un traducteur simultané des messages du cœur et des codes amoureux les plus avancés.

A elle de rassembler en un beau bouquet le feu central (du 1), dynamisé par les rafales du vent du large (le 5), et les vagues douces de cet océan d'amour féminin (le 6).

Lorsque le feu de l'esprit pourra enfin circuler au sein de sa spirale évolutive régénératrice, et transformer ses cellules en leur offrant des lumières d'amour et des énergies limpides et universelles, une nouvelle Marie verra le jour (de son assomption ?).

En attendant, il lui reste à chevaucher le Tigre, et laisser son esprit ronronner de plaisir...

Pistes d'interprétation générale des diverses Missions fondamentales et spirituelles

Les valeurs comprises entre 40 et 43 sont quasiment impossibles à obtenir. En effet, il faudrait que la somme de tous les habitants de l'Inclusion de base (sauf la case 5) donne un nombre compris entre 0 et 3.

Missions fondamentales et spirituelles 44

(Les MFS 44 sont peu courantes)

Ces missions mettent l'accent sur la nécessité d'un travail sur vos racines, sur vos consignes familiales (certaines utiles, d'autres limitatives et castratrices), et sur vos peurs héritées... à confronter, trier, transformer.

Vous êtes invité à vous donner les moyens de prendre contact avec vos bases et repères essentiels. C'est-à-dire vous préoccuper de la réalité de vos propres ancrages matériels et physiques.

Là, où il vous est particulièrement nécessaire de toucher le sol ! Et d'être au plus près du concret, dans ses exigences les plus quotidiennes.

Cela pour mieux habiter l'ensemble de votre corps, plus particulièrement votre bassin, vos jambes et vos petits pieds.

Ces missions sont là pour vous rappeler d'investir de façon constructive votre place professionnelle, votre place au sein de votre famille, de vos lieux d'habitation et de vie.

Sur quels espaces personnels pouvez-vous vraiment compter pour vous ressourcer, ou mieux vous retrouver avec vous-même... pour enfin vous tenir vraiment "debout" ?

Et si vous vous autorisiez à débarquer vraiment sur les plages de votre "terre promise" ? Il ne suffit pas de vous la promettre, encore faut-il que vous vous autorisiez à l'investir de tout votre corps, de toute votre âme... et de tout votre esprit !

En complément voir plus loin les MFS réduites de type 8.

Missions fondamentales et spirituelles 45

Ces missions vous invitent à trouver l'équilibre entre d'une part vos désirs d'aventure spirituelle, vos envies de prises de risques, votre soif de découverte, et d'autre part votre besoin de sécurité personnelle et de stabilité intérieure.

Comment offrir des structures à vos élans spirituels, tout en les laissant libres de "s'aérer" à leur guise ?

Il vous est demandé ici un travail de réconciliation entre des besoins apparemment opposés. Ces missions vous proposent de cultiver l'alternance entre la pause, l'immobilité, et le mouvement, le changement, au fil de votre progression spirituelle.

Cette alternance consiste aussi à réconcilier votre gestion du concret au cœur de votre quotidien le plus ordinaire, avec un engagement plus direct dans des chemins d'aventure spirituelle, riches de surprises et d'illuminations intérieures.

Les idéaux universels : D'accord !... Mais, il reste non moins fondamental de vivre votre spiritualité à travers des tâches "bassement" matérielles et des œuvres bien terrestres.

Le divin ne réside pas toujours où vos conditionnements spirituels ont voulu l'enfermer, et où vos illusions vous l'ont laissé s'isoler. Il se trouve aussi bien dans les lieux de culte que dans la nature la plus sauvage. Aussi bien dans vos mains, dans votre huile de coude (et de massage ?), votre eau de vaisselle et votre fer à repasser...

Cependant, ce n'est pas un Dieu à tout faire !

La spiritualité bouge. Elle s'autorise à changer de place à tout moment. Elle ne s'enferme pas dans un lieu précis. Elle se trouve aussi bien dans la profondeur d'une prière ou la contemplation d'une icône, que dans l'épluchage de vos patates ou la cuisson de votre pain. (Dieu est mon "co-pain" !)

La spiritualité de la balayette, de la poubelle en plastique ou du lave-vitre nouvelle formule, qu'en faites-vous donc ? Un petit coup d'essuie-glace sur votre "écran spirituel", et vous y verrez tout de suite mieux, n'est-ce pas ?

En complément voir plus loin les MFS réduites de type 9.

Missions fondamentales et spirituelles 46

Ces missions vous invitent à rendre plus confortables vos "planches à clous" spirituelles, vos prie-dieu décharnés ou vos sanctuaires spartiates.

Ne serait-il pas bienvenu de rendre plus soyeux et plus doux vos petits nids intérieurs, là où ça vous fait du bien de vous relier à la chaleur et à l'amour du divin en vous-même ?

Cela, en osant considérer (O hérésie !) que la spiritualité peut passer aussi par le plaisir le plus prosaïque ou le plus gourmand. Avancer spirituellement peut se conjuguer avec le fait d'aimer le plaisir : le plaisir d'être bien dans son corps, le plaisir d'être un bon compagnon pour "soi-m'aime".

Ces missions concernent, en effet, le plaisir de savourer sa sensualité créative. Le plaisir de s'extasier devant la puissance spirituelle du "Beau". Le plaisir d'apprécier l'objet raffiné, l'œuvre de qualité. Ou encore, le plaisir de s'écouter au cœur de sa vraie nature... spirituelle.

L'exigence au centre de ces missions consiste à ne pas négliger les pauses, les phases de détente et d'abandon régénérateur. Histoire de prendre une certaine distance avec ce qui pousse à la "compétition spirituelle", et cherche à "rentabiliser rapidement" les chantiers intérieurs !

Il vous est suggéré d'oser sortir de vos cadres trop fermés (sortir de vos gonds ?), pour tenter l'aventure amoureuse lorsqu'elle sonne à votre porte, lorsque son parfum emplit votre jardin intime, parfois inutilement cerné par des murs qui se veulent protecteurs, et se révèlent restrictifs et asphyxiants.

Ces missions vous invitent à sauter par dessus certaines vieilles barrières limitatives pour rencontrer Dieu dans des échanges de tendresse et d'amour, au cœur de relations intimes harmonieuses et sacrées.

Prenez soin de votre corps autant que de votre esprit. Cajolez votre cœur, et caressez vos désirs les plus fous. Favorisez l'éclosion de vos sens et l'émergence de danses animées au sein d'élans spontanés et rieurs.

Même si cela vous amène à trahir vos règlements affichés depuis des lustres, et à renier les apparences de vos idées toutes faites !

C'est si bon d'être bien. Pourquoi vous en priver ? Au nom de quelles vieilles consignes ancestrales, ou de quels contrôles des comptes spirituels périmés, vous interdiriez-vous la chance de recevoir les cadeaux de votre plaisir intérieur ?

Au nom de quoi refuser d'appécier votre séjour terrestre ? Au nom de votre souffrance, de vos déceptions et de vos auto-sabotages mortifères ?

Ou plutôt au nom de vos possibilités de déguster la vie dans ce qu'elle a de meilleur à vos yeux, à votre ventre, à votre cœur et à votre esprit. Un peu de bonheur. A la bonne heure !

En complément voir plus loin les MFS réduites de type 1.

Missions fondamentales et spirituelles 47

Ces missions vous invitent à permettre une cohabitation harmonieuse entre les contingences de vos cadres et références spirituels, les nécessités de vos sécurités mentales et la vigueur de vos passions les plus puissantes.

Vos rêves et vos "émotions spirituelles" souhaitent-ils rester dans la cage où vos tyrannies mentales les ont confinés ?

Il vous est rappelé ici que vos émotions sont les vecteurs des mots (maux) de votre âme, et en tissent en partie le langage souterrain. Vos émotions animent aussi la grande porte de votre intuition la plus profonde. Elles vous donnent accès à la connaissance induite, directe et instantanée. Leur vitalité nourrit ces états d'expansion de conscience, où vous pouvez toucher à l'indicible, en traversant l'apparence des structures figées et immobiles.

Il vous est demandé, au fil de ces missions, de mettre le "géo-maître" intérieur à contribution, pour clarifier certains de vos repères et authentifier les ressources souterraines de vos territoires spirituels. Pour aider certains propriétaires qui ne savent pas toujours sur quelles bases il peuvent s'appuyer (ni, spirituellement sur quel pied danser ?).

Comment faire cohabiter le besoin de rituel, de structures fixes, de fondations stables, avec les étincelles intuitives et les illuminations spirituelles ?

Le travail consiste essentiellement à construire avec régularité et constance des œuvres tangibles et à l'épreuve du temps. Pour vous donner confiance, et nourrir la force intérieure qui vous libère de vos auto-sabotages mentaux et de vos ascétismes mortifères. Une confiance qui accompagne vos plus belles prises de conscience, et votre accession aux connaissances qui ouvrent votre esprit.

Ces missions concernent aussi votre engagement personnel dans la transmission d'enseignements spirituels ou philosophiques de haut niveau. C'est-à-dire la mise en place de lieux privilégiés de méditation, de réflexion et d'étude, qui ressemblent plus à des écoles pour développer l'esprit, qu'à des usines à conditionner les âmes.

La confrontation avec la solitude intime et le dépouillement intérieur accompagnent généralement ces missions exigeantes. Celles-ci demandent de maintenir la vigilance spirituelle à un niveau élevé, pour éviter de tomber dans les pièges de la passion sectaire ou du fanatisme spirituel.

Nul ne détient la vérité ! Nul n'a le droit d'imposer ses croyances et ses absolutismes, car nous sommes tous dépositaires de ces multiples parcelles de vérité. Nous avons tous un "portable spirituel" à portée d'éveil, continuellement branché sur le divin.

A vous de vous en servir avec maturité et gratitude. Au lieu de vous agglutiner autour de ces téléphones fixes, si largement estampillés "officiels", propriétés de certains chefs de chapelle, gourous ou "intermédiaires désignés", pas toujours désintéressés, placés entre Dieu et vous...

Ces "nounous spirituelles" aux dents longues, comme celles de la grand-mère du Chaperon rouge, restent toujours prêtes à vampiriser vos âmes et détourner vos esprits !

Une petite mission de nettoyage de ces jungles malveillantes ne ferait de mal à personne ! Juste faire attention à ce que les justiciers anti-sectaires ne soient pas plus sectaires que leurs proies désignées...

Que l'intolérance voire l'exclusion ne s'amplifient pas sous prétexte de "nettoyer" le terrain. Que chacun commence par faire le ménage devant sa porte et au fond de lui-même, là où se trouve encore toutes ces ombres qu'il ne saurait voir... et qu'il voit, ou projette si bien, sur ce qui le dérange, juste en face de lui-même.

En complément voir plus loin les MFS réduites de type 2.

Missions fondamentales et spirituelles 48

Ces missions vous suggèrent de confronter avec lucidité et sagesse les nécessités matérielles de votre existence, et de vous engager en toute témérité dans des chantiers ambitieux et des réalisations brillantes.

Ces missions vous proposent de construire sur des fondations solides, des bases connues et une terre bien stable. Tout en restant à l'écoute de votre volcan intérieur qui possède sa propre activité souterraine en vous-même... et menace parfois d'entrer en éruption, lorsque la pression devient trop forte !

La route est large et votre véhicule est puissant. Un certain nombre de contrôles sont à effectuer. Attention à ne pas trop vous prendre au jeu de cette puissance concentrée !

La démarche spirituelle qui vous est proposée ici consiste à respecter les lois fondamentales de la Terre-mère sur laquelle vous mettez les pieds. Une terre à partir de laquelle il est possible de bâtir des merveilles ou de créer l'enfer. Il vous reste à organiser votre vie avec conscience, et permettre ce lien constant entre la matière et l'esprit.

Pour ériger votre "Cathédrale vitale", il vous convient de gérer votre entreprise terrestre avec savoir-faire et expérience du terrain. Un terrain qui peut se révéler hautement spirituel ! Toute démarche spirituelle ne trouve-t-elle pas sa consistance, sa force et sa réalité dans la partie la plus tangible de l'expérience humaine ?

Construire votre maison protectrice. Édifier votre balisage le plus indiscutable. Ériger votre temple du cœur. Aménager le château de votre esprit... Tout cela est une sacrée mission ! Une mission nécessaire à votre création spirituelle, à votre croissance intérieure et à vos vendanges célestes...

En complément voir plus loin les MFS réduites de type 3.

Missions fondamentales et spirituelles 49

Ces missions vous invitent à repérer consciencieusement le terrain de vos œuvres les plus essentielles et consolider vos bases concrètes, avant de vous envoler à bord de votre grande montgolfière spirituelle. Touchez les cieux, Oui ! Mais n'oubliez pas de cultiver la connaissance de ce qu'il vous sera nécessaire pour redescendre dans de bonnes conditions... et revenir à bon port !

Il vous est proposé ici d'ancrer votre démarche spirituelle dans un vécu pragmatique et stable. En vous appuyant sur une certaine régularité dans vos rythmes de vie.

Votre esprit a besoin de se connecter fortement au tangible et faire corps avec les contingences terrestres. Tout s'emboîte à merveille... tant que vous ne vous acharnez pas à mettre en boîte vos talents de réalisateur, ou vos capacités à générer des œuvres de qualité.

Concrétisations et réalisations personnelles sont des jalons précieux pour votre cheminement étoilé... Et votre recherche du Graal ?

Votre piste d'évolution a besoin de certaines balises. Votre radar intérieur nécessite régulièrement quelques remises à neuf, pour que votre ouverture au monde soit fertile et que vos rêves soient constructifs. Afin que votre "décollage" vers des horizons lointains puisse s'effectuer en toute maturité et en toute conscience.

Y a qu'à faire du neuf ! Y a quarante neuf... Trêve de "y a qu'à", il vous reste à concrétiser vos idéaux et faire correspondre vos actes à vos options et discours personnels , non ?

En complément voir plus loin les MFS réduites de type 4.

Missions fondamentales et spirituelles 50

Ces missions sont très proches de celles qui vous sont proposées au niveau des MFS 5.

Le zéro amplifie les messages du 5 et vous offre une version plus puissante et plus interpellante. Les horizons se veulent élargis. Les exigences de mouvement intérieur et de réforme profonde sont encore plus présentes. A vous d'accueillir ce présent. A vous de faire fructifier ce cadeau du ciel !

L'aventure spirituelle semble ici à son amplitude maximum. L'esprit de ces interpellations se veut libre et ouvert. Le renouveau consiste, pour vous, à prendre le risque de voyager sans boussole, en utilisant les pouvoirs de votre intuition profonde. N'hésitez pas à allumer vos "pleins phares"... même si vous avez l'impression que vos batteries ne sont plus très bien chargées.

Faites confiance à l'énergie que vous laissez circuler en vous, elle se chargera du reste. Elle se chargera de vous décharger de ce qui pèse sur vos épaules, ces vieux fardeaux qui tiennent chaud à votre esprit. Lorsque l'hiver et le froid approchent et que les jours raccourcissent, autant que votre confiance en vous-même et votre dynamique personnelle puissent se dilater d'aise, s'expanser généreusement, au soleil de vos belles braises intérieure spirituelles...

Un travail spirituel concernant votre sexualité est aussi à l'ordre du jour de ces missions passionnantes, et résolument hors des sentiers battus !

Les éclairs de votre esprit sont à connecter avec les flammes de votre sexe. L'extase peut se nourrir de votre plaisir. Votre plaisir peut jaillir de vos extases les plus simples et les plus natures.

Votre éveil spirituel côtoie votre sexualité créative, sans but et sans recherche de performance. Osez lâcher l'obligation que vous vous imposez de vous occuper surtout du plaisir de l'autre. Occupez-vous du vôtre... et tout le monde s'y retrouvera !

La recherche de la liberté à tous les niveaux se trouve au centre de ces missions imprévisibles et surprenantes. Liberté de pensée. Liberté d'action. Liberté d'oxygénation personnelle. Liberté sexuelle. Liberté de choisir votre parcours à votre propre guise. Liberté de suivre les chemins que votre esprit découvre. Osez ces libertés... elles vous le rendront au "cinquantuple", pardon au centuple !

Osez accompagner le tout de conscience mobile et de présence vigilante. Histoire d'encourager votre "tête chercheuse" toujours aux aguets...

Ces missions vous souhaitent un bon passage du guet (c'est gai ?), une belle traversée vers l'inconnu (c'est nu ?) en vous-même. Et finalement plein de soleil et d'énergie pour éclairer votre cheminement mouvementé.

L'occasion vous est offerte d'apprendre à surfer sur les vagues changeantes de votre vie. Histoire de jongler avec les imprévus, l'esprit en éveil... Et les doigts dans le nez ?

En complément voir plus loin les MFS réduites de type 5.

Missions fondamentales et spirituelles 51

Ces missions vous proposent de devenir l'auteur exclusif de tous les scénarios d'aventures et de découvertes qui peuvent concerner votre belle progression.

Positionnement spirituel, dynamique d'intervention corporelle et rapidité d'action, font partie de ce paquetage opérationnel pour guerrier pacifique, amoureux des surprises les plus natures...

Votre travail consiste à oser tester vos limites les plus intimes, à oser vous "exposer" en toute authenticité, et ne plus hésiter à vous engager totalement dans la direction qui vous paraît la plus passionnante.

Par exemple, que se passerait-il si vous vous engagiez sur les pas de la passion spirituelle ? Celle qui ne se laisse pas diriger sa vie par les aléas du chemin initiatique, ni par les mirages du plaisir de la consommation béate et moutonnière ambiante.

Foncer tête baissée, comme le bélier ardent, peut vous démanger la couenne. Gardez alors l'esprit ouvert et le cœur bien accroché !

Osez grimper au sommet de votre art, sans avoir peur de rester accroché aux branches. Osez surfer sur les vagues sauvages des tourbillons de votre vie. Osez tirer votre épingle du jeu spirituel, et renouveler vos stocks d'idées reçues. Celles qui encombrent votre esprit et alourdissent vos rêves et remplissent vos nuits d'ennui et de pédalage mental stérile... et si futile !

N'oubliez-pas d'oser certains échanges amoureux et sexuels sans conditions. Comme dit souvent ma chère voisine : "A condition que ce soit sans conditions !"

Par ailleurs, jouez – si ça vous chante – les invincibles, les indépendants et les voyageurs solitaires (pas les voyeurs solitaires !). Avouez que vos crispations volontaires et vos autorités mentales sont amenées, parfois, à baisser la garde devant la force de l'amour... Et votre besoin légitime de laisser reposer les turbulences de votre esprit.

Les bulles de votre ego vous rendent parfois la chaussée savonneuse et glissante. C'est alors que votre conscience peut déraper. Mais vous savez, rester dans l'axe, tout en dérapant : ça s'apprend !

C'est une question de conduite. Les auto-écoles spirituelles ne courent pas les rues ! Alors arrêtez de courir. Une de ces écoles est au plus profond de vos richesses intérieures, au cœur de votre conscience en éveil ! Ne vous faites pas de souci (sous-6). Laissez votre cœur prendre les rênes... de votre esprit.

En complément, voir plus loin les MFS réduites de type 6.

Missions fondamentales et spirituelles 52

Ces missions vous invitent à jongler en toute virtuosité entre les impératifs spirituels qui vous ont été imposés, au départ, comme points de repères nécessaires, et le désir d'évasion et de rêve qui cherche à s'exprimer du plus profond de votre esprit.

Le chemin spirituel qui vous est proposé ici, ressemble à la trace laissée par le serpent initiateur sur le sable vierge de votre existence. Un travail de synthèse entre l'esprit du caméléon et la technique de survie de l'anguille vous reste à expérimenter, sous toutes ses facettes.

Ces défis délicats sont à cerner ou à analyser non avec une logique bien carrée, mais avec la mobilité de vos capteurs sensibles et la réceptivité de votre intériorité profonde. Devenir insaisissable est parfois un art. N'en faites pas l'art de la fuite ou "l'art de la fugue" !

Il vous est suggéré, au sein de ces missions mystérieuses, aux va-et-vient incessants, de vous synchroniser à vos rythmes et marées les plus intimes, de manière à offrir à votre esprit cet équilibre dynamique qui facilite respiration mentale et liberté de conscience.

Osez les retournements de situations, même s'ils s'accompagnent de leurs lots d'émotions et de doutes. Osez les adaptations les plus rapides aux leçons offertes par la pédagogie de la vie. Une vie pleinement confrontée et intensément vécue.

Osez le saut vers l'inconnu de l'esprit, en lâchant la rampe des enseignements trop sécuritaires ou trop figés.

Peut-être vous reste-t-il encore à vous épanouir au jeu de la "balançoire" des contradictions de l'esprit et des incohérences de vos images mentales les plus paradoxales...

En complément voir plus loin les MFS réduites de type 7.

Missions fondamentales et spirituelles 53

Ces missions vous invitent à créer sans cesse de nouvelles formes d'action spirituelle. La conquête de nouveaux horizons pour votre conscience n'est pas la seule priorité.

Il vous est suggéré ici de ne pas hésiter à "chevaucher le tigre" et de briller d'une virtuosité toute olympique ! Votre carburateur double-corps doit, impérativement, être relié à une large prise d'air, si vous souhaitez obtenir les meilleures performances en la matière.

Au cœur de ces missions lumineuses, votre recherche spirituelle a besoin de liberté et de grands espaces.

Osez les exploits spirituels de haut-vol. Ceux qui restent constamment à l'écoute de votre enfant intérieur, si plein de joie de vivre et de spontanéité. Osez les pirouettes légères, les jeux d'humour spirituel et le sourire intérieur. Osez la fête qui régénère, les improvisations musicales et la danse chamanique. Le tout, comme une symphonie au service des harmoniques de votre esprit.

Les messages spirituels les plus puissants sont toujours remplis de gaieté (pour gai-rire ?) et nourris de poésie. Ils offrent toutes les couleurs de l'arc-en-ciel, au plafond de votre conscience. Celle qui cherche le soleil de l'esprit à travers les nuages et les brumes de votre mental. Un mental, si souvent pollué par les exigences de la recherche du profit à tout prix, et les peurs de manquer d'argent, d'amour, ou de reconnaissance et de foi en vous-même ?

Votre puissance intérieure est ici au service de votre créativité personnelle et de votre souveraineté la plus naturelle, la plus aisée.

Votre pouvoir de vous réussir somnole entre votre capacité de transformation intime, et votre aptitude à renaître de vos cendres...

En complément voir plus loin les MFS réduites de type 8.

Missions fondamentales et spirituelles 54

Ces missions vous proposent de restructurer votre démarche spirituelle lorsqu'elle a tendance à se disperser, lorsqu'elle s'acharne à répondre uniquement aux désirs de multiplicité d'un mental trop séparatiste ou trop analytique.

Vous êtes invité ici à reprendre contact, en toute sécurité, avec les points d'ancrage les plus concrets, et les repères les plus clairs, qui structurent à leur manière votre territoire personnel.

L'équilibre est à trouver entre vos anciennes balises, dont certaines sont toujours nécessaires, et les nouvelles pistes qui peuvent maintenant s'offrir à vous.

Une boulimie de nouveautés mal digérées pourrait devenir une fuite organisée de ce qu'il vous est difficile de confronter en vous-même. Elle pourrait être l'expression de certains mécanismes de défense inconscients. Ceux qui vous éloignent des richesses cachées derrière vos peurs, ou derrière vos frontières émotionnelles laissées en friches.

Une relative continuité et une régularité stabilisante vous sont nécessaires, au fil de ce chemin jalonné de courants d'air décoiffants et de changements rapides et turbulents.

Il vous sera, en effet, possible de vous élever dans les hautes sphères spirituelles, de manière sage et fructueuse, que si votre base personnelle est stable, solide et organisée autour de certains rituels personnels. Cette base devra s'aligner sur certains rythmes réguliers, jouant leur rôle "d'ossature" vitale pour vos ancrages matériels et vos élans spirituels.

La maison de votre esprit a besoin de fenêtres ouvertes sur la vie, d'un toit vous laissant entrevoir les étoiles et de fondations permettant au feu de votre ciel de trouver de bonnes prises de terre. Pour éviter les "prises de tête"... et les mauvaises surprises ?

En complément voir plus loin les MFS réduites de type 9.

Missions fondamentales et spirituelles 55

Ces missions vous proposent d'observer les enchaînements qui peuvent avoir lieu entre vos diverses expériences spirituelles, afin d'en percevoir les interpellations les plus nouvelles, les plus inhabituelles.

Il vous est demandé de rester particulièrement vigilant vis-à-vis de tout ce qui bouge et évolue en vous et autour de vous. Vous êtes, en quelque sorte, invité au sein de ces missions à une remise en question perpétuelle, concernant vos options spirituelles intimes, et votre façon d'appréhender les choses de votre vie.

Le travail qui vous est suggéré ici s'articule autour d'une "révolution spirituelle" à effectuer en jouant la carte de la multiplicité... des options possibles, non encore répertoriées.

Vos choix sont immenses, les chemins possibles sont très nombreux. Il vous reste à tenter l'aventure du renouvellement des idées, des croyances et des habitudes les plus ancrées. Pour avancer ensuite sur une belle route dégagée...

La démarche proposée concerne aussi le corps dans ses élans, ses possibilités de mouvement et ses engagements physiques... Et tout votre vécu sexuel à réinvestir spirituellement.

Le double 5 vous conseille de ne pas trop tourner autour du pot, et d'oser découvrir ce dont vous pouvez parfaitement être l'auteur... Et que vous n'avez encore jamais tenté !

Juste réveiller le Pionnier, le Concepteur, le Chef de file... qui cherchent parfois à filer à l'anglaise ? Ou qui, habilement, vous glissent entre les doigts, et semblent se perdre dans les replis de vos circonvolutions intérieures.

Quelle lumière spirituelle, cette tornade blanche ! Vous avez en vous une tornade passionnée, avec ses airs si rebelles et ses courants d'air si salvateurs qu'il vous reste à en faire un bouquet fructueux... ou un feu d'artifice ?

Le vol libre de l'aigle des altitudes traverse-t-il votre esprit en alerte et vos étonnants ciels spirituels d'équinoxe ? Allumez votre phare intérieur, et laissez la radio branchée... pour qu'on puisse enfin vous recevoir 5 sur 5 !

En complément voir plus loin les MFS réduites de type 1.

Missions fondamentales et spirituelles 56

Ces missions vous proposent de ne pas hésiter à sauter dans le bain de vos sensualités les plus profondes... et les plus spirituelles.

Vous êtes invité à un retour subtil au luxe, au calme et à la volupté. Ce qui, vous en conviendrez aisément, peut paraître, de nos jours, un grand luxe en termes de spiritualité ! Ou comment associer intimement amour et sexualité ? Et si vous osiez faire corps avec le divin, tout en développant richesses du cœur et trésors sexuels ?

Au cœur de votre sexe se trouve le divin. Au plus profond de votre cœur se trouve l'esprit qui anime, libère et régénère.

Osez vous rafraîchir l'esprit en caressant vos rêves. Osez l'amour authentique en expérimentant vos passions les plus intimes. Osez le romantisme le plus spirituel et la plus belle libération du corps.

La résurrection des corps passe peut-être par la transmutation des idées reçues concernant le "plai-sir"... qu'on essaie de vous faire passer pour une plaie à guérir !

Votre résurrection intérieure passe, elle aussi, par l'engagement total dans le ressenti de l'instant, dans l'expérience amoureuse et sexuelle la plus pleinement vécue... Ainsi que dans la libération de l'extase la plus vraie, la plus nature, la plus simple.

La question posée ici se résumerait ainsi : Vous est-il nécessaire de faire sans arrêt des nœuds à votre corde pour monter au paradis ? Je vous l'accorde, tout est toujours question d'échelle ! Ce n'est pas David qui nous contredira.

Vous est-il indispensable de continuer à compliquer les choses, alors qu'il reste surtout à oser... Oser du fond de vous-même. Oser sous les projecteurs de votre conscience en éveil. Osez libérer votre conscience.

Osez vous admirer dans vos libertés !

En complément voir plus loin les MFS réduites de type 2.

Missions fondamentales et spirituelles 57

Ces missions vous proposent de tourner à votre façon les pages du grand livre de votre vie, libre des canalisations religieuses trop plombées, libre des cloisonnements mentaux trop étouffants, libre des mises en boîte spirituelles pour supermarchés de la conscience.

Il vous est suggéré de vous engager dans une longue démarche de recherche fondamentale et d'introspection spirituelle sans concession.

Il vous est demandé de tenter une remise en question qui concerne autant les idéaux philosophiques, que les enseignements spirituels les plus divers. Sans oublier de dépoussiérer quelque peu les vieilles bibliothèques (bibliques ?) qui occupent vos mémoires.

Apprenez à vous dire et à exprimer votre vraie nature, au-delà du piège des mots. Bénissez le moment où votre esprit s'anime au centre des enjeux intérieurs, et s'offre la liberté d'être lui-même, décrassé de ses habitudes mentales sécurisantes et de ses frilosités métaphysiques.

Osez des hypothèses, ou des théories nouvelles, tout en pratiquant des exercices d'assouplissement de votre tête... p'têt' bien si courbaturée ?

Osez vous libérer des rhumatismes de votre esprit, en faisant de la place à une spiritualité vivante qui décoiffe sensiblement... et laisse s'envoler les vieilles mitres ?

Osez la solitude du pèlerin de fond qui joue avec les épreuves, sans chercher de preuves. Et s'éloigne du scénario trop usé de la "Rédemption par la souffrance".

L'option centrale reste ici de ne pas se prendre trop au sérieux. S'il suffisait d'escalader les crêtes de l'esprit pour se rapprocher de Dieu, nos ailes comme celles d'Icare, fondraient probablement au soleil des hautes vibrations de nos petites particules de sagesse intérieure.

La création spirituelle aurait-elle besoin d'une bonne dose de récréation ?

L'enthousiasme spirituel passerait-il aussi par la franche rigolade. Nul besoin de se coincer les mandibules pour faire sérieux aux portes du Paradis ! Regardez la maturité spirituelle des nouveau-nés : Ils rient (encore) aux anges... Et ça ne "dér-ange" personne !

En complément voir plus loin les MFS réduites de type 3.

Missions fondamentales et spirituelles 58

Ces missions vous proposent d'explorer les territoires de l'esprit que votre conscience en développement n'a pas encore rencontrés.

Il vous est suggéré de bousculer, sans états d'âme, les édifices spirituels les plus bétonnés et les plus immuables. Histoire de faire un peu le ménage dans ces vieilles certitudes qui collent aux baskets de votre esprit, et interdisent la régénération de votre âme, si nécessaire à votre progression spirituelle.

Ces missions vous invitent à aller voir derrière ces jeux de pouvoir qui tirent les ficelles de votre vie et font courir votre ego. En d'autres termes, il vous est demandé de découvrir ce qui se joue sous les couvertures officielles et sous les apparences illusoires de vos options spirituelles.

Pour cela, entraînez-vous à faire le deuil de vos emballages héroïques et de vos flammes dévorantes. Afin de permettre cette transmutation alchimique des divers déchets qui encombrent l'espace de vos élans les plus purs, et assombrissent les horizons de votre esprit. Après l'effusion, la fusion ultime conduit à l'abondance et aux cadeaux spirituels de la vie.

Vous avez la possibilité de dompter ce feu intérieur et de l'utiliser pour ce qui en vous se révèle si "dur à cuire" ! Vous avez le droit d'être vulnérable, fragile et déprimé ! C'est spirituellement humain.

Osez mettre vos énergies les plus puissantes au service de vos aspirations les plus justes, et de vos conquêtes spirituelles les plus belles. Osez faire évoluer vos combats contre ceux qui veulent vous couvrir de leurs ombres. Celles-ci reflètent leurs colères enfouies et leurs ressentiments les plus profonds... mais aussi les vôtres !

Ne restez plus l'esclave de ce qui vous perturbe en vous-même. Devenez le Maître incontesté de vos démons intérieurs. Risquez un bel accord de paix avec ce qui, en vous, cherche l'affrontement sur le terrain des pulsions de votre corps et au cœur des passions de votre feu émotionnel.

Osez confronter le meilleur en vous-même... Il est vrai qu'il se masque souvent le visage, et se cache en des lieux si mystérieux que votre raison raisonnante a peine à suivre sa trace.

D'autres ressources sont à votre disposition : Votre belle intuition par exemple... et votre désir de tenter l'aventure héroïque consistant à démystifier vos propres Zorros intérieurs ?

Il vous est proposé de rencontrer en vous ce qui se cache derrière le masque noir de votre peur d'être vu, d'être découvert (ou à découvert)...et d'être jugé par l'autre, par les autres. Réalisez que vous êtes surtout jugé par vous-même et que vous restez principalement victime de vos propres sentences !

En complément voir plus loin les MFS réduites de type 4.

Missions fondamentales et spirituelles 59

Ces missions vous proposent de reconsidérer vos velléités d'engagement social ou d'investissement humanitaire.

Il vous est suggéré d'avoir une vision plus large et plus globale des choses pour mieux faire le tri ensuite, en ce qui concerne l'entraide collective et universelle.

Vous êtes invité à découvrir d'autres horizons de la conscience et à voyager au-delà de votre petit territoire personnel bien balisé. Osez vous frotter aux idéaux les plus novateurs, aux vents et marées du monde le plus inconnu. Osez l'aventure de l'esprit. Celui qui suit le courant de l'énergie. Celui qui bouge, qui palpite, qui tressaute, et surfe librement sur les vagues orgasmiques des surprises de la vie.

Osez changer de cap spirituel, lorsque vos cartes se brouillent au cœur des parasitages de la pensée unique. Osez sortir des rails de l'illusion balisée. L'essentiel est ailleurs !

A vous de tenter ces surprenantes missions aux évolutions multiples et variées. Osez renouveler les grands espaces qui s'étendent aux tropiques de vos recherches les plus passionnantes et les plus essentielles. Là, où l'esprit retrouve sa vraie nature, imprévisible, inexplicable... et incontournable !

En complément voir plus loin les MFS réduites de type 5.

Missions fondamentales et spirituelles 60

Ces missions sont très proches de celles évoquées au MFS 6 (réduit). Le zéro amplifie les enjeux et les énergies en présence. Une fois de plus, le message du zéro : "Tout est possible au-delà des peurs", garde son opportunité.

Ces missions vous proposent donc de vous libérer de vos ornières spirituelles, en vous entraînant parallèlement à vous libérer de vos attachements affectifs limitatifs et énergétivores.

Vous êtes invité à reconsidérer la place du plaisir dans votre vie, tout en apprenant à mieux percevoir la justesse de vos vrais désirs et paradoxalement les pièges qui cohabitent au sein de vos scénarios de consommation programmée.

Il vous est demandé ici un travail de clarification au cœur du cocon sensible tissé par votre vécu amoureux. Cela pour ne pas vous retrouver avec un fil à la patte, ou au cœur, parasitant vos sentiments et détournant vos élans les plus beaux.

Avant de vous occuper du bien-être d'autrui, interrogez-vous sur les petites "maltraitances intérieures" que vous vous imposez au nom d'un mérite périmé, ou d'exigences d'un autre temps.

Osez vous plonger au creux de votre sensualité la plus nature, afin d'en savourer les messages spirituels les plus profonds... et les plus intimes.

Osez l'ouverture du cœur, celle qui régénère l'esprit en métamorphosant le corps. Osez la paix de l'âme. Celle qui nécessite le franchissement des "lâmes" de fonds de toutes ces peurs d'abandon, de tous ces manques d'amour qui moisissent au cœur de vos fibres.

Au cours de ces missions d'amour, ne contournez pas le vide qui coexiste près de votre cœur. Ne négligez pas ces zones de creux, prêtes à consommer n'importe quelle drogue affective pour essayer de se combler.

Une fois ces zones contactées, il vous restera à les confronter pleinement pour ensuite effectuer ce travail de transformation intérieure qui libère.

Autorisez-vous à couper le cordon de vos dépendances. Vous pourrez alors effectuer un sevrage réussi de tous ces biberons d'amour qui vous maintiennent encore dans l'enfance affective, et dans des relations amoureuses infantiles et destructrices.

Ces missions d'exploration des pièges amoureux et des chemins d'amour vers le meilleur en vous-même, sont à effectuer en faisant confiance à toutes ces ressources à votre disposition au centre de votre cœur et au cœur de votre esprit.

L'essentiel de toute démarche spirituelle n'est-il pas d'aimer, d'oser vous aimer, d'oser aimer votre vie. Une vie à créer en harmonie avec les données de cette écologie intérieure qui tisse harmonieusement votre toile de fond de vos rêves d'amour terrestre et humain.

En complément voir plus loin les MFS réduites de type 6.

Missions fondamentales et spirituelles 61

Ces missions vous proposent de mettre en œuvre un positionnement amoureux clair et authentique. Cela vous permettra d'éviter les nuages toxiques des doubles messages relationnels, ou les retombées nocives des lâchetés sentimentales qui ont pu jalonner votre route spirituelle.

Vous êtes invité à favoriser votre dynamique, celle qui vous pousse à aller de l'avant, sans rester (par masochisme ordinaire ?) dans les marécages de l'incertitude amoureuse et des parasitages de l'esprit.

Il vous est demandé de reconsidérer le modèle du père, ou des hommes qui vous ont précédé dans la lignée. Comment ont-ils vécu leur relation au plaisir ? Comment se sont-ils donné la capacité à accueillir et vivre l'amour en toute sérénité durant leur existence ?

Votre travail consiste à vous détacher des reproductions les plus importantes en matière d'amour et au niveau de votre relation à votre corps. Ou comment vous offrir la paix du cœur en développant le lâcher-prise corporel... et spirituel. Comment être auteur de vos propres scénarios amoureux, au lieu de subir des histoires imposées ou de vous mettre sous la dépendance de vieux scénarios standardisés... parfois sensiblement mortifères ?

Osez croire en vos capacités d'initiative personnelle, et en vos possibilités de tenir la barre de votre propre navire. Osez vous orienter dans une direction qui vous convient vraiment... et spirituellement. Osez favoriser votre faculté de recentrage et votre force d'action autonome dans votre relation à l'autre et dans vos échanges avec vous-même. Restez zen avec vos alliés intérieurs comme avec vos turbulents saboteurs intérieurs.

Alignez vos désirs sensuels avec les lumières de votre esprit. Et osez, enfin, laisser s'exprimer votre "Maître intérieur". Il sait beaucoup de choses que votre cœur, bousculé par vos émotions et vos peurs, aurait tendance à oublier.

Ces missions vous suggèrent de croire en vous, et en vos possibilités de prise de conscience, concernant l'épanouissement de votre cœur et l'ouverture de votre corps.

Le chemin est étroit entre les rigidités d'un ascétisme amoureux destructeur, et une surconsommation gourmande, souvent source d'aveuglement. Autopunition ravageuse ou boulimie infantile, conduisent – toutes les deux – à une accoutumance dommageable. Restez fidèle à vous-même et reconsidérez vos vieux programmes de fidélité figée largement dépassés !

Entre les extrêmes que constituent ces deux "drogues", il vous reste à vous frayer le passage délicat et subtil qui même à l'équilibre spirituel. Histoire d'oser vous avancer "sur le fil du rasoir", sans filet spirituel et sans balancier religieux sécuritaire !

Il vous est offert d'expérimenter l'attitude juste qui libère, au sein de ce vaste jardin de l'amour, où il vous reste à cueillir les fleurs les plus lumineuses sans vous blesser à leurs épines... ça s'apprend !

En complément voir plus loin les MFS réduites de type 7.

Missions fondamentales et spirituelles 62

Ces missions vous invitent à développer votre sensibilité corporelle et votre souplesse amoureuse au service des métamorphoses de votre esprit.

En effet, c'est en partant des ressentis les plus corporels et des sentiments les plus prenants, qu'il vous est proposé de rencontrer les richesses cachées de votre puissance spirituelle.

Il vous est demandé de ne pas négliger les ressources stratégiques de votre intuition, et de vos impressions les plus subtiles, pour traverser les zones où règnent nombre de manipulations amoureuses et de "prises d'otages" relationnelles.

Habile et rusé, il vous reste à déjouer les pièges de la passion qui enchaîne, et ceux de la fusion sentimentale qui étouffe... et détruit celles et ceux qui restent trop longtemps dans ses filets.

Osez trancher, en toute justice, les fils, voire les chaînes, qui finiraient par vous étrangler (ou vous rendre muets d'amour ?). Osez affronter l'ennemi... au cœur de vous-même. Libérez-vous de vos anciennes colères. Elles vous aveuglent. Vos rancunes brouillent vos radars intimes et anesthésient votre esprit. Purification intérieure ou lavage affectif "aux grandes eaux" seraient bienvenus, non ?

Osez transformer vos défauts, en qualités nouvelles. Vous pourrez alors les mettre au service de votre progression. Faites de même avec "les intolérables travers" de votre partenaire ou des personnes que vous côtoyez... Recyclez, recyclez !

Ces missions vous amènent à explorer, et confronter, les héritages féminins (de votre mère et de vos grands-mères) concernant la relation au plaisir ainsi que la capacité à se détendre, sentir... et faire confiance à la vie.

Afin de faire le point sur les autorisations ou les interdictions amoureuses qui traînent dans vos mémoires ou vos modélisations mentales. Vous pouvez vous poser diverses questions : "dans ma famille, par le passé, s'est-on donné le droit d'être tout simplement "bien", d'être disponible à soi-même et de s'écouter réellement ? S'est-on donné le droit au plaisir, hors des codifications religieuses limitatives et des tabous du moment ?"

OK ! Les choses peuvent changer aujourd'hui. C'est, maintenant, à l'ordre du jour de vos missions si plaisamment spirituelles...

Et si vous laissiez se dilater votre esprit, pour permettre à votre cœur de se bercer lui-même, et à votre corps de se parfumer du bonheur de respirer la vie à bras ouverts ?

En complément voir plus loin les MFS réduites de type 8.

Missions fondamentales et spirituelles 63

Ces missions vous invitent à réveiller votre créateur du cœur. Celui qui aime tant la vie, qui aime tant prendre plaisir à jouer avec les formes, les sons, les couleurs... Et tout cela au service de l'esprit.

Il est question ici d'élargir les horizons relationnels et affectifs en toute confiance, c'est-à-dire en toute vérité, authenticité... et toute simplicité !

Il vous est demandé d'entretenir cette souplesse du cœur, en harmonie avec le raffinement de votre esprit. Au cœur de ces missions, tout est question de dégustation, d'émerveillement et de beauté intérieure.

L'esprit a faim de joie, d'amour et de paix. Aussi a-t-il tendance à s'adresser aux "Restos du cœur spirituels", qui restent si bien intentionnés. Cependant, si vous voulez mordre à pleines dents dans les délices de l'extase ou les feux follets de l'illumination, vous aurez à reconsidérer vos propres velléités de maltraitance intérieures et certaines usines à illusions de votre cœur et de votre esprit !

Votre chemin passe par la traversée de vos ombres, celles qui vous collent aux paupières de l'esprit, et au derrière de vos rêves les plus colorés. Une certaine "traversée du désert" vous est nécessaire pour brûler, au soleil de votre conscience, vos propres (sales) écrans projectifs aliénants, et lâcher vos vieux attachements affectifs. Ceux qui paralysent l'éclosion de votre esprit...

Osez danser avec vos p'tits loups intérieurs ! Ces enfants de votre esprit sont là pour vous aider à retrouver votre enthousiasme le plus beau. Ils vous conduiront au sein de missions enrubannées, où il est question de renaissance intérieure et de remise en question de votre image personnelle. N'oubliez pas de démasquer ce gentil pèlerin intérieur qui peut vous entraîner vers des chemins d'illusions spirituelles et des mirages... divins ?

En complément voir plus loin les MFS réduites de type 9.

Après avoir esquissé un certain nombre de pistes offertes par les Missions fondamentales et spirituelles, dans leurs valeurs directes ou "valeurs bios", je vous propose des interprétations complémentaires sur la base des valeurs réduites (les 9 grands standards. De 1 à 9).

Ces invitations sont, bien sûr, plus générales, moins fines, moins personnalisées. Plusieurs MFS correspondent, d'ailleurs, à un même développement : par exemple MFS 44, MFS 53, MFS 62, seront en liaison avec les MFS réduites de type 8 (8 étant la réduction de 44, 53 et 62).

Missions fondamentales et spirituelles réduites de type 1

Elles vous invitent, en résumé, à mieux positionner vos croyances et vérités profondes, et faire respecter vos options propres.

C'est-à-dire : ne plus vous laisser disqualifier, ou juger. Ne plus vous laisser étiqueter. Ne plus laisser bafouer ce qui est essentiel pour vous-même, en particulier ces valeurs auxquelles vous adhérez profondément et qui nourrissent votre esprit.

Sans oublier de laisser l'autre, ou les autres libres (et responsables), de leurs propres certitudes ou visions des choses... ou de leur façon de se fuir eux-mêmes en jugeant ou en enfermant les autres dans des diagnostics ou des analyses figées.

Ces missions vous proposent de ne pas négliger la partie centrale de vous-même. Celle qui a le loisir d'innover, d'initier, d'inventer sur tous les plans.

Votre lumière spirituelle ne demande qu'à éclairer le chemin qu'il vous est donné de choisir à chaque instant, pas après pas, dans le sens qui semble le plus juste à votre conscience intime, et quel que soit son état d'éveil.

L'occasion vous est offerte de redonner pouvoir et dynamisme à votre "auteur intérieur" souvent négligé. Histoire de réveiller votre Dieu intérieur, cette autorité ultime qui s'adresse directement à vous, sans passer par tous ces nombreux intermédiaires qui veulent s'approprier la parole divine pour mieux vous en déposséder... Et éventuellement vous maintenir dans un état de dépendance spirituelle d'un autre âge !

Ces missions vous amènent à vous remercier d'être ce si bel auteur, qui s'offre de créer sa vie à chaque instant, et n'a plus besoin de demander, ou quémander, au ciel ou à ses "représentants" ce qu'il a la possibilité de se donner à lui-même, en toute souveraineté intérieure.

Restant en connexion, ou en accord, avec votre force spirituelle et votre qualité d'amour, vous pouvez expérimenter cet état intérieur (ou "taux vibratoire intime") qui vous permet, tout simplement, de recevoir sans avoir à demander.

Si les choses ne semblent pas se passer ainsi, est-ce l'indice d'une faible santé de votre souveraineté intérieure, ou le peu de vigueur de vos "acteurs spirituels intimes" ? La mise sous dépendance d'un "berger extérieur" ne favorise ni l'évolution intérieure, ni l'accession à une spiritualité plus mûre et plus responsable...

Si vous aviez éventuellement des comptes à rendre (?) à un Dieu, ne serait-ce pas plutôt à votre dieu intérieur. Il est d'ailleurs tellement proche de votre âme qu'il n'a pas besoin d'un téléphone portable pour communiquer avec vous. Finalement, ce Dieu intime n'a peut-être rien à voir avec celui qui vous est imposé, mijoté, traditionalisé ou soldé par d'autres !

Tous ces gentils conseillés es-religion, sont bien souvent remplis de bonnes intentions. Mais, il ne leur est pas donné le pouvoir ou la responsabilité de décider ou de choisir ce qu'il serait bon, pour vous, de croire, de penser ou de rêver !

Le 1 vous rappelle ici le travail de centrage préalable (et incontournable ?) à toute mission spirituelle, ainsi que cet entraînement à l'autonomie spirituelle, si nécessaire en période de bouleversement culturel, et de transformation de la vision du monde.

Le monde change. OK ! Il vous est surtout demandé de changer vos lunettes spirituelles, et libérer votre regard de tous ces filtres, de toutes ces croyances anciennes, dépassées aujourd'hui. Nous sommes passés au IIIe millénaire, que diable !

Missions fondamentales et spirituelles réduites de type 2

Elles vous invitent, en résumé, à mieux relier en vous-même les apparentes dichotomies ou oppositions binaires qui peupleraient encore vos espaces spirituels les mieux fréquentés.

Par exemple, les notions souvent mises en opposition telles que : Dieu/Diable, Bon/Mauvais, Vrai/Faux, Positif/négatif, etc. Ces notions trop bien classées sur le damier de ce sempiternel – et limitatif – système binaire !

Et si ces apparences n'étaient que l'émanation d'une seule et même énergie, d'une seule et même vie. Ce sont des couples, où chacun contient l'autre et dont la réunion dépasse leur somme. En effet, leur fusion les transforme et leur offre d'infinies variantes. Celles-ci restent d'ultimes témoignages de l'unité fondamentale se manifestant toujours au sein de la diversité des phénomènes.

Ces missions vous offrent l'occasion d'une mise en relation globalisante entre les concepts, croyances ou théories apparemment opposées, mais issues d'un cœur semblable, d'un souffle commun. Ou d'une problématique commune ?

Votre travail consiste à transformer toutes ces vieilles balançoires de votre esprit en tapis de méditation centraux et équilibrés. Ou comment vous permettre la rencontre et l'échange entre ces parties de vous-même séparées, ou que vous avez peut-être mises en opposition.

Vous avez en vous des richesses et des ressources intérieures qui n'attendent qu'une grande réconciliation, qu'une grande écoute mutuelle, afin d'être enfin pleinement elles-mêmes. Non pas face-àface, de chaque côté d'un no-man's land ou d'une frontière intérieure, mais la main dans la main, pour offrir du cœur à votre esprit !

Apprenez à relativiser les choses et les phénomènes à partir de formes pensées plus unifiantes et plus fécondantes. Pour redonner à votre esprit sa puissance de soudure, sa puissance d'interconnexion et de résonance fructueuses.

Toutes ces dynamiques sont sources d'amour, de lumière et de vie. Elles ouvrent le passage aux énergies les plus fines et les plus subtiles. Ces liens mis en place, il vous devient alors possible d'accueillir de nombreux "miracles" en vous-même et autour de vous.

"Un homme averti en vaut deux" paraît-il. Mais, un homme, ayant réunifié, allié, et mis en partenariat éclairé ses (deux) parties séparées ou opposées, devient un homme debout, un homme centré. Un être qui n'a que faire d'en valoir deux. "Être deux", n'est-ce pas diviser sa force et sa conscience en deux ? Laissez s'étreindre et s'embrasser vos ombres et votre lumière...

Comme quoi, une fois de plus, les quantités mathématiques n'ont pas un grand intérêt sur le plan spirituel ! Notons que les nombres offrent parfois des messages dérangeants... Histoire d'interpeller un peu la conscience endormie par ses "mets-trop, boulets, dos-dos..." et filets internet pas toujours bien nets !

A quand l'écoute spirituelle stéréophonique et planétaire ? On n'arrête pas le progrès ! A vous de réinventer vos vies spirituelles et vous réapproprier vos morcellements ou vos divisions internes. Pour mieux vous aimer à deux... Deux soi-même ? Deux soi m'aiment... Ne serait-ce pas cela le paradis perdu ?

Et si ce paradis n'était pas séparé de vous. Si votre regard, surtout tourné vers l'extérieur, était devenu peu habile à distinguer les couleurs et les énergies de vos circulations intérieures d'amour insoupçonné ?

Reconsidérez les couleurs de cet Éden (et d'haine), celles qui retransforment la haine en paradis retrouvé. Et cela d'autant plus facilement qu'il n'a jamais été perdu, mais plutôt ignoré des consciences myopes, des vues spirituelles limitées et frileuses, et de tous les conditionnements limitatifs et victimisants. Ouf !

A force de se balancer d'une jambe sur l'autre, on arrive à ne plus avancer sur le chemin. Attention à ne pas rater la (dé)marche d'évolution possible à tous ceux qui n'ont pas l'esprit d'escalier...

Missions fondamentales et spirituelles réduites de type 3

Elles vous invitent, en résumé, à mieux découvrir ce qui se cache derrière l'aspect extérieur des choses et des êtres.

Osez vous aventurer derrière ce que cachent ou recouvrent les mots, les discours mentaux et la surconsommation d'informations (médiatiques). Osez communiquer directement avec ce qui vous anime profondément.

Créer le dialogue avec vos divers constituants ou "personnages intérieurs", afin de les laisser s'exprimer spontanément et librement. Observez-les avec considération même si leurs voix, discordantes, s'autorisent parfois à transmettre des messages aux aspects plutôt surprenants !

S'écouter vraiment, n'est pas une mince affaire ! Vous êtes face au risque d'entendre des questions, des témoignages, des bilans intérieurs interpellants... voire insécurisants.

Dialoguer avec vos "habitants intérieurs", vous amène à cheminer à travers des espaces aux aspects bariolés, ou aux formes quelquefois très étonnantes !

La rencontre avec le beau en vous-même, passe souvent par ce qui "dénote" dans votre tableau personnel, et prend au détour d'un chemin intime, l'aspect des laideurs les plus repoussantes.

S'orienter vers sa lumière, c'est surtout explorer ses ombres... La clé de votre quête intérieure ne se trouve pas toujours où brille vos lumières les plus évidentes. Elle existe plutôt là où vous n'oseriez pas chercher, de prime abord. Là, où votre raison n'y connaît pas grand-chose. Là, où votre logique y perd son latin et ses repères les plus clairs.

A l'image de cette histoire de fou très initiatique, où le fou cherche sa clé sous un réverbère, alors qu'il pense l'avoir perdue, plus loin, dans l'ombre la plus sombre.

Lorsque votre regard est moins obnubilé par la lumière, il peut plus rapidement s'accoutumer à l'ombre. Ensuite, les yeux de votre cœur peuvent prendre le relais, accompagnés par votre intuition créative... Celle qui peut remettre en lumière les trésors qui dormaient dans vos ombres.

C'est au cœur de ces ombres que s'effectue le germination naturelle de vos meilleures potentialités. C'est au cœur de vos brillances que peuvent éclore vos expressions les plus belles et vos sourires à la vie. Constatez que plus la lumière est puissante, plus l'ombre qui l'accompagne est profonde...

Ces missions spirituelles 3 vous suggèrent de dépasser vos a-priori concernant la forme, l'apparence ou le rayonnement des choses et des êtres.

C'est tout un art d'apprendre à regarder à travers le tableau. C'est toute une habilité spirituelle de savoir prendre le recul suffisant par rapport à la réalité, dans ses aspects les plus contrastés... Afin d'éviter de se faire piéger (ou emballer) par l'emballage, par l'image extérieure d'un être, d'un événement, d'une vérité.

Il vous est proposé, ici, de faire un travail au niveau du paraître... Un travail qui paraît peu aisé. Un travail tellement essentiel ! L'essence est au cœur des choses, et au firmament de vos nuits...

Missions fondamentales et spirituelles réduites de type 4

Elles vous invitent, en résumé, à mieux assembler entre elles les richesses de vos diverses structures ou cadres de vie, afin qu'elles constituent un terrain fertile, propice à l'avancement de votre construction intime.

Osez confronter vos loyautés aux modèles familiaux les plus "enterrés", les plus verrouillés. Osez prendre conscience de vos diverses fidélités (et infidélités à vous-même), souvent inconscientes, qui limitent votre évolution intérieure.

Labourez votre "terre personnelle et familiale". Faites des fouilles dans les diverses strates qui composent vos fondations premières. Retournez les poches des vieux manteaux (vos systèmes mentaux emprisonnant), issus de vos "gre-niers ances-traux". Les nier ne sert à rien. Ancestraux c'est trop !

Débusquez les panneaux indicateurs déplacés ou retournés. Ils vous donnent rendez-vous avec les stockages des scories du passé constitué de vos doutes, culpabilités et peurs héritées. Ces lots, pas toujours gagnants vous sont transmis à votre insu... Et ils ne sont pas remboursés par la sécurité sociale !

Sondez et connectez entre elles les diverses parties qui composent votre véhicule corporel. C'est une tâche qui demande persévérance et ténacité. C'est une aventure de longue haleine, où il ne suffit pas de serrer les dents pour avancer plus vite !

Cette expédition vers vous-même vous demande de développer et d'affiner, de nouveaux comportements. Elle vous oriente vers l'apprentissage sur le tas du décryptage de vos fonctionnements habituels. Il y a nécessité pour vous d'aller voir sous le capot... Et de vous salir un peu les mains ?

Remarque pour détendre : Parfois on peut entendre l'expression : "Je m'en lave les mains", proférée par le patient qui abandonne son véhicule corporel aux bons soins du garagiste-médecin, spécialiste des symptômes-moteurs. On abandonne son esprit aux bons soins du garagiste-curé spécialiste de la mécanique cantique, et du "mets-l'ange" bien huilé. C'est une question d'essence... spirituelle, n'est-ce pas ?

Ces missions spirituelles 4, paraissent tellement sérieuses qu'elles vous invitent à vous dilater les côtes (pas les pneus) de temps en temps. C'est vrai, il vous faut du temps. Alors, osez respecter votre rythme intérieur, si vous souhaitez ménager votre monture et ne pas forcer le compte-tours.

Savoir compter sur vous-même nécessite de vous engager en toute confiance dans la conduite de votre véhicule corporel, après un long passage par l'auto-école : l'école de l'auto-nomie. Une école de tous les jours, au cœur d'un quotidien qui ne roule pas toujours comme vos priorités bien calibrées l'ont décidé !

Un quotidien qui déroule sous vos pas ce chemin de la recherche du "Graal station-service spirituel", qui peut vous mener parfois jusqu'au bout de vos modèles spirituels périmés. Un quotidien qui cherche à vous montrer ce que vous avez dans le coffre... de votre si beau véhicule d'incarnation. En auriez-vous perdu la clé ?

Aussi, apprenez à acquérir le coup de main qui sauve, ou l'attitude vigilante qui permet de trouver le bon dosage entre accélérations et coups de frein. Afin de coller à la route, et de vous accrocher dans les virages de la vie. Le tout sans fatiguer vos suspensions. Histoire de faire bon ménage, sur votre piste, avec vos chevaux-vapeur. Plus besoin, ensuite, de faire une "Cliothérapie" spirituelle ?

En tout état de cause, il semble important, dans le grand circuit de ces missions spirituelles 4, d'économiser le carburant, même si ça vous pompe l'air ! La nourriture spirituelle se consomme-t-elle avec modération ? Toute action de "grasse" nécessite-t-elle un régime allégé ?

Posez, sur le bord du chemin les charges dont on vous charge et dont vous croyez avoir la charge. Lâchez les peurs dont vous n'avez plus peur. Cela vous permettra de vous libérer de ce qui ne vous appartient plus...

Ces missions spirituelles vous suggèrent, par ailleurs, de vous réapprivoiser cette notion d'Abondance, bien souvent oubliée. Observez comment, dès le départ de vos courses ou rallyes périodiques, vous limitez dans votre esprit tous vos possibles... pourtant largement à votre disposition !

Nombre de vérités non expérimentées, nombre d'a-priori traditionalisés, bloquent ainsi vos équipes intérieures et vos réalisations personnelles. Et cela, avant même que vous ayez pu vérifier l'ampleur de votre capacité à œuvrer au-delà des petits murs fictifs dans lesquels vous vous êtes blottis, puis enfermé. Tout cela, avant que vous ayez pu effectuer la liste de vos chapes de plomb et de vos blindages spirituels.

Osez danser, et faire de jolis bonds... Avec "l'A-bonds-danse" ? L'abondance est spirituelle avant d'être matérielle. Un scénario de "pure abondance", pour peu qu'il soit bien joué, aura de fortes difficultés à générer la pénurie. Je sais; ce n'est pas drôle lorsqu'on cherche la rédemption par la souffrance, de ne pas souffrir comme il aurait fallu !

Lorsqu'on reste dans la méfiance de ce qui peut réussir vraiment, de ce qui peut être source de grand bonheur, il est difficile d'imaginer, d'accueillir ou d'ouvrir les cadeaux que la vie met si largement à disposition. Ce serait tellement dommage que tout aille pour le mieux, n'est-ce pas ?

Nous vivons encore dans un "con-texte" qui nous amène à croire que le chemin pour devenir pauvre et malheureux (donc assisté ou gentiment infantilisé) est le plus intéressant (le plus direct pour le paradis), ou le plus habituel, le plus normal, le plus fréquenté.

Les yeux rivés sur les bienfaits des nombreux avantages secondaires à ne pas réussir avec bonheur, vous passez peut-être à côté de toutes ces abondances qui vous invitent à la danse des possibles. Cela pendant que vous restez obnubilés par la danse des étiquettes, ou les hausses des prix des carburants !

Le carburant de l'abondance est en vous, inépuisable et gratuit. Il vous suffit de vous en "self-servir". Il vous suffit d'enlever le bouchon de votre réservoir à idées toutes faites, ou de votre réserve à conditionnements mortifères... Et de faire le plein !

Mon voisin qui a de l'échec plein les yeux, se plaint tout le temps qu'il se sent vidé. Je note seulement qu'il a surtout peur de se remplir de ce qui est bon pour lui... de crainte que ça finisse par marcher ?

Quelle indécence (sans plomb ?), voir quel égarement, que de s'offrir la réussite, le plaisir, le bonheur ! Vous ne trouvez pas ? Il y a sûrement quelque chose de louche là-dessous de consommer du caviar à la louche, ou de mettre du beurre dans ses épinards (ou du leurre dans ses épines?).

Même si vous ne voulez pas vous occuper des oignons des autres, il faut bien dire que devenir heureux d'avoir réussi (et surtout de "s'être réussi") témoigne d'une réelle infidélité au mode de pensée dominant. Une infidélité provocante et intolérable. C'est, en effet, une trahison vis-à-vis du chemin de croix généralisé, et si bien organisé par tous ces maîtres es-religion et ces prêcheurs patentés (pas tentés du tout ?) que de se réussir facilement et de jouer avec l'abondance... innocemment.

Avoir tant de chance, tant d'amour, tant de réussite, ne peut que témoigner qu'un pacte avec le diable a été signé dans l'ombre de tractations déloyales et malhonnêtes. "Les honnêtes gens ne sont pas riches", disait ma pauvre concierge.

Alors que faire des messages spirituels d'abondance du 4, au cœur de ces missions qui nous préoccupent ?

Il vous est tout simplement possible de considérer que l'abondance est réellement un cadeau divin... Un cadeau que vous pouvez aussi vous faire à "vous-m'aime" ! Un cadeau offert chaque jour à celles et à ceux qui n'attendent pas seulement le soir de Noël pour ouvrir leurs paquets. Celles et ceux qui en oublient leur cœur... et s'épuisent à se forcer volontairement dans le cadre figé et standardisé qu'ils se sont imposé.

Alors qu'à côté d'eux, ou en eux, la solution est là. A force de "quastrer" ses possibles, avec un 4 limitatif, il ne reste plus beaucoup de terrain fertile à de jolis miracles... au quotidien ?

Missions fondamentales et spirituelles réduites de type 5

Elles vous invitent, en résumé, à mieux jouer la carte spirituelle du renouvellement intérieur. Tout changement nécessite une dynamique personnelle qui sera d'autant plus puissante que sera pris totalement le risque de l'aventure et du saut vers l'inconnu.

"Prendre le risque", ne signifie pas foncer tête baissée, là où on suppose déjà que ça va faire très mal ! L'aventure est libre... Alors, ne la spécialisez pas, dès le départ, dans un registre aussi sot que maso !

Au sein de ces missions, il vous est suggéré d'aller de l'avant, au-delà des repères habituels de votre mental cartésien, et des limites arbitraires de votre esprit.

Osez suivre l'énergie qui circule en vous et autour de vous. Osez mettre en mouvement l'explorateur intérieur, toujours prêt pour de nouvelles découvertes. Osez vous laisser surprendre par les multiples signes de l'univers. Osez rebondir sur vos difficultés passagères.

Permettez une connexion entre le feu de votre esprit et le feu de votre corps, dont les braises sont au cœur de votre sexualité. Facilitez vos échanges énergétiques intérieurs. N'oubliez pas sans oublier de vous donner de l'air, en ouvrant votre respiration physique et mentale. Une bonne respiration ventrale et profonde améliorera le tirage de votre cheminée corporelle, et amplifiera votre puissance de feu.

Ces missions vous suggèrent de prendre le risque de vous renouveler, et de vous autoriser à laisser revivre certaines facettes de vous-même. Celles que vous avez un tant soit peu oubliées... ou mises de côté, de peur qu'elles ne provoquent ou dérangent par leur authenticité et leur libre expression ?

Osez expérimenter des voies multiples. Tentez la polyvalence, la non-exclusivité. Osez la chevauchée fantastique à travers les territoires inconnus de vos fantasmes les plus insolites. Vous avez là des missions qui décoiffent. Elles sont spécialement offertes aux voyageurs de l'esprit et du corps. Ces missions réaniment le funambule de l'extrême qui sommeille en vous. Ces missions sont de haute voltige... pour circuit à haut-voltage ?

Souplesse et adaptation spirituelles sont des capacités que vous aurez à développer pour surfer ici, en toute légèreté, sur les vagues turbulentes des épreuves-tests de votre grand rallye personnel, plein de surprises.

Missions fondamentales et spirituelles réduites de type 6

Elles vous invitent, en résumé, à mieux vous orienter vers la richesse de vos propres ressources d'amour, pour vous-même et pour les autres. En vous autorisant à aimer au-delà des doutes, des discours limitatifs de la raison, et des barrières arbitraires de vos vieux schémas amoureux largement dépassés.

Au cœur de ces missions, il vous est suggéré de ne plus reproduire vos habitudes si courantes d'auto-privation en matière d'amour... ainsi que vos diverses habitudes de fuite du plaisir partagé. Ces reproductions mécaniques où votre esprit coupé de votre corps se retourne contre lui !

Ces missions de type 6 vous suggèrent de ne plus rester attaché à vos propres petites chaînes aux apparences si sécurisantes... Y en a marre des amarres ?

Elles vous invitent à oser lâcher les attachements qui stérilisent, ou étouffent vos élans créatifs d'amour. Osez prendre soin des meilleures fleurs de votre cœur, et offrez-vous les cadeaux naturels de votre sensibilité la plus fertile.

Osez découvrir les leçons spirituelles de l'amour. Orientez-vous vers un amour qui vous libère. Un amour qui ne traîne plus avec lui son cortège de "conditions relationnelles", de marchandages affectifs et de possessivités malsaines.

Ces missions vous offrent l'occasion de vous abreuver aux sources les plus fécondes de l'amour créatif, de l'amour en mouvement, de l'amour multiple.

Elles vous rappellent que l'amour peut vous régénérer et vous transformer de manière étonnante si vous le laissez circuler à sa guise, quand vous le laissez s'épanouir dans le jardin qu'il habite en vous. Quand, enfin, vous arrêtez de le cadrer, de le normaliser, de le nomenclaturer... ou de le standardiser. Quand vous le laissez vivre !

Osez considérer que le couple n'est pas le seul lieu d'épanouissement de l'amour. Osez inventer des échanges plus authentiques, plus justes et plus personnalisés. Osez faire des choix positionnés qui respectent les flammes, en vous, de l'amour sacré. Celui qu'on n'enferme pas dans des fidélités arbitraires, imposées, reproduites ou décidées par votre raison ou votre mental le plus froid et le plus fermé. Un mental insensible à ce qui se vit à d'autres niveaux plus sensibles – je devrais dire ou plus insensibilisés – en vous-même...

Et osez, finalement, assumer vos choix, sans vous mettre dans une dépendance servile aux désirs et options de vos proches. Sans vous soumettre aux pressions normalisatrices de votre environnement familial ou culturel.

L'amour pour soi, et l'estime profonde de soi (c'est-à-dire surtout la fidélité à soi-même) sont finalement des missions spirituelles à haut risque : le risque d'être pleinement soi ! Le risque de s'écouter vraiment et de se faire plaisir... en déplaisant à l'autre, ou aux proches. Le risque d'être mal perçu, critiqué, rejeté ou abandonné. Le risque d'être jugé aux tribunaux de l'amour, ou culpabilisé dans des processus de manipulation et de récupération affective...

Être soi. Être en amour avec soi : C'est prendre le risque d'aller jusqu'au bout de ses options spirituelles les plus avancées. C'est prendre le risque de s'aventurer aux confins de ses croyances intimes concernant l'amour... Et tout ce qu'il offre comme possibilités : des plus platoniques, aux plus libertines.

Ainsi, être amoureux de vous-même, c'est rencontrer Dieu, là où d'autres verront le Diable. C'est se dilater le cœur, là où des thermostats, des contrôles automatiques et des inspections inopinées, vous attendent au tournant !

Osez l'amour évolutif. Osez l'amour renouvelable. Osez l'amour fugitif et rebelle. La vie bouge à tout instant. L'amour aussi. La vie a ses propres cycles, ses marées et ses courbes orgasmiques. L'amour aussi. La vie est un mystère incontournable. L'amour au six !

Missions fondamentales et spirituelles réduites de type 7

Elles vous invitent, en résumé à mieux tirer les leçons spirituelles des épreuves, des maladies et interpellations de notre vie.

Ces missions vous offrent l'occasion de prendre conscience du fait que les obstacles sur votre chemin, ainsi que vos souffrances physiques et morales, peuvent se révéler être de beaux cadeaux d'éveil. Si toutefois vous osez les considérer comme tels.

Qu'est-ce que ma vie a à me dire ? Qu'est-ce que mes "alliés inconscients et intimes" essaient de me souffler à l'oreille ? Qu'est-ce que les circonstances offrent si généreusement à ma conscience ? Aurais-je tendance à confondre prise de conscience... et bonne conscience ?

Au sein de ces missions spirituelles, vous êtes amené à oser progresser au-delà des modes de pensée habituels et des enseignements traditionnels. Osez méditer sur le sens de vos maladies et le langage de vos accidents. Osez la confrontation, solitaire, avec vous-même, dédouanée des raisonnements et des logiques réductrices du moment.

Les connaissances progressent. La conscience évolue. Et cela ébranle les citadelles du Savoir absolu, les bibles trop figées, les vérités imposées, et tous leurs wagons d'intolérance, d'ignorance et de bêtise, drapée d'honorabilité.

Se crisper la conscience, se saturer la tête (le "rem-bourrage" de crâne sécurisant ?), et s'accrocher aux colonnes du temple, ne dure qu'un temps. Car la vie est plus forte que les digues instituées par les systèmes déresponsabilisants et castrateurs.

Même un gros lot de culpabilités, orchestré de main de maître, ne peut saboter plus longtemps la progression des messages libérateurs que le divin vous envoie du fond de vous-même. Tous religieux ou politiques soient-ils, les lavages de cerveau les plus sournois ne peuvent venir à bout de ce qui émane du centre de vous-même, et structure votre âme en toute sérénité... et en toute liberté.

Par ailleurs, il vous reste à oser transformer vos élans d'auto-punition et vos programmes mentaux d'ascète de compétition, en constructions positives... et en sagesse profonde.

Au lieu de vous empêcher de pêcher (*mea culpa !*), il vous est possible de nager dans les eaux sacrées de vos silences les plus révélateurs, et de respirer plus ardemment sur les plages de vos livres ouverts, ou au cœur d'enseignements spirituels plus épanouissants. C'est-à-dire des enseignements non normalisateurs, non conditionnants, non manipulateurs... Et non sectaires, bien sûr ! Une denrée rare, de nos jours ?

Ces missions 7 vous suggèrent ainsi de dénoncer les intox éducatives, les prises de pouvoir par le savoir, les injonctions informatives, qui ne cherchent, d'une certaine manière, qu'à assujettir le troupeau et contrôler les âmes... pas les ânes ?

Pour cela, il devient indispensable de déblayer de nouvelles pistes éducatives et de développer votre autonomie de conscience. Sans oublier de vous autoriser la prise de recul, toujours nécessaire au chercheur avisé, ou au pèlerin de l'esprit. Un esprit d'aventure ?

En matière spirituelle, parfois on s'entête, on se fait la grosse tête, on se casse trop la tête. Et on se perd dans des discours moralisateurs qui n'ont ni queue ni tête ! Bien que...

Que ferait 007 en super-mission pour se sauver des griffes du dragon à 7 têtes ? Peut-être essaierait-il de les déprogrammer... ces têtes !

Missions fondamentales et spirituelles réduites de type 8

Elles vous invitent, en résumé, à mieux rencontrer le "Héros intérieur" qui vous habite depuis toujours, et lui offrir les défis ou les conquêtes dont il a besoin pour s'épanouir pleinement.

Ces missions spirituelles vous proposent d'affiner vos capacités à vous transformer intérieurement, et de développer vos aptitudes à vous réussir, en accord avec vos options les plus fondamentales.

Osez des stratégies plus originales et plus personnelles : celles qui libèrent des modèles standardisés de la réussite matérielle et spirituelle. Osez vous orienter vers un statut social qui honore vos aptitudes profondes et votre puissance intérieure.

Osez être en accord avec ce qui se révèle comme juste au cœur de votre propre conscience... Pour vous engager ensuite avec ardeur dans la concrétisation de vos plus beaux espoirs et de vos plus belles conquêtes, et défendre les justes causes qui s'y rattachent.

Il vous est rappelé ici de ne pas négliger un certain travail concernant votre pouvoir de gérer votre vie à votre manière. Osez développer votre souveraineté intérieure, souvent inutilisée, minimisée ou reniée.

Osez un travail de déblaiement de ce qui freine, ou limite, l'expression de votre puissance personnelle : puissance de réalisation matérielle. Puissance de construction personnelle. Puissance de positionnement spirituel. Et puissance de recyclage de vos violences cachées et de vos vieilles colères fermentées...

Ces missions vous donnent aussi l'occasion de faire grandir votre "Alchimiste intérieur". Celui qui peut transformer vos situations les plus lourdes, vos ressentis les plus fâcheux et vos évaluations les plus "négatives", en circonstances "positives", en expériences-tremplins, en vécus épanouissants... et en réalité lumineuse.

Vous avez la capacité de métamorphoser votre souffrance en cadeau de prise de conscience. Il vous faudra, cependant, donner du temps à "l'opération intérieure". Vous avez la possibilité de transformer la douleur d'une séparation en occasion de vous rencontrer vous-même, plus intimement. Vous avez la chance de pouvoir transmuter les difficultés liées à vos échecs, en ouvertures vers de nouveaux possibles...

Vous avez même le pouvoir de considérer la trahison ou l'injustice comme des interpellations personnelles, comme des révélateurs de vos abandons ou injustices du passé, fantasmés ou non. Vous pouvez voir aussi ces difficultés comme des invitations à creuser un peu plus dans les bases de vos fidélités intérieures, et au cœur de ces contrats plus ou moins clairs que vous avez passés avec vous-mêmes, ou avec les autres.

La transformation alchimique spirituelle passe par une phase de destruction-fusion par le feu, au centre de votre "athanor intérieur" (ou four alchimique). Acceptez cette brûlure intime, cette incinération psychologique de vos déchets toxiques... elle vous libérera de ce qui encrasse votre âme depuis longtemps.

Sur le plan spirituel, vous êtes invité à oser "consumer" vos vieilles structures dépassées, afin de recycler vos vieux acquis entassés, vos richesses apparentes accumulées, et leur permettre de réapparaître en vous, puis à l'extérieur de vous, sous une autre apparence. C'est ce qui s'appelle mourir à une forme, pour renaître à une autre.

Dans ce processus, il est vous suggéré de laisser descendre votre conscience au fond de votre feu intérieur, pour lui permettre de réapparaître différente, renouvelée, libérée. Offrez à votre conscience de renaître de ses cendres !

Ces missions exigeantes demandent courage et ténacité. Elles correspondent à une démarche maîtresse et centrale qui consiste à démolir le temple des assurances acquises (Murailles de Jéricho ou Tour de Babel ?), pour accéder à un nouvel espace, en vous-même, là où tant de richesses ne demandent qu'à renaître... et à grandir.

Afin d'offrir ainsi la possible émergence d'un vrai palais, ouvert sous les étoiles, et dont les richesses restent à vivre avec le cœur, et à ressentir avec l'esprit.

Missions fondamentales et spirituelles réduites de type 9

Elles vous invitent, en résumé, à rester plus vigilant dans votre manière de percevoir les messages que vous envoie régulièrement l'univers. Afin de développer une écoute sensible de ce qui vous vient des autres, ou des groupes qui vous entourent, et auxquels vous participez.

Ces missions vous suggèrent de ne pas passer à côté de tous les clins d'œil qui sont adressés à votre conscience. Ne négligez pas les messages que vos "radars personnels" captent en grand nombre. Il vous reste simplement à les décoder et les à intégrer pleinement. Histoire d'en tenir compte, réellement !

Parallèlement, vous êtes encouragé à ne pas maintenir ces types de mécanismes relationnels qui consistent à "faire l'éponge", et à accueillir sans filtrage toutes les émotions, témoignages de détresse ou demandes d'aide qui vous viennent des autres... qui attendent tant de vous !

Aussi, au sein de ces missions, vous avez un réel positionnement à effectuer pour vous orienter vers une pratique de relation d'aide saine et clarifiée. La démarche spirituelle qui vous est proposée ici, consiste à ne pas vous cacher derrière de beaux discours généreux, ou de vous "droguer" au bénévolat aveugle... ou à l'assistance compulsive !

Il vous est demandé de trouver l'équilibre entre, d'une part, vous construire, vous écouter, vous respecter et, d'autre part, aider positivement les autres à se construire, se respecter, reconsidérer et résoudre leurs problèmes personnels. Si une priorité s'impose, c'est plutôt d'aider les autres à lâcher leurs habitudes de victimes, et laisser de côté leurs velléités d'assistanat déresponsabilisant, source d'accoutumance psychologique et de dépendance spirituelle !

Apprenez à reconsidérer cette "toute-puissance" qui vous amène à croire que vous allez sauver, changer ou transformer radicalement l'autre. Le désir impérieux d'aide, lorsqu'il se substitue aux capacités d'évolution, de transformation ou d'auto-guérison de l'aidé, sabote sa vraie rencontre avec les interpellations de sa propre vie. Il ne peut faire l'économie de la nécessaire confrontation pédagogique qu'il lui reste à effectuer profondément en utilisant ses épreuves personnalisées et significatives qui sont les siennes. Il lui reste à se responsabiliser quant à sa manière de favoriser certains scénarios plutôt que d'autres...

A mon humble avis, pallier trop directement les apparentes incapacités de l'autre à gérer ses crises, ou à faire des choix matures, n'est pas la méthode la plus profitable ou la plus satisfaisante pour l'aidé. Elle n'aide pas non plus l'aidant !

Ces missions de type 9, vous invitent à éclaircir vos motivations à vous engager dans la relation d'aide. Des motivations qui cachent, parfois, votre incapacité à vous aider, et à vous aimer vous-même. Cette incapacité, même partielle, vous amène très vite à mendier les remerciements de l'aidé, la chaleur de ses louanges, ses signes d'amour et de reconnaissance. Quand cela ne vient pas, comment réagissez-vous ?

Ce fort désir d'aider, de soigner, de réconforter l'autre à tout prix, n'est-il pas le miroir de votre besoin d'être réconforté, rassuré, voire materné par les autres... Ou par une partie oubliée de vous-même ?

Vouloir aider à tout bout de champ, et soulager tous les malheurs du monde, ne serait-il pas un des volets inconscients de votre désir de puissance... lié à votre si belle toute-puissance infantile et ses pouvoirs "magiques", ou de votre recherche de prise de pouvoir plus ou moins indirecte sur l'autre, sa vie, sa santé, sa spiritualité ?

Rester bloqué sur le rôle exclusif du "Parent" ou du "Sauveur", ne vous sauve pas vraiment de vos marasmes intérieurs et de vos souffrances enkystées. Votre enfant intérieur continue de pleurer tout seul ! Alors, qu'en est-il de la "fonction Père" ou de la "fonction Mère" au sein de votre travail, de vos relations et de votre vie ?

Ces fonctions trouvent leur modèle au cœur de votre enfance et de votre vécu intime en début de vie. Le disque peut avoir tendance à se répéter... et les scénarios comportementaux aussi !

Quelles culpabilités cherchez-vous à racheter en vous dépensant sans compter pour les autres... au détriment de vous-même ? Que cherchez-vous à payer ? Ou comment "je me mens en ai-mant trop les autres"?

Dieu vous reconnaîtrait-il plus dans vos dévotions tous azimuts aux autres, que dans votre réelle disponibilité à ce qu'il a déposé en vous depuis toujours ? Qu'en est-il de votre attention et des soins concernant ce que Dieu a, au plus profond de vous, confié à votre créativité, à votre vigilance, et à votre amour ?

Vous êtes votre corps, votre cœur et, bien sûr, votre esprit. L'aide aux créations divines à l'extérieur de vous-même doit-elle prendre le pas sur l'aide que vous pouvez offrir aux héritages divins intérieurs ?

Il est vrai que s'occuper de soi rend moins vulnérable aux pressions collectives et aux manipulations inhérentes au discours dominant. Prendre soin de soi, en particulier sur le plan spirituel, ou du point de vue de la "liberté intérieure", rend moins malléable aux injonctions des systèmes de conditionnement de masse, qui n'ont pas pour but que leurs adeptes deviennent autonomes et souverains !

Ces missions 9 vous invitent, enfin, à une remise à neuf de vos croyances et de vos mythes personnels. Pour ouvrir votre conscience sur de plus vastes horizons. Pour rester sensible au monde, tout en étant à l'écoute des murmures de cette vie intérieure qui vous habite. Cette vie qui communique si largement avec vous à l'aide des signes et messages de votre inconscient que sont les symboles, le langage des circonstances et celui des synchronicités. Sans oublier les nombreux "clins d'œil" que vous offre votre vie, et les signes qui vous sont envoyés par la collectivité humaine.

Que ces missions vous permettent d'accéder à une conscience plus large de vos richesses spirituelles, c'est-à-dire de votre capacité d'aimer. De vous aimer. D'aimer les autres. D'aimer la vie…

* * *

La problématique amoureuse centrale

L'amour ne tient jamais en place,
et comment le pourrait-il ?
Il n'y a aucune place pour lui
dans ce monde.
Il ne peut être qu'insensé, dérangeant,
inexplicable, fou, vivant, vivant...
CHRISTIAN BOBIN

Dans toute démarche amoureuse, ou au cœur de toute aventure sentimentale, se glissent des petits virus relationnels, des freins occultes, des détournements de bonnes intentions, des croche-pieds relationnels, des terrains glissants, des failles inattendues... et toutes sortes de choses aussi surprenantes que bêtement habituelles !

Aussi, le défi essentiel qui est proposé à l'amoureux transi, ou à l'amoureuse en transit, revient à débusquer les chausse-trappes qui mènent si vite à la trappe, les peaux de bananes qui font grimper au cocotier, ou les virages non relevés mais pourtant pimentés... si délicats à négocier ! Surtout quand le marchandage affectif s'en mêle, et que les cours des bourses courent si vite à la hausse !

Les nombres, toujours aussi zélés, comme les petits cupidons de vos jardins de cœur, auront une fois de plus des suggestions à vous faire. Histoire de vous donner un coup d'aile, ou un coup de main, dans vos romans d'amour qui ne mènent pas tous à Rome... et ne dégagent pas toujours l'arôme désiré !

Les nombres, se proposent dans leur langue symbolique d'attirer votre attention sur d'éventuels points que vous pourriez avoir à améliorer... pour vous dégourdir les jambes, le cœur et le reste, au sein de la relation amoureuse. Et cela de la manière la plus épanouissante possible.

Il est vrai que dans le registre des échanges amoureux, ou ce que j'appelle la "balançoire du couple", s'épanouir sans nuire semble un art passablement difficile. Vous ne trouvez pas ?

En fait, les nombres sont plus optimistes que la plupart d'entre nous. Peut-être parce qu'ils n'ont jamais souffert ! Ils ne connaissent pas les apitoiements sur eux-mêmes, les écartèlements ou déchirures affectives...

Les nombres ne connaissent pas les "in-nombrables" jeux de cache-cache avec soi-même, avec son cœur et le cœur de l'autre. Les (n)ombres ne se font pas d'ombre à l'ego, à l'amour-propre ou au narcissisme gominé (à la gomme !)... Les nombres sont juste là pour vous aider à grandir, à ne plus faire jou-jou en tendant toujours la même joue, ou en maquillant vos amours... pour qu'ils aient l'air plus vrais, plus frais et plus présentables ?

A vous d'utiliser leurs conseils et leurs invitations comme bon vous semble. Pour le plus grand bonheur – je l'espère – de vos élans du cœur. Pour la satisfaction de vos petites ou grandes faims d'amour... qui sont sans fin ?

Les nombres vont esquisser, devant vos yeux, et sans truquages, certaines de vos éventuelles habitudes néfastes, certaines de vos reproductions bétonnantes, certains de vos mythes poussiéreux ou scénarios limitatifs.

Toutes ces petites choses qu'il vous restera, si vous en avez le désir, à reconsidérer, à abandonner... ou à recycler !

Histoire de vous faire la main sur vos auto-sabotages les plus courants... Ceux qui n'arrêtent pas de vous faire courir autour du meilleur de vos possibilités d'amour. Et passer à côté de l'amour libérateur et régénérateur qui n'appartient qu'aux audacieux et à ceux qui tentent la "sainte-folie du couple", dirait mon amie Paule Salomon. Les "saints-fous" d'amour sain au sein du couple à réinventer, ou à téter (pour les fous de seins) et pas que dans la tête !

Histoire de rester fidèle à vous-même. Non pas fidèle à l'autre comme une obligation imposée et anti-vie, mais plutôt fidèle à la relation que vous créez à deux dans le présent. Tout ne se joue-t-il pas dans le présent ?

En considérant que votre relation de couple vit donc bouge, change, évolue à ses propres rythmes, avec ses propres cycles, ses propres remises en question, ses propres surprises, ses propres épreuves... et ses propres cadeaux !

Être fidèle, serait-ce rester fidèle à ce qui se transforme dans la relation... et me transforme aussi profondément.

Être fidèle serait-ce me relier fidèlement à ce qui est le plus juste en moi, à ce qui me paraît vraiment juste (sans me mentir à moi-même) de choisir et de vivre, d'expérimenter avec l'autre ou sans l'autre.

Être fidèle serait-ce être fidèle à moi-même... et pas à "moi-même" du passé, esclave de ce passé, ou figé dans des options dépassées ? Esclave des options qui sont souvent celles de mes parents ou des gens que j'ai laissé prendre le pouvoir sur moi ?

Être fidèle serait-ce être réellement fidèle à mon présent, à ce que la vie m'invite à vivre pleinement ici et maintenant, et non pas suivant un film du passé ou une projection illusoire du futur. Fidèle à ce que ma conscience présente me suggère, me montre et me témoigne...

Une fidélité qui pourrait rimer avec authenticité, honnêteté, transparence. Une fidélité en accord avec ce que je crois, ressens, capte, constate... et prend conscience.

En résumé : Puis-je m'autoriser à rester fidèle à ces vagues qui en moi montent et descendent. Fidèle à mes diverses façons d'aimer. Fidèle à l'amour qui circule en moi et peut se régénérer, changer à chaque instant. Fidèle aux différentes parties de moi qui sont amoureuses, chacune à leur manière. Fidèle à mes poly-fidélités, à mes poly-échanges, à mes poly-expériences sensuelles, sexuelles, humaines et spirituelles ?

C'est-à-dire oser être fidèle à l'impermanence des choses (du corps, du cœur et de l'esprit) et de la vie. Fidèle à l'impermanence qui est source d'énergie, source de vie, source divine.

Cela, en moi, dans ma relation à l'autre, dans ma relation au monde mouvant qui m'entoure, et aux multiples pistes et cheminements d'évolution qu'il met à ma libre-disposition.

Je peux être amené ainsi à être infidèle aux injonctions que j'ai entendues dans mon enfance, et aux programmes familiaux dépassés. Je peux choisir d'être infidèle aux diktats, aux dogmes et aux conditionnements anti-vie qui ont formaté ma vision de la réalité, bâillonné mon cœur et aveuglé ma conscience...

Et se questionner sur la "bienheureuse infidélité", telle que la nomme Paule Salomon.

Comment calculer
la Problématique amoureuse centrale (PAC)

Pour obtenir votre PAC, il vous sera nécessaire de sélectionner certaines lettres dans les divers éléments de votre appellation complète de naissance.

Vous aurez à :

– rythmer votre 1er prénom par la valeur réduite de son initiale (ou de l'initiale de votre prénom usuel, si votre 1er prénom n'est pas utilisé dans votre vie courante) **pour sélectionner une lettre.**

La valeur réduite de cette 1ère lettre sélectionnée rythmera votre **2e prénom** (si vous en avez un) pour sélectionner en son sein une nouvelle lettre.

La valeur réduite de cette deuxième lettre sélectionnée rythmera votre **3e prénom** (si vous en avez un) pour sélectionner en son sein une nouvelle lettre.

Et ainsi de suite, s'il y a d'autres prénoms.

La valeur réduite de la dernière lettre sélectionnée (dans votre dernier prénom) rythmera maintenant votre **nom de famille**.

Ensuite, il vous restera à effectuer la **somme des valeurs non réduites des lettres** que vous avez sélectionnées (sans oublier d'inclure dans cette somme l'initiale de votre prénom usuel, utilisée pour rythmer en premier lieu), pour obtenir votre Problématique amoureuse centrale.

A noter :

Le numérologue humaniste, dans le cas de prénom(s) composé(s) ne tient pas compte du trait d'union, et considère les deux éléments comme s'ils étaient attachés, et constituant un prénom entier. Sauf si le propriétaire de ce prénom composé témoigne que ce prénom est parfois scindé en deux et qu'une partie est utilisée seule, dans son quotidien.

Par exemple, un Jean-Jacques qu'on appelle Jacques au sein de sa famille, ou une Marie-Odile qu'on appelle Odile, une Anne-Marie qu'on nomme souvent Marie, etc.

Exemple.

Pour des raisons de confidentialité nous utiliserons le nom d'une personne fictive pour cette démonstration de calcul et la présentation de pistes possibles d'interprétation.

Soit : Gilbert, Edmond, François PIRON.

***L'initiale* de son 1er Prénom (et prénom usuel) est le G=7**

Le 1er élément de son appellation sera rythmé avec le 7.

(Si sa 1ère lettre avait été Y=25 réduit à 7. Le rythme aurait été aussi 7.)

GILBER**T** E**D**MOND FRANÇOIS PIRO**N**

Le rythme 7 sélectionne la **7e lettre de GILBERT qui est le T.**

Cette lettre a pour valeur 20=2

Elle va générer un rythme 2 (20 réduit à 2) qui sera utilisé pour sélectionner une lettre dans le 2 ème prénom.

Ce rythme 2 sélectionne la **2e lettre de EDMOND qui est le D.**

Cette lettre a pour valeur 4.

Elle va générer un rythme 4, qui servira à sélectionner une nouvelle lettre dans le 3 ème prénom.

Ce rythme 4 sélectionne la **4e lettre de FRANÇOIS qui est un N**.

Cette lettre a pour valeur 14 réduite à 5.

Elle va générer un rythme 5, qui sélectionnera une lettre dans le nom de famille.

Ce rythme 5 sélectionne la **5e lettre de PIRON qui est encore un N.**

Maintenant, il reste à faire le total des valeurs (non réduites) obtenues, sans oublier celle de l'initiale du prénom usuel qui a donné le rythme de départ. Le G = 7.

A noter : Si le rythme est supérieur au nombre de lettres du prénom ou nom concerné, on chemine "en boucle". Un rythme 7 qui aurait eu à s'appliquer à PIRON, par exemple, aurait sélectionné la lettre I. En fait, après le N (dernière lettre de ce nom), on recommence le comptage avec le P (1ère lettre) et on continue jusqu'au I (la 7e lettre du rythme).

Récapitulons :

7 (l'initiale G) + 20 (le T) + 4 (le D) + 14 (N de François) + 14 (N de Piron)

Rappel : N'oublions pas d'intégrer dans cette somme la valeur de l'initiale qui se trouve être le 1er rythme. Ici le 7.

Soit : 7 + 20 + 4 + 14 + 14 = 59 réduit à 14 puis à 5.

La PAC de Gilbert a pour valeur ici 59.

Comment traduire les suggestions de cette Problématique amoureuse centrale 59 concernant Gilbert ?

Notons au départ que 59 se transforme en 14 après une première réduction, et en 5 après une seconde réduction.

Je rappelle que les suggestions les plus importantes restent celles du nombre 59, car il n'a pas subi de transformation (ou de "réduction-miseen– boite" ?). Au sein du 59, c'est le **9 qui se trouve à la place dominante**, car c'est la place des unités.

Aussi, je vous propose de partir de la symbolique du 9 et de l'adapter au domaine qui nous préoccupe, en l'occurence la relation amoureuse, et ce qui peut la parasiter ou la saboter.

Ensuite, s'adjoindront les interpellations offertes par la symbolique du 5.

Elles seront, dans ce cas précis, à amplifier car le 5 apparaît 2 fois (à la place des dizaines dans 59 et en réduction finale). Dit autrement : son importance, par rapport à l'ensemble est plus grande.

Et finalement, le 4 (plus important) puis le 1 du 14 offriront les dernières touches au tableau de ces propositions, les dernières saveurs à cette potion numérologique. Même si certaines évocations peuvent être parfois difficiles à avaler...

N'oublions pas qu'il s'agit ici d'une "Problématique", c'est-à-dire de certaines choses à changer, à transformer dans le comportement amoureux. Pointer ses "travers", ses points ténébreux, ses mesquineries ou ses incohérences, ne fait pas toujours plaisir !

Et lâcher ses vieilles habitudes, ses vieux sillons, ne passionne pas vraiment l'ego. Surtout lorsqu'il a bien bétonné, ou durci, les murs de sa forteresse intérieure. Et cherche à garder son pouvoir sur le dos des petits "acteurs intérieurs" reliés au cœur ou à la conscience profonde. Des personnages intérieurs qui souhaiteraient que les choses évoluent vers plus de paix, de sagesse et d'harmonie...

En clair : quelles pourraient être ces suggestions adressées à Gilbert, et dont il ne tient qu'à lui de tenir compte ou non, dans son cheminement amoureux ? "C'est toi qui vois !" dirait ma voisine.

Le 9 suggère à Gilbert de développer, au maximum, sa lucidité en la matière, et ainsi éviter de s'illusionner sur l'autre, de se laisser emporter par ses émotions ou ses flots de sentiments "éparpillés dans la nature", dirait le petit 5.

En résumé : L'idéal en amour est bien sympathique. Le fait de croire qu'il suffit de s'aimer pour que tout aille bien, de façon magique, n'est guère suffisant. "Tout le monde il est beau, tout le monde il est gentil"... C'est très mignon, mais ça ressemble à une sacrée peau de banane pourrie ?

Ici, donc, attention à cette problématique du rêve, et à une éventuelle suractivation de l'imaginaire. Oui les contes de fées existent ! Le mythe du Prince charmant et de la belle Princesse met du beurre dans nos épinards amoureux. Juste prendre garde à ne pas dépasser la dose prescrite !

Les roses aussi ont leurs épines. Tartiner du rêve donne à manger aux espoirs déçus, mais n'aide pas à concrétiser le changement, à confronter les choses et à reprendre en main sa vie amoureuse.

Le 5 – moins important, car situé aux dizaines – suggère parallèlement à Gilbert de permettre à son cœur de prendre l'air et de s'autoriser de nouvelles respirations de temps en temps. Il paraît que les voyages du cœur forment la jeunesse des sentiments et revitalisent l'esprit...

Le 5 met l'accent sur une problématique qui consisterait à trop bouger, c'est-à-dire à fuir sans cesse l'engagement ou l'écoute réelle du cœur et du ressenti amoureux.

En effet, le 5 renvoie à un fonctionnement mental assez affirmé. Comme si tout se passait dans la tête ! Comme si répondre au "Pourquoi" allait tout résoudre en matière de relation amoureuse.

Il est suggéré ici à Gilbert de faire attention à ne pas trop courir après son ombre... et ressembler à un pauvre cow-boy solitaire ? En cherchant à échapper à l'autre, il finira peut-être par s'échapper à lui-même...

Le "problème du 5", en amour, c'est de trop se méfier et de trop vouloir analyser, à grande vitesse, les attitudes et les sentiments de l'autre. Sans prendre le temps de digérer les choses, et d'écouter vraiment sa sensibilité profonde.

Sur ses gardes, toujours prêt à bondir dans toutes les directions de la rose des vents, il aura tendance à réagir très vite à certains mots, et à sortir ses griffes alors qu'il n'est pas vraiment agressé. Peut-il devenir le champion des remarques acerbes et des critiques les plus froides... et les moins amoureuses ? Ce qui vient du cœur est, à mon avis, plus chaud que ce qui vient de la tête !

Aussi, en combinant les pistes et les conseils gracieusement offerts par le 9 puis le 5, nous pouvons oser formuler ceci :

- Le monde est grand. L'aventure n'est pas toujours au bout du monde. Elle est plus souvent au bout du cœur (au bout du fond du cœur ?).
- Les grands espaces offrent leur aération extérieure... Mais, où en est l'aération intérieure ? Où en sont les verrouillages, les mises en containers blindés, les nœuds et crispations du cœur ?
- Expérimenter la multiplicité (propre au 5) semble dégourdir les jambes. Il y a les adeptes du "cross" amoureux. En anglais : "crossing", traverser, passer au-dessus. Attention de ne pas passer au-dessus de l'essentiel !
- Tourner, sans jamais s'arrêter, au sein du grand manège amoureux ne permet pas vraiment de trouver son centre, de se positionner avec justesse, et de trouver sa vraie place. C'est vrai, l'amour fait

tourner la tête... mais il peut être nécessaire d'atterrir et de se (re)poser sur le sable chaud de sa plage amoureuse centrale.

C'est un peu ce que proposent, **en complément, le 4 et le 1 (de 14) :**

Ancrages terrestres, sécurisations concrètes, respect de ses limites réelles (le 4). Alignement intérieur, centrage conscient, positionnement juste (le 1).

Sans tomber dans les problématiques de type 4 : crispations sur l'argent, fermetures derrière des protections étouffantes, obéissance aveugle à des traditions et des consignes castratrices ou stérilisantes, etc.

Et sans oublier les problématiques du 1 : affirmations trop implacables, tendances à confondre "autorité intérieure" et tyrannie extérieure. Rigidité de celui qui se prend pour "une flèche". Fuite en avant : A force de vouloir toujours être devant (être le 1er), il arrive de ne plus être suivi... et de se retrouver tout seul !

Pistes concernant les interpellations des Problématiques amoureuses centrales

L'éventail des valeurs de ces PAC est très large ; d'une PAC 3 à une PAC 93, il y a de nombreux cas possibles.

Aussi, dans le cadre de ce livre je ne pourrais qu'esquisser, en quelques lignes, chacune des PAC différentes, c'est-à-dire une centaine ! Je vais seulement vous proposer quelques pistes et réflexions pour vous aider à tirer profit des suggestions des nombres concernant ce sujet ô combien brûlant !

Pour interpréter votre PAC, vous pouvez aussi vous reporter aux questions et suggestions des nombres de base, et à celles des nombres à deux chiffres évoquées dans le chapitre de l'Inclusion.

De nombreuses interprétations sont encore possibles au sujet des propositions de cette PAC 12. C'est alors le rôle du numérologue humaniste de formuler des questions, des pistes, des sollicitations, à partir de cette grammaire numérologique de base.

En tenant compte aussi, bien sûr, de son inspiration, de son ressenti, et de l'aventure à deux que sont les entretiens en Numérologie humaniste. Et qu'un livre ne permet pas d'effectuer vraiment !

Notons que les propositions de certaines PAC peuvent être complétées par les suggestions de PAC proches ou symétriques numériquement.

Par exemple : pour la PAC 48 (12=3), considérer aussi la PAC 12 ou encore la PAC 84...

Problématique amoureuse centrale 3

Si je crois que je suis responsable de celui (ou celle) que j'ai apprivoisé(e) (pour reprendre "Le Petit Prince)... j'oublie de considérer que l'autre est aussi participant. Eh oui ! c'est une personne à part entière ! Et à ce titre il est responsable de sa vie, co-créateur de sa position relationnelle.

Séduire ou ne pas séduire ? Être séduit(e) ou ne pas être séduit(e) ? Telles pourraient être les questions que ce petit 3 vous amène à vous poser...

Il vous est suggéré de dépasser vos peurs en matière de séduction... ainsi qu'en matière d'expression du meilleur de vous-même, côté cœur. Ne vous fiez plus aux apparences : celles et ceux qui s'orientent beaucoup vers la séduction oublient souvent de se séduire eux-mêmes.

Si c'est votre cas, osez vous lancer dans la difficile démarche de reconnaissance de vous-même. Celle qui vous éloignera de votre pressant besoin d'admiration et de valorisation. Celle qui vous libérera des surenchères narcissiques qui finissent un jour ou l'autre par vous piéger, au cœur de votre image déformée par le regard ou le miroir des autres. Sortez de cette dépendance et osez briller depuis le feu de votre cœur, tout en vous donnant l'air... de ce que vous êtes vraiment ?

Par ailleurs, écoutez vos besoins réels de communication intime dans votre relation amoureuse. Clarifiez vos filtres et vos projections. Ils déforment la communication entre les cœurs.

Il ne suffit pas d'aimer l'autre. Il importe que vous puissiez correctement lui émettre vos messages d'amour, pour qu'il puisse les recevoir le mieux possible... Au moment où il reste disponible, au moment où il peut les entendre.

Utilisez votre imagination et votre originalité pour améliorer la créativité des échanges dans votre couple. Osez faire la fête à l'amour, sans trop vous prendre pour la cigale de la fable... et vous retrouver "si dépourvue" quand l'autre ne veut plus vous faire la bise, à l'hiver de votre relation !

Problématique amoureuse centrale 4

Les "mises en boîtes" de l'amour, au sein du couple, sont souvent très sophistiquées. Divers scénarios ont cours : Depuis le couple qui se freine et freine l'amour par sécurité, pour ne pas déranger une certaine tradition familiale ou sociale. En passant par le couple qui se coince grâce à de belles somatisations qui soudent (et emprisonnent) les deux partenaires (à vie ?). Jusqu'au couple où l'argent domine sur les sentiments, et qui s'accroche aux biens matériels en isolant le cœur au fond du coffre...

Si votre cœur a du coffre, vous ne craignez rien ! Cependant méfiez-vous des pièges qui stérilisent le cœur et castrent l'amour. L'abondance sentimentale est à portée de cœur, à condition que vous laissiez la porte ouverte... et de la place dans votre lit ?

Écoutez votre besoin de stabilité et votre désir de construire du solide avec l'autre, sans pour autant vous figer tous les deux comme des statues de pierre, ou vous plomber le cœur avec ces nécessités limitatives qui peuplent la vie amoureuse de celles et ceux qui ont peur de la vie, peur de l'autre... et peur d'eux-mêmes.

Vous pouvez effectuer un travail sur vous-même, lié au fait que vous en faites trop, que vous travaillez trop à bâtir le "Couple modèle" : celui qui recevra la médaille nationale du parfait con-cu-binage. Biner votre jardin amoureux est un noble travail. Mais, transformer cela en calvaire à répétition (ou en travaux forcés), et vous casser le cœur en vous cassant le dos, ne vous mènera pas au firmament des amoureux avertis !

Ne négligez pas votre propre besoin d'espace. Parallèlement, ne cherchez pas à contrôler et envahir le territoire de l'autre. Si vous voulez jouer les détectives et surveiller ses horaires, ça peut finir pas vous coûter cher !

Concrétisez, concrétisez ! Mais évitez le travail à la chaîne... ça ne libère pas le cœur ! Ne restez pas piégé par la sécurité financière (si généreusement offerte par l'autre). Si vous voulez être bien dans vos "basses-quêtes", assumez-vous !

Ne faites plus tourner votre cœur à l'économie. Jouez "l'autonomie". Faites fructifier vos richesses de cœur, au cœur de la relation... et au-delà des petits murs construits autour de votre couple ?

Un couple mûr, c'est un couple libre... Libre de travailler sur ses chaînes relationnelles, sans zapper sans arrêt !

Problématique amoureuse centrale 5

Le cœur a besoin d'aération, comme le corps et l'esprit. Mais, brasser trop d'air ou se perdre dans les tourbillons de bourrasques affectives à répétition, n'aide pas à l'éclosion du meilleur du cœur.

Il vous est suggéré de ne pas vous droguer la tête par trop d'analyses mentales de votre relation de cœur... ou de vos relations : le 5 aime la multiplicité !

La vraie nature de l'amour est d'évoluer. Changer d'avis toutes les 5 minutes, ou faire du rock acrobatique avec votre cœur (et le cœur de l'autre), peut finir par fatiguer la relation !

A force de vous éloigner de l'autre, pour prendre votre respiration ou calmer vos énervements, ne fuyez-vous pas l'intimité qu'il vous propose ? L'adage "Loin des yeux, loin du cœur", ne marche pas à tous les coups !

Un certain travail est à effectuer au niveau de votre manière d'aborder la sexualité. N'en faites pas un lieu de fantasmes trop dépendant des élucubrations de votre tête, et sourd aux messages de votre cœur...

Vous avez besoin de remettre les choses en question, mais n'abusez pas des critiques stériles contre l'autre et contre vous-même. Elles ne donnent à manger qu'à la partie de votre tête qui joue à cache-cache avec votre cœur... et avec l'essentiel en vous-même. Ne vous piquez plus au jeu des épines qui ne vous font pas vraiment voir la vie et la relation en rose...

Osez vous adapter à l'autre en restant présent à cette énergie qui circule entre vous, au sein de vos échanges. Suivez cette belle énergie. Elle peut vous conduire à la rencontre de vos "aventuriers d'amour intérieurs". Parfois, bien rieurs !

Problématique amoureuse centrale 6

L'amour a besoin de se nourrir à la source chaude des échanges natures et tendres que s'autorisent les aimants. A eux de ne pas transformer cette source en fontaine de dépendance profonde, en "biberon affectif" infantilisant... ou en espace de noyade psychologique et sentimentale.

Il vous est suggéré de rester conscient de ces pièges de l'amour, que peuvent être votre "attachement nourricier" à l'autre, vos excès de fusion affective et vos replis-étouffements divers, au cœur de ce sombre cocon hermétique et clos (et fol-klo!) de votre amour surprotégé.

Écoutez votre besoin de tendresse au creux de l'amour... sans passer votre temps à remplir les creux de l'autre, et combler ses manques affectifs du passé.

Osez commencer par vous aimer "vous-m'aime", sans chercher à vouloir trop aimer, trop materner, trop envelopper l'autre. Au cœur de vos si grands bras ? Si l'autre finit par se "liqué-fier" face à vous... à qui pourra-t-il se fier au centre de lui-même, quand vous serez absent ?

Osez la confiance qui n'impose rien à l'autre. Lâchez les contrats truqués du genre : "J'ai confiance en toi, donc...!". Laissez cette confiance, en vous-même (et en l'autre) se transformer en authenticité et en juste vérité.

Lâchez les marchandages affectifs qui alourdissent vos comptes relationnels... et vous font marcher de travers. Orientez-vous vers un partage qui ne lèse personne. Et surtout pas votre Majesté-le-cœur !

Enfin, concernant le plaisir : Osez et faites ce qui vous plaît. Sans que ce soit la plaie, pour vous et votre voisin de lit...

Problématique amoureuse centrale 7

Cette foi(s)-ci, ne le gardons plus secret ; l'amour peut devenir divin. L'amour peut être le révélateur, l'ambassadeur de Dieu en nous-même. Bien au-delà des religions du cœur et des fanatismes sentimentaux !

N'abordez pas trop vos élans du cœur avec vos étalonnages mentaux. Ne nourrissez pas vos sentiments au régime sec (et dissocié ?) des programmes cloisonnés de votre tête, emplie de connaissances abstraites.

Ne négligez-pas votre besoin de solitude, de réflexion et de méditation. Mais, ne jouez pas les ermites du cœur ou les ascètes amoureux. Respectez votre désir de tranquillité, en vous méfiant de vos tendances à l'auto-sabotage affectif, au sein duquel vos élans inconscients pourraient jouer les martyrs... Prêts à payer de leur souffrance leur petite place au paradis du dieu amour ?

Ne passez plus votre temps à cueillir du gui à votre arbre généalogique, au beau milieu de vos reproductions affectives transgénérationnelles. Ne cherchez pas à ressembler à tout prix à un grand Yogi, tellement détaché de son cœur qu'il en oublie de l'écouter ou de le respecter.

Entre le gui et le yogi, laissez de la place pour autre chose qu'une cellule de moine ! Offrez de la chaleur et de l'amour aux cellules de votre corps et de votre cœur meurtri... Accueillez tous ces beaux sentiments réfugiés derrière vos structures blindées.

Osez connaître autre chose que vos théories balisées sur l'amour. Osez mettre à jour ces secrets qui vous paralysent, et freinent vos beaux élans. Et, finalement, osez aller au-delà des hésitations et des craintes qui limitent vos possibles...

Problématique amoureuse centrale 8

La puissance de l'amour transforme. L'amour se transforme. Le cœur est aux prises avec les caprices de l'alchimie du temps et du feu des relations amoureuses.

Votre force réside dans votre capacité à vous engager pleinement dans la rencontre des cœurs et de leurs pouvoirs respectifs. Évitez juste de tomber dans les rapports de force et la manipulation affective... Ils ne vous offrent qu'une illusion de puissance... Chercher à faire des étincelles avec l'autre pour vous dynamiser ne conduit pas très loin ! Comme on dit : “ça pète... et ne fait pas long feu !”

Rien ne vous oblige à endosser l'armure du Chevalier sans peurs et sans reproches... Sauf le "self-reproche" de ne pas être à la hauteur de votre possible ouverture du cœur. Une ouverture tellement fermée, tellement maîtrisée, qu'elle échappe aux assauts de vos plus beaux sentiments, de vos plus troublantes émotions et autres petites choses... qui détourneraient le fier combattant de ses performances à venir ?

Vous avez besoin d'un quelconque héroïsme du cœur. Pour impressionner la belle Princesse, sur le point d'être amoureuse ? Vous en venez aux poings pour être sûr d'être au point. Pour être certain d'être évalué à votre juste valeur. Et de recevoir les honneurs qui vous sont dus ?

Rencontrer votre vraie puissance ne veut pas dire écraser l'autre au sein d'une relation de dominance, où gagnerait le plus fort des deux combattants.

Il n'y a rien à gagner au sortir de la joute relationnelle amoureuse. A part gagner le droit de se sentir supérieur. Cela ne sert pas à grand chose, si ce n'est satisfaire le pauvre ego de celui (ou celle) qui se sent tellement impuissant du cœur qu'il ne lui reste que ses rugissements de Tigre pour se faire respecter... et surtout pour se faire enfin aimer !

Tant pis pour lui, si la douce gazelle féminine n'aime pas les prédateurs... qui pourtant l'impressionnent tellement !

Osez sortir des jeux sado-maso, où l'un essaie de rabaisser l'autre – détruire sa force, et dévorer sa puissance, pour se les approprier – au cœur d'une jungle si peu civilisée ! "Ceci est mon corps, ceci est mon sang". "Dévore-moi, et je te ferai obtenir le paradis des frémissements les plus douloureux. Encore et en-corps..."

Problématique amoureuse centrale 9

L'amour n'est pas qu'un idéal que le cœur essaierait d'atteindre en se rapprochant de son centre spirituel et de ses lumières de conscience en éveil ... L'amour a d'immenses surprises encore en réserve.

Écoutez votre besoin d'un amour idéal, d'un amour si pur qu'il serait plus bio que le meilleur des bios. Évitez juste de ne pas vous réfugier dans des chimères amoureuses qui vous propulseraient outre-mer... loin de vos plages affectives intimes. Si loin de vous-même ; si loin des réalités de votre cœur. Celles qui vous habitent tout simplement, lorsque vous leur laissez le loisir de débarquer gentiment dans le lit du fleuve de vos échanges les plus sincères et les plus beaux.

Illusions ? Pourquoi pas hirondelle ou papillon ? Cessez de vous prendre pour l'hirondelle de la paix universelle. Commencez par renforcer la paix dans votre relation et au sein de votre petit monde intime. Rêver n'a jamais mis d'accord vos démons et vos anges intérieurs !

Vous semblez capter très facilement les émotions et les états d'âme de l'autre. Ne vous laissez pas submerger par ses vagues sensibles. Osez la remise à neuf de vos échanges. Osez dépolluer régulièrement la relation pour mieux accueillir ce qui a la possibilité d'émerger à vos portes.

Osez recycler votre couple dans une vision plus large des choses. Au seuil d'échanges plus universels. Plus inconditionnels ?

Vous avez en vous-même des ressources insoupçonnées, et des élans généreux, pleins de compassion et de sagesse profonde.

Autorisez-vous ce sourire intérieur pour vous-même : celui qui libère, qui ouvre à l'indicible... et exprime l'énergie divine au cœur de votre intimité.

Problématique amoureuse centrale 10

La roue de l'amour tourne et retourne, autour de son axe. Il paraît “im-portant” de maintenir cet axe en bon état, pour que les choses tournent rond.

Ne négligez pas la qualité de votre positionnement, face aux désirs de l'autre, et face à vos tiraillements intérieurs. Ne laissez pas la parole à vos émois périphériques. Osez vous brancher directement sur le centre de votre cœur.

Vous avez besoin de l'autre, même dans vos élans impulsifs et directs vers ces nouveautés, devant vous. Accueillez les pistes et les aides que vous offre votre entourage. Elles ne grignoteront pas votre leadership, si vous restez vous-même !

Ne jouez plus votre avenir sentimental à la roulette russe ! Optez pour des choix plus mûrs. Et évitez de foncer dans le mur les yeux fermés. Ne jouez pas les béliers de l'amour. Arrêtez de défoncer plus ces portes ouvertes qui n'attendent plus que vous !

Osez arrondir les angles de vos options incisives. Vous avez du ressort, mais certaines choses ne sont plus du ressort de votre tête. Surtout lorsqu'il s'agit de vos échanges affectifs !

Parfois, l'autre se demande quelle mouche vous a piqué, lorsque vous n'arrêtez pas de tourner autour du piquet de vos choix inamovibles... et intransigeants ?

Utilisez votre volonté à faire vite (et bien) de manière plus posée. Écoutez les rythmes différents du cœur de l'autre. Divers indices sont à votre disposition – si vous savez les observer – pour ne pas trop foncer à la hussarde, à l'assaut du territoire intime de l'autre... et de ses jardins d'Eden secrets ?

N'imposez rien. Ne tyrannisez plus. Faites un avec le meilleur de vous-même. Restez un homme ou une femme debout... au centre du meilleur de ce qui peut vous arriver !

Problématique amoureuse centrale 11/2

Passion quand tu nous tiens... on ne tient plus en place ! Et on remplace l'apparente stabilité intérieure, et les émotions tranquilles, par de grandes tempêtes d'équinoxe ou des orages magnétiques, qui n'ont rien à envier à tous les Roméo et Juliette de la vie.

Seulement, à un certain moment il faut redescendre ! L'ascenseur intérieur (et le censeur intérieur ?) n'est pas toujours très confortable. Pourtant, après les hauts sommets, vous êtes sommé de revenir au niveau de l'amer et de faire le point concernant votre nouvelle route à suivre. Pas toujours si imbuvable, d'ailleurs !

Vous avez besoin du feu de la passion pour brûler les scories de vos peurs et les déchets émotionnels accumulés dans les circuits complexes de votre intimité. Seulement, méfiez-vous des coups de tonnerre, et des changement trop rapides. Ils sont toujours dépendant de la direction et de la vitesse des bourrasques sentimentales qui peuvent parfois vous habiter...

Arrêtez de suivre la lune dans ses hauts et ses bas. Reliez-vous à vos ébats intimes, et libérez cette pression intérieure qui vous pousse à monter au cocotier les soirs de pleine lune... ou les jours de trop grande effusion, ou fusion-amoureuse-haute-densité ?

Osez laisser poindre vos émergences lumineuses, et accoucher vos eurêka sublimes en matière d'amour. Évitez de brûler toutes vos réserves à la première illumination venue. Gardez toujours un bout de bougie, là où gît l'essentiel de vos inspirations ou intuitions amoureuses. Laissez-les vous éclairer le cœur. Laissez-les donner force et vigueur à vos sentiments. Laissez-les élever votre esprit dans les hautes sphères – toujours possibles – de vos échanges amoureux.

Au cœur de vos marées amoureuses, restez souple sur vos jambes et gardez le pied marin. Sachez vous mouiller, mais sans trop boire la tasse ... aux confins d'une relation "d'amour inter-dimentionnel" ?

Problématique amoureuse centrale 12

(voir aussi la PAC 3 et éventuellement la PAC 21)

Sortir d'un système triangulaire où une tierce personne parasite la relation à deux, pourrait être une bonne idée. Il est demandé à votre petit enfant intérieur de ne plus venir se fourrer entre Papa et Maman... Et devenir lui-même adulte.

Vampiriser le canal des échanges d'amour entre deux personnes, pour vous y approvisionner, ressemble à du détournement de fonds amoureux. Y aurait-il dans l'air comme une sorte de viol de territoire sentimental, ou de circulation amoureuse ?

Vos émotions parasitantes, vos intentions concernant les autres, votre jalousie, votre peur d'être abandonné, votre crainte de ne pouvoir vous assumer seul, ne vous poussent-elles pas à mettre les pieds dans le plat sentimental de deux autres personnes ? Vous savez, ça ne nourrit pas vraiment son homme... intérieur !

Comment régler le problème ? Osez vous exprimer. Osez vous mettre en valeur différemment. Apprenez à mieux vous voir en peinture, et à vous occuper de votre propre image. Ne restez plus piégé par votre désir excessif de reconnaissance des autres. Osez essayer d'arrêter de chercher des Papas et des Mamans à tout bout de champ.

Rappelons au passage que le 1 concerne le père, le 2 concerne la mère, et le 3 l'enfant.

Le 2 oscille entre deux pôles, entre deux polarités, entre deux décisions.

Le 1 (ici moins important) est un élément moteur, fonceur, qui veut aller de l'avant. Le 3 évoque l'image de soi, la manière de s'exprimer, d'être le créateur de sa vie.

Le 12 invite à aller découvrir ce qui se joue au niveau de la "face cachée des choses" (et de la lune). Il suggère de ne pas hésiter à retourner les choses... dans tous les sens. Pour leur donner un autre sens ?

Problématique amoureuse centrale 13

(voir aussi la PAC 4 et éventuellement la PAC 31)

Il vous est rappelé ici qu'un travail sur vos jeux affectifs et relationnels semble incontournable. Apprenez à ne plus rester accroché à une certaine image de l'autre (3). Apprenez à ne plus vous faire piéger par les mots (3) qui creusent le lit des malentendus futurs, ou des manipulations du moment.

Travaillez sur certaines de vos peurs (4). Peur de manquer (d'argent, de nourriture, de protection matérielle). Peur de "mourir" à certains types d'échanges pour renaître à d'autres. Peur d'être infidèle aux loyautés et aux consignes de votre famille... Et aux reproductions psycho-généalogiques qui la concernent ?

Effectuez un travail de construction intime, relatif à votre identité personnelle. Si vous ne vous construisez pas, ce n'est pas l'autre qui jouera les architectes de votre chantier de vie intérieure ! Si vous ne tenez pas debout, ce n'est pas en vous appuyant sur l'autre, qui s'appuie lui aussi sur vous, que votre "tandem gothique" va pouvoir s'épanouir !

Imaginez l'apparence de ce couple "en accent circonflexe" ou "couple gothique" ainsi formé. Si l'un des deux tente de se tenir debout, c'est-à-dire verticalement... l'autre n'est plus calé, il ne peut plus se "raccrocher" à son partenaire et se retrouve par terre.

13 :"Comment me suis-je senti reconnu par mon père ?" (1=Père, 3=reconnaissance).

"Puis-je être maintenant un bon "Père" pour moi, et oser reconnaître mes particularités, mon originalité personnelle, ma force créative, mon style propre, et ma capacité à me dire ? Au lieu de chercher le Père, l'autorité, le preneur de décision, ou le spécialiste du positionnement... chez mon partenaire ! "

Ne seriez-vous pas en quête perpétuelle du père ou en dépendance de cette "fonction-Père" ? Une fonction que vous aimeriez que l'autre n'arrête pas de jouer pour vous. A quoi correspond cette Fonction père : aux prises de décisions, au positionnement, à la dynamisation personnelle, à la sélection des axes de progression individuels, au recentrage ou alignement intérieur, au savoir de référence, etc. (elle est proche d'une grande partie de la symbolique du 1).

Certains "re-pères" vous sont nécessaires, OK ! Mais, n'hésitez pas à transformer votre vision passée de votre Père (pour induire de nouveaux "re-pères"). Reconsidérez vos vieilles habitudes infantiles, et vos systèmes de dépendance. Je suppose que vous ne perdrez pas votre temps !

Sinon, à quoi peut ressembler, pour vous, la relation amoureuse ? A un théâtre d'ombres, où le Père se fait tard (et Père fouettard?). Où le Père se perd derrière les tentures ? Où le Père continue à tirer les ficelles de vos "marion-nettes maritales". Où le Père absent crée le vide ? Où le Père Noël vous invite à croire en lui périodiquement pour pouvoir être bien dans vos chaussons... Et ouvrir les cadeaux que vous avez oubliés sous l'arbre généalogique ?

Certaines femmes ne se marient-elles pas que pour dire non... au nom de leur Père ? (ou presque !). Lâcher un Non pour dire Oui... à un autre point de repère. Tout ça pour oser l'aventure, au-delà de l'enclos protecteur (parfois destructeur ou "per-vers")... Et affronter les perturbations extérieures, les grands méchants loups des terres inconnues ?

Tous ces "per-sonnages", vous ne les avez pas sonnés, me direz-vous ! Cependant, ils "per-sistent" dans le décor de votre couple (ou dans votre image du couple), et faussent la donne de votre jeu amoureux. Alors, débusquez-les et remettez-les à leur place... C'est-à-dire en dehors de votre cœur et de vos habitudes relationnelles amoureuses.

Tous ces “per-turbateurs” plus ou moins attitrés, tous ces “perpétuels” mirages-épouvantails hantent des lieux, en vous, où tout se “per-d”... Des lieux où vous pourrez peut-être faire de belles découvertes !

Savez-vous que c'est en apprenant à perdre que vous pourrez enfin gagner ? Il vous reste à vous en “per-suader”. Il vous reste à imaginer d'autres “per-spectives” !

Problématique amoureuse centrale 14

(voir aussi la PAC 5 et éventuellement la PAC 41)

Il vous est suggéré ici de vous libérer du poids de cette “chape de plomb” protectrice qui vous isole de votre spontanéité profonde. Osez laisser respirer ce puissant désir d'amour, tenu prisonnier dans vos profondeurs depuis trop longtemps (au cœur de vos oubliettes intimes ?). Il vous reste tant de choses à créer, tant de bonheurs à nourrir, tant de possibles à favoriser !

Osez créer les conditions d'une mise à distance, d'un espace d'aération, vis-à-vis de vos consignes familiales coercitives. Prenez du recul vis-à-vis de toutes ces injonctions ou auto-injonctions réactivées dans votre démarche d'amour. Arrêtez de vous expédier à vous-même ces divers colis piégés !

Ouvrez juste la porte de votre “cage aux oiseaux”, pour permettre, enfin, un envol amoureux qui ressemble à autre chose qu'un “char-taire” standardisé pour partenaires contrôlés. Arrêtez, tout simplement, de vous mettre des “bas-tons” dans les roues de votre cœur (roué de coups ?). Eh oui ! Comment voulez-vous que ça tourne si les choses sont trop carrées ?

Il est vrai que le 4 et le 1 n'offrent pas beaucoup de courbes... C'est pourquoi le 5 a intérêt à pédaler pour lâcher le peloton des peurs, et des fausses-sécurités non remboursées par la Sécurité sociale du cœur.

Au sein de la relation amoureuse, pour développer votre propre sécurité, il vous convient d'oser résilier certaines assurances que vous finissez par payer très cher !

Attention à ne pas trop vous isoler ou à fuir par peur de l'autre, ou ce que vous croyez être l'autre ! Trop protéger votre territoire, revient à exclure l'autre, et à exclure un certain nombre de possibles... Que vous vous plaindrez, ensuite, je suppose, de ne plus voir se pointer à l'horizon. N'est-ce pas ?

Attention aussi aux rythmes intérieurs de votre couple, à l'alternance au sein des échanges amoureux, à la variation des désirs d'éloignement ou de rapprochement. Aller trop vite, et forcer le tempo du cœur au nom des impératifs de la tête, créent une distorsion qui peut saboter le relationnel amoureux le plus épanoui !

Aller trop lentement peut alourdir certains élans, et laisser retomber la pâte du soufflet sentimental. Souffler n'est pas jouer... En effet, ce n'est pas vraiment gagné (rien n'est joué) lorsqu'un des deux partenaires va plus vite que la musique et n'écoute plus personne !

Problématique amoureuse centrale 15
(voir aussi la PAC 6 et éventuellement la PAC 51)

Il vous est suggéré ici un travail sur les attachements sentimentaux qui bâillonnent les élans profonds de votre cœur, et emprisonnent vos désirs d'expériences nouvelles au sein de votre couple (ou en dehors?). Il vous est proposé d'apprendre à couper le cordon affectif, surtout si vous l'avez autour du cou...

Vous pouvez aussi effectuer un travail au niveau de ces dépendances sexuelles, et de ces schémas mentaux, qui font peut-être de votre sexualité un terrain de reproductions "mécaniques", un espace de jeux de manipulation et de pouvoir (d'attachement?) .

"Je maintiens mon emprise ou mon pouvoir sur l'autre au travers de la sexualité, en gardant le rôle dominant... ou la mainmise sur ses désirs !"

Sortir de ces chaînes relationnelles physiques et sensuelles, vous permettra d'être beaucoup moins piégé "au nom de l'amour" ! Le pouvoir des désirs de l'autre ne sera plus manipulé par votre désir de pouvoir... et votre peur de vous perdre dans l'amour ?

Le 5 étant le nombre de la mobilité, des prises de risques et des expériences instructives, il vous invite ici à tenter l'aventure et à oser l'in-con-nu. Sans tomber dans les excès d'un quelconque ballet infernal où votre cœur, à s'emballer trop vite, finirait par avoir la tête qui tourne (lorsque la tête a mal au cœur ?).

Votre problématique, dans ce cas, concernerait le fait de vous fuir... en fuyant l'autre. La "force centrifuge" inhérente à certains excès de type 5 favorise cette fuite. Surtout si dans votre relation amoureuse vous n'êtes pas vraiment centré sur votre axe physique et psychologique !

Au diable les belles résolutions ! À trop remuer le problème dans tous les sens, ou à trop vous remuer les sens, l'essentiel échappe au pilote intérieur de vos voltiges sexuelles, et de vos cercles vicieux... mentaux.

Que faire, me direz-vous ? En *faire* juste un peu moins... Pour *être* un peu plus ! Être un peu moins con-centré et devenir plus con-fiant. Eh, oui ! C'est toujours une question de con-fiance, comme le disait ma con-cierge qui brûlait d'amour pour le mari qui l'avait abandonné, et mettait chaque jour un cierge à la Vierge Marie (que peut Marie quand c'est pas marrant de se retrouver marrie à cause de son mari ?).

Pour trouver chaussure à son pied, il est utile d'arrêter de danser la gigue... Il vous reste juste à envoyer valser vos vieilles habitudes relationnelles sur-actives qui vous donnent le tournis (Attention : Je n'ai pas dit qu'il fallait vous serrer le vice dans tous les sens !).

Problématique amoureuse centrale 16

(voir aussi la PAC 7 et éventuellement la PAC 61)

Le problème avec la tête, surtout lorsqu'elle est déjà pleine de savoirs, c'est qu'elle croit en la religion toute-puissante de sa raison... Ce en quoi elle a finalement tort !

Il vous est demandé ici d'apprendre... à ne plus apprendre uniquement avec votre tête, car en ce qui concerne les choses de l'amour, elle n'est pas la mieux placée ! Osez plutôt vous laisser prendre par ce qui monte de l'intérieur de vous-même, du centre de votre cœur et des profondeurs intimes de votre corps vivant.

Trop de conceptions sur l'amour freinent la conception et la gestation de l'amour pour soi, pour l'autre. Attention à certains schémas mentaux hérités qui ne sont plus adaptés au monde d'aujourd'hui, et tuent dans l'œuf vos velléités d'ouverture amoureuse.

Les tabous concernant l'amour sont légion. Ils envahissent votre esprit et votre cœur à votre insu, et vous font faire marche arrière sans visibilité dès que l'engagement amoureux se pointe à votre porte. Fuir l'amour qui est juste à portée de main (et tout remettre à demain) est un réflexe trop courant de nos jours.

Apprenez à vous lâcher un peu... ça ne peut que vous faire du bien ! La conscience se nourrit aussi de l'expérience la plus corporelle, la plus intime, la plus sensuelle possible. Le vécu, pleinement investi, dégusté ou savouré, est riche en enseignements des plus profonds.

La vérité d'un cœur vigilant n'est pas moins essentielle que celle d'un mental tyrannique imposant la sienne... On peut d'ailleurs se demander si c'est vraiment la sienne !

Problématique amoureuse centrale 17

(voir aussi la PAC 8 et éventuellement la PAC 71)

Vous savoir puissant peut vous aider à cheminer. Mais, votre puissance personnelle peut se laisser prendre au piège de votre savoir, parfois trop intellectuel ou trop livresque. Vous perdez ainsi le contact avec les réalités du terrain, avec les contingences amoureuses et les enjeux sentimentaux qui sont devant vous.

Il vous est proposé ici de ne pas martyriser votre cœur, au nom d'on ne sait quel ascétisme programmé dans votre chère petite tête. Mériter l'amour par accumulation de frustrations inutiles et de maltraitance intérieure idiote, ne fait pas forcément avancer les choses.

Comme si votre "rédemption sentimentale" ne pouvait s'obtenir qu'en passant par la souffrance ! Porter sa croix amoureuse et s'obliger à diverses traversées du désert, en s'isolant de toute "tentation affective", et en anesthésiant le cœur, est un sacré calvaire... vers lequel rien ne vous oblige à aller, sauf vous. Les conquêtes de l'esprit ne passent pas forcément par les défaites du cœur et les "sé-vices" du corps. Fort heureusement !

La relation amoureuse ne constitue pas uniquement un terrain de rapports de forces, où chacun s'entraînerait à améliorer ses jeux de pouvoir et de manipulation. Être en amour, ce n'est pas être en guerre contre sa sensibilité de cœur (lorsqu'on n'écoute guère ses élans paisibles et profonds).

Être en amour, ce n'est pas être à la con-quête du territoire intime du partenaire ! Ce n'est pas s'engager dans un impérialisme du cœur qui reviendrait à avoir la mainmise sur les désirs de l'autre... En s'attelant sans relâche à vouloir le changer suivant un programme imposé ?

Lorsque vous cherchez à faire pression sur l'autre pour faire évoluer ses sentiments, n'avez-vous pas l'impression que c'est peine perdue et que vous n'aboutissez qu'au ressentiment ? À trop pousser en vain les choses de la relation vous finirez par nourrir votre colère et la colère de l'autre. Ok! ça vous donne l'impression de satisfaire votre cher tyran intérieur, celui qui a si peur de perdre ses prérogatives... Et surtout d'admettre sa vulnérabilité et sa fragilité émotionnelle !

Il vous est donc proposé ici d'apprendre à vous libérer de certaines de vos enceintes psychologiques et spirituelles, trop hermétiques ou trop conditionnantes.

N'oubliez pas de reconsidérer ces donneurs d'ordres ancestraux, ces gardiens des vieilles consignes périmées, qui hantent les recoins les plus poussiéreux de votre conscience (ou plutôt de votre inconscient !).

En particulier, les injonctions ou messages familiaux qui ont été transmis au sein de la lignée des hommes qui vous ont précédés (Père, Grand-père...). Surtout si vous êtes l'aîné(e) de la famille... Et que votre père est lui-même l'aîné.

Votre autorité intérieure finira par vous perdre à vouloir trop diriger l'autre... Essayez plutôt de vous permettre d'être un auteur éclairé de votre vie amoureuse, à la hauteur de vos espoirs et de vos plans les plus intimes. Un auteur conscient et confiant en la force douce et subtile de ses élans du cœur les plus purs et les plus spontanés.

Problématique amoureuse centrale 18

(voir aussi la PAC 9 et éventuellement la PAC 81)

Il vous est proposé de ne plus vous prendre pour un "justicier de l'amour", et d'arrêter d'imposer vos propres lois, issues de vos petites vérités du moment.

À trop partir "en croisade", au service de votre religion amoureuse, vous en oubliez peut-être de croiser les regards intimes de votre cœur, ou d'écouter les messages subtils qu'il essaye en vain de vous faire parvenir par l'intermédiaire de votre réalité extérieure. C'est-à-dire par les événements, signes et synchronicités qui vous interpellent dans votre vécu d'amour (ou de non-amour).

Le problème, lorsque l'imaginaire est puissant, c'est qu'il lui arrive de s'illusionner et de prendre des bras dominateurs pour des cœurs généreux.

Aussi, apprenez à être lucide et faites régulièrement le bilan de vos engagements amoureux (j'allais dire "placements amoureux"). Peut-être avez-vous intérêt à les surveiller, avec les yeux du cœur ? Restez lucide vis-à-vis des systèmes de pression émotionnelle et des jeux de pouvoir entretenus plus ou moins consciemment avec l'autre. Ne faites pas de votre relation un lieu où chacun essaie d'utiliser les faiblesses de l'autre pour le mettre en situation délicate et le culpabiliser.

Les jeux sado-maso à deux ne mènent qu'au plaisir stérile (mais tellement jouissif ?) de se faire du mal, pour faire payer à l'autre la souffrance ressentie et mal digérée. Vengeances inconscientes et règlements de mauvais comptes... Ce n'est pas avec tout ça qu'on peut compter s'épanouir à deux et avancer en conscience !

Pour ne pas rester bloqué sur cette problématique, il vous est conseillé d'utiliser les ressources de votre intuition, ainsi que vos capacités de compassion et d'empathie, afin d'assouplir les rapports qui pourraient être trop tendus, et développer générosité et tolérance. Cela ne veut pas dire tout accepter, sans poser vos limites. Au contraire, tout subir sous prétexte qu'on pardonne à tout les yeux fermés, c'est s'aveugler sur soi-même et renier sa propre valeur !

Pour vous consoler, puis-je dire que la conscience s'affine aux intempéries du chemin, et au feu du frottement des intérêts personnels ? Se confronter en toute maturité à l'autre, faire de la relation un jeu initiatique où osent s'engager deux adversaires-complices des travers et des imperfections réciproques, fait avancer les "participants"... et peut les libérer de leurs vieilles scories relationnelles et de leurs auto-sabotages amoureux.

Osez ces défis qui éloignent parfois des idéaux affirmés, fussent-ils les plus beaux et les plus sincères...

Problématique amoureuse centrale 19

(voir aussi la 10 et éventuellement la PAC 91)

Il vous est ici recommandé de trouver votre juste positionnement : "Je veux être dans une position de fusion avec l'autre... Et dès qu'il s'approche trop près, je me réfugie seul dans mon domaine !"

Une partie de vous se veut à l'écoute des messages les plus subtils venant de votre partenaire... Mais, une autre partie ne veut rien capter et désire foncer, de préférence en première ligne. À force de ne rien vouloir entendre, on finit par ne plus s'entendre... et se brouiller avec le meilleur en soi ?

Dans votre comportement amoureux semblent cohabiter, d'un côté souplesse, sensibilité, intuition, et de l'autre autorité directe, volonté implacable et rapidité d'action... et de réaction. Il vous reste à clarifier ces attitudes parfois très paradoxales, car elles influent sur votre manière d'être au sein de la relation affective.

Comment rester le chef, celui qui prend les décisions du couple, sans en briguer officiellement le poste ? Les subtiles manières indirectes et les habiles systèmes de contournement, seraient-ils votre spécialité ? Faites juste attention de ne pas vous perdre dans les chemins de traverse... qui font verser tant de larmes.

Il vous reste à réinventer un comportement suffisamment neuf, pour jouer, en douceur le pilier central de la relation (en alternant de temps en temps cette position dominante, où vous semblez indélogeable ?). Faites la trace, oui, mais essayez de temps en temps de vous reposer en restant bien au chaud dans l'œuf, pardon dans le "co-con" amoureux !

Problématique amoureuse centrale 20

La "fonction Mère" vous semble tellement familière, qu'il vous est difficile de ne pas jouer la maman ou le thérapeute pour l'autre. À trop vouloir materner, nourrir, protéger, conseiller, vous risquez de maintenir l'autre, subtilement, dans une dépendance "infantile" qui peut finir par l'assujettir à son généreux bienfaiteur, à cause de la trop grande prise en charge d'un certain nombre de ses besoins.

Vouloir trop faire pour deux, c'est vain ! Vouloir faire le bonheur de l'autre, sans trop lui offrir la possibilité de se confronter aux vents du large de sa vie, c'est le piège qui peut se dessiner au sein de votre relation amoureuse. Cette relation pourrait très vite devenir étouffante pour l'autre... et pour vous-même si vous restez dans ce schéma "maternant-fusionnel".

"J'é-tou-ffais pour toi mon petit chéri !", etc.

Il est recommandé ici d'apprendre à couper le cordon psychoaffectif et nourricier... et d'arrêter de dispenser ces recommandations castratrices qui n'aident pas l'autre à développer sa confiance en lui-même et son autonomie personnelle.

Cela, afin de lui offrir réellement la possibilité de jouer, à son tour, le rôle du "thérapeute" ou du spécialiste en conseils avisés. Dans "Maman", il y a "Aman(t)" ! Que les amants se libèrent enfin de ces anciennes habitudes de mamans (lignées des femmes), pour s'investir plus pleinement dans leur partenariat "horizontal" homme-femme. C'est ainsi qu'un "homme debout" pourra être en relation avec une "femme debout" !

Devenir une bonne maman (idéale) pour vous-même, peut être un bon début ! Histoire de vous permettre d'accoucher du meilleur de vos possibilités matures, et d'une conscience plus large des choses de la vie à deux...

Il vous reste à tenter une vie commune riche de tous ses possibles... et de toutes ses incertitudes. Même celles liées à un sevrage amoureux qui peut s'imposer sans prévenir. Même celles liées à un système de résonance émotionnelle qui peut s'arrêter du jour au lendemain...

L'aidant de la mer retournerait-il au fond de l'eau... ou du vingt ?

Problématique amoureuse centrale 21

(voir aussi la PAC 3 et éventuellement la PAC 12)

"Ai-je trouvé ma place entre mon père et ma mère ?". "Ai-je tendance à me retrouver souvent face – ou entre – deux personnes, au sein d'un système triangulaire où j'aimerais bien jouer le rôle central ? Et où finalement je me sens piégé !"

Votre problème ici, c'est qu'à force d'avoir besoin de reconnaissance (à n'importe quel prix ?), vous n'êtes probablement plus à l'écoute de votre centre. Vous restez à la périphérie... et vous vous perdez au cœur du regard de l'autre ou des autres. Apprenez à mieux vous voir, à mieux vous "con-naître" au-delà de leur miroir oculaire.

Votre relation amoureuse semble fonctionner sur un mode narcissique, où vous avez besoin de valoriser votre image, quitte à dévaloriser le ou la concurrente(e) principal(e) qui vit près de vous. A-t-il (a-t-elle) besoin de vous valoriser tant que cela, pour en retour bénéficier de la si brillante lumière de votre aura... qui vous aveugle tous les deux ?

Il vous est suggéré d'apprendre à vous diriger vers ce qui cherche à s'exprimer du fond de votre cœur, plutôt que de chercher à diriger l'autre... à l'extérieur de lui-même. Votre enfant intérieur cherche un partenaire, enfin adulte... Et ce partenaire, c'est vous !

Votre meilleure alliée intime, c'est la partie de vous-même qui a cheminé, à travers les expériences de la vie, les souffrances, les déceptions, les coups de canifs à votre belle image d'homme ou de femme parfaite... Ou parfaitement humain(e) ! C'est-à-dire riche en contradictions, en fragilités, en défauts. Tout ce genre de chose que les saints, ou les petits anges, ne connaissent pas, n'est-ce pas ?

Trouvez votre axe, trouvez vos repères... Et devenez un bon père pour vous-même et votre petite troupe intérieure. Laissez-la ensuite créer. Laissez-la ensuite s'exprimer à sa manière. Quitte à déplaire au "public habituel" de vos mises en scènes relationnelles et amoureuses !

Problématique amoureuse centrale 22/4

(voir aussi la PAC 4)

Que de puissance dans ces rôles de "Maman", en vous et autour de vous ! Que d'énergie accumulée au sein de ces paquetages émotionnels ! Dont les premiers stockages datent de votre relation de début de vie avec votre mère. Cette relation se serait-elle révélée conflictuelle ? Aurait-elle été jalonnée de nombreuses incompréhensions ou frustrations qui auraient mérité (et méritent toujours) d'être formulées, clarifiées et évacuées ?

Il vous est suggéré de ne pas rejouer ces conflits de territoire, ces rôles alternatifs, où chacun(e) essaie de se débarrasser de ses peurs en les plaçant chez l'autre. Des rôles ou chacun(e) cherche chez l'autre la faille émotionnelle où pouvoir s'engouffrer par surprise... Pour reprendre le pouvoir, ou pour se venger des souffrances ou malaises passés ?

Le problème ici concerne cette tendance à manipuler l'autre, tout en douceur, et à le mettre sous dépendance matérielle ou affective. Le piège, c'est qu'en agissant ainsi, vous manipulez la partie sensible, la partie fragile et vulnérable qui se trouve en vous-même. Vous l'obligez à rester bien recroquevillée dans son petit coin, vous la laissez aux oubliettes... de peur qu'elle ne freine l'ascension de votre ego, et sa mainmise sur vos échanges amoureux.

En creusant un peu, sous la croûte terrestre de votre sol intime, peut-être trouverez-vous cette force fluide et douce du meilleur de votre cœur. Elle n'attend plus que vous ! En elle réside cette lucidité qui seule peut réellement vous aider à vivre une "relation mûre et consciente" avec votre partenaire amoureux.

Problématique amoureuse centrale 23

(voir aussi la PAC 5 et éventuellement la PAC 32)

Méfiez-vous des courants d'air dans vos échanges intimes, ils risquent de faire s'envoler vos pétales de marguerite... Et vos rêves amoureux !

Il vous est suggéré d'arrêter de jouer à cache-cache avec l'autre (les autres) et avec vous-même, au cœur de si jolies, mais illusoires, farandoles amoureuses.

En effet, votre langage (vos belles paroles), ou vos analyses si pointues, vous éloignent, d'une certaine manière, des messages sensibles de vos intuitions les plus fines, et des bienfaits d'une possible ouverture de votre cœur.

D'un côté vous souhaitez manifester votre désir de liberté et d'indépendance, mais de l'autre vous agissez comme si ce joli petit cordon ombilical n'avait pas encore été coupé avec votre mère... ou toutes vos mères de substitution !

Je fais allusion à toutes ces "fonctions-mères" qui sont jouées autour de vous, et dont vous donnez aussi vous-même l'image : "Je m'occupe de l'autre, je prends soin de lui (d'elle), je le (la) protège".

Est-ce que j'aime le (la) nourrir avec des mots ou des raisonnements ? En donnant l'illusion que j'ai si bien vu les choses chez lui, si bien repéré les mécanismes de notre relation amoureuse... que j'en ai oublié les clés de son cœur et du mien !

Il vous est suggéré d'apprendre à utiliser votre souplesse d'esprit et vos capacités d'adaptation relationnelle, pour ne plus jouer ni les miroirs narcissiques, ni les caméléons affectifs. Osez enfin créer des échanges amoureux authentiques, et régénérer une communication fertile et lumineuse au sein de votre couple.

Problématique amoureuse centrale 24

(voir aussi la PAC 6 et éventuellement la PAC 42)

Le besoin de tranquillité et de sécurité conduit parfois vers les pièges des attachements et des dépendances affectives. La co-dépendance, en effet, mène vite à la dévaluation intérieure, à l'auto-sabotage et au non-amour.

À trop ériger des murs de protection (ou de défense) autour de soi, on finit par aller droit dans le mur !

Il vous est demandé de travailler sur ces attachements inhibiteurs, en vous donnant des occasions concrètes de vous construire, au sein d'un minimum d'autonomie personnelle.

Par exemple : Osez, un peu plus, vous assumer de votre propre chef dans les tâches quotidiennes, sans toujours attendre la becquée offerte par la ou les "Mamans" qui vous entourent. Osez vous cuisiner des petits plats. Osez organiser seul votre espace. Pour éviter d'étouffer dans une relation, où l'autre pourra dire à juste titre : "J'ai-tout-fait pour lui (ou elle) !"

Un travail est également à effectuer à propos de ces consignes et habitudes familiales auxquelles vous vous êtes peut-être trop vite soumis(e). Pour vous, la famille semble avoir beaucoup d'importance. Ses codes affectifs hérités risquent de vous pousser à agir à l'encontre de vous-même, et souffrir de peurs ou d'insécurités qui, finalement, ne vous appartiennent plus. Mais que, hardiment, vous continuez à transporter dans votre paquetage amoureux...

La problématique amoureuse peut consister, ici, à nier ou négliger certaines pistes libératrices par peur de l'abandon. Il vous reste à lâcher certains "biberons affectifs". C'est-à-dire oser un petit "sevrage affectif" au sein d'une relation probablement encore vécue sur un mode trop fusionnel.

Observez comment sévit peut-être dans vos échanges de couple une forme ordinaire d'assistanat amoureux déresponsabilisant... Et si savoureusement infantile ?

Problématique amoureuse centrale 25

(voir aussi la PAC 7 et éventuellement la PAC 52)

Votre art de la fuite semble ici de haut-niveau ! Glisser entre les mains de l'autre et s'échapper à vous-même, dans le courant mobile de la relation affective, semble être une de vos spécialités amoureuses...

Vous retirer dans votre tour d'ivoire, et vous entraîner à passer inaperçu, pour avoir la paix et cultiver votre tranquillité, peut devenir une habitude sympathique, mais se révéler être un sacré piège. Ce piège s'amplifie à chaque fois que vous ne restez plus relié à votre cœur, chaque fois que vous vous éloignez de votre vécu relationnel, en vous isolant derrière vos cogitations mentales. Pour finir par vous tromper vous-même et tromper l'autre sur vos sentiments (non clarifiés) : Ce qui est la pire des infidélités !

À trop observer les mécanismes amoureux de votre partenaire, sans voir qu'ils ne sont que le reflet, ou l'interface, de vos propres façons d'être, vous finissez par négliger votre ressenti intime, et l'écoute attentive de vos tumultes intérieurs.

Votre problématique amoureuse peut aussi concerner votre difficulté à faire des choix et à vous engager totalement. Elle vous pousse à mettre en œuvre divers "systèmes d'évitement". Depuis cette propension à rester dans le flou et le mystère, en passant par la critique de l'autre et de ses options intimes, jusqu'au désir de vous retirer de ce qui pourrait vous impliquer trop... Ou vous interpeller au cœur de vos schémas amoureux ?

Il vous est suggéré d'apprendre à accepter ce qui est, ce qui se vit là, sous vos yeux... Et dans votre cœur. Sans jouer à cache-cache avec vos élans sentimentaux. Ces beaux élans sont-ils, un peu trop souvent, en contradiction avec vos idées et concepts sur l'amour ?

Problématique amoureuse centrale 26

(voir aussi la PAC 8 et éventuellement la PAC 62)

La relation amoureuse n'est pas obligatoirement un champ de bataille, où il faudrait se lancer dans des actes héroïques de domination de l'autre. Un lieu où persisteraient des luttes de pouvoir intimes pour garder le contrôle sur la vie de l'autre, à coup de manipulations émotionnelles et de chantage affectif.

Il vous est suggéré de ne pas rester piégé par votre conception sans nuances d'une relation amoureuse parfaite et érigée en loi immuable. Il vous est aussi demandé d'apprendre à moduler votre susceptibilité, et calmer ces émotions fortes qui parasitent votre juste appréciation des choses dans le domaine amoureux.

Le registre sado-masochiste semble soutenir la trame de vos échanges intimes à l'autre... et interférer dans votre relation à vous-même. Qui cherchez-vous à punir pour la frustration, la déception ou la souffrance non reconnue qu'il a induit chez vous ? Qui cherchez-vous à venger par vos jugements sans appel, vos croisades rancunières... Et vos coups d'épée dans l'eau ?

Lorsque souffrir et faire souffrir font partie du menu relationnel amoureux, on a plutôt envie de passer très vite au dessert... ou à la traversée du désert ? Une traversée nécessaire pour se désintoxiquer d'un système amoureux qui a pu devenir pervers pour les deux partenaires, et se révéler toxique pour leur relation. Histoire de mieux savoir de quoi il retourne, grâce à la “traver-sait” ?

Cultiver souplesse, tolérance et capacité à pardonner, vous aidera à sortir de la possessivité et de la jalousie. Acceptez-vous comme vous êtes... et osez vous aimer. Sans vous faire payer vos erreurs passées, vous juger durement, ou vous astreindre à la perfection. En matière d'amour, nous sommes tous de petits humains en chemin, n'est-ce pas ?

Problématique amoureuse centrale 27

(voir aussi la PAC 9 et éventuellement la PAC 72)

Qu'y a t-il derrière ce masque policé, derrière lequel se cachent votre sensibilité et vos émotions ? Votre désir de maîtriser les choses de l'amour, grâce aux performances de votre mental aiguisé et friand d'explications logiques, risque de limiter vos possibilités d'échanges intimes. Lorsque les choses sont exclusivement exprimées à partir de la tête... elles ne le sont pas à partir du cœur !

Il vous est suggéré, ici, de vous éloigner de vos programmes mentaux qui auraient tendance à disserter sur les sentiments en toute stérilité. Vous réfugier dans des dogmes, ou vous évader dans de hautes sphères cosmo-spirituelles, peut vous amener à "décoller", parfois, outre mesure. Et alors, ça ne colle plus, côté cœur ?

En effet, les schémas de pensée trop rigides, les croyances trop crispées et garnies de peurs, les références poussiéreuses et les frilosités relationnelles, ne facilitent guère l'ouverture du cœur !

Pour vous relier à l'autre, vous n'avez point besoin de religion ! Pour décrasser votre canal relationnel amoureux, commencez par faire le ménage dans toutes vos méninges ! Laissez les lourdeurs de certaines de vos traditions là où elles sont... C'est-à-dire en dehors de l'instant présent pleinement vécu, ressenti et savouré.

Méditer ne signifie pas médire au sujet de la partie aimante de vous-même. Cette partie essentielle en vous n'a pas envie de vous faire du mal, de jouer les ascètes du cœur ou les pénitents du dialogue amoureux. Elle vous invite à l'écoute de Dieu en vous. Cette parcelle divine qui vibre au cœur de votre être le plus essentiel.

Trop vous couper de vos sentiments, vous conduit vite à vous couper du plaisir (interdit?) de ressentir les sensations que vous transmet votre corps... et le plaisir d'être réellement touché. Apprendre à vous aimer commence par le désir d'oser laisser de la place à votre sensibilité intérieure. N'affamez plus la partie de vous-même qui rêve d'un monde relationnel meilleur, d'un paysage amoureux sans clôtures cérébrales et sans préceptes bétonnés !

Problématique amoureuse centrale 28

(voir aussi la PAC 10 et éventuellement la PAC 82)

Vous faire les griffes sur les figures d'autorité qui jalonnent votre vie, ne vous dispense pas d'observer votre manière indirecte, et toute stratégique, d'exercer votre autorité sur l'autre au sein de la relation amoureuse.

Il vous est suggéré, ici, de faire votre "ménage intérieur" pour améliorer les choses au sein votre ménage ! Cette élimination, ou purification intérieure, consiste à mettre à jour toute cette colère refoulée qui entoure votre cœur et vos stockages émotionnels. Sinon, cette colère risque de vous pousser à durcir vos échanges et transformer en champ de bataille un jardin amoureux paisible et fleurissant.

Attention à vos excès de passion... destructrice ! Apprenez à libérer cette pression intérieure, au lieu de faire pression sur l'autre pour qu'il change. Et arrêtez d'être agressif envers vous !

La problématique tourne ici, autour de tous ces jeux de pouvoir activés au sein des échanges avec l'autre. Vos cœurs respectifs auraient-ils besoin de gants de boxe ?

Dominer l'autre, chercher à manipuler ses sentiments et diriger son monde intime, ne conduit qu'à tordre le cou aux meilleures potentialités de votre cœur. Ce n'est pas parce que votre cœur a été meurtri dans le passé, qu'il doit maintenant jouer les "bourreaux des cœurs" ! Osez poser votre épée. Osez être juste. Juste Amour... et rien d'autre !

Problématique amoureuse centrale 29

(voir aussi la PAC 11/2 et éventuellement la PAC 92)

Être un canal pour les autres, et utiliser votre hypersensibilité ne vous dispense pas de canaliser vos élans de passion et vos insécurités cycliques. Ces vagues émotionnelles sapent vos antennes haute fidélité (pas forcément amoureuse), et risquent de miner votre charisme. Il a pourtant si bonne mine !

Il vous est conseillé, ici, d'apprendre à réaligner les hautes énergies de vos sommets intérieurs avec les nécessités de vos étages intérieurs, les plus bassement matériels. Sous peine de voir se fissurer vos fondations amoureuses les plus profondes.

Un équilibre est à trouver entre votre ouverture à l'autre et votre désir de rester un "canal indépendant". Vous faites merveille aux yeux des autres, au sein des groupes (qui vous suivent?). Il vous reste cependant à exorciser votre peur d'une trop grand proximité relationnelle avec l'autre.

Une relation trop stable vous déstabiliserait-elle ? Naviguer en solitaire sur l'océan agité de vos émotions orageuses, semble faciliter vos éclairs de génie. Finalement, ce n'est pas vraiment du tonnerre lorsqu'il s'agit d'amplifier la relation intime et le partage égalitaire avec l'autre. Là, ça fait parfois des vagues, non ? OK ! Arrêtons de divaguer ! Vous avez l'étoffe d'un amoureux aux élans intenses (et de haut voltage ?)... Faites juste attention à ne pas vous "prendre une veste" avec l'élu de votre cœur passionné. Vous seriez alors obligé d'aller vous rhabiller !

Calmez le jeu et gardez votre cap (et votre cape ?). Restez le cœur couvert, pensez juste à l'aérer de temps en temps, au vent de ces multiples retournements de situations, dont vous avez le secret.

Problématique amoureuse centrale 30

(voir aussi PAC 3)

Ne pas arrêter de tomber amoureux, cela paraît sympathique… Mais, c'est finalement très difficile à gérer. On tombe parfois de haut ! Ou comme un joli papillon : on se fait prendre dans des filets maniés de main de maître (ou de maîtresse !)

Aussi vous est-il suggéré de mieux gérer vos capacités de séduction pour ne pas en devenir esclave. Méfiez-vous de ce grand manège amoureux dans lequel vous risquez de vous égarer lorsque vous restez trop à la périphérie de vous-même, dans des échanges trop superficiels ou d'apparences… trompeuses.

À force de chercher à trop briller, vous finirez par vous aveugler le cœur et l'esprit. Naviguer à l'estime donne un petit côté exotique. Cela vous éloigne quelque part de l'estime profonde de vous-même… Celle que vous n'avez pas toujours développé à sa juste mesure (trop ou pas assez). En vous perdant dans le regard, l'admiration et les manifestations d'affection de vos fans, ne passez-vous pas à côté du meilleur de vous-même, même s'il est caché derrière tant de rideaux colorés ! Dans ce domaine, être en haut de l'affiche… on s'en fiche ! Tant qu'on est réellement, et vraiment, aimé…

Votre problématique amoureuse, consiste peut-être à trop rester dans les apparences, et chercher à donner une image idéale d'un couple si “bien sous tous rapports” : celui que vous mettez en scène avec tant de brio ?

En fait, sous les projecteurs, vous tombez dans le piège des projections les plus courantes… et l'autre ne devient qu'un faire-valoir narcissique !

Votre travail consiste à apprendre à exprimer honnêtement, en toute authenticité, vos sentiments réels et votre ressenti intime à l'autre. Tout en vous méfiant de la profusion des mots… Les mots de lumière ont tous leurs “gé-meaux” d'ombre !

Prenez conscience que trop faire votre propre pub, de trop en dire à l'extérieur, aux autres, ce n'est pas “vous dire” ! Vous dire du fond de votre cœur… c'est “dir-iger” vos vrais élans existentiels. C'est diriger votre capacité à créer l'amour au cœur de votre vie.

Et pas seulement à partir de cet animateur intérieur – un peu léger parfois et souvent infantile – qui cherche à amuser la galerie, et à rester dans la superficialité !

Problématique amoureuse centrale 31

(voir aussi la PAC 4 et éventuellement la PAC 13)

L'image du père parait ici incontournable. Comment lui rester "fidèle" ?

Comment continuer à lui ressembler, tout en développant un style personnel, et en assumant l'originalité de sa propre vie ?

Votre recherche de stabilité affective entraîne un contrôle accru de vos élans amoureux. La peur de "vous faire avoir" (lorsque l'on profite de vous) paralyse votre spontanéité, et vous pousse parfois dans des rôles de contrôle plus castrateurs qu'épanouissants.

Il vous est suggéré de favoriser les marques tangibles d'affection. Celles qui vous aident à vous sécuriser et à vous donner confiance. Trouvez votre axe intérieur et tenez-y vous ! Autorisez-vous à avoir vos pieds dans vos baskets. Offrez-vous un espace à vous, source d'ancrage personnel et de construction intérieure. Vos doutes s'espaceront et vous rayonnerez d'humour... et d'amour ?

Pour vous, la maison et le cadre familial ont une grande importance. Votre tendance serait-elle de vous y emprisonner, ou de vous cantonner à ce territoire faussement protecteur ? Et si, tel un petit diable (que vous n'avez pas été dans l'enfance), vous osiez sortir de votre boîte, pour créer votre propre vie amoureuse, une vie différente de celle qu'on a pu programmer pour vous ? Histoire d'être enfin à la hauteur de cet auteur intérieur, si dynamique et si novateur !

Si vous êtes un homme : Ne restez pas coincé, en cherchant d'un côté à jouer le grand chef, le père autoritaire au sein du couple, et de l'autre le petit garçon dépendant et irresponsable. Sortez de cette alternance infantilisante qui s'avère une fuite de votre capacité à devenir un "homme digne de ce nom" (et pas seulement au nom du père !).

Soyez enfin vous-même, pleinement vous-même. Et osez voler de vos propres ailes... Sans elle ?

Problématique amoureuse centrale 32

(voir aussi la PAC 5 et éventuellement la PAC 23)

Sortir de votre dépendance à votre mère, ou à la "femme-mère", peut vous aider à vous envoler du nid ! Votre problématique se situe probablement au niveau de cette alternance – ou paradoxe – entre votre fort désir de liberté, votre grand besoin d'air, et d'un autre côté votre nette tendance à l'attachement non-élastique, et à vos velléités de fusion affective.

Il vous est suggéré de faire un pas en avant, vers l'inconnu en vous-même et chez l'autre. Osez vous écouter vraiment, pour mieux vous entendre ! Osez clarifier ces situations floues et brumeuses qui font germer le doute au sein de votre relation.

Sortez de ces jeux de fuites, de ces manœuvres indirectes, qui ne font qu'insécuriser vos échanges, et renforcer votre méfiance vis-à-vis de vos possibles engagements amoureux.

Un travail sur vos systèmes de miroirs – et les interdépendances qu'ils induisent – est à effectuer au niveau de votre communication avec votre partenaire. Ne vous définissez plus à partir de l'autre. Osez partir de votre regard intérieur, et des éléments positifs que vous offre votre conscience profonde.

Osez autre chose que des attachements réducteurs. Apprenez à créer de nouveaux liens avec vous-même, sans vous emmêler dans tous ces fils laissés à l'abandon ! Renouez avec le meilleur de votre cœur, tout en vous autorisant à dénouer certains nœuds émotionnels puissants. Ils finiront par freiner ou paralyser votre cheminement amoureux.

Nettoyer, détacher... on se croirait dans une pub pour la "tornade blanche"! Calmez vos tornades émotionnelles. Tournez-vous dans la direction du vrai maître des opérations : votre cœur conscient, riche de son expression la plus mature, et de ses élans les plus aérés... Ou les plus sauvages !

Problématique amoureuse centrale 33/6

(voir aussi la PAC 6)

Ne faites pas de la recherche du partenaire idéal une excuse pour ne pas prendre le risque de la rencontre avec le partenaire possible...

Il peut être judicieux de sacrifier votre sempiternel "homme idéal", ou votre "la femme idéale", pour oser vous mettre en relation avec l'autre dans la nudité de sa propre vérité, et dans la beauté de son authenticité amoureuse.

Il vous est suggéré de lâcher l'image romantique et idéalisée du "Couple parfait" qui traîne dans votre vidéothèque intérieure. Libérez-vous du couple de conte de fées, où le Prince charmant ment à la belle, et où la Princesse cesse d'être une femme... tout simplement humaine !

Ici, la problématique amoureuse a quelque chose à voir avec votre peur d'être vu... comme vous êtes réellement. Sortez de cette "galerie des glaces", où votre cinéma narcissique vous a enfermé. Entrez en vous-même, sans craindre d'y rencontrer le plaisir (défendu ?) de vous aimer pleinement, au cœur de votre vrai nature... divine.

Esclave d'apparences qui ne vous appartiennent pas, ne seriez-vous pas en train de maltraiter, au sein de votre relation amoureuse, la circulation des élans issus de la partie la plus sensible et la plus raffinée de votre cœur... Et de celui de votre partenaire ?

Osez le baume de l'amour, et arrêtez de passer tant de pommade à votre turbulent saboteur-intérieur. Voyez comme il s'en donne à cœur joie concernant vos échanges affectifs ! Ne l'encouragez plus... Respectez-vous, respectez vos élans du cœur.

Problématique amoureuse centrale 34

(voir aussi la PAC 7 et éventuellement la PAC 43)

Avoir foi en l'autre, et en la relation, nécessite d'avoir foi en vous. Restez conscient du fait que vous engager dans votre couple, ce n'est pas vous engager à lutter contre vous, contre le plus lumineux et le plus vrai en vous-même !

Il vous est suggéré de vous relier au meilleur de "vous-m'aime", pour oser identifier ce que vous ressentez vraiment dans cet espace-là... Plutôt que de continuer à argumenter avec l'autre de façon stérile, dans une relation où chacun finit par chercher à avoir raison sur l'autre. Comme si le pouvoir des connaissances, et la puissance de la logique, pouvaient nourrir l'amour et l'aider à éclore ! Alors que cela ne fait que clore ce qui tente de s'ébaucher dans les cœurs !

Votre problématique amoureuse tourne autour de cette "loi du silence" que vous vous imposez à vous-même, par peur d'exprimer votre vulnérabilité et votre sensibilité cachées. Cette "Loi du silence" provient, bien évidemment, de consignes familiales bien bouclées (où on a intérêt à la boucler ?), et d'injonctions anciennes, dont il vous reste à vous débarrasser.

Croire contrôler l'autre ne vous affranchit nullement de votre peur du changement. Surtout le changement qui pourrait intervenir en vous-même ! Quelle angoisse et quelles souffrances, me direz-vous, lorsque les choses risquent de bouger à l'intérieur ! Craignez-vous que toutes ces belles choses de l'amour et de la relation puissent fissurer, ou fassent s'effondrer certains barrages anciens, certains containers remplis d'émotions fermentées, et certains coffres... remplis parfois d'amour ?

Osez lâcher vos vieux schémas relationnels périmés. Détendez-vous et faites confiance à votre corps. Votre corps sait autant que votre cœur, et beaucoup mieux que votre tête !

Problématique amoureuse centrale 35

(voir aussi la PAC 8 et éventuellement la PAC 53)

L'amour n'est pas un prétexte pour manipuler l'autre. Être en amour ne consiste pas à diriger, à tyranniser, voire à "cannibaliser" l'autre, en toute impunité !

Vous ne vous sentez pas concerné par ce genre d'attitude de protection envers votre propre souffrance, OK ! Mais peut-être utilisez-vous votre puissance comme moyen d'exorciser votre difficulté d'être en paix avec vos émotions et vos passions les plus profondes ?

Lorsqu'il y a absence de relation avec la partie centrale de vous-même, au fond de votre cœur , il en résulte une certaine difficulté de relation vraie avec l'autre.

"Comment pourrais-je me nourrir de ma relation à l'autre, si je ne suis pas vraiment en relation avec moi-même ?" À rester dans le "jeûne affectif", il manque comme un je ne sais quoi, n'est-ce pas ?

Il vous est gentiment suggéré d'introduire de la conscience (et de l'amour !) dans votre "chaos intérieur". N'hésitez pas à identifier, en les nommant ou en les verbalisant, vos émotions les plus variées et vos besoins les plus centraux.

Osez, éventuellement, vous libérer du "jacassement permanent" de votre mental surmusclé. Stoppez ce "brouillage intérieur" fait de mots, de raisonnements bien huilés et d'injonctions imposantes. Méfiez-vous de la frénésie de votre mental. Dans son effervescence passionnée, il vous éloigne de la réalité de vos sensations, et de la nécessité d'un ancrage corporel et affectif. Un ancrage vous permettant d'être vraiment à votre place !

Problématique amoureuse centrale 36

(voir aussi la PAC 9 et éventuellement la PAC 63)

Considérer que "tout le monde il beau, tout le monde il est gentil", n'amène pas vraiment à développer lucidité et maturité au sein de ses relations.

Il vous est suggéré de prêter attention aux élans, parfois trop idéalistes, de votre "grand cœur" qui ne pense qu'à faire du bien à tout le monde. Chercher au sein de votre couple à prendre l'autre en charge, à panser ses plaies, à penser pour lui, peut se transformer en piège relationnel et en maltraitance affective réciproque. Trop aimer, revient à "mal aimer", et à mettre l'autre en dépendance... ou à le harceler "pour son bien" ?

Votre problématique consiste à enrober la moindre difficulté dans un emballage protecteur doux et parfumé. À nier vos tensions et vos frustrations intérieures, vous risquez de ne plus avoir conscience de vos propres ombres.

Un conseil : écoutez réellement votre malaise, votre gêne ou votre déception quand ils sont là, en vous. Rencontrez-les. Vivez avec eux. Et exprimez-les avec vos mots à vous... Plutôt que de perdre de l'énergie à vous défendre par des paroles inutiles, ou des pirouettes comportementales auto-destructrices.

Développez votre sensibilité aux échanges amoureux non-verbaux, et aux subtils messages de vos inconscients à tous les deux. Tirez profit des synchronicités relationnelles et des pistes d'évolution que la vie vous offre. Abandonnez les miroirs narcissiques de vos illusions et de vos passions les plus factices... et les moins durables.

Le piège consiste ici à croire qu'il suffit d'aimer pour faire fondre les problèmes... Et fondre de plaisir ? À trop se fondre dans le décor sans écouter son corps, il arrive que le mirage ne s'effondre !

Problématique amoureuse centrale 37

(voir aussi la PAC 10 et éventuellement la PAC 73)

Plus on étudie l'amour, plus on prend conscience qu'à un moment donné, il devient nécessaire de choisir entre aimer et étudier l'amour.

En effet, la tête n'est pas très douée pour cajoler l'amour et en jardiner les fleurs. Pas de pot ! Il s'avère qu'à travers le mental, les émotions, les sentiments (et même les sensations) sont finalement pensées... au lieu d'être réellement ressenties. Qu'en pensez-vous ?

Votre problématique semble être de trop vivre la relation amoureuse à travers les filtres du mental et ses beaux schémas intellectuels. Ils ne peuvent que vous éloigner des pulsations intimes de votre cœur, et de la réalité sensible de vos sentiments les plus profonds.

Cataloguer vos ressentis, comme certains répertorient des roches ou des fossiles, ne vous met pas vraiment en contact avec vos élans amoureux. Ils restent ainsi cachés derrière les cloisons étanches de vos cuirasses mentales ou psychologiques.

Trop de tête et pas assez de cœur ne nourrit pas votre confiance en vos capacités d'aimer... inconditionnellement. Osez mourir à toutes les idées préconçues que vous avez stockées dans votre bibliothèque intérieure à propos de la relation amoureuse. Ne transformez pas votre besoin de solitude, de méditation et de tranquillité, en fuite relationnelle, et en auto-sabotage affectif.

Laissez votre cœur vous enseigner autre chose que des théories ou de beaux discours. Faites au plus court. Plongez derrière les palissades (ou les lapalissades) de ces vérités imposées, que vous conservez si bien dans vos placards mentaux. Et osez découvrir ce qui jusqu'alors restait caché à votre tête (pourtant munie de si nombreuses caméras de surveillance). Osez utiliser ce qu'abritait consciencieusement votre cœur... Depuis si longtemps déjà ?

Problématique amoureuse centrale 38

(voir aussi la PAC 11/2 et éventuellement la PAC 83)

Est-il possible de contrôler la passion et de maîtriser la relation comme on domine un territoire conquis, ou comme on impose ses lois dans son propre royaume ?

Votre problématique serait de vous prendre pour le “roi de la jungle” des sentiments, ou pour le “bourreau des cœurs” de service. Vous mettez-vous souvent dans le rôle du “prédateur” au magnétisme puissant, ou du “chevalier”, l'épée au vent, prêt à toutes les croisades amoureuses ?

Il vous est suggéré de mettre à jour vos divers jeux de pouvoir au sein de votre relation (ou de vos relations) affective(s). La manipulation piège autant son auteur que sa victime, n'est-ce pas ?

Évitez de vous laisser dominer par ces “juges intérieurs”, qui vous amènent parfois à jouer les inquisiteurs au sein de votre couple ! Écoutez ce qui se passe derrière ces procureurs aux verdicts sans appel. Rappelez-vous que vous avez un cœur. Et que ce cœur a la faculté d'être sensible aux souffrances de l'autre, à ses errances, à ses difficultés.

En jugeant l'autre, c'est comme si vous vous jugiez impuissant à le considérer avec d'autres yeux, ou avec les yeux de votre cœur. Et ce qu'ils ont, tout simplement, de plus humain.

Reprendre le pouvoir sur votre vie ne consiste pas à exercer votre ascendant sur l'autre, ou à le diriger par tous les moyens !

Osez vous réapproprier le pouvoir de ce qui se joue en vous, de ce que vous sentez profondément. Essayez de percevoir et d'identifier ce qui se passe réellement en vous, et en particulier dans votre sphère émotionnelle. Ne soyez plus trahis par votre belle colère contre la trahison d'autrui... et le chapelet de déceptions qu'elle a pu induire.

Délimitez clairement votre territoire personnel dans votre vie quotidienne. Donnez-vous les moyens de faire quelque chose pour vous, de vous investir pleinement dans votre propre réalité. Au lieu d'avoir des visées impérialistes sur le territoire intime de l'autre... sur ses désirs et sur ses sentiments.

Finalement, prenez conscience que c'est l'amour de soi qui donne la force de se protéger, en posant des limites simples et claires. Sans avoir peur d'un ennemi qui règne surtout sur la partie de vous-même qui a perdu sa paix... et vit dans l'insécurité ?

Problématique amoureuse centrale 39

(voir aussi la PAC 3, la PAC 12 et éventuellement la PAC 93)

Qu'il est difficile de plaire à son père, à sa mère... et à son partenaire ! Tout en se plaisant à soi-même, et en ne perdant pas la face ?

C'est un des défis, lancé au cœur de cette problématique amoureuse, où il est question d'image personnelle à valoriser, et de besoin de réassurance à satisfaire, au sein de la relation amoureuse.

Il vous est suggéré, ici, d'apprendre à exprimer les choses du cœur. Autant les doutes que les témoignages affirmatifs. Autant les émotions changeantes que les sentiments “longue durée”.

Faites juste attention à certaines de vos paroles exprimant un langage qui ne cherche qu'à masquer votre réalité intérieure... et bâillonne votre cœur ! Or, ressentir, c'est puiser sa force dans sa vulnérabilité, et régénérer sa conscience dans ses incertitudes, non ?

Ok ! Vous avez besoin d'être rassuré en ce qui concerne votre capacité à séduire, plaire et être reconnu par l'autre... comme un être exceptionnel ? Mais, n'oubliez pas de vous plaire à vous-même, et de vous offrir un amour stable et fructueux.

Vous semblez doué pour les retournements de situations. Alors, n'hésitez pas à tourner certaines pages ! Osez la remise à neuf de votre couple et de son image (encadrée ?).

Osez, par ailleurs, resituer ce qui se passe dans votre relation, au sein d'une vision plus large, plus globale, plus familiale, de ce qui s'y joue.

Problématique amoureuse centrale 40

(voir aussi la PAC 4)

Que c'est sympathique d'avoir, en amour, des repères clairs et sécurisants ! Mais, cela ne fait pas tout. À trop vous protéger, à trop fermer certains verrous, il arrive que la porte reste coincée, et que les charnières rouillent avec le temps...

Il vous est suggéré de ne pas rester trop campé sur vos certitudes amoureuses, ou trop carré dans vos attitudes. Il vous faut du temps pour vous stabiliser. Il vous faut du temps pour être rassuré... Autant au sujet de vos sentiments que des sentiments de l'autre.

Le cœur, lui, continue sa vie. Il ne reste pas figé dans la petite boîte où vous l'avez laissé, bien au sec. Le cœur aime bien se mouiller ! Il aime suivre le courant de l'énergie et de la vie : en un mot, il change. Ses sentiments se transforment et ses espoirs aussi ! Alors suivez son mouvement. Et ne restez pas ainsi figé dans un cadre qui ne peut contenir que des photos-souvenirs, ou la mémoire de sentiments évanouis dans la nature.

Arrêtez de vous taire sur la nature mobile et passionnée de vos sentiments profonds. Votre terre intérieure regorge de sources amoureuses, toutes plus chaudes les unes que les autres. Arrêtez de maltraiter ces élans, en les contingentant dans des espaces limités.

Ne restez pas piégés par vos obligations matérielles au quotidien. Évitez que la routine ne tue l'amour, en vous autorisant certaines fantaisies. En osant faire la fête à l'amour, célébrez vos sentiments les plus fous (non, ce n'est pas si dur que ça !).

Lâchez du lest lorsque vous sentez votre cœur trop chargé... par le poids des habitudes ou des consignes familiales. Vos principes et vos croyances anciennes sont probablement liés à la satisfaction de vos besoins d'être tout simplement aimé et reconnu par ceux que vous aimez.

Tenez compte de votre besoin de rituels amoureux... Les plus concrets possibles ! Vous avez besoin d'objets pour exprimer vos sentiments (le langage des fleurs ou celui des cadeaux faits main ?). Ne maltraitez pas, non plus, votre besoin de temps, de maturation et d'intégration des choses de la vie amoureuse. Avancez lentement... mais amoureusement !

Et, de grâce, libérez-vous de cette habitude à fouiner dans les affaires de l'autre, à contrôler son intimité ou à jouer les intrusifs ordinaires. Laissez les perquisitions aux policiers patentés : votre couple ne s'en portera que mieux !

Problématique amoureuse centrale 41

(voir aussi la PAC 5 et éventuellement la PAC 14)

L'amour serait-il une compétition où le meilleur gagne ? Croyez-vous que l'amour vous donne la permission de posséder l'autre en exclusivité ?

Il vous est suggéré, ici, de sortir du jeu Dominant/Dominé au sein de votre relation amoureuse (ou de vos relations). Les élans vrais du cœur n'ont que faire de "courses au leadership" ou de systèmes de domination organisés !

En vous accrochant (parfois pathétiquement) à la place dominante, vous ne faites que révéler que vous êtes finalement assujettis à vos "forces intérieures inconscientes", à votre petit "tyran intérieur"! Occupez-vous plutôt de votre vraie souveraineté intérieure qui n'a que faire de ces intermédiaires destructeurs.

Ce sont elles (ou lui) qui vous manipulent, à votre insu, et vous poussent à diriger l'autre, à vouloir le changer malgré lui, ou à tout faire pour le garder sous votre contrôle, en particulier sur le plan matériel (argent, nourriture, espace, activités...).

Votre problématique amoureuse ne concernerait-elle pas cette difficulté à faire cohabiter au sein de votre couple votre désir d'aventure et d'expériences variées, avec votre profond besoin de sécurité et de stabilité matérielle et psychologique ?

C'est comme si vous cherchiez vos points de références très loin à l'extérieur, alors qu'ils se trouvent en vous-même, au cœur de vos certitudes sentimentales les plus profondes. En fait, il vous reste surtout à oser creuser un peu, sous le plancher de vos vaches, sans en faire tout un fromage !

Osez par ailleurs lâcher certaines exigences, ou obligations d'obéissance, propres aux schémas du père et à votre lignée masculine. Développez votre tuteur intérieur. Aimez à partir de votre centre (de votre axe central). Et laissez votre cœur vivre à sa guise.

En amour la ligne droite n'est pas toujours le plus court chemin entre deux cœurs. Et si vous tentiez de mettre un peu de courbe dans votre moteur ?

Problématique amoureuse centrale 42

(voir aussi la PAC 6 et éventuellement la PAC 24)

Lorsque je me sens envahi affectivement par l'autre, ai-je conscience que le véritable envahissement ne vient pas de l'extérieur, ou des sentiments de l'autre, mais plutôt de l'intérieur de moi-même ? Là où je laisse peu de place à ma sensibilité... Là où je suis très vite submergé par toutes mes émotions incontrôlées ?

Il vous est suggéré de ne pas rester prisonnier d'engagements trop étouffants, de liens de co-dépendance trop serrés. Sortez des pièges du marchandage affectif et du chantage à l'abandon.

Votre problématique amoureuse ne concernerait-elle pas ce rôle maternant que vous cherchez à jouer avec votre partenaire ? C'est-à-dire, votre côté "maman qui assume tout", qui nourrit l'autre (affectivement). Et qui déborde de bonnes et louables intentions. En fait, vous donnez d'autant plus, que vous ne vous sentez pas digne de recevoir, ou que vous ne pensez pas mériter tout cet amour.

Ainsi, ce scénario de type "Mère" vous met en porte-à-faux avec vos besoins profonds. À vouloir tout porter, surtout ce qui ne vous appartient pas, (puisque ça appartient à l'autre !), vous allez surcharger votre cœur et saturer vos circuits émotionnels (les circuits de l'eau ? Reins et système lymphatique...).

Trop d'émotions semblent brouiller vos pistes. Il vous est conseillé de retrouver votre vrai chemin à travers votre brouillard intime... au sein duquel vous n'arrêtez pas d'hésiter.

"Où dois-je aller, à gauche, à droite ?" Pour être plus a-droite avec ce que votre cœur a à offrir, commencez par vous faire des cadeaux à vous-même. Commencez par être une bonne mère pour vous. Autorisez-vous pauses et relaxations. Occupez-vous de vous. Laissez enfin votre cœur vous parler !

Peut-être que la recherche mythique de "L'âme sœur" prend beaucoup de place dans vos rêves affectifs et vos élans du cœur. Accueillez plutôt ce qui est là, devant vous, à portée de cœur. Là où est vraiment l'âme, il n'y a pas besoin de questionner : "Sœur âme ne vois-tu rien venir" ?

Osez vivre pleinement l'instant présent de vos ressentis les plus profonds. Ne soyez pas en déséquilibre sur l'autre, en voulant trop l'aider. Ne soyez pas en déséquilibre sur le futur ou sur le passé. Vous ratez les présents du présent !

Apprenez à récupérer aujourd'hui ce pouvoir que vous avez laissé entre les mains du passé. Libérez-vous, par ailleurs, de ces héritages émotionnels, en arrivage direct de cette lignée de femmes qui commence par votre mère. Cessez, par la même occasion, de lutter contre vous-même pour ne plus ressembler à votre mère. Osez, tout simplement, ressembler à vous-même !

Problématique amoureuse centrale 43

(voir aussi la PAC 7 et éventuellement la PAC 34)

Pour oser se dire, l'amour a besoin d'un cadre matériel, l'amour a besoin de sécurité mentale. Il convient que le cadre ne castre pas, et que la sécurité n'étouffe pas la foi (la foi en l'autre), et la confiance en ce que le cœur a de meilleur à offrir.

Il vous est suggéré d'apprendre à exprimer à l'autre vos élans du cœur, en toute originalité. Cela, en dépassant votre peur de dire quelque chose qui pourrait (a priori !) blesser l'autre ou le froisser.

Avez-vous déjà été tellement blessé ou agressé par les mots (de trop) de certains autres ?

À protéger l'autre (en excès) vis-à-vis de ce qui pourrait le toucher, n'êtes-vous pas en résonance avec votre peur de n'être plus aimé, ou votre peur d'être trahi(e) par cet autre ? Sortez de ce système Parent/Enfant au sein de votre couple. Méfiez-vous de cette double dépendance qui s'instaure entre le jeu du conjoint infantilisé, et celui du conjoint paternaliste.

À trop protéger une certaine image de vous-même (une fragile image ?), ne cherchez-vous pas à éviter la reproduction de vos dévalorisations aux yeux des autres, qui ont eu lieu par le passé à votre encontre ?

Auriez-vous été humilié(e) ou dévalorisé(e) par certains adultes, en particulier des grands-parents (grand-père ?).

Par ailleurs, votre problématique amoureuse ne concernerait-elle pas cette oscillation entre, d'une part, votre désir d'exprimer votre enfant intérieur, (être créatif ou créative), d'oser faire la fête et vous lâcher un peu dans votre expression personnelle la plus animée. Et d'autre part, vos côtés hyper-sérieux, vos attitudes très adultes, vos aspects traditionnels... Bien comme il faut ?

Osez l'authenticité sans tenir compte de l'avis de vos proches.

Osez l'amour dans sa spontanéité... la plus risquée ? L'amour, ou la vie, vous le rendra au centuple.

Osez surtout être vous-même... en commençant par vous aimer pleinement. Arrêtez de vous accrocher aux branches, à toutes ces vieilles idées, et à tous ces schémas mentaux périmés !

Vous savez : la relation amoureuse est à réinventer chaque jour. Elle est comme la bicyclette qui ne peut tenir debout que tant qu'on pédale. N'oubliez pas de lâchez certains freins... Pour éviter de pédaler dans la choucroute ?

Problématique amoureuse centrale 44

(voir aussi la PAC 8)

Pour débarquer sur la "Terre promise de l'amour", faut-il s'armer de patience, puis livrer bataille sabre au clair, pour une conquête sans bavures... mais pas sans éclats ?

Auriez-vous tendance à souhaiter que votre relation amoureuse ressemble à un lit au carré, ou à un jardin d'amour tracé au cordeau ?

Qu'est-ce qui vous faire peur : l'improvisation amoureuse, les élans désordonnés du cœur, ou encore l'expression libre de vos passions (si bien maîtrisées) ?

Il vous est demandé, ici, d'apprendre à assouplir vos exigences envers l'autre et envers vous-même. Il vous est suggéré d'oser écouter vos sources sensibles, et exprimer vos sentiments les plus profonds. Évitez juste que ces sentiments ne restent enfermés à double tour au fond de votre coffre à bijoux, ou bloqués fermement sur le chemin de leur libération !

C'est vrai, quand le territoire intime est bien bouclé, bien gardé, il devient difficile d'atteindre cet espace de vulnérabilité et de passion qui existe pourtant en vous... et qui constitue une sorte de "zone interdite", si bien cachée derrière tant de filtres protecteurs, derrière cette "solidité de caractère" à toute épreuve ?

Votre problématique amoureuse vous pousse à tourner autour de ces rigidités et de ces luttes de pouvoir qu'il convient de transformer en terre fertile, souple et aérée.

Prenez conscience que ces tensions intérieures, et ces dures injonctions intimes, occultent probablement un manque de stabilité sentimentale et une absence d'aisance émotionnelle.

Évitez de trop vous focaliser sur votre sécurité matérielle. En amour l'argent ne fait pas tout ! Si vous vous investissez trop dans votre travail, comment ménagerez-vous du temps pour votre conjoint et vos proches ?

À trop serrer les boulons de votre armure de "Héros-Chevalier", vous encourez le risque de vous faire bêtement surprendre par de belles explosions de colère (ces attaques intérieures à la voiture piégée ?).

Aussi, offrez-vous des soupapes émotionnelles bien huilées, pour éviter de mettre le feu aux poudres, au cœur de votre vie amoureuse.

Prenez finalement conscience que de nombreuses formes de pouvoir sur l'autre, ou de domination de son territoire, sont souvent utilisées par le dominateur pour ne pas ressentir ces émotions qui le font souffrir, et pour chercher à dissiper certains de ses malaises sensibles au cœur de la relation. Prendre le pouvoir sur l'autre revient ainsi à perdre le pouvoir sur son propre monde intime et émotionnel...

Problématique amoureuse centrale 45

(voir aussi la PAC 9 et éventuellement la PAC 54)

Serait-ce un sacré défi que de faire cohabiter en vous-même, d'une part ce désir d'indépendance qui vous pousse à bouger, à partir, et à trouver votre liberté au sein de nouveaux et grands espaces, et d'autre part votre besoin de stabilité, de sécurité ? Sans oublier votre désir de gérer tranquillement vos petites affaires familiales... et celui de tailler les haies aux quatre coins de votre petit jardin ?

Votre problématique semble tourner autour de cet équilibre à trouver entre le fait de vous lancer dans de nouvelles expériences (en amour), avec l'envie de tenter une vie de couple ouverte, s'orientant hors des sentiers battus... Et d'un autre côté la nécessité, pour vous, de garder les pieds sur terre, et de structurer votre quotidien sur des bases bien concrètes. Ce qui nécessite, il est vrai, une organisation personnelle claire et efficace !

Il vous est aussi suggéré d'apprendre à faire correspondre votre vécu amoureux avec vos grandes idées (ou vos idéaux)... concernant votre réalité sur ce plan-là.

Osez déceler vos écueils intérieurs. Osez désamorcer ces pièges pièges au fond de vos eaux troubles, car ils vous empêchent d'être libre… et de tenir votre barre d'une main souple et légère.

Évitez seulement de trop "planer", surtout par grand vent ! Favorisez tout ce qui peut vous aider à vous reconnecter avec votre base (de repli ?), même lorsque "l'appel du large" semble le plus fort !

Le jour où vous avez des fourmis dans les jambes,, et à l'intérieur du cœur ne courrez pas trop vite, ou plus vite que vos ombres, car vous ne trouverez, au bout du compte, que de beaux mirages ! Brasser de l'air, ne vous aidera pas vraiment à dissiper les vagues émotionnelles intenses qui parcourent vos rivières souterraines. Et si vous coupiez le ventilateur !

Un travail d'enracinement physique et psychologique vous est conseillé. En particulier s'il y a eu un déracinement familial par le passé (surtout du côté de votre famille paternelle).

Enfin, il vous reste les groupes (amis, co-stagiaires) pour vous permettre de sortir du face à face du couple. Osez alors utiliser vos beaux élans d'amour universel, et vous lancer dans votre chère quête idéale d'autonomie et de liberté amoureuse.

Quelques conseils, sur la lancée : Sachez qu'il n'y a ni réussites, ni échecs, dans votre vie. Il n'y a *que des expériences* qui vous offrent généreusement les plus beaux enseignements du monde. Alors utilisez-les !

Ne tournez plus autour du pot. Lâchez votre recherche "d'identification à la périphérie". Et facilitez le contact le plus intime possible avec ce témoin intérieur qui veille au centre de votre cœur…

Problématique amoureuse centrale 46

(voir aussi la PAC 10 et éventuellement la PAC 64)

"Si l'amour m'étais conté, je compterais plus largement sur mes propres capacités d'être au top en amour…" Oui, mais attention ! Avant de monter sur le podium, il est préférable d'apprendre à gravir la première marche !

Il vous est suggéré de vous méfier des velléités de domination et de contrôle de votre tête, sur ce qui pourrait se passer plus bas, en particulier au niveau de votre cœur (et de votre ventre !). Ne laissez pas tout pouvoir à vos images mentales, au sein de votre vie amoureuse. Elles ne font, bien souvent, que voiler ce qui se vit au cœur de votre intimité…

Votre problématique semble concerner le fait que vos fortes attentes affectives – en partie refoulées – vous poussent à vous réfugier au sein d'un cocon d'amour. Seulement, une fois installé dans ce nid douillet et confortable, vous vous éjectez, comme une flèche, histoire d'aller prendre la température ailleurs. Histoire de découvrir de nouveaux repères affectifs dans une autre couvée. À force de s'éjecter, il paraît qu'on finit par être hors de soi !

Fusionner ou dé-fusionner ? Telle est la question qui fuse de votre tir aux pigeons relationnel. Vous semblez aimer la compétition. Vous semblez aimer faire la trace... en amour. Méfiez-vous seulement de vos impulsions soudaines, de vos départs en trombe qui ressemblent plus à des "passages à l'acte", qu'à des décisions mûries au fond de votre cœur. Eh oui ! Prendre du temps pour intégrer les choses, ça peut servir ! Surtout lorsque c'est la relation amoureuse qui est concernée.

Problématique amoureuse centrale 47

(voir aussi la PAC 11/2 et éventuellement la PAC 74)

Les yeux tournés vers les étoiles, et la télévision intérieure alignée sur les satellites, qu'il est difficile de vivre une petite vie de terrien et de labourer son jardin amoureux !

Votre problématique amoureuse centrale concerne cette tendance à vivre (et à rêver), un pied sur le plan terrestre et l'autre sur un plan supérieur. Avec peut-être la nette impression de vous être trompé d'époque au moment de votre incarnation ?

Il vous est suggéré de ne pas trop vous isoler de vos proches, sous prétexte que – là-haut – on vous envoie un message demandant toute votre attention pour être réceptionné ? Pas facile dans ces conditions de rester disponible sur le plan affectif. Pas facile de vivre pleinement l'instant amoureux dans le temps présent ! C'est pourtant ce qu'il vous est demandé d'apprendre... Tout simplement !

Ce type de travail de recentrage et d'intégration sera pour vous l'occasion de récupérer dans ce présent le pouvoir que vous avez laissé dans les mains du passé... ou sur une autre planète ?

Parallèlement, une certaine clarification vous est conseillée au niveau de la gestion de vos passions. Votre antenne spirituelle est si grande qu'en cas d'orage (émotionnel), il peut arriver que la foudre fasse disjoncter vos circuits intérieurs.

Aussi, vous est-il recommandé de relier tous vos circuits à la terre pour éviter les mauvaises surprises. En effet, beaucoup d'énergie est en jeu : ça dynamise le cœur et ça stimule l'esprit ! Et amplifie aussi les moindres sautes de courant au sein de votre relation amoureuse. Méfiez-vous donc des soirs de pleine lune !

Problématique amoureuse centrale 48

(voir aussi la PAC 3, la PAC 12 et éventuellement la PAC 84)

On peut être très doué pour les batailles héroïques, être toujours prêt à affronter les défis les plus difficiles, et ne pas être très doué pour les balades romantiques au clair de lune...

Auriez-vous des ambitions plus urgentes que l'amour ? Vos médailles ne semblent pas être celles du meilleur partenaire amoureux de l'année.

"On ne peut pas tout faire !"(et être sur tous les fronts ?) me direz-vous. Oui, c'est là le problème ! Vos choix prioritaires ne semblent pas concerner le registre amoureux et ses raffinements les plus subtils...

Alors, il vous est simplement demandé, de temps en temps, de descendre de votre tank, et de prendre le temps de serrer dans vos bras, l'autre qui vous a "tank" attendu pendant que vous étiez occupé sur le terrain de vos manœuvres communautaires ... Ou tout simplement, en train de faire des heures supplémentaires sur votre dernier chantier bien aimé ?

Et si vous appreniez à être un peu moins sérieux, un peu moins raisonnable, un peu moins hyper-réfléchi ? Vous n'en serez pas pour autant déshonoré ! Et si vous appreniez à être moins tranchant dans vos attitudes, et un peu plus souple dans votre façon d'être amoureux ?

Laissez votre vieille devise "Commander pour aimer!" à la porte de votre chambre à coucher. Posez votre Durandal dans le seau à parapluies... Et osez mettre à nu ce que vous cachez et protégez sous cette carapace blindée.

C'est vrai, on ne peut être au four et au moulin ! Et si vous mettiez, le four de côté pendant cinq minutes, pour vous occuper du moulin. Au lieu de jouer les Don Quichotte et les "sang-chaud pensa" ?

Il reste toujours quelque chose à moudre quand on sait aimer, non ?

Problématique amoureuse centrale 49

(voir aussi la PAC 4, la PAC 13 et éventuellement la PAC 94)

Chaque saison de l'amour nous amène à mourir aux fruits et aux récoltes du passé. Et nous rappelle qu'il est temps de tailler nos branches, pour nous occuper ensuite des nouvelles pousses.

Le message qui vous est adressé est clair : Apprenez à vous séparer du passé. Apprenez à faire le deuil de vos rêves perdus. Apprenez à mourir à vos illusions, pour accueillir votre réalité présente... Et grandir avec les matériaux initiatiques qu'elle met à votre disposition.

Il vous est, en effet, proposé de reconsidérer vos constructions amoureuses du passé et de les rénover. Pour oser renaître, redémarrer sur de nouvelles bases. Pour oser tourner la page lorsque le cœur n'y est plus...

Votre problématique amoureuse ne concernerait-elle pas cette difficulté à constater les choses telles qu'elles sont, et à vous bercer d'illusions... pour mieux vous endormir ? Il peut vous être utile de vous procurer des lunettes. Non pas pour votre esprit, mais plutôt pour votre cœur !

À force d'avoir des choses à vous cacher à vous-même, lorsqu'il s'agit de vos sentiments et de vos affects les plus profonds, vous finissez, bien évidemment, par ne plus y voir grand-chose. En jouant les autruches, vous ne faites pas disparaître cette insécurité intérieure tenace qui vous colle au cœur. Vous la mettez au placard !

Osez faire de la place pour votre ressenti. Nettoyez vos vieux placards aux étagères surchargées d'émotions. Et facilitez la métamorphose amoureuse au cœur de votre relation (préférée ?). Accompagnez ce qui est en train de mourir dans cette relation, afin de mieux assister ce qui va renaître. Afin de vous renouveler le cœur, assainir vos échanges, et réveiller votre créativité amoureuse.

C'est vrai, c'est tout un art de lâcher les artifices et d'accoucher du meilleur de soi-même. Le meilleur, finalement, c'est la confiance en soi et l'amour qu'on s'autorise à s'offrir à soi-même... et à l'autre !

Ce n'est que lorsque le "Je" s'aime vraiment, qu'il peut enfin dire : "Je t'aime...." Et ça devient son thème favori !

Problématique amoureuse centrale 50

(voir aussi PAC 5)

La liberté du cœur consiste à aller au-delà de ce que la tête croit être la liberté. Notion avec laquelle elle se gargarise les circuits, en tournant le dos aux messages profonds de cette intimité centrale qu'elle finit par renier ou maltraiter, à coup de concepts rutilants et stériles.

Votre problématique amoureuse semble concerner ces fuites favorites du mental, loin des interpellations sensibles du cœur et des appels à l'aide intérieurs.

À sillonner ainsi votre périphérie, à courir dans tous les sens... vous n'écoutez plus vos cinq sens, et encore moins l'essence de ce qui se vit réellement au fond de votre cœur...

Apprenez à soulever le voile de votre intimité oubliée, au lieu de mettre les voiles loin de vous-même... et de chercher ailleurs, ce que vous avez à la maison ?

Osez ralentir le petit vélo, dans votre tête, qui n'arrête pas de pédaler... et dites-vous : "Je "pneu" le faire, je ne me dégonflerai pas !"

Ne vous faites pas de soucis pour votre entraîneur intérieur, il saura se recycler !

Problématique amoureuse centrale 51

(voir aussi la PAC 6 et éventuellement la PAC 15)

Lutter contre vents et marées, et faire la trace aux avant-postes, fait jouir celui qui aime foncer seul et tirer le premier. Pendant que les sentiments subtils se tirent ailleurs ?

Votre cœur, dans tout ça, risque de ne plus retrouver ses billes. On pourrait même dire qu'il a les boules !

Votre problématique amoureuse tourne autour de ce manège intime : "Je change sans arrêt de cap... et d'épée. Et ça capote, côté cœur, car je ne prends pas le temps de m'écouter, et de sentir ce qui se vit dans mes tripes" (Me relaxer, c'est pas mon trip ?).

À force de vous placer sur les starting-blocks, vous bloquez ce qui, si lentement, pourrait vous inonder : ces sentiments généreux, ces élans tendres et doux... à partager au coin du feu avec l'être aimé.

Osez vous centrer, de préférence sur une seule relation. Osez être auteur de vos engagement du cœur. Osez la prise de risque amoureuse et allez de l'avant. Sans pour cela courir plus vite que votre ombre et vexer votre cœur qui n'a pas la faculté de démarrer aussi vite que votre tête ! Non, il n'est pas entêté, il a son rythme propre et vous demande de le respecter.

Ayez donc à cœur de respecter le tempo de votre mélodie amoureuse et de vos élans sentimentaux. Et lâchez un peu le guidon ! Ne restez plus l'otage (ou le pilotage automatique) de vos schémas mentaux tout faits. Tous comptes faits, vous valez mieux qu'eux... et votre cœur aussi !

Problématique amoureuse centrale 52

(voir aussi la PAC 7 et éventuellement la PAC 25)

À glisser entre les mains comme une anguille, ou à noyer le poisson, vous donnez l'impression dans votre domaine amoureux de ne plus savoir que choisir, ni dans quelle direction vous orienter.

Votre problématique semble concerner ces émotions, et ces tempêtes intérieures, qui perturbent la partie de vous-même qui aime programmer les choses, et aime se baser sur des certitudes bien calibrées.

Votre cœur, entre vents et marées, entre ces vagues sauvages et votre digue bien rectiligne, finit-il par se découvrir le pied marin ? Ou continue-t-il à avoir mal au cœur ...à force de demander de l'aide ?

Apprenez à ne plus vous laisser ballotter par vos flux et reflux émotionnels. Ne vous crispez plus, là où vous avez besoin d'être le plus souple (dans votre tête). Ne restez pas le jouet de vos passions, là où vous avez besoin de vous structurer et de gagner votre autonomie (dans votre cœur).

Ne cherchez pas la perfection en amour. Oubliez le quai des brumes... Et le OK des brunes ! N'attendez pas tout de l'autre, car vous finirez par ne plus rien attendre de vous-même. Or ce n'est que par vous, et non par l'autre que commence l'amour. L'or est à l'intérieur. Restez ce chercheur d'or passionné et plein d'espoir qui sonde la rivière des sentiments généreux et ne fuit pas le fleuve des amours infinis.

Autorisez-vous, enfin, à tenir la barre de votre propre voilier, sur la régate de votre lac intérieur... aux mille surprises.

Problématique amoureuse centrale 53

(voir aussi la PAC 8 et éventuellement la PAC 35)

La légèreté du vol du papillon cohabite parfois avec les griffes de l'aigle dominateur...

Votre problématique peut avoir quelque chose à voir avec votre aptitude à entrer très vite en relation, à séduire par vos mots d'esprit, et votre magnétisme personnel.

En amour, évitez de jouer les prédateurs. Car ils sont vite lassés de leur proie et restent prompts à en chercher une autre. La vraie conquête est celle de vos territoires intérieurs inexplorés. Là où se cache votre insécurité et les vents, parfois contraires, de vos aspirations profondes.

Apprenez à donner la parole à votre cœur. Il ne cherche pas le pouvoir sur l'autre. Il n'a que faire des manipulations affectives et des stratégies de domination. Acceptez-vous tel que vous êtes au fond de votre sensibilité... légère et animée.

Le pouvoir de vos séductions n'a de frontière que le respect que vous vous donnez à vous-même, et que vous pouvez offrir à l'autre. Offrez-vous les grands espaces de vos espoirs généreux... et créatifs. Ne restez plus à l'étroit au fond des réflexes infantiles de votre cœur blessé. Devenez adulte et transformez vos souffrances passées en tremplins, plein de dynamiques nouvelles et de chants d'amour.

Problématique amoureuse centrale 54

(voir aussi la PAC 9 et éventuellement la PAC 45)

En amour, concilier sécurité et aventure, repères bien connus et espaces nouveaux, protectionnisme intime et ouverture aux autres, semble pour vous un sacré défi !

Votre problématique concernerait-elle ce genre de défi ? Si oui, il vous est suggéré d'apprendre à identifier vos propres besoins et à bien connaître vos limites. Il vous est aussi proposé de traverser certaines de vos peurs en la matière pour oser fouler de vos petits pieds des territoires du cœur nouveaux et inattendus.

Osez sortir de vos repères traditionnels en matière de relation amoureuse, sans vous perdre dans le désert d'une fuite en avant trop systématique (et trop mentale). Ne restez plus accrochés à vos désillusions, et ne vous perdez plus dans vos rêves. En un mot : réveillez-vous et ne passez pas vos nuits à vous égarer dans vos circonvolutions mentales.

Posez moins de conditions pour aimer. Structurez-vous à partir des leçons de votre expérience vécue. Et offrez un cadre ouvert à vos intuitions amoureuses.

Problématique amoureuse centrale 55

(voir aussi la PAC 10)

De nombreuses aventures, de nombreuses expériences peuvent vous conduire à trouver, enfin, votre centre, votre axe essentiel et prioritaire. Il vous faut juste descendre de votre avion de chasse, et oser vous retrouver seul avec vous-même pour faire le point. Ne vous “dis-persez” plus. Osez retrouver votre vraie place, là où la flèche de Cupidon à daigné se planter...

Votre problématique amoureuse concerne cette propension à la multiplicité et au voyage à la périphérie de vous-même. Orientez-vous plutôt vers le cœur de vos palpitations profondes, ou au milieu de vos sentiments les plus intimes et les plus émouvants.

Apprenez à ne pas vivre que dans vos fantasmes. Ne courez plus après votre ombre. Ne soyez plus en compétition permanente avec un adversaire, en vous-même, qui n'existe pas. Même s'il ressemble beaucoup à votre père !

Problématique amoureuse centrale 56

(voir aussi la PAC 11/2 et éventuellement la PAC 65)

Relier le cœur et le sexe, et se laisser guider par l'intuition pour caresser ses rêves, quel beau programme... divin ?

Seulement, comment ne pas vous aveugler au cœur de vos propres attachements amoureux, dans le feu de vos passions et dans les eaux profondes (et pas toujours très claires) de vos pulsions les plus animales ?

Comment faire cohabiter l'Ange et la Bête, au sein de vos gestations amoureuses et de vos dégustations sexuelles ?

Votre problématique amoureuse ressemblerait-elle à ces interpellations ?

Si c'est le cas, osez découvrir ce qui se cache derrière votre peur de trop vous abandonner dans le plaisir et d'être trahi par ceux qui vous aiment.

Apprenez à lâcher-prise dans vos échanges amoureux. Faites confiance à vos perceptions sensibles. Ne maltraitez pas ce que cherche à créer votre cœur, à partir de ses intentions les plus pures. Votre attirance sexuelle et votre forte sensualité peuvent vous mener au sommet du sacré. Laissez-vous guider par votre initiatrice intérieure : votre intuition du cœur...

Problématique amoureuse centrale 57

(voir aussi PAC 3, la PAC 12 et éventuellement la PAC 75)

À trop ouvrir tant de livres traitant de l'amour, en oubliez-vous de tourner la page à propos de ces vieux programmes périmés qui traînent dans vos références mentales ?

Entre les exigences de votre mental surpuissant, et vos recherches de performances physiques, les élans authentiques et spontanés de votre cœur semblent avoir peu de place...

Votre problématique amoureuse concerne cette difficulté à laisser remonter à la surface ce qui vient du fond du cœur... sans le détourner dès le départ, ou sans le passer au crible de la raison. Arrêtez de penser votre ressenti !

Méfiez-vous de ce personnage normalisateur qui fait des siennes dans votre territoire intime. Ressemble-t-il à un de vos grands-parents ?

Apprenez à regarder d'un autre œil les choses de l'amour. Osez vivre la relation sans passer votre temps à étudier ou analyser cette relation. Autorisez-vous à laisser refroidir votre tête, pendant que chauffe votre cœur aimant...

Et laissez-vous aller. De 5 à 7 ?

Problématique amoureuse centrale 58

(voir aussi PAC 4, la PAC 13 et éventuellement la PAC 85)

Lorsque vous investissez la relation, vous ne faites pas dans la demi-mesure ! Une forte énergie semble vous habiter, ainsi que de grandes exigences envers l'autre et envers vous-même.

Aussi, lorsque vous vous sentez trahi, ou injustement mis en cause, la puissance de vos réactions vives, et de votre colère soudaine, peut surprendre et déstabiliser l'autre (et votre entourage).

Vous pouvez être amené à décider de quitter brutalement votre partenaire. Dans le feu de l'action, une partie en vous susceptible et tranchante, peut vous pousser vers un type de séparation émotionnelle, ou un passage à l'acte brutal (ou passage en trombe ?). Cela, afin de tenter de vous mettre "hors jeu"... ou "hors souffrance". Mais ne résolvant en rien votre problématique relationnelle à la base de vos "désagréments".

Ce type de décision "à chaud", semble illustrer votre comportement de survie quand votre cœur est profondément touché. Certains diront que cette attitude est regrettable et qu'un peu de souplesse, de dialogue et de compréhension, amélioreraient les choses. À vous de voir !

Il vous est suggéré de prendre conscience de ces "tout ou rien" qui peuvent jalonner votre chemin amoureux. Ces charges de la dernière chance dans la bataille relationnelle, accompagnent parfois vos virages affectifs. C'est à la sortie du virage que tout se joue !

Éloignez-vous de ces affrontements, et de ces luttes de pouvoir stériles. Méfiez-vous de ces système sado-maso que vous pouvez avoir tendance à entretenir. Entretenez-vous calmement avec l'autre. Et lâchez du lest !

Arrêtez de fuir vos insécurités et vos peurs, en vous réfugiant dans des situations mortifères. Apprenez à transformer certains de ces guerriers intérieurs (prêts à tout pour garder le pouvoir), en alliés dynamiques et créatifs.

Osez mourir à ces rapports de force amoureux, à ces tensions fébriles (même si certains affrontements aident à "allumer le feu"! C'est si bon quand ça chauffe ?), pour renaître à votre stabilité intérieure, à votre paix du cœur, et à de nouvelles conquêtes... de votre conscience en éveil !

Problématique amoureuse centrale 59

(voir aussi PAC 5, la PAC 14 et éventuellement la PAC 95)

Votre voyage amoureux semble vous conduire très loin, vers des horizons inexploités, mais aussi dans les volutes de votre imagination fertile, ou au centre de tourbillons mentaux plutôt désordonnés.

Il vous est suggéré de ralentir un peu le mouvement incessant de vos questionnements, de vos désirs de renouvellement, et de vos numéros de trapèze sans filet...

Apprenez à vous recentrer, à faire le point de la relation autrement qu'en tournant sur vous-même, ou en utilisant toutes sortes de pirouettes mentales... qui finissent par ne tromper que vous-même !

Osez calmer le jeu ! Cela vous évitera de vous cogner contre ces barrières, ou ces obstacles relationnels que vous avez, indirectement, installés en vous-même. Comme si vous aviez peur de vous engager. Comme si vous redoutiez d'aller au-delà de ces cadres hérités qui vous collent encore aux baskets.

Arrêter de courir ! Laissez reposer vos pieds... Vous verrez, c'est le pied quand les jambes montrent à la tête comment ralentir le rythme. Laissez votre cœur enfin respirer sans prendre froid dans les courants d'air, sans s'emmêler les cheveux à l'arrière de la décapotable vrombissante... et amoureuse ?

Problématique amoureuse centrale 60

(voir aussi PAC 6)

Amour, amour quand tu nous tiens !... À tenir tellement à l'autre, ne finit-on pas par ne plus trop tenir à soi-m'aime. À s'accrocher aux branches de ces mythes romantico-zèlés, et à une notion idéalisée de la relation amoureuse (parfaite ?) , il est parfois difficile de redescendre de ce paradis et de confronter le quotidien, avec ses plaisirs et bienfaits... mais aussi, avec ses désillusions, ses abandons, ses trahisons et ses maltraitances ordinaires du cœur qui aimerait se dilater à l'infini... dans un monde fini où tout est à construire (ou reconstruire) chaque jour.

La pomme du jardin d'Éden a déjà été croquée. Maintenant, ne jouez plus les bonnes poires, et arrêtez de vous faire avoir par vos Princes charmeurs... Et par les mécanismes de "fuite amoureuse" que vous avez si bien rodés, au sein de votre rodéo du cœur. Vous qui semblez tant à cheval sur les principes et les sentiments les plus traditionnels ?

Pourquoi ne pas croire que tout est possible, dans l'océan d'amour de votre vie. Le premier possible serait peut-être de lâcher votre peur d'étouffer entre les bras de l'autre. Vous vous sentez prêt(e) à tant faire pour cet autre (à lui donner demain tant de coups de main). Jusqu'à vous oublier vous-même en vous fondant (morfondant ?) en lui ?

Le deuxième possible pourrait être de considérer l'autre tel qu'il est (telle qu'elle est), et enlever les peaux de "sot-six" que vous avez devant les yeux. Ces filtres teintés et idéalisants vous cachent ce qui se ressent réellement dans votre réalité sentimentale et dans celle de l'autre...

Osez l'amour simple, l'amour nature... Celui qui ne demande qu'à couler de vos profondeurs et de vos "res-sources" du cœur. Si(x) tous ces beaux sentiments apprenaient "aus-si(x)" à être accompagnés par de tangibles sensations, et des ressentis bien corporels ? Histoire de sortir des “six-tèmes” anti-plaisirs... et des “six-lences” coupables ?

Problématique amoureuse centrale 61

(voir aussi PAC 7 et éventuellement la PAC 16)

Jouer les ascètes dans la relation amoureuse semble aider certains à se recentrer et à devenir plus directement auteur de leurs élans du cœur. Comme de grands et sérieux initiateurs de leurs frustrations et de leur vie affective stérile... ou inexistante ?

That is the question ? Demandons à Juliette de faire encore semblant de mourir... pour retrouver ensuite son Roméo ?

Apprenez à ne plus vous enfermer au sommet de votre tour d'ivoire (là où Rome-est-haut ?). Pour ne plus rien y voir... et oublier ce qui se passe en bas ! Eh, oui ! Quand on enlève le bas... ou les bas, ça change tout ?

Osez vous éloigner de la loi du Père (et du Grand-père), et vous rapprocher de vos élans les plus centraux. Pour accueillir la flèche de Cupidon dans votre cœur, enlevez votre gilet pare-balles ! Osez mettre à nu ces sentiments que l'on ne saurait voir... au sein de votre échange amoureux.

Ne vous imposez pas à vous-même ces fermetures Éclair et ces serrages de ceinture permanents. Même avant le “décollage” ! (ou l'enlèvement des collants). Il n'y a pas spécialement de régime à faire. Laissez faire votre vraie nature, au-delà des voiles de vos craintes, au-delà de la protection de vos manteaux d'hiver... et de vos programmes mentaux qui ont été ?

Problématique amoureuse centrale 62

(voir aussi la PAC 8 et éventuellement la PAC 26)

Le problème quand l'eau a tendance à déborder, c'est de l'endiguer ! Surtout lorsqu'on ne veut pas se mouiller ! L'eau symbolise les émotions et les sentiments (le 2 et le 6). Le 7, le mental, préfère rester au sec.

Vous semblez avoir besoin de fusion amoureuse, et de douce proximité. Seulement, à côté de ces élans chaleureux, souples et ouverts, une poigne de fer cherche à maîtriser les choses et à imposer sa loi. Avec vos rêves romantiques semble cohabiter un conquérant, peu enclin à faire des concessions et à baisser la garde de sa si belle épée...

Il vous est suggéré d'harmoniser ces deux aspects, pour faciliter le mariage entre ces deux facettes de votre comportement amoureux. OK ! En amour, il y a la lune... et la face (ou “fesse”, disent les Anglais) cachée de la lune. Il reste à aimer les deux. C'est pas la lune, quand "m'aime" !

Aussi, apprenez à ne pas vous noyer dans vos sentiments, si beaux soient-ils. Chatte échaudée craint l'eau froide ? Et d'un autre côté, modérez les ardeurs de votre chef de guerre à bouter le feu au décor (et aux corps) amoureux. "Je feu t'aimer", disait le pompier édenté !

Ne laissez pas votre sensibilité, toute "féminine", se faire marcher dessus par cet impétueux conquistador ("je t'ai conquis j't'adore."...) intérieur aux dents trop longues. Comme celles du loup qui mange la grand-mère du Petit Chaperon rouge ? (avant de faire de la Numérologie avec Chanel 5 !)

Il vous est demandé, aussi, de réhabiliter certaines qualités appartenant à votre mère et à la lignée des femmes. Rattrapez ou surcompensez, à votre manière, certaines injustices passées, certaines trahisons amoureuses ou quêtes abandonnées (histoires inachevées), propres à cette lignée féminine.

Problématique amoureuse centrale 63

(voir aussi la PAC 9 et éventuellement la PAC 36)

L'amour peut se dire avec des fleurs. L'amour peut se dire en musique. L'amour peut s'exprimer avec l'art et la manière des gens raffinés. Il vous est cependant conseillé de ne pas trop vous prendre au jeu de la séduction, ou au piège de relations trop artificielles ressemblant à des séquences d'un cinéma banalisé (trop peu analysé ?).

Vous êtes plein(e) d'amour, c'est OK ! Évitez juste de vous faire piéger par vos recherches idéales d'un amour tellement inconditionnel (et tellement "universel") qu'il vous échappe des mains, comme un joli papillon virevoltant au dessus des fleurs du printemps.

Faites vous une fleur : Ouvrez grands vos yeux, sans vous laisser aveugler par l'éclat de la lumière de l'amour dans les yeux de l'autre. Notez que les choses paraissent d'autant plus lumineuses que son généreux projecteur est braqué sur vous ! Mais, ne vous faites pas prendre au piège des apparences de tous ces reflets. Faut-il comme Platon (dans sa caverne) rester plato-nique ?

En tous cas : Ne restez pas plantés là, comme le si bel écran de projection des imageries amoureuses de votre partenaire... Il finira par vous en faire voir de toutes les couleurs, si vous ne collez pas à l'image idéale qu'il se fait de vous ! Trop d'écran sa craint. Trop d'écrin... et vous êtes à cran ?

Par ailleurs, il vous est suggéré d'apprendre à vous dire à l'autre au sein de la relation amoureuse, en toute clarté, en toute authenticité...

Mais attention ! Trop en dire, ou tout se dire systématiquement, peut devenir quelque peu irresponsable, voire pervers.

Trop parler empêche de sentir. Faut pas rêver ! Trop de mots, non connectés au cœur, permettent surtout à la tête de reprendre le pouvoir et de jeter de la poudre aux yeux des partenaires... Tant de discours poussent à prendre la poudre d'escampette, vous ne croyez pas ?

Mettre de l'illusion dans l'élixir d'amour, finit par égarer la conscience et infantiliser le cœur...

Problématique amoureuse centrale 64

(voir aussi PAC 10 et éventuellement la PAC 46)

Votre besoin de sécuriser votre relation, et de structurer vos élans sentimentaux, peut vous amener à trop de contrôle ou à trop de rigidité affective. N'étouffez pas votre cœur dans un cadre trop limité, offrez-lui de belles opportunités d'élans... au-delà de votre cadastre amoureux.

Il vous est proposé d'effectuer un certain travail sur vos peurs : Peur de manquer (d'amour), peur de vous perdre... et de perdre l'autre (de perdre le contact avec le terrain connu), peur d'être infidèle aux consignes familiales (et d'être infidèle à l'autre), peur de perdre vos sécurités, etc.

Apprenez à vous construire en écoutant votre cœur, et pas seulement les injonctions des gardiens de la tradition. Dans votre maison du cœur, posez des portes qui s'ouvrent dans les deux sens ! Apprenez à ne pas tout porter sur vos épaules (si consciencieuses) au sein de la relation amoureuse. Ne restez pas “l'homme ou la femme à tout faire”... dans un quotidien d'enfer !

Ne vous croyez pas responsable de tout ce qui peut arriver à l'autre. Laissez-lui l'occasion de prendre lui-même soin de son cœur... et d'assumer ses choix. Même si vous connaissez par cœur ses tirades de victime, ou ses scénarios d'abandonnite aiguë, qui ont surtout pour fonction de vous tenir par le collier (de vous prendre à la gorge ...et de vous foutre les boules ?) et de vous culpabiliser de ne pas obéir assez à ces schémas amoureux (ou schémas de manipulation affective ?).

L'amour trop serré dans un cadre coercitif, ne cadre pas toujours avec le respect de ce qui peut se bâtir tranquillement à deux... à l'air pur !

Problématique amoureuse centrale 65

(voir aussi la PAC 11/2 et éventuellement la PAC 56)

Il vous est suggéré d'observer comment votre désir d'indépendance et de liberté cohabite avec les aspirations de votre cœur passionné et intuitif.

Ne tournez pas autour du pot, vous avez la capacité d'aller à l'essentiel. Trop peser le pour et le contre, peut vous conduire à faire dans la demi-mesure, non ?

Apprenez à dompter vos passions sans fuir l'engagement, toujours nécessaire à l'amour vrai. Apprenez à pratiquer la nage papillon en amour : Inspir hors de l'eau, expir dans l'eau. Rien de pire que l'apnée prolongée qui bloque vos circuits (C'est vous alors qui l'avez dans l'apnez ?). Offrez-vous des phases de respiration sans la présence de l'autre, pour mieux vous abandonner ensuite à ce qui se vit en sa présence. Pour mieux vous sentir inspiré en amour. Pour mieux vous sentir...

Osez accueillir vos élans “masculins” d'affirmation et de combativité. Tentez leur recherche de liberté et de vérité. Laissez-les s'exprimer conjointement à vos élans “féminins” de réceptivité, de sensualité et d'intuition. Osez une recherche d'amour, d'intimité et d'union qui puise sa force autant dans vos énergies de type Yang-masculin que de type Yin-féminin. Harmonisez ces élans masculins et féminins. Laissez-les s'interpénétrer, se féconder et vous offrir leurs cadeaux... divins ?

Problématique amoureuse centrale 66

(voir aussi la PAC 3 et la PAC 12)

L'amour en stéréopho-nid ? Que c'est bon au creux du nid ! Apprenez juste à voler de vos propres ailes. Ne faites plus de zèles au sein de la relation. Lâchez un peu le sein... Et coupez le cordon ?

Osez ne plus vous prendre pour un bébé dauphin qui se love avec nostalgie dans les profondeurs de la mer (mère?). Oubliez le liquide amniotique dans lequel vous avez baigné de si doux mois et structurez votre moi en vous nourrissant à la source de vos merveilleuses réserves d'amour et de tendresse.

Ne restez plus à l'étroit dans les désirs de l'autre, et apprenez à exprimer clairement les vôtres. Osez rencontrer l'amour en vous (vous aimer), au lieu de le chercher uniquement dans les yeux de l'autre. Arrêtez, ainsi, ce jeu de miroirs (aux alouettes), ce système narcissique... Car il finit par vous tromper sur vous-même, sur vos sentiments réels, et sur les intentions les plus profondes, et les plus originales de l'autre.

Attention à ne pas avoir les yeux plus grands que le ventre ! Écoutez votre cœur, il sait mieux que votre tête quels sont vos besoins en amour.

Osez, finalement, le plaisir d'être vous-même, sans chercher à plaire à tout prix à votre partenaire. Et laissez-le vous aimer à sa manière !

Osez vous adapter aux si belles courbures de l'autre, au cœur d'un rêve thalassal infini, qui comme une ultime caresse intérieure débouche, ou renaît, dans cette authenticité qui valorise la vraie intimité...

Osez pousser la porte subtile de votre univers de béatitude, de plénitude et de l'équilibre qui palpite au fond de votre cœur...

Problématique amoureuse centrale 67

(voir aussi PAC 4, la PAC 13 et éventuellement la PAC 76)

Il n'y a rien de tel pour appauvrir l'amour que de l'encadrer avec des programmes, de l'obliger à s'aligner sur les froids impératifs de la tête !

Il vous est proposé d'apprendre à lâcher vos projets et vos attentes implicites par rapport à l'autre, par rapport aux sentiments et attitudes qu'il "devrait avoir" !

Pour beaucoup de gens, le plaisir est une projection mentale. Osez mieux vous connecter aux messages de votre corps. Arrêtez de penser votre ressenti... Ressentez-le ! Ne vivez plus vos sensations par procuration, ou sous-titrées par votre intellect qui sait tout.

Osez mourir aux idées préconçues que vous avez de vous-même, et de votre relation amoureuse. Ne cherchez pas à la faire rentrer dans un moule déjà formaté. Ne la comparez pas avec quoi que ce soit. Ne vous focalisez pas sur la relation parfaite ou idéale qu'elle pourrait être. Faites le deuil de ces illusions ou de ces pièges mentaux. Vous en serez d'autant plus libre !

Ne vous laissez pas séduire par les théories et les techniques concernant la relation amoureuse. Soyez désireux d'apprendre l'amour par la pratique, le vécu pleinement savouré. La vie s'apprend, surtout par elle-même. La vie est un plaisir quand on apprend à la rencontrer avec amour. Avec amour de cette flamme du "réincarné inconnu" qui brûle en vous. Et qui témoigne de vos possibilités amoureuses, à renouveler sans cesse... Salut Princesse !

Problématique amoureuse centrale 68

(voir aussi la PAC 5, la PAC 14 et éventuellement la PAC 86)

Vous avez le pouvoir de transformer votre manière d'aimer, et votre manière de considérer l'autre. Aussi, osez et transformer votre conscience par rapport à ce qui se joue au sein de votre relation amoureuse et ne vous perdez plus dans la salle des glaces des jeux de pouvoir et des stratégies de manipulation psycho-affectives !

Il vous est proposé de débusquer vos vieux réflexes de contrôle du territoire de votre aimé(e) et de ne plus reproduire certains rapports de force... qui ne témoignent que de votre faiblesse à vous aimer et à faire confiance à l'autre.

Repartez de votre expérience la plus intime pour structurer ce qui vous semble juste, au nom du respect de vos besoins fondamentaux. Respectez-vous et osez utiliser vos capacités de cicatrisation, et de guérison, en tirant les leçons de vos souffrances ou déceptions passées.

Recyclez vos échecs, et toutes ces situations inachevées, qui vous laissent comme des traces de culpabilité, à la dimension des jugements que vous vous êtes appliqués à vous-même.

Osez un peu de compassion à votre égard, en particulier au sujet de vos passions. Ne bloquez pas l'énergie. Et faites confiance à la vie qui circule en vous... et qui accompagne votre alchimie amoureuse superbe !

Ne garrottez plus votre cœur, il a tant besoin de se dilater. Ne jouez plus les ermites avec lui. Il a tant besoin d'air !

Problématique amoureuse centrale 69

(voir aussi la PAC 6, la PAC 15 et éventuellement la PAC 96)

Vos petits anges, et vos petits démons intérieurs, jouent parfois de drôles de sarabandes sur les plates-bandes de votre jardin amoureux ! Permettez-leur de faire enfin la paix. Ne tordez plus le cou à vos coups de cœur, sous prétexte que leurs flammes vont vous brûler. Le feu de l'esprit se nourrit aux foyer du cœur et aux braises de l'amour...

Éloignez-vous d'une relation trop fusionnelle, qui ne ferait que mélanger vos ressentis et vos sentiments à ceux de l'autre. Ce genre de soupe de poisson (ou de poison) devient très vite imbuvable... Surtout quand elle a refroidi ?

Ne restez pas le jeu de vos attachements, que diable ! Exorcisez vos peurs de vous retrouver tout(e) seul(e)... Vivez votre force intérieure. Nourrissez-la et laissez la respirer. Ne vous mordez plus la queue en tournant autour de vous-même, et de vos sentiments profonds libres et créatifs.

Laissez affleurer votre conscience dans tous les mouvements de votre vie amoureuse. La vie, comme la relation, est insupportable tant qu'on ne la vit pas vraiment... Et toutes ces envies généreuses et compatissantes ?

Aussi, apprenez à regarder au cœur des choses de l'amour. Osez ressentir pleinement l'essence divine à travers les apparences. Mettez de la conscience dans votre plaisir... pour vous libérer de vos faux désirs ?

Problématique amoureuse centrale 70
(voir aussi PAC 7)

Silence, on pense ! Et on tourne toujours autour de l'essentiel de la relation d'amour. Ici, penser, ça compense, mais ça ne remplace rien !

À trop réfléchir, en oubliez-vous d'aimer ? Posez votre manuel du parfait amoureux. Osez plonger au fond de votre cœur et de vos élans sensibles les plus profonds. "Dé-livrez" vous de cette boulimie d'écrits en tous genres qui peuplent votre jardin d'amour. Ils finissent par cacher... vos cris et vos chuchotements du cœur.

Ne faites plus de l'amour une religion... du livre ? Ne laissez plus vos peurs (de ne pas savoir, de ne rien comprendre) envahir le temple de votre cœur. Alignez-vous sur le Dieu d'amour qui vit en vous. Et à qui vous imposez le jeûne depuis si longtemps ?

Cherchez-vous à devenir le champion des ascètes en matière de sentiment et d'émotions ? L'amour, sorti des pièges de votre raison, a le pouvoir de se libérer d'une grande partie des difficultés relationnelles qui semblent jalonner votre vie affective.

La résolution des problèmes restants vous sera possible par l'auto-observation, par la pratique engageante, par l'expérience totalement vécue. Et par votre désir d'accueillir tout changement, en laissant libre-choix à votre cœur. Ce haut-lieu de vos palpitations centrales est un morceau de choix ! Faut-il qu'il porte sa croix pour atteindre le paradis des aimants ?

Problématique amoureuse centrale 71
(voir la PAC 8 et éventuellement la PAC 17)

Si vous cherchez trop à être le chef en amour, vous risquez de vous couper de vos sentiments. À trop foncer aux avant-postes, vous vous éloignez de l'amour, qui lui, avance plus lentement. "Je pense donc je suis" serait à remplacer par "je pense trop donc mon cœur ne suit plus".

Comment votre partie amoureuse sensible pourrait-elle suivre à la lettre cet esprit volontaire et traceur d'absolu. Faut-il changer de facteur ? Les facteurs de la relation amoureuse sont si mystérieux... et hors de la parfaite logique.

(Oui, la logique n'est pas faite pour libérer le cœur. Le cœur a ses "raisins" qu'il est vain de sonder, car la raison ne les connaît point... Il reste juste à les vendanger puis les déguster, quand c'est vraiment mûr. Au lieu de foncer tout droit dans le mur !)

Évitez de poser des cloisons étanches entre vos piles à combustible amoureuses. De quel danger avez-vous peur ? Appréhendez-vous la mainmise du cœur de l'autre sur votre jungle privée ? Ou bien craignez-vous que votre puissance de feu ne contrarie cette petite source fragile qui essaie doucement de couler entre vos canaux bétonnés, et vos écluses si bien contrôlées...

Ne donnez pas trop de pouvoir à votre tête. Laissez vos sentiments transformer votre confiance des choses et des êtres. Osez être inventif au-delà de vos programmes trop modélisés et trop directifs.

Offrez un peu de souplesse à vos élans amoureux. En effet, vos initiatives en la matière semblent, soit trop réfléchis, trop embrigadés, otages d'une stratégie de pouvoir ou de domination des fragilités de l'autre, soit complètement irréfléchies, ressemblant à un fier gaulois barbu, les cheveux en broussailles, montant à l'assaut d'une légion romaine ?

Trouvez votre axe sans vous crisper sur vos sécurités mentales. Laissez l'amour vous transformer... Et transformer vos grandes idées sur l'amour et vos théories pointues concernant les choses du cœur. Restez simple, restez intègre et engagez-vous dans ce qui vous paraît le plus juste. Sans vous occuper du jugement des autres, et des principes qui leur appartiennent !

Travaillez, par ailleurs, sur les reproductions relationnelles et amoureuses issues de la lignée Père-Grand-père. Et à l'autorité morale, quelle qu'elle soit !

Problématique amoureuse centrale 72

(voir la PAC 9 et éventuellement la PAC 27)

Aimer c'est se rapprocher de son centre, c'est se relier intimement avec la parcelle divine qui vibre au cœur du corps, au cœur de l'esprit.

Il vous est conseillé de ne pas trop vous éloigner de ce centre ultime, et de rester en contact avec ce qui s'y vit : sentiments, émotions, impressions, intuitions...

Évitez de vous identifier aux demandes de l'autre. Ne vous fondez pas dans le décor des aspirations profondes de votre partenaire sous prétexte d'amour... et d'habitudes fusionnelles.

Lâchez vos théories et vos mythes concernant le couple. N'agissez plus en vous référant sans cesse à l'encyclopédie que vous êtes devenus ! Éloignez-vous des idées figées que vous avez sur vous-même et sur votre comportement amoureux. Ne vous perdez pas dans le vaste tableau-miroir de vous-même que vous avez construit... pendant les longues soirées d'hiver de votre cœur meurtri. Ces autoportraits illusoires, ces identifications factices, constituent le plus court chemin pour vous éloigner de la réalité... Et vous perdre dans les nuages de vos zones planantes et fantasmatiques?

Méfiez-vous de toutes les bonnes raisons qui vous poussent à rester dans la co-dépendance affective, et dans vos rêves les plus mystifiants au sujet de la relation amoureuse. Vos séjours dans les hautes sphères ne peuvent durer toujours : Préparez-vous, à chaque fois, à la descente ? N'oubliez pas de revenir sur terre. L'amour est censé exister, aussi, ici bas !

Travaillez, par ailleurs, sur les reproductions relationnelles et amoureuses issues de la lignée des femmes (et mères). Creusez les traditions féminines familiales.

Problématique amoureuse centrale 73

(voir la PAC 10, et éventuellement la PAC 37)

En amour, croire savoir, c'est comme passer à côté des sentiments ou des ressentis. Tout connaître peut isoler de ce qui se joue réellement dans l'instant présent de l'échange. Trop se perdre dans l'analyse mentale, c'est déjà saboter la communication subtile (et non verbale) qui existe au sein de la relation.

Il vous est suggéré de ne pas aveugler votre cœur avec la lumière de vos connaissances. Tentez de ne pas dénaturer par vos mots et vos grands discours ce qui émerge de vos profondeurs sensibles.

Ne restez pas piégé par ce que l'autre a dit, à un moment donné. Arrêtez de croire tout ce qu'on vous dit. Et posez-vous la question : “D'où est-ce qu'il, ou elle, me dit cela ? À partir de son mental bien programmé ? À partir de ses peurs ? À partir de ses tripes ...ou à partir de son cœur ?

Osez créer de nouveaux modes de communication au sein de votre couple, sans chercher à tirer toutes les ficelles, ou à diriger l'autre dans son expression intime. Osez être plus légers. Lâchez vos exigences de perfection en matière de relation amoureuse. Allez ! On ne va pas en faire tout un poème ?

Problématique amoureuse centrale 74

(voir la PAC 11/2 et éventuellement la PAC 47)

L'amour est comme un fleuve puissant qui ne demande qu'à s'écouler librement. Toute cette eau, peut déborder et envahir le paysage des échanges relationnels. C'est un risque à prendre ! Sauf si vous souhaitez sécher sur place derrière vos digues protectrices strictes et étouffantes.

En amour, il est parfois nécessaire de se jeter à l'eau. L'eau est parfois sauvage. L'eau est parfois surprenante. Osez naviguer... mais nettoyez vos baskets avant d'embarquer. Et laissez vos émotions au vestiaire !

Ne mettez pas autant d'énergie et de passion à vouloir contrôler ...vos passions intimes ! L'escalier du cœur ne se gravit pas quatre à quatre. Lâchez du lest ! Et laissez le cœur hisser ses voiles. Il vous dévoilera ses secrets et ses découvertes.

Accompagnez vos sources amoureuses. Laissez-vous porter, sans vous accrocher sans arrêt à vos repères côtiers, ou à vos bittes d'amarrage. Osez sortir du port et de ses pontons tranquilles. Affrontez la pleine mer!

Aventurez-vous au-delà de ce que vous a dit votre mère... qui avait déjà, elle aussi, peur de se laisser emporter par ses sentiments ? Calmez plutôt vos émotions. Elles feront ensuite de la place aux messages vrais de votre cœur.

Autorisez-vous à dépasser vos vieilles constructions mentales, et vos retranchements les plus quotidiens. Faîtes de la place à l'inattendu de l'amour, au sein de votre univers amoureux parfois si quadrillé ou si bien calibré !

Ouvrez la porte de votre territoire intime. Laissez-vous porter par vos intuitions du cœur. Laissez passer les messages divins (d'amour) à travers vos filtres mentaux et vos protections matérielles.

Ne soyez pas si dur et si exigent avec vous-même. Il n'y a pas que des lignes droites en amour ! Apprenez à bien négocier les virages de votre vie amoureuse. Restez souple à la barre... avant que tout se barre, ailleurs ?

Problématique amoureuse centrale 75

(voir aussi la PAC 3, la PAC 12 et éventuellement la PAC 57)

L'amour n'est pas un jeu de saute-mouton, ni une bouteille de soda à secouer avant dégustation... Histoire de ne pas manquer la pulpeuse du fond du cour ?

Arrêtez de renvoyer la balle. Ne déballez plus vos histoires-paravents devant tout le monde. Arrêtez de courir après votre ombre, ou à travers les reflets de vous-même à jamais perdus...

Arrêter de bouger dans tous les sens... à la recherche du sens de votre relation ? Ne vous faites plus piéger par vos sens interdits. Méfiez vous du mouvement incessant de vos désirs et vos pulsions, souvent contradictoires...

Osez faire le pari (75 ?) de structurer un peu plus les grands embouteillages qui saturent votre circulation amoureuse. Il est capital d'y voir plus clair, n'est-ce pas ?

Arrêtez de vous éparpiller. L'amour ça fait tourner la tête, c'est vrai. Mais parfois ça tourne mal. Alors, osez doser vos valses dynamiques. Ne retournez plus votre veste du cœur toutes les cinq minutes. Sinon, plus personne ne vous croira...

En gros, changez de disque. Soyez plus authentique, et arrêtez vos galipettes mentales. Elles ne font que vous éloigner de vous-même, et du cœur de l'autre.

Problématique amoureuse centrale 76

(voir aussi la PAC 4, la PAC 13 et éventuellement la PAC 67)

L'amour peut renaître de ses cendres, si un peu d'air vient le raviver. L'amour peut sortir de ses ascèses, si le mental lâche prise...

Il vous est suggéré de reconsidérer vos modes de communication amoureuse et de faire le deuil de vos vieux modèles, ou consignes personnelles, en matière d'amour. Osez mieux relier vos idées sur la relation de couple avec votre vécu sensible, vos sentiments les plus profonds et les plus authentiques.

Régénérez votre paysage amoureux. Ne restez pas accroché aux vieux cadres et aux vieilles photos. Engagez-vous dans la renaissance de votre peinture amoureuse. Retrouvez l'éclat de vos couleurs. Mais, ne tombez pas dans le piège des apparences, c'est-à-dire dans la volonté de paraître différent de ce que vous êtes vraiment.

Identifiez vos peurs. Traversez-les. Découvrez tous les désirs qu'elles cachaient auparavant... derrière le paravent de leurs illusions ? Osez habiter pleinement vos recherches de plaisir. Ne cachez plus vos sentiments. Ne laissez plus votre cœur muet comme une tombe. Dans l'échange à deux, ça tombe mal ! Faites-vous plaisir. Vous n'en mourrez pas !

Problématique amoureuse centrale 77

(voir aussi la PAC 5 et la PAC 14)

En amour, le destin n'est jamais tracé. Les grandes lignes de l'aventure du couple, non plus !

Il vous est suggéré ici de sortir des rails un peu rigides de vos programmes amoureux. Avez-vous peur, que vos élans amoureux ne vous fassent sauter au plafond ? Avez-vous peur qu'on vous retire l'échelle ? ("Accroche-toi au pinceau j'enlève l'échelle !") Avez-vous peur de ne plus pouvoir vous voir en peinture, si vous sortez de vos gonds ?

À trop vous accrocher à vos béquilles relationnelles, vous en oubliez de marcher à la rencontre de votre cœur. Tout a l'air si bien classé, dans votre intimité, qu'on se demande comment peut s'infiltrer l'aventure, comment peut se glisser l'inattendu...(Loin de vous le scénario du style :

"Ah! quelqu'un s'est glissé dans mon lit !). Pour venir à votre rencontre faut-il arriver avec une pile de livres sous le bras. "Ah ça tombe pile, je n'avais pas envie de me livrer... intimement !"

Si c'est votre cas, vous devinez ce qui vous reste à faire : Faites confiance au courant de la vie (amoureuse). Laissez-vous surprendre. Laissez-vous porter. Même si vous n'êtes pas au courant, le courant sera à vous ou avec vous. Il vous amènera sur les berges qui vous correspondent. Remerciez ce courant qui "transporte". Et imaginez la suite...

Déverrouillez un peu vos vieilles serrures rouillées. Faites régulièrement des assouplissements relationnels et des étirements du cœur. Il parait que ça s'appelle le "Stretching amoureux" ! Et osez marcher en équilibre sur vos crêtes sentimentales... les plus secrètes ?

Problématique amoureuse centrale 78

(voir aussi la PAC 6, la PAC 15 et éventuellement la PAC 87)

L'amour ne se possède pas, l'amour ne se combat pas, l'amour ne se marchande pas. L'amour se ressent, l'amour se caresse, l'amour se vit.

Il vous est conseillé de ne pas trop chercher à légitimer vos options affectives... à partir de toutes vos bonnes raisons de prendre le pouvoir sur l'autre ? Osez lâcher votre tendance à vouloir maîtriser et contrôler ce qui se vit dans la relation amoureuse. Et si votre "con-quête" principale était d'apprendre à ne plus tout savoir, et à ne plus tout comprendre ?

Que diable viennent faire ces chevaliers en tournoi et ces rapports de forces incessants dans ma relation ? Qui a mis ce volcan au beau milieu du salon... de cette profonde recherche d'harmonie entre partenaires ? Laissons le nerf de la guerre aux conflits affectifs de naguère ! Les joutes amoureuses ne dynamisent que les ego en mal de reconnaissance... et en mal d'amour ?

Osez vous dédouaner des contrats de dupes et des pro-messes (noires ?) qui vous livrent pieds et poings liées à l'adversaire, pardon, au partenaire !

Et s'il n'y avait personne à vaincre, personne à convaincre dans votre quête d'amour... sinon vous-même ? Écoutez vos propres malaises et vos difficultés intérieures, ils sont des indicateurs de ces sacrés jeux de pouvoir (inconscients?) que vous mettez en œuvre au sein de la relation.

Sortez des manipulations amoureuses, qui manipulent ou maltraitent surtout vos richesses de cœur et vos ressources intimes les plus fécondes. Et, dieu merci, vous deviendrez peut-être le héros de votre éros libéré, le vainqueur de vos auto-sabotages et de vos fuites affectives (je panse, donc je fuis ?)

Problématique amoureuse centrale 79

(voir aussi la PAC 7, la PAC 16 et éventuellement la PAC 97)

L'amour ne concerne pas que les purs esprits ! Il lui est nécessaire d'être rattaché à la terre et de se nourrir de choses concrètes... Il a tout simplement besoin de se matérialiser aux yeux du cœur de l'autre, et au regard de soi-même, pour pouvoir grandir en esprit, et trouver son expansion naturelle.

Il vous est suggéré de ne pas vivre vos élans amoureux uniquement dans votre imaginaire, ou dans les livres de contes qui garnissent votre bibliothèque mentale...

Descendez du haut de votre tour ! Elle vous permet de voir loin. Parfois trop loin de vous-même. À contempler sans arrêt l'horizon, vous risquez d'oublier de regarder là où vous mettez le cœur !

Apprenez à regarder au cœur des choses. Osez ressentir l'essence de l'être essentiel (le divin chez l'autre) au-delà des aménagements et des replâtrages de la relation amoureuse. Utilisez le silence pour favoriser cette connexion intérieure, et vous retrouver face à vous-même... Et non face à vos rêves sur vous-même, au sein de la relation amoureuse déconnectée de sa réalité.

Ralentissez le mouvement de vos pensées, et osez vous mettre au tempo de l'univers. Alignez la graine, plantée au départ de votre cheminement personnel, avec l'arbre que vous êtes devenu.

L'ascèse (16), lorsqu'elle est trop systématique ne vous apporte rien de neuf (9). Osez cette (7) piste du renouveau. Elle vous conduira aux pieds de votre arbre d'amour.

Lâchez vos a priori, vos prières en l'air et vos trop vieilles croyances, concernant la relation à l'autre. Laissez couler l'amour hors des testaments de vos échecs passés. Vivez à présent les présents de la vie, sans leur tourner de dos. La rédemption par la souffrance a bon dos !

Problématique amoureuse centrale 80

(voir aussi la PAC 8)

Est-il quatre fois vain de jouer au loto du cœur, ou à la roulette russe de l'amour, quand on possède une puissance de sentiments à soulever des montagnes ?

Il vous est proposé d'assouplir vos élans envers l'autre et de laisser reposer, de temps en temps, le tigre qui s'est mis au cœur de votre moteur affectif. Sortez du système du "Tout ou rien" : "Je ne te donne rien, si tu ne me donnes pas tout ! J'ai la toute puissance : Je ne veux rien faire, pour tout gagner... puisque tout l'univers est à mon service !"

Lassez-vous un peu des scénarios sado-maso, laissez-les derrière vous ! Le mâle génère parfois le bien, OK ! Apprenez à protéger vos biens, à assurer vos arrières, et à sauvegarder vos acquis antérieurs.

Par exemple, ne cassez plus votre cœur comme une tirelire à chaque nouvelle relation. Et ne tracassez plus quelqu'un d'autre avec vos airs de martyr... qui ne vous servent indirectement qu'à reprendre le pouvoir au sein de la relation ?

Apprenez à faire des choix justes sans avoir à donner des coups d'épée relationnels dès que vous vous sentez trop attaché à l'autre. Vous n'êtes pas obligé de trancher les choses de la sorte, si vite et si fortement ! Sauf pour vous donner l'illusion de faire quelque chose pour combattre votre peur d'être envahi, exploité... ou manipulé ?

Modulez le feu de votre soleil central, et calmez celui de votre colère contre vous-même (à propos de vos échecs passés). Gardez de la flamme et de l'énergie pour vos longues soirées d'hiver relationnel. Vous accueillerez d'autant mieux le printemps suivant !

Problématique amoureuse centrale 81

(voir aussi la PAC 9 et éventuellement la PAC 18)

Au feu de l'amour, il est possible de brûler certaines barrières du cœur, et se débarrasser des scories qui encrassent la relation à soi-même et à l'autre.

Il vous est suggéré de surveiller votre volcan intérieur, de canaliser ses velléités d'éruptions (cutanées ou verbales ?). Il ne vous suffit pas de foncer comme une flèche, uniquement poussé par votre peur de perdre la première place, ou de vous faire dépasser sur le terrain amoureux.

Aussi, apprenez à vous centrer, à viser juste. Osez ouvrir votre cœur à l'indicible (ou indice cible ?) au cœur de la relation. Vous gagnerez beaucoup à ne pas laisser votre impulsivité prendre le pas sur votre sagesse intérieure. Ne foncez pas tête baissée! Baissez plutôt la garde de l'épée de votre ego, et libérez le passage aux forces de votre esprit.

Ne restez plus dans le "tout pouvoir". Vous pouvez développer autre chose de plus mature ! Ne cherchez pas à toucher le Jack-pot du premier coup. Développez patience et sensibilité.

Laissez-vous toucher par vos émotions profondes et vos sentiments les plus rebelles. Histoire de ne pas vous retrouver les mains-du-cœur vides, à force de ne toucher que du bout des doigts l'essentiel de vos richesses intimes. N'imposez plus à votre cœur de réussir à tout prix. Mettez en congés longue durée votre "Maréchal du cœur", toujours prêt à se lancer dans de nouvelles conquêtes !

Problématique amoureuse centrale 82

(voir aussi la PAC 10 et éventuellement la PAC 28)

En amour, la puissance des émotions met du piment dans la soupe amoureuse, mais elle peut cacher la subtilité de certains sentiments, ou écraser l'émergence de certains messages intimes...

Il vous est suggéré d'apprendre à vous recentrer sur l'essentiel en vous-même, de façon à mieux naviguer dans les tempêtes de votre océan intérieur. Et mieux rester vous-même, dans l'axe de votre cœur, au sein de vos échanges amoureux. Car ces émotions qui vous envahissent... vous poussent finalement à envahir l'autre !

Par ailleurs, apprenez à alterner les positions "dominant/dominé" dans votre relation. Si vous vous êtes mis dans un rôle sado-maso de "Bourreau/victime", osez en sortir. Et reconnaissez la souffrance que vous avez infligé à l'autre... et à vous-même.

Méfiez-vous du double comportement qui consiste à tout faire pour attirer l'autre très près de vous (dans vos filets?)... tout en cherchant à le maintenir à distance pour qu'il ne vous étouffe pas ! Mais en gardant cependant une certaine emprise affective sur lui ?

Sortez du dilemme : "J'aime être dépendant de toi... mais j'apprécie de m'éloigner de toi pour devenir autonome." Vous croyez tirer les ficelles, et garder le pouvoir en prenant l'initiative de ces "va-et-vient relationnels". Mais, vous ne faites marcher que vous-même, à ce jeu des incertitudes programmées !

Aussi, il vous est conseillé de clarifier tous ces rôles. Allez au-delà du flou de l'expression de vos sentiments et de vos désirs. Positionnez-vous de manière juste face à l'autre. Vous lui rendrez service, comme vous rendrez service à vous-même.

Problématique amoureuse centrale 83

(voir aussi la PAC 11/2 et éventuellement la PAC 38)

En amour, la mise en mouvement du kaléidoscope des images de soi et de l'autre, fait parfois perdre la tête. Écouter son intuition et se laisser glisser en deçà des apparences et des systèmes de projection, permet d'aller à l'essentiel. Et ne plus être le jeu des passions liées à ce cinémascope amoureux.

Il vous est suggéré de ne succomber ni au champ des sirènes (sauf à vos sirènes d'alarme intérieures !) , ni aux jeux de manipulation qui s'articulent autour de votre besoin de reconnaissance, et de votre désir de valorisation personnelle.

Dans vos élans amoureux, ne vous prenez pas pour Superman ! Lui seul possède cette capacité à se propulser aussi haut. Chercher à atteindre le 7 ème ciel, paraît légitime à votre tête. Notez que votre cœur, quant à lui, cherche plutôt à *être*, à être amour, plutôt qu'à atteindre on ne sait quel sommet illusoire, ou quelle cime parcimonieuse, source de reconnaissance amoureuse et narcissique.

Votre enfant intérieur vous pousse à croire en votre "Toute-puissance" : Méfiez-vous que celle-ci ne vous aveugle, et ne vous amène à prendre la pub pour la chose elle-même, ou le discours pour la réalité.

La puissance de votre cœur, c'est sa vulnérabilité et sa sensibilité ! Ce n'est pas ce qu'il affiche, haut et fort... comme pour se rassurer qu'il est un grand (un grand cœur vaillant ?).

Problématique amoureuse centrale 84

(voir aussi la PAC 3, la PAC 12 et éventuellement la PAC 48)

L'amour a besoin d'une terre fertile et tranquille pour fleurir et offrir de beaux fruits. Labourage intérieur et pâturage créatif, sont les deux mamelles de la relation amoureuse la plus nature.

Il vous est proposé de veiller à ne pas assécher cette terre à coup de principes ou de consignes (ancestrales) trop rigides. La règle en amour, c'est d'apprendre à se respecter soi-même, quitte à désobéir à certaines règles périmées.

Vous avez besoin de sécurité pour donner votre pleine puissance amoureuse. Aussi, ne vous laissez pas piéger par un quelconque système triangulaire qui ne répondrait pas à vos aspirations profondes... Utilisez votre capacité à poser des jalons clairs et à connaître vos limites, pour être au bon endroit au bon moment.

Évitez, cependant, de vous emprisonner vous-même par vos habitudes de contrôle, ou par votre désir de maîtriser tous les paramètres relationnels. En amour, le maître devrait être le cœur. Pas le comptable ou l'homme d'affaire intérieur !

Ne faites pas l'enfant ! Restez conscient du fait que le terrain a probablement été miné par les peurs, les jalousies et les trahisons affectives de vos ancêtres. Un certain déminage s'impose au fond de la mine de vos héritages amoureux, et de vos mécanismes relationnels. Séparez-vous de ceux qui ont fait leur temps.

Ne jouez plus les anorexiques de l'amour : Avoir les yeux plus grands que le ventre, donne mal au cœur. Libérez-vous du plaisir de vous frustrer ! Vous n'êtes pas un être supérieur (et asexué ?), au-dessus de la masse de ces foules humainement amoureuses, et parfois bêtement trahies par la malbouffe sentimentale et les McDonald's du cœur. Évitez d'avoir un cœur génétiquement modifié, restez bio !

Puisez dans votre terre la force de vie qui vous permettra de vous déployer vers la lumière de tous ces espoirs d'amour et de paix... qui hibernent depuis trop longtemps en vous-même.

Problématique amoureuse centrale 85

(voir aussi la PAC 4, la PAC 13 et éventuellement la PAC 58)

En amour la roue tourne toujours, même lorsqu'on cherche à la figer ou à la détourner de son cours ultime... et de ses chemins aux mille surprises.

Il vous est suggéré de rester centré au milieu de tous ces possibles. Osez de nouvelles rencontres, sans vous perdre dans l'entrelacs des pistes que, par curiosité ou goût du risque, votre mental voudrait toutes découvrir en même temps !

Utilisez votre capacité à transformer vos attitudes, et à renouveler votre façon de voir l'autre au sein de la relation. Osez changer de repères, sans vous faire tourner la tête outre mesure, ou vous droguer à coup de nouvelles aventures ("c'est nouveau, je viens de sortir!").

Restez à l'écoute de votre besoin de sécurité affective. Laissez-lui la possibilité d'évoluer. Cela, sans trop jouer à vous faire peur... avec vos peurs de perdre l'autre, et d'être abandonné(e). Osez juste mourir à certaines habitudes de dispersion relationnelle, pour renaître à votre puissance intérieure. Elle est beaucoup plus stable que vous ne le pensez.

Pansez vos plaies. Laissez le temps faire. La résolution de vos problèmes relationnels viendra avec la pratique, l'auto-observation et votre désir de changer... Et d'effectuer cette belle mutation intérieure qui n'attend plus que vous.

Problématique amoureuse centrale 86

(voir aussi la PAC 5, la PAC 14 et éventuellement la PAC 68)

L'amour ne crée pas de handicaps. C'est seulement l'esprit étroit, ou la tête trop carrée, qui sabotent les élans du cœur, les prennent en otage, ou les détournent vers des lieux intérieurs de maltraitance et des situations d'emprisonnement affectif.

Ne laissez pas votre force d'amour se perdre dans les marécages de ces conquêtes aussi inutiles que mortifères. Vous avez besoin de paix et de sécurité. Aussi, méfiez-vous de ces attachements affectifs qui piègent vos élans les plus nobles et vos désirs les plus fous. Éloignez-vous de ces jalousies qui vous font faire n'importe quoi...

Faites confiance en vos capacités d'auto-guérison du cœur, au lieu de rouvrir vos plaies en doutant de vous-même, et en fonçant droit dans le mur !

Osez vous pardonner pour vos aveuglements passés, sans pédaler dans les regrets et revenir sans cesse sur ce qui vous a fait mal. Laissez votre cœur balayer les cercles vicieux du mental. Ils ne font que renforcer votre culpabilité ou votre colère contre vous-même.

Faites de la place en vous pour les belles surprises d'amour. Celles qui réveillent le cœur et le corps. Celles qui n'imposent rien. Celles qui ne vous demandent qu'un brin de présence à vous-même, et de disponibilité à l'autre. Au-delà des sables mouvants de vos illusions perdues...

Problématique amoureuse centrale 87

(voir aussi la PAC 6, la PAC 15 et éventuellement la PAC 78)

L'amour est fait pour servir ! Les stocks disponibles sont illimités. Ce sont seulement les autorisations de la tête, les ouvertures morales et les disponibilités intérieures qui semblent manquer.

Il vous est suggéré de ne pas trop vous orienter vers l'auto-privation en matière d'amour... sous prétexte que vous avez peur de vous faire avoir, de vous faire dominer ou manipuler (lorsque l'autre veut me prendre en main... et n'ose plus me prendre la main ?).

Partez de vos expériences et des prises de conscience qu'elles ont amenées avec elles, pour avancer différemment dans l'aventure de la relation amoureuse. Prenez garde à ne pas restez piégé par vos échecs passés et vos crispations sentimentales.

Méfiez-vous de vos programmes mentaux, rattachés à votre peur de l'autre, et à vos appréhensions relationnelles et sexuelles. Libérez-vous de ces a priori qui traînent dans vos circuits. Ils figent vos références amoureuses.

Ne vous mettez pas dans l'obligation de tout résoudre, de tout comprendre ou de tout prévoir. Que diable ! Laissez un peu de mystère autour de cette aventure insaisissable qu'est l'amour...

Problématique amoureuse centrale 88

(voir aussi la PAC 7 et la PAC 16)

Parfois l'amour ressemble à un défi que se lancent deux chevaliers dans un tournoi sans indulgence. Comme si l'affrontement de deux adversaires, ou de deux puissances opposées, allait fournir l'étincelle pour mettre le feu au carburant de l'amour.

Auriez-vous besoin d'un moteur à explosion pour avancer sur le chemin de l'amour ? Rien ne vous oblige à transformer la relation amoureuse en ring de boxe, ou en compétition psychologique et affective !

Il vous est conseillé de laisser votre tigre au fond de son moteur ! Découvrez que la source de l'amour peut se rencontrer dans le lâcher-prise, l'ouverture à l'autre et le désir de paix profonde.

Osez poser les armes et expérimenter votre vulnérabilité, votre humilité et votre simplicité de cœur, en toute vérité avec l'autre. Découvrez vos qualités amoureuses, autrement qu'en jouant les héros au grand cœur... et à l'épée acérée (que vous tenez si serrée dans vos petites mains) ?

Utilisez votre connaissance du terrain de l'autre, non pour l'influencer ou le vaincre, mais pour mieux le rencontrer, l'écouter et l'aimer.

N'imposez plus à l'autre les règles du jeu amoureux. Arrêtez de le juger à partir de vos critères personnels (sont-ils d'ailleurs les vôtres?). Osez l'amour sans vous "prendre la tête". Et sans vous prendre la queue dans les pièges oubliés par vos prédécesseurs !

Problématique amoureuse centrale 89

(voir aussi la PAC 8, la PAC 17 et éventuellement la PAC 98)

L'amour a-t-il sa bonne étoile. Ciel ! Nous sommes tous des stars d'amour en puissance ! Alors, qu'attendons nous pour une belle remise à neuf de ces dons inexploités qui jalonnent nos potentialités à vivre une relation amoureuse riche et lumineuse ?

Il vous est demandé de vous occuper sérieusement de cette remise à neuf qui concerne, entre autres, la circulation entre votre cœur et votre tête, entre les réserves de votre inconscient et les performances de votre raison.

Laissez affleurer votre conscience dans tous les mouvements de votre cheminement amoureux. Captez les messages que les circonstances et les synchronicités de votre vie, vous envoient régulièrement. Et osez vous aventurer au-delà des frontières connues de vos habitudes affectives.

Ne vous évadez pas dans le firmament de votre imaginaire. Optez plutôt pour des engagements bien terrestres. N'ayez pas peur d'atterrir au plus près de votre cœur et au creux du jardin sensible de l'autre.

Ne laissez pas le feu de votre amour assécher le terrain entre vos berges. Laissez vos émotions, et parfois vos larmes, arroser les graines que vous avez plantés à deux. Faites confiance aux ressources de votre vraie nature amoureuse.

Facilitez l'émergence de la force tendre du meilleur de votre cœur. Osez un regard neuf sur votre vie amoureuse. Et accueillez ces diverses marées sensibles et ces vagues sentimentales parfois si désordonnées.

Problématique amoureuse centrale 90
(voir aussi la PAC 9)

L'amour appartient à tout le monde et n'appartient à personne. L'amour est universel : il sous-tend la naissance, il nourrit la vie, et devrait accompagner la mort...

Vous semblez tellement rêver d'un monde meilleur, plein d'amour et de compassion... que vous en oubliez peut-être de vivre cet amour, un tant soit peu inconditionnel, qui vous attend au pas de votre porte.

Évitez donc de vous laisser emporter par vos rêves trop lointains en matière d'amour. Autorisez-vous à en savourer la chaleur et la lumière au plus intime de votre quotidien.

Vous avez besoin de grands espaces et de beaux idéaux pour permettre à votre cœur d'enfanter des élans émouvants et des créations amoureuses merveilleuses.

Permettez à votre ouverture d'esprit de faciliter la route au renouveau de votre cœur. Écoutez vos pressentiments. Vivez surtout le présent le plus totalement possible (être entièrement dans ce qui est là en vous et avec vous). Observez les enseignements spirituels gratuits que vous offre ce présent à chaque instant de votre vécu amoureux.

Au cœur de votre univers sentimental, sommeille une princesse d'amour. Elle n'attend plus qu'un prince charmeur ou une bonne fée, pour accompagner sa générosité de cœur... et sa disponibilité aux blessures sentimentales de celles et ceux qui souffrent dans leur cœur ?

N'oubliez pas, aussi, de vous occuper un peu de vous ! Histoire de vivre votre propre éclosion d'amour, sans la diluer dans la grande marée collective et universelle.

Problématique amoureuse centrale 91
(voir aussi la PAC 10 et éventuellement la PAC 19)

L'amour est comme un arbre, il lui faut une bonne base, un bon terrain pour qu'il puisse s'épanouir. Tout jeune, il a besoin d'un tuteur pour l'aider à se tenir debout, à se dresser doucement. Plus tard, il est nécessaire que son sommet, ses branchages les plus élevés restent bien connectés avec ses racines les plus profondes. C'est ce qu'on appelle les "ancrages affectifs"...

Dans un arbre en bonne santé, la sève peut circuler facilement entre le bas et le haut. Au sein d'un amour relié, les énergies et les sentiments circuleront aisément (et verticalement) à tous les niveaux de chacun des partenaires.

Il vous est conseillé de travailler sur cet axe vertical, autant physique que psychologique... pour rester un homme ou une femme debout ! Apprenez à vous positionner en amour. Ayez le cœur bien planté, bien dressé... pour ne plus vous planter, ou vous faire dresser par vos dominateurs. N'ayez plus un cœur penché ("j'ai un sacré penchant pour toi"), ou un cœur rampant ("je suis à ses pieds... quand je ne m'accroche pas à la rampe").

Trouvez votre centre affectif. Si votre mât est correctement planté, vous éviterez l'échec et mat, et cela vous permettra de bien mettre les voiles vers de plus larges horizons intérieurs et relationnels.

Osez trouver votre propre voie. Engagez-vous dans votre direction personnelle, au cœur des diverses sollicitations des autres et des nombreuses pressions du groupe familial ou social.

Autorisez-vous à vous occuper de cet "essen-tiel" en vous-même qui peut vous permettre de toucher le ciel. Restez à la hauteur de votre dimension intérieure. Osez la force d'avancement propre à votre conscience, dans ses élans les plus directs et les plus dynamiques.

Méfiez-vous de vos réactions trop vives et de vos impatiences dans vos échanges amoureux. Apprenez à ne plus "rentrer dans le lard" de votre partenaire dès que vous êtes touché émotionnellement (ou égotiquement). Ayez l'art de faire émerger les choses autrement. C'est-à-dire avec souplesse, finesse, et écoute de vos mondes intérieurs respectifs, sensibles et profonds.

Problématique amoureuse centrale 92

(voir aussi la PAC 11/2 et éventuellement la PAC 29)

La rosée du cœur se perd parfois dans les brumes du lac profond des sentiments les plus passionnés et les plus occultés.

Vous avez à votre disposition une très belle sensibilité à l'autre, et une grande capacité à vous relier à ce qui vibre en vous, et frémit au cœur de votre intimité. Évitez seulement de vous perdre dans les méandres humides et mélancoliques de rêveries masochistes inutiles, ou de vous laisser aller à du vague-à-l'âme démobilisateur... à force d'être entretenu par le doute et la co-dépendance.

Ne vous réfugiez pas dans l'illusion de vos mythes amoureux les plus idéalisés, et les palpitations les plus émotionnelles. Osez poser un peu les pieds sur terre, et vous abreuver à la source de votre cœur, sans vous perdre dans le flou de relations mal définies et peu centrées.

Ne laissez pas vos émotions teinter, ou détourner, vos intuitions et vos perceptions sensibles. Ne faites pas l'éponge pour deux au sein du couple. Laissez aussi l'autre passer la serpillière relationnelle de temps en temps !

Arrêtez de vous prendre pour le paratonnerre des surcharges magnétiques ambiantes, entre votre partenaire et vous. Ne laissez pas la nervosité envahir vos circuits électriques intérieurs.

Repérez concrètement les limites du disjoncteur du couple. A partir de quelle intensités disjoncte-t-il ? Apprenez à ne pas saturer vos circuits intimes. Et n'oubliez pas de calmer votre tête, elle peut avoir tendance à amplifier les bouillonnements du cœur...

Problématique amoureuse centrale 93

(voir aussi la PAC 3, la PAC 12 et éventuellement la PAC 39)

Lorsque les oiseaux du cœur portent au large les sentiments les plus beaux, il peut arriver que le vent tourne, disperse ces messagers amoureux, ou les oblige à retourner au nid...

Utilisez votre capacité à exprimer vos ressentis profonds et à donner forme à vos élans sentimentaux les plus subtils. Éloignez-vous de cette habitude à tourner les talons dès que l'autre manifeste trop clairement son chant du cœur, et ses palpitations tendres.

Arrêtez de jouer les girouettes amoureuses. Ne tournez plus autour de vos engagements comme une mouette légère et inconstante. Osez déployer les ailes de votre amour, sans y laisser des plumes ! Oser convoler en vous laissant porter par vos alizés sentimentaux. N'oubliez pas de regarder votre boussole. Posez-vous de temps en temps sur le sol fertile de votre jardin fleuri, à l'ombre de vos pins parasols et de vos copains les plus animés.

En amour, vous croyez connaître la musique, mais le chant des sirènes vous emporte parfois très loin de vous-même et de l'autre. Aussi, apprenez à lire la carte du tendre au-delà de vos lunettes de soleil. Et ne vous laissez plus séduire par les apparences trompeuses (même si la deuxième paire est gratuite?).

N'oubliez pas de considérer la face cachée des choses. Vous ne perdrez plus la face et vous tomberez pile... au juste débarcadère de votre voilier du cœur. Tentez alors le "lac des signes" et le dialogue avec vos berges... sans oublier de dénouer les amarrages ou démêler les vergues (et non les verges) de votre embarcation amoureuse. Alors, on ne vous mènera plus en bateau, en vous piégeant avec les reflets narcissiques de vos miroirs aux alouettes sentimentaux...

Tenez votre barre. Tenez à vous-même plus qu'à votre propre image. Aimez l'amour pour ce qu'il est, et non par ce qu'il pourrait donner à admirer, à montrer, à mettre en scène !

Problématique amoureuse centrale 94

(voir aussi la PAC 4, la PAC 13 et éventuellement la PAC 49)

Le gros cerf-volant amoureux a besoin d'être piloté par quelqu'un qui a bien les pieds sur terre. L'amour a besoin de repères clairs, s'il ne veut pas se perdre dans ses ombres. L'amour a besoin de fondations et d'ancrages pour s'épanouir et se transformer.

Soyez vigilants quant à la qualité de vos cadres amoureux, et de leurs bases concrètes. Vous avez besoin de matérialiser vos élans affectifs les plus éthérés. Vous avez besoin de trouver votre rythme dans la rencontre sentimentale. Vous aimez être à l'heure de vos passions, et à la page de vos évolutions intimes. Il ne faut pas s'aventurer à vous poser un lapin ! Il ne faut pas vous faire des promesses en l'air. Vous avez besoin d'engagements précis et de propositions sérieuses.

Méfiez-vous de votre tendance à faire le mort, lorsque les choses, justement, se précisent. Et arrêtez de courir comme un lapin, quand on s'approche trop de vos oreilles sensibles !

Osez sortir de vos protections hermétiques. Laissez Cupidon vous transformer par la magie de ses flèches. N'ayez plus peur du loup, et apprivoisez celui qui rode en vous-même... Il ne vous dévorera le cœur que si vous continuez à jouer les victimes. Et que vous sollicitez un Chaperon... rouge ?

Quand les choses sont mûres, apprenez à passer à autre chose, sans vous accrocher aux débris de vos anciennes barrières. Ne restez pas retranché(e) dans l'enclos de vos peurs de l'autre, et dans le marais de vos doutes sur votre propre valeur. Vous valez la peine d'être aimé(e). Alors, ne continuez plus à vous faire de la peine, en ne faisant pas le deuil de vos amours envolés, ou de vos espoirs passés.

L'abondance amoureuse est là, derrière les containers de vos pénuries relationnelles ou de vos déchets affectifs du passé. Posez enfin vos pieds au cœur de vos richesses sentimentales, si longtemps enfouies au fond de votre si beau jardin d'amour...

Problématique amoureuse centrale 95

(voir aussi la PAC 5, la PAC 14 et éventuellement la PAC 59)

S'évader de l'emprise familiale, pour s'engouffrer dans une relation amoureuse, ne permet pas une libération affective, aussi effective qu'on aurait pu le penser ! Se déchaîner sentimentalement ne permet pas forcement de lâcher ses chaînes relationnelles. En particulier ces attachements ou fidélités (inconscientes) au cadre familial et psychoaffectif qui nous a vu grandir (ou essayer de grandir).

Vos choix amoureux semblent s'orienter vers tout ce qui bouge... comme si vous aviez peur de vous ankyloser le cœur, ou de perdre vos élans ! Mutations, permutations, transmutations en excès, vous offrent, certes, vos plus belles transes et vos meilleurs frissons, mais elles vous saoulent le cœur, et vous éloignent de vos équilibres fondamentaux.

À trop en faire : c'est l'enfer ! À galoper dans le trop, vous vous ruez au galop de vos folies ordinaires. Vous restez accros à vos drogues sentimentales habituelles, au milieu de ces ronces sauvages qui clôturent certaines de vos relations.

Aussi, osez tempérer vos tempêtes. Osez vous adapter au cheminement plus lent de cet autre, qui finalement vous attire et que vous avez dans la peau. Ne vendez pas la peau de l'ours avant de l'avoir tué. Ne faites plus dans les marchandages affectifs. Laissez votre trappeur amoureux intérieur poser son fusil, et se reposer à l'ombre de ses rêves.

Ne faites plus de votre sexualité un lieu de prise de risques incessant. Vous n'avez pas à réparer les problèmes sexuels, ou les attentes envolées de vos parents et ancêtres. Osez vos propres désirs. Sans être l'otage de ceux de l'autre. Sans vous handicaper par le respect des consignes les plus castratrices du passé.

Vous avez besoin d'aventure ? Ne restez pas planqués derrière la devanture de vos hésitations de seconde main, et de vos fuites des lendemains qui chantent ?

Problématique amoureuse centrale 96

(voir aussi la PAC 6, la PAC 15 et éventuellement la PAC 69)

L'amour est comme une belle fleur : Il a besoin d'eau, il a besoin de chaleur... il a besoin d'amour ! Pas trop d'eau pour ne pas le noyer. Pas trop de chaleur . Il risque de fondre et de disparaître (ou se faire suer ?). Pas trop d'amour-dépendance, d'amour-possession, d'amour-étouffement, n'est-ce pas ?

Méfiez-vous de vos attachements si doux et de vos drogues affectives si plaisantes. Sortez des pièges de la fusion ou de la passion amoureuse destructrice. Lâchez les "sys-tèmes" pervers qui vous engloutissent ou vous prennent en otage par le bout du cœur.

Vous avez besoin d'un cocon. Ce qui ne veut pas dire faire le con en vous laissant mener par le bout du con, pardon, par le nez ! Ne signez pas un pacte d'amour traître et factice. Méfiez-vous des contre-façons amoureuses et des accroche-cœurs sentimentaux.

Libérez-vous de vos démons intérieurs et de vos masturbations mentales. Ne faites pas de votre ouverture du cœur une poubelle de nuit... ou d'ennui ! Ne cherchez plus les poux (ou l'époux) dans la crinière de l'autre. Lâchez les amours dernier cri... Ils sont si vite démodés !

Osez siroter vos plaisirs d'amour... qui ne sussent que si l'on s'en sert ? Osez écouter vos désirs d'amour universel. Le couple serait-il en univers en soi ? Aller à la rencontre de soi, procure parfois de réelles surprises, des jouissances nouvelles... et des délires absolus.

Problématique amoureuse centrale 97

(voir aussi la PAC 7, la PAC 16 et éventuellement la PAC 79)

Comment savoir si le cœur a raison de se lancer dans ses rêves ?

Est-il possible de *savoir* quelque chose, quand il s'agit de sentiments (surtout ceux qui s'agitent) ? Il est surtout possible de *sentir*, de ressentir ... Mais pas de savoir ! Circulez, il n'y a rien à sa-voir !

Seul le cœur peut témoigner du cœur. Seul le cœur peut parler du cœur. Seul un cœur peut capter et recevoir un autre cœur. Comment la tête pourrait-elle le faire ? Il me semble qu'il y a une escroquerie mentale à mettre le cœur à la sauce des normes de la raison, non ?

Il vous est suggéré de ne pas mettre votre “Maître du savoir intérieur” à la place de vos élans du cœur. Évitez de vous faire avoir par votre savoir, lorsqu'il est question des respirations, des palpitations et des marées de votre cœur amoureux. Voir et savoir ne sont pas suffisants pour écouter le cœur. Sinon vous risquez d'aller vous faire voir ailleurs !

Laissez de la place à vos horizons du cœur. Ne les enfermez pas dans des croyances et des dogmes. Ne les limitez pas par vos a priori et vos frilosités intérieures.

Osez mettre un peu de cœur dans les hauteurs de vos programmes spirituels. Osez assouplir votre façon d'aimer, grâce aux douceurs de votre cœur.

Vous avez besoin de décoder votre monde intérieur amoureux. La logique est impuissante. Par contre, votre intuition et votre sensibilité aux symboles – aux actes symboliques, aux synchronicités – peut vous être d'une aide non négligeable.

Le cœur a ses résonances, ses analogies propres. Laissez-les vivre ! Observez-les . Restez le cœur en éveil, au centre de votre conscience. Ouvrez les yeux de votre cœur à l'essentiel de votre relation à l'autre. A l'essentiel de “vous-m'aime”...

Problématique amoureuse centrale 98

(voir aussi la PAC 8, la PAC 17 et éventuellement la PAC 89)

Les grands conquérants de l'amour qui se prennent les pieds dans leurs contradictions sentimentales... On connaît ça par cœur !

Il vous est suggéré de ne pas vous prendre pour une star internationale de l'amour. Du moins pas avant d'avoir effectué un certain travail sur vos rêves de puissance (sur l'autre?), ou vos velléités de prise de pouvoir sur les élans du cœur de votre partenaire.

C'est un honneur, semble-t-il, d'avoir à vous faire la cour (par les temps qui courent ?). Votre grandeur d'âme n'a d'égale que la générosité de votre cœur... Tout ça c'est bien beau, mais qu'en est-il de votre capacité à écouter l'autre, à rester sensible à ses germes d'amour, et à ses rivières souterraines sentimentales ?

Osez traverser la toile de son tableau affectif. Osez voir au-delà des étoiles de son firmament amoureux. Les lointaines conquêtes de votre esprit éclairé peuvent vous éloigner de votre cœur... et du cœur de votre partenaire. Alors restez près du foyer brûlant de votre échange transformateur et régénérant.

Votre quête de justice sociale, et vos idéaux de fraternité universelle, vous cachent parfois l'entrée des artistes du temple de vos richesses de cœur. Votre politique sentimentale semble consister à ne pas perdre vos acquis, et à protéger vos conquêtes... côute que coûte ?

Le juste prix du cœur ne se trouve qu'à partir d'évaluations uniquement quantitatives. Posez votre calculette. Laissez refroidir vos stratégies les plus offensives. Et osez accueillir l'amour tel qu'il s'offre à vous : sans armes et dans cet esprit d'abandon... qui libère. Le vécu sentimental est mobile et évolutif, comme la vie. Ne cherchez pas à hiérarchiser vos élans, ou à rentabiliser vos placements amoureux. Vous trahiriez votre cœur !

Soyez juste. Juste au cœur de vous-même. Là, où votre puissance d'amour est illimitée... et inconditionnelle ?

Problématique amoureuse centrale 99

(voir aussi la PAC 9 et la PAC 18)

L'amour divin éclaire le monde et illumine nos petits mondes intérieurs. Il vous reste à accueillir cette lumière en vous-même, et lui laisser effectuer cette remise à neuf amoureuse, à laquelle elle vous convie cordialement... et perpétuellement !

Ne jouez pas à cache-cache avec ce qui est unique dans votre façon d'aimer. Ne vous diluez pas dans ce que vous croyez être l'amour des autres. Ce que vous pouvez vivre avec votre partenaire s'articule surtout autour de cette puissance d'amour qui vibre au fond de vous-même.

Votre vision planétaire des choses en matière d'amour, vous pousse-t-elle à aller vivre sur une autre planète avec l'élu(e) de votre cœur ? Vous réfugier dans de grands idéaux, n'est pas vraiment idéal pour nourrir votre relation amoureuse.

Le voyage interstellaire des cœurs enflammés se finit souvent en atterrissage forcé, sur une déception sans "commen-terre". Il se termine même parfois en queue de poisson d'élevage gavé aux hormones de "sainte-aise". Alors, ne sautez pas dans la première soucoupe volante venue. Sauf si vous aimez la soupe aux choux. C'est si chou !

Vous avez besoin de rêves sur écran panoramique ? N'oubliez pas de regarder de plus près ce qui se joue au cœur de vos mythes concernant l'amour et le couple ... Histoire de ne pas boire "au couple jusqu'à l'hallali ?"

Ne vous racontez plus d'histoires concernant votre infaillibilité amoureuse (et pontificale). Vous avez foi en vous, OK ! Osez juste vous libérer de vos illusions, et mieux considérer la réalité telle qu'elle est.

Le happy end est-il toujours au rendez-vous ? "Pourquoi pas ?" : me direz-vous, c'est une question de regard sur les événements de la vie. Un regard neuf. Celui du sage ? Celui des messages profonds du cœur. Celui du passage de la vie et du renouvellement perpétuel des créations amoureuses et des gestations sentimentales...

Problématique amoureuse centrale 100

(voir aussi la PAC 10).

L'amour est plein de possibles, ça va sans dire ! Dis-moi ce que tu "res-sens" je te "di-rais" qui tu aimes ? Un amour à trois chiffres, ça s'arrose ?

Il vous est suggéré ici de vous occuper de tous ces uns exclusifs qui occupent votre problématique amoureuse, hein ?

Méfiez-vous de votre tendance à diriger les opérations (à cœur ouvert ?). Et à développer le couple... sans l'autre !

Initiateur, vous l'êtes. Sans peur et sans reproche, vous semblez toujours prêt à monter à l'assaut de vos aspirations les meilleures en matière d'amour. C'est très sympathique ! Mais n'oubliez pas que dans le couple vous êtes deux. Laisser l'autre derrière ne fait pas aller de l'avant !

Vous prendre pour le phare absolu des rivages de l'amour (et des côtes d'Armor), ne fait pas de vous une lumière, côté cœur. C'est un truc à se "di-later" les côtes, à défaut de se "di-later" le cœur. Vous risquez de passer à côté de "l'es-sen-tiel", en décollant comme une fusée Ariane, au cœur du plat pays de vos échanges amoureux.

Qui m'aime me suive ! Encore faut-il aimer vous poursuivre... dans votre course autour de ce centre si bien protégé, si bien défendu qu'il semble finalement interdit d'y pénétrer ?

Osez aimer à 100 % ! C'est-à-dire pleinement aux sources de votre cœur. Et en ne privilégiant pas les ressources de votre tête, par rapport à celles de votre cœur si "puis-sant". Ne faites pas de la relation un lieu d'échanges à sens unique...

Calmez vos impulsions, modulez vos élans. Et surtout respectez cet espace en vous qui accueille votre capacité à être auteur de votre vie amoureuse, sans en être le chef tyrannique, sans chercher à vivre l'amour au cœur d'une compétition ultime. Sans mettre le paysage intime à feu et à 100 !

Soyez juste avec votre cœur... la vie vous le rendra au centuple !

* * *

Le registre amoureux préférentiel

Fais le vide afin d'être comblé.
Apprends à ne pas chercher à aimer
afin d'apprendre à aimer.

ST AUGUSTIN

Soyez juste avec votre cœur... la vie vous le rendra au centuple !

Dans vos relations amoureuses, vous restez probablement fidèle à un certain type de communication avec votre partenaire. Vous avez une manière bien à vous de vous comporter dans vos échanges affectifs et sexuels. C'est ce qui fait votre originalité amoureuse, votre "spécialité" propre dans votre rencontre avec l'autre.

Le ou les nombres de votre "Registre amoureux préférentiel" sont là pour vous aider à prendre conscience de votre manière de fonctionner dans ce domaine pour améliorer vos échanges et consolider votre construction de couple.

Ces nombres vous encouragent à favoriser l'expression la plus authentique et la plus profonde de votre créativité amoureuse. Ils vous invitent à vous orienter sans détours vers le style d'échanges au sein desquels vous vous sentirez plus à l'aise, plus vous-même... et plus respectueux de la richesse originale de votre cœur.

Ici sont pointés vos atouts-maîtres en la matière. Toutes ces potentialités amoureuses, tous ces élans sincères à mettre en œuvre, pour le meilleur... et pour le pire ?

Les évocations de votre "R.A.P" ne sont que des hypothèses à votre libre disposition. L'essentiel est ce que vous ressentez, ce que vous captez, ce que vous souhaitez. Aussi, ne vous calquez pas sur des propositions mentales, parfois assez standardisées. Connectez-vous à vos impressions et sensations profondes. N'oubliez pas d'écouter votre cœur... Dans le domaine amoureux, ça vaut mieux !

Ne vous identifiez pas à votre "R.A.P" répertorié comme tel. Restez libre vis-à-vis des éventuels programmes amoureux qui pourront intervenir dans votre (ou vos) relations. Deux personnes ayant le "même registre", ne vont pas le mettre en valeur, ni l'exploiter, de la même manière. Une fois de plus; vous êtes invité à lâcher les standards !

Ce qui compte finalement, ce n'est pas le fonctionnement ou l'attitude personnelle, mais plutôt la personne qui est derrière !

Le registre amoureux peut être considéré comme un scénario, comme un jeu, comme un accessoire utile... En aucun cas il n'EST la personne ! Ne confondez pas la belle voiture, avec le (beau?) conducteur !

Aussi, ne vous aveuglez pas avec les apparences, et développez le "choix intérieur" qui fait intervenir plus directement votre conscience la plus mature possible. Et vous évite de vous perdre dans les illusions ou les projections les plus courantes en matière d'amour.

Par ailleurs, remarquez qu'il reste toujours l'habituelle question : "Mon registre amoureux préféré, qu'est-ce que j'en fais ? Qu'est-ce qu'il m'évoque ? Qu'est-ce qu'il m'amène à témoigner ?"

N'oublions pas que cet outil numérologique, comme d'ailleurs tous ceux qui sont évoqués dans ces pages, est destiné à être utilisé "en entretien". Des "thèmes-entretiens" qui vous sont proposés par le numérologue humaniste et les entretiens que vous pouvez mettre en œuvre avec vous-même.

Comment est-ce que j'utilise le meilleur de moi-même au cœur de mes échanges amoureux ?

Comment est-ce que je transforme mes vieilles habitudes (ancestrales ?) en autre chose qui m'appartient mieux ?

Comment puis-je me libérer des systèmes inadéquats qui m'entravent et m'amènent à me tromper... sur moi-même ?

Il vous est suggéré de lâcher un certain nombre de vos béquilles préférées... pour oser avancer d'un bon pas.

Les nombres vous invitent à prendre conscience de toutes ces situations relationnelles qui sont là, dans votre vie amoureuse, pour vous permettre d'évoluer. Et surtout, vous inviter à revenir vers votre centre, au lieu de vous perdre à la périphérie de vous-même.

"Comment puis-je tirer les leçons de ce qui m'arrive et recycler, réutiliser, tout ça dans ma vie ? Comment puis-je suivre le courant de ce qui me correspond vraiment, et qui me conduit vers cette possible métamorphose intérieure ? Comment puis-je suivre ce courant qui m'amène gentiment à contacter ce qui se trouve au cœur de moi-même, et qui est là, de toutes façons, depuis le début de ma progression personnelle...

Revenez là où vous êtes réellement vous-même, dans votre authenticité la plus profonde. Et contactez ce centre, où vous pourrez vous sentir "aligné avec vous-même". C'est à partir de ce centre que vous aurez la possibilité d'apprendre à mieux vous sentir, à mieux vous aimer... et mieux vous positionner en amour.

Peut-être vous est-il difficile de ne vous occuper que de ce qui est là, dans votre monde intime. Peut-être n'avez-vous pas l'habitude de prendre les décisions qui semblent justes, sans vous éparpiller à l'extérieur, sans vous perdre dans le labyrinthe de votre mental (et toutes ses bonnes raisons), ou vous griller à la brillance des apparences extérieures... comme un papillon de nuit sur une lampe "halo-gène" ?

Vous êtes encouragé, ici, à vous positionner, à vous situer, à partir de ce qui vient dans l'instant... Et à partir de votre conscience la plus lucide et la plus connectée au présent. Plutôt que de rester dans vos modes réactifs, ou vos divers systèmes de fuite (ou mécanismes de défense inconscients).

À vous de vous donner la possibilité d'être réellement vous-même. Et non "en déplacement" sur l'autre, ou en envahissement de son monde à lui.

Juste favoriser, une fois de plus, ce qui "vient de l'intérieur", ce qui émane de votre conscience chaque jour un peu plus en éveil ...

Votre intérêt, finalement, est d'exprimer à l'autre et à vous-même, en toute authenticité, ce qui est réellement ressenti... Et pas ce que votre tête veut que vous ayez ressenti ! Cela, dans le but de ne plus vous laisser manipuler par vos propres ombres, ou vos démons "inté-rieurs" (qui rient de vous voir si inexpérimenté en amour ?).

En fait, vous gagnerez à prendre soin de vous et de votre relation amoureuse. Vous gagnerez à prendre garde à vos "trahisons intérieures" les plus ordinaires, et à vos multiples "négligences dommageables"...

Si vous vous êtes laissé avoir par le passé (par les autres et surtout par vous-même !), il vous reste, dans ce registre amoureux, à avoir conscience de ce que vous avez à protéger maintenant, de ce que vous avez à choisir et à développer aujourd'hui.

Lorsque vous ne respectez pas ce qui est à l'intérieur de vous, et qui cherche à se dire depuis vos profondeurs les plus opaques, vous ne faites que vous manipuler... et passer à côté de vos richesses d'amour, de vos dons du cœur !

Lorsque vous êtes dans la dépendance à l'autre, en vous accrochant à lui (ou elle) comme à un biberon salvateur, vous vous perdez dans la relation et vous y perdez le meilleur de vous-même. Vous vous aimez sans repères. Vous vous aimez sans respecter l'essentiel de votre force intime, et de votre souveraineté intérieure. Alors, ce n'est plus de l'amour, c'est la mort (*l'amor*) de vos bourgeons nouveaux, de vos espérances si belles et de vos élans généreux !

Aussi vous est-il conseillé de lâcher ce ou ces biberons fusionnels pour ensuite vivre une relation plus mature... et non une relation où l'autre a surtout pour fonction de combler vos manques et camoufler vos peurs !

Vous n'aurez plus à vous mé-fier de l'autre, quand vous pourrez vous fier à vous-même, à cette lumière et à cette chaleur qui vivent en vous, et qui restent en relation avec votre conscience des jours les plus lumineux.

C'est ainsi que vous pourrez devenir un virtuose de votre registre amoureux préférentiel. Pas celui qui admire le ciel pour ne pas s'investir sur terre, mais plutôt celui qui arrête de se taire, ose laisser s'épanouir ses branchages et nourrit les fruits de son cœur avec confiance et générosité.

Comment calculer le Registre amoureux préférentiel (RAP)

Trois éléments seront nécessaires à ce calcul :
– L'habitant de la Case 5 de l'Inclusion de base.
– L'habitant de la Case 6 de l'Inclusion de base.
– La Place dans la famille (place de conception de la mère).
Leur total correspond au(x) nombre(s) du RAP.

Pour le montage de l'Inclusion de base, reportez-vous au chapitre qui la concerne.

Si nous conservons l'exemple fictif que nous avons utilisé pour le chapitre précédent, nous obtenons :

pour **l'Inclusion de GILBERT EDMOND FRANÇOIS PIRON**

1	2	3	4	5	6	7	8	9
2	2	2	3	5	4	2	0	6

Rappel : Soit 2 lettres à valeur 1. Le A et le S de François.
2 lettres à valeur 2. Le B et le T de Gilbert
2 lettres à valeur 3. Le L de Gilbert et le C de François.
3 lettres à valeur 4. Le M et les deux D de Edmond.
Etc.

– Sa case 5 a pour habitant un 5. (5 lettres à valeur 5)
– Sa case 6 a pour habitant un 4. (4 lettres à valeur 6)

– Il est le 4e de la famille
(apparemment le 3e, mais sa mère a avorté avant lui...)
Ainsi son Registre amoureux préférentiel sera :

<u>5</u> <u>6</u>
5 + 4 + 4 = 13 réduit à 4.

Que lui suggère son RAP 13 ?

Gilbert semble avoir besoin, plus que quelqu'un d'autre, de créativité et de sécurité pour s'épanouir amoureusement.

Il lui est demandé d'écouter attentivement son "enfant intérieur" sensible et spontané, tout en s'autorisant à poser ses propres limites au sein de la relation.

Le 13 l'encourage à favoriser les transformations dans sa vie amoureuse, et à ne pas rester figé sur des modes de fonctionnement familiaux ou des habitudes limitatives.

C'est en apprenant à lâcher ce qu'il croit immuable que le meilleur pourra renaître et s'épanouir avec bonheur. C'est en apprenant à faire le deuil de certaines illusions, ou de ce qu'il pourrait considérer comme acquis, qu'il pourra avancer.

Il est invité à faire le deuil d'une certaine forme de relation, tentée dans les premiers temps de sa vie amoureuse, et à ne plus rester accroché à l'image ou au souvenir de sa première relation... Qu'elles qu'en aient été les circonstances et les sensations.

Notons que son style de communication amoureuse, léger mais bien relié aux contingences terrestres, correspond à sa "femme recherchée".

En effet, il a 4 en Case 6, case liée à la partenaire "idéale", à sa "femme intérieure". Cette femme de "type 4", garde bien les pieds sur terre (et ne rechigne pas à l'ouvrage ?). Elle pourra l'accompagner favorablement et l'aider à développer ses atouts personnels, ses richesses de cœur.

Gilbert a besoin d'un cadre, à renouveler périodiquement (une nouvelle couche de peinture ?). Pour planter ses choux, le petit chou, il a besoin d'une bonne terre... et d'une "bonne pâte" à ses côtés. Qui pourrait lui donner de gentils coups de pattes dès qu'il s'endort sur ses lauriers ?

Son style est très excitant et 13 exceptionnel ! À lui de s'accorder l'occasion de s'épanouir dans la construction, puis la démolition, de ses jeux de l'Ego relationnel, un peu trop rationnels quand il veut imposer ses règles !

Ses ébats seraient-ils règlés comme du papier à musique ? Sans en avoir l'air, il pourrait jouer les chefs d'orchestre d'une chevauchée des "walk-yries" (ou d'une marche qui ne rit plus ?).

Drôle de style, originalité à régénérer... On s'éclate à mort, ou on se mord la langue, c'est au choix ! Les teintes de l'amour ressemblent ici à l'éventail des tonalités de l'arc en ciel. On en voit de toutes les couleurs ?

"Fau(x) ce qu'il faut", comme dit ma "con-cierge" qui adore tenir la chandelle...

Eh! Gilbert, lâche le pinceau de ton 7 initial et majuscule. Viens pétrir avec nous le bon pain amoureux. C'est du gâteau, quand on a tous les ingrédients sous la main ! C'est le pied quand tout marche comme sur des roulettes (russes ?).

Tu as le cœur sur la main... Toujours prêt pour des lendemains qui chantent et des résurrections superbes.

Pistes d'interprétation des registres amoureux préférentiels.

La panoplie des divers RAP va s'étaler du RAP 1 (très rare) au RAP 25 (rare, lui aussi).

Registre amoureux préférentiel 1

Seriez-vous un bon rappeur ? Rien de tel pour rentrer dans la danse amoureuse, sans peur et sans reproches (envers soi-même et envers ses proches).

C'est comme si vous aimiez, de préférence, foncer, faire la trace en amour.

C'est comme si, pour être à l'aise, il vous fallait des chemins bien tracés, des projets bien alignés, des élans dynamiques... et volontaires ?

Votre force, dans l'échange amoureux, serait plutôt du côté de l'action et de cette capacité à prendre rapidement des décisions qui vous honorent (sans toutefois vous comporter comme un éjaculateur précoce en matière d'engagement amoureux...).

Restons-en là pour ce RAP 1, peu fréquent, mais qui se veut très à la hauteur (de ses ambitions et de ses qualités de chef).

Avec lui : suivez la flèche !

Registre amoureux préférentiel 2

Seriez-vous du genre sensible, rêveur et conciliant dans vos échanges amoureux ? Pas le genre à casser la baraque ou à dialoguer en cassant des piles d'assiettes !

C'est comme si vous aimiez les promenades romantiques au clair de lune et au bord du beau lac de vos "po-aimes" les plus amoureux.

C'est comme si, pour être à l'aise, vous préfériez vous laisser porter par les douces vagues des cycles de vos émotions... et par les initiatives de l'autre.

Votre force dans l'échange amoureux, serait plutôt dans votre facilité à vous mettre à l'écoute des sentiments de l'autre, à deviner ses peines, à capter ses désirs.

Être une bonne maman pour l'autre, le nourrir, le soigner, le consoler... c'est un talent généreux. N'oubliez pas d'être aussi une bonne maman pour vous-même.

Vous savez épouser les courbes de l'autre... Tendresse et finesse ornent vos bouquets d'amour. Vos bras sont toujours ouverts... Ne portez pas toujours l'autre à bouts de bras. Laissez-le grandir !

Registre amoureux préférentiel 3

Seriez-vous un si beau, un si grand communicateur amoureux, qu'on ne voie plus que vous sur la scène de vos échanges de cœur ? Conter fleurette, chanter des romances, séduire par vos mots doux... en amour, vous semblez connaître la musique !

C'est comme si vous aimiez qu'on vous admire, qu'on vous reconnaisse enfin pour votre créativité, votre originalité et votre spontanéité amoureuse.

C'est comme si, pour être à l'aise, vous aviez besoin de beauté, de couleurs, de légèreté dans vos échanges de cœur.

Communiquer comme un être unique... face à la vérité d'un autre être unique, cela vous enchante. Vous souhaitez que votre vie amoureuse reste une fête de tous les jours. Et vous faites confiance à votre animateur intérieur pour égayer vos échanges, avec joie et sincérité.

Votre force dans votre dialogue d'amour avec l'autre serait plutôt dans votre don à réagir avec humour, dans votre aptitude à imaginer des scénarios nouveaux et à créer de belles symphonies pour votre couple admirable. Vous aimez qu'on admire votre couple et vous faites tout ce qui est en votre pouvoir pour qu'il rayonne autour de lui.

Vous n'aimez pas trop rester à "l'é-troit" dans un couple trop refermé sur lui-même et vous appréciez de sortir entre amis, de voir du monde, de parler, de s'aérer ensemble. Vous avez vraiment besoin d'air... l'air de rien !

Registre amoureux préférentiel 4

Seriez-vous du genre à vous engager pour la vie ? Vous apparaissez comme un amoureux fiable et posé qui sécurise et rassure. Un amoureux (ou une amoureuse) qui veut construire à deux du concret, du dur, du durable.

C'est comme si vous aimiez communiquer votre amour en faisant des dons bien matériels, bien tangibles. Comme si, pour vous, les grands serments et les grandes promesses n'avaient de valeur que s'ils étaient accompagnées de preuves concrètes et d'engagements sérieux.

C'est comme si, pour être à l'aise dans vos échanges amoureux, vous aviez besoin d'un cadre tranquille et sécurisant. Un paysage où les lieux et les horaires ont leur importance.

Vous aimez aussi que l'intendance suive, et vous détestez vous trouver à cours de biscuits d'apéritif !

Votre force dans l'échange amoureux serait plutôt dans votre talent à organiser les choses, votre habilité à faire quelque chose au service de l'autre : Le genre "cadeau fait main"...

Vous adorez baliser votre territoire. N'encombrez pas trop le territoire de l'autre sous prétexte que vous avez besoin qu'il voie que vous êtes là.

Pour vous une tradition est une tradition. Vous répugnez à transgresser les règles ou les habitudes familiales quand il s'agit d'avancer en amour.

La photo de mariage au-dessus du lit conjugal, ça vous va ?

Du genre Saint Thomas en amour, vous avez besoin de toucher pour croire. Et il vous arrive de toucher le jackpot !

Registre amoureux préférentiel 5

Seriez-vous du style : "Je suis là, où on ne m'attend pas. Et comme je ne suis pas toujours là (ou pas à l'heure) on m'attend souvent !"

Seriez-vous, tout simplement, un amoureux courant d'air... mais tellement excitant, plein d'ardeur, plein de vie !

Toujours en mouvement : avec vous on ne sait plus qui court après qui !

C'est comme si vous aimiez tout ce qui met en mouvement... et fait sortir de la routine.

C'est comme si, pour être à l'aise, vous aviez besoin de changements très fréquents, et d'une certaine électricité qui attire les aimants l'un vers l'autre avec fougue et passion.

Votre force dans l'échange amoureux réside plutôt dans votre habileté à retomber toujours sur vos petites pattes (et à remontrer patte blanche ?).

Votre force, c'est votre dynamique, votre capacité à surprendre et votre habileté à vous transformer en un cavalier aventurier... ou en un explorateur de contrées amoureuses encore inconnues ?

Vous n'êtes guère à cheval sur les principes, et il est difficile de vous faire la guerre pour vos habitudes ringardes. Votre style décoiffe. Votre starter est sexuel, mais il ne fait pas taire votre cœur !

À la croisée des chemins amoureux, vous prenez toujours le risque de vous lancer sans grande visibilité. Vos yeux de lynx et votre grand sens de l'observation ont pu vous éviter bien des déconvenues. "Ok, c'est convenu, on se rappelle !"

Auriez-vous l'art amoureux de cultiver l'absence ? Pour vous faire apprécier à votre retour... Votre flamme n'a pas spécialement peur des retours de flamme. Vous semblez avoir toujours le vent pour vous !

Dans la communication amoureuse, vous aimez être reçu 5 sur 5. Alors, faites un effort et restez plus disponible à l'autre. D'accord, à deux les responsabilités sont partagées : c'est 50/50 ?

Registre amoureux préférentiel 6

Seriez-vous le bel amoureux que tout cœur sensible aimerait serrer dans ses bras ? Le genre gentil, conciliant et délicat. Le genre "le cœur sur la main"... pour des demains amoureux qui chantent la mélodie du bonheur ?

C'est comme si vous aviez besoin de communiquer au sein d'un nid doux et confortable. La sensualité semble être au centre de vos élans du cœur. Et votre cœur semble se nourrir des dégustations que vous offre la vie.

C'est comme si, pour être à l'aise, il vous fallait une ambiance raffinée, une musique relaxante, des parfums exotiques, des mets de choix. La communication autour d'un bon vin, au coin du feu, sur des coussins de soie ou des fourrures somptueuses, satisfait votre désir... de toujours vous faire plaisir, sans complexes et sans culpabilité.

Votre force, dans l'échange amoureux, serait plutôt dans votre capacité innée à créer ce climat chaleureux dont vous avez le secret. Vous avez le don pour instaurer rapidement paix, confiance... et lâcher-prise.

Auriez-vous des mains d'or, celles qui savent instinctivement masser, toucher, caresser, pour le bonheur de l'autre et le plaisir partagé ?

Avec vous l'amour, ça coule de source, ça régénère et ça épanouit.

Votre manière d'être, si cool, si apaisante et si tranquille, favorise la confidence, invite à l'abandon... conduit à l'extase ?

Vous semblez avoir la bonté jouissive et le cœur épicurien. C'est pas rien !

Seriez-vous un cordon-bleu de l'amour ? Votre spécialité s'appellerait-elle le cœur d'artichaut, sur lit de crème d'amoureux, arrosé d'élixir de vie et de bon vin chambré avec soin et respect ?

C'est de tout cœur qu'on s'inviterait à votre table (ou sur votre table de massage) ! Votre partenaire amoureux ne connaît pas sa chance, ou alors il ou elle a un problème de foi(e)... en l'amour ?

Registre amoureux préférentiel 7

Seriez-vous cet amoureux sérieux et réservé, celui qui a pris conscience que tout dire à l'autre est infantile et dangereux, et qu'il est préférable de remuer 7 fois sa langue dans sa bouche... avant de se mettre à table ?

Vous semblez tabler sur la sécurité qu'offrent la fidélité et le contrôle des instincts et des passions.

C'est comme si vous aviez besoin de tout comprendre, et d'analyser en détails les élans et les témoignages d'affection de l'autre, pour être vous-même à l'aise. Balaise vous l'êtes, quand il s'agit de prendre conscience de tout ce qui se joue à deux ! Vous avez même la capacité de repérer, lentement mais sûrement, toute la panoplie des auto-sabotages amoureux, des fuites relationnelles qui jalonnent le terrain amoureux. Tous ces doutes, si bien nourris par les résistances intérieures et les fidélités aux ascétismes affectifs du passé familial...

Votre force, on l'a compris, réside surtout dans votre tête ! Votre savoir des choses de l'amour et de l'humain est immense... Il vous reste à aller au bout de l'humain que vous êtes. À ce bout, où l'autre vous attend avec son cœur, ses espoirs, ses désirs... et ses besoins d'aventure !

Ne restez pas trop rigide, dans vos retranchements émotionnels, sous prétexte "qu'il ne faut pas se laisser aller" à ses épanchements. Osez danser la gigue loin ce vos digues bétonnées. Laissez l'eau circuler entre vos pierres levées. Osez poser des ponts entre votre tête et votre cœur.

Offrez de la lumière au cœur du temple de votre corps. Ne restez pas tapi dans l'ombre de votre cathédrale affective. Laissez le soleil réveiller vos vitraux spirituels, et émerveiller votre vie amoureuse.

Vous savez prendre de la distance vis-à-vis des événements du cœur. Mais ne vous isolez pas trop de l'autre et de la vie. Prenez le risque d'avancer, sans toujours rechercher la perfection in-humaine !

Ne baissez pas les bras : ce que vous pouvez bâtir en écoutant réellement votre cœur est un bonheur rare. Ni vos peurs, ni les craintes des autres, ni les consignes anciennes de votre "a-sept" intérieur, ne peuvent vous empêcher de le vivre ! Alors vivez votre amour... "sept" fois-ci !

Registre amoureux préférentiel 8

Seriez-vous du genre con-quérant en amour ? Auriez-vous tendance à ressembler à un(e) amant(e) qui tend sa main de fer dans un gant de velours ? Celle ou celui qui, sous une couche de terre herbeuse et fleurie, cache un volcan puissant ? Si c'est le cas, osez ce feu de la transformation, ce potentiel de régénération, cette flamme passionnée et envoûtante. Osez ce feu d'amour, il purifie tout, nettoie tout, transmute tout... et ranime Dieu en soi.

C'est comme si vous aviez besoin de tension, de défi, voire de combat ou d'affrontement relationnel, pour vous sentir à l'aise, pour dynamiser votre puissance intérieure. Vos dons de stratège semblent indéniables. Votre habilité à dépasser les obstacles, et à reprendre le dessus sont remarquables.

Sur le ring amoureux, on peut vous offrir une bague... mais surtout pas vous baguer ! On peut vous offrir un collier... mais pas un collier de chien. Vous êtes un tigre libre, un roi de la jungle ! Aussi, en amour, votre style apparaît plein de noblesse et vos sentiments sont couronnés.

Devant les trahisons et les déconvenues, vous ne désarmez pas : vous faites face, parfois sans nuances. Vous faites feu de toutes vos flammes. Et si d'aventure, vous sentez que les bassesses ordinaires minent le terrain, vous maîtrisez vos sentiments (et votre colère ?), et vous vous retirez, bon prince. Vous retournez, dans votre château fort, d'un pas digne et majestueux...

Votre force dans l'échange amoureux réside dans votre capacité à occuper le terrain, à être là, avec votre imposante présence, votre puissance de protection et votre superbe avocat intérieur (votre avocat à la défense de vos acquis et de ceux que vous aimez). Vous haïssez les injustices, et vous semblez prêt à remuer ciel et terre pour faire taire les rumeurs, rétablir la vérité, et défendre les victimes innocentes de l'amour (y en a-t-il ?).

Méfiez-vous juste de votre jalousie : vous n'avez pas tout pouvoir sur la réalité de l'autre, en particulier affective. Vous ne pouvez maîtriser (ou diriger) ses sentiments. Laissez-lui de l'espace pour que son cœur puisse respirer. Laissez-le lui-même partir à la conquête de ses désirs ou de ses ombres, de ses difficultés ou de ses plus beaux défis. Si vous l'aimez réellement... laissez-le aimer, comme son cœur le lui commande !

Que votre si royal registre amoureux ne s'abaisse pas aux manipulations affectives et aux chantages relationnels. Restez juste avec l'autre... et juste avec vous-même. C'est juste un petit conseil !

Registre amoureux préférentiel 9

Seriez-vous du genre idéaliste en amour ? Ressemblez-vous à celui ou à celle qui rêve d'un amour pur et immortel, d'un amour généreux et ouvert ? Amour universel, amour inconditionnel et "amour toujours", font-ils partie de vos espoirs et de vos horizons intérieurs ?

C'est comme si vous aviez besoin des beaux fruits de votre imaginaire pour mieux aimer l'autre. Il vous paraît nécessaire de vous envoler très haut, de planer au-dessus des contingences bassement matérielles, pour savourer l'amour et échanger avec l'autre. Aimer, pour vous, serait-ce décoller... sans parachute et sans lucidité ? Votre manière d'aimer rimerait-elle avec poésie, compassion et émotions profondes... lâchées dans l'immensité de la nature ?

Votre cheminement amoureux serait-il aussi nourri d'utopies, d'illusions, de mirages... et de châteaux en Espagne ?

Osez avancer et faites confiance en la vie et en l'univers, sans rester piégé en faisant des plans sur la comète, sans commettre l'erreur de vous imaginer le maître de vos songes... et des trésors oniriques de votre partenaire.

Votre force réside dans votre capacité à développer conscience et sagesse en amour. Pour rester respectueux de l'humain imparfait que vous êtes : un humain manipulé par toutes ses couches inconscientes, son terrain de reproductions familiales, et ses systèmes de fidélités invisibles et mystérieux.

Utilisez votre force pour permettre à votre lumière de traverser toutes ces zones d'ombres qui jalonnent votre chemin d'amour. Vous croyez possible qu'il y ait toujours de nouveaux possibles... et qu'un jour vous puissiez aimer d'un amour sans limites, et offrir à l'autre la part de vous-même qui vous échappe. Cette part divine et immortelle en perpétuelle gestation au fond de votre cœur ?

Considérez le monde de l'amour avec d'autres yeux. Si vous restez trop occupé(e) à vouloir faire ce que tout le monde attend gentiment de vous, au lieu d'être tout simplement vous-même, vous risquez de perdre votre temps et de perdre espoir en ces forces insoupçonnées de l'amour qui sommeillent en vous, et se perdent dans vos rêves sans fin... et sans concrétisation ?

Registre amoureux préférentiel 10

Seriez-vous du genre "Je fonce, je décide, je dirige... si je veux que ça roule!" (car je ne veux pas qu'on me roule). Vous croyez en votre bonne fortune, tant que la roue tourne. Ainsi, vous n'aimez pas vous poser calmement quelque part. Le départ vous plaît toujours, le début c'est merveilleux, le coup de foudre aussi ! Mais, s'il faut ralentir le manège, s'il faut rester patient, s'il faut laisser la vie et l'amour suivre leur rythme et arranger les choses à leur manière... vous semblez désemparé(e).

C'est comme si vous aviez besoin de tenir les rênes, et être au centre de l'arène. Comme si vous aimiez être celle ou celui qui prend les initiatives en amour. Aussi, lorsqu'il faut repartir d'un nouveau pied, vous préférez que ce soit le vôtre plutôt que celui de l'autre. Vous semblez prendre votre pied à ouvrir de nouvelles portes... plutôt que vous prendre le pied dans la porte. Dans le couple vous souhaitez rester celui (ou celle) qui apporte... et se comporte comme le leader éclairé de vos échanges amoureux. Vous ne changeriez pas votre place pour une autre !

Votre force serait plutôt dans votre habilité à rester au centre des enjeux amoureux, et votre talent à vous entourer des présences dont vous avez besoin. Vous avez la capacité de savoir choisir votre axe et de vous y tenir. C'est-à-dire cette aptitude à rester dans vos positionnements face aux éventuelles pressions et manipulations de l'autre... surtout lorsqu'il ou elle joue les victimes ou les petits tyrans (c'est souvent la même chose !).

L'autre est parfois un mystère pour vous, surtout lorsque vous restez trop enfermé dans votre bulle ou au sommet de votre tour d'y-voit-rien. Vous semblez à la recherche d'indices (ou d'un 10) pour vous mettre sur sa voie ?

Considérez l'autre autrement qu'un "dis-ciple", laissez-le (laissez-la) faire la trace de sa propre route amoureuse. En amour, la "dis-cipline" intérieure est plus fructueuse que la "dis-cipline" extérieure.

Surtout si on veut tenir la "dis-tance" !

Registre amoureux préférentiel 11/2

Seriez-vous du genre passionné(e) en amour ? Ressemblez-vous à celles ou ceux qui plongent dans les vagues de leurs tempêtes intérieures, et naviguent à l'estime sur leur vague-à-l'âme saisonnier ? Celles ou ceux qui n'arrêtent pas de monter ou de descendre. Descendre très bas, histoire de toucher le fond avec leurs petits pieds, pour se propulser et remonter ensuite très haut... quitte à se cogner au "pla-fond" de la piscine olympique ?

Il paraît qu'avec le 11/2, il faut se méfier, car qui s'y frotte s'y pique... ou s'y électrise, tant son charisme et son magnétisme semblent puis-sants ! Côté émotions, c'est un puits sans fond ! Quand il fond en larmes, c'est pour mieux affûter ses armes, et préparer son feu. Le feu de son amour est ardent, mouvementé... et paraît-il guérisseur !

C'est comme si vous aimiez mettre l'autre sous l'hypnose agréable de votre désir fusionnel, mouvant et subtil. Comme si l'aimantation de votre être ne pouvait qu'attirer les papillons volants. Comme si le mystère de vos lumières ne pouvait guider que les pêcheurs du large et les chercheurs d'absolu.

Votre force semble résider dans l'intensité de vos cycles émotionnels et la grandeur de vos sentiments. Vous avez, par ailleurs, une grande habilité à surprendre par la rapidité de vos changements d'état intérieur. L'autre n'a pas le temps de se méfier de l'eau qui dort, qu'elle bouillonne déjà à nouveau !

Hyper-intuitif, vous avez le pouvoir de voir en l'autre, de le deviner et d'anticiper ses états intérieurs. Alors, servez-vous de ce don à bon escient. N'intervenez pas trop chez l'autre. Laissez-le vivre ce qu'il a à vivre et à confronter au cours de cette superbe école de vie ou ce processus initiatique ultime qu'est la relation amoureuse...

Registre amoureux préférentiel 12

Seriez-vous du genre à vous adapter de façon déconcertante à tous les retournements de situation ? Ressemblez-vous à celles ou ceux qui courbent l'échine et adoptent le profil bas, pour mieux réagir à retardement... et de façon parfois surprenante ? Les changements de cap amoureux ne semblent pas vous faire peur.

Là où il est habituel de ne rien découvrir, vous seul pouvez lever le voile des incertitudes et des doutes. Surtout si vous osez mettre les voiles loin de vos propres brouillards émotionnels ou de vos aveuglements du cœur...

C'est comme si vous aviez besoin d'évoquer une piste, ou d'exprimer des intentions, pour ensuite en suivre d'autres ! Vos choix semblent se faire en deux temps. Et ils se nourrissent de vos paradoxes les plus flragrants.

Vous êtes bon apôtre, vous vous sacrifiez parfois. Mais, vous ne sacrifiez jamais la vérité : elle doit, pour vous, toujours être dite d'une manière ou d'une autre. Aussi, dans la relation amoureuse, prenez garde de "pas trop en dire", ou de "tout dire" ! Vous seriez alors piégé par cette manière infantile de voir les choses. Osez garder votre jardin secret. Ne vous livrez pas pieds et poings liés aux questions et comportements intrusifs de l'autre.

Votre force réside dans la complexité de votre monde intérieur amoureux.

Votre mobilité intérieure, et votre capacité à jongler avec les opposés, vous donnent la possibilité de rester en équilibre sur le fil du rasoir, comme pour tenter la difficile voie du Tao.

S'il vous arrive de tomber amoureux, vous vous en relevez aussi vite... Après les douze coups de minuit, vous êtes capable de vous enfuir à pieds, avec une chaussure en moins (pourtant au dernier son de cloche, c'est embêtant de se retrouver à cloche-pied !).

Vous seul semblez pouvoir explorer la face cachée de la lune des enjeux amoureux, et autres ficelles relationnelles. Apprendre à créer des liens, c'est aussi développer l'habilité à délacer les boucles, celles qui vous entrelacent le décor, et vous emprisonnent le cœur.

Ne coupez pas trop à la corde sur la route en lacets des échanges amoureux. Laissez à l'autre le temps de se retourner. "Douzement, douzement !"

Registre amoureux préférentiel 13

Seriez-vous le (ou la) phœnix de la renaissance amoureuse ? Celui ou celle qui a la belle faculté de pouvoir toujours renaître de ses cendres...

C'est comme si vous aviez besoin du tremplin de vos deuils et échecs passés pour agrandir vos possibles et recréer de meilleures conditions d'échanges amoureux.

Votre force réside dans votre aptitude à renouveler votre image personnelle, votre langage et vos témoignages d'amour au sein de la relation. Vous avez ce côté responsable et posé qui rassure. Prendre soin de l'autre, de sa santé, de sa sécurité, c'est une habitude chez vous.

Vous apparaissez aussi comme "le champion (ou la championne) du passage". Pas le passage à l'acte, mais le passage à autre chose, le passage vers l'autre rive... celle qui se trouve au-delà des peurs habituelles et des résistances au changement.

Sérieux et conscient des enjeux de la relation amoureuse, et de ses renouvellements nécessaires, ne vous mettez pas en position trop dominante, n'adoptez pas un comportement autoritaire. L'autre peut aussi grandir tout seul, sans être poussé par son gentil "papa d'adoption".

Vous prendre pour le père ou le distributeur de repères ne fait ni avancer les capacités d'autonomie, ni la maturation intérieure du (ou de la) partenaire...

Rester "très-actif", comme celui qui relève ses manches et consolide la relation, c'est sympathique ! Mais, avez-vous, à vous tout seul, la responsabilité de l'entretien des digues du couple, de ses thermostats intérieurs (indicateurs de limites) ou de ses passages cloutés ?

Registre amoureux préférentiel 14

Seriez-vous du style posé, cadré et sécurisant en amour ? Auriez-vous le tempérament tempérant ? Lorsque vous posez vos jalons, ils font long feu.

Vous inscrivez votre démarche amoureuse dans la durée. Plutôt lent-amant et sûrement, qu'amant feu de paille, perdu dans ses "é-lans" vaporeux, peureux et malheureux...

C'est comme si vous aviez besoin de rester bien d'aplomb, les pieds sur terre et du plomb dans la tête. Comme si vous aimiez les contrats très clairs et les engagements béton, en commençant par les vôtres, bien sûr !

Vous semblez plus à l'aise dans les routes bien balisées que dans les chemins de traverse. Vous restez fidèle au passé, parfois un peu trop ! Cependant vous avez la faculté de vous dégager des schémas amoureux de votre arbre (généalogique) et des programmes de vos constellations familiales .

Votre force, dans l'échange amoureux, réside dans votre stabilité, et votre capacité à peser le pour et le contre, sans vous raconter des contes. Vous possédez une belle habilité à déceler les embûches amoureuses du quotidien. Et tous ces détails qui, à la longue, peuvent miner le terrain des échanges entre partenaires.

Votre lucidité peut vous permettre de ramener les choses à leur juste mesure, et considérer les événements de la relation à leur vraie dimension.

Vous savez vous situer, et resituer les dérapages amoureux dans un cadre cohérent. Vous pouvez donner sens... aux égarements des sens !

Vous avez la capacité d'avancer comme un pèlerin tranquille, sur le chemin de l'être en transformation amoureuse. Faut-il respecter les vieilles consignes à la lettre, se demande votre messagère-postière sur votre beau chemin ? Composte-t-elle ou ne composte-t-elle pas ? Pas à pas ...

Registre amoureux préférentiel 15

Seriez-vous du genre insaisissable dans vos élans amoureux ? Je n'ai pas dit que vous étiez le style à changer d'attitude tous les 15 jours... Disons que vous aimez que ça bouge, que les surprises suivent les surprises... et que ça décoiffe un peu, que diable !

C'est comme si vous aviez besoin, pour être à l'aise, de pouvoir disposer de suffisamment d'air pour votre respiration amoureuse. Les attachements affectifs trop prenants vous incitent parfois à prendre la tangente. Je ne dis pas que vous la prendrez vraiment... mais c'est tangent !

Votre force, dans l'échange amoureux, réside dans votre capacité à gérer l'inattendu... ou à le provoquer ! Vous semblez aimer mettre en œuvre certaines petites provocations. Histoire de mener un peu l'autre en bateau. Et de quitter le quai des habitudes bien balisées ! Lorsque l'autre balise un peu, ça vous excite, n'est-ce pas ?

Comme le chat amoureux, vous pouvez vous envoyer en l'air... et retomber sur vos petites pattes ("chat" marche à tous les coups ?). Habile et rusé vous semblez pouvoir vous faufiler à travers les pièges du cœur. Vous savez suivre l'énergie, celle qui régénère, libère et illumine. Mine de rien vous osez prendre le risque d'une sexualité qui propulse l'amour au-delà de ses routines ordinaires. Vous osez vous hisser au-delà des zones troubles des aliénations des sens.

Vous semblez dompter avec bonheur la bête qui cherche à rugir au fond de vous. OK, vous n'êtes pas un ange, mais vous savez écouter l'Abel et la bête, au tréfonds de vous-même !

Registre amoureux préférentiel 16

Seriez-vous du genre à sauter du haut des altitudes de votre mental directorial pour plonger vers le jardin fleuri de votre cœur... où coule une si belle rivière ? Ne savez-vous pas que la nature est une épouse qui vous carambole d'extase ?

Votre esprit amoureux semble flotter sur la terre, libre de toute entrave, comme une œuvre d'art. La vie amoureuse n'est pas toujours une œuvre d'art. Elle peut le devenir lorsqu'elle réellement fécondée par le cœur et ancrée au sol des engagements les plus concrets.

Alors, la vie choisit le beau pour témoigner ce qui est. Elle arrête de jouer des tours au détour du chemin affectif, et s'éloigne des espoirs impossibles parce qu'ils restent infantiles et illusoires. L'amoureux ne crée pas la beauté de son amour. Il enlève juste ce qui empêche de la voir... et de l'avoir pour meilleure école de vie !

C'est comme si vous aviez envie de faire la fête à la vie, de faire des galipettes avec votre cœur, et de danser avec vos sentiments, libéré de cette vieille "as-cèse" du passé. Comme si vous n'aviez en tête que de perdre la tête... pour retrouver l'amour idéalisé de vos jeunes années. Cet amour de vos premiers élans, tour à tour, hésitants et passionnés, timides et grandioses.

Maintenant que vous êtes devenu grand(e), osez retrouver l'appétit que vous aviez petit(e). Après la folie des grandeurs, et les discours des grandes heures, osez simplement ne plus vous mentir à vous-même. Arrêtez de vous reposer à l'ombre de la vérité de vos zones obscures, de vos peurs inutiles et de vos fiertés débiles. Osez la clarté, même si elle demande courage et détermination. Là réside votre merveilleuse capacité à vous faire confiance, et à faire confiance à l'autre. Utilisez votre belle disposition à vous lâcher dans le fleuve de vos sentiments les plus profonds et les plus fertiles... La vie est votre alliée et elle vous accompagne !

"Seizez" de vous croire persécuté(e). Cessez de passer votre cœur au "presse-six-tron" ! D'accord, vous savez tout ça par cœur ! Alors, n'oubliez pas ce qui s'anime au cœur de votre corps. Ne dé-cor-tiquez pas tout avec votre tête. Posez-la sur l'oreiller ! Et allez vous offrir un bon bain de minuit : ça ne "mi-nuit" pas à la santé... et ça rafraîchit l'esprit !

Registre amoureux préférentiel 17

Seriez-vous du genre protecteur en amour ? Celui qui se prend pour le père (ou le grand-père) et s'efforce de donner des repères, de poser des cadres, de sécuriser ?

C'est comme si, pour être à l'aise dans la relation, vous aviez besoin d'être dans le rôle de celui ou celle qui sait où elle met les pieds. Celui ou celle qui sait... ce qu'il faut savoir.

Il y en a qui croient qu'en lisant des livres sur l'amour, ils seront délivrés de leurs savants "saboteurs intérieurs". Apprendre à aimer en 10 leçons, apprendre à faire l'amour en 17 leçons, ça part d'un bon "senti-ment", mais ça ment à l'esprit du lecteur le plus soucieux d'écouter son cœur !

Votre force réside dans la sagesse de votre maître "inté-rieur" (pas toujours si rieur que ça !), celui qui vous aide à prendre conscience des mécanismes psychologiques et des rapports de force en jeu dans votre relation amoureuse. Si c'est un bon "thermo-maître", il vous aidera à éviter que ça chauffe ! Vous avez à votre disposition une très belle capacité à déceler les rôles de pouvoir au sein du couple. Sachez les gérer, les transformer.

Vous semblez à la tête d'une belle troupe de sentiments, aussi fougueux les (h)uns que les autres ! Vous paraissez les contrôler sans difficulté. Quelle est votre recette ? On aimerait savoir...

Cette pression intérieure, n'est-ce qu'une impression, ou bien seriez-vous toujours prêt à sauter... ou à tout faire sauter ? Excusez-moi, je plaisante !

Seriez-vous accompagné par une bonne étoile, le sac plein de cadeaux, tel un Roi-mage en chemin ? Auriez-vous dans votre stock de dons, le savoir-guérir allié au pouvoir de guérir ?

Au détour de votre impressionnant chemin amoureux initiatique, si vous croisez votre guérisseur intérieur, ou votre alchimiste intime, demandez-leur de mettre la main à la pâte. Vous verrez, ils sont épatants !

C'est vrai, penser l'amour et panser l'amour font deux. Prendre soin de soi est mère de sagesse, et va de pair avec l'aide que l'on peut proposer au cœur blessé. Mais, la relation amoureuse n'est pas forcément un hôpital de campagne. Faites-en plutôt une grande salle de réveil ou une belle salle d'accouchement !

Registre amoureux préférentiel 18

Seriez-vous du genre "Chef des croisés", à la croisée de vos chemins amoureux ? Seriez-vous prêt à défendre la "Jérusal-aime" de votre amour, l'épée à la main et le verbe haut ?

C'est comme si vous aimiez élever vos sentiments au niveau d'un horizon planétaire... et spirituel. Comme si vous vous retrouviez missionné pour jouer les bons apôtres auprès de ceux que vous aimez. Attention à ne pas vous prendre pour le sauveur de votre partenaire ! Ne savez-vous pas que qui se ressemble s'assemble ? Pour se rencontrer, il faut venir de la même contrée, non ?

Votre force, dans l'échange amoureux, réside plutôt dans votre talent à élever le débat... sur vos ébats ? Vous semblez pouvoir aider l'autre à réaliser ses rêves, et à se construire favorablement. N'oubliez pas, au passage, de lui laisser l'initiative de ses projets, et la possibilité de créer les plans de sa cathédrale céleste (ou de son sanctum intérieur).

Merci pour lui d'éviter les "dé-rives" de la toute puissance ! Si vous voulez qu'il "ar-rive" à bon port... modérez vos apports. Ne contraignez pas son cœur à grandir. Il a peut-être parfois, comme le vôtre, envie de rester petit, envie de régresser un peu dans sa fragilité, dans son insouciance irresponsable et démissionnaire. Ne jouez pas trop les missionnaires amoureux. Ne cherchez pas à convaincre l'autre ou à le convertir à la religion de votre cœur. Laissez la partie sauvage de votre cœur vous révéler la vérité sur votre vraie nature... divine.

Laissez votre puissance d'amour transformer votre vie, et générer une nouvelle relation de tolérance et de tendresse vis-à-vis de vous-même.

Vous deviendrez alors "Chevalier de la légion du cœur", "Général d'amour trois étoiles"... et héros de l'éros ?

Registre amoureux préférentiel 19

Seriez-vous le style de grand cœur prêt à s'engager au service de l'amour ? Celui ou celle qui veut que la réalité soit, au moins, à la hauteur de ses rêves...

C'est comme si vous aimiez vous mettre en quête d'idéaux probablement inatteignables, en matière de relation amoureuse. Comme si vous aviez besoin d'atteindre le ciel, pour vivre "l'essen-tiel" ! Vos élans affectifs ont parfois quelque chose de "sacrifi-ciel"...

Vous semblez avoir besoin de prendre le "recul du sage", et de décoder les "mes-sages" inconscients qui s'enchevêtrent au sein de votre cœur si généreux.

Votre force réside dans votre capacité à capter, à accueillir et intégrer tous ces signes de l'univers, toutes ces synchronicités significatives, toutes ces pistes symboliques qui jalonnent votre chemin (et celui de l'être aimé). Vous avez le don de sentir venir le futur, ou de percevoir ce qui se tisse (ou se trame) dès aujourd'hui. Vos intuitions vous "avertissent" longtemps à l'avance ! Vous semblez déjà être au courant avant la remise à neuf ...

Votre amour s'articule souvent (en particulier si vous êtes une femme) autour d'une image de père idéalisé, de père ou d'initiateur spirituel. Quelqu'un de plus âgé, qui vous fait la trace, qui vous ouvre de nouveaux horizons... de conscience.

C'est aussi comme si vous cherchiez à rattraper les histoires d'amour inachevées de celles et ceux qui vous ont précédé. Votre manière d'aimer, tout en paraissant très personnelle, n'en est pas moins nourrie et fortement imprégnée par la mémoire collective de votre groupe familial (les inductions ou injonctions de l'inconscient familial). Vos sentiments sont riches et profonds, ils forment un bouquet complexe... qui vient de loin !

Registre amoureux préférentiel 20

Seriez-vous du genre très prévenant, très à l'écoute de l'autre, et un tantinet marternant ? Celui ou celle qui aide l'autre à se connecter à ses sentiments profonds, et l'accompagne dans le trouble de ses émotions...

Pour vous, aimer n'est pas un "vingt" mot ! Le zéro qui accompagne le 2 vous invite ici à considérer cette puissance d'amour cachée, et ces nombreux possibles qui restent à votre disposition, au sein de votre alliance amoureuse.

C'est comme si vous aviez besoin de vous laisser imprégner tout doucement par les résonances affectives et émotionnelles qui vibrent au sein de votre relation amoureuse. Vous semblez avoir besoin de souplesse, de finesse. Il ne faut surtout pas vous brusquer !

Votre force réside plutôt dans votre habileté à vous adapter aux situations qui interfèrent avec vos élans du cœur. Vous vous sentez habilité à en tirer de belles leçons. Vous possédez une réelle aptitude à suivre les cycles qui rythment votre relation amoureuse... Alors, entrez dans la danse !

Il peut vous arriver de jouer les "thérapeutes" des blessures affectives de l'autre. Contentez-vous, surtout, de rester le (ou la) thérapeute de la relation, cela vous évitera d'empiéter sur le territoire intime de l'autre. Trop le coller, ne l'aidera pas à décoller !

Pour traverser le "ra-vin" des incertitudes, il est parfois nécessaire de jeter des ponts (et de jeter l'éponge ?) entre les deux rives (pour éviter les dérives ?). Restez-vous le (ou la) spécialiste de ce type de service, de cette pratique du "grand-écart" ? Vous semblez, en tout cas, extrêmement doué(e) pour réconcilier les "extr-aimes". C'est vrai : "Tant qu'on aime..."

Registre amoureux préférentiel 21

Seriez-vous du genre "je fonce, je crée... L'amour, c'est sa-cré !" ?

Le style d'amant(e) qui aime prendre l'initiative de ce qu'il y a à dire, à équilibrer, à réunifier, pour que la relation reste en bonne santé...

C'est comme si vous étiez plus à l'aise au sein d'un "système à trois" : le couple officiel et un 3e élément. Un personnage qui n'est pas forcément l'amant ou l'amante, mais un enfant ou un parent qui interfère dans la relation, par sa présence, ses questions ou ses "ordres"...

Il semble que vous occupiez, généralement, la place centrale. Une place où vous vous sentez le pouvoir (ou le devoir) de choisir entre deux personnes, c'est-à-dire à vous positionner par vos décisions personnelles (pas toujours faciles à prendre, j'en conviens!) et vos options du cœur.

Votre force, en tous cas, réside dans votre capacité à permettre à ce petit monde de s'y retrouver (au lieu de rester dans le brouillard des non-dits et des démissions émotionnelles).

Vous semblez aimer être à la hauteur des enjeux subtils et complexes de l'amour et de ses orientations intérieures. Vous vous sentez cap(able) de donner le cap, de donner un sens aux choses les plus embrouillées du cheminement amoureux. Vous avez la possibilité de clarifier les choses, et d'être auteur du renouveau : alors faites-le !

Registre amoureux préférentiel 22

Seriez-vous du genre à doubler la mise lorsque vous n'arrivez pas à contrôler le jeu amoureux ? Ressemblez-vous à un petit génie qui sait transformer toute relation bancale en un assemblage équilibré et juste? C'est juste : là où il y a du génie, il y a du plaisir !

C'est comme si vous aimiez vous retrouver face à cette âme jumelle qui vous aime surtout pour votre façon de l'aimer, pour votre aptitude à être un miroir magique...

Votre force, dans l'échange amoureux, réside plutôt dans cette double énergie qu'il vous semble possible de mobiliser à tout moment. Vous ne vous faites pas dire deux fois qu'un homme ou une femme averti(e) en vaut deux ! Évitez juste de désirer pour deux, d'aimer pour deux !

Qu'aurait pensé votre mère si elle avait été à votre place dans votre (ou vos) relation(s) amoureuse(s) ? N'avez-vous pas suivi les consignes inconscientes de cette belle lignée de femmes ? Ces femmes plus souvent coincées dans un rôle de mère, qu'épanouies dans un vrai vécu de femme...

Ce qui sous-tend la vie à deux, se décide-t-il vraiment à deux ? Osez découvrir tous ces personnages inconscients tapis dans l'ombre...

Osez poser de nouveaux cadres plus conscients. Positionnez votre style propre face aux pressions de celles et ceux qui vous entourent. Vous en serez alors beaucoup plus "vous-m'aime" !

Registre amoureux préférentiel 23

(cas de figure peu répandu)

Seriez-vous du genre communicateur ou coordinateur en amour ?

Coordon-nez OK ! Mais donnez aussi le cordon, ou plus exactement, osez le couper : Faites-vous le don de couper votre vieux cordon... Celui qui vous fait croire qu'il vous alimente "en-corps". Ne voyez-vous pas qu'il est tout serré (et qu'il ne sert plus) ?

Le nombre 3 représente l'enfant, le 2 représente la mère. Votre force ne consiste-t-elle pas à donner de l'air à cette relation mère-ex-enfant... pour mieux vivre celle, différente, qu'il vous est donné de vivre maintenant avec votre (ou un) partenaire ?

Ne jouez plus l'enfant avec l'autre. Ne vous prenez pas, non plus, pour sa mère (il en deviendra amer !). Contentez-vous d'être pleinement, et tout simplement, un homme ou une femme amoureux(se).

Votre force, c'est de pouvoir échapper aux pièges de la fusion, en sortant de la confusion qui a pu s'instaurer au début de votre relation.

Une confusion qui a pu vous amener à rester aveugle derrière les fausses apparences...

Alors mettez les voiles sur une merveilleuse mer, balayée par les vents dynamiques du changement et du renouvellement amoureux !

Registre amoureux préférentiel 24

(cas de figure plus rare que le précédent)

Seriez-vous du genre nature... et bien les pieds sur terre ?

Vous semblez, en amour, avoir besoin de régularité et de repères.

C'est comme si votre côté nourricier se glissait dans votre manière de vivre la relation (et de la nourrir). Il vous faut du concret. Des nourritures terrestres dans vos échanges. Jardinier(e) du cœur, bio de préférence, vous semblez aimer les échanges au sein d'un cadre beau et chaleureux.

L'amour planant et les plans sur la comète ne vous font guère bander. Du concret, du solide, du sécurisant : c'est l'essentiel de ce que vous cherchez, ou presque ! Pour vous, un couple heureux, ça se mérite, ça se travaille... Et ce n'est pas avec du vent, ou des mots en l'air, qu'on peut construire favorablement !

Votre force réside dans la force de vos attachements. C'est du solide. Et ça dure (même si c'est dur ?). Restez cependant vigilant concernant les attachements excessifs... ceux qui limitent, et parfois même emprisonnent. Celui ou celle qui s'y laisse enfermer par ses angoisses d'abandon et sa peur de grandir !

N'abandonnez pas votre territoire amoureux intime à la charrue de l'autre. Même si labourage et pâturage sont les deux mamelles de votre relation bien terrestre... elle n'est pas si "aus-terre" qu'elle n'y paraît !

Registre amoureux préférentiel 25

(cas de figure encore plus rare que le précédent)

Seriez-vous du genre libre, sauvage et insaisissable ? Vous semblez peu compatible avec le registre précédent... Perle rare pour perle rare, j'avoue qui vous n'avez pas fini de m'étonner !

C'est comme si vous preniez un malin plaisir à sortir des cadres, à vous échapper de la moindre cage dorée, ou à fuir toute velléité d'attachement ou de monotonie...

Votre force semble être votre aptitude à glisser entre les mailles relationnelles qui pourraient limiter votre sinueux, mais si libre parcours amoureux. Pour vous : ni bague ni collier, mais l'air du large et les escapades nocturnes !

Vous semblez très doué(e) pour jouer les caméléons en amour. Parfois vous posez des lapins sans trop vous en rendre compte. Et il peut vous arriver de faire de la concurrence à l'anguille... Le bestiaire est presque au complet. Mais vous ne semblez pas le style de zozo à rester coincé dans un zoo. Vous préférez plutôt rester sur le grill des passions, que derrière les grilles des consignes imposées.

Revirements et pirouettes en tout genre font partie de votre panoplie du parfait voyageur du cœur... ou de la surprenante panthère noire prête à bondir au détour du chemin ?

* * *

Le saboteur intérieur préféré

Nous sommes pleins de choses
qui nous jettent dehors.
PASCAL

Vous est-il déjà arrivé de vous observer en train de faire le contraire de ce que vous vouliez faire ? Avez-vous déjà eu conscience d'avoir pris des décisions à l'opposé de ce que votre sagesse habituelle peut vous souffler ? Avez-vous déjà eu l'occasion de "pousser le bouchon" un peu trop loin, et de vous retrouver à faire l'inverse de ce que vous auriez souhaité ?

Bref, avez-vous été témoin de ce qu'une partie de vous-même a mis en œuvre contre vous ? Avez-vous repéré les agissements de cette partie de vous-même que j'appelle "l'ennemi intérieur" ou "le suggestionneur intérieur" ? Il lui arrive d'être très doué pour détourner vos belles capacités, et très habile à faire échouer ce qu'ébauche le meilleur de vous-même...

Ennemi, suggestionneur, résumons-le sous l'appellation de "saboteur intérieur préféré". Il aurait pu tout aussi bien s'appeler le "petit diable intérieur" : celui qui fait affaire avec vos divers "démons intérieurs".

Des démons dont vous avez hérités, ou que vous avez empruntés voire racolés, au cours de vos expériences humaines chaotiques ou mal vécues.

Observez ce saboteur. Admirez comme il est doué pour vous entraîner à choisir de préférence la version négative ou limitative, le jugement mortifère, la critique destructrice ou la projection négative la plus grossière ! Cela dans votre relation à l'autre, dans votre relation aux événements, et finalement dans votre relation à votre vie.

Voyez comme ce "saboteur intérieur préféré" se glisse dans vos strates, tel un cheval de Troie (un cheval "destroy"). Voyez comme il pervertit ou détourne vos plus belles créativités, vos plus nobles intentions... Et fait tourner en rond !

Prenez conscience de la manière rapide et subtile dont il prend le relais des injonctions négatives, dévalorisantes ou inhibantes, dont vous avez fait l'objet au cours des premières années de votre enfance et de votre éducation. Prenez conscience du système de manipulation intérieure qu'il a instauré à votre insu. Cela afin de contrer les divers automatismes qu'il a programmé contre vous. Cela afin de ne plus être son jouet et vous donner les moyens de reprendre un peu plus les rênes de votre existence.

Cette partie aux ressources multiples fonctionne malheureusement de façon autonome et inconsciente. Cette partie de vous ressemble à un thermostat pré-programmé et en apparence "déréglé". Cette partie peut vous surprendre, vous indisposer, vous mettre en colère et vous amener à vous culpabiliser. Cette partie se lance souvent dans une sacrée partie de bras de fer avec votre recherche de perfection et vos idéaux les plus courants...

Cette partie peut vous amener à forcer les choses, à vous lancer au galop dans des fuites en avant... dans les "trop" ! Cette partie peut vous pousser à aimer les avantages ou bénéfices secondaires à rater, échouer ou détruire. Elle vous peut vous pousser parfois à croire que vous avez intérêt à vous planter !

Cette partie de vous-même vit dans votre intimité parmi vos divers "personnages intérieurs". Il peut être intéressant de la repérer car elle est du genre à ne pas en rater une pour vous mettre des bâtons dans les roues, pour faire capoter vos projets... en un mot vous gâcher la vie !

Ce saboteur intérieur préféré prend un malin plaisir à vous pousser à fuir vos responsabilités et les belles écoles d'évolution qui sont à votre disposition sur votre chemin de développement intérieur. Il vous incite à vous "droguer" de mots, ou de belles théories, pour vous éviter d'écouter votre ressenti profond ou les intuitions de votre cœur. Il semble s'acharner à vous empêcher de grandir, de maturer en conscience, et d'être plus fondamentalement vous-même.

Plus vous l'aurez repéré, plus vous aurez appris à le connaître, plus vous pourrez dialoguer avec lui, et vous libérer progressivement de sa subtile tyrannie et de ses élans destructeurs. Plus vous aurez décodé ses "manigances", plus vous pourrez apprendre à "morti-faire" autre chose de son énergie ! Aussi, arrêtez de le nourrir, et ne l'hébergez plus si généreusement au plus profond de vous-même.

Osez lui dire clairement : "Écoute, ça ne me botte plus de garder en moi un si malin "sa-boteur" intérieur !" "Même si je t'ai préféré longtemps en raison de tous les avantages ou bénéfices secondaires que tu m'apportais – on est tellement mieux aidé et aimé quand on rate, que quand on réussit outrageusement – je désire me passer de tes services (et de tes sévices). Je les ai payés assez cher !"

Il n'est pas bête. Il comprendra assez vite que vous n'avez plus envie de jouer ce vieux jeu bien rodé de l'auto-sabotage, de l'auto-limitation ou auto-imitation des auto-punitions que se sont infligés vos ancêtres ... ou que votre petite religion personnelle vous ordonne de vous infliger aujourd'hui ?

Cependant, méfiez-vous, il peut sortir par la porte et re-entrer par la fenêtre ! Une si longue et "jouissive cohabitation" et un "vieux contrat de dupe à la gomme", ne s'effacent pas comme ça d'un coup de gomme ! Avant de mettre la gomme, vérifiez qu'il n'est pas resté accroché à vos baskets, ou à l'arrière de votre véhicule personnel (votre si beau schéma du 4x4 ?).

Méfiez-vous : il ne vous lâchera pas sur demande ! Il ne cherche qu'une chose, c'est nourrir votre résistance au changement, vos doutes hérités, vos craintes les plus récurrentes. Cela afin de vous aliéner à vos ombres, et de vous rendre esclave de votre passé. Et en particulier votre passé familial. Celui qui concerne tous les ordres ou obligations cachées de votre arbre généalogique. Sachez que les secrets de votre système familial conditionnent votre chemin, en programmant certains échecs... tant que vous les laissez agir à leur guise !

Enfin, il vous est suggéré, vis-à-vis de ce petit saboteur, d'avoir une attitude lucide et centrée. Reliez-vous à lui avec tolérance et amour.

Développez, à cette occasion, acceptation intérieure et ouverture... de conscience. Ne le mettez pas dehors de "chez vous" avec perte et fracas (c'est une partie de vous !). Aimez-le... mais ne le laissez pas faire. Ne lui laissez plus les pleins pouvoirs ! Pour voir plus clair, enlevez les lunettes noires et déformantes qu'il vous a mis sur le nez.

Accueillez-le et aidez-le à se transformer. Aimez votre saboteur, en arrêtant d'aimer vous saboter ! L'aimer, c'est aimer votre part d'ombre. C'est le meilleur cadeau que vous puissiez vous faire à vous-même !

Regardez autrement cette partie de vous-même qui généralement vous échappe. Après avoir changé de regard et accueilli en conscience une nouvelle réalité concernant votre fonctionnement intime, revenez au centre de vous-même. Revenez au cœur de votre monde, là où certaines souffrances se sont accumulées... malgré tous les efforts de votre petite tête volontariste et raisonnante.

Plus vous élèverez votre niveau de conscience des choses et de vous-même, mieux vous pourrez repérer avec clarté les agissements et les manigances de ce malin courtisan de vos tyrans intérieurs, ou de vos despotes intimes, si mal éclairés ! Connaissez-vous cette petite voix qui vous dit : "Touche pas à mon "des-pote", et laisse-le sous ses néons... ou dans son néant absolu !"

Aussi, pour vous aider la Numérologie humaniste vous propose de repérer ce saboteur avec l'aide des messages des nombres et de leurs questions interpellantes.

Peut-être aimeriez vous que ces "zorros-nombres" vous sortent des griffes de vos vilains petits saboteurs, sans avoir à lever le petit doigt, sans avoir à vous responsabiliser, sans avoir à travailler sur vous-même, à partir de vos freins, de vos échecs et de vos souffrances ?

Mais tout cela reste du rêve. Il n'y a pas vraiment de système automatique d'avancement intérieur. Oser une démarche authentique de transformation et d'évolution, vous demande de relever vos manches, de prendre le manche de votre "pioche introspective" et de creuser au fond de vous-même... ça va tellement de soi que vous n'avez pas "le soi", pardon le choix ! Se croire "arrivé" c'est sympathique (et infantile). Arriver réellement au bout de soi-même... c'est une autre sacrée paire de manches !

Allez ! Pour tenter de faire la fête à partir de vos défaites, rien ne vaut un bon petit coup de réveil de conscience, ou une belle interpellation... numérologique ?

Calcul du Saboteur intérieur préféré (ou SIP).

Notez sur une ligne les 9 habitants de votre inclusion (les zéros inclus).

Sous cette ligne, posez les nombres issus du codage de votre prénom usuel.

Faites *la différence* (verticale) entre ces nombres, deux à deux.

Puis, effectuez le total des nombres obtenus (sans réduction).

À noter : Si votre prénom ne comporte pas 9 lettres, complétez la ligne en plaçant un zéro sous chaque habitant restant. Le résultat de la soustraction sera, bien sûr, égal à la valeur de l'habitant de chacune de ces cases.

Exemple pour Isabelle (illustrant le chapitre de l'Inclusion).

Son inclusion est :

1 2 3 4 5 6 7 8 9

5 1 3 2 7 0 1 0 4

Son prénom usuel se code ainsi : I S A B E L L E
(valeurs des lettres réduites) 9 1 1 2 5 3 3 5

Plaçons sur une ligne ses habitants :	5 1 3 2 7 0 1 0 4
Plaçons au-dessous son prénom codé :	9 1 1 2 5 3 3 5 0
Effectuons la différence :	4 0 2 0 2 3 2 5 4

À noter : Il manque une lettre pour aller au bout des 9 cases, il est donc nécessaire de placer un zéro sous l'habitant 4 de la case 9 (sous le 4).

Le total des nombres obtenus (par différence) correspond au nombre (à deux chiffres) de son Saboteur intérieur préféré.

Soit : 4 + 0 + 2 + 0 + 2 + 3 + 2 + 5 + 4 = 22.

Son SIP a pour valeur 22/4.

Quelques pistes d'interprétation et de questionnement à la disposition d'Isabelle, concernant son petit saboteur intérieur préféré :

Ses mécanismes de sabotage intérieur s'articulent-ils autour des "nuisances" évoquées par ces deux 2 qui font du zèle, ces deux 2 qui en font trop à leur manière, et peuvent parasiter sa progression de femme. 22 v'la son Saboteur préféré !... et toute sa clique de 2 (où elle risque de prendre des claques... et de s'enfuir en prenant ses cliques et ses claques ?).

Quels sont les sabotages ordinaires du 2 ?

- Trop de flou, une trop forte tendance à rester dans le vague... ou sur la vague d'hésitations renouvelées.
- Trop de sensibilité et des émotions amplifiées qui nuisent à la lucidité.
- Trop de sacrifices et de soumissions, en particulier dans le rôle de mère (de rattrapage) ou d'épouse.

Quels sont les sabotages de type 4 ?

(Ils sont moins importants ici, car le 4 est le résultat d'une réduction).

- Trop d'obéissance aux injonctions limitatives de la famille ou de la tradition locale.
- Amplification de la peur de manquer et des peurs liées à l'insécurité matérielle (voir schéma du 4x4 : profession, maison, reconnaissance familiale). Suractivation de la peur de ne pouvoir assumer physiquement les exigences de ses propres choix.
- Surdosage de cadrage. Attitudes trop carrées ou trop répressives vis-à-vis des élans intérieurs (du cœur et du corps). Avec le risque de s'enfermer soi-même dans sa propre prison... ou dans sa propre identité de "victime".

C'est du moins ce que son saboteur intérieur risque de chercher à induire et amplifier chez elle. C'est ce qu'il peut réactiver dans sa vie, en particulier dans les moments où elle se sent plus vulnérable, plus fragilisée. C'est-à-dire lorsque ce petit saboteur réalise qu'il a plus facilement le champ libre pour mener à bien ses actions limitatives, voire perverses.

Pistes et questionnements offerts par les divers "Saboteurs intérieurs préférés"

Les valeurs des SIP se situent peu souvent en dessous de 20 ou au dessus de 40. La grande majorité se situe plutôt dans les nombres de 30 à 39. Les saboteurs intérieurs aimeraient-ils le 3 ?

Plutôt que de vous faire un liste exhaustive de tous ces petits saboteurs, comme je l'ai fait pour les autres propositions-clés évoquées dans ce livre, je vous propose un résumé de ce que poussent à faire les saboteurs se terminant par un nombre de 1 à 9 (les unités des nombres à deux chiffres offrent des questionnements prioritaires).

Ces pistes, pour chaque SIP, sont complétées ensuite par le nombre situé aux dizaines.

Je vous propose de considérer la série des 10, des 20, des 30 et des 40. Soit : quatre cas de figure, de 1 à 4, pour les dizaines.

Lorsque un zéro se trouve aux unités, il accentuera les excès liés à la symbolique du nombre situé à sa gauche (ici de 1 à 4). Il amplifiera les "hauts et les bas" (et les trous d'air ?) qui perturbent le voyage initiatique de la personne concernée...

Concernant les nombres situés aux unités des SIP :

Saboteur de type 1 :

- Ne vous pousse-t-il pas à foncer trop vite sans vraiment réfléchir ?
- Ne vous entraîne-t-il pas à vouloir tout diriger sans même écouter l'avis d'autrui ?
- Vous met-il des œillères, comme à un cheval de course ? Vous rend-il sourd aux états d'âme de ceux qui vous entourent ?
- Vous pousse-t-il à vous prendre pour "Dieu le père" ?
- Vous amène-t-il à rester trop dans votre tête, dans votre "volontarisme" et de ne plus écouter les messages de votre cœur ?

Saboteur de type 2 :

- Ne vous entraîne-t-il pas dans les valses-hésitations de vagues désordonnées et instables ?
- Amplifie-t-il vos émotions pour vous brouiller la vue extérieure (par trop de larmes) et la lucidité intérieure ?

– Vous pousse-t-il à vous investir avec excès dans des rôles de mère pour les autres ? Des rôles qui vous amèneraient à les infantiliser et à les placer sous votre dépendance...
– Accentue-t-il tous les paradoxes et les contradictions qui traînent dans votre vie (vos idées, vos sentiments, vos ressentis) pour vous perdre dans les méandres de vos ombres ?

Saboteur de type 3 :
– Ne vous pousse-t-il pas à trop en dire ou à trahir des secrets qui vous ont été confiés ?
– Ne vous entraîne-t-il pas à faire croire que votre couple est admirable, que votre famille est idéale, que votre travail ne vous pose pas de difficultés ? Tout cela pour rester "bien vu", admiré ou respecté aux yeux de tous ! En faisant semblant, en jouant avec les faux-semblants, vous vous leurrez vous-même. Il paraît qu'on ne peut avoir le beurre et l'argent du "leurre" en même temps !
– Vous maintient-il dans vos habitudes infantiles et toutes ces sortes d'attitudes irresponsables qui jalonnent votre parcours intime ?

Saboteur de type 4 :
– Ne vous pousse-t-il pas à travailler tellement que vous finissez par en oublier de vivre vraiment ? (et de prendre du bon temps pour vous).
– Ne vous entraîne-t-il pas à rester trop carré ou trop exigeant dans vos œuvres. N'induit-il pas quelque part votre façon de vous organiser et votre manière de faire du rangement : trop strictes, trop tendues.

En clair : vous pousse-t-il à devenir maniaque ?
– Amplifie-t-il avec plaisir vos peurs et vos doutes ? En particulier la peur de manquer, la peur d'être "hors-cadre", la peur de ne pas être pris au sérieux...
– Vous maintient-il généreusement sous la coupe de votre famille, de ses règles et consignes les plus rétrogrades ou les plus dépassées ?

Saboteur de type 5 :
– Ne vous pousse-t-il pas à vous disperser de façon stérile et déséquilibrée ? Ce qui vous empêche d'aller jusqu'au bout de vos projets ou engagements personnels les plus beaux...
– Vous entraîne-t-il à beaucoup trop cogiter ou trop disséquer les choses dans votre mental ? À ne plus savoir comment arrêter ce "petit vélo" qui a pris votre tête pour une piste de cirque !

– Vous amène-t-il à courir après mille chimères et à vous essouffler pour rien ? Tout ça pour vous perdre (ou vous droguer) dans la recherche de sensations aussi fortes qu'inutiles.
– Ne vous oblige-t-il pas à fuir votre centre paisible, votre axe profond et essentiel... en vous poussant à galoper ainsi dans ce grand manège énergétique sans fin ? (Sauf si on vous coupe les piles !)

Saboteur de type 6 :
– Ne vous pousse-t-il pas à trop vous attacher à l'autre ou à trop fusionner avec lui ? À tel point que vous ne savez plus vraiment qui vous êtes...
– Vous enchaîne-t-il diaboliquement à vos plaisirs, en mettant votre conscience sous hypnose ou en ramollissant votre esprit ?
– Vous noie-t-il dans une surdose de sentiments ? De quoi vous faire oublier de vous respecter vous-même. De quoi vous couper de vos vrais désirs. Ah ! les belles maltraitances psychologiques effectuées au nom de l'amour !
– Vous conduit-il à être tellement gentil que vous en oubliez même la notion de positionnement ou la possibilité d'exprimer votre désaccord ?

Saboteur de type 7 :
– Ne vous pousse-t-il pas à devenir trop strict, trop dur ou trop exigent vis-à-vis des autres et envers vous-même ?
– A-t-il tendance à vous couper de vos sensations et de vos émotions ? Ce qui vous amène à vous isoler dans votre tour d'ivoire, et d'anesthésier vos ressentis les plus profonds.
– Vous entraîne-t-il à trop suivre à la lettre les programmes et les schémas de pensées familiaux, en particulier les consignes religieuses et tous ces "il faut" qui vous sont présentés comme absolus ?
(Rester intègre ne veut pas dire devenir intégriste ou moralisateur !)
– Vous conduit-il à trop rechercher la perfection intérieure... et à vous éloigner de votre dimension la plus pragmatiquement humaine ?

Saboteur de type 8 :
– Ne vous pousse-t-il pas à vouloir tout maîtriser ou tout régir autour de vous ? À vouloir tout conquérir au détriment de votre cœur et de votre sensibilité, vous risquez d'y perdre votre âme !
– Vous entraîne-t-il à vous considérer abusivement comme un "Super-héros" sans peurs, sans reproches et sans réalité vraie ? Ne

vous perdez pas dans cette quête infinie, elle peut vous éloigner du meilleur en vous-même et de votre chemin essentiel dans cette vie. Restez simple et modeste, la vie vous honorera mieux que tout ce qui est dû aux plus grands conquérants !

- Vous mène-t-il à vous retrouver piégé par l'explosion de votre colère ou de votre violence intérieure, trop longtemps mise sous pression, ou compressée par vos stratégies ou obligations intérieures ? À force de laisser trop fermenter, ça finit par faire sauter le bouchon !
- Vous conduit-il à passer beaucoup trop souvent d'un extrême à l'autre rapidement ? Comme pour vous dégager, d'un grand coup d'épée, de ce que la vie vous encourage à confronter réellement.

Ne l'écoutez pas lorsqu'il vous conseille d'écarter, d'un revers de main, toute douceur, patience ou acceptation !

Saboteur de type 9 :

- Ne vous pousse-t-il pas à “planer” si haut et à rêver si fort que vous en perdez vos repères les plus tangibles ?
- Vous entraîne-t-il à vous sacrifier, bien trop souvent, pour les autres, en vous oubliant complètement vous-même ?
- Vous égare-t-il dans un trop plein d'illusions sur vous-même et votre environnement ? Ce qui finit par générer des situations difficiles où apparaissent des décalages relationnels, des sensations de trahison, des malentendus profonds… souvent accompagnés de leur lot de souffrances intérieures.
- Vous conduit-il à aller vous faire cuire un œuf sur une autre planète ? Un pays imaginaire où tout le monde serait beau, bon, gentil et fraternel ? Comme si cela allait vous faire grandir en conscience au sein de notre monde d'aujourd'hui… Celui que vous foulez quotidiennement avec vos petits pieds bien terrestres !

Concernant les nombres situés aux dizaines des SIP :

Saboteur avec 1 aux dizaines (pour les SIP de 10 à 19) :

Il complète le sabotage du nombre qui l'accompagne par ses propres élans parasites. Il vous pousse à vous prendre pour une flèche sans cible (si sensible ?) ou un un chef d'équipe sans équipe !

Ce saboteur de type 1 vous entraîne-t-il à choisir la stratégie de la terre brûlée (comme les Huns), ou celle du cow-boy solitaire qui n'a pas peur de son (n)ombre ? Ce désir "im-périeux” de tout devancer met en péril tout ce qui, en vous, a besoin de temps, de douceur et d'amour vrai, pour fleurir au grand jour…

Saboteur avec 2 aux dizaines **(pour les SIP de 20 à 29) :**

Il complète, lui aussi, le sabotage évoqué par le nombre situé à sa droite.

Ce saboteur de type 2 vous entraîne-t-il à tout laisser traîner ? À tout laisser à vau-l'eau... à force de ne plus oser voir clair en vous ou dans votre vie, par peur d'avoir à vous positionner, d'avoir à décider !

Vous pousse-t-il à vous noyer dans un verre d'eau, ou à boire la tasse dans les vagues de vos émotions non maîtrisées ? À force de prendre l'autre pour le radeau de la Méduse, il va finir par avoir des boutons !

Saboteur avec 3 aux dizaines **(pour les SIP de 30 à 39) :**

Il complète, là encore, le sabotage évoqué par le nombre situé à sa droite.

Ce saboteur de type 3 vous entraîne-t-il à trop prendre les apparences pour des réalités et à vous perdre dans le miroir de vos jours ?

Vous pousse-t-il à vous raconter beaucoup trop d'histoires à vous-même et aux autres ? Comme pour ne pas affronter la réalité et rester dans l'irresponsabilité de l'enfant... si adorable dans son inconscience !

Si vous ne souhaitez pas que vos songes et mensonges ne soient mis en lumière, il va falloir aussi saboter la ligne électrique ! Alors, il vous faudra peut-être quelqu'un pour vous tenir la chandelle ?

À force de casser tous vos jouets comme un enfant gâté, il ne vous restera plus qu'à vous en fabriquer de nouveau avec du fil de fer (comme en Afrique), et ça vous donnera sûrement du fil à retordre !

Saboteur avec 4 aux dizaines **(pour les SIP de 40 à 49) :**

Il complète, là encore, le sabotage évoqué par le nombre situé à sa droite.

Ce saboteur de type 4 vous entraîne-t-il à trop serrer les boulons de votre vie ? Lorsque tout est si bien verrouillé comment peut-on approcher de vos murs ?

Trop compter, trop contrôler, bloque la générosité et la spontanéité.

Trop suspecter, trop contraindre, castre les meilleurs élans.

Trop soulever tout à la force du poignet, fatigue les meilleurs bourgeons de créativité et de liberté.

Ce saboteur intérieur vous pousse à observer une discipline de fer et à trop faire, au risque de vous casser les reins (mine de rien !). Tout ça pour endiguer votre peur de faire une erreur ou de ne pas en faire assez. La mine; assez ! Et si vous faisiez un peu la grève... en prenant le risque de vous retrouver seul sur la grève, dans le froid, l'effroi de l'insécurité et la peur de manquer ?

Ah! ces petits saboteurs, comme ils nous manquent ! S'ils n'existaient pas, il faudrait les "in-venter". Autant en emporte le vent... ça ne sert à rien de s'emporter !

Le transformateur allié

Celui qui se libère, loin d'être incapable de jouer le jeu,
le joue encore mieux, car il voit la vie comme un jeu.
ALAN WATTS

Le chapitre précédent concernant votre saboteur intérieur a pu vous paraître peu réjouissant ! Mais, attendez ! Il y a une bonne nouvelle : autant vit en vous ce "petit diable intérieur", autant veille, non loin de lui, votre "ange gardien" le plus aimant et le plus compatissant qui soit.

Autant il peut vous sembler que s'exprime surtout votre ennemi intérieur dans votre relation à la vie, autant il vous reste à prendre conscience qu'il existe en vous un très bel allié que j'appelle votre "Transformateur intérieur" ou "Transformateur allié".

Ce précieux transformateur intime correspond à une partie de vous-même qui vous offre inconditionnellement son aide positive et fructueuse. Il met à votre disposition toutes les richesses de cœur et toutes les qualités d'âme qui sont les vôtres. Cela pour vous permettre de confronter positivement votre saboteur intérieur. Afin de l'aider à se recycler, grandir et maturer... en lâchant sa "toute-puissance" et ses illusions destructrices !

Votre transformateur allié est un ami puissant et lumineux. Cependant, il ne pourra agir convenablement que si vous lui en laissez les moyens... et aussi le temps !

Aussi vous est-il suggéré de tout mettre en œuvre pour favoriser l'action bénéfique, et la démarche libératrice, de cet "alchimiste intérieur" qui fonctionne comme un "allié guérisseur", au cœur de vous-même.

Là où il y a du plomb, il saura en faire de l'or ("a-lors" l'enfer disparaîtra ?), il saura en faire de surprenantes surprises, brillantes de mille feux !

Pour trouver ce plomb, il vous sera nécessaire de descendre au fond de vos eaux intérieures, saumâtres et profondes. Il vous sera demandé de descendre en bas de vous-même, là où votre enfant intérieur se débat aveuglément...

C'est en rencontrant cet espace en vous-même, où vous êtes finalement "plombé", que vous pourrez "a-lors" effectuer un rituel de transmutation intérieure de ces énergies qui se retournaient auparavant contre vous. C'est dans ce lieu intime, là où se trouve la source de vos pressions intérieures et de vos souffrances les plus intenables, que vous puiserez enfin l'élan nécessaire à votre évolution.

Ainsi apparaîtra le "sur-saut" de conscience (le seau au fond du puits ?) qui vous propulsera, plus loin encore, sur votre chemin de maturation et d'éveil intérieur.

Pour donner le champ libre à ce gentil transformateur, il vous sera probablement nécessaire de trahir certaines fidélités familiales. Il vous sera nécessaire de dénoncer certaines des loyautés qui vous attachent, pieds et poings liés, à votre arbre généalogique...

En effet, il vous sera demandé de lâcher certains programmes, ou certains dogmes, afin de permettre la continuation de la transformation fructueuse que vous avez déjà commencée. Il vous faudra oser vous aventurer vers l'inconnu. Au-delà du balisage familial et de ses idées toutes faites. Au-delà de ce qu'on a pu vous faire croire... ou vous faire passer pour des obligations ultimes !

Pour aider votre Transformateur allié, vous aurez à ne plus vous investir dans des reproductions stériles ou des surcompensations affectives plus ou moins toxiques, et généralement vécues dans le but d'être enfin reconnu ou mieux aimé !

- Vous aurez, par exemple, à arrêter de "re-vivre" pour un grand-parent ou un ancêtre (pour rattraper ses erreurs ou ses errances).
- Vous aurez, par exemple, à ne plus vouloir sauver le couple de vos parents en essayant de divorcer à leur place (surtout s'ils ont failli se séparer avant de vous concevoir, ce qui vous aurait "éliminé d'office" !)
- Vous aurez, par exemple, à ne plus en faire deux fois trop, pour compenser un frère ou une sœur disparus (ou un "jumeau" ou deuxième œuf, vous ayant accompagné quelques semaines *in utero*), ou un oncle, tante, grand-parent, etc.
- Vous aurez, par exemple, à arrêter d'échouer dans vos études parce que votre orientation s'avère être à l'opposé de la "trajectoire socio-professionnelle" de votre lignée, ou de l'ensemble de votre famille (ce que "l'Arbre" aurait choisi pour vous).
- Vous aurez, par exemple, à ne plus prolonger l'état de victime professionnelle (une certaine conjoncture passée ayant éliminé l'activité d'un ancêtre proche) qui vous amène à perpétuer (à intérioriser) dans votre parcours ces échecs ou drames professionnels antérieurs.

- Vous aurez, par exemple, à ne plus remplacer le parent qui est, ou a été, défaillant au sein du couple formé par votre père et votre mère. Ce qui peut vous pousser à chercher inconsciemment à "former un couple" avec lui ou elle, pour remplacer le partenaire en décalage... et restaurer l'harmonie symboliquement au sein du couple parental ou de la famille.
- Peut-être aurez-vous, par exemple, à ne plus chercher "à tout prix" à vous débarrasser de cet argent "mal acquis" par vos ancêtres proches (fortunés), et qui vous a amené à jouer les "prolétaires", ou en vous mariant avec un ouvrier sans le sou ?
- Peut-être aurez-vous aussi à ne plus vous acharner à offrir un fils ou plusieurs garçons à vos parents, ou à cette famille qui ne comporte que des filles !
- Aurez-vous encore à ne plus vous focaliser (pour l'épouser) sur un homme (ou une femme) portant le même prénom que votre frère décédé ou votre sœur disparue... Pour le (ou la) faire revivre près de vous, et reconstituer symboliquement ce "couple frère-sœur" idéalisé ?

Vous aurez probablement à vous libérer de ce genre de chose... En commençant d'abord par en prendre conscience !

Calcul du Transformateur allié (ou LTA)

En un mot : Ce calcul ressemble à celui du SIP. Au lieu de soustraire, vous aurez à ajouter.

Notez sur une ligne les 9 habitants de votre inclusion (les zéros inclus).

Sous cette ligne posez les nombres issus du codage de votre prénom usuel.

Faites *la somme* (verticale) entre ces nombres deux à deux.

Puis effectuez le total des nombres ainsi obtenus.

À noter : Si votre prénom ne comporte pas 9 lettres, complétez la ligne en plaçant un zéro sous chaque habitant restant. Le résultat de la soustraction sera, bien sûr, égal à l'habitant de la case en question.

Exemple pour Isabelle (illustrant le chapitre de l'Inclusion) :

Son inclusion est :

1 2 3 4 5 6 7 8 9

5 1 3 2 7 0 1 0 4

Son prénom usuel se code ainsi : I S A B E L L E

(valeurs des lettres réduites) 9 1 1 2 5 3 3 5

Plaçons sur une ligne ses habitants :	5 1 3 2 7 0 1 0 4
Plaçons au-dessous son prénom codé :	9 1 1 2 5 3 3 5 0
Effectuons la somme :	14 2 4 4 12 3 4 5 4

A noter : Il manquait une lettre, nous avons inscrit au bout de la deuxième ligne un zéro (sous le 4 de la case 9).

Le total des nombres obtenus correspond au nombre de son Transformateur allié.

Soit : 14 + 2 + 4 + 4 + 12 + 3 + 4 + 5 + 4 = 52 qui se réduit à 7.

Son LTA a pour valeur 52 (réduit à 7).

Quelques pistes d'interprétation et de questionnement à la disposition d'Isabelle, concernant son Transformateur allié :

Son allié intérieur semble être un champion de l'adaptation et de la mobilité intérieure. Ce transformateur a pour don de toujours retomber sur ses pattes... si elle ne lui met rien dans les pattes : par exemple trop d'illusions, trop de raisonnements "déconnectés", trop de soumission à la tradition.

Cet allié sait se faufiler entre les obstacles et s'échapper dans l'ombre. On observera la forme du 2 et du 5. Ces deux nombres sont les deux experts du "zig-zag", les deux spécialistes de l'arrangement à l'amiable. Ils avancent aussi vite qu'ils peuvent reculer...

Le 52 manie le paradoxe, voire la contradiction, comme nul autre.

Ce LTA 52 aide Isabelle à développer une stratégie qui se rapproche de celle de l'anguille ou du serpent... À moins que ce ne soit celle du caméléon ?

Le 2 est un transformateur de type "maman". Ce nombre relie les complémentaires, rapproche les opposés. Est-ce à dire que le meilleur allié d'Isabelle est son rôle de maman ? Une maman mobile, mais bien en place, libre mais attachée à ses enfants (et à son mari), insaisissable mais fusionnelle, émotive mais contrôlée, passionnée mais sérieuse ?

Le 5 est un transformateur de type "aventurier passionné" (le plus ardent qui existe, sexuellement).

Est-ce à dire qu'Isabelle peut compter sur sa dynamique de chercheuse hors des sentiers battus, ainsi que sur son énergie sexuelle et physique pour avancer, se libérer, et prendre l'air... ailleurs. Au-delà des petits cadres traditionnels limitatifs ?

Notons au passage que la proposition du 5 est moins forte que celle du 2, car le 5 est placé aux dizaines.

Enfin, le 7 complète l'évocation de son LTA : Ce nombre est lié à la réflexion, l'étude, la compréhension (psychologique) et la prise de conscience.

Contrairement au 2 et au 5, le 7, avec son graphisme en lignes droites uniquement, a besoin de stabilité, de structure et de sécurité. Il offrira ici son zeste de réserve, de patience et de maturation lente au couple 2-5 quant-à lui plutôt émotionnel, rapide et changeant (parfois équilibriste... et tirant le meilleur de son instabilité).

Le 7 apportera la structuration intérieure, l'alignement et la concentration mentale qui manquent souvent au 2 et au 5.

Mais, là encore, le 7 étant issu de la réduction du 52, il restera modeste dans ses apports et suggestions concernant le beau "Transformateur allié" d'Isabelle.

Pistes et questionnements offerts par les divers "Transformateurs alliés"

Les valeurs des LTA se situent peu souvent en dessous de 40 ou au-dessus de 90. La grande majorité se situerait plutôt dans les nombres de 40 à 70.

Comme pour la série des saboteurs, je vous propose un résumé de ce qu'offrent les transformateurs en considérant les nombres qui se trouvent à leurs unités (nombres de 1 à 9) .

Ces pistes sont complétées par le nombre situé aux dizaines.

Pour les LTA : la série des 40, des 50, des 60, des 70, 80 et 90.

Soit, six cas de figure, de 4 à 9.

Lorsque c'est un zéro qui se trouve aux unités, il amplifiera les aides offertes par le nombre situé à sa gauche (ici de 4 à 9). Il dynamisera les possibilités sympathiques mises à la disposition de la personne concernée, par le nombre des dizaines de son LTA.

(cas des LTA 40, 50, 60, etc.)

Concernant les nombres situés aux unités des LTA

Transformateur allié de type 1

- Il vous aidera à sortir des pièges du 1 qui consistent à foncer trop vite, réagir trop impulsivement, vouloir trop diriger les autres, ou à se prendre pour le nombril du monde...
- Il vous aidera à vous libérer des programmes inconscients que votre père a projeté sur vous. Voulait-il un garçon... et vous êtes une fille ? Voulait-il un intellectuel et vous avez l'intelligence du massage ? Voulait-il un grand sportif et vous surfez sur le net ? Voulait-il un pilote de l'aérospatiale et vous êtes toujours dans la lune ? Voulait-il, voulait-il... et vous développez d'autres dons, vous choisissez d'autres routes, vous tentez autre chose ! Vous "êtes"

autrement, et vous sortez du scénario qu'on a concocté pour vous, ou qu'on a cherché inconsciemment à vous imposer. Posez-vous. Et libérez-vous des "im-positions" du 1 !
- Il vous évitera de vous investir à vos dépens dans des scénarios de surcompensation ou de rattrapage des erreurs (ou "ratages") de votre père. Il vous encouragera à ne pas vous sacrifier pour votre père afin de lui éviter de confronter certains défis personnels (relationnels par exemples).

Transformateur allié de type 2
- Il vous aidera à sortir des ornières du 2, celles qui sont liées à ses valses hésitations et à ses marécages émotionnels. Ou lorsque le 2 cherche à s'effacer outre mesure pour "sauver la situation" et arrondir les angles. Lorsque le 2 gomme son être véritable, lorsqu'il s'écrase... au fond de son puits. Et puis n'ose plus positionner quoi que ce soit, de peur de ne pas satisfaire les désirs du maître, de peur de se montrer différent... et de créer un différend relationnel. Sortir de la lâcheté du 2 ou de son sens excessif du sacrifice (maternel?), ne fait pas de mal ! Votre transformateur fera tout ce qui est en son pouvoir pour vous sortir de ce disque rayé, ou de ce sillon mortifère !
- Il vous aidera à vous libérer des programmes ou désirs que votre mère a projetés sur vous :

Si vous êtes une fille : votre mère aura-t-elle pré-programmé qu'il vous faut devenir la danseuse, la chanteuse, la skieuse... ou la "femme libre et célibataire" qu'elle n'a pas pu être ? Aurait-elle voulu, inconsciemment, que vous lui fassiez les garçons qu'elle n'a jamais eu (ou pas réussi à avoir) en n'enfantant que des filles, ou l'inverse ?

Veut-elle que vous aimiez le type d'homme avec lequel elle aurait aimé faire sa vie, alors que la vie lui a imposé un mari qui ne lui convenait pas ? Veut-elle que vous réussissiez là où elle a échoué ? Veut-elle que vous réalisiez l'excellence, là où elle n'a pas vraiment réussi ? Ou à l'inverse, veut-elle, par jalousie, que vous ratiez en beauté, sans aller plus loin que l'étape professionnelle où elle a péniblement réussi à se traîner ?

Si vous êtes un garçon : votre mère a-t-elle eu envers vous des désirs inconscients de "couple" ? Êtes-vous son préféré, devant vos frères et sœurs... ou même devant son propre mari ? À l'inverse, règle-t-elle avec vous ce qu'elle reproche à l'homme (aux hommes ou aux garçons de son passé) et qu'elle n'a pu régler avec lui (ou avec eux) ?

Votre mère met-elle en vous tous ses espoirs de garçon manqué (elle qui est la 1ère de la famille, alors qu'on attendait l'héritier mâle, le fils fort et solide, capable de reprendre l'affaire du père), avec le désir que vous réalisiez ce qu'elle aurait pu, ou aurait du réaliser, si elle avait été un garçon, un mâle de première (un mâle-heureux...) ?

Transformateur allié de type 3

- Il vous aidera à sortir des pièges du 3 : ceux qui vous poussent à rester dans la superficialité des apparences trompeuses, dans le mensonge ou dans la fuite en avant, générée par tout ce petit cinéma que vous pouvez vous faire à vous-même et aux autres.
- Il vous soutiendra pour vous désintoxiquer des maquillages inutiles et pervers, des faux-semblants et des images de synthèse que vous vous renvoyez à vous-même, dans le miroir déformant de votre narcissisme de circonstance.
- Votre transformateur vous offrira (si vous le sollicitez) ce bon coup de projecteur "anti-projections relationnelles". Il vous donnera le coup de pouce dont vous avez besoin, pour démasquer vos aliénations ordinaires au regard (et à la reconnaissance) de l'autre et des autres.

Il vous aidera à vous libérer des mots et des phrases qui vous éloignent de vous-même, et vous leurrent si habilement... pour votre ma-lheur !

- Il vous soutiendra pour vous éloigner réellement de tous vos enfantillages ou réflexes d'enfant (ou ex-enfant). Cet enfant en vous si largement baigné dans ses illusions de toute-puissance.

Cela, histoire de vous libérer des comportements un tantinet caractériels et des élans tyranniques de cet enfant qui vous habite encore...

- Il vous aidera encore à vous séparer des systèmes triangulaires qui vous limitent (ou vous parasitent) dans la relation à deux au cœur de votre couple. Ces vieux triangles, issus de relations privilégiées ou de liens inconscients forts avec votre père, votre mère, un frère ou une sœur (ou un grand-parent, ou cousin, cousine) occupent peut-être encore une grande partie de votre terrain intime, et ne laissent pas une place claire, saine et "nettoyée" pour la construction, dans votre vie, d'un vrai couple.

C'est-à-dire autre chose qu'un couple de type "frère-sœur", "mère-fils" ou "père-fille". Un couple où l'homme assume réellement son rôle de "vrai homme" (et pas de petit garçon irresponsable, etc.). Un couple où la femme vit pleinement son rôle de "vraie femme" (et pas de mère omniprésente, ou de petite fille en quête du regard du père...)

Transformateur allié de type 4

- Il vous aidera à sortir des pièges du 4 qui sont constitués par toutes ces charges que vous avez peut-être tendance à vous mettre sur les épaules, toutes ces lourdeurs dont vous encombrez votre marche.

Il vous poussera à quitter tous les étouffements castrateurs de vos beaux élans, et de vos ultimes tentatives de libérations personnelles, que vous laissez agir au cœur de votre quotidien...

- Il vous soutiendra pour oser vous aventurer au-delà de vos peurs. Surtout celles qui ne vous appartiennent pas, et que vos proches (parents, grands-parents) vous ont gentiment légués au passage, en particulier pendant votre enfance.
- Ce transformateur vous aidera à lâcher ces fidélités, ces obligations d'obéissance périmées, inadéquates ou devenues toxiques pour vous-même. Il vous permettra d'oser vous aventurer au-delà de tous ces cadres familiaux (et généalogiques) qui ne vous conviennent plus.
- Il vous aidera à vous construire, et à vous reconnaître dans votre vraie identité profonde. Loin des injonctions du passé et des programmes faussement identitaires qui vous ont surtout éloigné de vous-même.
- Il vous soutiendra, pour vous permettre de ne plus être esclave de vos sur-investissements professionnels, au détriment de votre vie privée ou de l'écoute de votre monde intérieur. Il sera votre conseiller, pour vous inviter à ne plus vous en faire... parce que vous n'en faites pas assez !

Ce transformateur peut vous donner un coup de main... pour laisser reposer vos mains, et garder pour demain ce qui est de trop pour aujourd'hui !

Transformateur allié de type 5

- Il vous aidera à sortir des pièges du 5 que sont la sur-mentalisation, la dispersion physique, le non-engagement et toutes ces fuites ordinaires qui peuvent jalonner votre cheminement :
  - fuite dans les prises de risques extrêmes et inconsidérées,
  - fuite dans tout ce qui peut ressembler à une drogue mentale ou physique,
  - fuite dans une sexualité compulsive,
  - fuite, toutes voiles dehors, vers des horizons les plus lointains possible, pour mater votre peur de l'inconnu... et démâter en route ?
- Il vous soutiendra pour vous permettre de sortir de vos jugements et a priori concernant l'homme (en tant que partenaire sexuel). Histoire d'abandonner les injonctions limitatives de votre mère, grand-mère ou tante, vis-à-vis de la gent masculine : “tous des gamins !”, “tous des cochons!”, “tous des infidèles”, “tous des profiteurs”, “tous des traîtres”, “tous des égoïstes insensibles”.

Toutes ces généralisations aussi bêtes qu'inutiles, qui pullulent dans nos mémoires culturelles et familiales !

– Il vous aidera à sortir de vos désirs – contraignants – de trop grande indépendance. Une indépendance qui s'avère généralement réactive, et uniquement décidée par votre tête.

En un mot : il vous invitera à vous libérer de votre excessive recherche de libération qui se manifeste par vos fuites diverses vers une illusoire "liberté à tout prix"... au détriment de vos besoins intimes de sécurité et de stabilité matérielle et psychologique. Des besoins non reconnus, non écoutés, qui restent enfouis sous les couches isolantes stratifiant votre monde intime.

– Il vous aidera aussi à moduler votre éventuelle curiosité intempestive, et par trop intrusive, afin de laisser l'autre ou les autres vivre ce qu'ils (ou elles) ont à vivre !

Par la même occasion, il vous donnera un coup de main pour calmer un peu tous ces "pourquoi" qui se bousculent dans votre tête, et n'engendrent que des "parce que", souvent stériles, coupés de votre ressenti, ou déconnectés de la réalité.

– Il vous aidera à remplacer tous ces pourquoi par quelques "comment" beaucoup plus fructueux, car ils vous inciteront à rester observateur de ce qui se vit chez vous et chez l'autre. Cela vous amènera à rester plus sensible à la manière dont se déroulent vraiment les choses, plus présent à ce qui se vit profondément. On pourrait appeler cela "être plus conscient", n'est-ce pas ?

Transformateur allié de type 6

– Il vous aidera à sortir des pièges du 6 que sont la trop grande dépendance affective, le trop grand désir de fusion. Sans oublier l'excessive idéalisation de l'amour ou du partenaire sur lequel vous projetez tout cela...

– Il vous donnera un coup de main pour vous permettre de ne plus être le jouet (aveugle) de vos désirs exacerbés. Par exemple, ce qui peut vous rendre esclave de vos fortes demandes affectives ou sensuelles. Ce qui peut vous amener à maltraiter votre équilibre vital, à maltraiter ce qui, en vous, souhaiterait exprimer d'autres élans, créer d'autres choses, et vivre des systèmes relationnels différents.

– Il vous aidera à sortir de certains de vos discours concernant les femmes, et à vous libérer des vieilles injonctions que vous avez entendues, ou reçues, concernant la gent féminine.

C'est-à-dire ce que les hommes qui vous entouraient ont pu vous dire ou vous laisser supposer : "toutes des mamans ou des putains", "toutes des cachottières ou des infidèles", "toutes des profiteuses, des allumeuses, des ravissantes idiotes, ou des êtres compliqués".

Et toutes ces bêtises généralisées, toujours moins bêtes que leurs auteurs, qui peuvent traîner dans vos disquettes mentales héritées, et sous-tendent trop souvent des réflexes immatures et inconsidérés !

- Il vous aidera aussi à clarifier ce qu'est pour vous l'amour, et à prendre conscience de tout ce que vous mettez derrière, ou avec, cette notion. Ce qui nourrit vos mémoires concernant ce sujet. Ce qui influence votre vécu amoureux. Histoire de faire le tri entre, d'un côté vos sentiments, et de l'autre la relation possible ou non... avec ses contingences, ses réalités, ses cadres.

Histoire de ne pas confondre désir et amour, besoin et amour, oubli de soi (fusion) et amour, dépendance et amour, hyper-protection et amour, sécurité matérielle et amour, obéissance à la famille et amour, reproduction des scénarios de l'Arbre généalogique et amour, pressions religieuses et amour, besoin d'être reconnu et amour, besoin de se faire du mal et amour, négation de soi et amour, sacrifice et amour, sadisme et amour, désir de domination et amour, désir d'être parent et amour, désir de fuir ses parents (ou le cocon familial étouffant) et amour, désir de régression infantile à la mère et amour, désir d'oublier la réalité et amour, désir de se "shooter à l'amour" et amour... Humour et amour ?

Vous voyez la liste est longue ! Celle-ci est non exhaustive, et je m'arrêterais là. À vous de la continuer pour vous, si éventuellement vous souhaitez faire le point du travail qu'il vous reste à faire sur vous-même concernant ce sujet essentiel.

L'aide de cet allié transformateur ne semble pas de trop en la matière !

Ce n'est pas un luxe d'aller voir (ou toucher) de plus près ce qui se cache derrière le luxe, le calme et la volupté !

Transformateur allié de type 7

- Il vous aidera à sortir des pièges du 7. Par exemple celui qui consiste à vous isoler dans votre tête et à vous couper de votre ressenti profond. Ou celui qui consiste à vous pousser à stocker dans votre grenier mental des tas de connaissances non intégrées, non expérimentées, non vécues ! Ou encore celui qui vous pousse à vous prendre pour un saint, alors que vous ne restez qu'un ascète idiot qui se martyrise et nie une grande partie sensible et humaine de lui-même.
- Il vous donnera un coup de main pour vous éloigner un peu plus des nombreux programmes familiaux ou psychogénéalogiques qui encombrent votre monde intérieur, et vous entraînent à vivre très

souvent à l'opposé de vos aspirations profondes et de vos désirs véritables.

Histoire de sortir de toutes ces reproductions automatiques qui vous égarent et consomment tant d'énergie. Une énergie qui ne vous est pas disponible pour autre chose! Histoire de vous libérer de ces carcans mentaux qui vous serrent la conscience et vous cloisonnent la tête.

Histoire de lâcher tous ces "il faut" si mortifères, tous ces "je dois" qui ne font que payer des dettes illusoires, tous ces jugements accusateurs sur vous-même, tous ces réflexes culpabilisants, toutes ces vieilles fidélités castratrices et stérilisantes, tous ces vieux modèles asséchants qui rigidifient votre esprit.

- Il vous aidera à ne plus vous faire avoir par le savoir trop abstrait qui tire un trait sur vos demandes sensibles et vos désirs de concrétisation les plus terrestres. Il vous invitera à vous dégager de tous ces dogmes, fausses croyances et vérités absolues, auxquels les humains perdus s'accrochent si tristement.
- Il vous encouragera à vous libérer des tensions accrues qui habitent votre tête, et des rhumatismes qui en jalonnent les circuits. Toutes ces rigidités qu'il reste à assouplir ! Toutes ces données soi-disant objectives, auxquelles la raison tente de s'accrocher comme à autant de bouées percées...

En un mot, ce transformateur peut vous aider à avoir raison de votre raison ! Une raison souvent trop blindée, tyrannique et aveugle...

Transformateur allié de type 8

- Il vous aidera à sortir des pièges du 8, que sont la recherche du pouvoir sur autrui et toutes ses guirlandes de manipulation, le désir de puissance inconsidéré et la propension à se prendre pour un grand héros justicier à qui tout est permis.

Sans oublier le piège de l'argent qui n'a pas d'odeur, et pour qui on est prêt à vendre son âme. Sans oublier, finalement, le désir de réussite matérielle ou politique à tout prix. C'est-à-dire au prix de l'intégrité personnelle, au prix de la paix intérieure, au prix de la trahison des siens, de la souffrance de ses proches, et de l'élimination sauvage des "concurrents". Au prix même de sa propre vie...

- Il peut vous donner un sacré coup de main pour vous libérer de vos rêves de puissance inconsidérés. Et toutes ces vieilles folies impérialistes, tous ces scénarios de vengeances et ces pressions qui entourent vos volcans de colère ou de violence concentrés en vous-même.

Le transformateur 8 vous invite à lâcher votre trop-plein de ressentiments, ainsi que les humiliations ancestrales et la vendetta qui restent programmées dans vos disquettes émotionnelles... Et sont toujours prêtes à resurgir – à vos dépens – dès que l'occasion se présente.

- Il vous aidera à transformer vos sentiments "d'injustices passées" en les considérant avec d'autres yeux. En prenant ces situations anciennes pour de belles écoles à votre disposition pour avancer. Des écoles à la disposition de votre conscience pour mûrir et grandir.
- Il vous aidera aussi à sortir de vos éventuels scénarios sado-maso qui, à force de ne plus vous faire mal, ne vous font plus réagir !

Histoire de sortir de vos rôles habituels de bourreau ou de victime (ce qui est la même chose et s'alterne très facilement).

Histoire de lâcher le système dominant/dominé et ses mécanismes bien rodés, où un peu de maltraitance, de souffrance ou de conflit, vaut toujours mieux que l'ennui, le vide ou l'absence de sensations fortes !

Transformateur allié de type 9

Il vous aidera à sortir des pièges du 9. Pour n'en citer que quelques uns :

- Vouloir sauver les autres à tout prix.
- Vous prendre pour une éponge qui aspire à libérer les autres de leurs souffrances, s'en charge et absorbe tout (prend tout pour elle ?).
- Vous prendre pour un habitant d'Utopia et se complaire dans des idéaux déconnectés qui n'ont rien d'imparfaitement humain.
- Vous évader dans les replis de l'étrange, de l'occulte ou du paranormal pour éviter de confronter la vraie réalité.
- Vous dissoudre tellement dans le collectif et l'universel que vous ne savez plus quelle identité et quels besoins personnels vous pouvez bien avoir !
- Tellement vous occuper de votre inconscient et de ses messages que vous en perdez les interpellations les plus directes de la vie...

Ce transformateur est là aussi pour vous donner un coup de main concernant votre relation au collectif familial, et en particulier votre façon d'obéir ou non à ce si puissant inconscient familial.

Histoire d'apprendre à mieux vous positionner vis-à-vis des pressions tacites que la famille exerce sur vous. Histoire de décoder les interactions inconscientes qui sont à l'œuvre dans votre relation à vos proches et dans vos choix personnels.

Il peut aussi vous aider à lâcher certaines de vos illusions préférées. Celles qui se glissent subtilement entre la réalité et vous-même, et vous promènent loin à côté de vos nécessités intérieures et de vos concrétisations possibles.

En prenant conscience de la toxicité, ou du parasitage inhérents à certains de vos mythes, vous pourrez d'autant mieux faire un nouveau pas en avant, et amplifier la cohérence et la pertinence de vos créations personnelles... Pour libérer un espace neuf offert à une réalité différente, plus féconde ?

Enfin, ce transformateur peut vous aider à nettoyer votre canal intuitif de toutes les pollutions émotionnelles ou mentales qui l'encombrent.

Afin que votre "résonateur universel" ne vibre plus à la moindre perturbation sur la ligne, mais puisse prendre du recul, filtrer et discriminer ce qui lui vient de l'extérieur comme de l'intérieur. Un intérieur, où sévit trop souvent un certain saboteur intime toujours prêt à nuire !

Concernant les nombres situés aux dizaines des LTA

Ils complètent l'aide apportée par le nombre qui se trouve à leur droite. Ce sont les alliés... des "Transformateurs alliés" basiques, décrits précédemment.

Transformateur avec 4 aux dizaines (pour les LTA de 40 à 49)

Il apporte son aide complémentaire pour la transformation du saboteur de type 4, celui qui vous met des bâtons dans les roues de votre construction personnelle, amplifie vos doutes sur vous-même, et étouffe dans l'œuf vos réalisations possibles.

Il vous permet d'améliorer votre manière de poser vos cadres, de vous positionner, de vous protéger. Ni trop ni pas assez. Utilement, avec lucidité et justesse... sans la série des auto-sabotages habituels.

Il vous offre la possibilité de mieux prendre conscience de vos limites, de les respecter... et de les faire respecter ! Afin que vous puissiez prendre votre place, et trouver vos repères de façon sage et adaptée à votre vraie nature.

Il vous donne un dernier coup de pouce pour bien poser vos petits pieds où vous le méritez, pour consolider vos ancrages et votre force tranquille. Histoire de mieux tenir debout à la barre du navire de votre vie... le regard brillant et lucide vers les 4 points cardinaux de votre incarnation la plus fructueuse.

Transformateur avec 5 aux dizaines (pour les LTA de 50 à 59)

Il apporte son aide complémentaire pour la transformation du saboteur de type 5, celui qui vous pousse à prendre des risques idiots, et à vous droguer la tête dans le tourbillon de son manège incessant.

Il vous permet de vous lancer dans de belles recherches, sans vous perdre dans les circonvolutions de votre volition survoltée, sans vous éjecter de l'essentiel en vous-même, sans courir sans fin après votre ombre...

Il vous offre la possibilité de ramener la balle au centre de vous-même (de votre terrain de "Je"), sans vous sentir obligé de répondre à la question de savoir pourquoi... vous voulez toujours savoir pourquoi ! Cela afin de vous sécuriser par une réponse logique, mais pas obligatoirement juste.

Il peut vous proposer aussi son aide concernant la gestion de vos pulsions, et la pratique d'une sexualité plus consciente, plus réellement à l'écoute de votre corps et de votre sexe.

Afin d'éviter les sabotages de votre tête concernant votre sexualité. Afin de dépolluer votre pratique sexuelle des projections, des jeux de pouvoir, des vieux règlements de comptes, des rattrapages familiaux et des surcompensations transgénérationnelles.

Sans oublier ces bonnes vieilles habitudes culturelles (masculines) de non-écoute de vous-même et de l'autre : non-écoute des rythmes, des sensations fines, des libertés créatives communes, des improvisations possibles, et des élans vers l'in-con-nu !

Transformateur avec 6 aux dizaines (pour les LTA de 60 à 69)

Il apporte son aide complémentaire pour la transformation du saboteur de type 6, celui qui vous livre pieds et poings liés aux désirs de l'autre. Celui qui vous laisse étouffer dans vos attachements fusionnels et sécuritaires. Celui qui qui vous rend ultra-dépendant de vos biberons sensuels, affectifs ou relationnels.

Il vous permet d'y voir plus clair au cœur de votre petit cocon protecteur (souvent très vite destructeur). Il vous aide à déceler les maltraitances ordinaires qui s'y perpétuent. Il vous invite à grandir, et à ne plus vous comporter comme un enfant gâté... bourré de sucre ?

Il vous offre la possibilité de découvrir une autre forme de relation à la nature... et à votre vraie nature. Il vous invite à aller au-delà de vos petites habitudes tranquilles, afin de découvrir d'autres formes de sensualité. Il vous suggère d'oser une belle cure pour développer vos côtés "épi-curiens"... passablement endormis ?

Il vous aide, encore, à mieux vous aimer et à accueillir plus largement l'amour dans votre vie. En évitant de vous réfugier dans des romans d'amour fantasmés qui n'aboutissent jamais, ou en rêvant votre amour sans oser vraiment le vivre !

Soyez certain que ce Transformateur peut vous soutenir dans le nettoyage de tous vos vieux tabous sur l'amour. Juste pour ai-mer... sans "mais" !

Transformateur avec 7 aux dizaines (pour les LTA de 70 à 79)

Il apporte son aide complémentaire à la transformation du saboteur de type 7, celui qui vous fait manquer d'air dans votre tête à force de la prendre pour une corbeille à papier ! Celui qui écrase vos élans du cœur sous le poids de ses raisons... et de ses analyses objectives.

Celui qui vous fait croire que vous savez tout sur vous-même... sans vous apercevoir que la majorité de vos idées vous concernant – ou concernant votre vie – s'appuient sur des croyances factices, ou des programmes mentaux artificiels et bien souvent périmés !

Il peut vous permettre de faire le tri dans vos connaissances, entre celles qui vous encombrent et celles qui vous sont utiles. C'est-à-dire celle qui restent adaptées à vos élans profonds, et aux désirs de votre cœur.

Ce transformateur est là pour vous aider à ne pas être manipulé par tous vos savoirs... mais à savoir où vous mettez les pieds à l'intérieur de vous-même !

Plutôt que de chercher à tout savoir... osez juste savoir où chercher, osez voir et découvrir l'essentiel au cœur de vos écoles de vie. Un essentiel qu'il reste surtout à SENTIR. Bien sentir – sans tir au but intempestif – n'est-ce pas la voie divine ? Celle qui donne un sens à vos pas, à votre vie, à vos morts et renaissances, à vos "tré-pas" symboliques, à vos deuils instructifs et sources de maturation intérieure.

Votre mental surpuissant s'en tire bien en vous conditionnant à ne pas sentir à quel point il peut être tyrannique (c'est ça le hic !), et à quel point il se moque sérieusement de vous !

Ce Transformateur des sabotages de type 7, vous invite encore à ne pas faire de vos réflexions et croyances les dogmes d'une religion qui n'en a pas le nom, mais dont l'intégrisme peut se révéler tout autant ravageur !

Même les gué-guerres de religion entre les fanatiques de la Science (avec un grand S), et les excités de ce qui n'est pas étiqueté "lavel scientifique", existent encore de nos jours ! Présenter sa pratique ou son approche comme la meilleure, surtout lorsqu'il s'agit d'aider l'humain (et de le comprendre), n'est-ce pas brandir la bannière de son dieu ou les dogmes de sa petite religion, envers et contre toutes !

J'ai peut-être eu la malchance de découvrir que plus j'en savais... moins j'en savais, plus je croyais détenir la vérité plus elle s'échappait (à me l'approprier et à l'enfermer je la faisais dépérir). En un mot, que vérité rimait avec liberté... mais aussi avec mouvement, changement, évolution. Et modestie !

Transformateur avec 8 aux dizaines (pour les LTA de 80 à 89)

Il apporte son aide complémentaire pour la transformation du saboteur de type 8, celui qui vous fait croire que vous êtes un zorro, alors que vous êtes juste un zéro, ce qui est déjà une superbe chance, car alors tout devient possible !

Je vous rappelle quelques hauts faits du saboteur de type 8 :

- Vous pousser à augmenter la pression intérieure, jusqu'à ne plus pouvoir faire autrement qu'éclater sans prévenir, et libérer votre colère ou votre violence à contre-emploi, à contre-temps... le tout avec plein de contradictions intérieures et de contractions stériles !
- Vous entraîner à vous pourrir la vie par des investissements ou des engagements financiers excessifs et incontrôlés. À y perdre votre sérénité, votre équilibre et votre santé...
- Vous amener à ne considérer les choses qu'au sein de rapports de force psychologiques, financiers, matériels. Comme si votre vie était un éternel champ de bataille (illustration caricaturale du fameux "struggle for life"). À trop tailler dans le tas sans faire de détails, le portail de votre conscience risque de se refermer, et vous laisser bien seul au fond de vos "ba-tailles" les plus basses, et les plus vaniteusement inutiles !
- Vous enfermer dans vos jeux sado-maso avec vous-même, et avec les autres, sans autre forme de procès. Mettre du piment dans votre vie, ce n'est pas vous arracher la gueule avec vos excès. S'offrir l'étonnement n'est pas souffrir bêtement. Tonnerre de Zeus !

Ainsi, le Transformateur 8 est à votre disposition pour vous permettre de recycler tous ces formatages mortifères, toutes ces habitudes indésirables, tous ces scénarios fracassants.

Il va vous aider à activer votre sens de la justice intérieure, qui consiste à y voir plus juste en vous-même, c'est-à-dire :

- Développer et élargir votre conscience.
- Savoir trancher, quand c'est le moment, dans tous vos vieux cordons ombilicaux et dans tous ces fils de marionnettes qui vous dirigent et vous font gesticuler à votre insu.
- Devenir juste avec vous-même et vous offrir l'amour et l'estime que vous méritez.
- Vous offrir la possibilité d'utiliser votre pouvoir intérieur pour vous réaliser. Pour réaliser les créations qui vous correspondent le mieux. Au faîte de vos possibles... que justice soit faite !
- Activer votre balance, celle qui évalue ce qui est bon ou non pour vous à un moment donné... sans balancer tout à la poubelle de vos éliminations forcées.

Entre l'épée, la lance et la balance, osez trouver le juste milieu... qui se situe généralement, non pas dans votre tête, mais au milieu de vous-même. C'est-à-dire au fond de votre ventre ou au centre de votre cœur !

Transformateur avec 9 aux dizaines (pour les LTA de 90 à 99)

Ce type de Transformateur, dont la valeur tourne autour de 90, est très rare. Offrons lui quelques lignes...

Il apporte son aide complémentaire pour la transformation du saboteur de type 9. Celui qui vous fait prendre des vessies pour des lanterne, et vous balade dans ses rêves collectifs, sans vous donner la clef des champs. Il vous fait chanter... une sacrée belle ballade !

Ce Transformateur est à votre disposition pour vous aider à recycler vos velléités planantes et vos égarements par trop idéalistes. Il vous aide tout simplement à garder les pieds sur terre... sans mettre les pieds dans le plat de vos espoirs les plus fous !

Il peut vous soutenir dans votre rencontre et dans votre décodage de cet inconscient qui constitue la plus grande partie de votre être. Il peut vous aider à faire plier votre "roseau pensant", riche de ses penchants à vouloir tout saisir, tout comprendre, tout assimiler.

Il vous peut aussi vous épauler dans votre travail concernant la mise en lumière des inter-actions multiples qui tissent la trame de vos échanges relationnels au sein des groupes. Et plus particulièrement au sein de votre groupe familial, où sévit ce fameux "inconscient familial", si puissant dans ses manipulations, dans ses efforts pour "guider" vos choix affectifs, professionnels, voire religieux !

Il peut enfin vous aider à oser tourner certaines pages de votre vie, à oser sortir de l'œuf pour couper réellement le cordon ("je coordonne toujours, je donne "en-core et en-core", je m'occupe des autres, car j'ai si peur d'avoir à m'occuper de moi !").

Le fameux cordon, nourricier et maternant, est constitué de deux bouts : l'un de ces bouts (au début) sert à donner, l'autre sert à recevoir (avant de décevoir).

Trop jouer d'un côté, c'est comme trop jouer de l'autre ! Trop donner ou trop recevoir, sont les mêmes expressions d'une non-reconnaissance de vous-même, et d'une dépendance à l'autre (donneur ou receveur), ainsi qu'une incapacité à vous aimer vraiment.

Le Transformateur est à votre service pour vous permettre de vous mettre plus réellement au service de vous-même, sans fausse pudeur, sans culpabilité et en toute conscience. Vous pouvez le remercier...

Le nouvel an personnel
ou la renaissance personnelle annuelle

Il n'est jamais de problème
qui n'ait un cadeau pour toi entre ses mains
Tu cherches des problèmes
parce que tu as besoin de leurs cadeaux.
RICHARD BACH *(Le messie récalcitrant)*

En complément des propositions des années personnelles que j'ai déjà développées dans certains de mes livres, (surtout dans *Numérologie et Mieux-être*) je propose, ce petit calendrier que j'ai mis au point à celles et ceux qui aiment se repérer avec précision dans le temps. Il sert à découvrir directement le début de l'année personnelle, à quelques minutes près. Il s'obtient à partir du jour, puis de l'heure de naissance.

J'ai baptisé ce démarrage d'année personnelle le "Nouvel an personnel".

Dorénavant vous pourrez fêter le nouvel an personnel à vos amis ! C'est l'occasion d'une *renaissance personnelle* importante, chaque année.

Il m'est apparu que les 9 jours qui précèdent votre nouvel an personnel, ce "passage annuel", ce pont d'une année à l'autre, sont en résonance intime avec les 9 mois que vous avez passés dans le ventre de votre mère.

Certaines personnes observent durant ces 9 jours (surtout du 5e au 7e) un nombre important de signes sensibles. Ils notent une recrudescence d'angoisses sans cause apparente, de nouvelles idées à foison, ou des réactions de retrait et de fuite face à leurs responsabilités du moment.

Ces 9 jours semblent "réactualiser" durant ces jours-là le vécu intime du bébé en gestation que vous avez été. Peuvent "réapparaître" des impressions diffuses qu'il a senties, les messages sensibles qu'il a perçus à l'époque : les joies, les peines, les espoirs et les peurs que votre mère a ressenti, si près et autour de lui.

Le jour de votre nouvel an personnel (votre NAP), et les jours qui suivent, peuvent illustrer certains des événements vécus durant les premières années de votre vie.

Le jour-même du NAP : votre 1ère année de vie.

Le 2e jour : votre 2e année de vie.

Le 3e jour : votre 3e année de vie. Etc.

Observez bien, chaque année ce qui se passe pendant ces jours-là. Restez à l'écoute de ce que vous vivez en repérant à quel jour, et donc à quelle année cela correspond. Notez en particulier ce que vous ressentez émotionnellement ou corporellement. Vos mémoires intimes sont beaucoup plus importantes (et fiables) concernant ces registres-là que les éléments que vous livre votre tête ou votre mémoire sélective bien éduquée !

Ainsi vous revivez symboliquement chaque année votre enfance. Vous pouvez avoir, transposé devant les yeux ou le cœur ce que vous avez vécu pendant votre adolescence et votre vie de jeune homme ou de jeune femme. Cela, jusqu'à l'âge que vous avez actuellement.

Par exemple : Si vous avez 40 ans cette année, comptez 40 jours à partir du jour de votre NAP (inclus).

Enfin, le jour de votre nouvel an personnel, comme son nom l'indique, correspond au premier jour de votre nouvelle année personnelle.

Votre année personnelle, vous interpelle donc, pour 12 mois à partir de cette date-là. Elle met à votre libre-disposition ses divers messages, elle vous offre de nouvelles pistes d'évolution personnelle.

Je parle ici des messages de l'année personnelle calculée à partir de la valeur de l'année civile suivante qui elle ne commence que le 1er janvier !

L'année personnelle démarre, pour tous, avant l'année civile à venir (qui intervient dans son calcul)

C'est-à-dire que si le calcul de l'année personnelle est fait pour l'année 2003 (elle a pour valeur la somme du jour + mois de naissance + 2003), ses propositions se feront, à partir d'octobre pour les natifs du début de l'année, en novembre pour les natifs du milieu de l'année, et en décembre pour les natifs de fin d'année.

C'est ce que j'enseigne depuis 15 ans, mais il m'a semblé qu'il pouvait être indispensable de préciser les choses. C'est pourquoi j'ai monté ce tableau, "d'éphémérides numérologiques", permettant de déterminer le début de l'année personnelle pour les natifs des 365 jours de l'année.

Pour trouver le jour et le créneau horaire de votre Nouvel an personnel (NAP), **reportez-vous à votre jour de naissance dans les pages qui suivent. (voir p. 433-436)**

Si vous savez votre heure de naissance, vous allez pouvoir affiner encore le repérage de votre début d'année personnelle à la minute près !

Il est possible de situer encore plus précisément encore ce moment de “Re-naissance” annuel.

Il suffit de considérer que :

1h (du jour de naissance) = 1/4 h (du jour du NAP).

Cela au sein du créneau horaire de 6 heures qui est indiqué.

Dit autrement : Divisez par 4 votre heure de naissance et ajoutez cette durée à la 1ère borne horaire indiquée sur le tableau des NAP.

– Si l'heure de naissance est midi, l'heure de ce rendez-vous sera à mi-chemin entre les bornes du créneau horaire proposé. Ici c'est 9 heures.

Soit : 12 h divisées par 4 = 3 h. La première borne horaire, pour l'exemple du 26 septembre est 6 h.

L'instant exact sera donc 6 + 3 = 9 heures du matin.

– Si l'heure de naissance est 2 h du matin. Ajouter 1/4 d'heure au début du créneau horaire. Ce sera alors 18 h 15.

– Si l'heure de naissance est 20 h, retrancher une heure à la fin du créneau proposé, ou bien ajoutez 5 h à la borne horaire de départ (20 h divisé par 4 = 5 h).

Exemple pour Laurette née le 26.9.1957

Le Jour de naissance 26 septembre correspond au 7 décembre... entre 6 h et 12 h.

Laurette, née le 26 septembre est rentrée en Année personnelle 4 le 7 décembre 2002. Cette année personnelle s'étend surtout sur 2003.

Cette année est d'ailleurs, plus précisément, sa 6e Année personnelle 4 (et sera l'année de ses 46 ans). 2004 sera sa 6e année personnelle 5. Elle commencera, elle aussi un 7 décembre (2003).

Les numéros d'ordre des années personnelles sont présentées dans mon livre “*Numérologie et mieux-être*”.

Chaque année personnelle est qualifiée par 4 nombres :

– Le nombre de l'année personnelle

– La qualification de ce nombre dans l'Inclusion de base
– Le numéro d'ordre de cette année personnelle (les séries de 9 ans)
– La qualification de ce numéro d'ordre

Rappel du calcul de l'année personnelle :

Jour de naissance + mois de naissance + année civile considérée.

Ici pour Laurette : 26 + 9 + 2003 = 2038 réduit à 13 puis réduit à 4.

Sa 6e année personnelle 4 s'est étalée du 7 décembre 2002 au 7 décembre 2003. Le changement se faisant à 9 heures du matin.

Sa 6e année personnelle 5 s'étalera du 7 décembre 2003 au 7 décembre 2004. Toujours à 9 heures du matin.

Remarque :

Par ailleurs, je me dois de vous préciser que le jour du nouvel an personnel apparaît comme aussi important qu'un jour de naissance.

Sa symbolique n'est pas à négliger dans un thème.

Pour notre exemple :

Laurette, née le 26 septembre pourra considérer le nombre 7 (du 7 décembre) comme porteur de messages, d'interpellations ou de suggestions fortes. Le 7 décembre est le jour de la St Ambroise... à elle d'être parée ce jour-là !

Le 7 l'invite à ne pas négliger son besoin d'apprendre, de classer, d'écrire, de méditer, de se donner du temps pour maturer (de façon solitaire ?)... et prendre conscience des leçons de chaque année avec recul et sagesse !

Pour trouver votre Jour du Nouvel an personnel et son créneau horaire...

NAP

natif du	Nouvel an personnel	créneau horaire
1er Janvier	1er Octobre	0h-6h
2 Janvier	1er Octobre	6h-12h
3 Janvier	1er Octobre	12h-18h
4 Janvier	1er Octobre	18h-24h
5 Janvier	2 Octobre	0h-6h
6 Janvier	2 Octobre	6h-12h
7 Janvier	2 Octobre	12h-18h
8 Janvier	2 Octobre	18h-24h
9 Janvier	3 Octobre	0h-6h
10 Janvier	3 Octobre	6h-12h
11 Janvier	3 Octobre	12h-18h
12 Janvier	3 Octobre	18h-24h
13 Janvier	4 Octobre	0h-6h
14 Janvier	4 Octobre	6h-12h
15 Janvier	4 Octobre	12h-18h
16 Janvier	4 Octobre	18h-24h
17 Janvier	5 Octobre	0h-6h
18 Janvier	5 Octobre	6h-12h
19 Janvier	5 Octobre	12h-18h
20 Janvier	5 Octobre	18h-24h
21 Janvier	6 Octobre	0h-6h
22 Janvier	6 Octobre	6h-12h
23 Janvier	6 Octobre	12h-18h
24 Janvier	6 Octobre	18h-24h
25 Janvier	7 Octobre	0h-6h
26 Janvier	7 Octobre	6h-12h
27 Janvier	7 Octobre	12h-18h
28 Janvier	7 Octobre	18h-24h
29 Janvier	8 Octobre	0h-6h
30 Janvier	8 Octobre	6h-12h
31 Janvier	8 Octobre	12h-18h
1er Février	8 Octobre	18h-24h
2 Février	9 Octobre	0h-6h
3 Février	9 Octobre	6h-12h
4 Février	9 Octobre	12h-18h
5 Février	9 Octobre	18h-24h
6 Février	10 Octobre	0h-6h
7 Février	10 Octobre	6h-12h
8 Février	10 Octobre	12h-18h
9 Février	10 Octobre	18h-24h
10 Février	11 Octobre	0h-6h
11 Février	11 Octobre	6h-12h
12 Février	11 Octobre	12h-18h
13 Février	11 Octobre	18h-24h
14 Février	12 Octobre	0h-6h
15 Février	12 Octobre	6h-12h
16 Février	12 Octobre	12h-18h
17 Février	12 Octobre	18h-24h

natif du	Nouvel an personnel	créneau horaire
18 Février	13 Octobre	0h-6h
19 Février	13 Octobre	6h-12h
20 Février	13 Octobre	12h-18h
21 Février	13 Octobre	18h-24h
22 Février	14 Octobre	0h-6h
23 Février	14 Octobre	6h-12h
24 Février	14 Octobre	12h-18h
25 Février	14 Octobre	18h-24h
26 Février	15 Octobre	0h-6h
27 Février	15 Octobre	6h-12h
28 Février	15 Octobre	12h-18h
29 Février	15 Octobre	18h-24h
1er Mars	16 Octobre	0h-6h
2 Mars	16 Octobre	6h-12h
3 Mars	16 Octobre	12h-18h
4 Mars	16 Octobre	18h-24h
5 Mars	17 Octobre	0h-6h
6 Mars	17 Octobre	6h-12h
7 mars	17 Octobre	12h-18h
8 Mars	17 Octobre	18h-24h
9 Mars	18 Octobre	0h-6h
10 Mars	18 Octobre	6h-12h
11 Mars	18 Octobre	12h-18h
12 Mars	18 Octobre	18h-24h
13 Mars	19 Octobre	0h-6h
14 Mars	19 Octobre	6h-12h
15 Mars	19 Octobre	12h-18h
16 Mars	19 Octobre	18h-24h
17 Mars	20 Octobre	0h-6h
18 Mars	20 Octobre	6h-12h
19 Mars	20 Octobre	12h-18h
20 Mars	20 Octobre	18h-24h
21 Mars	21 Octobre	0h-6h
22 Mars	21 Octobre	6h-12h
23 Mars	21 Octobre	12h-18h
24 Mars	21 Octobre	18h-24h
25 Mars	22 Octobre	0h-6h
26 Mars	22 Octobre	6h-12h
27 Mars	22 Octobre	12h-18h
28 Mars	22 Octobre	18h-24h
29 Mars	23 Octobre	0h-6h
30 Mars	23 Octobre	6h-12h
31 Mars	23 Octobre	12h-18h
1er Avril	23 Octobre	18h-24h
2 Avril	24 Octobre	0h-6h
3 Avril	24 Octobre	6h-12h
4 Avril	24 Octobre	12h-18h
5 Avril	24 Octobre	18h-24h

NAP suite

natif du	Nouvel an personnel	créneau horaire	natif du	Nouvel an personnel	créneau horaire
6 Avril	25 Octobre	Oh-6h	24 Mai	6 Novembre	Oh-6h
7 Avril	25 Octobre	6h-12h	25 Mai	6 Novembre	6h-12h
8 Avril	25 Octobre	12h-18h	26 Mai	6 Novembre	12h-18h
9 Avril	25 Octobre	18h-24h	27 Mai	6 Novembre	18h-24h
10 Avril	26 Octobre	Oh-6h	28 Mai	7 Novembre	Oh-6h
11 Avril	26 Octobre	6h-12h	29 Mai	7 Novembre	6h-12h
12 Avril	26 Octobre	12h-18h	30 Mai	7 Novembre	12h-18h
13 Avril	26 Octobre	18h-24h	31 Mai	7 Novembre	18h-24h
14 Avril	27 Octobre	Oh-6h	**1er Juin**	8 Novembre	Oh-6h
15 Avril	27 Octobre	6h-12h	2 Juin	8 Novembre	6h-12h
16 Avril	27 Octobre	12h-18h	3 Juin	8 Novembre	12h-18h
17 Avril	27 Octobre	18h-24h	4 Juin	8 Novembre	18h-24h
18 Avril	28 Octobre	Oh-6h	5 Juin	9 Novembre	Oh-6h
19 Avril	28 Octobre	6h-12h	6 Juin	9 Novembre	6h-12h
20 Avril	28 Octobre	12h-18h	7 Juin	9 Novembre	12h-18h
21 Avril	28 Octobre	18h-24h	8 Juin	9 Novembre	18h-24h
22 Avril	29 Octobre	Oh-6h	9 Juin	10 Novembre	Oh-6h
23 Avril	29 Octobre	6h-12h	10 Juin	10 Novembre	6h-12h
24 Avril	29 Octobre	12h-18h	11 Juin	10 Novembre	12h-18h
25 Avril	29 Octobre	18h-24h	12 Juin	10 Novembre	18h-24h
26 Avril	30 Octobre	Oh-6h	13 Juin	11 Novembre	Oh-6h
27 Avril	30 Octobre	6h-12h	14 Juin	11 Novembre	6h-12h
28 Avril	30 Octobre	12h-18h	15 Juin	11 Novembre	12h-18h
29 Avril	30 Octobre	18h-24h	16 Juin	11 Novembre	18h-24h
30 Avril	31 Octobre	Oh-6h	17 Juin	12 Novembre	Oh-6h
1er Mai	31 Octobre	6h-12h	18 Juin	12 Novembre	6h-12h
2 Mai	31 Octobre	12h-18h	19 Juin	12 Novembre	12h-18h
3 Mai	31 Octobre	18h-24h	20 Juin	12 Novembre	18h-24h
4 Mai	**1 Novembre**	Oh-6h	21 Juin	13 Novembre	Oh-6h
5 Mai	1 Novembre	6h-12h	22 Juin	13 Novembre	6h-12h
6 Mai	1 Novembre	12h-18h	23 Juin	13 Novembre	12h-18h
7 Mai	1 Novembre	18h-24 h	24 Juin	13 Novembre	18h-24h
8 Mai	2 Novembre	Oh-6h	25 Juin	14 Novembre	Oh-6h
9 Mai	2 Novembre	6h-12h	26 Juin	14 Novembre	6h-12h
10 Mai	2 Novembre	12h-18h	27 Juin	14Novembre	12h-18h
11 Mai	2 Novembre	18h-24h	28 Juin	14 Novembre	18h-24h
12 Mai	3 Novembre	Oh-6h	29 Juin	15 Novembre	Oh-6h
13 Mai	3 Novembre	6h-12h	30 Juin	15 Novembre	6h-12h
14 Mai	3 Novembre	12h-18h	**1er Juillet**	15 Novembre	12h-18h
15 Mai	3 Novembre	18h-24h	2 Juillet	15 Novembre	18h-24h
16 Mai	4 Novembre	Oh-6h	3 Juillet	16 Novembre	Oh-6h
17 Mai	4 Novembre	6h-12h	4 Juillet	16 Novembre	6h-12h
18 Mai	4 novembre	12h-18h	5 Juillet	16 Novembre	12h-18h
19 Mai	4 Novembre	18h-24h	6 Juillet	16 Novembre	18h-24h
20 Mai	5 Novembre	Oh-6h	7 Juillet	17 Novembre	Oh-6h
21 Mai	5 Novembre	6h-12h	8 Juillet	17 Novembre	6h-12h
22 Mai	5 Novembre	12h-18h	9 Juillet	17 Novembre	12h-18h
23 Mai	5 Novembre	18h-24h	10 Juillet	17 Novembre	18h-24h

NAP suite

natif du	Nouvel an personnel	créneau horaire	natif du	Nouvel an personnel	créneau horaire
11 Juillet	18 Novembre	0h-6h	28 Aout	30 Novembre	0h-6h
12 Juillet	18 Novembre	6h-12h	29 Aout	30 Novembre	6h-12h
13 Juillet	18 Novembre	12h-18h	30 Aout	30 Novembre	12h-18h
14 Juillet	18 Novembre	18h-24h	31 Aout	30 Novembre	18h-24h
15 Juillet	19 Novembre	0h-6h	**1 Septembre**	**1 Décembre**	0h-6h
16 Juillet	19 Novembre	6h-12h	2 Septembre	1 Décembre	6h-12h
17 Juillet	19 Novembre	12h-18h	3 Septembre	1 Décembre	12h-18h
18 Juillet	19 Novembre	18h-24h	4 Septembre	1 Décembre	18h-24h
19 Juillet	20 Novembre	0h-6h	5 Septembre	2 Décembre	0h-6h
20 Juillet	20 Novembre	6h-12h	6 Septembre	2 Décembre	6h-12h
21 Juillet	20 Novembre	12h-18h	7 Septembre	2 Décembre	12h-18h
22 Juillet	20 Novembre	18h-24h	8 Septembre	2 Décembre	18h-24h
23 Juillet	21 Novembre	0h-6h	9 Septembre	3 Décembre	0h-6h
24 Juillet	21 Novembre	6h-12h	10 Septembre	3 Décembre	6h-12h
25 Juillet	21 Novembre	12h-18h	11 Septembre	3 Décembre	12h-18h
26 Juillet	21 Novembre	18h-24h	12 Septembre	3 Décembre	18h-24h
27 Juillet	22 Novembre	0h-6h	13 Septembre	4 Décembre	0h-6h
28 Juillet	22 Novembre	6h-12h	14 Septembre	4 Décembre	6h-12h
29 Juillet	22 Novembre	12h-18h	15 Septembre	4 Décembre	12h-18h
30 Juillet	22 Novembre	18h-24h	16 Septembre	4 Décembre	18h-24h
31 Juillet	23 Novembre	0h-6h	17 Septembre	5 Décembre	0h-6h
1er Aout	23 Novembre	6h-12h	18 Septembre	5 Décembre	6h-12h
2 Aout	23 Novembre	12h-18h	19 Septembre	5 Décembre	12h-18h
3 Aout	23 Novembre	18h-24h	20 Septembre	5 Décembre	18h-24h
4 Aout	24 Novembre	0h-6h	21 Septembre	6 Décembre	0h-6h
5 Aout	24 Novembre	6h-12h	22 Septembre	6 Décembre	6h-12h
6 Aout	24 Novembre	12h-18h	23 Septembre	6 Décembre	12h-18h
7 Aout	24 Novembre	18h-24h	24 Septembre	6 Décembre	18h-24h
8 Aout	25 Novembre	0h-6h	25 Septembre	7 Décembre	0h-6h
9 Aout	25 Novembre	6h-12h	26 Septembre	7 Décembre	6h-12h
10 Aout	25 Novembre	12h-18h	27 Septembre	7 Décembre	12h-18h
11 Aout	25 Novembre	18h-24h	28 Septembre	7 Décembre	18h-24h
12 Aout	26 Novembre	0h-6h	29 Septembre	8 Décembre	0h-6h
13 Aout	26 Novembre	6h-12h	30 Septembre	8 Décembre	6h-12h
14 Aout	26 Novembre	12h-18h	**1er Octobre**	8 Décembre	12h-18h
15 Aout	26 Novembre	18h-24h	2 Octobre	8 Décembre	18h-24h
16 Aout	27 Novembre	0h-6h	3 Octobre	9 Décembre	0h-6h
17 Aout	27 Novembre	6h-12h	4 Octobre	9 Décembre	6h-12h
18 Aout	27 Novembre	12h-18h	5 Octobre	9 Décembre	12h-18h
19 Aout	27 Novembre	18h-24h	6 Octobre	9 Décembre	18h-24h
20 Aout	28 Novembre	0h-6h	7 Octobre	10 Décembre	0h-6h
21 Aout	28 Novembre	6h-12h	8 Octobre	10 Décembre	6h-12h
22 Aout	28 Novembre	12h-18h	9 Octobre	10 Décembre	12h-18h
23 Aout	28 Novembre	18h-24h	10 Octobre	10 Décembre	18h-24h
24 Aout	29 Novembre	0h-6h	11 Octobre	11 Décembre	0h-6h
25 Aout	29 Novembre	6h-12h	12 Octobre	11 Décembre	6h-12h
26 Aout	29 Novembre	12h-18h	13 Octobre	11 Décembre	12h-18h
27 Aout	29 Novembre	18h-24h	14 Octobre	11 Décembre	18h-24h

NAP suite et fin

natif du	Nouvel an personnel	créneau horaire
15 Octobre	12 Décembre	0h-6h
16 Octobre	12 Décembre	6h-12h
17 Octobre	12 Décembre	12h-18h
18 Octobre	12 Décembre	18h-24h
19 Octobre	13 Décembre	0h-6h
20 Octobre	13 Décembre	6h-12h
21 Octobre	13 Décembre	12h-18h
22 Octobre	13 Décembre	18h-24h
23 Octobre	14 Décembre	0h-6h
24 Octobre	14 Décembre	6h-12h
25 Octobre	14 Décembre	12h-18h
26 Octobre	14 Décembre	18h-24h
27 Octobre	15 Décembre	0h-6h
28 Octobre	15 Décembre	6h-12h
29 Octobre	15 Décembre	12h-18h
30 octobre	15 Décembre	18h-24h
31 Octobre	16 Décembre	0h-6h
1 Novembre	16 Décembre	6h-12h
2 Novembre	16 Décembre	12h-18h
3 Novembre	16 Décembre	18h-24h
4 Novembre	17 Décembre	0h-6h
5 Novembre	17 Décembre	6h-12h
6 Novembre	17 Décembre	12h-18h
7 Novembre	17 Décembre	18h-24h
8 Novembre	18 Décembre	0h-6h
9 Novembre	18 Décembre	6h-12h
10 Novembre	18 Décembre	12h-18h
11 Novembre	18 Décembre	18h-24h
12 Novembre	19 Décembre	0h-6h
13 Novembre	19 Décembre	6h-12h
14 Novembre	19 Décembre	12h-18h
15 Novembre	19 Décembre	18h-24h
16 Novembre	20 Décembre	0h-6h
17 Novembre	20 Décembre	6h-12h
18 Novembre	20 Décembre	12h-18h
19 Novembre	20 Décembre	18h-24h
20 Novembre	21 Décembre	0h-6h
21 Novembre	21 Décembre	6h-12h
22 Novembre	21 Décembre	12h-18h
23 Novembre	21 Décembre	18h-24h
24 Novembre	22 Décembre	0h-6h
25 Novembre	22 Décembre	6h-12h
26 Novembre	22 Décembre	12h-18h
27 Novembre	22 Décembre	18h-24h
28 Novembre	23 Décembre	0h-6h
29 Novembre	23 Décembre	6h-12h
30 Novembre	23 Décembre	12h-18h
1 Décembre	23 Décembre	18h-24h

natif du	Nouvel an personnel	créneau horaire
2 Décembre	24 Décembre	0h-6h
3 Décembre	24 Décembre	6h-12h
4 Décembre	24 Décembre	12h-18h
5 Décembre	24 Décembre	18h-24h
6 Décembre	25 Décembre	0h-6h
7 Décembre	25 Décembre	6h-12h
8 Décembre	25 Décembre	12h-18h
9 Décembre	25 Décembre	18h-24h
10 Décembre	26 Décembre	0h-6h
11 Décembre	26 Décembre	6h-12h
12 Décembre	26 Décembre	12h-18h
13 Décembre	26 Décembre	18h-24h
14 Décembre	27 Décembre	0h-6h
15 Décembre	27 Décembre	6h-12h
16 Décembre	27 Décembre	12h-18h
17 Décembre	27 Décembre	18h-24h
18 Décembre	28 Décembre	0h-6h
19 Décembre	28 Décembre	6h-12h
20 Décembre	28 Décembre	12h-18h
21 Décembre	28 Décembre	18h-24h
22 Décembre	29 Décembre	0h-6h
23 Décembre	29 Décembre	6h-12h
24 Décembre	29 Décembre	12h-18h
25 Décembre	29 Décembre	18h-24h
26 Décembre	30 Décembre	0h-6h
27 Décembre	30 Décembre	6h-12h
28 Décembre	30 Décembre	12h-18h
29 Décembre	30 Décembre	18h-24h
30 Décembre	31 Décembre	0h-6h
31 Décembre	31 Décembre	6h-12h

Le chemin de vie de conception symbolique

L'imagination est plus importante que le savoir.

ALBERT EINSTEIN

Votre Jour de conception symbolique

Le jour où vous êtes sorti de votre mère et avez posé vos petits petons sur la terre ferme, est certes un jour important, mais il ne correspond pas au début de votre vie. Ce jour-là vous étiez déja âgé(e) d'environ 9 mois, sauf pour les petits pressés, âgés de 7 ou 8 mois...

Ce jour-là vous aviez derrière vous un sacré bout de vécu, un sacré bout de chemin effectué au creux de votre mère, au sein du monde liquide utérin.

Des mois de ressentis, des mois de vibrations captées, d'émotions éprouvées, de rythmes perçus. Des mois de vie en mère avant de débarquer à bon port... même si pour certains le "bon port" a pu avoir tendance à ressembler à une sacrée galère !

En numérologie le jour de naissance offre un message non négligeable. Il donne une "tonalité" forte au thème, pourtant constitué de plus de 120 nombres !

Il m'est apparu important de ne pas oublier le jour de conception. Ce jour ne pouvant être, la plupart du temps, défini avec exactitude, je propose de considérer un jour de conception symbolique, situé 9 mois exactement avant le jour de naissance.

Je suggère aussi de tenir compte des pistes offertes par le Saint patron de ce jour, homme ou femme, son histoire, ses lieux de vie, sa démarche spirituelle, sociale, politique, etc.

Ainsi quelqu'un né le 24 mars a pour jour de conception symbolique le 24 juin, jour de la saint Jean-Baptiste, celui qui fait la trace ou prépare le terrain à un certain Jésus-Christ.

Quelqu'un né le 2 août a pour jour de conception le 2 novembre, jour des défunts (appelé "jour des morts"). Cela ressemble à une interpellation concernant les fidélités aux ancêtres, à tous les ordres inconscients des hommes ou des femmes issus des générations précédentes. Des consignes qui continuent leur chemin longtemps après la disparition de leurs auteurs ! Un chemin qui passe par les mémoires familiales et leurs relais en nous-mêmes.

Quelqu'un né le 4 juillet, a pour jour de conception symbolique le 4 octobre, jour de la St François d'Assise. Une belle assise et un beau saint à disposition pour apprendre le langage des oiseaux !

Quelqu'un né un 25 septembre, a pour jour de conception symbolique le 25 décembre. Joyeux Noël ! Quelle belle naissance pour une conception !

Quelqu'un né un 26 septembre devra se contenter d'un 26 décembre jour de la St Étienne. Un saint lapidé sous les yeux de l'apôtre Paul, qui devint le patron des paveurs... Neuf papes, tout de même, portèrent ce nom.

Quelqu'un né un 6 février, a pour jour de conception symbolique le 6 mai, jour de la sainte Prudence... Cela invite-t-il à être prude et à entrer dans la danse avec circonspection ?

La vie est tellement passionnante... et déjà tellement pleine de sens ! Le jour symbolique ne renvoie-t-il pas au mariage d'un ovule et d'un spermatozoïde... qui, ensuite, croissèrent et se multiplièrent sur cette belle terre-école pour apprentis-dieux en devenir !

Le Chemin de vie de conception symbolique.

À partir de ce jour de conception symbolique, je propose de calculer et considérer un chemin de vie essentiel, spirituel et fondamental.

Divers exemples :

Pour quelqu'un né le 24 mars 1977, le Chemin de vie de conception symbolique est obtenu par l'addition du jour, du mois et de l'année constituant la date du jour de conception symbolique qui lui correspond.

Soit (le 24 juin) : 24 + 6 + 1976 = 2006 qui peut se réduire à 8.

Ce chemin de vie de conception évoque fortement des pistes féminines 6 et 2. Le 6 qui se retrouve 3 fois à la place des unités dans le calcul est fortement valorisé. Le 6 suggère de développer amour, tendresse, sens de la beauté, soins du corps, harmonie relationnelle, sens de la nature, écologie (et produits bios)...

Il invite à ne pas oublier la femme qui pourrait se cacher, se mettre en veilleuse derrière la mère (le rôle de mère).

Le 8 final propose de ne pas laisser de côté la puissance féminine, l'héroïne, et le pouvoir de transformation potentiel à disposition.

Notons ici que le jour de conception se situe non pas en 1977, mais l'année précédente. Aussi le chemin de vie de conception diffère du chemin de vie habituel autant dans sa forme non réduite (bio) que dans sa réduction.

En effet : Le Chemin de vie lié au 24.03.1977 est 2004 réduit à 6.

Quelles belles surprises réservera 2004 aux propriétaires d'un chemin de vie 2004 ? Et quelles autres belles surprises réservera 2006 ?

Des nombres féminins fortement interpellant sur la femme (en soi) la mère (devant soi), pour construire, se construire et hausser le soi (à Aussois ?).

Pour quelqu'un né le 04.07.1950 :

– Chemin de vie (habituel) :

4 + 7 + 1950 = 19**61** réduit à 17 puis à 8.

– Chemin de vie de conception symbolique :

4 + 10 + 1949 = 19**63** réduit à 19 puis à 10 puis à 1.

Les propositions du 63 sont antérieures à celles du 61 car le jour de conception se situe avant le jour de naissance. Seraient-elles plus importantes, plus incontournables ? Je me le demande !

L'année 1963 interpelle plus fortement que l'année 1961. Qu'a-t-il pu se passer d'important pour ce natif l'été 1963 ? 1963 un nombre très créatif et relationnel qui parle d'enfant, de femme et de groupe. Et qui parle surtout d'amour !

Rappel des propositions résumées du 63 (voir en annexe) :

"Harmonisation relationnelle. Amour créatif.

Soins esthétiques. Expression corporelle. Communication non verbale.

Oser créer à partir de l'ouverture du cœur. Oser la spontanéité dans les élans amoureux. Importance des "mots d'amour". Amour sans frontières. Amour et humour. L'amour : Jeu relationnel ?

Désir de s'occuper d'enfants."

Ce nombre 1963 parlarait-il d'une vie dédiée spirituellement à l'amour, à l'art et à la nature ?

Remarque : Le jour de conception me semble receler plus d'enjeux spirituels que le jour de naissance, même si ce jour de conception est symbolique dans la grande majorité des cas.

Par ailleurs, notons que tous les natifs du 1er janvier au 30 septembre ont un Chemin de vie de conception symbolique (très) différent de leur chemin de vie (habituel).

Pour quelqu'un né le 20.11.1921 :

– Jour de conception symbolique le 20.02.1921 (la Ste Aimée).

– Chemin de vie (habituel) :

20 + 11 + 1921 = 1952 réduit à 17 puis à 8.

– Chemin de vie de conception symbolique :

20 + 02 + 1921 = 1943 réduit à 17 puis à 8.

Les réductions sont les mêmes pour les deux calculs.

Pour les résultats bios : 19**43** au lieu de 19**52.**

Le 43 évoque la créativité, le besoin de sécurité. Il invite à dire les choses... et à dénoncer les traditions trop étroites.

Ses propositions ont une importance plus grande, à mon avis, que celles du 52.

Les enjeux de la conception, comme précisé plus haut, me semblent plus importants, spirituellement parlant, que ceux liés à la naissance.

Le 52, nombre hyper-mobile, voire insaisissable, invite à gérer ses passions, à reconsidérer le rôle de mère, en particulier vis-à-vis de l'homme (2 = la mère et 5= l'homme, le partenaire recherché).

Petit rappel des pistes offertes par le 43, présenté en annexe :

“Construction et enseignement. Une belle capacité à faire passer des messages éducatifs et utilitaires. Développer l'originalité de style et le désir d'aller à l'essentiel. Oser favoriser la prise de conscience grâce au travail sur le concret et les ancrages terrestres. Sécuriser l'enfant intérieur et le laisser vivre !”

Remarque : Il peut être intéressant, là aussi, de considérer le chemin (de vie) qu'a suivi le saint patron du jour de conception symbolique (base du calcul de ce chemin de vie de conception). Et de comparer ce “Chemin” aux pistes offertes par le dernier (ou les deux derniers nombres) du Chemin de vie de conception symbolique.

De nouvelles propositions qui me semblent passionnantes. J'avais envie de vous en faire part. Qu'elles vous soient profitables, source de réflexion... et surtout de questions !

Histoire de faire encore d'autres liens, d'ouvrir encore d'autres portes dans votre exploration intime et votre démarche d'éveil de conscience.

Le mythe majeur

Rien n'est bon ni mauvais en soi.
Une chose est bonne ou mauvaise
suivant le regard
que nous portons sur elle.
SHAKESPEARE

Votre relation à vous-même et à la vie se fait à travers de nombreux filtres, de nombreuses projections, de nombreuses images déformées.

Rencontrer sa vraie vérité, être en contact total et direct avec la réalité est un des défis les plus difficiles et les plus important de cette vie terrestre.

Il aurait été dommage de ne pas évoquer ce défi humain dans ces pages qui vous offrent un aperçu des nouveaux outils numérologiques enrichissant ma méthode.

À l'origine, je ne souhaitais pas présenter "Le Mythe Majeur" dans ces pages, comme c'est le cas d'autres outils que je mettrais à disposition dans de prochains ouvrages. Puis j'ai changé d'avis et j'ai décidé de terminer ce livre sur ce petit chapitre dont les pistes et interpellations me paraissent dignes d'un intérêt croissant.

Votre regard sur le monde s'appuie sur des milliards d'images que vous avez stockées dans vos mémoires visuelles depuis votre naissance.

Votre façon de voir les choses de votre vie se nourrit aux sources de votre imaginaire, de vos fantasmes, de vos désirs inconscients, de votre recherche du plaisir et de votre fuite de la douleur.

Votre façon de vous considérer, de vous évaluer, de vous reconnaître vous-même, s'articule sur votre propension à vous estimer ou à vous mestimer, vous valoriser ou vous dévaloriser, vous accepter ou vous rejeter.

En un mot : votre manière d'être avec vous-même et avec la vie, face à votre initiation humaine quotidienne, est intimement liée à votre aptitude à aimer et à vous aimer...

L'amour est au centre de tout ce qui se joue dans vos échanges énergétiques, en vous-même et autour de vous. L'amour est le support de vos lumières et de vos ombres. L'amour est le tissage sans lequel votre existence ne peut trouver de sens.

L'amour est une réalité incontournable et fondamentale. Ce n'est pas un mythe ! Or il se trouve que les mythes concernant l'amour sont innombrables. L'amour est l'essence même de votre réalité d'humain... et les illusions sur l'amour, ou comment le vivre vraiment, sont légion !

C'est pourquoi le travail sur vos mythes personnels peut devenir source d'importantes découvertes sur vous-même, sur ce qui peut, d'une part, parasiter votre cheminement, ou d'autre part illuminer et dynamiser votre vie et votre relation au divin en vous-même.

Les nombres, une fois de plus, vous invitent à vous questionner :

- Comment puis-je compter sur moi au-delà de mes contes... et tout ce que je me raconte à moi-même (et aux autres) ?
- Autour de quels mythes personnels, familiaux, culturels se construit "ma" vision des choses ?
- À partir de quels contes intimes se font mes choix apparemment les plus lucides ?

Comme cela est dit à la base de toute formation sérieuse en Psychothérapie :

- "Ne croyez pas tout ce qu'on vous dit. Ne prenez pas pour argent comptant ce que le patient vous raconte (même s'il est content et en a pour son argent)."
- "Ne vous focalisez pas sur le problème ou les questions que le patient vous présente au départ... Un train en cache quasiment toujours un autre !"
- "N'avalez pas les couleuvres que l'autre – plein de bonne volonté et en toute honnêteté – cherche à vous faire gober... à partir de l'expression manipulatoire de son ennemi intérieur ou de son suggestionneur intérieur (diraient les psychanalystes)."

L'image que vous avez de vous-même est intimement liée à votre "légende personnelle", celle qui vous a été racontée dans votre enfance, celle que vous ont renvoyée vos proches par leurs remarques.

Cette image-miroir s'est aussi construite autour de tous ces discours sur vous, ces injonctions, compliments ou reproches, remerciements ou accusations concernant votre manière de vous habiller, de manger, d'étudier, de parler... et d'aimer !

Ainsi cette légende vous concernant peut s'avérer encourageante, motivante et positive. Elle peut aussi apparaître décevante, dévalorisante, démotivante et négative. Peut-être vaut-elle la peine que vous vous arrêtiez un moment pour la considérer de plus près, avec le regard aiguisé d'un inspecteur Colombo vigilant et lucide ?

Parfois vos mythes vous amènent à fuir la réalité et à vivre dans l'illusion. Cette illusion est très souvent issue d'une ancienne vision infantile des choses. Elle prend sa source dans de vieilles habitudes de "toute puissance infantile", ou des rêves auxquels la partie de vous-même la plus insécurisée se raccroche, ou a pu se raccrocher longtemps...

Vos mythes peuvent, par ailleurs, nourrir la force créative de votre imaginaire (de votre cerveau droit) et votre capacité à être auteur de votre vie. Donnant ainsi de la force à ces scénarios qui vont générer ou influencer les événements de votre vie.

Quels sont les mythes les plus courants, dont il peut être utile de se séparer ? Tous ces mythes sont à mettre dans le grand paquet de l'exercice de lâcher-prise point central de votre initiation à la vie...

Calcul du Mythe majeur (ou LMM)

Considérez les trois éléments de ce que j'appelle le "Tableau de bord" en Numérologie humaniste, c'est-à-dire :

– Le jour de naissance,

– La place dans la famille (place de conception),

– L'initiale du prénom usuel.

Effectuez l'opération suivante en utilisant les valeurs "bio" (non réduites) de ces trois nombres : **Jour – place + Initiale**

Exemple pour Isabelle :

– Son jour de naissance est le 2 août.

– Sa place : 2.

– Son initiale I = 9.

Soit : 2 – 2 + 9 = 9 **Son LMM a pour valeur 9.**

(Pour quelqu'un né le 26 septembre, étant 2e et s'appellant Laurette (Initiale L=12), son mythe majeur est : 26 – 2 + 12 = 36 réduit à 9).

Il est demandé à Isabelle de ne pas rester trop idéaliste, ou de croire que tous les groupes dans lesquels elle évolue vont l'accepter, l'accueillir inconditionnellement...

Elle rêve probablement d'une grande fraternité universelle, douce et tolérante. Elle rêve peut-être d'amour universel et de fusion chaleureuse et sans vagues. Il n'y a pas de mal à ça... même à St Malo lorsque les vagues du printemps sont douces et la musique celtique parfumée.

On peut supposer qu'Isabelle aimerait une famille (et une grande famille humaine, le 9) où tout se passerait sans heurt, sans tensions, sans mots de trop ! “Où tout le monde il serait beau, où tout le monde il serait gentil ?”

À elle de reconsidérer ce mythe à la lumière de sa réalité vécue. Même si certains aspects de ce mythe ont pu, ou pourront, l'aider à avancer. Un certain idéal aide à la progression. Trop d'idéal, crée une absence à la vie et sabote le chemin d'évolution personnel...

Dans l'exemple de Laurette, le Mythe majeur 36 se réduit à 9. Mais on tiendra surtout compte du 6, puis du 3 et ensuite du 9 (même si 6 et 9 se ressemblant beaucoup, pourraient dominer dans les messages de ce mythe).

Ainsi il est demandé à Laurette de prendre de la distance vis-à-vis de ce que peut représenter pour elle “l'amour idéalisé et inconditionnel” ainsi que le soin idéal, ou message idéal du massage (le 6), l'image d'éternelle jeunesse (toujours la forme !) qui peut être véhiculée par son environnement (le 3), et la vision du groupe ou famille idéale qui a pu habiter ses rêves de jeunesse... déçus ?

Peut-être a-t-elle déjà fait ce travail au fil des épreuves et interpellations de sa vie, en particulier dans ces domaines, amoureux, relationnels et collectifs ? Cela peut lui permettre maintenant d'utiliser, avec un dosage sage et mature, ces mythes tout en rondeurs en les appliquant avec lucidité dans sa belle progression personnelle.

Le “mythe majeur” de type 1 ou mythe de la perfection

Pour faire plaisir au “père divin” et être reconnu par lui, seriez-vous prêt à en faire tellement trop (jamais assez)... quitte à martyriser votre vraie nature et ne plus écouter vos besoins fondamentaux ?

Sans cesse, il vous est prêché l'excellence, hors d'elle point de salut !

Sans cesse, il vous est demandé plus... à vos dépens ?

La seule excellence qui peut paraître utile et fructueuse, est celle qui consiste à être totalement dans l'instant, totalement dans la sensation, et éventuellement totalement dans votre peur, totalement dans votre souffrance... pour les traverser, pour les dépasser, pour les lâcher enfin ! Sinon ce concept d'excellence est un piège de l'ego et un outil de manipulation de la part de ceux qui veulent prendre le pouvoir sur nous... L'excellence est-elle humaine ?

L'invitation est de lâcher le mythe qui vous conditionne à ne posséder que des qualités et à rejeter ou haïr le reste (de vous-même)... Et à vous perdre dans une demande de perfection vis-à-vis de vous-même qui écrase vos meilleurs atouts, tout simplement humains... et imparfaitement humains !

Osez lâcher la recherche absolue de la médaille du mérite... qui ne mérite pas qu'on lui consacre tant d'énergie (et d'espoirs déçus) !

Vos défauts sont des qualités mal employées, ou utilisées "à l'envers".

Ils sont vos alliés si vous savez vous en servir... et les remettre à l'endroit !

Osez lâcher cette tension vers la perfection. Cela vous permettra de vous accueillir vous-même... et accueillir un peu de détente en vous-même. Si vous restez crispé sur cette recherche de perfection, votre exigence excessive va vous durcir le cœur et l'esprit. Vous chercherez alors à imposer autour de vous votre "tenaille intérieure" (j'en pince pour toi ?). Ainsi votre relation aux autres manquera de souplesse et se teintera d'agressivité. Une parfaite agressivité !

Ayant (en partie, ne rêvons pas !) lâché ce mythe de la perfection, vous pourrez enfin vous consacrer avec calme, souplesse et détente, à vos créations essentielles ainsi qu'à à des relations plus riches et plus humaines. L'humain étant parfaitement... imparfait !

Ce mythe peut avoir une certaine utilité, il peut aider à la mise en route et à la progression personnelle, mais utilisé à petites doses, avec lucidité et conscience !

Le "mythe majeur" de type 2
ou mythe de l'aide inconditionnelle

Croire qu'on peut tout faire pour l'autre, ou à l'inverse que les autres vous doivent quelque chose et n'ont pas d'autre choix que de s'occuper de vous, relève bien sûr du mythe le plus complet... et le plus courant, encore de nos jours !

Seul le petit enfant est en droit d'exiger que, puisqu'on l'a mis au monde, et qu'il n'a rien demandé (en apparence) il FAUT qu'on s'occupe de lui, qu'on le protège, qu'on le soigne, qu'on le materne, qu'on le nourrisse ! Mais lorsqu'un adulte exige tout cela et pense que cela lui est dû, il y a immaturité, illusion et irresponsabilité.

Souvent d'ailleurs celui qui exige cela s'arrange pour rendre son conjoint ou ses proches responsables de la non-concrétisation de ce mythe, ou coupables de ce qu'il n'a pas reçu (comme soutien) étant enfant.

Si vous êtes toujours dans la demande... demandez-vous à quoi joue votre enfant intérieur qui a si peur de grandir, et préfère rêver d'une manne céleste imaginaire, plutôt que de confronter sa réalité et oser assumer sa propre vie. Notre système social et politique ayant encore tendance à générer des "assistés chroniques", ce mythe est largement répandu...

"C'est au système de me rendre heureux !" "C'est aux autres de s'occuper de ma vie... et de prendre les risques pour moi !"

Lorsqu'on donne à un système ou à autrui le pouvoir de s'occuper de son bonheur... on n'a pas ensuite à se plaindre du résultat !

Ce mythe peut avoir une certaine utilité, il peut aider à se mettre en route... vers la relation d'aide. Mais il est nécessaire de l'utiliser à petites doses, avec lucidité et conscience !

Le "mythe majeur" de type 3 ou mythe de l'éternelle jeunesse

Observez toutes ces croyances et ces mythes qui jalonnent les messages publicitaires et les injonctions de la société de consommation. Ils cherchent à vous imposer "une image jeune", et vous persuadent que vous ne vieillirez pas... Et qu'une bonne chirurgie esthétique, un bon produit ou un super-traitement, très cher de préférence, vont s'occuper de cela pour vous !

Tout cela vous empêche de considérer que la vie s'écoule, et que vous n'aurez pas toujours vingt ans... sauf si votre âme reste jeune !

Pourquoi l'éternelle jeunesse à laquelle on veut nous conditionner serait-elle obligatoire ?

Ce mythe vous conditionne à idéaliser les apparence et à rester le jouet d'images toutes faites (voire trafiquées). Il renvoie à la ravissante histoire de la "Belle au bois dormant" qui ne fait même pas d'entretien "fitness" dans son caisson de remise en forme de cristal, et qui attend 100 ans (sans temps ?) que son Prince jeune, beau (et body-buldé) vienne la réveiller, la soulever du sol, et la faire monter au 7e ciel des amants toujours régénérés...

Ce mythe peut avoir une certaine utilité, il peut aider à se mettre en valeur, à s'occuper de soi. Mais en restant conscient et lucide que les apparences ne font pas tout !

Le "mythe majeur" de type 4 ou mythe de l'argent tout-puissant

Ces mythes sont accompagnés de tous les "il faut" qui peuvent traîner dans les familles, et qui ont peuplé votre enfance et votre structuration face au monde matériel.

L'argent est fortement lié, symboliquement, à l'amour.

Ainsi, comme pour l'amour les croyances concernant l'argent vont bon train ! Sans oublier tous les "ON" (et tous les Léon) qui en balisent les formulations :

" Quand on a de l'argent, on n'a pas de problème".

“ On peut acheter l’existence qu’on souhaite”.
“ Avec de l’argent, on peut tout faire”.
“ Le bonheur, on doit toujours le payer un jour...”

Si l’on croit qu’on peut tout acheter, matériellement ou socialement (consommation) avec beaucoup d’argent... Peut-on acheter l’amour, l’estime de soi, la joie et le bonheur ?

C’est l’illusion que la richesse extérieure induira la richesse intérieure ... alors que c’est souvent l’inverse ! C’est comme si il existait un abîme entre les besoins de l’âme humaine et les nécessités induites par les faux-besoins d’un système où l’argent est devenu roi !

Nous sommes ici au contact du mythe du Château du Prince charmant et de la Belle au bois dormant. Nous sommes en plein conte de fée... tous comptes faits ! Est-ce un mythe pour s’endormir tranquille ?

Les mythes, d’une manière générale, cherchent à combler cet abîme qui subsiste en nous, pauvres humains en recherche d’identité, pauvres humains en recherche de leur divinité. Il reste à votre conscience d’humain à se débarrasser de ces mythes-écrans qui l’habitent. Il vous reste à faire, comme Cendrillon, le ménage, pour y voir enfin plus clair !

Ce mythe, en particulier, peut avoir une certaine utilité, il peut vous aider à vous construire et à vous sécuriser. Mais il est nécessaire que vous l’utilisiez de manière bien dosée, avec lucidité et conscience. C’est-à-dire dans un cadre juste. Une cause juste... et pas seulement juste pour causer !

Le “mythe majeur” de type 5 ou mythe de la liberté absolue

Défendre ses libertés au quotidien est une chose. Se vouloir ou se croire entièrement libre en est une autre. L’enfant tout-puissant croit qu’il a le pouvoir de se libérer de tous ces cadres ou obligations limitatives, de toutes ces contingences humaines et terrestre.

Il rêve qu’il peut voler, se prendre pour Peter Pan, se libérer de la pesanteur, alors qu’il est en équilibre sur un bord de trottoir. Il aimerait avoir la liberté de manger tout ce qu’il veut, de consommer tout ce qu’il veut, d’atteindre n’importe quel sommet, ou d’être libre de partir en solitaire sans préparation pour faire le tour du monde.

Il veut être libre de prendre des risques inconsidérés, de pouvoir rouler à 250 km/h sur l’autoroute en moto, de fumer où bon lui semble, d’écouter sa sono à fond comme s’il était seul sur la place, etc.

Ce mythe de la liberté absolue ne rend pas service à son propriétaire... et à ceux qui le côtoie ! Comme les autres mythes, il le conduit assez rapidement à devoir confronter (non librement) de sacrées déconvenues... et il dira que "ce sont des cons qui sont venus". Venus pour l'embêter, le recadrer, le contrer ?

Ce mythe peut concerner aussi la "liberté sexuelle absolue", "la liberté affective absolue", "la liberté de tout dire", "la liberté de tout perquisitionner" (la liberté d'être intrusif)... et la liberté d'avoir le tout pouvoir sur autrui, bien sûr !

Ce mythe peut s'avérer utile pour apprendre à se dépasser et à sortir de certains cadres injustement étouffants. Mais il est nécessaire de l'utiliser à petites doses, avec lucidité et conscience !

Le "mythe majeur" de type 6 ou mythe de l'amour idéalisé

L'amour est au cœur de vos mythes, comme l'amour est au centre de vos vies. Ce mythe se nourrit de tout ce qu'on vous fait croire (ou vous a fait croire) concernant l'amour et la relation amoureuse avec l'autre. Là où désir est confondu avec amour. Là où l'autre est confondu avec les projections que vous faites sur lui ou sur elle. Là où fusion et confusion se donnent la main !

La liste des rêves et croyances en ce domaine est très longue. J'en retiendrai quelques unes :

- "Je cherche à être un sur-homme... et je cherche une sur-femme que je vais sur-prendre, et qui va m'aider à me sur-mener pour rester un sur-homme !" (ça mène à quoi ?)
- "Moi-Tarzan cherche princesse Jane pour de belle lianes follies".
- "Moi-Prince charmeur cherche Belle-au-bois-dormeur pour réveiller mes craintes d'être insuffisant auprès de ses braises" (près de son cœur, cet "organe de feu").
- "Quand nous serons amoureux, les problèmes disparaîtront !"

L'amour efface tout. On ne devrait pas dire : "Je pense donc je suis, mais j'aime donc j'essuie !" Le face à face efface tout, le cœur à cœur nettoie tout, le corps à corps purifie tout, encore et encore...

Et tous les mythes des "ON", fidèles au rendez-vous :

"On ne peut jamais aimer deux fois" (autant en emporte l'avant ! Le train aura beau siffler trois fois !).

" Quand on s'aime, c'est pour toujours !"

" Quand on est un homme, on ne pense qu'au sexe".

"Quand on est une femme, on n'écoute que son cœur", etc.

Si votre mythe est trop puissant, vous souffrez vite du décalage qui existe entre ce que vous vivez – et qui peut se révéler riche et lumineux – et ce que vous "devriez vivre", ce que le mythe vous impose de vivre... pour être soi-disant heureux ! (ou pour devenir "l'er-mite" du cœur ?)

Une fois de plus, lâcher le mythe trop exigeant permet de vivre enfin une réalité plus juste, plus humaine et parfois plus exaltante que le meilleur des romans !

Comme les autres mythes, ce mythe peut se révéler beau et sympathique lorsqu'on s'engage sur le chemin (difficile et exigeant) de l'amour. Mais il est nécessaire de l'utiliser à petites doses, avec sensibilité, lucidité et conscience !

Le "mythe majeur" de type 7 ou mythe de la vérité absolue

Croire qu'on détient le savoir absolu, la vérité sur l'homme ou sur la vie, participe de ce mythe générateur d'illusions et de fuites mentales.

Penser qu'un jour tout sera réglé grâce à une connaissance absolue, spirituelle de préférence, et qu'il n'y aura plus obstacles pour atteindre la perfection, revient à nier la condition humaine (même si elle est habitée au plus profond d'elle-même par le divin).

C'est une manière de nier le cheminement initiatique long et difficile (et jamais terminé) qui est le lot de tout pèlerin humain incarné. C'est une manière de ne pas donner réalité à l'alternance des réussites et des échecs, des périodes d'ombre et des moments de lumière, des avancées et des reculades, des espoirs et des déceptions...

Lâcher ce mythe, c'est accepter de relativiser certaines "vérités absolues" et accueillir sa propre vérité, en constante évolution. C'est oser remettre en question certains cadres imposés. C'est oser la souplesse de conscience et la mobilité de connaissance. Et accueillir la réalité dans sa mutation perpétuelle. Alors lâchez-vous !

En effet : la vie bouge perpétuellement. Le monde change. Tout évolue. Les saisons se suivent et ne se ressemblent pas...

Ce mythe peut s'avérer utile pour apprendre à savoir et pour se mettre sur le chemin de certaines prises de conscience. Mais il est nécessaire de l'utiliser à petites doses, avec sagesse, lucidité et maturité !

Le "mythe majeur" de type 8 ou mythe de Superman ou Superwomen

Connaissez-vous la disquette intérieure qui vous répète jour après jour (histoire de vous en persuader) des mythes bien ficelés ?

Ces mythes vous soufflent à l'oreille : "Vas-y mon grand (ou ma grande) tu es intouchable, invincible, tu peux tout tenter, tout faire, tout réussir... jamais tu ne renonceras, jamais tu ne flancheras ! Tu es un héros ou une héroïne. Tu iras jusqu'au bout et tu gagneras, quoi qu'il arrive !"

Ce discours intérieur paraît bien sympathique, mais là encore, c'est un mythe, c'est une illusion, qui vous coupe de la vraie réalité. Et lorsque les choses marchent moins bien pour vous, ou ne réussissent plus, vous êtes dérouté, perdu.

Soumis à ce mythe, et à ces refrains de toute-puissance, vous devenez esclave de ceux-ci. La réalité finit par vous dépasser (la réalité dépasse la fiction) ou par vous écraser... D'ailleurs, si vous jouez les Superman ou Superwomen, les gens qui vous entourent vont se donner un malin plaisir à vous embaucher (gratuitement souvent), et à vous mettre sur les épaules leurs insuffisances, leurs responsabilités non assumées, leurs infantilisme aveugle. Êtes-vous prêt à tendre l'autre "joug" !

Alors, avant de mettre la charrue avant les bœufs, osez reconnaître vos limites, osez reconnaître votre condition (supérieure) d'humain faillible, incomplet, imparfait.

Osez accepter vos erreurs, elles sèment le terrain de vos futures réussites ! Osez dire non, quitte à ne pas recevoir de couronne de laurier de la part de celui ou celle (ou ceux) qui vous font une demande, ou vous envoient si gentiment en mission spéciale ! Un vrai non, est toujours un beau cadeau pour l'autre. À lui, ou à elle, de s'en rendre compte...

Ce mythe peut s'avérer utile pour s'engager dans certains grands défis de la vie, pour oser bâtir et entreprendre. Mais il est nécessaire de l'utiliser à petites doses, avec pragmatisme et conscience !

Le "mythe majeur" de type 9 ou mythe de la fusion universelle

Croire que tous les hommes peuvent former en quelques années une grande famille fusionnelle participe à ce mythe qui ne tient pas compte des réalités des relations entre humains, entre peuples, entre cultures.

Ce mythe laisse croire qu'on pourrait ainsi tout "mélanger" et nier les spécificités de chacun ou de chaque groupe humain. L'univers est un, d'accord ! L'humanité est une... mais non fusionnelle ou rassemblant des individus indifférenciés. L'indifférenciation est un reste de notre fonctionnement de petit enfant.

Ce mythe, comme la majorité de ceux présentés ici, vient de nos mémoires et de nos rêves d'enfant. Il sont sympathiques, mais demandent à être regardés et intégrés avec un regard d'adulte et une conscience mature (sinon les mites grignoteront nos vieux lainages de vie, au fond de nos vieux placards mal nettoyés, là où s'éffilochent nos rêves d'enfant).

Par ailleurs, ce mythe concerne l'illusion de considérer les autres comme des petits clones de vous-même. "Dans notre groupe, on se ressemble tous, on va pouvoir toujours bien fonctionner ensemble".

Ce mythe a largement sous-tendu les grands mouvements hippies des années 60-70, puis du début du New-Âge des années 80 : "Nous sommes tous cool, pas de problème !" (et quand tout le monde coule, vous êtes blèmes...)

Un âge neuf pour un mythe de type 9. Et la boucle est bouclée ! Ainsi que vos valises pour un monde meilleur, plein d'idéal, d'amour et de paix... Histoire de ne pas vous "sa-paix" le moral ?

Ce mythe peut s'avérer utile pour donner de la grandeur à la vie et entretenir un certain idéal. Mais il est nécessaire de l'utiliser à petites doses, avec lucidité et conscience, et tout en gardant bien les pieds sur terre !

* * *

En osant une lecture plus spirituelle des nombres...

Le sens (et la fin) d'un problème
semble résider non pas dans sa solution,
mais dans la recherche incessante
qu'il exige de nous.
CARL GUSTAV JUNG

Le zéro (et les nombres se terminant par un 0)

Le zéro est le nombre le plus spirituel qu'on puisse imaginer... La puissance du zéro est immense et infinie. C'est le nombre le plus sacré, mais le moins facile à saisir et à intégrer...

Avec lui j'ose traverser mes peurs et mettre en lumière ce qui a été trop longtemps occulté. Avec lui je m'autorise à laisser s'épanouir ma vraie puissance spirituelle profonde. Avec lui je permets la venue de l'indicible voire de l'impossible !

Le zéro évoque le vide... mais aussi le plein. Il parle du vide dont je suis plein. Et il m'invite à être pleinement et totalement moi-même !

Il me suggère de m'accepter dans mes possibles ultimes, et dans mes dons relégués au fond des oubliettes de mon esprit. En arrêtant d'errer (z'erre, oh !) dans le labyrinthe de mes constructions mentales et égotiques.

Le zéro est à l'image du feu du ciel qui fait exploser toutes les barrières illusoires des fausses limitations spirituelles et religieuses humaines. Il me propose de remettre mes compteurs à zéro... et d'apprendre à mieux compter sur la force de mon esprit et sur la puissance d'amour de mon âme...

Héros spirituel, spiritualisant l'éros, transcendant tout, il me suggère de m'éveiller à mon moi supérieur spirituel, à utiliser les possibles infinis qui m'habitent (au cœur de mes si lourdes imperfections ?).

Il me rappelle ma nature divine... et extra-terrestre ?

Ce zéro-soleil, ce zéro-comète, ce zéro-étoile m'offre de mettre en feu mon esprit endormi, d'illuminer les étoiles de ma toile de fond intérieure et de devenir vibrant et rayonnant au centre de ma galaxie personnelle, si chaude et si belle.

Les messages du zéro seront modestement rappelés avec le nombre 8, le 6 et le 9, qui possèdent en leur sein... son saint graphisme.

L'orobouros fusionnel et divin reste avec nous du commencement jusqu'à la fin des temps !

Le 1 (et les nombres se terminant par un 1)

Ce nombre m'invite à l'alignement corps-âme-esprit. Il parle d'autonomie spirituelle. Le 1 me propose d'oser être plus centré sur moi et de trouver mon axe essentiel entre ma nature humaine et ma nature divine. Il m'invite à rester bien aligné sur le divin en moi. Il me suggère de faire le lien entre le haut et le bas.

Je ne me mets plus dans la dépendance de systèmes spirituels, des systèmes où je me sens toujours obligé à en référer à une instance humaine (et non divine) supérieure à moi !

Je deviens un "père spirituel" pour moi-même. Et, spirituellement, j'ose être auteur de ma vie. J'ose être à la hauteur du divin en moi, et à la hauteur des bienfaits de la flamme de mon esprit.

J'ose me lancer sur mon chemin d'évolution, non pas la tête baissée ou avec des œillères limitatives, mais la tête levée et les yeux vivants et ouverts sur la réalité qui est la mienne, au regard de mon esprit.

Je me sens bien là, plein, centré. Alors je peux y aller, alors je peux faire un vrai pas en avant qui respecte les plus belles richesses de mon âme humaine. J'avance en ayant cette certitude intérieure, en gardant le repère de mon axe intime le plus puissant et le plus spirituel (je ne suis plus désaxé !). Ma liaison intime avec cet axe me procure cette forme de foi intérieure inébranlable et authentique.

Ma dynamique est d'autant plus active et renouvelée qu'elle part du plus profond de moi-même, de cette base essentielle à partir de laquelle je reste un homme ou une femme debout.

Le 2 (et les nombres se terminant par un 2)

Ce nombre m'invite à être une bonne "maman spirituelle" pour moi-même, et à prendre soin de moi spirituellement.

Il me suggère de relier mes paradoxes intérieurs et de laisser s'interpénétrer mes contradictions apparentes. C'est-à-dire réunifier mes ombres et ma lumière, et laisser se transformer mes équivoques en pôles d'ouverture et de confiance intime.

J'ose être dans l'acceptation des choses pour laisser se dissoudre mes barrières ou isolements intérieurs limitatifs. J'ose rester souple dans mon esprit et accueillant au cœur de mon âme (m'accueillir moi-même avec mes ondulations, mes hésitations et mes marées humaines).

J'assouplis mes vérités spirituelles. Je m'oriente vers une religion personnelle qui me relie vraiment aux offrandes de mes ressentis et aux intuitions de mon être profond. Je tente la vraie adaptabilité. J'ose suivre mon écoute intérieure. J'ose l'empathie spirituelle avec toutes les parties de moi-même.

Laisser vivre en moi cette émotion ultime me rapproche de l'illumination, de cette rencontre sensible et bouleversante avec le divin en moi. Il me reste à observer que même dans mes émotions de peur ou de tristesse, je peux toujours déceler ce potentiel d'espoir et de divin toujours prêt à se déverser en moi et à nourrir mes fibres le plus viscéralement blessées...

Le 3 (et les nombres se terminant par un 3)

La communication avec mon enfant intérieur a aussi son mot à dire dans ma démarche spirituelle et ma relation avec Dieu.

J'ose cette spontanéité de l'enfant ("laissez venir à moi les petits enfants", disait le Christ). Cet enfant divin en moi n'est pas un être infantile, mais au contraire un porteur inspiré d'une lumière spirituelle qu'il a probablement rencontré avant de s'incarner.

Je pratique l'humour ou l'art de rire de la vie comme aventure spirituelle (observez cette gaieté ou cet humour chez certains hommes inspirés ou mystiques. Chez le Dalaï-lama, par exemple).

J'ose les aspects ludiques de la démarche spirituelle. Je joue avec mes diverses facettes créatives. Depuis les parties étiquetées ou perçues comme plus spirituelles (ou en harmonie spirituellement), jusqu'aux parties perçues comme les moins spirituelles (ou en disharmonie spirituelle). J'ose cette légèreté qui fait dire "ce n'est pas si important que ça !"

Je tente une autre communication intime avec moi-même. Je me permets de me regarder autrement dans le miroir de ma vie et des événements qui la jalonnent, ainsi que dans le miroir des personnes que je rencontre sur ma route (d'initiation spirituelle).

J'ose aller au-delà des apparences factices et des pièges spirituels liés au cinéma égotique et aux images projetées sur l'écran (translucide ?) de mon esprit, encore plus ou moins opaque (de Pâques à la Trinité ?).

J'expérimente au-delà de la maya, ou à travers la forme... mais avec la conscience de ce qui se joue avec, et surtout derrière, le kaléidoscope des représentations spirituelles. J'ose croire que spirituellement j'ai la capacité divine de créer ma vie, de créer mes relations, de créer mon futur (et ma relation aux hypothétiques événements de mon futur). Je sens que je peux me créer (ou me recréer) différemment, en osant aller au-delà des apparences et de mes propres a priori sur moi-même et sur ma vie.

Ma démarche spirituelle devient alors une aventure intérieure de relooking spirituel, de renaissance intime et de résurrection profonde. Je laisse s'effectuer ma rédemption la plus lumineuse, et ma joie de vivre la plus authentique et la plus spontanée.

Je rencontre le divin lorsque je vais jusqu'au bout de ma création. C'est-à-dire lorsque je me laisse habiter par mon inspiration la plus belle et mes élans spirituels les plus innocents. Habité par le souffle divin, je n'ai plus qu'à le suivre, je n'ai plus qu'à le laisser me décoiffer toutes les certitudes mentales et tous les portraits (auto-portraits psychologiques) si relatifs que je me suis faits de moi-même depuis si longtemps !

J'ose la créativité sacrée... l'art sacré ? Celui qui sacre en moi mes potentialités oubliées ou peu valorisées, ainsi que mes dons d'écoute et de valorisation du beau en moi et autour de moi.

Le 4 (et les nombres se terminant par un 4)

Ce nombre peut paraître peu spirituel aux esprits obtus. Il m'invite essentiellement à spiritualiser la matière.

Il offre du sacré à ma relation au monde matériel, au monde des objets et des machines. Il me propose d'incarner sur cette terre l'essence divine. Il me demande d'oser laisser vivre le divin au cœur de mon quotidien le plus bassement matériel, le plus ordinairement concret.

Je permets la construction du temple au centre duquel je vais pouvoir laisser rayonner le divin en moi (mon sanctum céleste ?). C'est dans ce temple, aux aspects parfois très terrestres que le divin va pouvoir s'incarner, se vivre, en liaison, en dialogue avec les contingences et les obligations propres aux nécessités de mon incarnation, vécue réellement. J'ose m'incarner totalement.

La spiritualité n'existe pas qu'au sein d'une pratique religieuse, mais aussi dans les actes les plus simples et les plus répétitifs de la vie quotidienne, dans ce qu'elle a de plus concret.

Et si l'esprit se cachait aussi dans une poubelle en plastique ? Si l'esprit vibrait dans le minéral, dans les parpaings grossiers de ma petite maison de banlieue, dans mes essuie-glaces usés, dans ma machine à laver, dans mon joli cactus ou dans l'araignée sur son fil-du-tao ?

J'ose spiritualiser ma voiture... et lui offrir sa bulle de protection (autrement que lorsqu'un prêtre bénit un tank américain en partance pour l'Irak ? Où quand il est "tank" de se poser la question... J'essaie aussi d'avoir une relation plus spirituelle avec mon ordinateur. Peut-être tombera-t-il moins en panne ?

J'ose amener du sacré dans mon environnement. Je tente une démarche d'harmonisation spirituelle -ou Feng-shui– de mes espaces de vie. J'offre du sacré à mon organisation de la matière, à ma relation à l'argent et à mes possessions matérielles.

Je laisse pénétrer le sacré dans ma nourriture, dans mon corps, dans mon temps. À ce temps sacré ! Quel temps est-ce que je consacre à mon "temps pour moi", à mon temps de maturation intérieure, à mon temps d'éveil spirituel ? (en montant vers dieu ?).

Je reconsidère les "tabous spirituels" que j'ai, ou que j'ai pu avoir, vis-à-vis de l'argent. Je redonne de la valeur spirituelle à l'argent, qui comme la nourriture est relié à l'amour et à l'énergie (à cette circulation énergétique que je favorise et amplifie, ou au contraire que je bloque ou détourne). Au lieu de parler du hautement spirituel et du bassement matériel... j'ose parler du hautement matériel et du soubassement spirituel de toute vie !

Je redonne dans ma vie de la place au divin (même au cœur de ma petite bouteille de-vin... de messe ?). Le 4 évoque l'espace. Comment puis-je laisser de l'espace intérieur, mais aussi extérieur, à mes élans spirituels à mes spontanéités divines ? J'ose construire ou rénover cet espace nécessaire à la manifestation du divin dans ma vie (et en moi).

Je choisis de faire le vide, de vider ma "tasse symbolique" pour permettre au divin de remplir l'espace que j'ai ainsi libéré. J'apprécie cet espace de nouvelle disponibilité, cet espace propice à de nouveaux possibles spirituels les plus constructifs et les plus réalisés. Si mon territoire intérieur est plein de déchets, comment le divin peut-il s'insérer et s'épanouir là-dedans ?

Aussi, je m'occupe de maintenir autant de "bonnes vibrations" dans mon lieu de vie que dans mon monde intérieur... Je m'efforce de faire monter le taux vibratoire dans toutes les composantes de ma réalité :

murs, air, nourriture, sons, odeurs. Au niveau de mon corps physique, de mon corps énergétique, de mon corps spirituel, j'ai conscience du côté spirituel d'une démarche écologique globale et mature.

J'ose aborder mon travail avec une dimension spirituelle, sous un angle divin... Je le vois comme un lieu d'application de ma conscience, comme un creuset spirituel privilégié, comme un espace de cohérence intérieure et d'adéquation entre mon discours spirituel... et ma réalité vécue.

Le 5 (et les nombres se terminant par un 5)

Ce nombre m'invite à oser l'aventure spirituelle consistant à prendre conscience de l'impermanence des choses de la vie. Il me suggère de tenter l'inconnu, le changement d'horizon spirituel... et les "farces de dieu" ?

Je considère que rien n'est acquis. Je perçois ma démarche spirituelle comme une démarche d'évolution et de remise en question perpétuelle. À chaque nouvelle interpellation intime, j'ose prendre le risque de sortir de mes anciens repères, de mes balisages religieux et spirituels du passé... J'ose m'éloigner du temple sécurisant et de ses murs, à l'intérieur desquels j'ai grandi les yeux fermés jusque-là.

Je permets maintenant à ma conscience de voyager librement, parfois contre vents et marées, puis je l'autorise à revenir au centre, au cœur de moi-même. Je confronte l'expérience de la "liberté spirituelle", qui ne consiste pas, bien sûr, à faire tout et n'importe quoi, n'importe comment !

J'ose l'ultime voie de la liberté. C'est une progression très exigeante, car elle éloigne vite de certains repères ou béquilles personnelles spirituelles (et ancestrales ?). Elle implique que je me libère des attachements sclérosant de mon esprit...

5 = énergie : Je tente une certaine spiritualisation de ma sexualité.

J'essaie de laisser circuler l'énergie, de mon sexe à mon cœur et à ma conscience divine...

5 = moteur. J'ose la passion physique. Elle m'offre de vivre l'expérience qui consiste à rester relié à mon esprit, sans renier ce qui se vit dans ma chair, à la lumière de mes pulsions et de mes élans corporels... et humains ! Je chemine sur la voie spirituelle des 5 sens, en quelque sorte !

Ou comment, au-delà des tabous sur la sexualité, oser "sexe-poser" à la flamme vitale qui brûle au fond de soi et peut illuminer l'esprit...

Le 6 (et les nombres se terminant par un 6)

Ce nombre évoque l'ultime voie de l'amour, l'amour spirituel, l'amour divin, l'amour inconditionnel...

J'essaie d'accueillir cet amour divin qui s'accommode mal des marchandages, des possessions et des aveuglements, propres à l'amour ordinaire (avec toutes ses illusions manipulatrices et ses enfermements affectifs).

J'ose retrouver la fraîcheur, voire l'innocence du vrai message christique (33/6)... J'apprécie le divin dans la nature, dans la beauté des choses et des êtres. Un superbe coucher de soleil, n'est-ce pas divin ? Je me donne la capacité d'accueillir et d'admirer un superbe arc-en-ciel ou l'éclosion d'une rose nouvelle. Je développe le raffinement sacré, le sens du rituel où chaque chose offre ses meilleures couleurs, ses meilleures saveurs, ses meilleurs parfums... une sensualité divine, quoi !

Je m'offre la capacité de renaître en moi. Devenant "enceint(e) de moi-même, je ramène cette lumière divine au cœur de mon cocon intérieur, pour pouvoir enfin rayonner en sortant de mes peurs. Je tente d'aimer pleinement et de m'aimer totalement. J'ose me libérer de la peur, de la fermeture, de l'aigreur et de la cristallisation figée...

Le 6 ressemble à une spirale. Il me parle de la nécessité de rentrer à l'intérieur de mes propres profondeurs, pour pouvoir ensuite ré-émerger dans un nouvel espace de conscience, accompagné d'une lumière spirituelle accrue.

Il m'invite à la confiance ultime au sein de laquelle l'amour peut se lâcher. J'ose me lâcher dans le courant divin. J'ose faire confiance à l'univers. J'ose habiter au plus intime de mon cœur, là où pulse le divin...

En lâchant mes St thomas intérieurs, j'ose suivre ce que la vie, m'offre spirituellement ("laisse tes filets et suis-moi !"). Et je n'ai plus peur de me faire mener en bateau ! J'ose lâcher le mental pour revenir à l'écoute de mon cœur, et me mettre à la disposition de ses élans généreux et de son énergie douce et inépuisable.

Le tout, en restant à l'écoute de mon corps, avec la richesse de mon panel de sensations les plus variées. J'apprends à savourer la vie par tous les pores de mon esprit... et dans tous les ports de ma mer intérieure ?

J'accueille ce flot de chaleur humaine qui permet la circulation du divin dans mes échanges humains et dans toutes les fibres de mon corps habitées par l'esprit.

Le 7 (et les nombres se terminant par un 7)

Ce nombre m'invite à trouver le divin à travers les connaissances (la Connaissance ?). Il évoque le savoir ou savoir-faire spirituel...

Par le biais de certaines connaissances, dites spirituelles, je cherche à accéder aux messages du divin. Je m'oriente vers le savoir sacré... ou vers ce sacré savoir qui nourrit mon esprit. J'étudie les choses de la vie pour mieux rencontrer la trame spirituelle qui les sous-tend et les anime infiniment.

J'ose rencontrer le divin au fond de moi-même. J'ose cette méditation profonde, voire cet examen de conscience qui me permet de me poser ou de faire le point sur ma propre existence, souvent parasitée dans les tourbillons incessants de mon quotidien...

Je cherche à rencontrer mon maître intérieur, mon livre sacré intime, ma voie du salut personnelle (Salut mon pote, où vas-tu ? Là où me guide la voix de mon maître !)

Je laisse s'exprimer le "Je sais intérieur". J'ose accorder de la place à mes certitudes profondes et à tout ce qui s'impose à mon esprit (je n'ai pas dit à mon mental !) : ma vérité profonde et la fleur parfumée de ma sagesse ultime...

J'ose sortir des fanatismes ou des dogmes qui me sont imposés de l'extérieur. Je m'efforce d'aller plus loin (que le 1) dans le sens de mon recentrage essentiel... pour toucher le ciel (ou le 7e ciel).

Je tente le recul intérieur salvateur. J'essaie de sonder le fond de mon temple, là où résident mon tabernacle intime et le centre de mon rayonnement spirituel personnel...

Est-ce que je m'autorise à me consacrer pleinement à mes recherches spirituelles ? Est-ce que j'ose prendre soin de mes mises en lumière en la matière, sans jouer les ascètes trop stricts, sans jouer les pénitents durs et secs ?

J'ose me lâcher dans la conscience. Je tente une sorte de "lâcher de conscience" plutôt qu'une "prise de conscience" spirituelle... Je laisse venir à moi ce savoir intuitif qui parcourt mes fibres et mes circuits intérieurs. Je laisse ré-émerger ce savoir enfoui au fond de moi. Je l'aide à percer la croûte de mes habitudes de pensée figées et de mes raisonnements faussement sécurisants... et limitatifs !

Je favorise la réapparition des messages profonds d'un savoir inné, lové au cœur de mes errances spirituelles et de mes idéaux de reliance (religion : *religere* qui veut dire relier) entre l'homme et sa vraie sagesse divine. Une sagesse trop souvent muselée ou emprisonnée dans les oubliettes personnelles !

Le 8 (et les nombres se terminant par un 8)

Ce nombre évoque l'image de l'alchimiste spirituel. Il m'invite à accepter le processus divin qui permet de transformer, donc détruire quelque chose, pour lui permettre de réapparaître ensuite, transformé ou transmuté. Il résume ce processus de destruction puis de construction nouvelle.

Lorsque le plomb se transforme en or, il ne reste plus de plomb, je dois alors faire le deuil du plomb, de ce super-plomb qui me donnait l'impression de me stabiliser tout en me plombant les chevilles. Il me faut accepter cette disparition pour accueillir enfin l'or résultant de la transformation alchimique spirituelle à laquelle j'ai participé.

Il me faut faire le choix de ce deuil, bien avant d'être sûr de la réussite de l'opération. Il me faut prendre le risque de mourir à quelque chose avant de pouvoir disposer des fruits de cette œuvre au noir.

Toute démarche spirituelle implique, à un moment ou à un autre des deuils ! Suis-je prêt(e) à oser abandonner ce qui me leste au fond du vieux sac à dos que je porte sur mes pauvres épaules. Me sentir trop léger, quelle horreur ! En voulant donner du poids à ma vie, j'en oublie de m'alléger l'esprit...

J'ose la grande initiation du deuil spirituel, pour enfin accéder de l'autre côté du fleuve des jeux de pouvoir habituel, loin des illusions de puissance qui peuplent mes abîmes égotiques et mes circuits mentaux. Alors pour accéder à l'or et à la lumière, il me reste à faire céder mon mental trop crispé, en osant m'aider de cette force profonde qui ne demande qu'à transformer ma vie...

Je tente ma petite quête du Graal... Une quête où il est nécessaire que j'accepte de perdre mes bagages, mes connaissances, et bien souvent mes vieux repères. Un chemin où je vais devoir accepter de ne plus disposer de certaines références spirituelles... celles qui ont disparu dans le feu de cette transformation alchimique divine.

Le 8 est un transformateur de la matière, mais aussi un transformateur de l'esprit ! Il me propose l'ultime aventure, l'ultime conquête de la justice intérieure.

J'ose une belle conquête : la conquête sur moi-même, sur les habitudes et comportements qui m'empêchent d'accéder à ma lumière. Tous ces systèmes qui génèrent en moi cette pression qui me pousse à me renfermer, à me crisper l'esprit et à perdre ma disponibilité intérieure.

Je dois mettre à mort, ou faire traverser la mort, à ce qui, en moi ne peut subsister sans m'interdire d'aller plus loin et de progresser spirituellement. C'est une bataille entre moi et moi ! C'est la confrontation du héros de mon ego avec le héros de mon esprit. Seul celui qui a le cœur pur peut gagner ! Seul celui qui lâche ses illusions de pouvoir... peut réussir l'épreuve !

J'ose nourrir ce héros pacifique qui sommeille au fond de moi... Pacifique ne veut pas dire impuissant ou démissionnaire, bien sûr !

Je laisse vivre en moi le divin qui est juste... avec sa vraie justice divine (qui n'a rien de tyrannique, ni de punitif !). Cette justice m'incite à aller à l'essentiel, en osant sortir de certains repères, en faisant le deuil des culpabilités ordinaires et des peurs qui meublent habituellement une partie de mon décor intérieur.

J'ose confronter cette puissance divine qui réside en moi. Le 8 présente graphiquement un double zéro. Or le Zéro est le symbole du divin. Le 8 peut ainsi être considéré comme le plus grand représentant du divin au sein des nombres (suivi de près par le 1 qui lui ressemble beaucoup).

Le 8 évoque cette puissance spirituelle qui m'est donnée lorsque je me branche sur le divin, lorsque je me laisse traverser de part en part par la flamme purificatrice de l'esprit en mouvement... Le feu du ciel. Le feu du volcan. Le feu du four alchimique. Le feu de la fusion solaire, plus puissant que la fission nucléaire !

J'accepte ce feu qui dépasse les braises des passions et conduit à la brûlante lumière de l'esprit. Je ne limite plus cette mise à feu par peur de perdre certains accessoires que je n'emporterais pas, de toutes façons, au paradis !

Le 9 (et les nombres se terminant par un 9)

L'invitation, ici n'est pas à planer, à s'évaporer ou à s'illusionner. Le grand message spirituel du 9 est de proposer d'aller jusqu'au bout. Jusqu'au bout de moi-même. Jusqu'à l'horizon ultime de ma propre conscience en éveil.

Ayant déjà accepté de mettre le feu et de mourir spirituellement avec le 8, il me reste à réémerger pleinement au centre du meilleur de moi-même, pour offrir aux autres cette énergie et cette lumière régénérées, transformées.

Le soleil du 9 se situe au sommet de son graphisme. Il évoque cette lumière spirituelle que je peux porter au-delà de moi. Le 9 m'indique que, spirituellement, je ne peux pas vraiment m'en sortir tout seul, car je suis en résonance avec les autres. Je suis partie prenante d'un grand processus collectif qui me dépasse et me porte à m'ouvrir plus totalement au rayonnement divin et à la vie.

Tout est relié. Nous sommes tous frères. Je ne peux atteindre l'ultime portail sans tenir compte de ces interactions ou interférences multiples.

On ne peut pas imaginer un chemin spirituel personnel coupé de la circulation collective spirituelle, coupé du tissage divin qui englobe tout et qu'on appelle “la sphère holistique universelle”.

Le travail spirituel que je fais m'incite confronter les exigences de mon monde intime. Mes palpitations intérieures peuvent se mettre en harmonique subtile avec le processus d'évolution spirituelle collectif et planétaire...

Rencontrer le divin en moi, me permet de mieux rencontrer le divin chez l'autre et inversement. En aidant l'autre, je m'aide et je m'éclaire moi-même... et je peux ensuite mieux m'engager au service de l'avancement collectif.

Le 9 évoque cet idéal, relié à la certitude que le divin réside en moi chaque jour de ma vie. Il m'invite à rencontrer ce qui sort de mes petites limites habituelles. Cela pour faire du neuf spirituellement, pour permettre cette rédemption de conscience qui libère, pour favoriser l'ultime éclosion de l'œuf cosmique et spirituel, présent en moi depuis le début de ma progression en esprit (ouf !).

J'ose aller vers le nouveau. J'ose être un homme nouveau ou une femme nouvelle, une fois avoir recyclé ou transmuté (brûlé) l'ancien de ma vie. OK ! c'est difficile de lâcher l'ancien, de lâcher le “con-nu”... et de se retrouver tout nu spirituellement ?

Le 9 m'encourage à tenter cette aventure finale. Il m'invite, par ailleurs, à laisser descendre cette lumière de l'esprit au fond de mon cœur. Un peu comme le nombre 6 m'invitait à faire monter la lumière de mon cœur... au cœur de mon esprit qui a tant besoin d'amour !

Au programme : ouverture et rénovation spirituelle. C'est-à-dire conscience spirituelle élargie. J'aime considérer la conscience comme une science ouverte à l'esprit, et abordée avec un esprit ouvert. Une science qui accueille aussi la lumière du cœur...

Le 9 m'invite à préparer la suite. Il me propose d'accueillir de nouvelles interpellations du 9. Aussi, j'ose l'ultime abandon (aban-donné) pour permettre la naissance d'un nouveau cycle d'évolution, d'une nouvelle progression spirituelle. Pour renaître à moi-même en me surprenant ! pour me donner la possibilité d'accoucher du meilleur en moi, de l'indicible ou de l'infinie ouverture à l'immuable de mon feu intérieur spirituel.

Finalement, le 9 m'invite à accueillir les surprises les plus mystérieuses... et les plus rieuses. Comme pour laisser de la place à un aspect très léger de l'enfant neuf en moi qui aime les surprises, mais sait aussi développer ses côtés profonds et accomplis.

Lorsque l'œuf du neuf respire, lorsqu'il m'inspire le spirituel et illumine les ombres de ma vie, je peux enfin accoucher à moi-même ! Et m'aimer encore plus...

* * *

En guise de conclusion...

Quand je n'ai pas de bleu
je mets du rouge.
PICASSO

Les outils numérologiques nouveaux, présentés dans ces pages, constituent une partie des découvertes techniques que j'ai pu faire ces cinq dernières années.

Transmettre leur richesse et leur puissance n'est pas aisé dans un support uniquement écrit, comme ce livre. Ces pistes et interpellations s'insèrent, bien évidemment, dans une approche personnalisée, celle qui s'effectue au sein du thème et des entretiens avec la personne concernée.

La Numérologie, telle que je la conçois, nécessite une synthèse mature du thème complet, des échanges directs, ainsi qu'un dialogue ouvert, entre le numérologue et la personne qui vient le consulter. Il est donc particulièrement bienvenu qu'il y ait des apports et des questions de part et d'autre, au sein d'une recherche en commun, et d'un accompagnement non-directif.

Il est important que la personne concernée puisse s'impliquer réellement dans ce cheminement, cette progression ou quête de sens.

Aussi, je vous invite à expérimenter, pour vous, les divers questionnements, hypothèses ou propositions que ce livre soumet à votre sens de l'observation, à votre réflexion et à votre conscience profonde. À relier avec un travail sur vous-même et votre éventuel désir de clarifier votre vie, d'oser changer... et de faire quelque chose pour vous !

Si vous rencontrez quelques difficultés en effectuant les calculs ou dans la compréhension des interprétations présentées dans ce livre, n'hésitez pas à me contacter. Toutes remarques, critiques ou questions sont les bienvenues. Elles permettent toujours de faire avancer les choses. J'y porterai la plus grande attention.

Comme je l'ai précisé à plusieurs reprises, l'approche humaniste est basée sur le dialogue, la remise en question et l'évolution. Elle invite au questionnement, au dialogue, à l'échange, à l'écoute... et surtout à l'ouverture de conscience.

C'est pourquoi, je propose des stages au sein desquels les participants peuvent échanger par petits groupes (à 2, à 3 ou à 4) ou témoigner à tout le groupe de ce qu'ils vivent.

Au sein de ces stages, la communication orale et l'écoute active permettent de mieux intégrer les outils numérologiques proposés et de les relier à son propre vécu familial ou professionnel. Il est plus aisé, ainsi, de découvrir la richesse, la profondeur et la pertinence des messages humanistes des nombres.

La participation à un groupe dynamise la recherche personnelle et donne vie à des écrits... qui ne sont que des écrits, parfois trop généraux ou trop abstraits.

Aussi, je reste à votre entière disposition pour tous renseignements concernant cette méthode unique (synthèse de 15 années de recherches) de connaissance de soi et d'accompagnement d'éveil de conscience.

Que les nombres deviennent source de généreux tremplins vers vos nouvelles avancées personnelles.

Que leurs messages lumineux et puissants ravissent votre esprit et participent à l'élargissement de votre horizon de conscience, vis-à-vis de vous-même, des autres... et de la vie.

Que le meilleur de vous-même puise dans ces sources profondes l'énergie, l'enthousiasme et la joie qui lui permettront de s'épanouir plus pleinement.

Que ces questionnements numérologiques vous aident à mieux vous relier à vous-même et à ce qui est essentiel pour vous. Pour vous encourager à mieux créer votre vie, à mieux aimer et à mieux vous aimer.

Ces petits nombres sont là pour stimuler d'autres élans, d'autres recherches, d'autres responsabilisations... Et tant de belles surprises !

Pour plus de lucidité, de vérité et de sérénité au cœur de votre vie...

* * *

Et si on parlait éthique ?

La pratique de la consultation numérologique, depuis 15 ans, sous forme uniquement de “thème-entretien”, m'a amené à me poser certaines questions et à faire un choix dans ce qui me paraissait sain et juste de faire ou de ne pas faire.

Mon option était de me poser à moi-même la question : “À quoi joues-tu mon grand ?” ...”Ta pratique de numérologue est-elle OK ou n'est-elle pas OK au regard de tes options profondes, de ton expérience, de ta conscience ?”

Ainsi je me suis autorisé à poser les bases d'une charte éthique de la Numérologie humaniste que j'aidais à venir au monde.

Déontologie de la numérologie humaniste

Le numérologue humaniste est là pour aider l'autre, l'orienter vers sa pleine co-participation à sa vie. Il s'abstient de le maintenir dans l'assistanat ou la dépendance au “jugement du spécialiste” , au sein d'une aide truquée qui le maintiendrait dans ses difficultés, aliénations ou résignations.

Il est là pour accompagner le consultant au sein d'une démarche d'évolution, de développement personnel et d'ouverture de conscience.

Il est là pour l'aider à créer son épanouissement, plutôt que de le pousser à consommer des recettes toutes faites, et négliger sa richesse d'invention, d'initiative fructueuse et de créativité.

Il est là pour l'encourager à faire quelque chose pour lui, pour sa réussite et son bonheur plutôt que se perdre à s'investir dans des actions, des options et des répétitions qui lui créent des problèmes dans lesquels il a tendance à s'enfermer.

Il est là pour l'aider à déceler les reproductions familiales qui sous-tendent ses motivations et conditionnent ses choix. Tous ces héritages dont il se charge, toutes ces obligations qui ne lui appartiennent plus.

Toutes ces fidélités ou loyautés familiales qui lui intoxiquent sa vie d'aujourd'hui.

Il est là pour l'accompagner dans son travail de libération de ses habitudes aliénantes, de ses vieux auto-sabotages, choix mortifères ou autres réflexes infantiles, générateurs de souffrance.

Il est là pour l'inviter à oser changer, à oser développer son positionnement, sa souveraineté intérieure et son libre arbitre.

Il est là pour le renvoyer à lui-même et l'aider à se relier réellement à ce qui se vit en lui. En respectant ses options et croyances, à l'écoute de ses propres rythmes de transformation intérieure.

Il est là pour lui suggérer de changer son regard sur lui-même et sur les difficultés de sa vie. Pour s'accorder enfin d'autres possibles...

Il est là avec sa subjectivité et son souci de limiter ses projections. Conscient qu'en tant qu'intervenant dans la relation d'aide, il n'est pas neutre, mais complètement participant à tout ce qui s'y joue, s'y vit et s'y ressent...

Il est là pour proposer au consultant des pistes d'éveil et de prise de conscience. Il l'invite à mieux se respecter, mieux s'aimer et savourer la vie qu'il se crée chaque jour. Une vie peuplée d'événements à l'image des scénarios qu'il a en stock ou qu'il génère en lui-même.

Il est là pour rappeler au consultant la richesse et la force de son investissement dans l'ici et maintenant. La puissance de sa présence la plus totale à l'instant.

Il considère le fait que tout se joue aujourd'hui, et que s'évader dans le passé ou se perdre dans le futur sont des fuites très courantes, des drogues ordinaires.

Il est conscient que toute prédiction ou prévision, quels qu'en soit les enrobages, fonctionne comme une intoxication mentale et une "pollution de l'esprit". Elle réduit le champ de conscience de son consommateur et le parasite dès la "première prise"...

Il est là pour aider le consultant à reprendre les rênes de sa vie, et assumer sa responsabilité dans les événements qui la jalonnent. Histoire d'arrêter de se considérer comme une "pauvre victime du passé". Histoire de sortir de la plainte chronique ou de certaines "victimites aiguës" !

Il est là pour l'aider à découvrir tout ce savoir qu'il a de lui-même, toutes ces intuitions sur sa vie qu'il néglige, toute cette conscience et cette sagesse qu'il laisse de côté en ne "changeant pas de disquette mentale" ou en restant toujours accroché aux mêmes vieux discours...

Il est là pour l'inviter à être à l'écoute du Créateur, du Maître et du Guérisseur qui sommeillent en lui. Afin de devenir qui il est vraiment.

Il est là pour l'écouter et l'aider à s'écouter lui-même... Il est surtout là pour poser des questions ouvertes au consultant et l'inviter à se questionner lui-même sur sa vie, à oser des questions nouvelles, plutôt que de lui distribuer de soi-disant "bonnes réponses"!

En fait, le numérologue humaniste n'est pas là pour distribuer des injonctions, des jugements ou des étiquetages. Il n'est pas payé aux "kilos d'informations qu'il débite" et n'est pas là non plus pour "montrer sa science et recevoir les félicitations du jury". Il est au service de son consultant. Il n'est pas au service de la Numérologie ou au service de lui-même !

Il n'est pas là pour distribuer des vérités toutes faites, des leçons de morales, des déterminismes calibrés, issus d'une quelconque "pensée unique" ... qui standardiserait l'être humain ou le réduirait à un "cas" ou à un "numéro" !

Donc, pas d'utilisation des "messages" des nombres pour manipuler l'autre ou pour exercer un quelconque pouvoir sur lui.

Pas de prise d'otages des nombres pour faire pression sur l'autre et décider sa vie à sa place !

Pas de traduction des nombres pour parler "sur quelqu'un" et l'étiqueter dans son dos. Leurs messages sont à disposition pour parler directement "à quelqu'un" et non pas jouer les portraitistes ou les concierges à distance en ne le respectant pas et en violant de manière détournée son territoire psychologique personnel, son intimité spirituelle.

Le numérologue humaniste invite finalement le consultant à oser ce qui lui semble juste, au regard de sa conscience intime, pour ensuite assumer pleinement ses propres choix , aller vers son épanouissement et valoriser le meilleur de lui-même.

* * *

Les nombres de 10 à 99

Connaître son ignorance
est la meilleure part de la connaissance.
PROVERBE CHINOIS

Je vous propose quelques pistes concernant ce que vous offrent si généreusement, les nombres à deux chiffres.

Leurs suggestions, interpellations ou questions, peuvent compléter les propositions des nombres concernant vos domaines de vie. C'est-à-dire les nombres-habitants de la fameuse INCLUSION qualitative, si largement développée en Numérologie humaniste.

Les interprétations concernant les 9 cases de l'Inclusion sont très largement développées dans mes livres, surtout dans *La Numérologie humaniste* – plus de 200 pages – (même éditeur) ou dans *Numérologie et mieux-être* (Éditions Vivez Soleil).

Chaque case présente un assemblage de deux nombres qui forme un nombre à deux chiffres. Ce nombre évoque souvent un âge important de votre vie, dans le domaine concerné. Âges-charnières ou âges de mise en route intérieure (prise de conscience). Ils sont à prendre en considération et ressemblent à autant de jalons sur votre chemin d'évolution.

À noter : Les pistes ici à votre libre-disposition sont offertes par l'assemblage de la symbolique de 2 nombres, mais plus généralement de 3 à 5 nombres combinés lorsque l'on tient compte des diverses réductions. La priorité étant donnée aux messages du nombre à 2 chiffres obtenu directement. Au sein de la Numérologie humaniste, la préférence est donnée aux "nombres bio", car il ne sont pas "trafiqués" ou mis en boîte par une quelconque réduction !

Par exemple : 35 se réduit à 8. Il est donc nécessaire de considérer la symbolique conjointe du 3, du 5 et du 8.

Pour être plus précis : d'abord du 5. En tant que "nombre des unités", il se révèle être le plus important. Ses messages ont l'intensité la plus grande.

Puis vient le 3, placé aux dizaines, et ensuite le 8 "fabriqué" par réduction.

Dans certains cas, le nombre réduit pourra être amplifié, et passera devant le nombre des dizaines. Cela lorsque ce nombre réduit a des ressemblances avec le nombre dominant placé aux unités.

Exemple : 61 réduit à 7. Le 7 passe devant le 6, car il est plus proche du 1 dans sa symbolique : même polarité fortement yang-masculine. Rétracté comme lui. Lignes droites. Dominante mentale, etc.

Autres exemples :

- Le 58 se réduit à 13 puis à 4. Ici cinq nombres différents combinent leurs invitations respectives. Classons-les par ordre d'intensité : 8 puis 5 puis 4 puis enfin 3 et 1. Le 13 est ici un "nombre intermédiaire"... de calcul. Il intervient en supplément.
- Le 78 réduit à 15 puis à 6. Ici encore 5 nombres sont regroupés.

Ordre d'intensité : 8 puis 7 puis 6 et enfin 5 et 1, du nombre intermédiaire.

Quelques pistes concernant les nombres à deux chiffres dans leur symbolique générale en Numérologie humaniste

10 et 0 en Case 1

Renouvelez. Redémarrez. Repartez.

Vous êtes invité(e) à élargir votre champ d'action et à changer votre positionnement personnel. Osez un certain travail de démystification de l'image de votre Père, par trop idéalisé ?

Vous pouvez jouer un rôle central au sein de votre famille et développer votre leadership au sein de petits groupes. Vous avez la capacité de mettre en lumière les choses généralement occultées par vos peurs et vos habitudes sécuritaires...

Osez jouer les rôles d'initiateur ou de "révélateur". Inventez, lancez-vous. Et lancez... Vous finirez par toucher votre cible ! C'est-à-dire par toucher juste au cœur de l'esprit humain... Au cœur de "l'indi-cible" ?

Le zéro, ici en position forte, vous invite à élargir votre champ d'action et de positionnement, en ne vous situant plus devant les autres, ou au-dessus "de la masse". Mais plutôt en trouvant votre place centrale au cœur de votre cercle familial, de votre cercle amical, ou de votre environnement professionnel.

Il vous invite à ne pas regarder uniquement devant vous, mais aussi autour de vous. Et repartir d'un autre pied !

Le 10 suggère de développer tolérance et "dix-plomatie". Histoire d'arrondir les angles, qui ont tendance à être un tantinet pointus chez le 1 lorsqu'il cherche à jouer les dominateurs inflexibles. Cette souplesse, suggérée par les rondeurs du zéro, serait-elle pour lui un beau chemin vers plus de sagesse et de maturité ?

Le 10 vous propose parallèlement de remettre en marche, de façon nouvelle, ce que vous avez déjà esquissé ou tenté précédemment. C'est-à-dire changer votre manière d'être auteur de votre vie... pour devenir à la hauteur de vos envies et de vos rêves.

Le 1 est lié au père. Il évoque ici, avec le zéro, l'idéalisation de ce père, souvent perçu comme lointain ou inaccessible. Avez-vous eu une relation problématique avec ce type de "père intouchable" ? Avez-vous expérimenté ce type de père caché derrière une belle aura déformante qui occultait certaines difficultés, voire certains secrets de famille dans sa lignée.

Cette absence physique ou psychologique de père (absence de présence ou absence d'autorité) a pu, chez vous, créer un vide. Il vous reste à combler ce vide, cet espace, non avec des mythes de passage (ou des ermites dépassés), mais plutôt avec des constructions identitaires personnelles fortes. Des "re-pères" effectifs et solides. Des repères intégrés et source de stabilité intérieure.

Après le 9, parfois un peu "planant", le 10 vous invite à ne pas oublier votre ancrage... et surtout votre centrage ! Osez le re-centrage de vos énergies, le re-centrage autour de vos options fondamentales les plus personnelles, c'est-à-dire les plus en correspondance avec votre vraie nature.

Bonjour le "Soleil central" ! Bonjour la "dix-cipline" intérieure ! Celle qui mène au Maître des profondeurs. Ce Maître vous offre des "re-pères" essentiels pour mieux positionner, ou re-positionner votre souveraineté intérieure et vos élans sacrés. Une discipline juste... juste assez différente du père "per-missif", à moitié caché derrière la mère ?

11 et 1 en Case 1

Réveillez votre charisme. Reconsidérez vos passions.

Nettoyez votre "canal intérieur". Osez utiliser vos dons de guérison par magnétisme. Travaillez sur vos émotions, libérez-les. Clarifiez votre relation à votre Mère. N'imposez pas vos options personnelles aux autres...

Osez écouter vos intuitions puissantes, surtout les plus petites et les plus quotidiennes. Nettoyez leur canal régulièrement. Stabilisez vos oscillations intimes et confrontez vos insécurités.

Là où il y a eu un "Père manquant ou inconsistant", vous pouvez dresser vos antennes ou "gratte-ciel intérieurs", pour redonner de l'importance à votre vraie autorité spirituelle centrale ainsi qu'au divin qui vous habite.

"Onzez" le grand dialogue avec le meilleur en vous-même. Sans rester accroché à vos systèmes de reproductions traumatiques. Sans laisser carburer vos cycles d'activités à partir d'une essence plombée, constituée de souffrance ordinaire et de tension intérieure !

Rappelons qu'il reste à faire co-habiter ici deux nombres 1, masculins et directifs, avec un nombre 2, féminin et sensible. Veillez à ce que ces deux 1 qui se tiennent la main n'écrasent pas le 2 si gentil et dévoué (et parfois sacrificiel).

Le 2 a un rôle essentiel pour relier entre eux ces deux 1, ces deux repères (ou ces deux images-pères). Un travail sur vos vieux stocks émotionnels est indispensable car ils peuvent bloquer votre ouverture intérieure !

Osez être une "Maman" pour vous-même. Osez assainir le terrain d'expression et d'échanges avec votre mère. En ne laissant pas fermenter trop longtemps en vous-même ce que vous lui reprochez. Tout ce que votre sensibilité a eu du mal à accepter de sa part, par le passé...

Osez gérer autrement vos passions les plus enflammées, et nettoyez les vieilles forêts encombrées de votre arbre généalogique ! Votre feu est puissant, apprenez à le canaliser, à le dompter avec lucidité et conscience.

Au sein du 11/2, le 2, avec ses grandes épaules, est placé à la base. Il semble soutenir les deux antennes esquissées par les 1. Si la base vacille ou prend l'eau, le reste bascule, rouille ou s'effrite. Et lorsque le(s) moules s'ef-fritent, il n'y a plus rien à se mettre sous "l'Adam" ? Qu' "on-ze" le dise !

Un équilibre est à trouver entre le feu des 1 et l'eau du 2 (l'eau qui est en bas, ou sous le 1). Pour que l'eau n'éteigne pas trop le feu ou que le feu ne fasse pas trop bouillir l'eau (au sein de la cocotte-minute intérieure).

Je vous souhaite un bon équilibrage, et un réglage fin de cette antenne haute fidélité. Passionnant, n'est-ce pas ?

12 et 2 en Case 1 (ou 1 en Case 2)

Retournez-vous. Regardez les choses autrement.

Il vous est suggéré de reconnaître votre sensibilité mouvante et de vous en servir pour oser le "retournement intérieur". Renouez avec votre vraie nature, au-delà de votre look apprêté.

Osez voir la face cachée des choses. Passez par la rencontre de votre petitesse et de vos difficultés intérieures, pour rencontrer votre vraie grandeur d'humain imparfait... mais lucide des ficelles relationnelles et œdipiennes dont il dépend.

Exprimez vos ressentis subtils et vos rêves colorés. Accouchez de votre naturelle créativité. Laissez libre cours à votre belle inspiration artistique et littéraire. Tous ces jeux d'humour, tous ces jeux d'amour. Tous ces : "Je m'exprime donc je suis !" qui peuvent nourrir vos relations aux autres et à vous-même.

Écoutez votre enfant intérieur. Permettez-lui de grandir, au-delà de ses illusions premières ou de sa naïveté persistante. C'est-à-dire en lui permettant d'abandonner cette "toute-puissance" infantile qui le coupe de la réalité, et le maintient finalement dans des fonctionnements immatures et irresponsables (quoi que...).

Le 2, ici en position forte, vous invite à regarder aussi derrière vous, et à écouter ceux qui essaient de vous suivre. Il vous suggère d'écouter les parties de vous-même qui ne suivent plus vraiment votre tête, et avancent à un autre rythme qui leur convient mieux.

Le 2 vous suggère de rester sensible à la face cachée des choses et des êtres. À voir autre chose que leurs apparences immédiates.

Le 12, par son total réduit à 3, vous invite à vous autoriser à exprimer plus largement votre sensibilité et vos rêves. Et à mettre des émotions et du cœur dans votre créativité et votre communication intime.

Osez la re-connaissance de vous-même, au-delà des projections et des désirs des autres sur vous. Reconsidérez le miroir du regard des autres. Retrouvez une autre image de vous, en retournant ce miroir, puis en sachant vous re-garder réellement avec les yeux du cœur.

Clarifiez vos relations intimes, et tout ce qui se joue derrière ce désir de reconnaissance et d'approbation qui vous conduit souvent à vous mentir à vous-même et aux autres... En toute innocence ?

Vous êtes invité(e) à mieux accueillir, percevoir ou capter les messages de votre intuition. Et tous ces signes indirects, mais subtils, qui jalonnent votre chemin et accompagnent vos cycles intérieurs.

Le 2 est aussi lié à l'Archétype Mère. Son voisin le 1 évoque l'archétype Père. Et leur total réduit parle de l'enfant intérieur, issu de leur union. Le triangle œidipien est ici en première ligne ! Et la mère y occupe une place de choix...

Osez un certain travail sur les systèmes triangulaires qui interviennent dans votre vie et dans vos échanges relationnels, voire amoureux.

Par exemple, lorsque dans le couple interfère directement ou indirectement l'amant ou l'amante. Toutes ces situations où se glisse un intermédiaire. Ces rivalités entre frères et sœurs, entres collègues. Tous les système où un "troisième élément" éloigne ou rapproche les deux autres. Le travail peut constituer ce troisième élément, et occuper beaucoup de place entre les partenaires d'un couple. Un sport ou un hobby aussi peuvent jouer ce rôle...

Enfin, le 1 et le 2, ce couple intérieur, vous invitent à réunir vos extrêmes, à concilier vos paradoxes intérieurs, à relier vos complémentaires. Il vous est ainsi suggéré d'harmoniser votre cerveau gauche avec votre cerveau droit, votre logique dure avec votre imaginaire souple, vos objectivités préférées avec vos subjectivités bien-aimées, vos démarches rectilignes et vos cheminements courbes ou sinueux.

En un mot : réunissez tous vos binaires de services et toutes vos balançoires intérieures. Sans oublier ces discours sur vous-même en noir et blanc... qui vous en font voir de toutes les couleurs !

13 et 3 en Case 1 (ou 1 en Case 3)

Recréez. Renaissez à vous-même. Régénérez-vous.

Vous êtes invité périodiquement à renouveler votre image personnelle. Favorisez les moyens qui facilitent votre remise en forme intérieure.

Considérez les déracinements passés que votre famille a eu à subir. Libérez-vous de ces vieux schémas d'insécurité matérielle et existentielle qui tapissent le décor au sein duquel vous avez grandi.

Autorisez-vous à effectuer les deuils affectifs, matériels ou professionnels, nécessaires à votre renouveau intérieur. Laissez vos structures intimes se transformer au fil des épreuves que la vie vous offre, comme autant d'occasions de maturation, comme autant de cadeaux d'évolution. Utilisez ces situations de deuils comme tremplins vers de nouvelles possibilités de création.

Apprenez à lâcher certains de vos avantages secondaires. Ils empêchent parfois votre guérison ou votre évolution. Comment transformer certaines de vos structures personnelles ? Comment vous régénérer vous-même ? Il peut vous être nécessaire de faire le deuil... de certaines de vos illusions !

Le 13 évoque tous les "rituels de passage", ainsi que l'accompagnement des mourants. Osez mettre en place vos rituels de passage vers d'autres phases de conscientisation, vers d'autres espaces intérieurs. Ce nombre est en correspondance avec la force du "passeur" ou de la "passeuse". Passeur des corps, passeur des âmes. Passages sur d'autres niveaux, passages sur d'autres plans... de conscience. C'est là que le Thérapeute spirituel peut avoir un rôle à jouer !

Resituez-vous face au père et à l'autorité. Rien ne vous oblige à porter sur vos épaules les responsabilités que vos prédécesseurs n'ont pas prises, ou les culpabilités qui sont (ou ont été) les leurs. Quelles ressemblances physiques vous rattachent à la lignée des hommes ? Comme autant de fidélités, ou de preuves d'appartenance, à cette chaîne humaine transgénérationnelle...

Le 3, ici en position forte, vous invite à mieux exprimer votre positionnement face au regard des autres, et à oser changer votre vision de vous-même, de votre look, de votre corps, de votre âge...

Il vous suggère, ainsi, de renouveler votre image de vous-même, en favorisant certains nettoyages intérieurs ou purifications. Pour un rajeunissement de votre corps et de votre esprit ! Cela sous-entend, là aussi, qu'il peut vous être nécessaire de "mourir" à certaines apparences, pour renaître à d'autres. Afin de mieux accéder au meilleur de vous-même et mieux créer votre vie en vérité.

Vous êtes interpellé(e) au niveau de déracinements réçents, ou remontant à 2 ou 3 générations. Ces changements de décor imposés ont pu marquer les corps et les cœurs, et laisser leurs traces d'insécurité et de sentiment d'abandon, dans les transmissions inconscientes au sein de votre famille.

À noter : Le M, treizième lettre de l'alphabet, se retrouve souvent dans les prénoms portés par des professionnels du soin, de l'éducation ou de la relation d'aide. Nombreuses sont les Marie, Monique, Maryse ou Michelle, Madeleine, Martine, qui sont infirmières, sages-femmes, kinésithérapeutes, orthophonistes, éducatrices... ("Ma" comme Maman, maternage, maison...)

Avec le 13, il est question de re-construire, de re-créer, dans le domaine matériel ou physique. De préférence à partir des élans de sa vraie nature, ou de la spontanéité de son enfant intérieur.

Le 13 vous parle de votre besoin de réaliser des œuvres tangibles, de modifier les choses à l'aide de vos propres mains. Pour vous reconstruire, il est important de garder les pieds sur terre et de favoriser vos "ancrages" majeurs, vos balisages spatiaux. Cela vous aidera à rester à l'aise dans vos baskets... Pour éviter de vous casser la figure, là où vos parents et vos aïeux se sont déjà plantés !

Le 4, total réduit de 13, vous rappelle cette importance du lien au sol, du contact à la terre. Cette prise de terre vous est indispensable pour éviter les survoltages... qui auraient tendance à solliciter votre "disjoncteur intérieur" ?

Vous êtes invité(e) finalement à oser vous restructurer intérieurement, en dialoguant avec les impératifs de vos propres sécurités ou limites. Il vous est proposé un travail sur vous, en particulier au niveau du donner et du recevoir. Pour vous permettre de vivre des échanges humains plus justes, et une communication renouvelée et plus équilibrée avec les autres. Et des relations finalement plus profondes.

Le 3 est lié à l'archétype Enfant. Le 1 à l'archétype Père. Le 4, nombre réduit, évoque votre structure familiale et les acteurs de votre histoire transgénérationnelle.

L'ex-enfant que vous êtes est donc invité à se resituer face à son Père, et face au regard de la lignée des hommes, surtout si vous êtes l'ainé(e). Sans oublier de trier et de retransformer les programmes et systèmes de reproductions propres à cette lignée.

Quelles sont les images familiales que vous cherchez à maintenir coûte que coûte ? Quelles apparences devez-vous sauver à tout prix ? Avez-vous des ressemblances physiques particulières avec certains membres de votre famille ? Quels impacts ont-ils eu sur votre manière de construire votre identité personnelle... et de vous apprécier, ou non, devant votre glace ?

Où se situent ces modélisations et ces reproductions ? Toutes ces fidélités aux mornes normes et "con-signes" familiales et généalogiques...

Le 13 évoque souvent divers jeux liés à la relation à l'autorité.

Comment est-ce que je me situe par rapport à l'autorité de mon père ? Ce père qui m'a donné son nom ... et à qui j'ose dire non, maintenant. En apprenant à me respecter !

Ce nombre vous invite, d'une manière générale, à oser vous positionner face aux injonctions et exigences qui ne vous correspondent pas, ou ne sont plus en accord avec vos orientations et vos choix .

Ensuite, ça peut devenir "treize" agréable pour vous de renouer avec votre nature profonde ! Histoire de devenir un bon compagnon, ou une bonne compagne, pour vous-même...

14 et 4 en Case 1 (ou 1 en Case 4)

**Restructurez-vous. Reconstruisez-vous.
Osez rebâtir, réformer.**

Vous êtes invité(e) à retourner aux sources pour retrouver vos racines. Labourez votre terre intérieure et semez les graines d'une nouvelle confiance en vous-même... au-delà de votre besoin de souffrir pour exister !

Osez réhabiliter ce passé familial qui squatte votre clairière intérieure, et profitez-en pour nourrir votre besoin de sécurité personnelle. Libérez-vous des vieux modèles qui encombrent votre démarche, et limitent vos possibilités de changement autant extérieur qu'intérieur. Remettez les choses en place sur de nouvelles bases, plus conscientes.

Nettoyez votre "maison-mère", sécurisez-la avec des engagements matures et des concrétisations bienvenues. Repartez de vos besoins, ne les niez pas en cherchant à fuir vos responsabilités vis-à-vis du meilleur en vous-même.

N'hésitez pas à travaillez sur vos peurs et vos culpabilités. Bougez, prenez des risques... en conscience. Osez sortir de vos "murs mentaux", et trouvez votre rythme de croisière et d'évolution personnelle.

Le 4, en position forte, vous invite à re-construire sur du solide. Il vous suggère de remettre en place, sur de nouvelles bases, des réalisations qui ne renient pas certaines choses de votre passé, mais qui le dépassent en s'en inspirant.

Le 4 vous suggère de rééquilibrer ce qui cherche à rester immuable, et ce qui a besoin d'être réaménagé ou rebâti, en vous et autour de vous.

Le 4 évoque votre structure corporelle, votre monde professionnel, votre cadre de vie... et, bien sûr, vos structures et vos reproductions généalogiques.

Le 14 vous invite à retrouver une nouvelle "colonne vertébrale" dans votre vie de tous les jours. En gardant la substantifique moelle des richesses de votre tradition. Osez un cheminement "aligné" sur le cap de vos propres désirs de concrétisation, et de vos besoins d'œuvrer au service du meilleur en vous-même.

Le 14, avec son total réduit à 5, vous suggère de mettre en place un certain nombre de réformes, voire de révolutions, dans les cadres apparemment immuables qui nous servent de repères aléatoires...

Il est question ici de cette énergie vitale qu'il peut être nécessaire de re-laisser circuler en vous, de manière plus libre. En particulier l'énergie sexuelle, avec toutes les répercussions qu'elle peut avoir au niveau de votre kundalini et de votre circulation verticale inter-chakras. Tous ces canaux régénérateurs à entretenir, nettoyer, décoincer...

Le 14 évoque les incontournables retours, les grands voyages et les détours qui vous ramènent finalement à vous-même ! Et à cette "Maison-mère" qu'il vous reste à re-nettoyer, re-sécuriser, re-consolider. Afin de vous sentir mieux en son sein. Afin de vous sentir mieux en vous, dans votre territoire intérieur. À la bonne place : celle qui correspond à chaque nouvelle étape de votre évolution.

Cela ne veut pas dire qu'il vous faille rajouter du poids, ou du lest, contre des murs déjà emprisonnants ou limitatifs. Non ! Vous êtes juste invité(e) à reconsidérer vos propres structures matérielles, vos propres cadres de vie, pour mieux habiter en leur centre. Au centre de ce qui vous correspond vraiment. C'est-à-dire en repartant réellement du fond de vous, et en respectant vos besoins les plus essentiels. En particulier, le besoin d'être sécurisé. Sans oublier votre besoin de respirer, et d'aller prendre l'air ailleurs !

Juste éviter de rester sous la coupe (amère ?) de celles ou ceux qui vous coupent de vous-même et de votre abondance intérieure. Tous ceux qui cherchent à vous mettre en boîte dans leurs propres critères... Au risque de faire taire à jamais vos capacités de création, vos velléités d'affirmation personnelle et de souveraineté intérieure !

Vous êtes invité(e) à un retour aux sources. À un retour vers ce qui vous nourrit au plus profond de nous-mêmes. Derrière les murs ou barrières édifiées dans votre passé osez canaliser ou enfermer le flot de vos élans intimes, jugés perturbateurs ou par trop décoiffants !

Le 14 vous propose de vous reconstruire sans vous emprisonner. En vous ménageant des ouvertures, en vous favorisant des espaces de liberté et d'aventure.

Il vous propose de retrouver vos racines sans vous y perdre. Et de vous autoriser le tri nécessaire dans les divers éléments qu'elles vous transmettent, ou qui ont pu vous être légués. Réhabilitez le passé. Oui ! Mais sans y perdre votre âme...

Subtile gymnastique que celle qui consiste à ne pas renier le passé, tout en tenant compte des leçons qu'il offre. "Osance" superbe que celle qui conduit à se libérer de certaines consignes, ou certains repères, inappropriés aujourd'hui !

Difficile parfois d'avoir un pied sur le quai (des brumes ?) et un autre sur le train qui démarre ! Délicat de suivre le rythme lent de la maturation intérieure, et les pointes de vitesse des sollicitations extérieures.

L'aventure de la vie n'est pas à deux vitesses, mais elle vous invite à faire cohabiter dans votre vie des rythmes d'évolution divers, des élans yang-mentaux rapides, et des besoins yin-corporels plus lents ! La puissance ne peut rien contre le temps...

Plus vous creusez, plus vous risquez de vous apercevoir qu'à chaque couche l'accouchement se fait sur un rythme différent. Et que les anciens calibrages sont toujours dépassés !

Osez relier les élans de votre tête, ceux du “patron toujours pressé”, avec les nécessités auxquelles doivent faire face les ouvriers de votre base. Apprenez à respecter ceux qui entretiennent votre véhicule corporel, ceux qui alimentent votre chaudière et votre centrale électrique intérieures.

Vos projets conceptuels les plus abstraits et les plus fulgurants, auraient intérêt à trouver ici leur mise en œuvre la plus complète, la plus matérielle, la plus corporelle... et la plus tangible possible !

Osez entreprendre un travail sur vos peurs héritées et vos culpabilités inconsciemment entretenues. Engagez-vous, si vous le souhaitez, dans un travail de transformation de vos "coupures". Cela vous permettra de vous reconnecter à votre énergie profonde. Ne restez plus isolé(e) de vos belles ressources à disposition. Tentez de renouer avec vos propres "ancrages stabilisateurs". Cela pour réhabiliter votre passé, recycler ses "matériaux" variés, et ses provisions de survie...

Il est à noter que les héritages plus particulièrement concernés ici, sont ceux liés à la lignée du père : les peurs de votre père, les limitations ou les auto-sabotages de votre père qui sont à considérer en priorité.

Votre père a-t-il été un père manquant ? Un père absent ? Comment a-t-il réellement assumé son rôle ? Est-il porteur d'incapacités ou de dévalorisations, ou au contraire a-t-il fait preuve de puissance, d'autorité ou de force de caractère ?

À son fils ou à sa fille de se construire de manière juste, à partir de ce modèle plus ou moins satisfaisant. À vous de reconstruire ce nouveau temple intérieur, à partir duquel seront célébrées vos réussites à venir, et les œuvres épanouissantes et libératrices favorisées par votre nouvelle conscience des choses.

Il vous reste juste à oser prendre le risque de vous bouger un peu plus, au-delà des balisages trop sages des itinéraires de votre passé.

15 et 5 en Case 1 (ou 1 en Case 5)

Réénergétisez-vous. Ressourcez-vous. Rénovez les choses.

Vous êtes invité(e) à générer de nouveaux comportements et de nouvelles idées, et tenter des pistes encore inexplorées.

Osez vous libérer des attachements corporels et affectifs qui vous étouffent. Apprenez à vous relaxer au sein de vos tensions. Développez la respiration consciente. Rééquilibrez-vous, que diable !

Osez une relation au plaisir plus juste, c'est-à-dire libérée de la honte ou de la culpabilité qui parfois l'accompagnent. Osez sauter vers l'inconnu. Osez votre différence. Tentez l'aventure, en ne négligeant pas les pistes inexplorées que vous offre si gentiment la vie.

Réanimez les sources vives de votre cœur, parfois trop occupé à réalimenter ses déceptions passées, ou à rejouer toujours les mêmes blessures ou les mêmes trahisons passées. Donnez de l'air aux possibles de votre corps. "En-core" et encore...

Le 5, ici en position forte, vous propose de reconsidérer votre manière de gérer votre énergie physique. Il vous invite à reprendre les rênes de vos journées, pour mieux chevaucher vos pulsions et vous rééquilibrer de façon dynamique. Vos désirs vous semblent contradictoires ou dispersés : considérez-les autrement. Et accueillez le flot mouvant, parfois si turbulent de la vie en vous.

Le 1 vous invite au renouveau, le 5 vous invite au changement.

Les sollicitations de ces deux nombres vont dans le même sens : celui du renouvellement, du saut vers l'inconnu (à l'assaut des surprises ?). Il vous reste ici à oser la prise de risque qui consiste à vous aventurer dans des zones inconnues (et interdites ?), et à explorer physiquement ou psychologiquement de nouveaux espaces.

Le 15 vous invite à tenter de nouveaux comportements, en particulier en matière d'amour et de gestion du plaisir. Osez vous libérer des pièges de vos attachements physiques et affectifs. Faites la différence entre une relation où le désir domine et une relation où l'amour ne demande qu'à se construire... avec le temps et l'engagement. Par ailleurs, un certain travail sur la possessivité et la jalousie n'est pas à négliger...

Développez tout ce qui peut vous offrir une plus large confiance en vous-même. Ce qui peut générer un plus grand lâcher-prise, et vous amener une plus grande liberté dans vos élans. Une liberté, bien sûr, valable aussi pour l'autre, les autres. La première liberté n'est-elle pas la nécessité de se libérer de l'illusion de liberté qui nous habite depuis nos rêves d'enfant ?

Laissez mûrir un peu de sagesse au cœur de vos imprudences. Osez escalader les faces nord de vos désirs innassouvis, et parcourir les montagnes de vos besoins négligés. Autorisez-vous à déjouer les pièges de votre parcours amoureux, en prenant le risque de vous aimer mieux et de vous accepter dans votre vraie nature... sauvage et aventurière ?

N'oubliez pas d'oser la relaxation au sein de la tension... c'est une question de dosage ! Tentez la confiance au cœur de vos actions souvent impulsives. Restez centrés au sein de vos plus surprenantes prises de risques, ou de vos plus beaux élans vers l'extase !

Osez l'alternance qui amplifie le plaisir et conduit à l'orgasme lumineux... Lorsque l'énergie peut enfin suivre son chemin naturel et que la tête et ses programme ont baissé les armes. Aventurez-vous au-delà de vos fuites ordinaires, au-delà de la jungle de vos retranchements raisonnables, et de vos peurs héritées. Tentez l'attente, tentez l'impromptu, tendez l'acceptation !

Le 15 vous invite à gérer avec lucidité et souplesse l'alternance en vous-même du masculin et du féminin : Le mariage harmonieux de votre homme intérieur et de votre femme intérieure. Ou comment laisser vivre votre énergie polarisée, vos amants intimes (ou couple intérieur), si fragiles et si pleins d'amour. Osez aimer autant votre partie féminine que votre partie masculine. Permettez l'union de vos élans intimes parfois antagonistes ou en rivalité inutile.

Cela, afin de vous orienter résolument vers une sexualité plus libre et plus responsable. Laissez venir à vous une vie amoureuse plus pimentée et plus oxygénée. Développez votre état d'ÊTRE et non votre volonté de FAIRE en amour. Être ne veut pas dire “ne pas faire”, cela veut dire être prêt à tout du fond de votre être... et entre autres à dire non à ce que vous ne désirez pas !

Osez des échanges plus régénérateurs et plus épanouissants. Tout en restant conscients que la sexualité peut vite devenir un instrument de manipulation de vous-même et de l'autre. Et qu'il reste aussi à déjouer les mécanismes pervers de ces rôles manipulatoires qui font le trottoir de nos plus belles histoires amoureuses... abordées bien trop souvent à partir de vos archaïsmes de la première enfance (préœdipienne), fusionnels, narcissiques... et souvent manipulateurs !

Il vous est suggéré de permettre à cette énergie de feu (1 et 5) de rencontrer vraiment sa source féconde (le 6 réduit). Cela, afin de réanimer les richesses de votre cœur, de rencontrer votre cœur en tant qu'organe de feu et donner de l'air à tous les possibles de votre corps.

Ne cherchez pas, artificiellement, à donner raison à cet ennemi intérieur qui cherche à tirer les ficelles de vos désirs et de vos élans les plus fous, en les bridant, en les sabordant, à l'aide des arguments moralisateurs et des prétextes de fuite de votre saboteur le plus intime ...

N'essayez pas de calmer votre peur de l'autre, ou de votre vraie nature, en anesthésiant vos sensations, en muselant vos faims animales ou primitives. Cela reviendrait à vous amputer de parties de vous-même qui constituent votre être essentiel... au même titre que ces parties qualifiées de nobles ou spirituelles. Toutes les animalités de votre territoire intime sont pures et naturelles. Et si vous les laissiez gambader à l'air libre !

Osez enfin vivre ce que la vie vous offre à profusion, et que vous boudez peut-être par tous les moyens qui sont à votre disposition : surmentalisation, fuite, suractivité, bonnes raisons, dispersion... les mille façons de s'étourdir pour ne pas être soi !

Autorisez-vous à tenter cette aventure perpétuelle vers vous-même, vers l'autre et les autres. Une histoire qui vous engage vraiment intimement, et donne vie au meilleur de vous-même, comme au divin qui sommeille en vous...

16 et 6 en Case 1 (ou 1 en Case 6)

Réharmonisez-vous. Recadrez-vous psychologiquement.

Il vous est suggéré de changer vos conceptions concernant l'amour et votre relation au plaisir. Ouvrez-vous plus largement aux messages de vos sens et laissez-les guider votre esprit.

Lâchez les vérités emprisonnantes qui vous encombrent le mental et vous jouent parfois des tours. Accouchez d'une nouvelle conscience... de vous-même !

Laissez vivre votre sensualité créatrice. Accueillez ses graines de sagesse et de plaisir en vous-même. Nourrissez-la de votre sourire intérieur de compassion pour vous-même. Offrez-lui de beaux instants de remerciement et de gratitude envers cette vie qui palpite en vous. Là, où respire votre "Dieu intérieur" riche d'amour et de beauté sublime.

Osez faire la fête au corps. Osez vivre pleinement vos petites et grandes extases ! Osez vous libérer du plaisir en le ressentant pleinement, totalement. Osez l'état de grâce que votre corps divin peut vous offrir si vous savez jouer avec lui la musique sacrée de l'amour...

Parallèlement, vous êtes invité(e) à travailler sur "loi morale", véhiculée inconsciemment par votre grand-père maternel. Reconsidérez-la et faites le tri dans toutes ces vieilles injonctions ou vieux modèles qui emplissent vos mémoires. Gardez seulement ce qui vous paraît encore juste ou adapté à votre vie présente. Apprenez à vraiment vous aimer. Laissez vos vieilles ascèses (à 16 ?) au vestiaire de vos obligations passées.

Osez d'autres systèmes (6-thèmes ?) amoureux au-delà des petites ou grandes maltraitances ordinaires de votre mode relationnel actuel.

Sortez des rails tout tracés... Lâchez ces reproductions traumatiques qui vous entraînent vers des scénarios "d'amour-martyr", ou vers des rôles de "bourreau de circonstance". Prenez le risque de vous engager vers des échanges amoureux harmonieux et épanouissants...

Libérez-vous de ces habitudes de "consommation du plaisir", teintées de culpabilité et de crispations intérieures. Osez votre différence et votre individualité ! Restez authentique et arrêtez de vous mentir à vous-même pour être reconnu ou aimé par les autres.

Le 6, ici en position forte, vous suggère de surveiller l'équilibre entre votre corps et votre cœur. Il vous invite à considérer les bienfaits d'une nouvelle ouverture de vos sens. Osez laisser s'épanouir votre forte énergie vitale afin qu'elle trouve son chemin dans le plaisir et l'amour, en trouvant la juste présence au bonheur que vous ressentez dans l'instant. Faites confiance aux bontés que la vie vous offre sur un plateau... et dont vous rejetez ou ignorez souvent les cadeaux si beaux ?

Osez savourer la vie par tous les pores de votre peau... vous aurez du pot, et vous retournerez au port ! Donnez du sens au raffinement de votre plaisir... et prenez plaisir à le raffiner. Laissez votre sensualité renouvelée vous rajeunir. Permettez à votre corps, mais aussi à votre cœur de s'épanouir au-delà des sillons déjà tracés par votre tête et par tous vos vieux schémas inhibiteurs !

Renouvelez vos programmes mentaux (castrateurs) par l'immense force de votre amour. Restructurez autrement votre relation à votre environnement relationnel intime, dans un souci d'écologie intérieure. Ne laissez plus envahir votre espace et votre cœur... au point d'en perdre la tête ? Ne vous "déconnectez" plus de votre réalité sensible. Restez en contact avec vos perceptions profondes. Habitez tranquillement au cœur de votre centre essentiel. Il y fait si bon !

Osez vous aimer suffisamment pour ne pas avoir à combler votre vide intérieur, ou vos manques amoureux, par la première dépendance affective venue ("ça dépend"..., me direz-vous ?).

Le 16 vous suggère d'accoucher à une nouvelle conscience de vous-même : celle du "Maître intérieur", sage et centré. Celle du Dieu intérieur qui ne demande qu'à aimer, qu'à rayonner, pour mieux laisser s'épanouir votre vie, dans ce qu'elle a de plus beau et de plus tendre. Pour permettre à vos sens de guider votre esprit (et à votre esprit de donner un sens à votre amour). Pour vous permettre d'accueillir avec souplesse le jeu de cette vie. Sans rester coincé dans des cadres trop rigides, sans rester emprisonné par les croyances ou les vérités de ceux à qui vous vous référez dans votre vie. Osez vos envies. Vivez vos "osances" divines !

Par ailleurs : le 6 parle de la femme sexuée, dans sa féminité la plus féconde. Le 1 renvoie au père. Le 7 (ici réduit) évoque le grand-père, ou une figure masculine de référence familiale.

La loi morale, ou le modèle intellectuel ou philosophique, de votre Grand-Père ont-ils été malmenés, ou remis en question, par une femme intervenant dans le choix du mari de sa fille. Une femme qui se serait approprié le phallus symbolique de son mari, en tentant de s'immiscer dans des défis propres à la lignée des hommes de sa famille ou de la famille de son mari. Dans votre famille, la filiation des hommes passe-t-elle par une femme qui joue un rôle important ?

Comment en tant que fille restez-vous prisonnière du désir inconscient (et sexuel) du père envers vous ? À la recherche d'un amour idéal et sans objet, ne restez-vous pas finalement le jouet de votre fantasme d'être une femme objet. D'autant plus objet qu'elle a peur d'être rejetée... subjectivement ?

Le 16 vous invite, finalement, à vous méfier des discours trop intellectuels, et à écouter un peu plus votre cœur et votre corps. Ou comment vous séparer des rigueurs et des contraintes de certains héritages psychologiques ou spirituels de votre passé qui vous éloignent du meilleur de vous-même... Tous ces restes du passé qui limitent votre confiance en vous et votre amour de la vie.

Il vous reste à quitter certaines vérités emprisonnantes, et vous libérer de ces étiquettes qui vous collent au cœur et à l'esprit. Pour enfin vous retrouver en accord avec votre corps, et en amour avec sa tête... Au cœur de "vous-m'aime" !

17 et 7 en Case 1 (ou 1 en Case 7)

Réapprenez à vous connaître. Retransformez-vous.

Vous êtes invité à prendre conscience de votre puissance spirituelle. Elle est à votre service dans tous les instants de votre vie.

Confrontez les défis et les batailles qui jalonnent votre chemin d'évolution et de maturation personnelle. Ne les contournez pas en vous trouvant de nombreuses bonnes raisons de ne pas affronter ces tests pédagogiques ou ces initiations intérieures essentielles.

Tirez de beaux enseignements de vos expériences personnelles difficiles et de vos souffrances intimes, que la vie met finalement à votre disposition si "généreusement" pour grandir. Servez-vous du tremplin qu'elle vous offrent pour avancer plus loin dans la rencontre avec vous-même. C'est-à-dire plus près de vous, en contact intime avec tous les mécanismes psychiques qui sous-tendent vos actions ou options personnelles.

Ne vous enfermez plus dans la répétition du passé. Dépassez les sabotages de votre histoire personnelle en transformant vos épreuves en autant d'occasions de prise de conscience et d'ouverture spirituelle. Repérez à temps les rapports de force et les jeux de pouvoir inconscients qui jalonnent vos réalisations et vos engagements divers.

Travaillez sur votre relation aux hommes, surtout ceux qui détiennent une certaine autorité par leur savoir : les intellectuels, les professeurs, les prêcheurs, les "Maîtres" en tous genres...

Souriez à votre bonne étoile, elle tisse l'étoile de fond de votre réussite intime, et vous invite à l'acceptation de votre nature parfaitement imparfaite et sublimement spirituelle.

Le 7, ici en position forte, vous invite à cheminer vers vous avec lucidité et sagesse. Osez reconquérir les parties de vous-même que vous avez mises dans les mains des autres, ou que vous avez affamées, voire carrément mises aux oubliettes !

Osez vous étudier avec sagesse et compréhension, sans rester piégé par des théories, ou des interprétations trop rationnelles, coupées de la réalité mouvante et sensible de votre être en évolution.

Utilisez l'observation et l'introspection, pour apprendre, au fil de vos expériences et de vos prises de conscience, à vous connaître plus profondément. Pour développer lucidité sur vous-même et sagesse face aux défis de votre vie.

La composante mentale-yang (masculine) est ici très forte. Le besoin d'être reconnu par votre savoir et la capacité à utiliser votre savoir-faire psychologique et philosophique sont très présents dans cet assemblage de deux nombres vous proposant leurs lignes droites, dynamiques et sans détour.

Mettez le savoir au service de l'homme et non l'homme au service des savoirs et des dogmes. Allumez les phares de nos idées-lumières pour mieux les utiliser dans votre avancement spirituel et dans votre évolution intérieure. Positionnement, maîtrise et expérience du terrain sont les bases essentielles de la démarche qui vous est proposée ici.

Le 17 vous propose d'effectuer le recentrage énergétique, puissant et solide, nécessaire à vos croisades les plus ordinaires. Ce qui se trouvera ainsi concentré et aligné à l'intérieur de vous-même, vous amènera plus facilement à vous lancer dans des travaux mystiques ou intellectuels de haut niveau.

Votre prise de conscience profonde se nourrit de conquêtes ultimes et de défis grandioses. Votre avancement spirituel passe par des batailles bien terrestres, et par des enjeux de pouvoir incontournables.

Votre tête serait-elle pleine d'étoiles filantes, promptes à faire des vœux chevaleresques et héroïques ? Cela ne constitue pas l'essentiel des atouts-gagnants au jeu central de notre vie ! La réalité la plus terrestre n'attend que vous.

Le 17 vous suggère, de laisser votre "professeur intérieur", celui qui sait tout au fond de vous, faire ses expériences avec votre "Alchimiste de service", celui qui vous aide à vous transformer. De leur collaboration peuvent se vivre de beaux "miracles"... Si toutefois vous osez garder la direction des opérations, avec le nécessaire recul du sage.

À noter : Le 7 est lié au grand-père. Le 1 parle du père. Et le 8 (ici réduit) évoque les héritages énergétiques et matériels du passé. Des héritages concernant certaines conquêtes passées ou héroïsmes ancestraux.

Le 17 vous invite à considérer votre besoin particulier de reconnaissance du père et du grand-père. Il vous est suggéré de travailler sur votre relation aux hommes et à l'autorité, ainsi que sur la manière de vous situer face aux personnalités à dominante yang-mentale de votre entourage. Développez du "père en vous"... pour vous créer de nouveaux "re-pères" ! La manière dont vous avez connu et perçu votre père, dans son rôle de père, influe sur votre capacité à vous donner des cadres et à vous positionner de façon juste.

Osez repérer, en les transformant, les rapports de force et les jeux de pouvoir inconscients qui auraient pu s'installer entre vous et les détenteurs du savoir. Entre vous et tous ceux qui représentent l'autorité dans le domaine du savoir et des connaissances.

N'oubliez pas, au passage, de développer une certaine humilité, ainsi que cette faculté à faire le vide dans votre esprit et à laisser de la place dans votre tête. Sans rester dans cette compulsion qui consiste à ne penser qu'à vous remplir des plus grandes et des plus hautes connaissances. Cette modestie ne blesse finalement que l'Ego et ses adorateurs !

Cette faculté de lâcher-prise, cette capacité à lâcher des choses apprises, serait-elle la vraie faculté des sciences... de la science de la sagesse, de la science consistant à laisser de la place aux messages divins en soi ?

18 et 8 en Case 1 (ou 1 en Case 8)

Resituez-vous. Réajustez vos idéaux.

Vous êtes invité(e) à vous engager dans des actions de justice sociale. Élargissez vos conquêtes spirituelles, faites-en profiter les autres. Osez œuvrer au service de tous sans idées préconçues.

Lancez-vous dans des "Croisades humanistes". Elles réveillent vos passions, expriment votre idéal de justice et votre désir de protection des plus faibles.

Osez confronter et réparer les injustices passées liées à certains héritages inéquitables, ou à certaines rivalités familiales anciennes. Réhabilitez la lignée de votre père, en vous autorisant à construire, ou reconstruire, ce qui n'a pas pu être réalisé avant vous. Toutes ces vieilles situations inachevées qui traînent dans vos mémoires...

Vous pouvez jouer un rôle de transformateur au sein des groupes. Évitez seulement les pièges et les illusions du pouvoir.

Utilisez votre puissance personnelle pour vous réaliser aussi intérieurement. Aidez les autres à progresser, mais ne prenez pas leurs responsabilités à leur place. Laissez de la place à votre appétit d'émerveillement. Transformez votre conscience de vous-même et du monde qui vous entoure.

Libérez votre sourire intérieur "alchimique". Là, où vous vous sentez "plombés", vous avez la chance de pouvoir tout transformer en or... Or, tant que le doute persiste, tant que votre habitude d'être "important(e) par vos douleurs ou vos malheurs" subsiste, vous perdez votre temps. Et vous le faites perdre à ceux qui essaient de vous aider !

C'est le moment de monter au créneau de votre "citadelle intime", pour y débusquer vos "ennemis ou terroristes intérieurs". En fait, ils cherchent surtout le combat ou la vengeance, sous des aspects parfois très dogmatiques ou moralisateurs.

Le 8, ici en position forte, vous invite à vous engager dans des conquêtes importantes et des défis héroïques. Il vous encourage à vous investir sur le terrain, et à affronter les batailles de votre vie avec bravoure et stratégie.

Le 18 vous suggère de ne pas hésiter à confronter le public. Osez vous positionner dans les groupes. Apprenez à resituer vos combats personnels au sein d'une vision plus globale et plus universelle des choses. Si vous souhaitez vous lancer dans de nouveaux et passionnants défis, faites-le en gardant la tête froide et en vous orientant vers des buts humanistes.

Parallèlement, prenez de la distance vis-à-vis de tous les jeux de pouvoir qui parasitent le développement de votre conscience. Autorisez-vous à œuvrer au service de tous. Vous avez envie de jouer les libérateurs ou les protecteurs magnanimes. OK ! Mais, restez modestes !

Le 18 vous conseille de ne pas tomber dans les pièges des jeux de pouvoir qui jalonnent tout cheminement de développement personnel. Ce nombre vous propose d'oser jouer un rôle dynamisant et transformateur au sein des groupes, ou face à un public important. Cela vous demandera de canaliser les puissantes énergies à votre disposition, afin de les utiliser pour le bien collectif. En vue de réalisations utiles à tous.

Par ailleurs, le 18 évoque certaines luttes de pouvoir au sein de votre famille. Les testaments ont-ils été justes ? Qui aurait pu se sentir lésé ?

Quel rôle vous êtes-vous donné pour réhabiliter cette famille ? De quelle manière surcompensez-vous les fautes ou les déshonneurs du passé qui ont jalonné l'histoire de ceux qui vous ont précédé ?

Comment essayez-vous de réparer ces injustices d'un temps révolu ? Y-a-t-il eu des missions inachevées et non résolues dans le passé familial ?

Comment les considérez-vous maintenant ? Quelles anciennes colères enfouies reste-t-il à déterrer... comme des vieilles haches de naguère ? Des colères qui finalement ne vous appartiennent même plus...

Avec le 18, il est aussi question de "l'Argent-Roi" qui pousse à bien des trahisons, à bien des affrontements. L'appât du gain peut pousser à renier ou à oublier, ce à quoi l'on croit... Et ce que la conscience profonde peut essayer de souffler !

Le 18, enfin, esquisse ces puissantes énergies qui sont à votre disposition pour vous aider à transformer les obstacles de votre route personnelle en tremplins... vers de nouveaux exploits ?

C'est comme si le 18 demandait de s'engager à 100 % de soi...

19 et 9 en Case 1 (ou 1 en Case 9)

Réévaluez les choses. Réunifiez-vous.

Vous êtes invité(e) à reprendre conscience de vos atouts personnels.

Osez redonner un sens à votre progression, en tenant compte de l'ensemble des enjeux culturels et sociaux dans laquelle elle se situe. Libérez-vous des "sens uniques" dans lesquels vous vous êtes inconsciemment engouffré(e) par le passé.

Changez vos cartes et vos pancartes intérieures. Redéfinissez de nouveaux axes de progression. Recentrez-vous vraiment et osez réunir dans une nouvelle direction les diverses recherches de votre passé.

Reprenez contact avec votre clairière intérieure. Celle où brille votre "Soleil intime", votre "Dieu intérieur". Engagez-vous ensuite dans de nouveaux chemins d'initiation. N'hésitez pas à participer à la création de nouvelles conditions collectives d'évolution.

Devenez auteur de vos rêves, au lieu de consommer les rêves des autres, ou de vous laisser intoxiquer par la grande consommation de rêves ambiante et généralisée. Évitez de vous perdre dans des idéaux inatteignables, ou de vous brûler les ailes en cherchant à voler trop près du soleil !

Osez remettre en lumière les obstacles cachés de votre passé. N'ayez pas peur de déminer votre terrain d'avancement intérieur. Histoire de tourner la page des batailles anciennes, et ne plus nourrir votre étrange besoin de "souffrir pour exister".

Gardez un regard lucide sur vos "boiteries quotidiennes" d'humain à l'école de la vie. Osez le recul du sage. Découvrez les signes que vous envoie votre inconscient à travers vos difficultés personnelles et vos désillusions thérapeutiques !

Reconsidérez votre relation à vos "pères de substitution" : ces "Maîtres" qui ont jalonné votre vie. Offrez-vous de nouveaux repères intérieurs, et acceptez d'être un bon père pour vous-même.

Le 9, ici en position forte, vous invite à élargir l'horizon de votre conscience, et à faire le bilan de votre progression personnelle. Osez vous distancer de vos problèmes. Prenez de la hauteur vis-à-vis des épreuves de votre chemin. Reconsidérez les choses autrement.

N'hésitez pas à resituer votre action au sein d'une évolution collective. Histoire de réunir passé et présent dans une même richesse, au service d'un engagement plus total dans la mutation humaine actuelle. Restez à l'écoute de l'inconscient collectif qui s'exprime au sein de votre expérience individuelle.

Le 19 vous oriente vers la recherche de l'unité des croyances, et des scénarios de vie, au sein d'une démarche réellement universelle. Osez recréer des conditions nouvelles pour intensifier votre transformation intérieure. Remettez-vous en marche vers de nouveaux ailleurs...

N'hésitez pas à faire le ménage dans les coins sombres et peu visités de votre monde intérieur. Osez ce travail long et nécessaire concernant votre territoire intime et tous les paradoxes inconscients qu'il héberge. Préparez-vous patiemment à un nouvel accouchement de votre conscience...

À noter : Les messages du 1, amplifiés par sa triple présence (19=10=1) parlent du père, de votre père réel, mais aussi de votre "père idéalisé". Avec toutes les distorsions, ou illusions, qui se rattachent à cette double image. Ce "modèle-père" peut parfois correspondre à deux hommes : votre vrai père et un père de remplacement, un père éducateur ou un père spirituel.

Le 19 vous conseille enfin de réunifier en vous les vécus différents liés à ces deux types de relation. Vous pourrez ainsi y voir plus clair dans votre recherche d'identité, et dans votre recherche d'un "Maître" quel qu'il soit. Offrez-vous la possibilité de reconsidérer ces "re-pères"... ou ces manques de repères structurants et identitaires. Vous pouvez vous faire le cadeau d'être un père pour vous-même... Un père rayonnant et chaleureux !

20 et 0 en Case 2

Osez le Co-conseil, l'accueil, et la thérapie d'entretien.

Vous êtes invité(e) à découvrir la Médecine naturelle, ainsi que l'art de la relation d'aide et l'écoute de la personne, pour les mettre au service de ceux qui en font la demande.

Osez la "lecture intuitive". Osez la perception sensible de ce qui s'est joué, ou se joue chez l'autre... à l'image de ce qui a pu être vécu ou ressenti chez vous. Ne négligez pas le langage des émotions et leurs résonances intimes.

Le 20 évoque un cheminement initiatique très lunaire : Comment rencontrer la lumière en explorant les ombres ? Comment se dire, ou aider à se dire, sans formuler directement les choses ? Comment atteindre un objectif en ne choisissant pas la ligne droite ? Comment se courber sans se soumettre... et découvrir la force ultime de la vraie souplesse ? Autant de pistes ondulantes pour développer adaptation spirituelle et empathie généreuse...

Autorisez-vous à tenter la "fonction-mère" : Soins, maternages, ou d'assistances diverses. Osez être une "Maman" pour autrui : Nourrir, héberger et encourager l'autre... à enfanter de lui-même ?

Développez votre foi en la vie. Pour générer de nouveaux possibles.

Travaillez sur la lignée des femmes et les reproductions que cette appartenance induit en vous. Surtout si vous êtes vous-même une femme et encore plus si vous êtes la 2e dans la famille : Qu'est-ce qui a été occulté à vos yeux et qui concerne intimement votre mère ?

Il serait "20" de trop de vous sacrifier pour autrui, au détriment de vous-même ! N'oubliez pas d'être aussi une "bonne maman" pour vous-même.

Lorsque vous êtes à plat, osez vous faire de petits plats ! Lorsque vous pédalez dans le yaourt, tentez de vous faire de bonnes confitures maison. Et sacralisez le tout avec un peu de pain et du "20" ? Du pain au "le-vingt" ?

Restez à l'écoute de vos cycles (lunaires) et de toutes ces oscillations intérieures qui rythment vos états d'âme, comme autant de marées sensibles et mystérieuses. Dans cette mer (mère) intérieure si profonde...

21 et 1 en Case 2 (ou 2 en Case 1)

Osez co-concevoir. Lancez-vous dans le co-leadership.

Vous êtes invité(e) à développer action, décision et positionnement personnels... en restant à l'écoute des conseils des autres.

N'hésitez pas à développer vos partenariats. restez vigilant(e), ne vous mettez pas "sous la coupe" de l'autre. "Emplissez chacun la coupe de l'autre, mais ne buvez pas à la même coupe" : disait Khalil Gibran !

Osez reconsidérer les modèles de vie exprimés par vos parents. Ne rejouez pas la face cachée de leur couple, perçue à travers vos yeux d'enfants. Si votre père s'est caché derrière votre mère, et n'a pas vraiment joué son rôle : ne lui en voulez pas ! Mais rien ne vous oblige à continuer de jouer à cache-cache avec votre partenaire...

Comment votre père a-t-il joué son rôle pour vous "séparer" de votre mère au moment de votre œdipe (pour un garçon), ou pour favoriser la reconnaissance de votre émergence de femme à l'adolescence (l'électre pour une fille). Comment vous a-t-il finalement aidé à "couper votre cordon" ? "Le cordon-nié est le plus mal chaud-sait" ?

Réinvestissez maintenant en conscience cette relation à votre père, sans vous perdre dans les miroirs déformants de vos diverses émotions, et projections, le concernant. Acceptez qu'il n'ait été qu'un humain, imparfaitement terrestre comme un autre, ou comme vous-même, et non pas le "Héros" dont votre histoire enfantine avait besoin... un temps ! Sortez, d'une manière générale, du besoin de reconnaissance de vos parents. Osez votre nouvelle naissance. Osez vous gratifier vous-même ... même si ce n'est pas toujours du gratin !

Devenez créateur de votre vie, en vous appuyant sur vos intuitions les plus belles, et vos inspirations les plus lumineuses. Osez être auteur, et à la hauteur, de vos rêves d'adulte.

Utilisez votre autorité personnelle pour mieux vous positionner dans les systèmes triangulaires qu'il vous arrive peut-être de rejouer dans vos relations affectives. Surtout lorsqu'elles sont encore imprégnées de cette "ambiguïté séductrice", propre à votre pré-adolescence.

Réappropriez-vous vos choix les plus intimes. Reconsidérez les systèmes de mensonges plus ou moins inconscients qui ont pu intervenir dans vos relations. Surtout celles qui vous ont poussé à cacher, à déformer, à jouer pour plaire... ou par peur de vous retrouver seul ! Comme cette habitude de sourire à ceux que vous n'appréciez guère.

Observez la différence qui existe entre ce qui est dans votre monde intérieur, et ce que vous en exprimez à l'extérieur. Ne restez plus à l'étroit dans vos croyances et vos naïvetés infantiles. Donnez de l'air à vos histoires relationnelles. Ne tombez plus dans le panneau... triangulaire (arrêtez-vous au stop !) .

Donnez du feu à votre 1, dynamiseur et déterminé dans ses projets.

Donnez de l'eau à votre 2, souple et riche en émotions fructueuses.

Donnez de l'air à votre 3, spontané et communicant.

Le feu peut faire bouillir l'eau... mais l'eau peut aussi éteindre le feu !

L'air peut attiser le feu, et le feu peut faire monter l'air.

L'air peut rendre l'eau turbulente, et l'eau peut l'humidifier.

Le feu et l'air réveillent l'eau dormante...

Tous ces baptêmes de l'eau, de l'air et du feu, restent à votre entière disposition. Sans en avoir l'air ?

À vous de jouer avec toutes ces diverses combinaisons de possibles offerte par le 21... qui est loin d'avoir dit son dernier mot !

22 et 2 en Case 2.

Bâtissez à deux. Co-organisez à grande échelle. Éclairez les autres.

Vous êtes invité(e) à développer vos côtés visionnaires et vos intuitions de génie, pour les mettre au service de la collectivité. Il semble nécessaire que vous appreniez à vous connecter directement à votre corps et à vos ancrages physiques les plus stables.

N'oubliez pas de travaillez sur vos racines familiales, et vos peurs héritées, en particulier la peur de manquer. C'est là le point faible de votre édifice personnel. Faites le tri entre vos sécurités illusoires et les vraies sécurités nécessaires à votre stabilité, à votre construction personnelle et à votre structuration intime.

Gérez plus lucidement vos émotions. Reconsidérez les divers "traumatismes d'abandon" de votre passé. Cela vous permettra de ne pas vous abandonner vous-même au moment crucial. En particulier, au cœur des grands tests et épreuves pédagogiques que la vie met à votre disposition pour vous aider à lâcher vos attachements aux schémas mortifères périmés. Tous ces schémas "toxiques", voire pervers, qui se sont glissés dans la mise en place de votre personnalité profonde au moment de son édification première...

Osez de nouvelles dimensions pour l'abondance. La vôtre et celle des autres. Allez au-delà de vos intérêts secondaires à vous limiter la vie.

Aventurez-vous au-delà des schémas de fidélité aux échecs programmés.

Nous sommes dans un environnement où il semble tellement illusoire d'être important par sa vraie grandeur. Nous vivons dans un système, où il est plus "aisé" de se contenter d'être important par ses petites misères et ses modestes victimites ordinaires que par ses réussites et ses bonheurs !

Ce n'est pas une raison pour baisser les bras... ou tomber à bras raccourci sur les germes de vos bonheurs futurs ! Vous pouvez utiliser votre génie à autre chose ! Là où il y a du "gén-ie"... il y a plein de plaisir !

Élargissez votre espace d'action. Restez vigilant en ce qui concerne vos sécurités matérielles et votre organisation professionnelle la plus quotidienne. Ne négligez pas certaines contingences, certains détails pratiques. De petits grains de sable peuvent finir par bloquer votre grosse machine ! Restez les yeux ouverts, et méfiez-vous des marchands de sable ?

N'oubliez pas qu'au fond de votre baluchon, il y a de l'or à profusion. Osez la fusion intérieure de vos antagonismes les plus flagrants. Vous récolterez l'effusion spirituelle et positive la plus éclatante...

23 et 3 en Case 2 (ou 2 en Case 3)

Co-créez. Animez à deux. Exprimez-vous.

Il vous est suggéré d'utiliser le corps par ses mouvements et ses gestes pour vos créations personnelles et vos meilleures communications. Osez le jeu libre de l'énergie dans votre espace corporel, et dans votre relation à l'autre. Laissez-vous bercer par la musique des cœurs...

Coupez le cordon maman-enfant, ça peut servir ! Reconsidérez votre relation à ces diverses fonctions-mères qui interfèrent avec votre histoire personnelle : thérapeute, soignante... et partenaire affective ?

Osez écouter le petit enfant qui sommeille, rêve, rit ou pleure en vous. Vous pouvez devenir une maman pour lui. Vous pouvez l'écouter, en prendre soin et l'aider à grandir. Donnez de l'air à vos élans spontanés et osez dessiner un nouveau visage à votre désir d'insouciance et de légèreté. Osez trouver les mots pour vous séduire vous-même et tenter l'aventure de la danse à deux, lumineuse et pétillante.

Prenez au vol mots et situations avec humour, souplesse et rapidité. Utilisez votre énergie pour animer les autres... ou allumer les réverbères de leurs nuits sans lune ? Votre vivacité d'esprit est un atout-maître. Osez le micro... sans faire trop de cinéma ! Sinon, préparez vos cannes pour le festival.

Ne restez plus à l'étroit dans les alliances qui étouffent vos élans les plus spontanés, et limitent vos dynamiques les plus belles. Libérez-vous de ces échanges où il n'y a plus de vie. Revivifiez votre sexualité. Redécouvrez la créativité de vos sens. Laissez l'énergie vous pénétrer... dans le bon sens ?

N'hésitez pas à effectuer un travail sur les systèmes de trahison vécus, ou perçus comme tels, dans votre passé. Ce qui a été dit "contre" vous, ou malgré vous... sur vous. Et que vous n'avez pas vraiment digéré ! Ce qui a pu se passer alors que vous restiez accroché à vos perceptions déformées de la réalité relationnelle du moment. Alors que vous restiez soumis à votre suggestionneur intérieur, toujours prêt à aller requérir n'importe quel "bourreau de circonstance", pour garder la mainmise sur votre petit monde inconscient ?

Favorisez le vrai dialogue intérieur. Tentez l'expérience d'un nouvel accouchement à vous-même. Accueillez votre "imperfection heureuse".

Et la vie vous sourira au berceau de vos anciennes lumières oubliées...

24 et 4 en Case 2 (ou 2 en Case 4)

Co-réalisez. Structurez vos partenariats. Aidez l'autre à se construire.

Vous êtes invité(e) à utilisez vos dons concernant les thérapies psycho-corporelles et les soins maternants. Orientez-vous vers des domaines comme la Naturopathie, le bien-être et l'esthétique, voire le médical ou le para-médical.

Travaillez sur vos attachements et vos dépendances affectives. Elles fonctionnent comme des drogues et limitent vos capacités d'avancement intérieur.

Reconsidérez les mécanismes relationnels qui vous piègent et vous maintiennent dans cette recherche permanente de la "même dose de souffrance intérieure". Cela au cœur de cette si courante "dépendance à la douleur" qui habite l'humain estropié du cœur que nous sommes tous.

Osez lâcher les attachements asphyxiants qui vous évitent de vivre cet état de manque de sensation. Cet état auquel vous préférez peut-être cette douleur qui vous tient chaud au corps et au cœur, et qui vous rappelle votre douleur originale et périnatale... si "attachante" !

Réalisez l'importance, dans votre vie, de la famille et des héritages transmis par les femmes. Il vous reste à trier ces héritages si vous ne voulez pas vous retrouver encombré par les peurs et les culpabilités de votre passé. En particulier, la peur de l'abandon et du rejet. Vos rôles de services auraient-ils quelque chose à voir avec votre peur de l'abandon ? Seraient-ils liés à vos doutes existentiels ?

Vous avez besoin de sécurité dans un habitat que vous aurez largement personnalisé. Investissez dans une maison et investissez-vous dedans. Elle peut devenir pour vous une base de structuration et de stabilité. Osez l'architecture intérieure de votre belle intimité. C'est la meilleure !

25 et 5 en Case 2 (ou 2 en Case 5)

Expérimentez et osez la recherche à deux. Mettez en mouvement vos passions.

Vous êtes invité à reliez intellect, intuition et sens de l'observation. Développez votre mobilité mentale pour découvrir de nouvelles théories. Utilisez votre réel sens psychologique, et amplifiez vos capacités d'adaptation aux situations. C'est-à-dire votre faculté à toujours retomber "sur vos pattes", et à vous faufiler sans vous faire remarquer dans les jungles les plus dangereuses ! Des capacités alliant la stratégie du caméléon à celle du félin le plus malin...

Libérez-vous des reproductions passionnelles. Même si c'est votre manière de rester loyal envers vos parents ou fidèle envers vos ancêtres. Changez de disque... Et entrez dans une nouvelle danse ! Vous verrez, ça libère et ça évite de se charger les épaules. Osez lâcher les cordes qui vous rattachent au passé... c'est dans vos cordes. Et que ça saute !

Méfiez-vous de vos habitudes de sur-mentalisation, et de vos réactions vives, dont l'automatisme programmé peut vous surprendre vous-même !

C'est sympathique de serpenter ainsi entre les idées et leurs balises mentales... mais on finit souvent par se mordre la queue ! À force de contourner les exigences et les cadres de votre vie, le contorsionniste que vous cherchez à être, risque assez vite de manquer de repères. C'est pas si dur de donner du mou, dites-vous. Cependant, à trop zigzaguer on ne se donne plus le droit... d'aller tout droit, et de regarder le soleil en face.

Osez les arbitrages divers, les rôles de médiateur. Mais n'oubliez pas, auparavant de développer ou de réveiller votre "Médiateur intérieur". Histoire d'aider vos dissidents intérieurs à faire la paix. Histoire d'arrêter ces duels intimes... si électriques !

Derrière le bouillonnant chercheur de nouveauté et d'action d'éclat qui s'anime en vous, se cache un vieux sage pensif et un observateur tranquille. Il vous est suggéré de lui laisser un peu plus de place dans votre océan intérieur agité. Offrez-lui de conduire votre bateau... avant qu'il se barre !

26 et 6 en Case 2 (ou 2 en Case 6)

Harmonisez vos émotions. Osez guérison et protection.

Vous êtes invité(e) à développer votre conscience du corps et votre puissance régénératrice. Pour, ensuite, mettre cette expérience personnelle au service des autres.

N'oubliez pas de travailler sur les jeux de pouvoir liés aux alliances dans votre famille et dans vos engagements amoureux. Osez mettre l'amour au service de votre transformation intérieure. C'est ce qui s'appelle tenter l'alchimie de l'amour. Une sorte d'amourothérapie...

Ajustez votre rôle de "mère protectrice". Histoire de ne pas trop en faire, à force de vous en faire... pour les autres ! Lâchez les scénarios sado-maso liés à votre vocation à trop aimer. Recyclez les systèmes intérieurs qui maltraitent votre amour pour vous-même, et vous détournent du respect de votre vraie nature.

Osez repérer votre "besoin de souffrir". Il vous donne tellement accès à votre sentiment d'exister que, probablement, vous n'imaginez plus pouvoir vous en passer !

Hissez hors de l'eau les programmations inconscientes qui sabotent vos relations amoureuses et votre relation à vous-même. Elles vous amènent bien souvent à retrouver, ou à reproduire, les sensations et les circonstances des "souffrances matricielles" qui ont structuré votre personnalité pendant les phases-clés de votre enfance. En particulier lors de votre naissance, et autour de 3 ans et demi.

Observez ces "remix périodiques" qui vous conduisent à souffrir encore et toujours de la même façon, étouffé(e) dans votre territoire intime. Et abandonné(e)... de vous-même ? C'est pourquoi il vous est si dur, maintenant, de vous abandonner à la vie !

Ne confondez pas la puissance de l'amour et l'amour de la puissance ! Observez comment l'amour risque d'être "marchandé", pour acquérir argent ou reconnaissance sociale. Observez comment votre amour risque d'être trafiqué, "maqué"... pour masquer votre peu d'estime de vous-même et votre peur de vous perdre dans l'autre ?

La vraie magie de votre cœur, c'est sa capacité à tout transformer au sein de son feu et de sa sainte folie. Un feu qui peut être utile pour brûler vos compromissions petites ou grandes, vos arrangements douteux avec votre propre conscience. Osez lâcher les luttes de pouvoir et leur recherche de conquêtes inutiles. Vous récupérerez ainsi une énergie insoupçonnée !

Nettoyez toutes ces scories qui sont issues de vos modèles d'amour parentaux et familiaux. Elles sont peu compatibles avec la vraie nature de votre cœur. Libérez-vous de cette tendance à rejouer régulièrement le film des "déchirements du passé"... ou celui du Titanic de tous vos vieux hic amoureux ?

Bienvenue sur la planète des humains douloureusement "imparfaits et bossus". Bienvenue sur ce passionnant chemin de transformation et d'évolution qui s'offre à vous, si vous ouvrez autrement les yeux, et si vous sortez de vos victimites les plus ordinaires. N'embauchez plus de bourreaux d'occasions, ou alors reclassez-les au service (et non au tour de vis) de vos meilleurs scénarios d'amour !

Laissez la source infinie de votre cœur féconder votre vie. Vous accoucherez alors d'un autre vous-même qui vous surprendra. Et qui n'aura plus besoin de se forcer à surprendre les autres !

27 et 7 en Case 2 (ou 2 en Case 7)

Analysez vos paradoxes. Conscientisez l'autre. Coparticipez à des programmes d'éducation.

Vous êtes invité à vous orienter vers la Psychothérapie, la Numérothérapie, la "Psycho-magie" ou l'Analyse des rêves...

Votre structuration mentale et vos connaissances acquises peuvent se mettre au service de votre monde sensible, complexe et mouvementé. Utilisez la méditation profonde, l'assise silencieuse pour vous relier au meilleur de vous-même.

Accueillez votre "maître intérieur", il est porteur de connaissances illimitées. Apprenez à faire confiance à vos messages intuitifs concernant les autres et vous-même. Et cela, bien entendu, pour les choses de la vie les plus quotidiennes.

Allez au-delà de vos timidités ordinaires. Faites profiter les autres de vos prises de conscience lumineuses. Toutes ces nouvelles flammes que vous mettez à leur disposition peuvent les aider à jalonner leur terrains... "d'atterris-sages" ?

Libérez-vous de l'emprise de votre "télévision intérieure", car elle parasite vos communications avec l'invisible... et vous ratez l'heure des vraies infos essentielles qui vous sont intimement et prioritairement destinées !

Éminence grise au sein des groupes, osez les engagements collectifs et sociaux. Osez transmettre vos meilleures inspirations sensibles. Osez sensibilisez les autres à leurs capacités d'apprentissage rapide ou de connaissance induite, celle qui frappe à votre porte sans que vous n'ayez rien demandé... sauf peut-être un pizza royale ?

Ne bloquez plus vos émotions derrière votre barrière mentale, si apte à vous protéger de vos eaux intérieures apparemment perturbatrices... et pourtant si purifiantes ! Ne restez plus imperméable à vos giboulées intérieures de printemps ! Ne devenez pas un ascète (ou à-sec) de votre sensibilité si fragile et si fine. Elle est à votre service. Elle n'est pas là pour générer de nouveaux sévices intérieurs... N'ayez crainte !

Libérez-vous de vos crispations. Surtout celles liées à votre peur de ne pas avoir fait "ce qu'il fallait", ou votre peur de ne pas être par-fait ! Vous savez bien sûr que vous êtes parfaitement boiteux du cœur, et tordu de l'esprit, comme tous les humains sur cette terre de maturation intérieure et d'évolution humaine, n'est-ce pas ? Vous vivez au cœur d'une condition parfaitement humaine, c'est-à-dire parfaitement imparfaite ! C'est parfait ! Vous semblez avoir pigé le truc, je crois...

Sept fois-ci les messages du 7 ne resteront pas, je suppose, de vingt messages. Bonne remise à neuf au cœur de votre tête ! Et bonjour les nouvelles re-cettes spiritualo-dissolvables...

28 et 8 en Case 2 (ou 2 en Case 8)

Bâtissez. Protégez. Maternez. Osez le Coatching.

Vous êtes invité(e) à utiliser votre puissance personnelle pour dynamiser les autres, et jouer des rôles de chef-stratège ou de leader éclairé. N'oubliez pas de travailler sur votre colère, afin qu'elle ne devienne pas destructrice, et ne torpille pas vos projets et engagements personnels.

Évitez l'accumulation et la fermentation intérieure de vos émotions, ça peut finir par sentir mauvais ! Laissez vos jolies émotions circuler, lâchez la pression intérieure. Évitez l'ébullition... Et allez vous faire chauffer un thé. Il paraît que c'est "thé-rapeutique" ! Par ailleurs, et sans transition, osez régler les rivalités ou oppositions à votre mère, ainsi qu'aux aux personnes liées à cette "Fonction mère" : thérapeutes, soignants, travailleurs sociaux. Des métiers où l'on sert à quelque chose... et où on n'est jamais "a-mer" ?

Votre statut social, parfois important, doit beaucoup aux associations matures que vous avez facilitées. Vous semblez vous engager dans de belles réalisations héroïques avec un souci d'équilibre et un sens de la justice. Considérez vos exploits personnels comme autant d'occasions d'accepter vos limites humaines. Comme autant d'écoles pour apprendre à ne plus vous juger si durement.

Acceptez-vous dans vos faiblesses, c'est la meilleure façon d'aider ceux qui ont du mal à avancer... et que la vie blesse et laisse sur le côté de la route.

Soyez tolérants dans vos partenariats. L'autre fonctionne souvent comme un miroir de cette face cachée de vous-même que vous ne sauriez voir...

Protégez-vous de vos "terroristes intérieurs", ceux qui utilisent vos excès pour vous pousser au-delà de ce que vous auriez souhaité. Ceux qui cherchent à détruire à tout va, pour exorciser le malaise qui les rongent. Ceux qui mettent le feu dans votre territoire intérieur... Histoire de se réchauffer les frilosités, histoire de tenter un grand ménage purificateur, du genre "terre brûlée" ?

Prenez le risque de sonder vos fondations profondes avant de bâtir les supports de votre réussite intérieure. Faites confiance à votre "Alchimiste intérieur". Il vous aidera à mettre d'a-plomb vos ambitions personnelles et à or-ganiser vos renouvellements les plus beaux (chauffe mar-sel !).

29 et 9 en Case 2 (ou 2 en Case 9)

Utilisez votre médiumnité. Osez channeling et guérison spirituelle.

Votre charisme personnel et votre capacité à vous passionner pour un idéal ou ce en quoi vous croyez, vous amènent à jouer un rôle de transmetteur d'enseignements humanistes ou de "passeur d'âmes" et d'hommes. Vous êtes invité(e) à mettre votre inspiration et votre haute sensibilité au service des groupes.

Ne négligez pas le travail sur vos émotions ("décrassage intérieur") pour éviter le parasitage des messages et des révélations que votre canal spirituel met à votre disposition.

Votre force se trouve surtout au sein des groupes de femmes. Ne les prenez pas pour des "mamans inconditionnelles" ! Apprenez à tenir debout tout(e) seul(e). Apprenez à joindre les deux-bouts tout(e) seul(e).

Occupez-vous de vos ancrages physiques et psychologiques. Vérifiez régulièrement votre "prise de terre". Vos élans hyper-électriques (et nerveux ?) pourront ainsi mieux s'équilibrer. Vous évader dans l'astral, dès qu'un obstacle se présente, ne résout pas vraiment la question !

Si vous avez tendance à aller dans la lune, sans y être vraiment invité pour une mission scientifique d'exploration, donnez-vous les moyens de revenir sur terre. Cela facilitera votre vie au quotidien, et vous évitera de vous perdre dans vos rêves cycliques et dans vos évasions ordinaires...

Développez la présence à vous-même et aux autres. Concrétisez, concrétisez ! Et laissez refroidir de temps en temps votre émetteur-récepteur mental. Oui, débranchez le tout régulièrement, vous dormirez mieux. Laisser la télé-satellite en veille n'est pas très écologique !

Osez remettre à neuf vos disquettes intérieures. Ne surchargez pas trop vos mémoires avec des informations inutiles. C'est ici et maintenant que tout se joue, n'est-ce pas ? Alors laissez de la place à l'imprévu et à toutes ses surprises les plus aléatoires...

30 et 3 en Case 3.

Communiquez grâce à l'art. Osez jouer avec les mots.

Vous avez de grandes possibilités de création encore inexploitées. N'ayez pas peur d'utiliser vos divers dons d'expression personnelle pour mieux rencontrer le meilleur de vous-même, et vous valoriser à vos yeux.

Osez montrer aux autres ce que vous savez faire.

L'art-thérapie peut élargir vos possibles. Osez mettre en lumière les zones d'ombre de votre petit monde intérieur. Développez votre intuition. Mettez-la au service d'une inspiration picturale, musicale ou littéraire riches et dynamiques.

Travaillez sur votre image personnelle. Libérez-vous de la dépendance au regard des autres. Exorcisez ces humiliations passées qui ont pollué le développement de votre libre-créativité ainsi que votre capacité à vous regarder avec plaisir et satisfaction dans le miroir...

Osez briller sans vous aveugler, sans vous laisser prendre aux pièges des apparences, et des jeux artificiels de séduction. Osez de nouvelles formes d'expression non verbales. Favorisez le renouvellement de votre style personnel. Alignez-le de manière plus authentique sur ce que vous souhaitez mettre en valeur chez vous.

Osez vous reconnaître dans la totalité de vos dons. Jetez les ponts d'une communication libre entre les diverses composantes de ce qui vous anime intérieurement. Par exemple : entre votre partie "enfant", joueuse, spontanée et vulnérable, et votre partie "adulte", plus cadrante, plus sérieuse et consciente. Faites des ponts entre la partie de vous-même que vous projetez à l'extérieur et celle qui reste repliée, voire secrète au plus fond de vous...

Vous êtes invité(e) à vous libérer de cette "toute puissance infantile" qui génère de nombreuses illusions, et peut vous amener à vous mentir à vous-même. Lâchez les manipulations de l'enfant. Sachez confronter la frustration. Intégrez les cadres nécessaires sans les repeindre de toutes les couleurs... comme pour les maquiller et les éviter.

Cette étape de recadrage est nécessaire, en particulier dans votre développement psycho-affectif, pour dépasser les demandes immatures et les "je veux tout, tout de suite" de l'enfant intérieur qui a oublié de grandir... et qui surtout n'aime pas se sentir à l'é-troit !

Donnez-vous le droit de vous dire pleinement et réellement. Reconsidérez les circonstances passées qui vous ont amené à devoir vous taire, à garder certains secrets, voire à vous éloigner de la vérité en utilisant, pour vous protéger, certains mensonges.

Qui avez-vous peur de perturber par vos révélations ? Quelle partie de vous ne veut pas lâcher le contrôle, parfois limitatif et étouffant, par peur de se trahir, d'être surprise... et découverte, à la lumière d'une conscience plus vive et plus mature ?

Œuvrez au sein de votre famille au niveau de l'expression possible de divers non-dits qui parasitent les échanges, ou de certains mal-entendus qui détournent l'écoute sensible entre frères et sœurs, entre parents et enfants.

Laissez-vous guider par votre "soleil intérieur" puissant et créateur. Il ne brûlera pas les ailes de votre enfant intérieur fragile et vulnérable (le petit ange !). Osez vous révéler aux autres et à vous-même comme vous êtes vraiment. C'est-à-dire avec vos imperfections, vos boiteries et votre petit monde intérieur qui n'est pas toujours à la fête !

Sourire à la vie est un jeu d'enfant... lorsqu'on ne reste plus coincé dans ses vieux scénarios répétitifs et ses infantilismes périmés. La vie peut devenir une danse de lumière... comme le "Flamme and co" ?

31 et 1 en Case 3 (ou 3 en Case 1)

Communiquez de façon fonctionnelle. Osez positionner votre style.

Vous êtes invité(e) à développer votre autonomie et votre originalité propres dans l'expression de vous-même et dans ce que vous avez à offrir aux autres.

Faites quelque chose de votre désir d'être à l'avant-garde. Ne le gardez pas au frais dans vos vieux frigos. Allumez le feu avec les parchemins de feu vos références codifiées du passé.

Et si vous tentiez un look qui décoiffe ? Histoire de ne pas couper les cheveux en quatre. Histoire de ne plus vous prendre la tête avec des obligations inadaptées. Comme pour recycler ce qui vous rase !

Occupez-vous de vos racines, même les plus décolorées, les plus pâlottes à vos yeux d'homme nouveau ou de femme nouvelle. Utilisez votre besoin d'action, de mouvement, pour donner la pleine mesure à vos élans, et valoriser votre force créative.

Osez vous centrer pour innover. Osez ne pas respecter à la lettre le cadre traditionnel. Accueillez de nouveaux facteurs. Ne restez pas toujours fidèle au(x) poste(s) sans remettre certaines choses en question. Ces choses qu'on prend toujours à la lettre !

Laissez de la place à des élans redynamisés, à des projets prometteurs. À toutes ces graines riches et variées qu'il vous reste à accueillir dans votre terre intérieure fertile et riche.

Votre besoin de reconnaissance de la part de votre père, semble motiver nombre de vos réalisations personnelles. Reconsidérez la relation établie avec votre père par le passé. Avancez et sortez de ces habitudes d'obéissance familiale et de "soumission" aux normes de la lignée des hommes. Un nouveau positionnement clair et centré de votre part, peut porter ses fruits.

Vous êtes invité(e) à dépasser vos peurs, ou vos hésitations, face aux personnes, autour de vous, investies d'une "fonction-Père". Les experts, professeurs, gendarmes... ou tous les chefs, patrons ou figures d'autorité. Cela pour oser leur exprimer vos options personnelles ou ce qu'il vous semble bon de leur témoigner.

Repérez parallèlement en vous-même les éventuelles reproductions de certains traits de caractère de votre père, ou votre obéissance inconsciente aux ordres et injonctions passées, ou présentes, de celui-ci.

Apprenez à vous recentrer dans votre manière de dire ce qui vous tient à cœur. Développez une communication inter-personnelle plus efficace et plus concise. Osez l'innovation. Osez foncer devant... dans le vent ?

Osez de nouveaux bonds vers l'a-bon-dance. Osez de nouvelles danses avec votre inspiration créatrice. Soyez un auteur à la hauteur de son meilleur public : vous-même avec vos yeux d'enfants et vos sourires de sagesse et de compassion.

Mettez-vous sur votre 3 ! Osez braver certains inter-dits. Allez à la recherche des non-dits familiaux. Sortez des cadres sclérosants et structurez-vous autre-ment. Osez certaines vérités. Osez être auteur des meilleurs scénarios que vous avez en magasin. Pour être à la hauteur de vos espérances et de vos dynamiques les plus belles !

32 et 2 en Case 3 (ou 3 en Case 2)

Utilisez vos émotions pour communiquer. L'autre est le miroir de votre face cachée...

Votre sensibilité et l'intensité de vos émotions sont source d'une créativité mobile et variée qui reste à votre entière disposition. Vous pouvez vous adapter très vite au langage de l'autre, mais ne perdez pas le fil de ce que vous avez à dire. Écoutez-vous, pour mieux vous entendre !

Travaillez sur ce que vous renvoie le miroir de l'autre. Servez-vous de ces renvois pour mieux mettre en lumière ce qui est resté dans l'ombre, ou qui a échappé à votre regard. Traversez le brouillard que vos émotions peuvent avoir tendance à générer pour vous empêcher de vous aventurer dans l'inconnu en vous-même... et de vous découvrir tel que vous êtes vraiment !

Jouez mobilité et adaptation. Apprenez à vous glisser entre les obstacles et à vous faufiler entre les mailles des filets, au sein desquels votre ennemi intérieur cherche à vous piéger. Cet ennemi cherche tout bonnement à se nourrir de vos souffrances et de vos échecs...

Évitez ce qui pourrait ressembler à un double langage. Ne vous amusez pas à trop "naviguer" au fil de discours changeants et opportunistes. Vous risquez de perdre le cap de votre route vers le meilleur de vous-même, vers le centre de votre si lumineuse "clairière intérieure".

Votre besoin de reconnaissance de la part de votre mère semble sous-tendre nombre de vos attitudes. Apprenez à vous détendre au-delà du regard normatif de cette mère. Soyez surtout une "bonne maman" pour vous-même ! Une maman qui s'aime elle-même avant d'aimer les autres ?

Accueillez vos intuitions profondes. Permettez-leur de s'exprimer directement sans les laisser se perdre dans le labyrinthe de votre mental, ou dans les remous divers de vos émotions sauvages. Faites-vous une alliée de votre mobilité émotionnelle, et autorisez-vous à surfer sur ses vagues insolites. Utilisez-la comme tremplin vers votre belle inspiration créatrice.

Permettez à votre petit côté "enfant" de mettre les voiles vers de nouveaux horizons plus adultes, plus matures... sans y perdre son âme ! Cet enfant a peut-être besoin de se resituer vis-à-vis de sa mère, ou des "fonctions-Mères" : soignants, thérapeutes, assistante sociales, éducatrices ou conseillères. Vous semblez avoir besoin d'apprendre à larguer certaines amarres bien nouées ! Osez vous orienter vers un style personnel ou un look original, qui soit le juste reflet de votre être profond.

Votre capacité d'adaptation à l'autre et votre sensibilité à ses désirs les plus cachés, ne vous dispense pas de développer une certaine indépendance et une nécessaire distanciation relationnelle. Auriez-vous des dons de "caméléon", qui vous rendent invisible à ceux qui cherchent à vous contrôler ?

Seriez-vous capable d'atteindre la vitesse du décollage du papillon pour échapper à ceux qui vous collent de trop près ? Il paraît que vous devinez facilement dans quel sens le vent va tourner...

Si vous vous sentez trop "girouette", apprenez à jongler avec vos indécisions les plus courantes. Considérez avec bienveillance votre démarche sinueuse ou tournoyante. Qui a dit que la ligne droite était le plus court chemin d'un point à un autre ?

Jouer sur deux tableaux vous permet parfois de ne pas rester prisonnier du cadre ! Apprenez juste à mieux faire des choix pour avancer en conscience vers ce qui est juste pour vous à l'instant de votre choix. Cela avec la lucidité qui est la vôtre, cette conscience sous-jacente à tout ce que vous pouvez raconter aux autres... ou vous raconter à vous-même !

33 et 3 en Case 3.

Votre Communication s'enrichit d'amour universel.

Développez la puissance créative de votre enfant intérieur. Osez renaître à une image plus nature de vous-même et ressusciter de votre passé.

Faites le deuil de votre "toute-puissance infantile", et abandonnez vos séductions factices. Elles ne sont que le reflet de votre manque de reconnaissance de vous-même.

Ne restez plus à "l'é-trois" dans vos jeux d'acteur bien rodés. Ne "passez plus à l'acte" avant le réel lever de rideau... ou avant que les voiles ne tombent ! Engagez-vous dans la voie de l'amour inconditionnel ou sans objet.

Osez déjà, dans une première étape, expérimenter cette circulation d'amour "gratuit" qui régénère celles et ceux qui se laissent porter par elle. Restons clair, oser l'in-conditionnel ne revient pas à se laisser prendre pour un con ! Vous voyez d'ici le tableau : si vous restez sans cadre... vous finirez par ne plus vous voir en peinture !

Apprenez à traverser le miroir des apparences relationnelles. Restez à l'écoute de votre partie divine, sans pour autant vous prendre pour le Messie ! Mais si, mais si, vous êtes unique... Et c'est un vrai miracle ! Aussi, n'hésitez pas à jouer la carte de votre originalité personnelle, et de votre souveraineté spirituelle.

Laissez vivre votre “Guérisseur” intérieur. Il ne pense qu'à vous aider à panser vos plaies et à transcender vos traumatismes passés. Accueillez en vous cet allié christique qui chemine au-delà des symboles... et des paraboles ? Offrez-lui de l'air, de la légèreté d'être et de la simplicité d'âme.

Devenez réellement et gaiement l'animateur de votre monde intérieur. Réveillez le créateur passionné de votre vie et laissez pétiller vos plus beaux élans d'âme. Invitez le superbe papillon, qui bat des ailes en vous-même, à se relier à la chenille qu'il a été jadis. Préparez ainsi l'éternel recommencement des transformations profondes au cœur de votre être essentiel.

Laissez-vous prendre par la main – comme un enfant – par tous vos guides intérieurs. Ils vous invitent à sortir des sillons trop bien tracés de vos exigences mentales et de toutes les belles fables de vos scénarios intérieurs les plus pathétiques (sym-pathétiques ?). Souriez de vous-même et osez cette compassion sans jugement pour le si bel être imparfait et divisé que vous êtes !

Important : Est-il question de jumeaux dans votre histoire familiale ? Y a-t-il eu conception gémellaire au début de votre propre gestation ?

La recherche de “l'âme jumelle” peut vous amener à vous illusionner au sein d'une fusion amoureuse génératrice de forte co-dépendance ou de passion limitative. Vous risquez aussi d'en faire pour deux, comme s'il vous fallait vivre aussi, en plus de la vôtre, la vie que l'autre, fille ou garçon, aurait eu s'il avait survécu. Le vide de sa disparition a, en vous, induit cette quête du survivant qui court toujours après son (n)ombre...

Apprenez à exprimer vos sentiments, en toute maturité, sans chercher à tout prix la reconnaissance de l'autre. Rien ne vous oblige à “tout dire”. Autorisez-vous à sauvegarder votre jardin secret ! Malgré ce qu'on vous raconte, vous n'avez dans ce domaine aucun compte à rendre à personne. Cela dit, rien ne vous oblige à tout cacher et à laisser tout dans l'ombre... dans l'ombre de l'autre ou des autres ?

Le miracle de l'amour ne suffit pas toujours à exorciser les schémas infantiles qui reviennent vite au galop dans la relation intime. En particulier, dès que la conscience en éveil a le dos tourné !

Ne restez pas piégé par les mots, promesses et beaux discours de l'autre. Ils ne sont parfois que le miroir de ses propres immaturités affectives. Ils le trompent d'abord lui-même (ou elle-même) avant de vous tromper vous !

Osez offrir un espace intérieur aéré à votre créativité nature et à votre libre-expression si belle. Favorisez la respiration harmonieuse de votre enfant intérieur. Ne maltraitez pas les germes de maturité qui trouvent leur place dans le cœur de l'adulte qui grandit en vous, et l'invitent à accueillir l'amour en toute confiance... et à aimer en toute sérénité.

Osez vous répéter plus de 33 fois par jour que votre cœur peut vous guider aux confins de votre nature humaine. Là où bouillonnent vos espoirs divins. Là où se crée, au-delà de vos secrets, les éléments de votre re-naissance spirituelle et de votre capacité à percer les mensonges que vous avez pu vous faire à vous-même !

34 et 4 en Case 3 (ou 3 en Case 4)

Développez la communication corporelle.

Favorisez la prise de conscience des enseignements du corps. Confrontez avec lucidité ses signes et ses langages essentiels.

Travaillez sur les modèles familiaux dont vous avez hérités. Osez dire ce qui reste secret dans votre famille. Déverrouillez le couvercle rouillé du vieux coffre familial symbolique. Il y a du rangement à faire dans toutes ces vieilles affaires ! Gardez ce qui vous convient et utilisez-le pour structurer votre vie. Posez le reste sur le bord du chemin...

Re-créez à partir de matériaux anciens. Faites revivre autrement le traditionnel. Investissez réellement votre place dans votre famille. Ne négligez pas vos bases matérielles. Donnez du corps à votre expression la plus authentique.

Autorisez-vous à protéger et structurer votre intimité et votre espace personnel. Pour ainsi vous offrir cette disponibilité d'être qui favorise la méditation, la rencontre essentielle avec vous-même et l'utilisation de vos nombreuses richesses intérieures. Ces richesses ont besoin de calme et de sécurité, pour émerger de vos profondeurs, et devenir accessibles à votre conscience, au cœur de votre quotidien le plus ordinaire et le plus divin...

Osez traverser la peur d'être ridicule aux yeux des autres, afin de rencontrer vraiment les spécificités essentielles de votre nature profonde.

Osez poser les cadres nécessaires à la construction de votre identité la plus unique. Sans oublier de développer votre créativité la plus concrète. Et sans négliger l'expression la plus tangible de ce savoir-faire inhérent au meilleur de vous-même.

Ne négligez pas l'importance des signes de reconnaissance transgénérationnels. Prenez conscience des fidélités familiales qui conditionnent votre valorisation (ou dévalorisation !) personnelle.

Par le passé, l'enfant que vous étiez a-t-il eu peur de manquer d'espace ou de nourriture ? Autorisez-vous, maintenant, à confronter ces peurs pour les traverser et les dépasser. Prenez conscience qu'une grande partie de ces peurs ne vous appartiennent pas...

D'une manière générale, osez confronter le mur de vos peurs et de vos lamentations. Ne restez plus dans le rôle de la victime qui s'auto-punit, de peur d'être mal jugée. Ou qui se fait payer son manque de perfection, là où il reste simplement à s'avouer lucidement ses imperfections. Pour se reconnaître enfin comme un être en évolution intérieure, si grand dans sa petitesse et si beau dans sa simplicité ordinaire !

Vous êtes invité(e) à sortir des schémas ou habitudes de pensée que votre famille a pu avoir tendance à maintenir en fonction. Cela pour camoufler tous les réflexes infantiles, ou toutes les petites manipulations normatives, qui jalonnent son histoire particulière d'entité-famille.

Qu'y avait-il derrière cette recherche d'image parfaite et honorable, ou derrière ces incitations à une perfection... inhumaine ?

35 et 5 en Case 3 (ou 3 en Case 5)

Développez une communication dynamique et mobile.

Donnez-vous les moyens de tenter l'aventure d'une créativité qui "décoiffe". Même si vous vous sentez à contre-courant... d'air ? Occupez-vous de votre besoin d'air et de changements relationnels.

Autorisez-vous à aller respirer ailleurs... Là où l'atmosphère des espaces intérieurs est beaucoup plus respirable. Là où ce qui reste le pire devient le meilleur. Là où il devient possible de reconsidérer les choses avec d'autres yeux, plus libres et plus observateurs.

Osez "jouer" avec l'énergie. Depuis les sports physiques jusqu'aux sports cérébraux. Explorez les richesses de la sexualité. Découvrez de nouveaux territoires, au-delà de vos habitudes ou de vos idées toutes faites en la matière. Laissez votre sexe "sex-primer" à sa manière. Laissez-le vous surprendre. Pour prendre votre pied autrement ?

Expérimentez de nouveaux styles d'expression, des langages variés et des modes de communication inhabituels.

Apprenez à jongler avec votre feu intérieur. Donnez-lui les moyens de transformer en profondeur vos barrières périmées et vos crispations d'antan.

Ne fuyez pas la pression intérieure, issue de vos accumulations émotionnelles, en vous perdant à l'extérieur de vous-même dans un excès d'excitations, d'actions (ou d'érections ?). Se droguer aux défis de l'inutile ne dure qu'un temps ! Lâchez votre désir de vous "envoler" ailleurs... Loin de ce qui souffre au fond de vous-même et qui vous suivra – de toutes façons – jusqu'au bout du monde !

Osez utiliser votre forte énergie potentielle pour vous aventurer dans un processus de changement intérieur. Ce cheminement peut vous demander de mettre le feu à certaines de vos certitudes intérieures... ou de ne plus vous accrocher à feu vos dogmes anciens ! Vous êtes ici invité à vous offrir de l'air pour attiser le feu intérieur, et tenter la transformation, ou transmutation, de vos schémas de pensée stérilisants, et des violences intérieures surcompressées, qui vous habitent encore.

Libérez-vous du stock de ressentiment que vous pouvez avoir vis-à-vis des autres. Méfiez-vous de votre désir de faire justice, sans avoir conscience que l'autre, ou les autres, ne sont finalement que des reflets de vous-même. Ils sont les miroirs de vos projections, les co-participants à vos scénarios les plus étonnants... et les plus inconscients !

Prenez le risque "d'intégrer la frustration" de ne plus être aussi "tout-puissant" que vous l'auriez souhaité. En d'autres termes : Ne restez plus piégé par vos illusions, directement issues de vos schémas de toute puissance infantile ou d'impérialisme relationnel...

Offrez de la liberté à votre puissance intérieure... dans tous les sens du terme ! Rencontrez le félin qui sommeille dans votre jungle intime et proposez-lui de nouveaux espaces. Faites ami-ami avec lui. N'êtes-vous pas fé-lins pour l'autre ?

Accueillez votre nature d'homme ou de femme sauvage. Ne la mettez pas en cage. Développez votre pouvoir sur votre vie, ce beau pouvoir de vous réussir réellement, ce beau pouvoir d'être en accord avec votre divinité intérieure.

Utilisez votre pouvoir, pour voir plus loin, pour pourvoir aux plus essentielles nécessités de votre être et pour honorer les plus belles espérances de votre âme d'enfant. Cet enfant si sensible, bientôt sur le point de devenir adulte... et responsable ?

Assumez vos changements intérieurs. Osez porter plus loin les exigences qui sont les vôtre. Et portez-vous bien !

36 et 6 en Case 3 (ou 3 en Case 6)

Développez une communication relationnelle souple et chaleureuse.

Occupez-vous de votre besoin de materner, de rassurer, de soigner. Votre grand cœur est plein de bonne volonté ! Mais, ne vous perdez pas dans les autres. Et prenez le temps de vous occuper aussi de vous-même...

Chauffez votre cœur et votre corps au contact de celles et ceux que vous appréciez, mais ne soyez pas piégés par vos illusions sympathiques d'un trop grand idéal "d'amour universel". Le sel de la vie ne se révèle pas que dans l'universel. Aimer celle ou celui que je m'autorise à aimer, me direz-vous, c'est déjà bien me mettre en selle, c'est déjà ne plus être à cheval sur tous ces principes qui bâillonnent mon cœur et limitent beaucoup trop (et même au galop !) mes possibles amoureux...

Vous avez besoin d'expression corporelle et gestuelle. Faites signe au meilleur de vous-même. Et osez communiquer avec vos couches intérieures les plus subtiles et les plus profondes.

Votre sensibilité aux émotions et aux états d'âme des autres, fait que vous êtes apprécié(e) par votre entourage. Restez souple avec vos propres états d'âme. Laissez votre âme rêver un peu d'un monde meilleur, où la conscience humaine se développerait à pas de géant, à l'unisson des désirs collectifs de paix et d'amour universel.

Vos qualités humaines vous amènent à percevoir les messages de l'inconscient collectif : accueillez-les dans votre sagesse intime et re-transmettez-les à ceux qui vous entourent. Osez l'amour et le plaisir au-delà des miroirs narcissiques qui décorent tous vos murs intérieurs... et vous font voir 36 chandelles, là où il n'y en a que 16, 8 ou 4 ?

Assouplissez vos désirs afin qu'ils ne vous mènent pas à la baguette, et ne vous transforment en esclave plus ou moins con-sentant. Sentez de tous vos sens. Sentez de toute votre âme et de toute votre conscience. La santé sera alors au rendez-vous de votre écoute de vous-même.

Osez confronter ce que vous n'aimez pas encore en vous. Considérez d'un autre œil ce que vous rejetez ou mettez hors de vous. Laissez votre propre corps exprimer à sa manière les désirs qu'il héberge et les élans qui sont les siens. Osez reconsidérer les plaisirs que vous avez qualifié, par le passé, d'interdits. Réévaluez honnêtement tous vos possibles...

Laissez l'enfant intérieur sortir de l'œuf et s'éloigner des systèmes fusionnels auxquels il reste accroché. Ces systèmes ont longtemps piégé sa créativité et limité l'expression de son originalité. Une belle remise à neuf, hors de l'œuf... vous évitera d'avoir à aller vous faire cuire un œuf ailleurs, ou de prendre votre temps à courir certaines chimères (ou à suivre le chant des si-rènes).

Apprenez à vous éloigner de la relative “maltraitance psycho-affective” dans laquelle une partie de vous-même a pu se laisser entraîner par des marchandages toxiques, des jeux relationnels de soumission, ou des obéissances aveugles aux diverses pressions exercées sur vous par votre groupe familial.

Permettez à votre cœur de ne plus restez l'otage de votre mental, ni le jouet de vos stratégies trop volontaristes.

La vraie rencontre avec votre monde intérieur ne peut se faire qu'au sein d'une communication authentique entre votre cœur et votre corps, entre votre conscience profonde et ce que vous vivez réellement dans l'instant. La qualité de cette rencontre avec vous-même aura une forte incidence sur votre manière de rencontrer l'autre, les autres. Plus vous aurez favorisé et amplifié les possibles "à l'intérieur" de vous-même, plus ils seront grands "à l'extérieur" de votre être (dépassant votre paraître ?).

Ainsi, vous libérer de certains de vos mythes, en particulier ceux liés à l'amour, vous offre la possibilité de confronter votre réalité avec un regard neuf. Vous disposerez, alors, d'un regard plus lucide. Ce genre de regard nettoyé de vos illusions déresponsabilisantes. Celles qui vous rendaient aveugle au vécu de l'autre, et aux scénarios ou enjeux inconscients de la relation.

Accordez-vous, enfin, lâcher-prise, et sagesse du cœur, dans votre relation à votre corps. Développez cette paix intérieure qui libère... lorsque la confiance est là et que la conscience lui ouvre tout grand ses bras chaleureux !

37 et 7 en Case 3 (ou 3 en Case 7)

Développez vos qualités de communication pédagogique.

Apprenez la "prise de conscience centrée". Pour mieux jouer avec les divers savoirs qui sont à votre disposition, et vous libérer des vérités imposées par ceux qui disent détenir "La Connaissance" !

Osez enseigner ce qui parle le mieux pour vous-même... et en vous-même. Offrez-vous des structures créatives ouvertes, pour être un "précurseur authentique".

Partez des héritages intellectuels de votre père, et de la lignée des hommes qui vous ont précédé, pour inventer de nouvelles théories ou mettre en marche des projets d'études et de recherche inédits.

Avoir l'air sérieux ne signifie pas se crisper sur des exigences dogmatiques ou des obligations non discutables imposées par le père ou ceux qui assument des "fonctions pères", telles que professeur, prêtre, patron, ou diverses figures d'autorité, etc.

Ne restez plus soumis, comme un gentil enfant obéissant, à toutes ces "fonctions pères" qui vous entourent de plus ou moins près. Reconsidérez les hiérarchies intellectuelles ou religieuses d'un autre âge ! Ne vous laissez pas voler votre capacité à être auteur de votre vie. Utilisez votre capacité à être à la hauteur de votre conscience la plus mature à propos des choix à effectuer dans votre vie... en toute conscience !

Osez rire de vos rigidités mentales. Animez vos lourdeurs intellectuelles et posez au bord du chemin les charges qui ne vous appartiennent plus. En particulier celles qui vous encombrent la tête et vous coincent le dos ! Observez comment coïncident les tiraillements de votre colonne vertébrale et les déraillements d'une logique trop coercitive, couplée à une froideur analytique stérilisante, voire castratrice.

Rien ne vous oblige à surcompenser les études qui ont été "ratées" avant vous, ou à dépasser les niveaux intellectuels qui n'ont pu être atteint par vos pairs (surtout père et grands-pères).

Ne restez pas un ascète des exigences périmées d'un proche ou d'un lointain passé. Ne restez pas prisonnier de programmes éducatifs révolus, ou de systèmes trop dirigistes imposés par la peur et la castration psychologique...

Laissez votre "Maître intérieur" vous mettre sur la voie. Prenez en considération ses enseignements spirituels et ce qu'il vous souffle gentiment. Que cela vous permette un meilleur positionnement dans votre progression personnelle et favorise de plus profondes prises de conscience.

Osez assouplir vos références mentales les plus rigides. Remettez-les à jour. Réenfantez de nouvelles attitudes et donnez-vous les moyens de re-créer votre vie autrement. Ce tableau blanc étant installé, il vous reste à laisser vos petits pinceaux s'exprimer pour communiquer l'incontournable... et frôler l'indicible ?

Ne restez plus le jeu de votre mental trop "raisonnant". Ce mental figé ne résonne plus aux vibrations de l'esprit ! Osez jouer une partition plus légère et plus féconde, afin de dynamiser vos élans créatifs les plus spontanés et les plus beaux.

Apprenez, enfin, à vous réunifier, dans l'alignement de vos dernières prises de conscience. Et faites la fête à cette vie nouvelle qui peut émerger en vous, à travers la croûte asséchée de certains de vos anciens "re-pères pér-imés" !

38 et 8 en Case 3 (ou 3 en Case 8)

Développez votre communication stratégique (et intuitive).

Transformez votre désir de conquête personnelle, et de prise de pouvoir, en une manière d'œuvrer avec charisme et inspiration, au service de découvertes passionnantes et de réalisations généreuses.

Osez exprimer votre souveraineté intérieure, et votre capacité à réaliser de belles constructions au service de l'humain. Utilisez votre capacité à convaincre et votre puissance de persuasion, sur le terrain de justes causes et à la recherche de buts élevés.

Offrez de la puissance à vos élans. Et offrez ce élans à ceux qui vous entourent. Connectez entre elles vos inspirations les plus profondes et à vos intuitions les plus surprenantes. Laissez-vous guider par les messages de votre "Maître stratège intérieur", et donnez les moyens à votre "Héros intérieur" de réaliser de beaux exploits.

Osez faire merveille sur votre chemin de la quête du Graal symbolique. Osez confronter avec vaillance et ténacité vos divers défis au quotidien, au centre de votre si belle démarche de construction et de maturation intérieure.

Utilisez votre puissante énergie intérieure, et les lumières généreuses du feu de votre esprit pour clarifier vos paradoxes internes, et transformer vos turbulences psycho-émotionnelles en marées motrices positives et régénérantes.

Guérison et passion. Vous semblez avoir la passion des échanges humains qui dynamisent et illuminent la vie. Il vous reste à trouver le juste milieu entre, d'une part, votre désir de vous engager (sans limites ?) dans des états de services héroïques, et d'autre part votre besoin de rester honnête et clair face à vos fragilités intérieures. Sous sa belle armure, votre brillant champion personnel reste si vulnérable !

Tentez de nouvelles conquêtes de l'esprit. Et affirmez vos passions lucides et créatives. Apprenez à mettre un tigre dans votre moteur, sans rouler les mécaniques et sans vous polluer l'âme avec des marchés relationnels truqués. Se vendre à n'importe quel prix, sous prétexte que "c'est toujours ça de pris", est une illusion dommageable. Cela dupe votre esprit, trahit le divin en vous-même et pollue sa lumière féconde !

Calmez le jeu (et le "Je"). Domptez vos réactions vives et votre désir d'imposer vos vérités propres. Osez naviguer sur les cycles de vos "tout ou rien", un tantinet réactifs et passionnels.

Éloignez-vous des jeux de pouvoir relationnels, et de vos illusions de toute-puissance sur la vie, la santé et l'amour de l'autre. Chercher à deviner pour l'autre, tenter de maîtriser les clés de son destin ou chercher à interférer dans ses passions, ressemble plus à de l'impérialisme inter-personnel qu'à une saine démarche d'aide et de soutien !

Gardez le contact avec votre "dieu intérieur", et éloignez-vous des élans "o-dieux" et agressifs d'un ego qui ne tolère pas que vous puissiez parfois douter de vous-même. Rencontrez ces zones intérieures saturées d'émotions d'où émergent vos doutes. Ces parties de vous-même qui cherchent à exprimer leurs fragilités et leur faiblesses, afin que vous en teniez compte... en toute humanité !

Les Jeux Olympiques du pouvoir intérieur, et de la maîtrise spirituelle, sont ouverts ! Si vous souhaitez participer aux sélections, n'oubliez pas d'écouter la partie la plus noble de votre "misère humaine" : Elle vous conduira au sommet de votre art d'aimer la vie... et de vous aimer vous-même !

39 et 9 en Case 3 (ou 3 en Case 9)

Développez votre communication face au public (et dans les groupes).

Apprenez à vous relier à vos inspirations profondes, pour transmettre aux autres des messages originaux et universels. Osez la remise à neuf des vieux modèles de création et d'expression. Favorisez une vision plus globale des choses et des êtres.

Autorisez-vous à être un "porteur de lumière". N'hésitez pas à explorer la face cachée des choses et des êtres. Sachez opérer les "retournements intérieurs" qui libèrent. Développez votre souplesse de pensée, pour compenser vos peurs intimes et vos rétractations émotionnelles.

Laissez respirer votre conscience. Accueillez la brise du grand large pour agrandir votre vision du monde et de votre monde intime. Un petit monde aux replis encore si mystérieux !

Osez décoder et clarifier les divers messages que vous envoie votre inconscient à travers vos rêves et toutes les synchronicités signifiantes qui jalonnent votre vie.

Laissez-vous guider par votre sensibilité, et votre intuition, dans l'univers magique et irrationnel qui entoure vos certitudes et vos objectivités les plus flagrantes.

Apprenez à faire confiance à votre regard intérieur le plus profond : il est au service de votre conscience la plus mature. Il peut vous guider au-delà des apparences factices et des illusions dont vous pourriez avoir tendance à vous bercer l'esprit, ou à vous droguer le cœur...

Osez la "montée en conscience" qui transcende les dualités apparentes. Ne restez pas prisonnier de vos rêves passés, remaniez vos scénarios relationnels.

Autorisez-vous un regard neuf sur votre père et votre mère intérieurs. Permettez l'échange créatif et fécond, résultant de la vraie rencontre de ces polarités complémentaires en vous-même. Facilitez les communications entre vos deux hémisphères cérébraux (Kinésiologie. Brain-Gym). Mariez vos capacités d'analogie avec votre logique. Osez les noces de votre intuition et de votre raison.

Prenez le risque de développer votre conscience concernant les enjeux liés à votre manière d'expérimenter et de vivre la "fonction père" et la "fonction mère". Cela dans vos engagements collectifs et dans votre relation à vous-même. Clarifiez, par ailleurs vos choix concernant votre désir d'avoir ou non un enfant...

Quelle partie de vous a besoin d'une mère qui vous materne, vous nourrisse et vous berce doucement ? Quelle autre partie a surtout besoin d'un père qui puisse vous offrir ses bases identitaires, vous transmettre son savoir, vous offrir ses capacités de positionnement et sa force d'être auteur... c'est-à-dire son autorité !

Évitez de vous envoler trop vite et trop loin de la réalité quotidienne... à bord du joli cerf-volant triangulaire de votre toute-puissance infantile ?

Chez la femme "possédée par son animus", cette toute-puissance enivrante la prive du miroir paternel (du regard structurant du père).

Chez l'homme dont l'anima trop envahissant ne lui permet pas de se poser les justes limites, cette toute-puissance est génératrice d'illusions. Elle l'empêche de mettre en place les cadres nécessaires à la construction de son autorité masculine. Elle lui limite l'accession à sa réalité d'homme mature. Bonjour l'anima-man ?

Libérez-vous des systèmes triangulaires qui vous piègent, quelle que soit votre position dans le triangle face à deux autres protagonistes, dans vos relations amoureuses ou familiales. Prenez conscience du rôle joué par la "3e personne" (ou 3e élément) qui rapproche ou éloigne les deux autres, en se glissant entre elles avec leur accord souvent inconscient.

Reconsidérez le "triangle de base" constitué par vos parents et vous-même au cœur de votre enfance. Observez ce qui s'est joué dans ce triangle. Cela continue-t-il de sous-tendre vos scénarios relationnels ? Une remise à neuf s'impose, pour ne plus rester à "l'é-trois" dans les systèmes nocifs ou pervers du passé...

Pour tourner la page du livre de votre passé révolu, vous êtes invité(e) à savoir lire et décoder votre réalité d'aujourd'hui. Au-delà des apparences qui se présentent au regard de votre cœur et au regard de votre esprit.

Sans oublier de laver votre linge sale en famille...

40 et 0 en Case 4.

Osez la construction thérapeutique.

Développez votre capacité à rassurer, stabiliser et sécuriser les autres. Osez vous intéresser à la structuration physique et psychologique de l'être humain.

Par ailleurs et sur un plan pratique : ne négligez pas vos dents. Occupez-vous de votre dos. Ne saturez pas vos articulations avec une nourriture trop lourde. Développez vos "assises au sol". Votre force tranquille est à exploiter concrètement, en posant les bases d'un nouveau savoir-faire thérapeutique ou d'une méthode de soins.

Vous avez des talents d'organisateur. Mettre la main à la pâte, montrer patte blanche et rester un bon travailleur consciencieux, semblent des choses faciles à faire pour vous. Choisissez avec lucidité vos champs d'action. N'ayez pas peur de vous atteler d'abord à réaliser de solides fondations dans tous vos projets, avant de passer à la suite.

Le domaine de la guérison par les plantes, le travail avec les produits de la terre, font partie de vos terrains d'expérience privilégiés. Osez vous lancer dans des œuvres destinées à spiritualiser la matière.

Ne négligez pas vos possibilités personnelles en "thérapie structurale". C'est-à-dire tout ce qui aide à être bien dans ses propres structures de vie (corporelle, professionnelle, habitat et lieu de vie). Tout ce qui aide à trouver sa vraie place, adaptée à la bonne "saison de vie". Cela, au sein de vos cadres divers... et d'été !

Travaillez sur vos ancrages. Devenez un homme ou une femme debout. Vous avez besoin de sonder vos bases pour être réellement à l'écoute de vos besoins. Faites le tri dans ce qui, d'un côté, vous protège positivement, et ce qui, de l'autre, vous limite, vous sabote ou vous alourdit la vie. À trop vous protéger... de vous-même, vous risquez de passer à côté de cette nature confiante et stable qui se cache depuis si longtemps au fond de votre être.

Balisez votre territoire avec rigueur et persévérance, OK ! Mais laissez la porte ouverte de temps en temps à des imprévus de passage... si sympathiques ! Arrondissez vos angles. Car à être trop "car-ré" vous risquez de vous mettre à "l'é-cart" d'une partie du meilleur de vous-même, celle qui regorge d'amour et d'élixir de jouvence spirituel !

Vous êtes invité(e) à mettre en lumière les secrets familiaux qui concernent votre propre venue sur cette terre. Comment vos parents ont-ils accueilli la nouvelle de votre conception ? De quelle manière étiez-vous attendu ?

Osez déceler les interdits implicites, issus de votre histoire familiale, concernant l'argent et à la nourriture. Les habitudes liées au manque ou au contrôle accru de l'argent. Les codes de limitation de la nourriture qui finissent par soutenir des mécanismes de rationnement inconscient...

Avez-vous suffisamment pris votre place au sein de votre fratrie ?

Quels ont été vos modes de valorisation aux yeux de vos parents ?

Quelle importance avez-vous prise dans leur vie ?

Donnez-vous de l'espace et du temps pour trouver votre identité propre, et vous construire au quotidien. Au-delà des "tout ou rien" qui auraient tendance à vous éloigner de l'essentiel en vous-même.

Autorisez-vous à trouver le juste milieu dans vos investissements personnels, au sein de votre travail et de vos réalisations diverses.

Osez sortir des systèmes qui vous amènent à dire : "Je n'ai pas le temps de faire autre chose que de travailler"... comme un drogué du boulot ? Trouvez cette valeur qui est profondément la vôtre en n'obéissant plus à des normes, ou des lois familiales, généralement dépassées ou périmées.

Apprenez à quitter les enfermenents inconscients qui vous font renier ou mettre en boîte votre créativité, votre nature sauvage et votre liberté. Reconsidérez les fausses sécurisations qui vous leurrent. Celles qui étouffent votre vie et limitent vos tentatives de progression personnelle. Remplacez-les par des balisages mieux adaptés. Offrez-vous des cadrages plus positifs.

Osez de justes concrétisations. Posez des actes tangibles qui nourriront votre confiance en vous-même, et faciliteront l'enracinement productif de vos possibilités et de vos dons les plus beaux.

41 et 1 en Case 4 (ou 4 en Case 1).

Osez la construction d'avant-garde.

Ne négligez pas vos capacités à mettre en œuvre des techniques de pointe. Tenter de nouvelles expériences à partir de matériaux qui ont fait leurs preuves.

Occupez-vous de votre besoin d'être chef de projet, ou éclaireur aux avant-postes, dans l'exploration de domaines nouveaux. Reconsidérez les héritages matériels, les habitudes et les consignes familiales issues de la lignée de votre père.

Vous êtes invité(e) à utiliser vos capacités d'innovation pour concevoir des inventions très pratiques et destinées à faciliter la vie.

Développez votre autonomie au sein des cadres qui sont les vôtres. En particulier au cœur de vos échanges familiaux. Un positionnement clair de votre part vous évitera de vous retrouver à une place qui n'est pas vraiment la vôtre. Ou de vous sentir quelque peu enfermé dans des obligations professionnelles trop pesantes, voire injustifiées.

Osez vous libérer (au dernier "quatr-ain" ?) des refrains de vos doutes tant redoutés, en concrétisant vos espoirs de manière indéniable et durable.

Votre père a-t-il cherché à vous cadrer en vous offrant le constat décevant de sa propre désobéissance aux normes et aux valeurs qu'il était censé respecter ?

À vous, maintenant, de trouver les ressources en vous-même pour mettre en place dans votre vie personnelle, des cadres plus cohérents, plus justes et plus adaptés aux nécessités de votre progression actuelle.

Osez planter votre drapeau au sommet de votre territoire personnel. restez prêt à défendre vos priorités, contre vents et marées, contre les tempêtes familiales ou les turbulences environnantes.

Assouplissez vos habitudes trop carrées. Donnez de l'air à vos principes, ceux que le temps et l'habitude ont rigidifiés. Laissez vos petites velléités de maniaquerie ordinaire au vestiaire de vos comportements quotidiens.

Osez monter sur votre cheval d'aventure. Lancez-vous, dans un beau nuage de poussière, à la poursuite du temps perdu, et des rêves d'évolution les plus avant-gardistes et les plus fous...

Apprenez à viser sans hésitation le centre de la cible de vos buts les plus élevés... en fermant les yeux et en sortant le périscope de votre conscience la plus pure ? Vous pouvez atteindre des sommets. Osez avoir foi en vous-même et lâcher tous ces "mais" qui vous parasitent ! Ne vous faites plus de bile... et restez habile à manier votre vie.

Ancrez votre force aux bases solides de vos expériences passées. Et structurez votre temple intérieur autour de cet axe essentiel constitué de votre détermination et de votre droiture la plus authenthique.

42 et 2 en Case 4 (ou 4 en Case 2).

Osez la construction amoureuse et romantique.

Votre sensibilité toute féminine est à utiliser pour structurer votre relation à vous-même et à l'autre. Développez la perception intuitive et servez-vous en pour être à la bonne place au bon moment.

Nourrissez la confiance en vous par des réalisations tangibles. Reconsidérez les héritages matériels, ainsi que les habitudes et consignes affectives issues de la lignée de votre mère.

Vous êtes fortement interpellé(e) à propos de la "fonction Mère".

Les "fonctions Mère" extérieures concernent les rôles et professions liées à la santé, aux soins du corps, au maternage, à l'aide sociale... ou à la restauration.

N'oubliez pas vos "fonctions Mères" intérieures : La partie de vous qui vous aide à être une bonne maman pour vous-même. Celle qui vous encourage à prendre soin de vous. Celle qui vous facilite l'écoute de votre monde intérieur, et vous aide à plonger au fond de vous-même. Celle qui vous relie à votre cœur, et vous encourage à vous aimer...

Où en êtes-vous dans vos échanges avec les personnes qui jouent avec vous ces rôles maternants, ou cette "fonction Mère" ? Qu'est-ce qui, en vous, a besoin d'être bercé, soigné, consolé ou câliné ? Qu'est-ce qui, en vous, a envie de protéger l'autre, de le nourrir, de le materner ?

Êtes-vous à la recherche de votre sécurité intérieure en cherchant à sécuriser l'autre de toutes vos forces. Trop occupé(e) à aider l'autre à grandir, à se structurer, à se former, vous vous éloignez de vos peurs et de vos frilosités intérieures. Et cela ne favorise pas votre capacité à vous structurer vous-même et à vous épanouir pleinement.

Osez aller au-delà de ce que vous pouvez vous raconter à vous-même, afin de ne pas confronter votre réalité intérieure profonde, afin de pour ne pas changer !

Il vous est suggéré de dépasser le paradoxe apparent qui coexiste en vous, entre votre désir de soigner, de nourrir et d'apporter du bien-être à l'autre (en vous sacrifiant quelque peu ?), et votre besoin profond si mal écouté, de recevoir vraiment, d'être materné(e), d'être écouté(e). Recevoir vraiment d'une vraie maman, c'est le rêve, non ?

Apprenez à laisser circuler vos émotions plus librement, afin de ne pas rester parasité(e) par elles. Ne les gardez pas bloquées au creux de votre ventre. Ne les emprisonnez pas au cœur de ces tensions corporelles qui limitent votre vitalité.

Ne restez pas accroché(e) aux habitudes et aux injonctions transmises par votre mère. Quel modèle vous a-t-elle offert ? Osez couper le cordon, même si vous avez l'impression de trahir certains liens du passé. Passez d'une relation “infantile” à l'autre et à vous-même, à une relation plus mature et plus responsable.

Votre peur d'abandonner (ce qui ne vous convient plus) est à l'image et à la mesure de votre peur d'être abandonné(e). Prenez le risque de vous éloigner d'une certaine co-dépendance qui vous étouffe beaucoup plus que vous ne voulez vous l'avouer ! Expérimentez votre capacité à vous prendre en charge, sans avoir autant recours à l'aide de l'autre ou des autres.

Apprenez à connaître les rythmes de vos marées intérieures. Respectez vos cycles (lunaires). Offrez-vous des alternances régulières. Ne vous imposez pas des rendements arbitraires décidés hors de vous, et auxquels vous vous soumettez trop facilement.

Laissez l'eau féconder votre terre fertile, afin qu'elle vous offre ses beaux fruits. Valorisez ce décor essentiellement féminin. Développez des valeurs de lâcher-prise et de confiance profonde. Elles seront des cadeaux précieux et des sources de jouvence, au bord de votre chemin de croissance intérieure.

Que vive la douceur et le respect au féminin de votre nature la plus belle. Que s'harmonisent en vous disponibilité à l'autre et disponibilité à vous-même, soins aux autres, et régénération intérieure de votre terre fertile et généreuse...

43 et 3 en Case 4 (ou 4 en Case 3).

Osez la construction pédagogique et la rédaction de livres...

Utilisez votre belle capacité à faire passer des messages éducatifs et utilitaires. Vous avez besoin de communication et de relations humaines au sein de votre travail. Aimez-vous travailler en musique ou siffler en travaillant ?

Développez l'originalité de votre style et le désir d'aller à l'essentiel. Osez favoriser votre prise de conscience, grâce au travail sur le concret, grâce au développement de vos ancrages terrestres et vos repères matériels et spatiaux. Sécurisez votre enfant intérieur, laissez-le vivre, et laissez-le s'exprimer sur son propre terrain !

Osez expérimenter, à votre manière, ce qui vous paraît important pour vous, sans vous limiter par des normes illusoires, sans obéir à des règles dépassées... pour avoir été toujours indiscutables ? Ce cadre étant posé, offrez-vous la liberté d'une créativité nouvelle et d'un regard différent sur les obligations et contingences de votre vie.

Apprenez à considérer avec humour vos crispations habituelles et vos freins intérieurs les plus ordinaires. Restez conscients de vos limites, sans vous laisser vous écraser par le poids de vos peurs... ou par votre crainte de ne plus avoir de raisons pour vous plaindre ?

Que votre désir d'être reconnu(e) par vos pairs, votre désir d'être bien vu(e) par votre famille, ne vous conduise pas à faire abstraction de vos expressions les plus belles, de vos élans les plus originaux.

Osez repeindre de toutes les couleurs vos références les plus tristounettes et vos grisailles les plus quotidiennes.

44 et 4 en Case 4.

Osez la construction matérielle et l'organisation concrète des choses.

Utilisez votre capacité à manager de manière structurée, méthodique et cadrée. Ne négligez pas votre besoin d'ordre, de clarté et d'efficacité.

Mettez votre puissance et votre ténacité au service de réalisations solides (Ouvrages de référence. Bases centrales) et de techniques bien rodées. Osez un certain travail sur les peurs ancestrales et les reproductions familiales, surtout liées à l'argent, qui envahissent votre espace intérieur.

Vous êtes invité(e) à débarquer sur d'autres plages que celles que vos ancêtres ont foulées de leurs pieds fatigués. La Terre promise est au bout de votre ultime recherche d'un monde plus juste.

Ne restez pas prisonnier(e) de promesses inconsidérées. Celles qui encombrent votre présent et limitent vos initiatives nouvelles les plus légitimes.

Votre "héros intérieur" a besoin de cadres de référence et de repères matériels clairs et précis... et précieux, tant qu'à faire ! Votre puissance personnelle trouve sa pleine mesure lorsqu'elle reste connectée à des bases solides et profondément ancrées.

Ainsi ne négligez pas votre "ancrage corporel". Apprenez à être bien dans vos baskets. Relié(e) à vos pieds. Histoire de bien garder les pieds sur terre. Histoire de fouler le sol sans trop vous fouler les méninges !

Osez défendre votre territoire personnel. La région ou l'endroit où vous vivez a beaucoup d'importance pour vous. Ils peuvent servir de cadre de soutien symbolique et psychologique à votre réussite professionnelle ou sociale. Aussi, ne choisissez pas à la légère votre lieu de résidence.

Par ailleurs, sachez vous éloigner d'un environnement qui ne vous convient plus, qui ne vous dynamise plus ou qui ne vous émerveille plus !

Gravir quatre à quatre les échelons du pouvoir, quel qu'il soit, demande parfois de savoir réellement où l'on met les pieds. Votre lucidité, votre mémoire des faits, et votre capacité à intégrer vos expériences passées, restent à votre disposition pour arriver à bon port...

Attention ! Jouer la stratégie du plus malin peut réussir un temps. Ne vous laissez pas abuser par trop de conseils issus de l'expérience des autres. Repartez de votre vécu, et tenez surtout compte de ce que vous avez vérifié ou contrôlé par vous-même.

Ainsi, vous ferez plus facilement vos preuves. La preuve : vous êtes prêt(e) à relever les défis, à combattre dignement et à montrer votre bravoure. La fleur au fusil ?

Développez votre aptitude à être au bon endroit au bon moment. Toujours à l'heure ! Il paraît que l'exactitude est la politesse des rois ! Votre héros intérieur, toujours prêt à intervenir, a le triomphe modeste... et la médaille discrète ?

45 et 5 en Case 4 (ou 4 en Case 5).

Osez la construction physique et énergétique.

Vous avez une grande habileté à saisir la complexité du fonctionnement du corps. Les problèmes de circulation énergétique ne vous font pas peur. Osez expérimenter diverses techniques manuelles et faites des recherches en médecine holistique (et chinoise).

Avez-vous un déracinement familial à compenser ? Qui s'est expatrié dans les générations précédentes ? Qui a perdu sa terre ? Ne niez pas le passé, mais passez à autre chose et reconstruisez-vous sur de nouvelles bases.

Osez "secouer le cocotier" et ébranler certains murs trop épais qui bloquent vos déploiements possibles, et écrasent dans l'œuf certaines de vos révolutions intérieures.

Apprenez à renouveler vos engagements au sein des groupes. Offrez-vous la possibilité de prendre de la distance vis-à-vis de certaines consignes familiales périmées. Celles qui risquent d'étouffer vos désirs d'aventures en tous genres et vos rêves d'un monde nouveau.

N'hésitez pas à bouger, là où les autres s'enlisent dans leur routine. Sortez des sillons tous tracés par ce que certains appellent le "destin collectif". Tentez d'autres possibles !

Laissez la vie vous ouvrir les portes vers l'inconnu en vous-même. Autorisez-vous à découvrir les richesses insoupçonnées qui échappent habituellement à celle, ou celui, qui s'évade de sa réalité la plus tangible, en fuyant dans de hautes sphères d'illusions anesthésiantes, constituées par toutes les drogues habituelles et les dopages illusoires de l'esprit.

Osez être là où on ne vous attend pas. C'est-à-dire au centre de vos rêves et au cœur de vos élans les plus fous.

46 et 6 en Case 4 (ou 4 en Case 6).

Osez la construction amoureuse.

Ne négligez pas votre besoin d'un "cocon d'amour" ou d'un espace protégé de régénération personnelle, pour vous recentrer et donner votre pleine mesure. Les repères affectifs et les sécurités matérielles passent, chez vous, au premier plan : clarifiez-les.

Materner et prendre l'autre en charge semble être une de vos spécialités.

Osez vous faire plaisir... Ne vous maltraitez pas en vous mettant toutes ces obligations sur le dos ! Qu'il est difficile de quitter son lit quand on est bien au chaud sous sa couette ! Et si vous vous autorisiez à y rester un peu, histoire de relaxer un peu ces ressorts qui vous poussent en avant. Avant que le moteur n'ait eu le temps de chauffer ou de ronfler trop fort.

D'une manière générale observez que votre capacité à vous mettre en marche semble largement conditionnée par vos états intérieurs psycho-affectifs. Aussi, efforcez-vous de maintenir autour de vous ce climat de paix et de sérénité dont vous avez tant besoin pour réaliser des merveilles, et vous épanouir sous le soleil de vos rêves.

Développez votre belle capacité à être un leader protecteur et sensible. Un leader plus à l'aise au sein de la chaleur humaine de ses troupes, qu'aux avant-postes, exposés aux feux... de la rampe ?

Sachez vous aménager une base solide et minutieusement organisée, pour ensuite mener à bien vos projets ambitieux. Osez cultiver votre jardin (comme disait "Vol-terre"), et récolter les fruits de vos patients travaux... ça vaut de l'or, n'est-ce pas ?

Osez, par ailleurs, vous ménager des plages d'intégration et de repos. Prenez le temps de digérer vos expériences. Laissez sédimenter vos états intérieurs les plus subtils. Donnez l'occasion à votre âme de s'incarner sérieusement. Donnez du poids à votre ange intérieur. Cela lui évitera de s'évaporer dans les nues. Sans "rete-nues" ?

Vous avez besoin de sécurité et de tranquillité. Rien ne vous oblige à construire de hauts murs entourés de douves... pour protéger vos acquis à-qui-mieux-mieux ! Ne vous isolez pas trop, au sommet de votre art, ou en haut de votre tour d'ivoire. À rester trop concentré dans votre tête, vous n'y verrez plus grand-chose ! Cela pourrait jouer des tours à vos élans du cœur si gourmands... et si généreux.

C'est vrai ! Se nourrir est un art. Les "épin-ards" rendent tonique. Ne faites pas de la nourriture un terrain d'hyper-contrôle. Lâcher-vous un peu ! Optez naturellement pour des produits bio de chez bio. Osez choisir le meilleur, vous ne serez pas surpris. Mettez-y simplement le prix ! Aimez la nature. Aimez votre vraie nature. Et profitez de la vie. Faire le "léz-ard", c'est tout un art !

47 et 7 en Case 4 (ou 4 en Case 7).

Osez la construction spirituelle. Structurez votre canal intuitif.

Un cadre sécurisant, des repères mentaux précis sont nécessaires à la mise en place de votre "antenne spirituelle"... et parabolique ? Osez mettre en œuvre une pratique, ou un rituel, facilitant votre réflexion personnelle et votre prise de conscience. Osez développer votre capacité à transmettre des enseignements spirituels de haut niveau.

Déculpabilisez-vous de vos passions aveugles du passé. Elles ont eu pour rôle de vous ouvrir les yeux sur la réalité de vos peurs et de vos auto-sabotages concernant l'amour.

Alignez vos enthousiasmes avec les outils concrets à votre disposition pour réaliser un travail spirituel à la hauteur de vos exigences.

Que de protections et que de “barrières intérieures” pour endiguer la puissance et la turbulence de vos élans les plus inattendues !

Ne cherchez pas à tout contrôler ou à tout savoir. Laissez l'autre naviguer à sa façon. Vous n'êtes pas le seul maître... à son bord ! Écoutez-le d'abord avant de le persuader du contraire de ce qu'il ne vous a pas encore confié. Fiez-vous à votre intuition profonde. Ne foncez pas toujours à l'ouest. Lâchez du “l'est” !

Apprenez à vous observez comme vous savez si bien observer et évaluer les autres. Restez tolérants et ouverts envers vous-même. Relativisez cette recherche de perfection qui vous pousse à des positionnements éthiques ou spirituels parfois un peu stricts ou rigides.

N'utilisez pas votre intellect pour justifier votre peur d'être envahi(e) par tant d'émotions. Plus vous aurez peur d'être débordé(e) par les vagues renouvelées de vos marées intérieures puissantes, plus vous en serez le jouet.

Vous avez besoin de références mentales claires. Ainsi, vous avez intérêt à vous appuyer sur de solides traditions intellectuelles ou culturelles. Afin d'éviter ces changements de caps intérieurs trop brutaux, qui caractérisent parfois votre navigation à vue !

Le feu de la connaissance semble vous traverser de la tête aux pieds. Ne jouez pas trop les paratonnerres, ça fatigue vos neurones et sature vos circuits !

Apprenez à défendre vos options et vos croyances avec flamme, sans chercher à tout prix à monter sur le bûcher que vos exigences intérieures auraient pu allumer malgré vous. Osez utiliser vos dons psychologiques. Ils sont importants. Ce qui importe surtout, c'est de canaliser cette grande sensibilité qui est la vôtre et d'équilibrer vos élans les plus variés. Et les plus contradictoires ?

Ne laissez pas vos peurs vous enfermer à double tour derrière des protections mentales excessives. Sinon vous risquez de perdre le contact avec votre intuition. Vous risquez de vous isoler de l'autre qui ne vous transmettra pas ce qu'il ressent profondément. En durcissant vos positions personnelles arbitrairement, vous étranglez vos possibles émois. Des émois tout simplement humains...

48 et 8 en Case 4 (ou 4 en Case 8).

Osez les grands chantiers.
Utilisez votre pouvoir de protection.

Édifier du solide ou préserver avec soin le patrimoine matériel font partie cette belle panoplie de bâtisseur ou de conservateur qui est à votre disposition. Osez développer votre capacité à être au four et au moulin ! Vous avez la capacité de mener de front plusieurs chantiers ou "batailles héroïques".

Soulever des montagnes, OK ! C'est dans vos cordes si vous savez vous l'accorder. Mais, attention ! Ne vous coincez pas les doigts pendant la manœuvre. Être lucide et aguerri est une chose. Se mettre le doigt dans l'œil en est une autre !

La puissante forteresse, au cœur de laquelle vous évoluez royalement, mais en tournant bien souvent en rond, abrite toute une famille. Une famille vis-à-vis de laquelle vous souhaiteriez prendre quelques distances...

À vouloir assumer tout pour tout le monde, n'auriez-vous pas des carences parentales ou ancestrales à compenser ? Toutes sortes de missions inachevées remplissent le livre de l'histoire familiale et de ses héros manqués. Ces Zorros planqués... derrière le tas de foin de leurs peurs. Et qui n'ont pu faire foin, par le passé, de leurs lâchetés ordinaires et de leurs démissions peu glorieuses !

Apprenez à équilibrer, en vous, votre désir d'une part de diriger les choses à la baguette et d'imposer votre savoir-faire si grandiose, et d'autre part votre inclinaison à baisser la garde, à écouter l'autre dans son humanité, et à recevoir humblement ce qu'il a à vous offrir...

Osez l'alternance entre la pression générée par vos défis ambitieux, et le soulagement que peut entraîner l'abandon toujours possible de vos croisades généralement héroïques.

Réaliser, construire, bâtir : cela vous permet de louvoyer entre ces désirs parfois contradictoires qui vous habitent de manière si bouillonnante. La face cachée de votre lune intérieure peu révéler bien des surprises ! Vous engager sans cesse dans de brillants chantiers, ou de belles conquêtes, vous permet de tenir la distance, et ne pas tomber dans le fossé de vos doutes et de vos peurs. Cela donne finalement un sens à votre mission de terrien (ou de propriétaire terrien ?), au sein de laquelle l'utile semble souvent passer devant l'agréable...

Votez utile, d'accord ! Mais osez vous faire plaisir... en contemplant le travail déjà effectué. Entre deux batailles, laissez stratégiquement refroidir le canon, nom de nom ! Auriez-vous horreur de la paix ? Auriez-vous peur du calme plat... qui vous met à plat, et vous pousse à mettre les pieds dans le plat ?

Dans votre relation à vous-même, modulez vos exigences (matérielles) trop souvent excessives. Ténacité et bravoure sont au rendez-vous de vos engagements remarquables... et si valorisants, tous comptes faits. Restez vigilants, de manière à ne pas vous retrouver pieds et poings liés par les résultats de vos réussites, ou par les productions que vous avez mises en œuvre.

Arrêtez d'en faire des tonnes, vous vous sentirez plus léger ! Débranchez la prise. Lâchez prise. Et laissez opérer les surprises concernant vos diverses "entre-prises".

49 et 9 en Case 4 (ou 4 en Case 9).

Osez la construction collective.
Créez des "rituels de passage".

Rénovation et remise à neuf semblent faire partie de vos spécialités. Osez reconsidérer les structures dépassées, et élargir les horizons trop bien calibrés de votre environnement quotidien.

Vous avez besoin d'un idéal en accord avec les nécessités de votre vie. Et si vous vous autorisiez à concrétiser vos rêves ? Histoire de vous libérer du passé...

Ne montez pas trop haut trop vite. Osez "des-cendre" un peu, et utiliser votre capacité à renaître de vos cendres. Elles sont si fertiles ! Osez enterrer vos illusions stériles. Elles rendront votre terre intérieure féconde et productive.

Osez tenir compte des messages spirituels que vous offre votre vie, dans son quotidien le plus bassement matériel.

Ayez conscience de la nécessité de respecter ces cycles qui vous font alterner croissance avec moisson, construction avec démolition, sécurisation rassurante avec déstabilisation nécessaire... et pédagogique !

Ne faites pas trop vite le deuil de votre capacité... à travailler sur les deuils ! Apprenez à tourner la page entre vos diverses étapes d'évolution intérieure. Écoutez les messages de votre inconscient. Ils vous balisent le terrain et facilitent votre progression, au cœur de l'hiver de vos passages à vide. Ceux qui annoncent le printemps de vos nouveaux élans !

Osez régulièrement la remise à neuf complète de votre véhicule corporel et émotionnel. Un bon nettoyage de vos canaux sensibles, et une remise à neuf de votre carcasse extérieure, vous éviteront de traîner derrière vous des chargements relationnels toxiques, et des encrassements de conscience malvenus...

Laissez de temps en temps votre enfant intérieur vous donner le tempo. C'est avec bonheur qu'il vous guidera à travers diverses improvisations généreuses et régénératrices.

Acceptez que vos idéaux ne puissent se concrétiser sur un claquement de doigt tout-puissant. Accueillez les "claques de la vie" comme des cadeaux pour grandir...

Remplacez les "Je dois faire" ou "Je suis à deux doigts de réussir", par des "Je peux être" ou "Je pourrais peut-être". Être, c'est cela ! Être au centre de ce qui donne un sens à votre espoir d'un monde meilleur, et d'une évolution planétaire partagée.

50 et 0 en Case 5.

Expérimentez divers changements thérapeutiques.

Facilitez le renouveau de l'énergie physique et la mobilité corporelle. Vous êtes invité(e) à faire des recherches concernant de nouvelles techniques thérapeutiques. Osez vous aventurer au-delà des concepts habituels et des sentiers battus de la "Science officielle". Développez certains types d'énergies inexploitées. Osez ouvrir votre sexualité à d'autres possibles.

Apprenez à rencontrer le "Roi de l'évasion" qui gigote en vous, et vous pousse à rechercher sans cesse la moindre porte entrouverte. Rien ne semble vous échapper ! Toujours sur le qui-vive, votre "guetteur intérieur" ne dort que d'un œil.

Feriez-vous de la concurrence à cet Inspecteur Colombo, si "cinq-pathique" et si rusé ? Vous semblez avoir la capacité de couplez vos dons d'observation et de séduction à vos talents de thérapeute énergéticien, ou de chercheur physicien.

Sans cesse en mouvement, vous êtes invité à dompter ce cheval sauvage qui vous habite, et vous pousse hors du manège habituel des routines ordinaires. Ne laissez pas s'emballer vos nombreux élans. Surveillez vos réactions émotionnelles, parfois si vives !

Explorateur de l'impossible, vous aimez surprendre, et prendre la poudre d'escampette à la première annonce de contrôle, au moindre signe de limitation et de cadrage trop direct !

Pédaler, vous connaissez ! Autorisez-vous juste à calmer un peu votre petit vélo dans votre tête. Cet engin dynamique n'obéit plus aux "Silence on tourne !". Il semble vouloir continuer bruyamment sa course folle, si réchauffante !

Tourner et retourner de nouvelles énigmes, ou de surprenantes questions dans tous les sens, semblent donner un sens à vos voyages mentaux incessants et variés. Il pourrait être sage d'arrêter cette grande roue d'élévation intérieure, pour en vérifier l'axe de rotation...

En tous cas, les possibles de vos élans aventureux et de vos changements renversants ne manquent pas d'air et risquent d'en déconcerter plus d'un(e) !

51 et 1 en Case 5 (ou 5 en Case 1).

Expérimentez les changements de caps.

Vous fonctionnez à partir d'une d'énergie très concentrée... à injection centralisée ? Autorisez-vous à jouer un rôle de "Locomotive" pour vos proches. Observez bien votre besoin de mouvement et d'actions d'éclats.

Osez la critique constructive, la remise en question positive. Vous avez de belles aptitudes à traverser les obstacles et à prendre rapidement les décisions qui s'imposent.

Votre sexualité serait-elle du type "dynamique et active" ? Aimez-vous régulièrement prendre les initiatives ?

Le TGV de vos curiosités et de vos passions vous emporte toujours plus vite, toujours plus loin. Osez vous allonger tranquillement sur une des plages de votre côte sauvage. Sachez apprécier ces instants de lâcher-prise, sans déjà penser à remettre vos pieds sur les premiers starting-blocks venus !

Indépendance, vous ne parlez que d'indépendance. Deviendriez-vous ainsi dépendant de votre leitmotiv d'autonomie et de liberté exacerbées ? Et si vous changiez de disque, histoire d'oser vraiment des retournements de situation qui en méritent le nom ?

Seriez-vous méfiant de ce que vous considérez comme un excès de sentiments de l'autre envers vous ? Lorsque vous avez l'impression que l'autre vous jette son trop-plein d'amour à la tête ! Trop d'ouverture amoureuse de la part de l'autre vous ferait-elle fuir ? En vous jetant tête baissée (comme un coureur ?) dans vos multiples occupations du moment. Des tâches qui pourraient alors ressembler beaucoup plus à des chasses à courre qu'à des constructions paisibles et fécondes !

Le "fil à la patte" n'est vraiment pas votre truc, n'est-ce pas ? Seriez-vous du genre à vous faufiler entre les mailles du filet, ou à glisser entre les pattes de quiconque veut vous cerner ou vous contrôler ?

Osez un petit retour au centre. Cela ne vous fera pas de mal ! À trop vous évader hors de vous-même, vous finissez par maltraiter vos fragiles désirs d'amour et de tendresse, refoulés par ce grand chef d'expédition qui cherche à préserver son autorité sur votre monde intérieur mouvant... et si émouvant !

Osez aligner votre sexe, votre cœur et les nombreuses révolutions de votre esprit toujours aux aguets. C'est gai quand le sexe "sex-prime" autant que le cœur de votre conscience !

C'est vrai, tout est toujours à recommencer ! Alors, côté sexualité, commencez par le dé-but et redéfinissez vos buts. Pour éviter de dire : "Tu t'es vu quand tabou !"...

Essayez surtout de commencer par le centre de vos affects profonds. Histoire d'accéder, tout simplement, au cœur des choses de votre vraie vie, là où rien n'est sex-ionné, là où tout est UN. Là où tout est incontournable, hein ?

52 et 2 en Case 5 (ou 5 en Case 2).

Expérimentez les changements émotionnels.

Vous naviguez sur une énergie mobile... voire insaisissable. Vous avez des aptitudes à jouer un rôle de médiateur (talents diplomatiques), et à relier les extrêmes.

Utilisez vos grandes capacités d'observation. Elles sont couplées avec de belles possibilités d'intuition. Osez surfer sur les vagues émotionnelles de vos passions. Vous verrez, c'est passionnant !

Côté sexualité : Vous semblez vous adapter très vite à l'autre, et ouvrir en souplesse le dialogue avec ses élans et ses désirs.

Difficile de vous faire rentrer dans un moule préétabli ! Deux fois mobile. Cinq fois indéfinissable. Vous êtes invité(e) à structurer la connaissance de vous-même à partir de repères clairs... et précis !

Vos prises de conscience semblent survenir au moment où vous vous y attendez le moins. C'est-à-dire lorsque les surprises de la vie échappent à vos programmes mentaux, et glissent entre les mains de vos scénarios impératifs : ceux qui veulent tout régir, tout maîtriser.

Dans votre progression, pour le moins sinueuse, osez relier une chose et son contraire, osez le grand écart entre opposés. Osez les chemins de traverse et les situations qui vous renversent. Le tangage ne vous fait pas peur, vous avez le pied marin ! Couler à pic et remonter aussitôt, est-ce votre façon de prendre votre pied ?

Autorisez-vous de temps en temps de beaux alignements de conscience et des positionnements particulièrement centrés. Même si vous avez l'impression que cela limite votre mobilité et vous met des "œillères" intempestive. Temporairement ?

Difficile de vous suivre ! Vous n'êtes jamais où l'on vous attend, alors on ne vous attend plus ! Serait-ce votre force : disparaître sans prévenir et resurgir au dernier moment. Quand tout semble joué ?

Votre navigation à l'estime, au cœur des tempêtes de vos émotions, et au centre des cyclones de vos sentiments, a quelque chose de mystérieux et d'insaisissable.

Glanant une information par-ci, une impression par-là, vous finissez par avoir matière à réfléchir, matière à écrire. Votre discours a du mal à coller avec vos principes d'origine. Essayez l'adhésif double-face !

Histoire de réunir vos paradoxes et de mettre d'accord vos dualités intérieures. Et accorder vos rêves avec la réalité qui vous entoure.

Osez renvoyer la balle et rebondir sur les situations les plus incroyables. Progressez en magicien incontesté de l'adaptabilité suprême et des surprises en tous genres !

Impossible de vous cataloguer. Vous échappez aux normes qui veulent vous contraindre à rester dans la ligne, et ne plus être fidèle à vous-même.

Un dernier conseil : arrêtez juste de jouer à cache-cache avec vous-même, avec l'essentiel en vous. Laissez à votre grand Maître intérieur la possibilité de s'extraire de ce joli flou artistique, si bien entretenu dans votre relation à ce qui vous habite...

Osez tenir les "reines" de votre chariot de roi, lorsque les montures s'affolent, et cherchent à vous éjecter sur le bas-côté. Du côté de vos ébats les plus extraordinaires ?

53 et 3 en Case 5 (ou 5 en Case 3).

Expérimentez les changements créatifs.

Vous avez une énergie communicative... et provocatrice ? Sachez écouter votre besoin d'air, de légèreté, de jeu. Allergiques aux courants d'air, s'abstenir !

Osez jongler avec les mots en toute simplicité. Osez utiliser votre capacité à lancer de nouveaux styles, à trouver de nouveaux sons et offrir de nouvelles couleurs. Vous semblez apprécier l'humour, la spontanéité et la créativité.

Entretenez votre aptitude à entrer très vite en relation, elle vous réserve de belles surprises ! Seriez-vous tentés par le papillonnement libertin ? Séduire, séduire...

Vous semblez prêts à déplier vos ailes par tous les temps, et à tenter l'aventure la plus haute en couleurs... et en notoriété ? Briller de mille feux. Mettre le feu aux poudres. Attiser le feu intérieur. Ces spécialités sont les vôtres, sous le soleil de vos ardeurs indéfectibles.

Osez laisser la parole à votre enfant intérieur. Il rêve de se transformer en Superman volant au secours des victimes de l'injustice et de la terreur.

Apprenez à surveiller votre moteur à explosion intérieur. Ne lâchez surtout pas le manche de cette navette spatiale qui vous booste à tous vents. Vos mises en orbite se font souvent devant les autres... Vous semblez aimer vous donner en spectacle ! Champion de looping, vous n'aimez pas vous louper...

Osez un peu de repos à la base. Prenez le temps d'un minimum de ressourcement au parking de vos élans les plus indisciplinés. Autorisez-vous à canaliser cette énergie puissante qui vous pousse parfois à brasser de l'air, sans en avoir l'air, ou sans vous en rendre vraiment compte. Compter sur vous, c'est apprendre à rester lucide... même du fait que vous observez surtout votre réalité à travers vos petites lunettes, sacrément teintées !

Osez développer une image juste de vous-même aux yeux des autres. Leur reconnaissance n'en sera que plus authentique. Généreux dans vos compliments pour les autres, vous attendez la pareille en retour ! Et vous espérez le retour de votre drôle de machine volante, sur le tarmac de votre territoire si vaste et si animé !

Donnez des ailes à vos économies... sans économiser votre capacité à envisager des projets toujours plus beaux, toujours plus grands. Votre grandeur d'âme n'attend pas. Oui, "mad-âme" !

54 et 4 en Case 5 (ou 5 en Case 4).

Cadrez vos changements.

Vous avez besoin d'une énergie structurante et équilibrante. Ne négligez pas votre belle capacité à organiser des rénovations et reconstructions diverses.

Écoutez votre besoin de stabiliser et de structurer les initiatives qui vous paraissent trop "dispersées" ou "immatures". Osez vous connecter à vos bases physiques, et développer vos ancrages terrestres.

Côté sexualité : Vous semblez avoir besoin d'être sécurisé(e) dans un cadre connu. Pour rêver ensuite ?

Votre chef de la sécurité intérieure cherche régulièrement à prendre les commandes au fil de votre progression vers plus de conscience. Il utilise vos peurs pour vous pousser à renoncer aux changements les plus urgents et les plus nécessaires au sein de votre petit monde attaché à sa sécurité illusoire. Remettre en question une certaine vision de vous-même, c'est remettre en question les prérogatives du patron de cette petite garde renforcée, qui veut conserver sa place de choix !

Vous êtes invité(e) à aller forer dans les profondeurs de votre monde sauvage intérieur. Au cœur de votre forêt vierge si mal entretenue ? Cela afin de faire remonter à la surface tout ce pétrole, et ces idées, que vous possédez à profusion.

Autorisez-vous à exploiter vos gisements intérieurs les plus oubliés, les plus cachés. Vous verrez, votre inconscient a de quoi vous étonner !

Servez-vous des cadres (bien posés ?) qui sont les vôtres. C'est en partant de ces cadres que vous pouvez tenter plus directement, l'aventure intérieure. Repartez des données de la tradition pour vous donner courage et détermination dans votre exploration aux ramifications multiples.

Puis sortez votre longue vue. Adoptez un regard panoramique et développez votre vision planétaire des choses. Sortez de votre pré-carré, même si vous tenez pour précaire ces voyages nouveaux de l'esprit. Laissez faire la magie des interférences diverses de votre espace-temps intérieur, avec des dimensions plus collectives. Et vous serez surpris !

Enfin, connectez vos structures intérieures, vos outils à disposition, avec les messages qui circulent au sein d'une humanité qui se cherche. Osez vous engager plus réellement, plus concrètement. Aventurez-vous avec lucidité et ténacité au cœur de cette humanité qui recherche l'essence de son existence et un sens à sa progression.

Entrez dans la danse, au centre de ce grand ballet collectif... aux coups de balais parfois inattendus ! L'essentiel n'est-il pas, comme aux Jeux olympiques, de participer ?

55 et 5 en Case 5.

Expérimentez les changements énergétiques.

Votre type d'énergie semble hyper-électrique, très polarisée "Yang". Vous avez une forte tendance à rester sur le "qui-vive" en permanence. Seriez-vous toujours prêt à démarrer en trombe ? Possédez-vous un moteur à carburation double-corps ?

Ne négligez pas votre besoin d'expériences diverses. Seriez-vous un peu "touche-à-tout" ? Du style à tenter la périphérie avant de viser le centre !

Côté sexualité : Auriez-vous des désirs d'aventures variées à revendre ? Vous semblez vous ennuyer quand ça ne bouge plus ! Faut-il que l'autre partage vos fantasmes pour le recevoir 5 sur 5 ?

Il vous est suggéré d'aligner vos énergies, d'aligner vos élans, afin d'éviter de vous disperser dans tous les sens. Tous vos sens en éveil ?

Si vous êtes du sexe masculin :

Osez développer votre homme intérieur. Utilisez vos atouts de "mâle" dynamique et créatif. Ne jouez pas à l'homme, mais soyez homme de la tête aux pieds... sans oublier le sexe !

Avancer sans "sexe-quiver", semble un chemin plein de surprises pour vous. Osez vous positionner dans votre totale polarité Yang. Osez être pleinement vous-même, au sommet de vos possibilités, c'est-à-dire au meilleur de votre identité d'homme. Vous verrez, c'est le pied ! C'est la transe. C'est la transformation. C'est "l'in-dice" (1-10) d'un changement intérieur plus vrai que nature...

Si vous êtes du sexe féminin :

Osez rencontrer cet homme en vous qui sommeille (le "Prince de la Belle au bois dormant" ?). Accueillez sa force, son soutien dans vos choix et son aide à votre mise en marche.

Osez aimer ce partenaire intérieur, modèle d'un éventuel partenaire (idéal). Faites la paix avec cet homme de vos profondeurs. Réconciliez-vous avec votre partie masculine, celle qui prend des risques. Celle qui ose foncer et se positionner. Ainsi, votre relation à l'homme n'en sera que meilleure ! Car c'est cet "homme intérieur" qui vous conduira d'abord à votre "femme intérieure". Cela vous sera très utile pour devenir une vraie femme, et non une maman ou une petite fille, face à l'homme !

Apprenez à surfer sur les hauts et les bas de votre vie. N'hésitez pas à nourrir ce feu qui vous pousse en avant et qui vous accompagne dans vos expériences les plus lumineuses.

Restez souple. Donnez vous la possibilité de jouer avec les retournements de votre vie. Osez jongler avec toutes les galipettes de votre âme et tous ces cyclones de votre esprit !

56 et 6 en Case 5 (ou 5 en Case 6).

Expérimentez les changements amoureux.

Vous possédez une énergie d'attirance sexuelle et un charisme non exempt de séduction. L'aventure commence-t-elle par de belles surprises sensuelles ? Osez relier intimement amour et sexualité. Et n'hésitez pas à caresser vos rêves !

Utilisez vos grandes intuitions pour la guérison du cœur et l'harmonisation des corps. Ne négligez pas votre capacité à vous ressourcer très vite dans la nature et dans l'eau.

L'amour, dans ce beau décor, se manifeste par vagues successives au rythme de vos passions dévorantes. Vous fuyez le vague à l'âme, en renouvelant sans cesse vos pétillements du corps et vos émerveillements du cœur. pour vous, c'est clair : tout sauf la monotonie ! Tout sauf l'ennui... surtout la nuit !

Apprenez à faire confiance aux surprises amoureuses de votre vie. Osez écouter votre charmante intuition du cœur... celle qui vous chante la romance les soirs de pleine lune, et vous réveille la nuit au cœur de vos rêves romantiques si doux et si chauds. Son "morchaud" de choix, pardon morceau, serait-il men-songe d'une nuit "d'*étais*" ? Lorsque celui que j'*étais* prenait appui sur l'autre. Lorsque ma moitié essayait de rencontrer sa moitié. L'amour fractionné ? Au diable l'effraction intime ! Et toutes ces fractions d'être qui recherchent éperdument leur unité...

Ne négligez pas ce savoir inné que vous possédez profondément en matière de soins du corps. Sachez utiliser ces baumes de l'âme qui nourrissent l'esprit.

Osez cette écoute corporelle qui entend au-delà des signes et des messages uniquement biologiques ou physiques... Il y a tant de tentations et de palpitations du cœur et du corps, qu'il reste à se laisser le temps de les vivre réellement... ailleurs que dans la tête !

57 et 7 en Case 5 (ou 5 en Case 7).

Expérimentez les changements philosophiques.

Vous disposez d'une grande énergie mentale... de remise en question. Ne négligez pas vos belles capacités de chercheur. Osez l'expérimentation physique ou psychologique... Et la solitude du coureur de fond ?

Amenez de nouvelles théories. Votre intellect peut avoir tendance à chauffer. Aussi, osez le refroidissement par air. Aérez-vous, surtout les méninges ! Utilisez votre grande maturité pour ne pas trop vous prendre au sérieux.

Côté sexualité : Vous semblez ardemment désirer... étudier et comprendre ce qui se joue dans votre relation à l'autre. En particulier sur le plan psychologique. Cherchez-vous à rencontrer la conscience du divin au cœur du sexe ? Ou comment pourrait "sexe-térioriser" le sacré caché derrière vos pères-la-pudeur intérieurs et vos petites barrières mentales stérilisantes... et "a-sept-tisées" !

Vous ne semblez pas aimer les vérités toutes faites. En fait, votre curiosité vous pousse à explorer sans cesse la face cachée des choses et des êtres. Retourner les problèmes dans tous les sens, a un sens pour vous : celui de dynamiser votre progression et de combler ces petits vides existentiels que vous n'appréciez guère... au sein du gruyère de votre territoire spirituel.

Chercher à comprendre. Chercher à prouver. Chercher à découvrir... et chercher à surprendre ! Tout cela vous occupe les méninges. Tout cela vous éloigne de votre peur de ce silence intérieur, de cet espace sans nom et sans limites qui existe au centre de vous-même. Et qui s'appelle Dieu ?

Osez vous asseoir à côté de vos livres. Osez fermer l'ordinateur. Osez la prise de conscience de ce qui vous habite. Et laissez de la place au divin, créateur et éveilleur, dans le grand manège de votre vie...

58 et 8 en Case 5 (ou 5 en Case 8).

Expérimentez les changements stratégiques.

Vous avez en vous une forte énergie de transformation et renaissance. Vous êtes invité à explorer de nouveaux territoires pour changer la vie.

Utilisez votre puissance au service de la justice et de la vérité. Certaines tensions intérieures vous poussent à vous dépasser toujours plus. Utiliez-les à bon escient, sans vous laisser emporter par votre désir de "croisades extrêmes" ou de "combats militants" trop passionnés qui vous éloigneraient de votre réalité à vivre au quotidien. Ne plus pouvoir assumer sagement son quotidien sous prétexte qu'on s'est engagé dans de grands défis "extérieurs", n'est pas une preuve de maturité !

Ne négligez pas vos dons de guérison. Ils sont réels. Sachez juste les canaliser. Déconcentrez votre front et évitez de trop vous mettre en déséquilibre sur cet autre ou ces autres que vous cherchez à "sauver". Sauvegardez aussi votre centre. Restez bien à l'écoute de vos besoins profonds. Ne laissez pas votre tête ou vos désirs de conquêtes humanistes vous couper de vos nécessités intérieures essentielles.

N'isolez pas votre âme en bâillonnant votre esprit. Cet esprit qui rentre parfois en conflit avec votre bouillonnant ego, toujours prompt à la riposte et cherchant à avoir le dernier mot. Votre moteur semble donner sa pleine mesure quand il est bien chaud ! Comme tous les moteurs à explosion !

Méfiez-vous cependant de votre rage de vaincre. Le "cou-rage" ne consiste pas toujours à rugir plus fort que les autres, ou à montrer ses griffes acérées. Osez être vous-même, dans vos fragilités, vos faiblesses et votre humanitude. C'est peut-être cela votre vraie force d'humain, en liaison avec la vraie sagesse humaniste, et la vraie acceptation spirituelle.

Côté sexualité : Votre jungle semble réserver de nombreuses surprises à l'explorateur qui s'y aventure. Si d'aventure on passe par chez vous, il semble nécessaire de montrer patte blanche (ou drapeau blanc ?) pour être autorisé à vous serrer la pince ! Ou à s'honorer de votre griffe ?

Apprenez à déjouer les jeux de pouvoir au sein de votre couple ! Prenez soin de votre espace. Autorisez-vous certains renouvellements pacifiques.

Osez faire le deuil de vos anciens schémas de fonctionnement relationnel. Sachez pardonner et tourner la page de ces anciens griefs, ou ressentiments. Ils vous parasitent la vie... et finissent toujours par freiner l'émergence d'une belle renaissance possible au cœur de vos jours.

59 et 9 en Case 5 (ou 5 en Case 9).

Expérimentez les changements collectifs.

Vous avez de belles capacités à votre disposition pour utiliser l'énergie universelle et aider à l'évolution de la conscience. N'hésitez pas à faire bouger les choses sur la plan social et humanitaire.

Vous êtes invité à expérimenter les voyages lointains du corps et de l'esprit. Osez vivre votre idéal humaniste. Mettez-le au service des mutations profondes de l'esprit.

Côté sexualité : Tentez un regard neuf sur la chose! Sans tabous...

Engagez vous totalement dans ce que vous éprouvez, dans ce que vous créez, dans ce que vous vivez. Osez l'authenticité qui régénère. Ne cloisonnez pas vos horizons en la matière. Impliquez-vous pleinement dans des situations qui vous amènent à élargir votre conscience. Confrontez ce qui vous incite à aller au-delà de vos petits a priori sécuritaires ou faussement protecteurs.

Accueillez les surprises de la vie avec lucidité et sagesse. Osez les utiliser pour mieux rebondir. Servez-vous de ces épreuves sur le chemin. Transformez-les comme autant de tremplins dynamisants pour avancer dans la découverte de vous-même, de vos ombres et de vos lumières. Remerciez vos handicaps passés : ils vous ont interpellé. Ils vous ont aidé à grandir. Ils vous ont transformé...

Apprenez à vous relier aux autres, au cœur d'une démarche d'éveil de conscience... ou "d'Insurrection des consciences", dirait mon ami Pierre Rabhi.

Gardez l'œil vif. Entraînez votre vigilance spirituelle. Restez un observateur avisé de ce qui se joue sur un plan collectif, ou au niveau planétaire. Autorisez-vous à interpeller les autres, comme vous vous questionnez vous-même. Sans complaisance ni superficilalité.

Osez le monde à l'envers, là où trop de rails et de conditionnements vous manipulent à votre ainsi. Là où votre conscience baisse les bras et se verrouille le cœur. La vie vous attend au tournant. Alors apprenez à tourner le volant au bon moment. Anticipez vos virages... et ne freinez surtout pas à la sortie des épingles à cheveux. La vie est un grand rallye. Abordez-la sans cesse avec un regard neuf ! Sans vous arracher les cheveux...

("Che-veux" gagner : dites-vous ? "Chauve qui peut", dit le 59 !)

60 et 0 en Case 6.

Tentez l'harmonisation thérapeutique et "l'amour ouvert".

Les domaines de l'écologie et de la Naturopathie sont dignes de votre attention. Vous pouvez vous orienter avec succès vers le massage "bien-être" et les soins du corps.

Occupez-vous de votre désir d'explorer les nombreux possibles de l'amour. Osez avancer sur des coups de cœur, sans vous aveugler aux feux ardents de vos passions fusionnelles, et sans placer arbitrairement la barre trop haut ! Osez le plaisir et toutes ses invitations spirituelles.

Reconsidérez la place de votre "femme intérieure", et observez attentivement votre relation à la femme. Elle vous parlera de vous. N'ayez pas peur de votre puissance d'amour. Elle est réelle. Et c'est probablement parce qu'elle est si grande, que vous l'avez mise de côté ou placé à l'index par le passé. Pour qui était-elle gênante ? Pour vous, pour votre entourage ? Vis-à-vis de quelles lois familiales ou culturelles ? Vis-à-vis de quels enjeux, de quelles jalousies, de quelles luttes de pouvoir ?

En amour, rien ne vous oblige à faire tout ce que l'autre attend de vous... pour être aimé(e) ! En devenant un, ou une, partenaire-objet qui se soumet aux désirs de l'autre, vous vous reniez vous-même. Et vous ruinez à petit feu la relation. Vous limitez sa possible progression vers la maturité, celle qui se trouve au-delà des besoins de "toute-puissance" (Tout tout de suite!) de cet enfant qui prend peut-être encore beaucoup de place en vous-même.

Aussi, apprenez à vous aimer réellement, dans votre identité d'homme ou de femme. Vous serez moins en déséquilibre sur l'autre. Vous serez moins dépendant de sa capacité potentielle à combler vos manques ou à répondre à vos schémas de soumission affective... et d'attachement ou emprisonnement amoureux.

Trouvez le juste milieu entre vos "tout et rien". Osez investir cet espace restant entre vos élans vers "trop d'amour" (possessif ?), et vos fuites-échappatoires vis-à-vis des témoignages d'amour de votre partenaire. Ou de celles et ceux qui vous poussent dans vos retranchements intimes, et vous remettent face à vos peurs... d'être trop bien aimé ?

Si, au départ, vous considérez que vous ne méritez pas l'amour qui vous est offert, parce que vous avez peur de souffrir, ou que cela vous rappelle vos désillusions de l'enfance et vos "échecs passés"... vous n'irez pas plus loin que cet ersatz d'amour que vous n'osez à peine offrir à votre "si négligeable personne" ! Ce n'est pas parce qu'on est “parfait(e)” qu’on peut être aimé(e). C’est plutôt en s’acceptant parfaitement imparfait, c’est-à-dire pleinement humain, qu’on suscite l’amour... d’autres humains.

Osez seulement élargir vos possibles en matière d’amour. Commencez par aller vers la considération, la tendresse et l’amour, que vous avez la capacité de vous accorder à vous-même !

61 et 1 en Case 6 (ou 6 en Case 1).

Tentez l’harmonisation unificatrice, l’amour de soi.

Bien dans votre axe, laissez vous guider par vos élans généreux. Vous possédez un toucher favorisant le recentrage corporel et l’alignement intérieur. Vous avez même la capacité de mettre au point votre petite méthode originale.

Osez prendre les initiatives et vous positionner en amour. N’hésitez pas à vous mettre à la recherche d’une certaine autonomie affective. Donnez un sens à votre ressenti. Osez la prise de conscience des enjeux amoureux. Cherchez-vous à garder le leadership dans la relation ?

Si votre aimé(e) est à vos ordres... ça fait “dés-ordre” ! L’univers ne tourne pas uniquement autour de votre cœur. Aussi, ne vous prenez pas pour le nombril du monde amoureux !

En tant qu’ex-petite fille, votre lien à votre père semble conditionner une grande partie de vos comportements amoureux... Ne restez pas prisonnière des désirs inconscients de votre père sur vous. Ne soyez plus cet “objet du désir”. Osez désirer autre chose! Autre chose que la recherche du père, ou le plaisir de plaire au père, qui vous amène à fuir la vraie femme en vous, ou à rester dans des rôles inconscients de femme-objet...

Apprenez à relier les impératifs de votre tête avec les besoins subtils de votre cœur. Votre mental veut aller vite. Il veut régir les choses et rester dans la ligne qu’il s’est fixé avec le soutien actif de la raison. Cependant votre monde affectif ne vit pas avec les mêmes impératifs. Écoutez ses valeurs. Accordez-lui du temps. Respectez sa lenteur.

Autorisez-vous à accueillir ce qui émane de votre ressenti profond, ce qui fleuri à l’ombre de vos sentiments. Sans oublier ce qui accompagne les fruits veloutés d’un lâcher-prise possible bien au-delà de ce que votre analyste intérieur ne peut croire ou imaginer.

Osez vous aventurer un peu plus loin que vos petites barrières mentales habituelles. Laissez-vous porter par ce flot souple et nourricier qui échappe aux cadres, parfois un peu rigides, de vos exigences volontaires et de vos cadres de référence non remis à jour.

Vos désirs impérieux vous poussent en avant, parfois hors de vous-même. Osez calmer le jeu et mettez d'accord toutes vos parties intimes qui ont tendance à fonctionner sur des rythmes différents.

Aidez-les à trouver le tempo de vos histoires de peau. Et restez à l'écoute de tous les "peaus-sibles" en votre cœur. Ne fuyez pas tous ces beaux chemins d'amour et de bien-être qui ne demandent qu'à naître sous le soleil de vos désirs les plus naturels et les plus chaleureux.

Autorisez-vous à être le gardien, ou la gardienne, prioritaire de ce feu intérieur dont vous êtes dépositaire. Ce feu de l'amour est là pour illuminer votre esprit et ouvrir votre conscience à d'autres aspects d'elle-même.

Osez vous aventurer au cœur de ce chemin de découverte de vos palpitations les plus ultimes et de vos résonances les plus intimes, là où la raison n'a aucune raison d'aller fourrer son nez. C'est vrai, on ne l'a pas "son-née" celle-là !

62 et 2 en Case 6 (ou 6 en Case 2).

Tentez l'harmonisation émotionnelle, l'amour romantique.

Orientez-vous vers les soins maternants. Osez le toucher souple et enveloppant. Il vous est suggéré de travailler avec et dans l'eau. Histoire de retrouver vos impressions et vos sensations "in utér-eau"...

Utilisez votre puissance féminine (quelque soit votre sexe). Mettez-la au service de l'amour et du couple. Osez accueillir votre grande sensibilité. Tentez l'écoute de vos émotions et accueillez celles de l'autre, pour transformer toute dépendance affective, et fusionnelle, en partenariat fécond.

Votre lien à votre mère paraît conditionner une partie de vos comportements amoureux. La lignée des femmes-mères semble pour vous un modèle incontournable.

Osez juste dénouer ces petits cordons ombilicaux (ombilic-eau) qui vous tirent en arrière, ou s'étirent comme des élastiques dans vos répétitions infantiles. Ils tentent de vous ramener, par la peau des fesses ou par la peau du ventre à la matrice primordiale de vos premiers émois.

En tant que femme, il vous est demandé de ne pas vous accrocher à une certaine "fonction de mère", ou de vous protéger derrière divers rôles maternants, afin d'éviter de rencontrer la femme qui sommeille en vous.

Cette femme sexuée, avec ses désirs et sa sensualité de femme, a des choses à vous dire, des désirs à vous communiquer. Aurait-elle peur, au fond, de rencontrer vraiment l'homme et de se confronter à lui. Un homme qui serait lui-même un “vrai homme”. Pas un petit garçon qui cherche une gentille maman, ou un pauvre malheureux qui cherche une assistante sociale ou une éducatrice... à plein temps ?

Restez à l'écoute de cette grande sensibilité qui vous habite. Osez rencontrer et utiliser ce pouvoir de femme que votre grande féminité intérieure met à votre disposition. Commencez par être une bonne maman pour vous-même.

Puis, réconciliez-vous avec la femme et ses légitimes besoins d'union amoureuse et sexuelle. Sortez des jeux de la femme rivale. Lâchez cet illusoire recherche d'une âme sœur ou d'une sœur jumelle. Vous avez la même à la maison, c'est-à-dire au fond de vous-même. Là où vous n'avez pas vraiment l'habitude d'aller !

Et puis, il paraît qu'une femme avertie en vaut deux ! Alors réconciliez vos “extr-êmes” intérieurs pour qu'ils s'aiment enfin. Aidez la “vieille femme” en vous à lâcher sa jalousie vis-à-vis de la “nouvelle femme” qui est en train d'émerger de vos profondeurs sensibles et fécondes.

Ouvrez les bras. Laissez battre votre cœur. Et embrassez la vie. Elle vous offrira les fruits du jardin d'Éden dont vous n'osez plus rêver !

63 et 3 en Case 6 (ou 6 en Case 3).

Tentez l'harmonisation relationnelle, l'amour créatif.

Orientez-vous vers les soins esthétiques, l'expression corporelle ou la communication non verbale.

Osez créer à partir de l'ouverture de votre cœur. Osez la spontanéité dans vos élans amoureux. Les “mots d'amour” ont beaucoup d'importance pour vous. L'expression de l'amour est pour vous une priorité. Vous souhaitez développer “l'Art amoureux” au sens le plus noble et le plus riche du terme. Et vous avez envie que cela ne se termine jamais...

Osez l'amour sans frontières. Pour vous, amour rime avec humour. Vous êtes sensible aux jeux relationnels que peut générer l'amour sous toutes ses formes.

Par ailleurs : Occupez-vous de votre désir... de vous occuper d'enfants. Laissez vivre, en vous, cet enfant intérieur qui cherche à séduire, à jouer et à être applaudi ou valorisé. Vous aimez cette spontanéité de l'enfant lorsqu'il manifeste son amour, sans calcul et sans retenue. Aimeriez-vous faire la même chose ?

Vous aimez être entouré(e) d'ami(e)s qui réveillent le meilleur de vous-même. Attention ! À trop rester dans le registre de relations plutôt légères et artificielles, vous risquez de vous étourdir l'esprit et le cœur. Vous risquez de finir par en oublier de vous engager vraiment !

À trop rester sur un petit nuage, votre cœur risque d'en oublier les réalités bien terrestres en matière amoureuse et les contingences relationnelles les plus essen-tielles... pas dans le ciel !

Faire la fête à l'amour, c'est très sympathique ! Mais, au fait, où en est la concrétisation de vos rêves les plus fous ?

Ne restez plus à l'étroit dans votre navette spatiale pour films d'enfants. Posez le pied sur la planète amoureuse de votre choix. Si vous voulez que ça soit le pied, offrez un peu de maturité et de sagesse à votre petit cœur. Même s'il n'en demande pas tant !

64 et 4 en Case 6 (ou 6 en Case 4).

Tentez l'harmonisation structurelle, l'amour sécurisant.

Orientez-vous vers les soins curatifs : Tout ce qui concerne les interventions de réparation corporelle. Vous semblez avoir besoin de vous baser sur une certaine tradition culinaire, architecturale ou sanitaire.

Il vous est suggéré d'effectuer un certain travail sur votre peur de manquer et votre peur d'être abandonné. Vous avez besoin de protection affective. Cependant, n'étouffez pas votre cœur dans un cadre trop rigide !

Votre façon d'aimer passe par le concret. "Restons pragmatiques" me direz-vous ? Vous avez besoin de toucher les choses et les corps et développer vos dons kinesthésiques. Vous pouvez utiliser des objets porteurs de sens pour exprimer vos sentiments. Vous aimez faire tous ces petits cadeaux bien réels, qui vont laisser leur trace et compléter vos élans amoureux.

En amour, vous avez besoin de temps. Il y a nécessité pour vous que les choses avancent "lent-amant, mais sur-amant" !

Votre manière d'aimer ressemble-t-elle à votre manière de manger ? Contrôlez-vous l'amour comme vous contrôlez l'argent ? Votre relation à l'amour semble très intimement liée à votre relation à l'argent et à la nourriture. Où se situe votre générosité ? Ce n'est pas forcement vous respecter que de faire passer le cadre matériel, ou les considérations financières, avant la fraîcheur et l'authenticité de vos sentiments, n'est-ce pas ?

Rien ne vous oblige non plus à rester dans le rôle de la "mère nourricière" ou du "papa protecteur et pourvoyeur de fonds" ! Une relation saine entre un homme et une femme peut espérer mieux ! Nourrissez surtout votre amour et protégez votre cœur !

Construire un couple n'est pas pour vous une idée en l'air. Vous vous y attelez du mieux que vous pouvez. Bon d'accord, aimer l'autre, apprendre à nourrir et bâtir un amour, ça ne se fait pas tout seul.

Ne donnez pas l'impression, tous les matins, de retrousser vos manches de travailleur amoureux... comme si vous retournez à la mine ! Et votre partenaire fait alors une drôle de mine ! C'est tous ces petits riens qui déterminent l'amour. Ou le minent de l'intérieur...

Aller à la recherche du diamant de l'amour tout en prospectant l'or du cœur, demande cet intensité d'engagement qui caresse l'inconscience, et frise souvent la sainte folie !

Oui, je sais : Ce n'est guère facile de garder les pieds sur terre, d'avoir toujours la main sur le cœur, d'avoir foi en l'amour de l'autre. Même si ça rate !

Il convient de ne pas trop se prendre la tête pour éviter d'avoir les chevilles qui gonflent. Ou n'avoir d'yeux que pour l'autre, en se faisant tirer par l'oreille, pour s'écouter soi-même.

Ou comment oser ne plus se faire de la bile quand on en a plein le dos... Tout ça n'est pas "évi-dent", c'est vrai ! D'ailleurs, on l'a souvent dans les dents ! Fallait pas mordre la pomme ?

65 et 5 en Case 6 (ou 6 en Case 5).

Tentez l'harmonisation énergétique. Reliez amour et intuition.

Orientez-vous vers le rééquilibrage corporel, le travail avec les polarités, et la rencontre du couple intérieur. Osez relier intiment votre cœur et votre sexe. Et rencontrer Dieu au cœur du sexe ?

Vous semblez avoir besoin d'alternance entre le plaisir du mouvement et celui du relâchement. Vous êtes invité à gérer harmonieusement votre fort magnétisme sexuel... Et à utiliser de manière juste votre charisme, non exempt de séduction !

Votre mobilité intérieure vous amène parfois à jouer les champions de slalom dans votre relation à l'autre. La ligne droite ne semble pas être pour vous le plus court chemin entre un point et un autre. Vous aimez faire le point, mais le point change souvent !

Il faut juste apprendre à vous suivre, et ne pas chercher à vous attraper ! C'est clair, vous aimez votre liberté. Même si cette liberté consiste à vous laisser porter par les événements, ou à vous laisser bercer gentiment et doucement par l'autre. Un(e) autre qui ne se berce pas d'illusions sur votre constance amoureuse ?

En contrepoint de votre tension intérieure vive, il vous est nécessaire (vous avez remarqué ?) de vous offrir relaxation et détente, autant corporelle que mentale. Vous avez besoin de recevoir de l'autre, mais en posant d'abord votre tête sur son ventre...

Votre circulation électrique intérieure a particulièrement besoin d'une prise de terre. Et si vous mettiez plus souvent les pieds dans l'eau ? Et non dans le plat !

Votre climat intérieur semble favoriser la puissance des passions. Les passions virevoltantes. Et envoûtantes ?

En vous l'homme et la femme intérieure n'ont pas le temps de s'ennuyer ! Ils vous invitent à une danse perpétuelle et divine. Il y a parfois du tangage dans le tango... et le risque d'envoyer tout valser ! Ce sont les risques du métier. Mais, vous connaissez la musique !

66 et 6 en Case 6.

Tentez l'harmonisation sensuelle. Tissez amour et tendresse.

Quel beau double 6 : Le bien-être en stéréo ?

Lorsque votre plaisir se savoure avec amour, et que votre cœur se dilate d'aise, vous retrouvez vos origines divines. Et édéniques ?

Comment savourer ce beau tableau, tout en courbes féminines et en douceurs fines et délicates ? Comment se laisser bercer par cette eau chaude et limpide qui adoucit la peau et assouplit le cœur ?

Vous êtes invité(e) à laisser calmement grandir en vous-même les germes d'une confiance et d'une capacité d'amour exceptionnelle envers l'autre, envers vous-même, et envers la vie.

Cela ne vous dispense pas d'un certain travail sur les attachements affectifs. La fusion vous paraît tellement sympathique que vous en oubliez les pièges les plus classiques... et les plus destructeurs ! Trouvez la bonne distance. Être en relation avec l'autre ne veut pas dire rester collé contre lui ou elle. Même si on croit que "ça colle !"

Le cordon maman-enfant, c'est pour le nouveau-né, n'est-ce pas ? Un bon sevrage permet ensuite de mieux grandir, tout en développant un minimum d'autonomie et de capacité à créer sa propre vie sans se soumettre perpétuellement aux scénarios (amoureux ou relationnels) des autres...

Enfant, comment vous êtes-vous trouvé partagé entre l'amour de votre mère et celui de votre père ? Quelle a été votre place relative au sein de ce triangle familial ? Quel parent avait besoin de vous pour se rapprocher, ou au contraire se protéger de l'autre ?

Assouplissez votre regard sur vous-même. Oser vous aimer dans votre apparence. "Miroir mon beau miroir" ! Apprenez surtout à vous rencontrer au fond de vous-même. Autorisez ces noces intérieures qui permettent de sortir des maltraitances intimes Celles que vous vous s'infligez à vous-même, au fil des tyrannies ordinaires de votre mental suractif.

N'oubliez pas que votre mental peut devenir un sacré petit tyran et obéir mécaniquement à certains programmes ancestraux castrateurs, ou à des conditionnements ambiants qui nient le cœur et le corps avec leurs besoins d'harmonie naturelle et leur désir de douceur limpide.

L'élément Eau est ici aux premières loges. L'eau matricielle. L'eau, berceau originel de la vie. L'eau avec son courant d'énergie et d'amour au féminin...

Osez renouer avec l'eau. Osez vous régénérer dans l'eau. Thalasso et compagnie n'attendent que vous ! Le tout en finesse (en fitness ?). Et sans faire de vagues...

67 et 7 en Case 6 (ou 6 en Case 7).

Tentez l'harmonisation intérieure. Fusionnez amour et spiritualité.

Orientez-vous dans le domaine de la méditation et du mieux-être. Osez vous lancer dans des recherches en psycho-somatique, et dans l'étude des facteurs de santé naturelle. Vous êtes attiré(e) par tout ce qui régénère le corps autant que l'esprit. N'oubliez pas de mettre votre cœur au service de vos prises de conscience.

Vos grands dons d'observation vous aident à percer les secrets de l'amour. Seriez-vous attiré(e) par la “sagesse du plaisir”, par “l'amour sacré” ?

Vous sentez-vous partagé(e) entre, d'une part, votre désir d'atteindre l'essentiel au fil d'une démarche exigeante spirituellement et “ascétique” corporellement, et d'autre part votre inclinaison à savourer les plaisirs de la vie et les cadeaux du ciel les plus sensuels et les plus raffinés ?

Auriez-vous besoin d'un cadre intellectuel rassurant, ou du contexte de références morales claires, pour vous lâcher un peu plus ?

Apprenez à donner forme aux abstractions qui peuplent votre tête. Concrétisez vos prises de conscience. Permettez la renaissance d'élans lumineux issus de votre esprit. Mettez-les au service de votre cœur.

Osez repérer les consignes ou habitudes psychologiques transmises par la lignée de même sexe que vous, concernant, en particulier, la façon de voir et d'aborder l'amour.

Comment le droit au plaisir était-il respecté par ceux qui vous ont précédé ? Maladroits ou castrateurs vis-à-vis du plaisir, vos modèles du passé sont peut-être à reconsidérer. Osez éventuellement leur donner un sens nouveau. Y aurait-il chez vous les "plaisirs d'en haut" à ne pas mélanger avec les "plaisirs d'en bas" ? Hauts les cœurs !

68 et 8 en Case 6 (ou 6 en Case 8).

Tentez harmonisation et guérison. Liez amour et transformation.

Guérison et "reconstruction corporelle" vous semblent vous attirer. Vous en avez probablement autant besoin que les personnes que vous aimeriez aider !

Osez travailler sur vos ancrages terrestres et chamaniques. Apprenez à canaliser cette forte énergie qui vous traverse. Recyclez vos élans multiples. Et trouvez le juste équilibre au sein de vos passions amoureuses.

Aventurez-vous au-delà des rapports de force, et des luttes de pouvoir relationnelles qui jalonnent ordinairement votre route d'évolution.

Apprenez à transformer vos désirs de conquêtes extérieures en réussites intérieures, en triomphes sensibles et intimes. Couronnez votre cœur dans sa simplicité et son authenticité.

Ne répondez pas à l'agressivité par l'agressivité. Recyclez votre colère, surtout celle que vous avez vis-à-vis de vous-même. Faites en une fête à la vie, une fête à l'amour...

Osez la rencontre entre votre puissant feu intérieur et la fraîcheur de vos eaux affectives et sensibles. Laissez le volcan sous-marin émerger au centre de l'océan de vos élans et de vos désirs les plus contradictoires.

Permettez à votre héroïne intérieure de se détendre un peu entre deux défis. Laissez-la refaire le monde et envisager de bouleverser tous ces ordres établis qui cherchent à contrôler les libertés et les réformes.

Votre mise en forme passe par le respect de vos équilibres intérieurs, de votre besoin d'air et de vos désirs d'espaces nouveaux...

69 et 9 en Case 6 (ou 6 en Case 9).

Tentez l'harmonisation holistique, et l'amour universel.

Utilisez votre belle sensibilité aux messages inconscients du corps. Et orientez-vous vers l'approche corporelle globale ou holistique.

Osez vous libérer de la fusion amoureuse, qui détruit vos velléités d'autonomie et de confiance en vous-même. Orientez-vous vers une ouverture du cœur plus large et plus féconde. Lâchez donc votre "cocon". Et ne vous mordez plus la queue !

Vous avez besoin d'échanges chaleureux au sein des groupes. Donner et recevoir, donne un sens central à votre vie. Le "donner" semble vous tenter plus particulièrement. Alors donnez-vous pleinement à votre action vers les autres !

Vous adorez les "en-vies" collectives et ces fraternités de cœur, au milieu desquelles il fait si bon vivre ! Au cœur desquelles il est si bon de se laisser porter.

Vous réveiller chaque jour avec un cœur neuf, et un esprit limpide, est votre désir le plus cher. C'est clair ! Et je vous comprends très bien.

Le 69 fait penser au signe du Cancer sensible, idéaliste et rêveur. Si cette ressemblance peut être exploitée, j'oserais faire le lien avec le Yin et le Yang intimement mélangés, ainsi qu'avec l'Orobouros, le serpent égyptien qui se mord la queue. Il se mange lui-même et dévore la vie à pleines dents. Il est alors dedans ET dehors ! La vie, la mort... "Ah queue c'est plein de surprises l'existence ici-bas !"

6 et 9 possèdent tous les deux leur petit soleil portatif. Le 6 présente un cercle en son ventre (en son sein, ou en son saint-ventre) et le 9 possède un cercle dans sa tête (au sein de son esprit, ou saint-esprit).

La ronde de leurs courbes et de leurs soleils me fait penser aux cycles de l'existence au quotidien, où l'alternance des polarités permet au moteur de la vie sur terre de fonctionner. Si(x) c'est neuf, c'est que c'est au cœur de l'ici (i-six) et maintenant, non ?

Aus-si(x), êtes-vous invité à vous laisser porter par ce courant tournant, ce fluide spiralé, sans chercher à figer les choses, sans les isoler dans des petites boites matérielles ou mentales. Sans vous faire du sou-ci au niveau du contenant... pourvu que vous ayez l'ivresse !

Laissez ce nombre vous retourner dans tous les sens, et nous montrer l'essence même des choses de votre petite condition humaine. Laissez-le vous inviter à plus de tolérance, de générosité et de souplesse envers les autres, et surtout envers vous-même !

70 et 0 en Case 7.

Ajustez prise de conscience et connaissance induite.

Osez accueillir tous vos possibles sur la voie de la connaissance intérieure. Ne négligez pas votre puissance de réflexion philosophique et psychologique. Osez rencontrer et écouter votre "Maître intérieur", relais du divin en vous-même.

Votre désir d'acquérir des connaissances, parfois tous azimuts, cache-t-il cette interdiction de dire ce que vous savez au plus caché de vos mémoires... et qui concerne un ou plusieurs événements du passé de votre famille.

L'hypothèse d'un secret de famille important est ici présente. "Je veux tout savoir, tout apprendre, tout étudier avec tous mes petits neurones... sauf ce secret dont il ne faut surtout pas que je puisse prendre conscience, sauf ces informations concernant ma conception ou ma naissance que je ne dois pas "con-naître" vraiment.

Le 7 concerne la morale, la santé mentale... et toutes les souffrances ou auto-sabotages qu'on s'inflige parfois. Pour gagner le paradis ?

Vous avez en effet à votre disposition de très fortes potentialités d'apprentissage et de prise de conscience. Faites en sorte qu'elles ne s'appliquent pas qu'à la périphérie des choses ou à l'extérieur de votre être.

Osez aller au centre, à l'origine, de vos peurs ou de vos culpabilités de ne pas savoir... ou plutôt de "trop savoir" ! Se connaître passe par la connaissance de ce qui ne doit pas (ou plus) être su. Ce qui reste en suspend tout au long de votre quête "d'enseigne-ments". Ces savoirs qui ne mentent plus, ces savoirs qui pourraient être autre chose que des "circulez y a rien à voir !"

Vous êtes invité(e) à effectuer un travail sur les transmissions et les reproductions mentales ancestrales qui vous concernent. Toutes ces fidé-lités qui vous lient les mains et les pieds. Toutes ces loyautés qui vous lient à votre passé, vous "sa-lient" la créativité, et font le lit de vos li-mitations les plus ordinaires...

71 et 1 en Case 7 (ou 7 en Case 1).

Ajustez prise de conscience et positionnement.

N'hésitez pas à prendre l'initiative de nouvelles théories. Osez être un penseur d'avant-garde, un professeur chef de file, un pionnier des nouveaux territoires de l'esprit. Orientez-vous vers les connaissances de pointe.

Développez votre autonomie de pensée, et votre capacité à vous positionner face aux détenteurs officiels du savoir. Observez bien votre relation à l'autorité morale : elle vous renseigne sur vos références intérieures et sur la structuration du masculin en vous-même. C'est-à-dire votre capacité à faire des choix qui soient vraiment les vôtres. Histoire d'assumer votre capacité à prendre des initiatives qui correspondent à vos réels désirs...

Vous êtes invité(e) à un travail sur la lignée de votre Père-Grand-père paternel. Ne portez pas toutes ces culpabilités, ou insuffisances passées, sur vos robustes épaules... Qu'est-ce que je perds (père) en posant ou en laissant tout ça sur le bord de ma route ? Quitte à m'aligner sur d'autres re-pères (que ceux de ma lignée des pères)...

Ne restez pas trop rigides sur vos positions. Libérez-vous de ce balai que vous avez caché sous votre chemise, pour vous aider à rester droit comme un garde de sa Majesté la Reine !

Vous aimez les lignes droites, les engagements précis et les projets tous tracés, OK ! Et si vous osiez tenter l'aventure des pistes sinueuses ? Osez aussi l'expérience de l'avancée dans le brouillard. Prenez le risque des surprises qui dérangent les scénarios les plus contrôlés ou les mieux calibrés. Restez libre de vos vieux a priori sécurisants qui vous font passer à côté d'expériences régénératrices et décoiffantes !

Le pouvoir que donne le savoir ou les grandes connaissances, vous attire et vous pousse à foncer tête baissée dans l'hyper-développement de votre intellect qui ne s'autorise jamais à rester au repos. Vous semblez toujours au garde-à-vous avec votre mental. Vous arrive-t-il de débander un peu de la tête ? Vous savez, ça tend à détendre... et ça peut se révéler très profitable à l'ensemble de votre nature sous tension !

Toujours à l'affût de connaissances nouvelles, vous prenez garde de bien rester en avant garde... et de garder vos connaissances pour vous. Cela, par peur qu'après avoir fait la trace, on ne vous vole vos trouvailles autodidactes... ou qu'on les exploite sans votre autorisation ?

Ok ! Vous êtes le chef (et le meilleur) et vous le méritez. Cependant la course au mérite mérite-t-elle qu'on y consacre autant d'énergie et de volonté ? Et qu'on y perde son âme ! Au détriment de vos "sés-ames" intérieurs beaucoup moins sérieux que ça. Et beaucoup plus vivants !

72 et 2 en Case 7 (ou 7 en Case 2).

Ajustez prise de conscience et intuition.

Vous avez à votre disposition des dons d'écoute psychologique et de thérapeute humaniste. Osez les partenariats d'études et de recherches concernant les mystères de l'humain.

Laissez-vous guider par votre belle sensibilité pour comprendre l'invisible.

Ne négligez-pas l'énergie liée à vos émotions, elle peut vous dynamiser dans votre progression spirituelle. Et vous ouvrir les portes de certaines illuminations intérieures.

Observez le rôle des femmes, et des mères, dans votre structure généalogique. En particulier, certains de leurs rôles sacrificiels ou de leurs soumissions douloureuses. Libérez-vous de ces scénarios humiliants. Osez couper le cordon des systèmes traumatiques passés.

Autorisez-vous à naviguer "à l'estime" entre deux, ou plusieurs, enseignements ou références intellectuelles. Vous avez la capacité de vous adapter aux itinéraires spirituels peu balisées, sans vous crisper sur le manche !

Laissez vibrer vos capteurs intuitifs. Ne négligez pas les données de vos radars intérieurs. Ils ont la capacité de déceler les petites flammes qui se cachent derrière les nuages de poussière que sécrète parfois votre mental, et tous ces signaux émis par la face cachée de toutes les lunes de votre vie...

Fermez les yeux. Ouvrez grand le cœur de votre esprit et acceptez les richesses issues de vos gisements inconscients, ou directement émis par vos sources divines intimes et belles.

73 et 3 en Case 7 (ou 7 en Case 3).

Ajustez prise de conscience et créativité.

Mettez en œuvre avec bonheur vos capacités d'enseignement et vos dons littéraires. Écoutez les messages subtils de votre "Maître intérieur" et osez le suivre sur sa-voie (73)...

N'hésitez pas à transmettre de manière originale et indépendante ce que vous avez découvert dans le sanctum de votre esprit. Exprimez aux autres tout ce dont vous avez pris conscience au fil de vos belles recherches personnelles et de vos études spirituelles.

Trouvez l'équilibre entre "le sérieux" et le "ludique", entre le "vieux sage" et le "jeune animateur". N'hésitez pas à aérer votre esprit lorsque ça sent le renfermé dans votre tête ! Vos aspirations spirituelles se porteront mieux après un bon coup d'aspirateur. Et un nuage de parfum de sainteté ?

Vous semblez avoir un fort besoin de la reconnaissance de votre père. Vous le croyez fort... imaginez que ce puisse être une illusion ?

Vous désirez vous faire un nom, mais pas à n'importe quel prix ! Considérez la vie autrement que comme une compétition "olym-pique", où chaque concurrent a peur qu'on lui pique sa médaille, ou qu'on oublie de brancher le chrono.

Le temps des vacances a sa raison d'être. Surtout lorsque la raison se met à lécher les bottes du grand patron de votre tour mentale, celui qui ne laisse jamais passer son tour pour avancer ses pions ou pour abattre ses cartes !

Lorsque vous vous écartez trop de "l'essen-tiel" (qui est ailleurs que dans le ciel), vous perdez le sens spirituel de votre vie. Vous cartonnez alors de travers, et vous passez à côté des enseignements de l'existence. Lorsque vous avez l'impression de ne plus tenir la distance, vous finissez par rester à "l'é-trois" dans votre tour d'ivoire, sans voir que vous marchez à côté de vos pompes. Et ça vous pompe l'air ?

À trop faire l'ange, vous favorisez ce qui vous "mél-ange" les ailes et les pinceaux. Le saut de l'ange vous attend ! Au diable les varices, ça vous fait une belle jambe de vous perdre ainsi dans les apparences, ou dans les brillances éphémères des tourbillons du paraître ! Allez ! Recentrez-vous, ça va passer ! Plus un mot. Appréciez les vertus du silence...

74 et 4 en Case 7 (ou 7 en Case 4).

Ajustez prise de conscience et structuration personnelle.

Développez vos capacités à concrétiser vos plans et à mettre en pratique vos théories les plus "travaillées". Apprenez à donner du poids à vos idées géniales. Osez classer et ordonner vos "éclairs de génie" les plus fulgurants. Gardez les pieds sur terre et ancrez vos illuminations intérieures.

Il vous est proposé d'effectuer un travail important sur les secrets de famille, et les "consignes familiales" transmises de génération en génération.

Vous semblez avoir besoin d'un cadre sécurisant pour clarifier les productions de votre esprit, et exploiter les fruits de vos labourages mentaux les plus besogneux.

Dans votre avancement personnel, votre relation au temps est primordiale. Ce temps si terrestre, faites-vous-en un allié... afin qu'il ne ralentisse pas votre évolution profonde. Osez parfois l'imprévu. Donnez-vous du temps pour prendre vos meilleurs élans.

Le divin est partout, en particulier dans la matière, et cela vous en avez particulièrement conscience. Osez rencontrer Dieu au cœur de vos tâches les plus quotidiennes.

Vous semblez avoir besoin de cadres d'autant plus sécurisants qu'ils sont précis et clairs. Donnez-vous la possibilité d'utiliser les structures de votre vie (familiales, professionnelles, spirituelles, environnementales) de façon constructive et mature. Sans en faire des barrières étouffantes. Sans vous limiter, sans vous emprisonner derrière elles.

Si vous cheminez dans de grands espaces sans limites et que vos repères intérieurs ne sont pas bien plantés dans votre terre intime, vous risquez d'avoir à surcompenser ce flou existentiel par de fortes tensions corporelles ou des rigidités mentales !

Lorsque votre territoire est correctement défini et clairement défendu, lorsque vos protections sont consciemment mises en place... vous pouvez alors acquérir cette souplesse libératrice et vous "lâcher" en toute tranquillité. C'est ainsi que vous pouvez faire réellement confiance à ce qui vous habite, à ce qui se manifeste positivement au plus profond de vous-même.

Lorsque l'extérieur est trop mou, trop flou et non balisé... c'est vous qui balisez ! C'est vous qui vous durcissez. C'est vous qui cristallisez vos élans et vos réveils de conscience... À trop vous protéger derrière les chaînes de vos programmes mentaux, vous en oubliez de devenir un "roseau pensant". Développez vos penchants à la souplesse, vous n'en serez que plus forts.

Tentez l'aventure intérieure avec passion... et sagesse. Ne restez pas esclave d'une certaine conformité. Osez la haute voie de la recherche spirituelle appliquée. Cette voie ardue où rien n'est dû ! Cette voie difficile où tout échappe aux schémas trop bien vissés dans la tête. Cette voie qui conduit à la vraie construction identitaire loin des savoirs trop fermés et des contrôles manipulatoires...

75 et 5 en Case 7 (ou 7 en Case 5).

Ajustez prise de conscience et remise en question.

Développez votre grande aptitude à jongler avec les événements et à utiliser les changements de votre vie de manière créative et surprenante. Osez créer positivement à partir des retournements de situations qui ont lieu devant vos yeux. Utilisez leurs "clins d'œil pédagogiques" !

Vous êtes invité(e) à reconsidérer l'image que vous avez de vos parents. Si vous êtes un homme : Prenez garde à ne pas devenir un "père manquant" ou un "père absent".

S'il vous est arrivé de vous sentir comme un petit canard dans une couvée de poule, trouvez votre place autrement qu'en dépensant de l'énergie à critiquer le passé. Mettez plutôt vos élans au service d'un nouvel envol... hors du nid ?

Votre curiosité vous incite à vous aventurer et à faire des recherches là où personne n'a encore osé mettre son nez. Cette exploration sponta-née semble essentiellement intellectuelle. Votre mental aurait-il besoin de rester constamment en alerte, le moteur toujours chaud ?

Appre-nez à mettre en lumière ce qui a tendance à vouloir rester caché. L'acuité de votre regard malicieux vous aide à décrypter les comportements humains les plus profonds, et à jongler habilement avec les pièges de la psyché.

Vous êtes invité(e) à utiliser avec sagesse votre aptitude aux changements et aux retournements les plus spectaculaires en matière philosophique et spirituelle. Les remises en questions les plus fondamentales et les "insurrections spirituelles" les plus inattendues, font partie de vos possibles, et de vos choix existentiels primordiaux.

Ne vous prenez pas au jeu de la provocation qui consiste à affirmer une chose et son contraire. Ne laissez pas votre désir d'avoir toujours le dernier mot guider votre dynamique relationnelle. Cela ne favorise pas l'écoute humaine et l'accueil sensible de l'expression de l'autre !

Développez votre souplesse intérieure afin de mieux vous relier à vous-même. N'abusez pas des "scénarios de fuite". Surtout lorsque l'autre, ou les autres, souhaitent intimement vous rencontrer au-delà des superficialités et des convenances artificielles.

Laissez à d'autres la démission de l'engagement relationnel. Osez le pari (75) de rencontres surprenantes et non pré-organisées avec vous-même et avec l'autre. C'est capital !

76 et 6 en Case 7 (ou 7 en Case 6).

Ajustez prise de conscience et renaissance amoureuse.

Vous êtes invité(e) à relier vos idées sur l'amour avec votre vécu sensible de l'amour. Osez féconder votre esprit par votre ressenti profond. Votre cœur a le pouvoir de régénérer votre connaissance de vous-même et des autres. Alors, faites-lui confiance, laissez-le tenir les rênes. Votre Reine de cœur ne s'en portera que mieux !

Posez les bases de relations harmonieuses et cohérentes entre les diverses consignes, ou loyautés familiales, parfois si contradictoires entre elles. En particulier, celles concernant l'amour et le "droit d'aimer" avec authenticité et vérité...

N'hésitez pas à assouplir votre esprit, en assouplissant votre corps et en prenant soin de lui. Orientez-vous vers la relaxation et la détente... sans oublier la méditation silencieuse et centrée.

Apprendre à aimer, consiste souvent à accepter de faire des "deuils intérieurs". Osez le deuil de certains projets, de certains programmes "sur l'autre". Relativisez certaines nécessités perçues comme absolues... et autorisez votre cœur à offrir ses baumes parfumés aux plus crispées de vos exigences intérieures.

Renoncez à ce rôle de victime dans lequel vous auriez tendance à vous mettre et qui vous amène à rester le gentil bourreau du meilleur en vous-même. Osez lâcher ces auto-frustrations excessives et ces duretés envers vous-même, qui vous aveuglent l'esprit.

Osez ressusciter la flamme. Sachez faire le deuil de tous ces petits ou grands bénéfices secondaires qui vous poussent à rester la victime de vous-même et de vos castrations ordinaires. En vous faisant souffrir, c'est comme si vous refusiez de connaître votre vrai monde intérieur ou votre vraie nature qui regorge de lumière et pétille de joie profonde.

L'ascèse n'apporte des bénéfices que lorsque la conscience n'est pas bâillonnée ou reléguée, pieds et points liés, derrière la porte des tyrannies mentales et la peur de s'aimer vraiment.

Osez être vous-même dans un autre espace que celui qui reste envahit par votre soumission aux fidélités familiales démobilisatrices ou castratrices.

Ne restez pas le jouet du destin. Un de ces destins tout tracés, qui vous emprisonnent à l'avance dans ce qui vous "serait réservé" d'en haut ! Un destin qui vous pousserait à vous cantonner (voire à vous maltraiter) dans ce qui aurait été préconçu, ou prédéterminé à l'avance... par quelqu'un d'autre. Un "destin" qui aurait finalement bon dos !

Rappelez-vous qu'une seule personne au monde sait ce qui est bon pour vous : c'est vous ! Personne d'autre. Fut-il paré des plus beaux doctorats ou des plus belles médailles de spécialiste es quelque chose !

Déterminez-vous. C'est-à-dire restez déterminé face aux obstacles de votre, face aux manipulations habituelles. Ne vous laissez plus déterminer par les options "absolues" des autres. Elles sont beaucoup plus subjectives qu'elles ne peuvent paraître !

Osez rester disponible à ce que le meilleur (et le pire) de vous-même ont à vous témoigner en toute sincérité. Osez accueillir tous ces ressentis, agréables ou non, qui vous ouvrent le chemin vers un superbe état des lieux intérieur, et vers de possibles renaissances spirituelles ancrées et profondes.

Osez compter sur vous. Et lâchez ces histoires déjà toutes bouclées qu'on vous raconte pour vous influencer...

Ouvrir votre cœur à vous-même, c'est offrir du sens et de l'amour à la partie centrale et divine qui vous habite si généreusement !

77 et 7 en Case 7.

Ajustez prise de conscience et méditation.

Votre forte capacité de réflexion et d'intériorisation est à utiliser dans votre travail de clarification des consignes mentales et des fidélités psychologiques, imposées par vos deux lignées parentales.

Osez vous libérer du poids des reproductions aliénantes, et des "injonctions généalogiques" qui peuplent votre psyché. Utilisez les dons de concentration de votre intellect-stéréo. Une bonne connexion des deux hémisphères cérébraux vous aidera à y voir plus clair dans votre vie... de 7 à 77 ans ? En confrontant votre "destin-tin" ?

N'hésitez pas à expérimenter l'assise silencieuse, ou la méditation centrée la plus essentielle. De belles surprises en perspective !

Vous connaître avec maturité et sagesse, passe par votre capacité à vous aimer au-delà de vos fuites diverses dans les abstractions les plus raisonnables, et les discours les plus logiques, voire les plus scientifiques.

Il existe un espace entre ces deux nombres 7, entre ces deux piliers de la connaissance, entre ces deux ultimes gardiens de la "Vérité". Osez vous y faufiler en restant surtout à l'écoute de votre vérité intérieure. Celle qui éclate de rire quand vous vous prenez trop au sérieux, ou quand vous tentez de jouer les "Gardiens du Temple" de l'absolu Savoir, ou le "garant" (pas le gérant) des dogmes, les plus fous à lier, de votre esprit.

Vos capacités de concentration et vos aptitudes au contrôle mental peuvent bloquer le passage à l'expression si belle de vos ressentis subtils et de vos prises de conscience les plus lumineuses.

La sagesse ne réside pas vraiment dans les livres, mais dans votre capacité à vous livrer intimement. Cela pour vous délivrer de vos peurs de ne pas savoir... ce que vous devriez savoir ! Vos peurs de ne pas connaître ce que vous devriez connaître. Et toute la horde des "il faut" qui sonnent faux au cœur de vos harmonies intérieures...

Ouvrez la porte à ce gentil concentré d'émotions contrôlées qui ne demandent finalement qu'à s'envoler dans la nature. Libérez votre "peuple migrateur", et tous ces vieux corbeaux qui peuplent votre petit monde intérieur.

Votre nature ne se nourrit pas que de l'accumulation de savoirs plus ou moins mis en boîte, et plus ou moins périmés. Ne transformez pas votre acquisition de connaissances en une inquisition conquérante !

Votre conscience a tant besoin de ce souffle de vent, libre et divin, qui balaye le désert intérieur de vos retraites spirituelles. Un souffle qui érode vos amas de certitudes les plus établies... les plus cristallisées et les moins christiques !

Osez explorer avec un esprit nouveau votre désert intérieur. Ce lieu intime peut vous offrir le cadre d'un apprentissage au dépouillement ultime et le terrain d'une expérience de la vraie humilité. Cette initiation se trouve à mille lieues de l'arrogance de votre petit mental-qui-sait-tout... et qui perd la trace de sa divinité la plus originelle et la plus décoiffante au premier virage de vie !

78 et 8 en Case 7 (ou 7 en Case 8).

Ajustez prise de conscience et réveil de la puissance intérieure.

Vous semblez doué pour la transformation des idées reçues et des cadres conceptuels imposés. Osez libérer vos connaissances acquises des chaînes psycho-affectives et des attachements sécuritaires.

Votre évolution spirituelle peut-elle passer par la voie tantrique, celle qui spiritualise l'approche humaine de la relation intime... à l'autre et à soi-même ? Le sacré dans la sexualité... serait-ce pour vous un sacré défi ? Et si vous mettiez l'expérience de votre "héros intérieur" au service de "l'éros régénérateur" ?

Les conquêtes de l'esprit vous passionnent-elles ? Osez brûler du feu des chercheurs d'absolu. Utilisez votre "volcan intérieur" pour métamorphoser les rigidités mentales et les scléroses de votre esprit, en ouvertures confiantes, en disponibilités sans concession. Histoire de vous abandonner un peu à la transcendance...

Osez transformer vos schémas mentaux les plus absolus. Recyclez vos certitudes les plus bétonnées. Vous favoriserez ainsi l'acceptation souple et l'accueil généreux des messages de votre "Maître intérieur". Celui qui ressemble à un sage héros de la connaissance mobile et évolutive.

Apprenez à vous libérer de vos attachements à ces jeux de pouvoir, où la tête – sans états d'âme – cherche à dominer le cœur. Ces systèmes relationnels dans lesquels le héros couronné, fait allègrement une croix sur ses sentiments, de peur qu'ils ne freinent sa belle progression vers d'illusoires conquêtes...

L'ultime conquête n'est-elle pas celle qui consiste à prendre le risque de ne plus vous accrocher compulsivement à une quête extérieure ? Celle qui comble le grand vide de votre trahison vis-à-vis de vous-même. Celle qui vous amène à vous serrer la vis et à vous serrer le cœur. Sans l'avis de votre esprit ?

Vous passez à côté de vous-même lorsque vous asservissez vos élans affectifs et corporels les plus authentiques aux fourches Caudines de vos programmes coercitifs, ou aux mains de votre bourreau intérieur, jamais au repos (un vrai bourreau de travail !). Et tout cela pour imposer cette domination sans nuances, mise en place par vos mécanismes intellectuels les plus froids. Et les plus nourris de concepts grisailleux et stérilisants... Changez de menu, que diable !

79 et 9 en Case 7 (ou 7 en Case 9).

Ajustez prise de conscience et étude des symboles.

Développez votre ouverture aux messages spirituels qui vous invitent à oser tolérance, amour universel et vision planétaire des choses.

Laissez le divin s'exprimer dans tout votre être... et en chacune des personnes que vous côtoyez. Libérez-vous de toutes les hiérarchies spirituelles. Ces "hiér-archies" d'hier, ces estrades à extrader...

Dénouez les pièges inconscients transgénérationnels qui minent votre progression personnelle. Osez la voie méditative et le silence réparateur.

Ne restez plus accroché(e) à de fausses certitudes. Donnez de l'air, donnez du mouvement à vos édifices cérébraux. Et faites la fête à la vie, et à votre vie intime. Histoire de jouer un sacré tour à votre "saboteur intérieur", celui qui cherche à se prendre un peu pour Dieu, nom de dieu !

S'envoler vers les hautes sphères de la connaissance nécessite de développer l'humilité de la conscience avancée et la jovialité du sage.

Traverser l'illusion des connaissances absolues et figées, demande d'établir un contact profond avec sa propre intériorité. Ce contact peut alors vous interpeller sans cesse. Il ne ménagera pas vos certitudes les plus indéboulonnables et les mieux placées au hit parade de votre ego le plus pur. Il restera votre allié pour vous aider à délier vos nœuds mentaux, et larguer vos amarres loin des attaches livresques qui vous tiennent l'esprit. Y en a marre des prisons intellectuelles !

Osez faire le ménage de vos reproductions sans âge. Libérez-vous de ces systèmes de pensée du passé qui encombrent votre espace intérieur. Osez vous aventurer au cœur des terrains vagues qui se trouvent au-delà de vos frontières mentales bien gardées. Tous ces petits "murs de Berlin de la conscience" qui jalonnent votre territoire intérieur...

Laissez de l'espace à votre inconscient. Offrez de l'air à ses divers messagers. Restez disponible à tous les signes qu'il vous envoie, même les plus subtils et les plus quotidiens.

Ne vous enfermez plus au sommet de votre idéal. Il risque de vous jouer des tours ! Sans détour, osez maintenant confronter les vagues passionnantes et passionnées de votre inconscient indompté. Restaurez le haut de votre St Malo intérieur. Il n'y a pas de mal à ça !

Restez souple, et osez lâcher votre éternelle recherche de perfection : c'est une judicieuse façon d'avancer dans les marécages de vos soubassements intérieurs. Cela vous aidera à atteindre l'autre rive de vous-même. Là où tout peut arriver pleinement, sans avoir besoin de se répéter artificiellement et inutilement à l'infini !

80 et 0 en Case 8.

Utilisez votre puissance transformatrice, votre stratégie du renouveau.

Développez votre capacité à vous engager dans des réalisations originales et nouvelles. Osez mettre à profit les acquis de vos expériences passées. Faites de votre maîtrise et de votre force intérieure des alliées pour affronter les grands défis de votre vie.

Ne fuyez pas les missions héroïques, et attelez-vous à des projets ambitieux. Seulement, ouvrez les yeux, restez lucides, et méfiez-vous de votre tendance à rester dans le "tout ou rien".

Osez rencontrer cette force juste, si largement disponible en vous-même. Une force que vous avez peut-être mis aux oubliettes dans votre enfance, tellement elle dérangeait autour de vous...

Certains déshonneurs ancestraux ou dévalorisations familiales semblent avoir été occultées. Observez les réactions vives ou les fonctionnements inconscients qui vous poussent à réhabiliter, à surcompenser parfois maladroitement ces déshonneurs ou ces "injustices passées".

Osez la rencontre avec cette justice intérieure que vous vous imposez à vous-même. Cherchez à jauger, plutôt qu'à juger. Vous serez ainsi moins condamnés par vous-même... et vous vous allégerez ainsi de certains de vos préjugés finalement lourds à porter au fil de votre chemin d'évolution.

88 : Quatre "vain-queurs" au cœur de votre puissance intime la plus lumineuse... Que faire de cette puissance à l'état pur qui habite votre royaume intérieur ? Cette puissance possède un tel "pot-en-ciel", qu'elle paraît peu "terrestre". Pourtant, elle est là, au bout de vos capacités multiples, au bout des rênes qu'il vous reste à savoir tenir... dans ces courbes prises à grande vitesse ?

Gardez-vous de passer du "tout au rien" ! Ne contournez pas la réalité en fuyant les enjeux propres à ce feu, à cette dynamique ultime et libératrice.

Ne laissez pas les mites (et vos grands mythes limitatifs) grignoter le bois qui alimente le feu de votre dynamique spirituelle.

Apprenez juste à modérer votre intolérance aux injustices vous concernant, ou concernant vos proches. Assouplissez les missions héroïques dans lesquelles vous vous engagez, parfois sur un coup de tête, pour faire plaisir à votre si bel amour-propre.

Laissez-vous transformer par les épreuves de votre vie. Acceptez de perdre certaines batailles face à vos exigences spirituelles les plus puissantes. Et si la meilleure façon de gagner consistait à perdre ? À perdre ce qui vous trompe sur vous-même. À perdre ce qui trahit la vérité de votre cœur, ce qui vous aveugle et vous pollue l'esprit.

Trouver la force en vous-même, ce n'est pas vous forcer à faire n'importe quoi au nom de n'importe qui !

Transformer le plomb en or, c'est aussi abandonner ses "a-plombs" illusoires, pour orchestrer avec bonheur une suprême alchimie intérieure. Ce processus ultime de transmutation n'a que faire de recettes toutes faites et de stratégies égotiques répertoriées... dans les meilleurs guides pour futurs postulants-requins aux dents longues, ou faux héros d'un système sans âme.

81 et 1 en Case 8 (ou 8 en Case 1).

Utilisez votre puissance de conception. Favorisez votre stratégie de Self-made man.

Développez vos qualités de chef d'entreprise et de conquérant de nouveaux mondes. Osez concentrer vos énergies sur des objectifs très précis et élevés. Positionnez-vous plus clairement afin de vous orienter vers des réussites inédites ou de beaux exploits.

Travaillez sur votre relation (conflictuelle ?) à l'autorité. Soyez conscient des rapports de force qui la sous-tendent. Ils renvoient à ce que vous considérez peut-être comme la "trahison" de votre père, ou son incapacité à tenir le rôle que vous auriez aimé lui voir tenir.

Votre sur-pression intérieure vous pousse-t-elle à vous lancer dans de grands défis ? Vous donne-t-elle l'impression de mettre en condition ce "Héros intérieur" qui ne demande qu'à bondir ? Ce Zorro n'attend que le moment propice pour jaillir de vos profondeurs et émerger des recoins de vos rêves de grandeur...

Apprenez à ne pas vous crisper sur vos objectifs. Assouplissez votre exigence de maîtrise des situations et des êtres. Vous n'avez pas le pouvoir de tout superviser, ni la "toute puissance" de tout gérer !

La conscience émerge lorsque l'ordre de mission n'occulte pas le tracé de la progression personnelle. Lorsque la volonté de vaincre ou d'arriver à ses fins (par tous les moyens ?) ne cache plus la faim d'un monde meilleur, ni l'espoir d'un plus grand respect de l'humain sur cette planète.

Une invitation à vous éloigner des rapports de force stériles au sein desquels vous risquez de passer à côté de l'essentiel, c'est-à-dire l'écoute de votre petite voix intérieure, celle de votre sagesse profonde et de votre conscience en éveil.

Osez vous mettre dans l'axe de ce feu qui vous sollicite de l'intérieur. Laissez-le transformer vos lourdeurs et vos déchets intérieurs en possibles créatifs. Cela aidera votre belle flamme intérieure à se mettre au service du nouveau porteur de lumière que vous pouvez devenir...

Réalisez que votre impatience à gagner de nouvelles batailles et à réussir des exploits "dernier cri", vous éloigne parfois de votre vraie puissance intérieure tranquille. Et vous détourne de vos lois intimes les plus sages et de vos équilibres intérieurs les plus sacrés.

Laissez votre lucidité se frotter à l'expérience des tests atypiques et des leçons originales que la vie vous propose... si généreusement !

82 et 2 en Case 8 (ou 8 en Case 2).

Utilisez votre puissance de réceptivité. Développez votre stratégie des alliances.

Vous êtes invité(e) à accueillir en vous, et chez l'autre, la partie la plus sensible et la plus mouvante qui soit, pour la mettre au service d'engagements profonds et de partenariats productifs. Orientez-vous vers des rôles de protection et des actions de guérison, vous y ferez des merveilles !

Travaillez sur vos émotions et osez confronter votre colère (l'air de rien elle est conséquente !). Laissez cette colère devenir votre alliée. Prenez conscience de ce qu'elle vous montre. Il est possible qu'elle concerne plus particulièrement votre relation à votre mère. Aussi, apprenez à vous situer par rapport au pouvoir des "Mères" – ces "fonctions-mères" – qui ont jalonné (voire envahit) votre vie. Ces "fonctions-mères" qui montrent toujours leur nez dans votre actuel parcours d'adulte !

Laissez votre sensibilité vous conduire au meilleur de vos possibilités. Accueillez cette dynamique intérieure qui vous encourage à oser aller de l'avant, sans vous retourner sans cesse sur vos hésitations du passé. Sans vous focaliser sur ce qu'il aurait pu advenir si vous aviez pris d'autres options...

Évitez de mettre en rivalité votre désir de n'en faire qu'à votre tête et votre capacité à écouter vos intuitions profondes. Mettre vos élans en compétition peut avoir pour conséquence une limitation de votre aptitude à agir avec clarté et lucidité, et une diminution de vos possibilités d'écoute intérieure.

Vous semblez avoir besoin d'être soutenu(e) dans votre quête d'autonomie mature et de centrage équilibrant. Osez hisser de vous-même la grand voile, afin de vous éloigner des vagues déstabilisantes de vos hésitations premières. Gagnez le large, afin de vous sortir de vos remous émotionnels et de vos états d'âme les plus contradictoires.

Alterner tension et détente, peut devenir une de vos spécialités les plus belles, au cœur de la panoplie de vos meilleures stratégies relationnelles. Cette spécialité ressemble aussi à l'art de tendre vers un objectif bien visible, tout en dérivant gentiment vers l'exploration de ce qui reste caché aux yeux des observateurs du moment. Serait-ce une manière élégante d'échapper aux contrôles trop pressants, ou aux injonctions trop dirigistes ?

Être à la une n'est pas votre tasse de thé. Être dans la lune, pour en explorer la face cachée, vous attirerait-il plus volontiers ?

83 et 3 en Case 8 (ou 8 en Case 3).

Utilisez votre puissance de créativité. Favorisez votre stratégie relationnelle.

Vous êtes invité(e) à développer votre charisme, ou "charme personnel", au service de causes spirituelles et de réalisations élevées. Osez vous investir dans des relations humaines riches et variées. Tentez les communications en tous genres, médiatiques de préférence.

Travaillez sur la valorisation de votre image personnelle. Osez faire votre petite pub et valoriser vos actions. Dans votre recherche de reconnaissance sociale, n'oubliez pas que c'est la reconnaissance de vos propres dons, et la foi que vous vous accordez à vous même, qui joueront le rôle le plus important.

Exprimez vos dons. Osez le zeste de narcissisme et la pincée de gratitude pour vous-même. Sans oublier la puissance de votre jeune et beau "héros intérieur". Prêt à tout terminer, il ne semble jamais en reste !

Que la lumière soit... et la lumière "fuse" ! Où est donc passée votre rampe de lancement et votre capacité à briller sous les feux de la rampe ? Il vous est suggéré de ne pas laisser votre immense charisme au vestiaire de vos peurs ordinaires. Évitez juste de trop dépendre de l'approbation ou de la valorisation offertes par votre si grand public !

Laissez votre "messager divin intérieur" guider vos héroïsmes divers et chevaucher vos illuminations originales. N'ayez pas peur du petit cheval de Troie construit par vos alliés intérieurs. Il peut vous permettre de pénétrer enfin à l'intérieur de la grande forteresse close de vos lourdeurs anciennes. Là où sont consignées vos missions familiales bétonnées. Là où moisissent toutes ces injonctions faussement identitaires qui ne vous appartiennent plus.

C'est avec humour que vous gagnerez les batailles les plus sérieuses. C'est en considérant la vie comme une fête que vous atteindrez le faîte de vos possibilités les plus belles. Offrez un joli costume de Zorro à votre enfant intérieur. Et laissez-le se passionner pour l'essentiel : l'amour, la vérité, la justice.

84 et 4 en Case 8 (ou 8 en Case 4).

Utilisez votre puissance de concrétisation. Développez votre stratégie "de terrain".

Vous avez de belles capacités à construire du grand, du solide, du sérieux. Osez rencontrer le "Bâtisseur de cathédrales" qui sommeille en vous depuis si longtemps. N'hésitez-pas à utiliser vos acquis ancestraux pour consolider les cadres et les fondations de vos imposantes réalisations.

Prenez conscience des jeux de pouvoirs familiaux et des schémas inconscients qui minent votre terrain intérieur. Observez ce qui se joue, particulièrement au niveau de la nourriture. Et d'éventuels scénarios anorexiques...

Rester à l'abri de murs épais, en attendant que les choses soient mûres, c'est une option, mais c'est aussi le meilleur moyen de laisser rouiller son épée de chevalier !

Vous avez la capacité de construire de beaux monuments matériels et spirituels. Autorisez-vous à ériger des cadres protecteurs pour les autres et pour vous-même. Osez un réel balisage de votre espace personnel. Sachez effectuer un certain travail de distanciation vis-à-vis de vos parents, ou des proches, qui empiéteraient trop sur votre vie intime. Ne les laissez pas marcher sur vos plates-bandes... et c'est la débandade intérieure ?

Ouvrez la porte du quartier de haute sécurité où est resté isolé votre enfant intérieur. Laissez le prendre un peu l'air... ailleurs !

Vous avez à votre disposition des héritages importants qu'il vous reste à confronter réellement, puis à trier lucidement, afin de les utiliser ensuite de façon bénéfique et heureuse.

Ne gravissez pas 4 à 4 les escaliers de la gloire ! Prenez du temps pour vous sentir à votre vraie place. Et consolidez sagement vos acquis. Le ciel fera le reste, et la terre aussi. Sans "commen-taires" !

85 et 5 en Case 8 (ou 8 en Case 5).

Utilisez votre puissance de régénération. Privilégiez votre stratégie de mobilité.

Vous êtes invité(e) à prendre le risque d'engagements rénovateurs. Osez utiliser vos dons d'explorateur ou de chercheur passionné.

D'importantes énergies sont à votre disposition. Il vous reste à les gérer en conscience et à les mettre au service de processus d'évolution nouveaux.

Changements en tous genres, révolution et aventure intérieure, vous passionnent et donnent du piment à votre cheminement personnel. N'hésitez pas à vous investir dans des défis qui demandent courage, faculté d'adaptation et rapidité d'action.

Sachez aussi faire le deuil de certains projets illusoires, ou de certains rêves de grandeur qui vous auraient éloignés de vous-même, et de la possibilité de vous transformer intérieurement.

L'aventure n'est pas uniquement au bout de la performance ou de la compétition ultime avec les autres. Tentez l'aventure avec vous-même. Tentez l'aventure spirituelle, celle qui consiste à oser le changement intérieur. Celle qui consiste à vous libérer de vos vieilles peaux. Celle qui consiste à abandonner vos vieux schémas et vos vieux scénarios trop usés.

Vous êtes invité(e) à canaliser votre forte énergie physique et mentale, afin de l'utiliser pour concrétiser des œuvres solides et bien ancrées. Ne passez pas d'une expérience à une autre sans en tirer les leçons, ou sans en investir les fruits dans votre vie de tous les jours. Osez aller à "l'in-térieur de l'ex-périence" ! Osez l'expérience intérieure...

Avancer, c'est aussi savoir faire le deuil de ce qui peut alourdir votre véhicule psychologique et corporel. Avancer, c'est lâcher ce qui vous tire en arrière, et que vous n'osez pas abandonner par habitude ou par peur de vous séparer de ce que vous connaissez si bien. Et qui nous sabote bien la vie ?

Osez vous libérer des exigences que vous vous êtes arbitrairement donnés par le passé. Surtout si vous estimez, en toute conscience, qu'elles ont dépassé leur date de péremption !

Osez considérer autrement les missions que vous vous êtes imposées. Lâchez les charges que vous continuez à payer, ou à porter, par peur de vous sentir coupable de ne plus être le héros ou l'héroïne (illusoire ?) que vous auriez aimé être.

Restez proches du meilleur en vous-même, et de tout ce qui habite votre authentique espace intérieur. Là où vous restez parfois vulnérable, souvent incertain, mais tellement humain !

Laissez votre volcan intérieur soulever votre terre tassée ou durcie. Elle en deviendra fertile et riche. Laissez votre feu métamorphoser vos cristallisations ou vos certitudes les plus durcies, elles deviendront bénéfiques et savoureuses.

Osez renaître à vous-même pour assumer pleinement la lumière de vos œuvres. Et la révélation de votre capacité à devenir champion(ne) du recyclage de l'énergie, ou expert(e) en transformation intérieure...

86 et 6 en Case 8 (ou 8 en Case 6).

Utilisez votre puissance d'amour.
Osez votre stratégie de conciliation.

Vous êtes invité(e) à développer vos dons de guérison spirituelle. Vous avez la capacité de transformer vos élans du cœur en projets ambitieux, au service de l'écologie et du mieux-être.

Dépassez les rapports de force souvent présents au sein des relations amoureuses. Modifiez les rôles Dominant/Dominé qui structurent certains de vos échanges intimes.

Dénoncez la maltraitance physique et surtout psychologique, dont vous avez pu être témoin... où que vous avez subi vous-même ? Cela vous évitera de rejouer les mêmes schémas traumatiques, ou de vous orienter vers des rôles relationnels plus ou moins sado-masochistes.

Apprenez à ne plus maltraiter en vous cette partie douce et sensible qui n'aspire qu'à la détente et au lâcher-prise. Cette partie que vous n'écoutez plus, lorsqu'il est question de mettre toutes vos énergies dans les nombreux défis ou "batailles" que vous adorez mener tambour battant !

Héros pacifique ou champion de la recherche d'harmonie, il vous est demandé, dans vos missions de haute sécurité, d'oser tenter l'aventure du mieux-être, mais aussi celle de la nouveauté et de l'inattendu. Cela vous demande d'aller vers l'acceptation la plus profonde et la plus fertile.

Laissez de la place à votre souplesse intérieure. Apprenez à vous faufiler entre les tensions et les rigidités de votre volonté farouche de conquérir de nouvelles richesses et d'accéder à un statut social élevé.

Ne forcez pas votre vraie nature, et laissez grandir – à l'abri de vos protections stratégiques – votre si belle capacité d'amour pour vous-même et pour l'autre. L'amour est votre force. Cette force se nourrit de toutes vos faiblesses intimes... et tellement humaines !

87 et 7 en Case 8 (ou 8 en Case 7).

Utilisez votre puissance de réflexion.
Privilégiez votre stratégie d'études et recherches.

Osez déjouer les pièges liés au pouvoir des connaissances. Vous avez à votre disposition une belle force de persuasion et un intellect performant. Servez-vous en à bon escient... avec la science de la conscience !

Observez et analysez les surcompensations familiales qui vous poussent à vouloir réussir par tous les moyens. Identifiez celles qui vous incitent à vous crisper outre mesure sur vos objectifs personnels, en délaissant votre sagesse si tranquille.

Assouplissez les obligations que vous vous donnez et osez un certain lâcher-prise. Osez vous aimer, même quand vous ne faites rien. Au diable cette exigence de performance révolue, et si souvent mortifère !

Votre plus grande bataille est celle qu'il vous reste à livrer contre l'intransigeance de votre mental qui se veut tout-puissant. Cette intransigeance va de pair (comme votre père ?) avec l'aveuglement de votre ego...

Pour y voir plus clair, osez ne plus encombrer votre vie avec cette course au profit qui ne profite pas à votre âme. Reconsidérez ces joutes intellectuelles illusoires qui ne font que polluer votre esprit. Passez à autre chose !

La vraie transformation vient de l'intérieur. Osez confronter vos démons intimes. Ils vous conduiront à vos anges les plus beaux. Ils vous renverront aux interpellations du divin, au cœur de votre démarche d'évolution personnelle la plus essentielle.

Votre puissance de concentration et votre capacité à sonder l'insondable, mettent à votre disposition une lucidité extrême et une conscience mature qu'il vous reste à entretenir et à valoriser.

Libérez-vous de ces culpabilités sournoises, issues de votre passé familial, qui vous poussent à saboter vos élans généreux de penseur avisé et de bâtisseur inspiré. Et osez respirer l'air de nouveaux espaces spirituels possibles. Histoire de vous agrandir la vie...

88 et 8 en Case 8.

Utilisez votre puissance de protection. Osez votre stratégie de souveraineté intérieure.

Il vous est suggéré d'utiliser de façon juste le "carburateur double-corps" qui est à votre disposition pour conquérir de nouveaux territoires sociaux ou financiers.

Apprenez à contrôler le tigre que vous avez dans le moteur ! Écoutez vos rêves : certains vous poussent à soulever des montagnes et à réussir de grandes choses. Alors, entraînez-vous dès maintenant. Et surtout, ne vous imposez pas de vieux modèles de réussite périmés. Gardez les pieds sur terre. Engagez-vous sur le terrain. Et n'oubliez pas d'apprendre à vous relaxer !

8 est le nombre du héros. 88 se réduit à 7 (issu de l'as-seize ?). Vos scénarios en double zorro 8 (ou double z'héros) semblent vouloir dépasser les performances de l'agent double zéro 7 !

Les héritages énergétiques et spirituels de la famille de votre père et ceux de la famille de votre mère, s'assemblent pour vous offrir une grande puissance potentielle d'action et de réalisation. Dons, expériences, savoirs et acquis de ceux qui vous ont précédé vous sont directement accessibles, pour autant que vous appreniez à les utiliser et à les assumer pleinement.

Avec la lucidité et le doigté du pilote de course ?

Par ailleurs, ne négligez pas les "missions de réhabilitation" liées à certaines trahisons, humiliations ou injustices du passé, subies par vos proches ancêtres.

Autorisez-vous à trouver la juste mesure dans votre manière de vous lancer dans divers engagements chevaleresques, tous plus nobles les uns que les autres. N'en faites pas trop faire à votre Zorro intérieur, toujours prêt à sauter en selle ! "C'est celle que j'aime", vous répète-t-il tous les matins ! Faut bien remplir l'escar-celle...

Ne vous battez pas contre vous-même. Osez décoder ces luttes de pouvoir qui peuplent votre monde intime. Prenez conscience de toutes les forces qui s'affrontent à la lisière de votre inconscient. Transformez vos violences en dynamismes constructeurs. Et célébrez vos saintes colères !

Évitez de vous réfugier dans votre tête. Autorisez-vous à descendre un peu plus bas, en vous-même, pour rencontrer le volcan de vos émotions et de vos passions... si longtemps contenues ?

Ne reléguez plus aux oubliettes de votre forteresse ces "concentrés sensibles" qui vous habitent. Libérez vos trop grandes émotions, avant qu'elles ne vous jouent des tours !

Transformez vos vieux griefs ou vos ressentiments fermentés. Ils vous aideront à accoucher d'une nouvelle créativité. Aussi, laissez-les devenir les engrais nécessaires à une redynamisation de votre terre intérieure. Je vous offre mes encouragements pour la s'huit... (l'as 8 ?)

89 et 9 en Case 8 (ou 8 en Case 9).

Utilisez votre puissance d'intuition. Engagez-vous dans une stratégie d'évolution collective.

Il vous est suggéré de saisir l'indicible et de dévoiler ces trésors cachés au sein de l'âme humaine. Osez capter les messages des mondes subtils, et transcrire ceux de l'inconscient collectif. N'hésitez pas à mettre ces révélations au service de votre épanouissement personnel et de votre souveraineté intérieure.

Puis faites-en profiter les autres, au sein d'actions collectives, dans le domaine social. Osez engager votre puissance d'action, d'organisation et de transformation dans des œuvres originales au service de l'humain. Donnez-vous les moyens de bâtir des structures ayant pour vocation l'aide et la protection des plus défavorisés.

Accueillez en vous ce "Héros" tout neuf. Osez vous aventurer au-delà des frontières habituelles de l'esprit limité par les intox collectives et les incitations à la pensée unique.

Laissez le vieux sage intérieur vous dicter ses meilleurs conseils, et vous soutenir dans votre combat pour la libération de l'âme humaine. Ne négligez pas votre besoin d'agrandir le territoire de vos acquis. Orientez-vous vers la conquête de nouveaux défis intellectuels et spirituels.

Permettez la remise à neuf de ce chapelet de conceptions anciennes que vous avez égrainé si longtemps... à en perdre l'essence et le sens profond ! Ne restez pas les yeux rivés sur ce qui vous a fait "ar-river" là où vous êtes. Ce qui a jalonné l'entrée de votre beau chemin peut maintenant laisser la place à une autre phase de votre quête intérieure. Celle qui s'oriente vers une conscience plus élevée...

Osez confronter les schémas inconscients qui induisent périodiquement ces situations qui mettent à mal vos jolis plans, bien calibrés par votre mental prévoyant. Apprenez à déceler les mécanismes de l'ombre qui vous poussent au centre de rapports de forces inter-individuels, ou dans des batailles collectives peu matures.

Tirez les leçons des soi-disant "hasards". Donnez un sens aux diverses coïncidences qui ont finalement tant d'incidence sur votre progression ! Toutes ces coïncidences signifiantes ne sont là que pour vous aider à transformer les vieux combats illusoires et périmés, en révélations nouvelles, ou en belles écoles de maturation intérieure.

Vous semblez avoir un rôle particulièrement central à jouer au niveau de la bonne répartition d'héritages matériels importants, ou au niveau de la réhabilitation d'un nom (ou d'une personnes) spolié par des injustices passées... ou par certaines affaires de justice.

Dans toutes ces grandes œuvres, soyez juste vous-même. Restez juste avec votre conscience. Restez juste avec votre vérité intérieure. Restez juste envers la vie...

90 et 0 en Case 9.

Vivez votre conscience globalisante. Facilitez le renouveau au sein du collectif.

Amplifiez votre belle aptitude à appréhender les phénomènes de façon intuitive et holistique. Osez faire du neuf. Favorisez les possibles au-delà des modèles de pensée périmés.

N'oubliez pas d'utiliser votre puissance d'interprétation des messages de l'inconscient collectif. Elle vous mènera à l'essentiel de l'humain. Osez donner consistance et force à votre démarche humanitaire. Donnez de l'air à vos grands idéaux de fraternité universelle.

Il vous est proposé d'effectuer un travail en profondeur concernant certains secrets familiaux que votre "collectif familial" s'efforce d'occulter depuis si longtemps !

Apprenez à décoder les messages quotidiens de votre inconscient. Donnez-vous la capacité d'en faire des pistes d'avancement intérieur. Osez ce dialogue avec ce qui vous habite, en vous aventurant au-delà de vos peurs habituelles et de vos scénarios d'incapacité.

Ne négligez pas cet idéal d'un monde neuf, peuplé de femmes et d'hommes nouveaux, prêts à explorer leurs profondeurs en toute honnêteté, prêts à sonder leur passé et ses interpellations, pour mieux confronter et transformer leur présent.

N'ayez pas peur de laisser grandir votre lumière intérieure, ainsi que cette force intime. Elles vous poussent à tenter encore et toujours de nouveaux possibles, avec une sagesse et une conscience renouvelées.

Votre grande sensibilité vous accompagne dans les élans pacifiques et chaleureux qui vous conduisent à vous engager avec détermination au sein d'actions collectives, humanitaires et sociales. Ces actions se situent parfois hors des sentiers battus et des frilosités courantes du système ambiant...

Seriez-vous doué pour tourner les pages du grand livre de l'histoire humaine ? Pensez seulement à faire le ménage dans vos vieux placards à idées. Inspectez et nettoyez régulièrement vos réserves affectives. Pensez à élaguer, à la saison propice, ce qui a poussé dans le jardin de vos habitudes amoureuses et amicales.

Que l'illumination intérieure donne vie à vos vertus divines et offre des fruits à l'arbre de votre esprit. Qu'elle libère votre conscience des tiraillements qui l'habitent. Qu'elle vous aide à faire le deuil de "l'ancienne femme", ou de "l'ancien homme", que vous avez été !

91 et 1 en Case 9 (ou 9 en Case 1).

Vivez votre conscience centrée. Positionnez-vous au sein du collectif.

Il vous est suggéré de bien trouver l'équilibre entre votre autonomie psychologique et votre participation à des projets collectifs. N'hésitez-pas à mieux vous occuper de vous. Ainsi vous aiderez mieux les autres !

Vous avez à votre disposition de belles capacités de leader ou de dynamiseur au sein des groupes. Osez faire la trace pour les autres. Évitez juste de "tracer" trop vite devant tout le monde !

Cultivez la patience. Écoutez les pistes que vous offrent les messages de votre inconscient. Avant de moissonner, laissez mûrir les choses. Vous n'avez pas le pouvoir de faire avancer vos projets plus vite que la musique !

Quelle place a pris votre père, et quel rôle a-t-il joué dans votre famille ? Ne cherchez-pas systématiquement à réaliser ce qu'il n'a pas réussi lui-même. Donnez de la force à votre "patron intérieur". Soyez un "bon papa" pour vous-même. Cela vous permettra de développer de sacrés re-pères intérieurs !

N'isolez pas votre tête si loin au-dessus de vos bases. Vous n'avez pas pour vocation de vous transformer en fusée Ariane, même si vous semblez passionné par les étoiles... et que toutes ces petites choses terre-à-terre ne vous intéressent guère.

Donnez-vous la possibilité de vous "planter"! C'est la meilleure façon de réussir. Bien planté sur vos pieds, bien planté au centre d'une base solide, bien planté dans des ancrages positifs, vous n'en serez que plus efficace et plus solide.

Osez renouveler vos options personnelles. Osez vous orienter vers d'autres buts que ceux vers lesquels vous vous étiez tourné au départ. Osez modifier votre ligne de tir. Pour "par-tir" ailleurs, au-delà des frontières étriquées de votre ancienne conception de vous-même.

Ne cherchez pas à imposer aux autres ce qui vous semble neuf ! Restez tolérants vis-à-vis de ce qui se vit en vous, vis-à-vis de cette plus ou moins bonne communication qui relie le haut et le bas de votre être.

Apprenez à améliorer les échanges entre le sommet de votre conscient et ce qui peuple les ombres de vos profondeurs inconnues...

92 et 2 en Case 9 (ou 9 en Case 2).

Vivez votre conscience intuitive. Facilitez les alliances au sein des groupes.

Il vous est suggéré de développer votre grande réceptivité. N'oubliez pas de filtrer les "émotions entrantes, afin de ne plus faire "l'éponge" !

Autorisez-vous à préparer en vous un terrain de paix, pour que puissent y fleurir vos meilleures intuitions. Pratiquez la médiumnité avec maturité et sagesse.

Osez jouer des rôles "maternants" dans les groupes... sans en faire plus que ce qu'il vous est réellement demandé ! Favorisez les alliances sensibles. Tournez-vous vers toutes ces personnes de bonne volonté qui ne demandent qu'à vous soutenir dans vos actions d'aide aux autres. Laissez-les vous accompagner dans votre démarche pour une plus grande ouverture de conscience collective

Apprenez à gérer correctement vos émotions. Ne vous perdez plus dans vos belles illusions. Les rêves ne durent qu'un temps. Il est nécessaire de les confronter aux exigences du quotidien et de la réalité des choses.

Quelle place a occupé votre mère, et quel rôle a-t-elle joué dans votre famille ? Vous sentez-vous missionné(e) par elle, pour continuer son œuvre, voire la dépasser. En passant à côté de vous-même, et en vous éloignant de ce que vous ne vous autorisez pas à aimer ?

Vous restez sensibles... à la sensibilité des autres. Vous captez leurs rêves, surtout lorsqu'ils sont les reflets des vôtres. Ce n'est pas une raison pour vous sacrifier – en vous niant vous-même – pour celles et ceux qui vous témoignent leurs difficultés intérieures, ou leur détresse morale. Il y a d'autres façons de les aider !

Pour être à l'écoute des autres, vous devez conjointement rester à l'écoute de vous-même, à l'écoute du plus faible, du plus fragile, du plus sensible en vous. Le fil de soie de la communication intérieure, ce fil d'Ariane de la relation intime, conduit à vos propres profondeurs sensibles. Apprenez à ne pas le négliger ou à le laisser filer ! Par contre, lâchez enfin ce sacro-saint cordon qui vous attache à votre sacro-sainte maman, au lieu de vous "sacrocher" à ces attachements infantiles limitatifs qui vous empêchent de faire du neuf !

Le canal par où transitent les plus belles intuitions a régulièrement besoin d'être nettoyé des scories de votre mental trop chargé. Il a besoin d'être débarrassé des déchets plus ou moins toxiques de votre vécu psycho-affectif comme de vos tensions corporelles les plus ordinaires.

Il vous reste ensuite à bien orienter vos antennes, pour vous éviter de capter n'importe quoi. Mais peu importe, paraît-il pourvu qu'on ait l'Everest des hautes altitudes de l'esprit !

93 et 3 en Case 9 (ou 9 en Case 3).

Vivez votre conscience créative. Facilitez la communication dans les groupes.

Vous êtes invité(e) à utiliser vos dons artistiques et vos capacités d'expression personnelle au service de votre maturation intérieure et de votre progression spirituelle.

Osez favoriser les échanges et les relations directes au sein des groupes. Osez dévoiler certains secrets familiaux, bien cachés derrière l'emballage de cette belle famille au-delà de tout soupçon ! Dire ou ne pas dire, *that is the question* ! Dire ou ne pas dire, y a pas à dire, c'est un sacré dilemme ! Surtout quand on veut aimer tout le monde et ne faire de la peine à personne...

Exercez-vous à traduire pour le bien de tous les interpellations de l'inconscient collectif, en particulier les symboles oniriques, numériques ou autres. Ne négligez pas les messages que vous offrent les circonstances "fortuites" de certaines rencontres : ces si belles "synchronicités significatives"!

Votre inconscient, très riche et très complexe, essaie de vous parler par l'intermédiaire de votre vécu relationnel. Écoutez-le. Faites des liens qui donnent un sens à votre cheminement. Développez cette ouverture aux autres, fluide et riche, qui facilite des échanges de qualité et fait briller le regard de l'âme.

Autorisez-vous à exprimer vos questionnements et vos pistes de recherche au sein des groupes. Vous avez le don de repérer ce qui se cache derrière les apparences, et derrière les fausses vérités. Votre intuition capte beaucoup de choses au-delà des non-dits... et même au-delà des mots !

Sachez utiliser votre capacité à retourner les situations positivement. Osez développer votre admirable résilience personnelle. Créatif, imaginatif et enthousiaste, vous avez la possibilité de retomber sur vos petites pattes agiles et sensitives. Eh oui ! "Chat marche" !

Osez votre art au regard du plus grand nombre. Et révélez enfin ce film de vie si émouvant et si beau dont vous êtes le scénariste inspiré.

Donnez des ailes à votre spiritualité. Réchauffez les cœurs, autour de vous, en proposant le brillant soleil de votre générosité superbe...

94 et 4 en Case 9 (ou 9 en Case 4).

Vivez votre conscience pragmatique. Facilitez la construction collective.

Vous avez la capacité de vous ancrer dans des repères bien terrestres, en ayant la tête dans les étoiles ! N'hésitez pas à privilégier l'application concrète dans votre démarche spirituelle.

Donnez corps à vos rêves et lancez-vous dans les réalisations qui correspondent à vos aspirations les plus profondes. Osez relever les manches de votre détermination et de votre si claire volonté intérieure...

Votre confiance en vous grandira à la mesure de ce que vous aurez construit. Vos œuvres solides et durables seront comme autant de jalons et de repères à votre disposition pour vous confirmer vos possibilités propres, et amplifier votre capacité à être pleinement vous-même, et à vous incarner plus nettement dans cette vie !

Osez vous investir dans les groupes. Engagez-vous dans des actions ou des œuvres sociales. N'économisez-pas l'huile de coude, et relevez vos manches, pour faire appliquer vos grands idéaux. Ne faut-il pas battre "l'en-fer" pendant qu'il est chaud ?

Vous êtes invité(e) à faire un certain travail sur les reproductions collectives inconscientes des modèles ancestraux. Pour mieux repérer leur incidence sur vos choix d'aujourd'hui dans votre vie courante.

Confrontez avec courage les divers "deuils" qui jalonnent votre chemin d'initiation. Ils sont là pour vous entraîner à lâcher... À lâcher certains programmes, certaines chaînes mentales ou certaines illusions, dont vous avez tapissé votre esprit. Cela vous aidera à expérimenter la séparation... sous toutes ses formes ! Le pire des abandons n'est-il pas l'abandon de vous-même, de vos richesses latentes et de vos potentialités de cœur et d'esprit ?

Ayant accepté le "test du lâcher-prise", le "test de l'abandon relationnel", vous pourrez enfin transformer la victime qui se sent rejetée (ou la "victime délaissée"), en adulte responsable et mature. C'est-à-dire un sujet conscient de la reconstruction intérieure qu'il lui reste à effectuer une fois le "cordon coupé" avec l'autre, et avec un certain passé révolu !

Ensuite vous pourrez apprendre réellement aux autres à faire des deuils !

Aider l'autre revient souvent à s'aider soi-même. En se permettant d'oser le nettoyage intérieur qui libère. En tentant les transformations de vos habituels cadres de référence.

Vous avez la capacité de recycler, autant vos vieux affects périmés que vos anciens modes de pensées. Libérez-vous des mécanismes relationnels limitatifs ou toxiques auxquels vous avez participé. Éloignez-vous de ces systèmes que vous avez vous-même érigé au sein de votre petit monde, au sein de vos habitudes d'isolement-échappatoire ou d'éloignement stérile.

Osez finalement ouvrir la porte et faire un nouveau pas vers l'inconnu. Pour œuvrer à la renaissance de vous-même, et à la construction progressive de votre identité essentielle...

J'avais écrit sur le faire-part de naissance de mon plus jeune fils, il y a aujourd'hui 21 ans : " Naître, c'est prendre le risque de la souffrance qui libère et de la séparation qui unit. Naître, c'est choisir une autre vie..."

95 et 5 en Case 9 (ou 9 en Case 5).

Vivez votre conscience évolutive.
Facilitez le mouvement collectif.

Vous êtes invité(e) à favoriser les mutations collectives. Vous avez à votre disposition une belle capacité d'adaptation aux autres coutumes. Osez concrétiser votre désir de voyager à travers le monde à la rencontre des hommes. Votre curiosité vous pousse à prendre de nombreux risques... pour la bonne cause ?

Osez mettre en lumière les programmes sexuels familiaux inconscients qui vous ont été transmis par vos parents. Histoire de vous libérer des culpabilités et des auto-sabotages qu'ils peuvent induire chez vous.

Apprenez à stabiliser les élans qui vous projettent hors de vous-même. Vous pourrez ensuite vous préparer à la découverte de nouveaux horizons inconnus, et rencontrer certains mondes inexplorés... de l'esprit.

Avant de hisser la grand-voile, vérifiez correctement vos réserves de nourriture, et testez l'étanchéité de votre coque. Ne faites pas l'œuf !

Les vents sont avec vous, ce n'est pas une raison pour brûler les étapes ! Restez souple à la barre. Méfiez-vous des sirènes, ou autres illusions fatales, qui germent dans le vague à larmes de votre conscience dispersée.

Amarrez ferme votre imagination galopante. Efforcez-vous de garder le cap de vos espérances et de ce qui reste essentiel à vos yeux.

Alliez souplesse et fermeté. Conciliez désir d'aventure et besoin de sécurité. Harmonisez votre tendance à monter en neige les blancs d'œufs de vos idées folles, et la nécessité de laisser reposer un peu la crème de votre tête suractive !

Mieux gérer votre temps, vous offrir de l'espace libre pour vos étirements personnels, ne peut que favoriser cet équilibre auquel vous aspirez tant... entre deux expériences qui courent, entre deux expirs si courts, entre deux si beaux discours !

96 et 6 en Case 9 (ou 9 en Case 6).

Vivez votre conscience du cœur.
Facilitez l'harmonisation collective.

Vous possédez une grande sensibilité à l'amour universel.

N'hésitez-pas à mettre le plaisir au service de votre ouverture spirituelle. Vous avez particulièrement besoin de tolérance, de compassion et de paix.

Vous recherchez la chaleur humaine des groupes. Et en leur sein, vous pouvez exceller dans l'art de soigner, rassurer, concilier. C'est dans un cadre collectif que votre partie féminine s'épanouit le mieux.

Osez apprivoiser vos démons intérieurs. Ils peuvent vous conduire au meilleur de vous-même si vous apprenez à les aimer ! Ouverture du cœur et disponibilité spirituelle sont vos atouts principaux. Laissez fleurir votre nature amoureuse... de tout. De tout l'univers ?

Osez vous aventurer au-delà de vos petits cercles fusionnels. Sortez du cocon étouffant de votre environnement relationnel figé, et respirez le grand air de nouveaux possibles à votre entière disposition.

Il vous est suggéré d'effectuer un travail sur les attachements affectifs. Afin d'éviter de tuer dans l'œuf votre vraie liberté en gestation superbe.

Au diable les réassurances et les soins trop généreux de celles ou de ceux qui vous rendent trop dépendants d'eux et vous coupent les ailes. La co-dépendance s'installe si vite, et les vieux réflexes du gentil bébé que vous avez été, remontent vite à la surface de votre demande d'un éternel biberon magique. Une petite cure de désintoxication relationnelle pourrait alors être la bienvenue, n'est-ce pas ?

Osez mettre en pratique vos dons d'architecte d'intérieur du bien-être corporel. Vous avez la plastique au creux des mains et le bouquet dans l'œil ! Autorisez-vous à faire du bien autour de vous. En douceur et profondeur...

Expérimentez la méthode d'harmonisation et de réconfort qui germe dans votre esprit depuis si longtemps. Osez vous faire plaisir. Accueillez votre nature si douce et si sereine. Celle qui reste retranchée derrière vos exigences de rendement et cherche à se cacher à l'ombre de ces journées qui passent si vite !

Sculptez votre cœur avec la richesse de votre esprit. Offrez-vous les superbes couleurs de l'amour universel, partagées gratuitement et généreusement avec tous...

Sachez écouter les messages de vos plus beaux massages. Sachez caresser vos utopies les plus savoureuses. Et n'oubliez pas d'apprendre à vous aimer. Totalement ?

Retrouvez les sources magiques de vos rêves les plus chaleureux. Purifiez votre âme et vivez vos rêves les plus féconds. Le printemps du cœur n'a pas de saisons...

97 et 7 en Case 9 (ou 9 en Case 7).

Vivez votre conscience spirituelle. Optez pour les enseignements collectifs.

Vous êtes invité(e) à élargir votre spiritualité au-delà des dogmes et des conditionnements religieux collectifs. Prenez conscience de l'importance, pour vous de la méditation en groupe. Osez développer le recul nécessaire au sage.

Divers héritages moraux familiaux sont à reconsidérer, avec l'aide de toute votre lucidité.

Laissez de la place dans votre vie pour la “Connaissance induite”. Orientez-vous vers la Psychologie humaniste... ou la Psychologie des profondeurs. Votre “Maître intérieur” a tant de choses à vous apprendre : donnez-lui les moyens de vous transmettre son savoir, ses intuitions et ses révélations.

Autorisez-vous à descendre de votre si haute tour (du haut de laquelle l'âne ne voit rien venir), pour faire la fête avec les autres, pour vivre les joies mais aussi les peines d'une réelle incarnation assumée comme telle.

Ne vous inquiétez pas, vous aurez facilement votre brevet de pilote en hautes sphères spirituelles ! Osez prendre conscience que vous avez un corps à votre disposition pour vous aider à mieux vivre en conscience de ce qui se joue à l'intérieur de vous-même. Prenez le risque d'éveiller votre discernement, votre sagesse profonde et les perles de votre esprit.

Osez enseigner au plus grand nombre les connaissances que vous avez acquises en confrontant les épreuves de la vie et leurs initiations particulières.

Ne vous prenez pas trop au sérieux. Décrispez vos habitudes mentales trop calibrées. Laissez vos programmes intellectuels, trop bien bâtis, évoluer d'eux-même, naturellement.

Suivez le guide. Suivez les études que votre sensibilité, souvent bien cachée, vous invite à rencontrer. Et poursuivez votre mémorable parcours spirituel, jalonné de défis de plus en plus surprenants. C'est ce qui fait leur charme, n'est-ce pas ?

98 et 8 en Case 9 (ou 9 en Case 8).

Vivez votre conscience stratégique. Optez pour les grandes réalisations collectives.

Vous êtes invité(e) à appliquer sur le terrain vos propres options spirituelles, sans vouloir les imposer aux autres.

Osez être vrai quoi que soient les pressions normatives du groupe social. Osez vous engager dans des actions sociales (ou de protection sociale).

Il semble qu'un certain passé familial soit à réhabiliter, et que certaines injustices soient à réparer, surtout concernant des héritages financiers. Et qu'on n'attende plus que vous !

Comment gérer tant de puissance intérieure ? En ne cherchant pas à la maîtriser coûte que coûte, mais plutôt en acceptant avec souplesse la transformation commencée en votre sein depuis si longtemps...

Ne vous accrochez plus, par peur, au connu ou à l'habituel. Osez vous séparer des produits matériels ou spirituels ayant dépassé leur date de péremption...

Osez conquérir d'autres territoires, au cœur de votre esprit. Élargissez votre champ d'action intérieur. Engagez-vous encore plus totalement dans les défis les plus matériels, et les plus sociaux, de votre vie.

Ne lassez pas votre héros intérieur avec vos hésitations et des atermoiements philosophiques tellement abstraits ! Confrontez réellement le chantier qui est le vôtre. Arrêtez de perfectionner (à l'infini ?) les si beaux plans que vos avez élaborés. Allez sur le terrain, histoire de garder un peu les pieds sur terre !

Débusquez en vous-même ces rapports de force inconscients qui sabotent votre progression personnelle. Ils vous font inutilement perdre de l'énergie dans des combats relationnels, et dans des jeux de pouvoir égotiques stériles et primaires. Utilisez votre feu pour transformer et bâtir, et non pour détruire l'autre ou vous-même.

Faites confiance à vos guides et à votre bonne étoile. Ils n'arrêtent pas de briller dans la nuit de vos ennuis les plus initiatiques...

99 et 9 en Case 9.

Vivez la conscience universelle. Optez pour une vision planétaire des choses.

À noter : Ce nombre boucle la boucle de la dizaine du 9. Il boucle aussi la boucle de tous les nombres à deux chiffres...

Votre intérêt pour les grands problèmes mondiaux vous pousse à sortir de votre petit monde habituel. Vous avez la capacité à pressentir les signes du futur. N'ayez pas peur de votre belle ouverture d'esprit, et de votre désir d'aider à l'avènement d'un monde meilleur.

Vous avez le souci de favoriser l'avancement de tous. Évitez juste de vous isoler dans ces rêves qui ne sont que des mirages ! Votre faculté à vous connecter à d'autres plans de conscience, vous fait parfois oublier votre code d'accès à votre immeuble, ou le numéro d'immatriculation de votre véhicule bien terrestre.

Seriez-vous sur terre pour faciliter certaines "Transmissions essentielles"?

Les idéaux collectifs nourrissent vos espoirs et remplissent votre cœur... La vraie puissance consiste à les mettre en œuvre au quotidien. Au cœur de l'ici et maintenant. Sans vous croire obligé(e) de partir pour de lointaines croisades... tous les matins.

Le 99 vous invite au "grand passage spirituel et initiatique". Celui qui accompagne l'ultime transition hors de l'œuf de vos protections mentales devenues illusoires...

Il vous encourage à oser la grande remise à neuf, qui nécessite de casser votre coquille émotionnelle. Celle qui a pu longtemps sécuriser vos lâchetés intérieures et vos frilosités spirituelles.

Osez quitter vos langes pour suivre l'Ange qui vous guidera sur le chemin de votre délivrance intérieure et de votre réunification essentielle. Ne demandez pas la lune ! Vivez pleinement votre partie solaire.

Laissez la vraie lumière de l'esprit brûler vos scories mentales et vos lourdeurs relationnelles. Observez cette alchimie qui œuvre en vous lorsque vous facilitez la transformation de votre plomb (ce qui vous "plombe") en or. Un or dont vous seul pouvez connaître la valeur, car elle est à l'image de votre vraie valeur humaine. Celle que vous n'osez pas vous accorder ?

Quittez vos habits de peur. Plongez dans l'océan de vos nouveaux possibles. Sans pour autant fuir dans vos illusions les plus ordinaires, ou vous perdre dans vos rêves les plus spectaculaires.

Traversez les symboles... ne les laissez pas vous piéger l'esprit ! Traduisez votre inconscient et ne vous perdez pas dans ses leurres ! C'est ce qui arrive à trop vouloir avoir le leurre et l'argent du "leurre"...

La Médaille d'Or vous attend, d'ores et déjà, au plus profond de votre cœur... et au cœur de votre conscience en éveil.

Confrontez cette initiation d'accouchement de votre être à la plus belle partie cachée de lui-même. Libérez votre front. Ouvrez grand votre intimité sensible au souffle nouveau que la vie vous offre si généreusement. Et osez la grande remise à neuf !

* * *

J'anime une formation professionnelle
de Numérologie humaniste®
en stages résidentiels
Et je propose des thèmes-entretiens
sur rendez-vous au téléphone
(enregistrés sur cassette audio).

Pour tous renseignements :

François Notter
Ecole de la Numérologie Humaniste
Château Lavergne
33350 Pujols
Tél : 05 57 40 77 50
E-mail : fnotter@icor.fr
sites : www.numerotherapie.com
ou www.numerologie-humaniste.com

Table des matières

Achevé d'imprimer en mars 2005
sur les presses de la Nouvelle Imprimerie Laballery
58500 Clamecy
Dépôt légal : mars 2005
Numéro d'impression : 502173

Imprimé en France